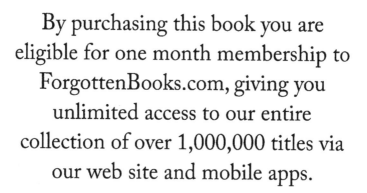

ISBN 978-0-428-95895-4
PIBN 11210237

LES

HÉRÉTIQUES

D'ITALIE

DISCOURS HISTORIQUES

DE CÉSAR CANTÙ

TRADUITS DE L'ITALIEN

PAR ANICET DIGARD ET EDMOND MARTIN

SEULE TRADUCTION AUTORISÉE, REVUE ET CORRIGÉE PAR L'AUTEUR

TOME III

LES SUITES DU CONCILE DE TRENTE

Error cui non resistitur, approbatur :
Et veritas quæ minime defensatur, opprimatur.
(Le Pape Félix III à Acacius.)

PARIS

LIBRAIRIE SAINT-GERMAIN-DES-PRÉS

PUTOIS-CRETTÉ, LIBRAIRE-ÉDITEUR

RUE DE L'ABBAYE-SAINT-GERMAIN, 13

1870

DISCOURS I.

Le Saint-Office. — La Tolérance religieuse.

En dépit des premières hérésies, l'Église avait sauvé la civilisation, en établissant une doctrine morale et sociale, dont on ne devait plus s'écarter. Ainsi se forma cet ensemble de principes qui constitue la civilisation moderne, dont tout homme est obligé en conscience de se déclarer redevable à l'Église. Opinion des Pères et des théologiens.

La division apportée dans son sein par le protestantisme n'abolissait pas ces maximes et ces pratiques qui s'étaient pour ainsi dire naturalisées chez les divers peuples : c'est ainsi que le catholicisme agissait encore puissamment sur ceux-là même qui le repoussaient, et qui, si même ils avaient le pressentiment de la distinction des deux pouvoirs, étaient bien loin d'en apprécier l'importance et d'atteindre à la vraie indépendance des consciences.

L'histoire tout entière nous atteste que les gouvernements anciens s'arrogeaient un droit d'ingérence sur la foi et sur le culte des gouvernés : à peine Diagoras tourne-t-il en dérision quelque cérémonie d'Éphèse, ou Prodicus de Céos soutient-il que les éléments ont été divinisés à cause de leur utilité, ou Socrate affirme-t-il l'existence et l'inspiration des génies, qu'ils sont condamnés à mort; le sacrifice du Calvaire et des milliers de nos martyrs en sont une preuve solennelle. Le christianisme posant en principe l'incompétence des puissances temporelles sur les consciences soustrayait la foi à l'empire de la force. A l'exemple des opprimés, les premiers chrétiens désapprouvaient toujours toute mesure de contrainte en matière de conscience; ils condamnaient l'intolérance politique, ayant pour toute arme l'intolérance religieuse, c'est-à-dire le droit de n'obéir qu'à la vérité, acceptée par une société d'esprits libres, défendue dans cette société par un pouvoir qui n'a d'autres armes que la parole et la persuasion, et qui la maintient exempte de toute erreur. Mais pour bannir l'erreur qui servait de base à l'antique édifice social, pour corriger l'égoïsme païen et pour dompter la fierté barbare, le christianisme chercha à s'emparer du pouvoir.

Après même que la religion nouvelle eut été reconnue, personne n'ignore les textes qui condamnent la rigueur dont on usa envers les hérétiques. Le *compelle intrare* dont il est parlé dans la parabole évangélique en saint Luc, chap. XIV, v. 23, n'implique point de coercition physique, mais bien des instances, et le *compelle* des Latins aussi bien que l'ἀνάγκασον des Grecs sont employés ailleurs en ce sens. C'est ainsi qu'au bourg d'Emmaüs les deux disciples font violence à Jésus pour qu'il reste avec eux[1]. Ailleurs Jésus contraignit, *coegit*, ἠνάγκασεν, les disciples à monter dans la barque[2]. Et saint Paul dit à saint Pierre : « Si vous, qui êtes juif, vivez néanmoins comme les gentils, mangeant indifféremment de tout selon la liberté de l'Évangile, pourquoi, par votre dissimulation et par votre exemple, contraignez-vous (*cogis*, ἀναγκάζεις) les Gentils à vivre comme

(1) S. Luc, XXIV, 29.
(2) S. Mathieu, XIV, 22.

les Juifs ?[1] » Dans aucun de ces passages il n'est question de violence matérielle. Et saint Paul recommande à Timothée : « *Prædica verbum, insta opportune, importune; argue, obsecra, increpa in omni patientia et doctrina*[2]. »

L'Église a toujours admis l'existence possible de la bonne foi chez les hérétiques. Saint Augustin préserve de toute persécution les Manichéens. Salvien de Marseille disait, au Ve siècle : « Les Ariens sont hérétiques, mais ils ne le savent pas, et se croient si bien catholiques, qu'ils nous traitent d'hérétiques. Pour nous, nous sommes persuadés qu'ils émettent une pensée injurieuse à la génération divine, en disant que le Fils est inférieur au Père : pour eux, ils croient que *nous* faisons une injure au Père, en le déclarant égal au Fils. La vérité est avec nous, mais eux, ils croient l'avoir pour eux. Ce sont des impies, mais en ce point ils croient précisément suivre la vraie piété. Ils se trompent, mais c'est par un principe d'amour envers Dieu. Seul le suprême juge de l'univers peut savoir comment ils seront punis au jour du jugement : en attendant il les supporte, parce qu'il voit que s'ils errent, c'est par un mouvement de piété[3]. »

Quiconque examinera ces textes avec attention y reconnaîtra plutôt les aspirations de la bonté, les remèdes de la charité chrétienne; cependant au point de vue de la doctrine on interprétait dans le sens rigoureux le *compelle intrare;* et les Pères eux-mêmes, qui avaient eu en horreur toute persécution contre les hétérodoxes, finirent par la trouver nécessaire pour réprimer les révolutions sauvages ou l'insurrection armée de ceux-ci (A); ils employèrent les

(1) S. Paul, *Ép. aux Galathes*, II, 14.
(2) *II Ép. à Timothée*, 4, 2.
(3) *De Gubern. Dei*, lib. V.

il en résultait un dommage notable ; quant aux pratiques religieuses qui en elles-mêmes ne sont pas contraires à la religion naturelle, il les faut tolérer, et cela, lors même qu'elles sont contraires à la religion chrétienne, autrement ce serait imposer la foi par force, ce qui n'est jamais permis.

L'Église n'a pas autorité légitime sur les infidèles, en sorte qu'elle ne peut les contraindre : pas même dans le cas où ils seraient ses sujets dans l'ordre temporel, car l'Église n'a pas reçu du Christ une telle autorité sur ses sujets temporels. Le Concile de Trente a statué que *Ecclesia in neminem judicium exercet, qui prius per baptismum non fuerit ingressus*[1].

Qu'on ne nous objecte pas des faits isolés, tel homme, ou telle époque; qu'on s'en tienne aux doctrines. Or celles-ci, éclairées par la science des maîtres, enseignent qu'à la tête de tous les droits est inscrit le droit qui appartient à Dieu d'être adoré dans la forme qu'il a prescrite : après vient la mission de l'Église de convertir les peuples à cette forme de culte par la persuasion et avec la coopération de l'autorité séculière; l'exercice de la mission de l'Église

(1) *Sess.* IV, *cap.* 2.

On considérait comme une obligation tellement générale de poursuivre les hérétiques, que des sociétés purement laïques se regardaient comme tenues de s'en occuper. En voici un exemple : l'art de Calimala, c'est-à-dire la corporation des menuisiers de Florence, dans ses antiques statuts a un article 1er, intitulé : *De la foi catholique*, ainsi conçu :

« Nous nous engageons à observer, à respecter et à maintenir la foi catholique et apostolique, et nous promettons d'aider de nos conseils et de prêter main forte au gouvernement de Florence pour détruire la perverse hérésie, toutes les fois que ce gouvernement nous en aura requis, et nous le ferons de bonne foi d'après les règles posées dans le statut communal de Florence. »

restant bien entendu toujours subordonné aux exceptions commandées par l'opportunité et se réglant sagement dans l'application, d'après le caractère des infidèles, à l'exclusion de la violence et des perturbations dans l'ordre civil.

Pour que l'hérésie fût punissable comme attentat à la foi, il était nécessaire que le chrétien persévérât dans l'erreur, quoique suffisamment instruit, et qu'il manifestât par des actes son opposition à l'autorité de l'Église. La simple erreur involontaire n'est pas même une faute aux yeux de la morale.

Mais si l'Église est la base de tout l'enseignement, en sa qualité de juge légitime des controverses, il s'en suit que *lui résister* est une faute : ainsi parlent les défenseurs de la coercition. Mais où commence la faute? Dieu seul est juge en cette matière.

Ils ajoutent : « L'Église a besoin d'être forte autant qu'il est nécessaire pour se défendre par elle-même et pour triompher. Or, il n'est pas vrai qu'elle soit assez forte; car contre une religion qui combat les instincts pervertis, qui impose des devoirs difficiles, toutes les passions naturelles viennent se liguer, et trouvent dans le cœur de chaque homme un puissant auxiliaire. D'autre part, il lui est bien difficile de se défendre contre des attaques imprévues et quotidiennes, dirigées sur un point isolé, formée qu'elle est d'un tout compacte et parfaitement harmonieux de doctrines, de conseils, de prescriptions, de faits historiques, si bien enchaînés les uns avec les autres, qu'il n'y a qu'un petit nombre de personnes qui puissent en embrasser l'ensemble et l'avoir constamment présent à l'esprit. La religion est de plus le fondement de la morale : donc, il est du devoir des gouvernements de la protéger; ne pas la protéger serait laisser détruire les racines de l'arbre, tarir la source qui fournit l'eau au pays. De même que la liberté morale a ses limites et qu'elle s'arrête quand elle devient nuisible à la société, ainsi la liberté religieuse devrait cesser quand elle ébranle l'État et viole le bien moral. »

Et de fait, le pouvoir civil, considérant l'hérésie comme un crime social, la réprimait : c'est qu'alors l'unité de la foi étant une réalité, on ne voyait pas pulluler une infinité de sectes, et l'Église étant considérée comme la propriété de tous, comme un don du ciel, l'État ne pouvait rester indifférent aux attaques dont elle était l'objet. Si falsifier la monnaie était un crime, n'en était-ce pas un de falsifier la foi ? Les chrétiens n'étaient-ils pas obligés de la conserver en vertu du serment prêté au baptême ? N'avaient-ils pas toute raison de ne pas être troublés dans la possession de leur foi par des individualités isolées ? Toutes les sociétés même païennes ont toujours reconnu que les doctrines religieuses d'un corps social devaient être protégées contre les insultes des individus.

Tel était le sentiment universel : l'Église n'était pas seule à penser ainsi. Du moment où l'unité de la foi était rompue, l'hérésie cessait d'être un crime civil ; mais l'Église, se considérant comme la dépositaire de la parole infaillible, ne pouvait dogmatiquement reconnaître à l'erreur religieuse un droit moral à la liberté, autant eût valu dans le système juridique mettre l'erreur sur le même rang que la vérité.

En conclurons-nous que l'Église ne puisse faire autrement que d'être persécutrice ?

L'Église veut la justice, pourtant elle tolère le péché, sachant que « nécessairement il arrive des scandales » ; elle conseille la perfection, et pourtant elle tolère de graves imperfections, puisqu'elle ne peut à des forces inégales demander des efforts égaux. Ce qu'elle nie et refuse d'admettre, c'est qu'on qualifie de progrès la liberté absolue du mal comme celle du bien, la libre propagation de l'erreur comme celle de la vérité. Elle tient, du reste, que pour se conformer à l'état des sociétés, il convient de supporter le mal, en le reconnaissant toujours comme mal, et sans le mettre sous l'égide des principes vrais et universels. Parfois la vérité est obligée de céder sa place au mensonge, mais jamais son droit.

L'Église, tout en laissant passer la liberté de conscience, parce que *de internis non judicat*, ne reconnaît pas pour cela la liberté des cultes illimitée et poussée jusqu'au mépris des vérités naturelles et des notions de la morale. Le mal, qui est despotisme, a la prétention de détruire la liberté du bien. Mais le bien, qui est amour, peut parfois supporter la présence du mal; il n'admet pourtant pas qu'il domine ou même qu'il réclame le pied d'égalité. Quel est le gouvernement qui pourrait approuver l'indifférence entre la vérité et l'erreur? Un pareil gouvernement se condamnerait à une mort certaine.

Liberté des cultes.

Une des faiblesses humaines est de supposer que les choses ont toujours marché de la même manière : avec de telles visées ceux qui sont à ce point fiers de leur siècle, parce qu'ils n'ont pas compris la pensée des siècles précédents, sont arrivés à dénaturer les principes les plus clairs, les plus évidents. La liberté des cultes est un de ces refrains de notre époque, que nous sommes si bien habitués à entendre répéter, qu'une seule chose nous étonne, c'est qu'autrefois cette maxime politique ait pu rencontrer de l'opposition. Et pourtant, dans un siècle où la tolérance dérivait nécessairement de l'incrédulité, le législateur des libertés révolutionnaires, Rousseau, écrivait : « Il y a donc une pro-

« fession de foi purement civile dont il appartient au sou-
« verain de fixer les articles, non pas précisément comme
« dogmes de religion, mais comme sentiments de socia-
« bilité, sans lesquels il est impossible d'être bon citoyen
« ni sujet fidèle. Sans pouvoir obliger personne à les croire,
« il peut bannir de l'État quiconque ne les croit pas ; il peut
« le bannir, non comme impie, mais comme insociable,
« comme incapable d'aimer sincèrement les lois, la jus-
« tice, et d'immoler au besoin sa vie à son devoir. Que si
« quelqu'un, après avoir reconnu publiquement ces mêmes
« dogmes, se conduit comme ne les croyant pas, *qu'il soit*
« *puni de mort;* il a commis le plus grand des crimes, il a
« menti devant les lois [1] ».

Et Voltaire : « Quiconque s'élève contre la religion de sa patrie mérite la mort. » Il est vrai qu'il faisait allusion au Christ.

Ce principe est si bien un principe moderne, que la fameuse Déclaration des droits de 1789 affirme seulement la liberté de penser, quand elle dit que « personne ne doit être inquiété pour ses opinions, même religieuses, pourvu que leur manifestation ne trouble en rien l'ordre établi par la loi ». Conséquemment, là où la *loi a établi le culte catholique*, tout autre est exclus.

La liberté des cultes peut être considérée comme une institution de droit positif humain, limitée aux besoins de la société politique dans une situation donnée ou pour des droits acquis en vertu d'une paisible possession. Jusque-là, l'Église peut très-bien en venir à des transactions, auxquelles doit savoir se plier une société civile destinée à vivre dans des temps et dans des situations les plus diverses.

(1) *Contrat social* (liv. IV, c. 8).

A l'appui de cette assertion, il suffirait de rappeler qu'à l'office du vendredi saint l'Église prie pour les Cathécumènes, pour les Hérétiques, les Schismatiques, les Juifs et les Païens, parce que le Sauveur du genre humain est mort pour tous les hommes ; mais nous avons encore les décisions des pontifes modernes et surtout celles de Pie IX, qui montrent jusqu'où elle pousse cette tolérance. (B)

Hors de l'Église il n'y a pas de salut. — Cette maxime provoque le scandale chez les uns, la colère chez les autres, engendre des préoccupations chez tous. Mais autant elle est certaine dans son principe, autant elle est mystérieuse dans son application. En effet, celui qui est hors de l'Église est-il par une conséquence forcée exclu du salut? Quel est l'homme qui pourrait se vanter de sonder ce mystère, le plus grand de ceux qui appartiennent à l'ordre surnaturel? Nous savons que Judas est damné : mais Luther? mais Voltaire? (C) Suivant l'opinion des saints Pères, Dieu ne jugera pas d'après les règles de l'Évangile ceux qui n'ont pas connu l'Évangile. Tel peut appartenir à l'âme de l'Église sans être partie de son corps, et *vice versa*, sans que nul homme puisse faire la distinction : ici, en effet, trois mystères se dressent devant nous : la Grâce de Dieu, la conscience de l'homme, les ténèbres de la mort ; c'est ce que le ciel a de plus fécond, la terre de plus libre et de plus impénétrable, c'est la séparation qui existe entre le temps et l'éternité.

Tout cela rend inaccessible à l'œil humain et impossible ici-bas l'application de cette maxime : Adorons la justice, mais ne jugeons pas les mystères ; craignons tout pour nous selon la foi, espérons tout pour les autres selon la charité.

Intolérance des Protestants

Ces théories sont aussi anciennes que l'Église, mais elles n'ont pas toujours été mises en pratique ; et la tolérance, cette vertu éminemment civile, qui ne nous fait voir dans l'homme d'une croyance différente de la nôtre qu'un frère, un concitoyen, et réserve à Dieu le jugement des consciences, qui donc la pratiquait, cette vertu, au moyen âge? A la renaissance, Savonarole lui-même, dans ses disputes contre les astrologues, s'écriait: « O astrologues stupides, insensés et impies, pour vous combattre on ne peut employer que le feu[1] ». Luther, non content de recourir aux invectives, faisait appel contre les dissidents à l'épée des rois; et l'on voit encore à Dresde la hache dont les luthériens se servaient contre les dissidents, et sur laquelle sont gravés ces mots : *Hüt dich, Calvinist.* Les princes protestants repoussaient absolument la tolérance, parce que du moment où ils avaient mis la main sur les choses religieuses ils devaient vouloir une seule religion, pour ne pas affaiblir leur pouvoir. Aussi Calvin, qui ne veut pas admettre la séparation de l'Église de l'État, requérait contre les dissidents la peine de mort, attendu, dit-il, que nul ne peut refuser de reconnaître l'autorité des princes sur l'Église sans par là même commettre un attentat contre la monarchie, qui a été établie par Dieu[2]. Il faisait brûler Servet, fouetter et bannir bon nombre de récalcitrants et proposait de tuer tous les Jésuites[3]. Il n'est pas jusqu'au doux Mélancthon qui ne souhaite que quelque homme fort ne se prenne du désir de se couvrir de gloire en assassinant Henri VIII[4], et il approuvait sans restriction les supplices ordonnés par Cal-

(1) *Traité contre les astrologues*, chap. III.

(2) Epistola a Genevra, 1579, pag. 40.

(3) *Jesuitæ.., aut necandi..., aut certe mendaciis et calomniis opprimendi sunt.* Calvin, ap. Becan., t. I, Op. 17, Aph. 13.

(4) *Quam vero dixit ille in tragœdia, non gratiorem victimam Deo mactari posse quam tyrannum. Utinam Deus alicui forti viro hanc mentem inserat!*

vin : *Vult Deus blasphemias et perjuria severissime puniri, et punit ipse alastoras, illos impiorum dogmatum auctores, cum magistratus officium suum negligunt; ac tunc quidem simul et magistratus et imperia delet.... Dedit vero et Genevensis reipublicæ magistratus insanabilis blasphemiæ adversus filium Dei, sublato Serveto, pium et memorabile ad omnem posteritatem exemplum* [1]. Et il poursuivait en ces termes : « Grâces soient rendues au Fils de Dieu, qui a été spectateur et juge de notre combat, et qui en sera la récompense. L'Église aussi devra vous être reconnaissante. Je suis entièrement de votre avis, et je tiens pour certain que, les choses ayant été faites régulièrement, vos magistrats ont agi suivant le droit et la justice en faisant mourir le blasphémateur. » Théodore de Bèze écrivait un livre pour défendre cette proposition *libertas conscientiarum diabolicum dogma*, et l'article trente-six de la Confession Helvétique porte : *Stringat magistratus gladium in omnes blasphemos, coerceat et hæreticos.* (D) Henri VIII et Élisabeth traçaient de tyranniques ordonnances avec le sang des catholiques, de la même manière que Marie et Philippe II écrivaient les leurs avec le sang des hérétiques. Après la décapitation de Marie Stuart, le comte de Kent s'écriait : « Puissent périr ainsi tous les ennemis de l'Évangile. » Ferdinand d'Autriche, lorsqu'il massacrait les dissidents de la Hongrie et de la Bohême, vengeait les actes sanguinaires dont ils s'étaient rendus jadis coupables. En résumé c'était une lutte acharnée dans laquelle celui qui n'assassinait pas eût été infailliblement assassiné.

(1) *De Serveto*, 1555. *Corpus Reform.*, VIII, 523; IX, 133. Barni (*Les martyrs de la libre pensée*) veut prouver que, même à cette époque, la loi qui livrait les hérétiques au bourreau comptait plus d'un adversaire.

Un des plus tristes effets du protestantisme fut précisément d'effrayer les gardiens de la vérité, au point de leur faire croire nécessaire l'emploi des rigueurs pour la défendre, ce qui amena une recrudescence dans les mesures de sévérité. La seule différence qu'il y eut entre cette époque et les temps anciens consistait en ce que, par suite de la confusion des deux pouvoirs, c'était la même autorité qui reconnaissait le délit de lèse-religion et qui infligeait le châtiment au coupable, tandis que dans les temps modernes on avait établi un tribunal ecclésiastique, composé de personnes compétentes en matière de questions religieuses, qui prononçait simplement sur le fait, et s'adressait ensuite au bras séculier pour le punir.

L'Inquisition (nous en avons déjà parlé au Disc. V, T. I, *Les Précurseurs de la Réforme*) fut introduite dans le Languedoc à titre d'expédient politique pour étouffer l'animosité implacable des populations séparées par la Loire, et pour asseoir en France cette unité nationale, après laquelle les autres peuples aspirent de tous leurs efforts. L'explication de ses actes se trouve dans les circonstances des temps, et dans l'état des opinions d'alors. Une fois qu'un état de choses est solidement constitué, quoi d'étonnant que la manière d'entendre et d'appliquer le système existant varie avec chaque époque? surtout quand il s'agit de ce moyen âge qui procédait d'après les faits et non par théories. Si personne ne nie que cette institution ait pu s'exercer d'une manière convenable, personne non plus ne niera que dans l'application on n'ait dépassé la mesure. La domination spirituelle n'est bien fondée que sur le consentement volontaire des intelligences; aussi, lorsqu'elle recourt sciemment à la force matérielle, elle accentue le symptôme évident de son affaiblissement. Toute autorité menacée dans son existence redouble ordinairement de rigueur, et justifie la persécution par la nécessité où elle est de se défendre : c'est ainsi que le tribunal de l'Inquisition développa son action comme une loi martiale pour arrêter l'hérésie qui menaçait de bouleverser l'ordre social. Là où il n'y avait pas d'hérétiques elle veillait sur les mœurs et sur la discipline, punissait le blasphème, la bigamie, les superstitions, les propos méchants dirigés contre le clergé, et surtout les faits de sorcellerie, lorsque la croyance à son pouvoir commença à se répandre dans les masses. Un nouveau champ de bataille fut ouvert à l'Inquisition lorsque éclata la réforme religieuse, à une époque où généralement l'on croyait *légitime* d'établir ou de conserver l'unité de la religion par la force matérielle, et où l'on regardait comme impossible la coexistence dans le même pays de deux cultes s'anathématisant l'un l'autre.

La discorde une fois entrée dans la société, en tout temps et partout il s'est commis des excès : toute révolution qui n'aboutit pas à détruire le pouvoir le rend et plus dur et plus rigoureux : les partis n'ont point d'entrailles ; ils se créent une fausse justice, et de la même manière qu'au nom de cette prétendue justice la Convention envoya au supplice des milliers de Français pour le salut de l'État, de même alors on faisait mourir les hérétiques pour sauver l'Église ; ceux-là expiraient en criant : « Vive la liberté » ; et ceux-ci en criant : « Vive la Bible » ; ainsi se renouvelèrent au nom de la religion et de la miséricorde les abominations de l'empire romain, ainsi on préluda à celles de la révolution française. Mais recourir à ces supplices barbares, dont le récit nous fait frissonner d'horreur, était alors dans les mœurs comme l'est aujourd'hui dans les nôtres la calomnie. Il est même juste de noter que l'Inquisition adoucissait les peines autant que possible par un dernier égard pour le supplicié qui avait été créé à l'image de Dieu; et le spectateur qui voyait appliquer la peine pouvait bien s'apitoyer sur le sort d'une victime; mais il n'était pas offensé par l'étrangeté du supplice. Philippe II et François Ier y assistaient avec toute la Cour; et pourtant ces monarques n'étaient pas pour cela considérés comme des monstres. (E)

Lorsqu'au concile de Trente le cardinal de Lorraine peignait avec tant d'éloquence la désolation de la France, les violences et les batailles partout; les églises démolies, les religieux massacrés, les sacrements profanés, les images, les reliques des saints et les bibliothèques réduites en cendres, les sépultures des rois et des évêques indignement violées, les pasteurs chassés, l'autorité royale et les lois foulées aux pieds, les revenus publics dilapidés, tout le peuple en état de révolte, seize armées aux prises l'une contre l'autre, et à Toulouse dix mille hommes tués en une seule rencontre, le père mourant dans un camp, le fils frappé dans l'autre; lorsqu'il menaçait les autres États de calamités semblables, attendu que si la France remue toute l'Europe s'agite; lorsque ce grand seigneur, qui était aussi un grand prélat, faisait une peinture si sombre, la plupart de ses auditeurs durent se féliciter que, grâce à des mesures de rigueur, on eût épargné un si grand malheur à l'Italie, et que par le châtiment d'un petit nombre on eût évité l'extermination de beaucoup d'innocents; qu'enfin, comme le disait encore le même cardinal, l'Italie eût conservé la paix grâce au gouvernement ferme de l'Espagne.

C'est en ce sens qu'un vaillant penseur de la catholique Savoie, Joseph De Maistre, a fait l'apologie de l'Inquisition d'Espagne, qui avait épargné à la péninsule ibérique les torrents de sang versés par la Réforme et les guerres civiles qui en résultèrent dans le reste de l'Europe. En disant apologie, je me sers d'un lieu commun de rhétorique, puisque De Maistre lui-même, quelque hardi qu'il fût, n'osant pas prendre la responsabilité de ce langage, fait dire par un des interlocuteurs de son dialogue que « le Saint-Office « avec une soixantaine de procès intentés dans le cours « d'un siècle nous aurait épargné le spectacle d'une mon- « tagne de cadavres, qui surpasserait en hauteur les Alpes « et arrêterait le Rhin et le Pô ».

Ceux que de telles paroles feraient frémir devront se rappeler que déjà, avant De Maistre, Victor Alfieri avait dit : « L'Espagne, grâce au petit nombre de victimes immolées par l'Inquisition, empêcha des torrents de sang de couler. »

C'est là une proposition digne d'un utilitaire et que nous ne pouvons accepter, nous qui demandons avant tout la justice. Cependant, quel homme loyal ne voudra comparer ces procès et ces exécutions avec d'autres attentats, déshonneur de notre âge, parvenu à l'apogée de la civilisation et tout fier de ses sentiments humanitaires [1] ? Qui ne sentira en même temps que certaine exaltation de sensiblerie au siècle de la guillotine et de l'état de siége

(1) « Par comparaison, j'eusse mille fois préféré, eu égard aux procédés dont j'ai été l'objet, le Saint-Office et ses tortures barbares. Mais, dira-t-on : le Saint-Office condamnait au bûcher, et vous avez été simplement destitué de votre emploi. Eh quoi ! ne comprend-on pas que la raison pour laquelle on m'a destitué était plus dure par ses conséquences qu'une condamnation à mort ? Celle-ci vous torture le corps et vous enlève la vie, qui est un fardeau très-pesant ; celle-là vous déchire, vous étire et vous ravit l'existence morale, qui l'emporte cent fois sur l'existence physique. » G. TOFANO, *à ses électeurs*, Naples, 1861.

exhale une puanteur d'hypocrisie? quel catholique n'éprouvera une vive douleur à la pensée qu'on puisse reprocher à l'Église des procédés qui justifient les atrocités dont les pouvoirs séculiers nous rendent aujourd'hui témoins.

Mais lorsqu'un auteur moderne [1] affirme sérieusement que « l'Inquisition punissait non pas l'action externe, non « pas la manifestation publique des opinions, mais la pen- « sée de l'âme, et qu'en cela elle dépassait réellement les « limites de toute jurisprudence », nous le prions de nous indiquer de quelle manière l'Inquisition pouvait connaître la *pensée de l'âme*, et si la manifestation publique de la pensée n'est pas une action externe.

L'explication n'est pas l'apologie.

Il est vrai aussi qu'une école s'est formée, dans ces dernières années, qui s'est jetée dans l'excès contraire et a entrepris non-seulement de défendre, mais d'approuver les procédés de l'Inquisition. Nous l'avons combattue alors qu'elle avait acquis une certaine puissance, et nous avons affronté ses invectives : cela nous donne bien quelque droit de dire des vérités, que l'école adverse trouvera le moyen de désapprouver, de la même manière que les ultras ont désapprouvé les vérités contraires, attendu que l'on confondra toujours l'explication d'un fait avec son apologie. En effet, dès l'instant où a prévalu l'usage de la tolérance dans les pays où elle ne constitue pas encore un droit, la plèbe des écrivassiers s'est empressée de couvrir de boue ceux qui proposent non pas une justification mais une simple explication des cruautés de nos aïeux : au contraire, on donne un brevet d'héroïsme à ceux qui déclament sans loyauté contre des institutions dont ils n'ont plus rien à craindre,

(1) Forti, *Istituz. civili*, lib. II, cap. 2.

ou bien l'on se fait à tort et à travers l'écho de ceux qui ont mis ces rigueurs sur le compte de la religion.

Nous n'avons l'intention dans ces études ni d'accuser les Protestants ni de disculper les Catholiques; en historien, nous recherchons et nous exposons la vérité. En méditant sur ce sujet, nous avons reconnu que la persécution était un trait caractéristique de l'époque, comme le trait caractéristique de la nôtre est, dit-on, la tolérance, et que l'animosité des persécuteurs est une preuve de la sincérité de leurs opinions. Tout en déplorant les faits, nous recourons au principe, qui est infaillible; et nous aimons à rappeler qu'au Concile de Trente on n'a prononcé *ni le mot Inquisition* ni le mot bûchers; on a lancé seulement l'*anathema sit* contre le mécréant, c'est-à-dire prononcé la séparation spirituelle d'une société toute spirituelle; mais toutes les fois qu'elle poursuit un grand dessein l'humanité devient prodigue de sang.

Il faut, avant tout, distinguer l'Inquisition romaine de l'Inquisition d'Espagne. Et puisque à cette époque les destinées de l'Italie furent en grande partie liées à celles de l'Espagne, et que celle-ci est considérée comme le bourreau de la libre pensée, il n'est pas superflu de consacrer quelques lignes à ce pays. Ce royaume avait acquis son unité et sa force en sauvant le catholicisme des attaques des Maures, en sorte que la cause de la religion s'était identifiée à la cause nationale : les rois revêtaient un caractère religieux, et la reine Isabelle avait entouré le trône de formes catholiques; en Amérique, les monarques espagnols étaient vénérés comme les propagateurs du christianisme; la prérogative royale était toujours fortifiée par l'autorité religieuse. Vaincus après sept siècles de luttes, les Maures avaient laissé des monuments, des fau-

Inquisition espagnole.

teurs et de faux convertis qui conspiraient avec les ennemis du pays et de la religion. Aussi pour les écraser on recourut à des rigueurs exceptionnelles de la nature de celles que l'on pratique encore de nos jours dans les pays conquis ou récemment soumis. On institua donc des tribunaux chargés de poursuivre les Maures comme ennemis de la nation, de veiller tout à la fois sur l'orthodoxie des croyances, et de punir les égarés non-seulement comme hétérodoxes, mais encore comme coupables du crime de lèse-nation.

Ce « Saint Office de l'Inquisition, » ce tribunal de guerre établi contre les restes de la domination étrangère, se laissa aller à des excès, comme il arrive toujours lorsqu'il s'agit de vengeances nationales. Des milliers de familles mauresques, expulsées par ordre de ce tribunal, abordèrent à Gênes et à d'autres ports d'Italie dans un tel état de dénûment, que beaucoup d'individus succombèrent aux étreintes de la faim et du froid, après avoir été contraints de vendre leurs enfants pour payer le prix du passage; et elles importèrent en Italie la maladie dite *marano*. Beaucoup d'hébraïsants d'Espagne et de Portugal étaient venus aussi se réfugier en Savoie, à Gênes, en Toscane, à Venise, à Ferrare, à Mantoue et à Urbin : Grégoire XIII invitait les gouvernements de ces pays à pourvoir à leur entretien et à les surveiller [1].

Opposition des papes contre elle.

Lorsque le roi Ferdinand le Catholique eut introduit le Saint Office dans ses États, Sixte IV en manifesta tant de déplaisir, que loin de recevoir l'ambassadeur espagnol, il le fit arrêter : par représailles, le roi Catholique fit arrêter l'envoyé du Saint-Siége, et rappela ses sujets des États

(1) Ap. Theiner, ad. ann. 1581.

pontificaux. Sixte IV finit par céder, comme y sont souvent obligés les papes, et confirma le Saint Office en 1478; mais, ému des plaintes qui lui arrivaient sur la dureté des premiers inquisiteurs, il déclara que la bulle de confirmation lui avait été arrachée subrepticement, donna un avertissement aux inquisiteurs, et décida qu'à l'avenir ils ne pourraient procéder sans l'assentiment des évêques, et que la juridiction du Saint Office ne devrait pas être étendue aux autres provinces du royaume; enfin il établit un tribunal d'appel papal, auquel pourraient recourir ceux qui auraient eu à souffrir de l'Inquisition, et cassa ou adoucit plusieurs de ses sentences. Malgré les efforts faits par Ferdinand et sa femme ainsi que par leur successeur Charles-Quint pour éluder cette intervention du Saint-Siége, l'histoire a conservé le souvenir de condamnés à qui ce tribunal a fait restituer leurs biens ou leurs droits civils; elle nous apprend de plus qu'il a cherché à sauver les fils de ces victimes de l'infamie et de la confiscation, et que souvent même il a imposé aux inquisiteurs le devoir d'absoudre en secret certains accusés pour les soustraire aux peines légales et à l'ignominie publique. Jules II et Léon X ont dispensé plusieurs condamnés de porter le *san-bénito*, c'est-à-dire le sac de pénitent; ils ont fait effacer sur la tombe de quelques autres les signes de réprobation qu'on y avait gravés : Léon X excommunia l'inquisiteur de Tolède en 1591, malgré les protestations de Charles-Quint; il voulait même apporter à l'Inquisition espagnole des réformes radicales en la soumettant aux évêques, mais Charles-Quint l'en détourna, en lui faisant apparaître, comme d'habitude, l'épouvantail de Luther : le pape, réellement effrayé, n'insista point pour faire exécuter les mesures qu'il avait prises contre l'Inquisition. Plus tard, l'éminent érudit Vivès, ayant été condamné comme suspect de luthéranisme, Paul III le déclara innocent, et le fit évêque des Canaries. Le célèbre latiniste Marc Antoine Muret, condamné dans sa patrie au bûcher comme hérétique, fut accueilli à Rome, où il enseigna la jeunesse sous la protection du pape.

Nous empruntons ces faits à une histoire écrite dans un esprit de violente hostilité, et partant très-répandue, à celle de Llorente. De même que dans les révolutions actuelles d'Italie on a confié à des hommes le soin spécial de fouiller non-seulement dans les archives des gouvernements déchus, mais jusque dans le sanctuaire des correspondances privées appartenant aux princes expulsés, et de publier tous les documents qui pourraient contribuer à les déshonorer, de même Joseph Bonaparte, intronisé roi d'Espagne, chargea Llorente de faire un dépouillement de tous les papiers provenant du Conseil Suprême et de l'Inquisition. Cet historien, d'une basse condescendance pour ses maîtres étrangers, remplit avec zèle la tâche qui lui était confiée, et envoya au pilon tous les procès, à l'exception de ceux-là seuls qui, au premier coup d'œil, se rattachaient à l'histoire par le nom des accusés ou par le retentissement des faits; il conserva également les registres des décisions du Conseil Suprême, les ordonnances royales, les bulles et les brefs émanés de la Cour de Rome. Il confesse lui-même dans son *Histoire de l'Inquisition,* qu'il l'a en partie échaffaudée sur de semblables matériaux, avec une mauvaise foi et une haine, je dirais mieux, avec la soumission couarde que montrent à l'opinion dominante les écrivains à gages. Son œuvre fut d'autant plus louée et répandue dans le public, qu'il importait au gouvernement impérial de faire abhorrer et vilipender l'autorité de la Cour de Rome, le patriotisme espagnol, le clergé, et tous ceux qui défendaient l'indépendance de la patrie. Par cet acte de vandalisme, l'auteur a fait disparaître le moyen de vérifier la sincérité d'autres faits historiques, à l'exception de ceux qu'il lui était utile de conserver : aussi désormais n'y a-t-il pas un lettré ou un érudit espagnol un peu consciencieux qui ne désavoue cette œuvre antinationale. Ailleurs, au contraire, nous voyons le grand cas que font de ce livre ces gens qui, incapables de penser et de juger par eux-mêmes, acceptent des jugements tout faits de la part des prétendus représentants de l'opinion publique.

Pour ne parler que de ce qui concerne l'Italie, Llorente ne pouvait dissimuler l'opposition que Rome fit aux rigueurs de *l'Inquisition*, les appels qu'elle avait admis à son propre tribunal, et les sentences d'absolution qu'elle avait prononcées : il ne le pouvait pas, vu les pièces encore existantes contenant les plaintes officielles que Ferdinand et Isabelle dirigeaient contre elle. Que fait alors notre sincère historien? Il s'en prend obstinément aux intentions, et soutient que Rome agissait ainsi pour faire de l'argent. C'est là une manière d'écrire les gazettes, et non pas l'histoire (F).

De son temps déjà, l'historien florentin Segni s'apercevait que l'Inquisition espagnole « avait été instituée pour enlever aux riches leurs biens et aux puissants toute considération. Établie dès lors sur l'omnipotence du roi, elle agit entièrement dans l'intérêt de l'autorité royale et au détriment de la puissance spirituelle. Dans son idée première et dans son but, c'est une institution politique; il importe donc au pape de lui susciter des obstacles comme il le fait toutes les fois qu'il le peut; mais l'intérêt du roi est de la maintenir et de la perfectionner continuellement. » Cela est si vrai, que le roi d'Espagne nommait le grand inquisiteur, approuvait le choix des assesseurs, dont deux devaient être pris dans le Conseil Suprême de Castille. Le tribunal dépendait du roi, qui restait maître ainsi de la vie et des biens de ses sujets, et qui faisait de la caisse de l'Inquisition un fonds de réserve propre, à ce point que plus d'une fois il n'eut pas de quoi avancer aux inquisiteurs les sommes nécessaires pour couvrir les dépenses du Saint Office. L'impôt destiné à entrer dans les coffres de l'Inquisition frappait également sur les grands et sur le clergé, sans privilége ni exception; aussi cette institution, alors même qu'elle personnifiait la réaction nationale contre les Mahométans et les Juifs, était en même temps un instrument politique entre les mains du roi pour assujettir l'Église et la noblesse (G).

Philippe II.

Charles-Quint avait rendu contre les protestants des décrets d'une telle sévérité, que Philippe II, son successeur au trône d'Espagne et dans les possessions espagnoles de l'Asie, de l'Amérique et de l'Italie, dut en adoucir les dispositions. Le nom de Philippe II est devenu proverbial pour signifier l'opposition contre l'hérésie, c'est-à-dire qu'il est pour les uns le modèle d'une persévérance généreuse autant qu'inexorable, et pour les autres le type achevé de la tyrannie jointe à l'hypocrisie. Il eut en effet de réelles et grandes qualités : doué d'une vaste capacité, d'un caractère ferme, d'un grand amour pour le travail, il s'occupait sans trêve des affaires de l'État et savait descendre aux moindres détails de l'administration : il protégeait les lettres, qui sous son règne eurent leur siècle d'or; bien qu'il ne fût pas guerrier, ce fut aussi de son temps que se livrèrent quelques-unes des plus grandes batailles mentionnées dans l'histoire : il étendit sa sollicitude à toutes les parties de son immense empire, mais il eut une prédilection particulière pour les destinées de l'Espagne, pour sa force et pour ses gloires; pour l'agrandir, il commit la faute de lui adjoindre des pays d'un tout autre caractère, sans penser aux incompatibilités qui pouvaient en résulter. Il ne se laissait ni abattre par l'adversité, ni enivrer par la prospérité : aussi lorsque l'amiral auquel il avait confié le commandement de cette flotte que l'admiration des contemporains avait surnommée l'*invincible armada* vint lui annoncer qu'elle avait été dispersée par la tempête, il ne proféra pour toute réponse que ces paroles : « Duc, je vous avais envoyé combattre les ennemis, et non les éléments; » et, ayant repris la plume, il continua d'écrire. Il lisait la vie de son père lorsqu'on vint lui annoncer la victoire de Lépante, qui devait décider si l'Europe allait être chrétienne ou musulmanne. Philippe, au lieu de laisser éclater les transports de sa joie, fit cette seule réflexion : « Don Juan a beaucoup risqué : comme il a vaincu, de même il pouvait perdre. » Il sut encore rendre hommage au mérite : aussi lorsque le duc de Savoie, après avoir défait avec les armées de l'Espagne l'armée française à Saint-Quentin, se présenta pour lui baiser la main, il le serra dans ses bras en lui disant : « C'est à moi de baiser la vôtre, qui a accompli de si beaux exploits. »

Philippe II n'avait pas, comme son frère don Juan, ceint la couronne de laurier, et manquait de cette générosité de caractère dont était doué son père : aussi sa mémoire a-t-elle conservé dans l'histoire une physionomie froidement sévère; sa défiance peut être attribuée à sa connaissance trop approfondie des hommes; de là son naturel concentré; il voulait voir tout par lui-même, et par suite il hésitait à prendre une résolution, mais une fois prise, il ne s'en écartait plus, confondant l'obstination avec la constance, l'inflexibilité avec la justice. Dépité des entraves que les libertés locales mettaient à son pouvoir, il s'appliqua à les faire disparaître. Persuadé que l'unité religieuse était le fondement nécessaire de l'unité politique, et que lui-même avait reçu de Dieu la mission de restaurer la religion catholique, il considérait toute divergence d'opinion religieuse non-seulement comme une hérésie, mais encore comme un crime de lèse-majesté divine et humaine, et il se croyait obligé de la combattre, comme il le fit partout, sans jamais en venir à composition. A l'intérieur, il ne respecta pas même l'asile de la conscience; au dehors, il chercha à s'emparer même de la France et de l'Angleterre pour leur conserver le bienfait de l'unité catholique pendant qu'on lui enlevait, à lui, les Pays-Bas[1]; il épuisa les finances, mécontenta les populations et détruisit le prestige de sa propre puissance. Les rois de France et d'Angleterre, qu'il avait cherché à dépouiller, devinrent ses ennemis et s'allièrent avec la Réforme et avec les gens de lettres, d'abord pour le dénigrer auprès des contemporains, et ensuite pour livrer sa mémoire à l'exécration de la postérité. Certes, Philippe II est la personnification de l'Espagne catholique, monarchique et patriote; ce fut un des princes qui eurent le plus d'influence sur la future civilisation, parce que sans lui la religion catholique en Italie et dans toute l'Europe eût

(1) Lorsque Philippe II envoya le duc d'Albe contre les Flamands, en 1567, la flotte d'André Doria, composée de 37 galères, le transporta d'Espagne à Gênes, d'où il se mit en marche à la tête d'une armée qui comptait dans ses rangs 1,200 cavaliers italiens sous le commandement de don Fernand de Tolède, fils naturel du duc. Cette armée avait pour maréchal de camp Ciapino Vitello, qui avait été cédé par le duc de Toscane, au même titre que le duc de Savoie avait cédé l'ingénieur Pacheco, qui plus tard construisit la citadelle d'Anvers.

été simplement tolérée, c'est-à-dire dans les conditions où elle était encore il y a peu d'années en Angleterre, ou en Prusse, ou en Russie.

Ce n'est pas lui qui inventa l'Inquisition; son père en mourant lui avait recommandé de la conserver, en sorte qu'il n'eut qu'à s'en servir comme d'un instrument pour empêcher l'invasion de l'hérésie qui remplissait l'Europe entière de larmes, de persécutions et de sang [1]. Réprimer les dissidents par des supplices était, nous le répétons, un usage sanctionné par le droit public d'alors; la solennité qu'on donnait à ces spectacles, encore plus déplorables qu'exécrables, prouve qu'ils étaient conformes au caractère de l'époque et aux idées des multitudes considérables qui y assistaient : on rendait ces exécutions publiques, parce qu'on les croyait justes et nécessaires. Pour ne faire qu'effleurer en passant ce qui a rapport à l'histoire d'Italie, peu de jours avant cette bataille de Pavie où François Ier perdit tout fors l'honneur, le 17 février 1525, on envoyait au supplice à Paris maître Guillaume Joubert, licencié ès lois, convaincu d'avoir adopté les doctrines de Luther. Il avait vingt-huit ans; on le conduisit sur un char, à travers des flots de peuple, devant l'église de Notre-Dame, et de là à Sainte-Geneviève, où il fit amende hono-

(1) Nous nous sommes toujours montré très-sévère vis-à-vis de ce monarque ; aussi, après tant d'autres jugements prononcés sur son compte, nous citerons, en l'adoptant, celui de M. de Gerlache, qui a si bien étudié l'histoire.

« Quant à Philippe II, que je suis loin de comparer à Charles V, je pense qu'il a été mal jugé, par ce qu'on ne l'envisage d'ordinaire qu'au point de vue exclusivement belge, ou protestant, ou rationaliste, au lieu de ne voir en lui que l'athlète intrépide du catholicisme dans une lutte suprême et désespérée contre toutes les forces de la Réforme et de l'Europe coalisée. » (Discours à l'Académie de Bruxelles, 6 mars 1859.)

rable ; puis, ayant été ramené sur la place Maubert, on le livra aux flammes, après lui avoir transpercé la langue avec un fer rouge.

Lorsque de France arrivent des accusations à l'adresse de *notre pays d'Inquisition*, nous autres Italiens, nous n'avons qu'à citer, non pas par représailles, mais simplement pour nous montrer fidèles aux souvenirs historiques, cette nuit de la Saint-Barthélemy et l'arrêt du parlement de Paris qui condamne à être brûlé vif pour crime de magie l'illustre chancelier de l'Hôpital ; et cet autre arrêt de 1561 émané du même parlement qu'on devait lire chaque dimanche dans toutes les paroisses, et qui déclarait licite le fait de tuer des Huguenots[1].

L'Espagne ne fut donc pas la première à donner le spectacle de ces solennels Auto-da-fé, ou *Actes de foi*. On appelait ainsi les exécutions contre les individus condamnés par le Saint-Office, parce qu'on y récitait du haut de la chaire la profession de foi en une simple formule, que les accusés devaient ensuite répéter. Le plus grand nombre faisaient cette récitation, en sorte que tout l'Acte se résolvait en une absolution des coupables repentants ; aussi la plupart du temps on ne brûlait que le cierge qu'ils tenaient à la main ; quant à ceux qui persistaient dans leur impénitence, on les abandonnait au bras séculier.

Llorente cite un *auto-da-fé* de 1486, à Tolède, où figurèrent sept cent cinquante condamnés, mais aucun à mort, et un autre de neuf cents, qui ne fut suivi d'aucune effusion de sang. Dans un autre, il y eut trois mille trois cents condamnés, dont vingt-sept à mort ; mais il faut observer

(1) De Thou, liv. XXX, n° 7.

que, outre l'hérésie, le Saint-Office connaissait des péchés contre nature, de la séduction en confession, des blasphèmes, des vols d'église, de la contrebande de chevaux et de munitions pour l'ennemi en temps de guerre, et par-dessus tout des pratiques de la religion mahométane. François de San-Romano, négociant de Burgos, entendit à Brême les prédicants, et chercha à propager leurs doctrines. Arrêté à Anvers par ordre de l'Inquisition, il fut relâché au bout de six mois; ses livres seuls furent condamnés et brûlés. L'auteur, loin de se repentir, fut exaspéré de cette mesure, et essaya de persuader à Charles-Quint de reconnaître la religion réformée; aussi capturé *derechef*, après l'expédition d'Alger, il fut condamné à être brûlé vif par l'Inquisition de Valladolid. En marchant au supplice, il refusa de se prosterner devant une grande croix de bois : la foule aussitôt la mit en morceaux, et se les partagea comme des reliques, parce que cette croix avait (disait-on) repoussé les adorations d'un hérétique. San-Romano fut brûlé vif : les archers impériaux recueillirent ses cendres, et l'ambassadeur d'Angleterre mit beaucoup d'empressement à se procurer quelques-uns de ses ossements. On le cite comme le premier Espagnol qui ait été brûlé pour des opinions luthériennes.

Le 8 octobre 1559, Philippe II, à peine de retour des Pays-Bas, assistait à un solennel auto-da-fé à Valladolid, le second qui se célébrât en Espagne. Le grand inquisiteur y lut une formule, aux termes de laquelle le roi jurait de fournir toute l'assistance qu'il pourrait au Saint-Office et à ses ministres contre les hérétiques et les apostats, et contre ceux qui directement ou indirectement mettraient obstacle à l'exécution de ses décrets. Au nombre des condamnés était don Carlos de Sessa, noble italien, les uns disent de Vérone, les autres de Florence, que Charles-Quint avait honoré de son amitié à cause de son esprit, et qui était allié par sa femme aux premières familles d'Espagne. Insensible à la persuasion aussi bien qu'aux menaces, il avait rédigé la veille une profession de foi dans le sens hérétique, profession que Llorente dit avoir lue et admirée comme un morceau de style empreint d'une indomptable énergie. Condamné au bûcher, il passa devant le roi, et, s'étant retourné, il lui dit : « Comment osez-vous me faire brûler? » Et le roi de lui répondre : « Si mon fils était un misérable comme vous, je porterais moi-même le bois à son bûcher. » On lui mit un bâillon à la bouche, et arrivé au lieu du supplice, lorsqu'on le lui eut ôté, pour qu'il pût faire son abjuration, il s'écria : « Mettez vite le feu au bûcher ; car si vous m'en laissez le « temps, je vous prouverai que vous courez tous à la « perdition, quand vous n'agissez pas comme moi. »

Carranza, archevêque de Tolède. Son procès.

Après cette année 1559, qui fut l'année des grands procès contre les hérétiques en Espagne, il ne s'y rencontra plus de protestants dans le vrai sens du mot, et l'Inquisition procéda contre des Juifs, des Maures, des relaps et des sorciers. Cependant sa puissance crut à ce point qu'elle mit en échec l'autorité de Rome : cet antagonisme se manifesta surtout dans le procès intenté à Barthélemy Carranza. Ce dominicain, archevêque de Tolède, auquel Charles-Quint avait confié d'importantes missions, surtout en Angleterre, avait fait preuve d'un grand zèle pour la poursuite des hérétiques; il brilla comme l'un des premiers théologiens au concile de Trente, où il avait été chargé par les Pères de rédiger le catalogue des livres prohibés. Son mérite et les hautes dignités auxquelles il était parvenu lui attirèrent l'envie et l'accusation si commune alors de professer des opinions non orthodoxes; ce simple soupçon suffit à Charles-Quint pour l'accueillir avec froideur, quand le moine vint le trouver dans son refuge de Saint-Just pour lui donner les derniers secours de la religion. On raconte en effet que l'évêque exhorta l'ex-monarque à se confier uniquement dans les mérites du Christ. Lorsque Charles-Quint eut rendu le dernier soupir, il récita le *De Profundis*, accompagnant chaque verset d'un commentaire; prenant ensuite le crucifix, il s'écria : « Voilà celui qui nous a tous sauvés : toute faute est par« donnée par ses mérites, et il n'y a plus de péché. »

Ces expressions, qui semblaient exclure la coopération de l'homme et l'intercession des saints, furent dénoncées, et le 22 août 1559 Carranza, accusé d'hérésie, fut enfermé à Valladolid dans les cachots du Saint-Office, que présidait alors le grand inquisiteur Valdès. Déjà le Saint-Office avait mis à l'index le *Commentaire sur le catéchisme chrétien* dont il était l'auteur, bien qu'il l'eût dédié à Philippe II, et qu'il eût été approuvé par une commission du concile de Trente; les membres n'osant pas résister à ce tribunal, retirèrent leur approbation. Pie IV, tout rigoureux qu'il était, fut d'avis qu'en ce cas on avait procédé trop sévèrement, et évoqua le procès à Rome. Philippe II, jaloux des prérogatives de l'Inquisition, protesta qu'il ne le laisserait jamais juger hors de l'Espagne. Le pape envoya un légat *a latere* avec deux autres juges chargés de l'examiner : mais les inquisiteurs surent traîner l'affaire en longueur, jusqu'à ce que le pape Pie V, ayant écrit lettres sur lettres pour se plaindre de n'être pas tenu au courant du procès d'un personnage de cette importance, et menaçant d'excommunier Philippe II, qui persistait dans son refus, réussit à transférer la cause à Rome au mois de mai 1567. Carranza fut logé au château Saint-Ange : Pie V délégua quatre cardinaux, quatre évêques, douze théologiens et docteurs pour examiner de près la cause, et il ne dissimulait ni sa colère contre les inquisiteurs, ni sa reconnaissance pour les services rendus à l'Eglise par Carranza ; bien loin de défendre l'usage du catéchisme composé par cet évêque, il disait que pour peu qu'on le poussât, il l'approuverait *de motu proprio*.

La frivolité de nos modernes controversistes a beau jeu pour se livrer aux invectives contre les tribunaux ecclésiastiques. L'historien impartial se dit que dans une procédure si longue, si étendue et si compliquée, il n'est pas possible de voir une pure intrigue, et l'absence totale de chefs d'accusation. En 1539, Carranza, comme qualificateur de l'Inquisition, avait assisté au chapitre général des Dominicains à Rome, où il fut l'ami de Flaminio, de Carnesecchi et autres suspects. On trouva dans ses papiers une lettre de Valdès, où, parlant des interprètes de l'Écriture sainte, il enseignait qu'on n'a pas besoin de s'appuyer sur l'autorité des Saints Pères pour en avoir le sens; que nous pouvons acquérir la certitude de notre justification, et que la justification s'obtient par la foi vive en la passion et en la mort de Notre-Seigneur.

Carranza dans ses écrits signale avec une parfaite franchise les vices dominants de l'époque sans avoir égard aux personnes; peut-être était-il plus libre, plus explicite encore dans ses paroles ; Philippe II, naguère plein de bienveillance pour lui, ne lui montra plus que de l'aversion : on pouvait donc craindre que si le procès eut été jugé en Espagne, l'issue en eût été fixée à l'avance, mais on venait de le transférer à Rome.

Pour traduire en latin toute l'enquête et pour recueillir

des informations, il ne fallut pas moins de trois années; on en employa encore plusieurs autres à l'interrogatoire, et ce fut Grégoire XIII seulement qui, en 1576, prononça la sentence définitive. Carranza, à genoux devant le pape et les prélats, fit une abjuration générale des doctrines hérétiques, et rétracta quatorze propositions mal sonnantes contenues dans ses ouvrages; l'interdiction de son catéchisme fut confirmée; quant à lui, suspendu des fonctions épiscopales, il fut condamné à rester cinq ans à Orviéto dans un couvent de son ordre, et à faire la visite des sept basiliques de Rome. Mais, peu de jours après, le 2 mai 1576, il mourait à l'âge de 73 ans, déclarant que sa conscience *ne lui* reprochait rien au sujet de la foi; cependant il ne taxa jamais d'injustice la sentence du pape, qui lui fit faire de splendides obsèques, et ériger un somptueux monument avec des inscriptions les plus élogieuses (H). Après cela, il ne reste qu'à déplorer la condition triste, mais inévitable, de toutes les époques de révolution et de terreur. Du reste les rois d'Espagne faisaient alors aussi peu de cas des avertissements du pape que nos modernes souverains en font du *Syllabus;* il serait donc aussi étrange de leur faire un crime de cette procédure que d'attribuer au pape actuel nos erreurs sur l'usure, sur le mariage et sur la servitude de l'Église.

L'Inquisition à Naples.

L'Espagne possédait alors quelques-unes des plus belles parties de l'Italie. Dans le royaume de Naples, l'Inquisition avait déjà été établie par les édits très-rigoureux de Frédéric II, qui avait confié les jugements des procès aux magistrats séculiers. Pour adoucir la sévérité dont ces magistrats se montraient animés et pour redresser les procès mal jugés, Rome chercha à y envoyer ses inquisiteurs : les Angevins, fidèles vassaux des papes, ordonnèrent plusieurs fois de favoriser et même de payer ces magistrats venus de Rome. En 1305 [1], Charles II ordonna à tous les barons et agents de la force publique de donner appui et protection à l'inquisiteur frère Ange de Trani, en arrêtant et faisant incarcérer les personnes suspectes; il leur recommandait en outre de ne pas inquiéter ses familiers, à cause des armes qu'ils portaient et d'exécuter les sentences que lui-même rendrait contre les hérétiques et leurs biens, et enfin de soumettre les accusés à la question pour leur arracher la vérité. En 1307, il chargeait frère Robert de Saint-Valentin, inquisiteur du royaume, de procéder avec toute la sévérité possible contre l'archiprêtre de Buclanico, qui, après s'être amendé, était retombé dans l'erreur sur certains articles de foi [2].

Les Aragonais, qui avaient succédé à la maison d'Anjou dans la domination du royaume, restreignirent de nouveau les pouvoirs de l'Inquisition, et la soumirent à la surveillance de la magistrature séculière. Les Napolitains, dans les premières années de Ferdinand le Catholique, craignant que ce prince ne voulût implanter dans leur pays le Saint-Office tel qu'il existait en Espagne, firent tant [3], que, par l'intermédiaire du grand capitaine de Cordoue, ils obtinrent la promesse qu'il ne l'y établirait jamais.

En 1505, Gonzalve de Cordoue, à qui l'évêque de Ber-

(1) Dans les archives de Naples, *registro Angioini*, nous trouvons une sentence de 1270, aux termes de laquelle Charles Ier enjoint à maître Portulano de la Terre de Labour de confisquer les biens de trois hérétiques, brûlés en vertu d'une sentence rendue par l'inquisiteur frère Mathieu de Castromari, et dont voici les noms : André de Vimercato, lombard, Jean de Cuano, juge, et Thomas Russo de Maglasaracena.

(2) Chioccarelli, ap. GIANNONE, lib. XIX, 1, 5.

(3) C'est à cette époque que fut imprimée l'épître *De Inquisitione* du Napolitain Tristan Caracciolo.

tinoro, inquisiteur apostolique, demandait de faire incarcérer quelques femmes soupçonnées d'hérésie, et qui de Bénévent s'étaient réfugiées à Manfredonia pour de là passer en Turquie, écrivait au gouverneur Foces d'avoir à les faire arrêter, mais de lui en donner avis à lui. Le comte de Ripacorsa reprochait en 1507 à frère Vincent de Ferrandino d'avoir mis en mouvement l'Inquisition contre certaines personnes sans qu'il l'en eût au préalable informé, en lui exhibant sa commission [1]. Il résulte de ce fait que l'Inquisition n'avait pas de tribunal fixe, et devait dépendre du bon plaisir de l'autorité séculière.

Les Napolitains repoussent l'Inquisition.

Mais lorsque l'Inquisition espagnole redoubla de rigueurs contre les Maures et les Maranos, les Napolitains craignirent de nouveau que Ferdinand ne voulût l'introduire parmi eux, comme cela semblait transpirer de quelques-unes de ses lettres, où il supposait que beaucoup de Musulmans chassés d'Espagne s'étaient réfugiés dans cette partie de la monarchie. Dans une protestation aussi convenable que ferme, ils lui rappelèrent les antiques capitulations signées de sa main, et ils lui démontrèrent qu'il n'était pas besoin de procédures extraordinaires contre les Maures et les Juifs, alors peu nombreux dans le royaume. Ferdinand leur avait néanmoins envoyé quelques inquisiteurs, mais ils furent si mal reçus qu'ils durent s'en retourner couverts de confusion. Aussi le roi catholique, tant qu'il vécut, se garda bien d'en renvoyer d'autres; de son côté le vice-roi Cordova veilla à ce que Rome ne commît pas d'empiétements de juridiction. Plus tard, lorsque l'hérésie de Luther eut germé dans cette contrée, Charles-Quint, se trouvant à Naples en 1536, promulgua un édit extrême-

(1) Giannone, *Stor. civile*, liv. XXXII, c. 5.

ment sévère, par lequel il interdisait tout commerce et toute espèce de correspondance avec des personnes infectées ou suspectes d'hérésie, sous peine de mort ou de confiscation des biens. On sait que par Valdès, et plus tard par Galéas Caracciolo, les opinions luthériennes s'étaient glissées dans la ville de Naples. Don Pietro Toledo, le vice-roi à qui Charles-Quint avait recommandé d'arrêter à tout prix la contagion de l'hérésie, non-seulement la fit combattre par des prédicateurs et théologiens célèbres, tels que le franciscain frère Ange de Naples, le moine Augustin Jérôme Seriprando, le dominicain frère Ambroise de Bagnoli, frère Théophile de Naples et frère Augustin de Trévise; mais il fit brûler une grande quantité de livres qui la propageaient. De plus, il défendit en 1544 l'introduction de tout traité de théologie publié dans les vingt-cinq dernières années, non approuvé par le saint-siége ou anonyme, et il ferma les académies de *Pontanus*, des *Sirènes*, celles des *Ardents* et des *Inconnus*, qui, sous le couvert de la littérature ou de la philosophie, se laissaient aller facilement aux disputes théologiques. D'une part, poussé à ces excès par l'empereur, de l'autre affligé des bouleversements causés en Allemagne par la Réforme, et des concessions auxquelles il avait dû descendre, mû en outre par le désir d'abaisser la noblesse, don Pietro de Toledo fit tout au monde pour implanter dans le royaume de Naples l'Inquisition espagnole (1546). Pour ce faire, il commença par obtenir du pape Paul III, grâce à l'intervention du cardinal Borgia, son parent, qu'il défendît aux laïques de traiter des sujets religieux, et qu'il envoyât des commissaires chargés d'établir une institution à peu près semblable au Saint-Office. Le vice-roi donna l'*exequatur*, mais ne fit pas publier la bulle à son de trompe et du haut de la chaire, comme c'était la coutume; il se contenta de la faire afficher à l'archevêché, pendant que ses émissaires donnaient à entendre partout à travers les rues et les places publiques qu'il n'y avait pas là de quoi s'effrayer, que la mesure ne provenait pas du gouvernement, mais du pape, et qu'elle n'avait pas d'autre portée que de débarrasser la ville des quelques hérétiques qui pouvaient s'y trouver.

Soupçonnant Toledo de mauvaise foi, le peuple murmura; et voyant que les remontrances qui avaient été envoyées à Pouzzoles par l'intermédiaire d'Antoine Grisone n'avaient eu aucun effet, il se révolta en criant aux armes, arracha les affiches, et remplaça les Élus du peuple par d'autres personnages qui lui inspiraient plus de confiance. Les nobles se joignirent à lui, l'excitèrent en appelant, ainsi qu'il est de mode dans les insurrections, les plébéiens leurs frères, et tous ensemble rejetèrent l'Inquisition aux cris de « Vive la sainte foi », comme les Aragonais l'avaient rejeté au cri de « Vive la liberté ». Le vice-roi, résolu d'avoir raison de la sédition par la terreur, s'écriait : « Par Dieu, je jure qu'en dépit de leurs protestations, j'établirai le tribunal de l'Inquisition au beau milieu du marché » ; et il cita devant le régent de la vice-royauté les chefs du peuple, qui étaient Thomas Anello de Sorrente, plébéien, de la place du Marché, et César Mormile, noble du quartier de Porta-Nuova; mais une foule si considérable les accompagna, qu'il dut dissimuler son courroux et les laisser porter triomphalement sur les diverses places de la cité, montés en croupe sur les haquenées de Ferrante Caraffa et d'autres seigneurs. Enfin, pour rassurer et calmer la plèbe, il envoya le marquis Caracciolo lui parler du visage et des yeux le langage de la pacification; quant à lui, tout en donnant de bonnes paroles, et en promettant que de son vivant on n'établirait pas une pareille tyrannie, il faisait venir des troupes.

Sur ces entrefaites, un accident insignifiant amena une effusion de sang : les soldats espagnols attaquent les séditieux; ceux-ci répondent par des barricades et en faisant sonner le tocsin de la tour de Saint-Laurent; les forts font feu : la rue de Tolède et celle dite Catalana sont souillées par le carnage; on procède à l'exécution sommaire de quelques nobles, qui n'étaient pas plus coupables que d'autres, mais pour donner un exemple; et le vice-roi Toledo, croyant avoir jeté la terreur chez les Napolitains, se promène fièrement à travers la ville. Il n'y eut sur son passage ni cris ni coups de sifflet; mais personne, grand ou petit, ne lui témoigna de respect, soit en lui ôtant son chapeau, soit en pliant le genou, comme on le faisait auparavant : cependant, lorsque les chefs du peuple répandirent des bruits sinistres, peu s'en fallut que la plèbe ne le mît en pièces; elle lui refusa obéissance, et constitua d'une manière régulière une *union de nobles et de gens du peuple pour le service de sa majesté et pour la défense commune*, et ceux qui refusaient d'y entrer étaient considérés comme traîtres à la patrie. Cette association prit les armes et eut pour chefs Mormile et Nicolas Antoine Caracciolo, qui fut accusé de trahison aux premières paroles de conciliation qu'il eut l'air de faire entendre.

On se tint longtemps dans une attitude de guerre, et il ne manquait pas de gens qui conseillaient de se donner au pape, en faveur de qui, à l'antique raison de la suzeraineté, venait alors se joindre l'aversion toute particulière qu'on avait pour les Espagnols; d'autres voulaient appeler Pierre Strozzi, exilé de Florence, et les Français campés alors devant Sienne. Mais la plupart des Napolitains, restant fidèles en apparence à leurs devoirs de sujets, criaient vive l'Empire, et vive l'Espagne. On députa à l'empereur Ferrante Sanseverino, prince de Salerne, et Placide di Sangro, pour lui représenter que parmi les articles de la capitulation du royaume, était celui de ne pas introduire l'Inquisition à la mode d'Espagne, et qu'ainsi il voulût bien ne pas considérer comme une rébellion contre lui ce qui n'était qu'une protestation contre une rigueur illégale.

Sur les conseils du pape et de saint Charles, on y envoya encore le jurisconsulte Paul d'Arezzo, alors prévôt des Théatins, qui fut plus tard archevêque de Naples et béatifié. Il est à remarquer que dans les suppliques qui furent adressées à l'empereur pour l'abolition du Saint-Office on invoquait ce motif étrange, à savoir que les faux serments étant trop communs dans ce pays, personne ne serait en sûreté pour sa vie et pour sa fortune si l'Inquisition espagnole y dominait.

En raison de l'obéissance féodale, le vice-roi obligeait les barons de venir loger dans les casernes des Espagnols : aussi vit-on des familles considérables émigrer du royaume, en sorte que, la lie du peuple et les exilés ayant la prépondérance dans la ville, le pays fut livré au désordre. Quiconque voulait échapper aux sévices de la canaille devait la flatter par l'exagération des paroles, la vulgarité dans le vêtement et les manières de vivre ; pendant ce temps, les soldats espagnols saisissaient la moindre occasion, le moindre prétexte de pillage, et d'un côté comme de l'autre on cherchait à se procurer des subsides et à armer des forteresses.

Ce ne fut pas sans peine qu'on détermina l'empereur à

accorder une audience aux députés : il exigea que les armes fussent déposées entre les mains du vice-roi. La ville, découragée, obéit et implora miséricorde; cependant elle obtint que les cas d'hérésie seraient jugés par les tribunaux ecclésiastiques ordinaires. Trente-six des meneurs, exceptés de l'amnistie, étaient déjà en fuite : Mormile et d'autres se réfugièrent en France, où ils furent bien accueillis et obtinrent des secours. Jean Vincent Brancaccio, qui se laissa prendre, fut décapité : l'empereur déclara de nouveau Naples, la ville aux éternelles révoltes, ville *très-fidèle*, et lui imposa une amende de cent mille écus.

Les procès d'hérésie étaient intentés au nom du vicaire de Naples par la voie ordinaire : une bulle du nouveau pape Jules III défendit qu'ils entraînassent comme conséquence la confiscation ; elle cassait même les sentences prononcées jusqu'alors, et ordonnait qu'on rendît les biens aux plus proches parents des condamnés [1] : les coupables étaient dirigés sur Rome; là ils faisaient leur abjuration, accomplissaient les pénitences imposées, et étaient ensuite renvoyés chez eux.

A Naples, parmi les personnes qui avaient fréquenté les réunions de Vittoria Colonna et de Julie Gonzague [2]

(1) Giannone, *Stor. civile*, lib. XXXIII, cap. 5.

(2) Sur le compte de Julie Gonzague, on peut consulter Ireneo Affò, *Memorie di tre celebri principesse della famiglia Gonzaga*, Parma 1787, et Pompeo Litta, *Famiglie celebri italiane*, fascicule XXXIII. Quant à l'accusation d'hérésie dont l'avait taxée certain auteur français, Affò s'écrie : « Un historien ne peut pas mentir plus impudemment qu'on ne l'a fait en cette occasion ». De son côté, Litta dit qu'une semblable accusation « fut commune à tous les personnages distingués par leur science, qui tous applaudissaient à la réforme de la discipline ecclésiastique ».

Cette princesse, citée par Pie V à raison de son intimité avec Carnesecchi, ne comparut point, mais elle mourut de chagrin. Dans son

plusieurs furent citées devant le vicaire de l'archevêque; c'est ainsi qu'en 1564 Jean François d'Aloisio de Caserte et Jean Bernardin de Gargane d'Aversa furent décapités et brûlés, et leurs biens confisqués, le tout nonobstant le privilége accordé par Jules III. Ces exécutions remplirent la ville de terreur; beaucoup de citoyens émigrèrent : les corporations de marchands envoyèrent au vice-roi, duc d'Alcala, des délégués pour s'assurer s'il n'avait point renoncé au projet d'établir l'Inquisition espagnole. Il leur répondit qu'il n'en était pas question, si bien que, dit toujours le servile Giannone, on finit par n'avoir plus de crainte au sujet de l'Inquisition, et les Napolitains furent très-satisfaits de la bienveillance et de la douceur du roi [1].

Il est à remarquer que les Napolitains ne repoussaient pas l'inquisition ordinaire exercée par les évêques : tout au contraire, on lit dans un manuscrit de l'an 1571 faisant partie des archives diocésaines de Capoue (1) : « qu'on choisisse des députés avec mission spéciale de « remercier monseigneur notre illustrissime archevêque

testament elle pardonne à tous, et recommande à son neveu Vespasiano « de ne pas garder de rancune envers ceux qui l'avaient outragée ».

(1) Giannone, qui regarde l'Inquisition « comme une des mesures providentielles les plus importantes qu'ait prises le gouverneur Toledo, et comme une preuve de la sagesse avec laquelle il gouverna le royaume à la satisfaction des populations (Stor. civ., lib. XXXII, c. 4), dit au chapitre V que « *c'est avec raison* que quelques personnes s'étonnent de ce que les Napolitains, gens réputés si pieux et si religieux, au point de tomber quelquefois dans la superstition, aient pris ensuite en si grand honneur le tribunal de l'Inquisition ». On envoya aussi pour réclamer contre l'établissement de l'Inquisition Annibal Bozzuto, habile jurisconsulte, qui obtint de Charles Quint que le nombre considérable des bannis fût réduit à vingt, et il fut de ce nombre. Dans son exil, il fut fêté à Rome, nommé à une haute fonction, devint ensuite cardinal (1565) et gouverneur de cette ville.

« de tout ce qu'il a fait contre les hérétiques et les Juifs; « et de le supplier d'exprimer à sa Béatitude l'unanime « satisfaction de la cité en voyant cette sorte de gens « châtiés et chassés par notre ordinaire, comme il con- « vient; et cela, ainsi que nous l'avons toujours demandé, « en vertu des canons, sans interposition de la cour sé- « culière, suivant la procédure sacrée exclusivement « usitée (*tantum*) dans les causes de religion. »

L'Inquisition continua dans ce royaume à être exercée par voie ordinaire, c'est-à-dire par le vicaire de l'évêque, assisté du bras séculier : mais, chaque fois que l'Inquisition de Rome avait obtenu le *placet* royal, elle instruisait des procès même contre les régnicoles. Tel fut celui intenté contre Caracciolo, marquis de Vico, que nous retrouverons plus tard; tel un autre, intenté contre deux vieilles Catalanes, qui, n'ayant pas voulu faire abjuration du judaïsme, furent consignées au tribunal de Rome, par lequel elles furent condamnées à mort. En 1583, le cardinal Savelli demandait au nom du pape, pour des chefs d'accusation ressortissant du Saint-Office, qu'on envoyât à Rome Jean-Baptiste Spinelli, prince de la Scalea, et le vice-roi ordonnait qu'il fût arrêté et amené, à moins qu'il ne donnât une caution de vingt-cinq mille écus pour garantir sa comparution devant le tribunal du Saint-Office. Il en arriva autant en 1585 à François Conte, commandant de l'île de Capri, et l'année suivante à François Amoroso, commandant de Pietra Molara.

Le Saint-Office prit peu à peu dans le royaume une audace plus grande, et il finit par intenter des procès sans le placet royal. Philippe III lui interdit d'agir ainsi; il ne put cependant empêcher que, par l'intermédiaire des évêques, on procédât parfois directement, comme il arriva en 1614 dans un célèbre procès intenté à la sœur Julie di Marco da Sepino du tiers ordre de Saint-François, qui, sous des apparences de mysticisme, cachait des habitudes étrangement obscènes : cette religieuse était pourtant en faveur près des grands seigneurs et des Jésuites.

Sous le règne de Charles II, on avait institué à Naples une académie des *Investigateurs* : elle était présidée par le marquis d'Arena, et avait pour objet de faire revivre les principes de la saine philosophie. Cependant elle devint suspecte, et servit de prétexte pour ressusciter le Saint-Office : aussi, sous l'épiscopat de monseigneur Gilbert, évêque de la Cava, on établit un tribunal à Saint-Dominique, et on commença une nouvelle série de procès dans lesquels un certain nombre de personnes furent forcées d'abjurer plusieurs propositions.

Pour empêcher que jamais l'Inquisition opérât comme en Espagne, la ville de Naples avait institué au mois de septembre 1691 une députation de chevaliers choisis par tous les magistrats de la ville, et leur avait confié la mission de réprimer avec vigilance toute espèce d'usurpation de la part du Saint-Office. Ces députés présentèrent leurs réclamations au vice-roi, mais à cette époque éclata la guerre de succession. Lorsqu'elle fut terminée, Charles de Bourbon étant monté sur le trône, l'archevêque Spinelli, à l'instigation de Benoît XIV, ce pape tant vanté, essaya encore en 1746 d'introduire le Saint-Office, nomma des magistrats, et fit poursuivre trois personnes. Celles-ci en appelèrent à la susdite commission, qui demanda à l'archevêque communication des pièces de la procédure concernant les détenus : l'archevêque les ayant refusées, l'affaire fut portée au roi. En même temps on excita le peuple en lui montrant comme d'ordinaire l'épouvantail du Saint-Office espagnol; une révolte éclata, et on vomit des injures contre l'archevêque; la populace attendit même le roi sur la route qui longe la marine, lorsqu'il revenait de Portici. Ayant appris ce dont il était question, Charles descendit de sa voiture, entra à l'Église del Carmine, et là, agenouillé, en touchant l'autel de son épée nue, il jura, non comme roi, mais comme chevalier, qu'il n'y aurait jamais plus à Naples d'Inquisition. Il publia à cet effet un rigoureux édit le 29 décembre 1746, et notifia à son peuple le bannissement des deux chanoines de la curie qui avaient dirigé ce procès; il réprimanda le vicaire, destitua le notaire et les greffiers, et fit enlever l'inscription *Sanctum Officium*. Le peuple manifesta sa reconnaissance au roi en lui faisant un présent de trois cent mille ducats.

Alors seulement cessèrent les opérations du Saint-Office, qui de temps en temps avait fait le procès à quelque hérétique et à quelque sorcier, et qui chaque année le jour de la fête de Saint-Pierre envoyait des paniers remplis d'objets de sorcellerie, de sortiléges et de superstitions pour être brûlés publiquement sur la petite place voisine de la cathédrale [1].

(1) Le célèbre Barthélemy Chieccarelli recueillit, par l'ordre du vice-roi duc d'Albe, en dix-huit volumes composés des *manuscrits juridictionnels* toutes les pièces de procédure concernant la juridiction royale, manuscrits qui n'ont jamais été imprimés. Chaque volume se rapporte à une branche particulière, et le huitième, qui a précisément pour titre *Du saint office de l'Inquisition*, contient le récit par ordre chronologique des vicissitudes de ce tribunal dans le pays de Naples, de l'an 1269 à l'an 1628. Aux grandes archives de Naples, on trouve aussi en manuscrit un *Recueil abrégé des divers avis pour s'opposer aux empiétements du Saint-Office, lesquels peuvent servir de règles aux députés élus à cette fin :* ce recueil fut rédigé en 1747, à propos de l'édit de Charles III. C'est plutôt une déclamation, où l'auteur a voulu ramener les procédures aux formes usitées dans les huit premiers

Pour qui connaît l'histoire, ne serait-ce même que l'histoire contemporaine, il n'y aura pas lieu de s'étonner que dans l'île de Sicile l'Inquisition ait procédé tout autrement qu'à Naples. Laissons de côté les origines apostoliques des Églises de cette île, sur lesquelles on est si peu d'accord, mais dès les premiers siècles nous y trouvons l'Église romaine jouissant de très-vastes possessions. Le pape y était même métropolitain, et ce fut seulement Léon l'Isaurien qui obligea les Siciliens à relever du patriarche d'Orient; il institua deux métropoles, Syracuse et Catane [1], auxquelles s'ajoutèrent plus tard Taormine, Messine et Palerme. La Sicile demeura à l'abri des erreurs des Ariens, des Pélagiens, des Nestoriens, si bien que saint Léon, en envoyant au concile de Chalcédoine Pascasio, évêque de Lilybée, l'appelle *fratrem et episcopum meum, de ea provincia quæ videtur esse securiorem; et virum de securiore provincia fecimus navigare*[2]. Les ordres religieux, établis dans ce pays dès la plus haute antiquité, s'y étaient maintenus pour la plupart sans interruption jusqu'à nos jours.

Plus tard, la Sicile fut conquise par les Sarrasins, que certains auteurs modernes voudraient nous représenter comme des hommes tolérants et comme les fondateurs d'une grande civilisation; ces auteurs vont jusqu'à reprocher aux Siciliens d'avoir secoué le joug des envahisseurs et repoussé leur foi religieuse. De nos jours, on décore du nom de libéralisme de semblables opinions; mais l'histoire tout entière et les légendes sont là pour attester

siècles de l'Église; c'est assurément l'œuvre d'un homme de loi, où l'on trouve une certaine vigueur de style et une grande liberté de pensée.

(1) Di Giovanni, *Cod. Dipl.*, tom. I, diss. 2.

(2) Epp. 69 et 70.

combien de persécutions eurent à supporter les indigènes en matière de religion[1]. Le comte normand Roger, qui vint ensuite affranchir l'île, la nomme *habitaculum nequitiæ et infidelitatis*[2]; et Urbain II en 1093 écrivait aux évêques de la province de Syracuse : « La race sarrasine, une fois « entrée en Sicile, mit à mort, ou condamna à l'exil, ou « réduisit à l'état de misérables captifs tous les habitants « qu'elle y rencontra professant la religion chrétienne; « en sorte que, pendant près de trois cents ans, cette po- « pulation cessa d'adorer son Dieu[3]. »

Voilà pourquoi Gaufrido Malaterra raconte[4] que le comte Roger en s'approchant de Traina vit accourir tout joyeux à sa rencontre les Chrétiens qui y restaient encore. A Palerme le même comte trouva l'archevêque chassé de sa cathédrale et réduit à se réfugier dans la pauvre église de saint Cyriaque[5]. C'est une preuve qu'il y avait encore des Chrétiens, bien qu'opprimés : ils avaient encore la jouissance de quelques églises, et on leur avait même permis de porter le viatique aux malades : leur nombre devait aussi être assez considérable, puisque ce fut à leur instigation et sur leur promesse de venir à son secours, que Roger débarqua à Messine, et remporta un de ces triomphes faciles dont l'histoire de la Sicile regorge[6].

Lorsque les Normands, qui par politique vénéraient les

(1) Voir GAETANI, *Santi Siciliani*, mais il exagère.

(2) Dans l'acte de dotation de l'Église de Messine : PIRRI, *Not. Ecclesiæ Messan.*, à l'année 1090.

(3) PIRRI, *Not. Eccl. Sirac.*, ad ann.

(4) Lib. II, c. 18.

(5) Lib. II, c. 45.

(6) MURATORI, *Rer. Italicarum Script.*, tom. VI, col. 616. Voir le Discours historique sur la religion catholique dans le royaume de Sicile au temps de la domination des Sarrasins, par ANTONINO MONGITORE, 1762.

papes, eurent pris possession de la Sicile, cette île rentra sous l'obéissance directe de Rome; les églises et les institutions religieuses s'y multiplièrent; cependant on y toléra les Juifs et les Sarrasins.

Aux temps de Guillaume II, on découvrit une secte dite *dei Vendicosi*, qui avait pour chef un nommé Adinolfo de Pontecorvo : parmi ses nombreux adeptes, on cite le prêtre Sinnorito. Guillaume prit des mesures rigoureuses contre ces sectaires; Adinolfo fut pendu, ses disciples marqués d'un fer rouge, et le prêtre interdit par l'évêque d'Aquin, malgré les prières et les larmes de l'évêque et des habitants de San-Germano. Jean Ceccano, qui nous raconte ces faits [1], ne spécifie pas le genre d'erreurs de ces individus, qui commettaient, dit-il, toute espèce de mal, mais de nuit et non de jour; nous ne sommes même pas sûrs qu'ils formassent une secte religieuse.

Aux Normands succédèrent les princes de la maison de Souabe, et nous avons déjà indiqué les procédés extrêmement rigoureux dont Frédéric II usa envers les Patarins, lui qui pourtant fut condamné comme hérétique et suspect d'islamisme. Ce prince chassa les Musulmans de la Sicile; mais il les rassembla ensuite à Nocera de Pagani, près Naples, comme pouvant lui servir d'utiles auxiliaires, parce qu'ils n'avaient pas peur des excommunications papales. Ce fut lui qui établit en Sicile l'Inquisition entre les années 1216 et 1224; les archives en étaient conservées à Castellamare de Palerme, mais elles furent détruites en 1590, dans un incendie qui causa la mort de cinq cents personnes. Puis, au siècle dernier, le vice-roi Caracciolo, en abolissant le Saint-Office, fit jeter au feu tous les pa-

(1) *In Chron. Fossæ novæ*, pag. 876. La chronique de l'anonyme du Mont Cassin, à l'année 1185, en fait également mention.

piers qui en pouvaient rester encore : d'autres disparurent dans les incendies que la guerre causa à Messine en 1848, et à Palerme en 1860.

Beaucoup de renseignements ont ainsi été perdus pour nous, mais nous savons que, lors de l'annexion de l'île à la couronne d'Espagne, en 1479, l'inquisiteur François Philippe de Barberis alla demander à Ferdinand et à Isabelle la confirmation du droit accordé par l'empereur Frédéric II aux inquisiteurs de s'approprier un tiers des biens confisqués sur les hérétiques.

Antonin de Rega, religieux dominicain, vint en qualité d'inquisiteur à Palerme en 1487, et le vice-roi, le municipe et les officiers royaux durent lui jurer obéissance en face des autels. En 1513, le Saint-Office obtint plusieurs des attributions conférées à celui d'Espagne; du reste en Sicile les rois s'arrogèrent l'autorité papale en vertu de la prétendue Légation sicilienne (I); de sorte que Rome ne pouvait faire d'opposition à ce tribunal.

De nombreux Juifs demeuraient en Sicile, et y furent tolérés jusqu'au 21 janvier 1492, époque à laquelle Ferdinand le Catholique fit publier aussi dans ce pays le décret de bannissement contre eux. On prétend qu'alors un dixième des habitants de l'île émigra [1]; mais ceux qui restèrent durent payer en capital une somme susceptible de produire le même revenu que les émigrés versaient au trésor public à titre de tribut annuel.

Dans le *Codex juris pontificalis auctore Francisco Candini* (Palerme 1807)[2] sont exposées les règles de compétence et de la procédure à l'usage des Inquisiteurs. Ceux-ci étaient nommés par le vice-roi; on pouvait ap-

(1) Di Giovanni, *Ebraismo di Sicilia*, cap. XXVI.
(2) Tome IV, p. 397.

peler de l'un à l'autre : ils promettaient sous la foi du serment de garder le secret.

Dans les premiers temps, les Siciliens ne montrèrent pas de répugnance pour l'Inquisition espagnole, tant ils craignaient l'introduction des opinions nouvelles, et tant le Saint-Office y fonctionna avec modération. Un très-grand nombre de personnes recouraient à ce tribunal, elles s'en servaient comme d'une barrière pour restreindre les empiétements des magistrats; on fut obligé de définir quels étaient les délits qu'on ne pouvait lui déférer. Plusieurs, même des barons, voulaient faire partie des officiers de l'Inquisition, parce que ceux-ci jouissaient du privilége du *for* ecclésiastique. Les Inquisiteurs n'avaient pas de résidence fixe dans l'île; on les y voyait venir seulement à certaines époques; cependant ils enrôlaient des *familiers* et des *foristi*, qui étaient exempts de la juridiction ordinaire; ils accueillaient les dénonciations secrètes; ils refusaient aux accusés le défenseur et la confrontation des témoins; quant aux supplices, ils étaient rares et on évitait l'appareil. Le parlement néanmoins éleva la voix contre ces exécutions, prétendant que quelques-unes des victimes avaient été condamnées quoique innocentes, qu'on avait extorqué des aveux, confisqué des biens.

Le roi écoutait les réclamations, mais passait outre : quant aux vice-rois, ils étaient partisans d'une institution espagnole, monarchique et ennemie de Rome. Lorsqu'on eut découvert en Sicile des Luthériens, le Saint-Office les poursuivit à outrance, et dans cette tâche s'enhardit au point non-seulement de se rendre indépendant, mais encore supérieur au gouvernement[1].

(1) Frédéric Badoero, résident vénitien, dans son rapport au sénat

Bien plus, avec le temps, le Saint-Office en arriva à excommunier la haute cour et l'archevêque : le gouverneur dut envoyer mille hommes armés pour forcer le palais où les pères inquisiteurs s'étaient fortifiés (1602).

Dans l'épouvantable peste qui ravagea Palerme en 1624, la dévotion se ranima dans cette ville à l'occasion du vœu qu'on y fit de célébrer la fête de l'immaculée conception de Marie : cette fête y fut toujours entourée de pompes solennelles, grâce au concours que lui prêtèrent quelques chevaliers qui prononçaient le *voto sanguinario*, par lequel ils s'engageaient à défendre même avec leur épée le privilége de la conception immaculée de la Vierge mère contre ses détracteurs.

La Sicile eut aussi à son tour le spectacle des auto-da-fé; le premier eut lieu seulement le 9 septembre 1641, sous le vice-roi Corsetto; on y brûla tout vifs Jean-Baptiste Verron, calviniste français, Gabriel Tedesco, musulman baptisé et relaps, et Charles Tavalara de Calabre, frère lai de l'ordre des augustins, qui se faisait passer pour le Messie, et qui avait fondé la secte des Messians.

En 1658, on brûla publiquement frà Diego La Matina, moine augustin, qui, condamné aux galères par le Saint-Office, travaillait dans sa prison à pervertir ses compagnons de chaîne. Doué d'une force extraordinaire, il s'en était servi pour briser ses menottes et assassiner l'inquisiteur qui était venu le visiter. Les écrivains même les plus hostiles

de Venise en 1557, dit : « Dans les choses de religion, ces populations « montrent une grande dévotion, mais depuis peu d'années on a découvert parmi elles des Luthériens; aussi les commissaires du Saint-Office sont-ils très-occupés à veiller sur eux, et on peut, sans préjudice des bons, affirmer, que ce mot de saint Paul est d'une grande « vérité, à savoir, que tous les insulaires sont dépravés, mais que les « Siciliens sont les pires de tous. »

à l'Inquisition ne citent que ces deux auto-da-fé ; plus tard, en 1724, eut lieu le supplice de Gertrude Marie Cordovano, une béguine de l'ordre des bénédictines, et le frère lai Romuald, moine augustin de Caltanisetta, qui, condamnés pour hérésie quiétiste, furent brûlés en présence du vice-roi, des grands et des magistrats. Jusqu'en 1781, l'on continua encore en Sicile à brûler quelques sorcières. Mais bientôt après Ferdinand IV, par une dépêche en date du 27 mars 1782, attendu que ce tribunal ne voulait pas se départir de ses formes habituelles de procédure, lesquelles ne laissaient pas à l'innocence la possibilité de se faire reconnaître, en ordonna l'abolition, et laissa aux évêques l'exercice de la juridiction dans les affaires de foi. Ceux-ci ne devaient cependant agir qu'avec l'agrément du vice-roi ; il leur était prescrit de ne plus charger l'accusé de chaînes, de lui signifier l'acte d'accusation et de lui donner un défenseur.

Les domaines appartenant au pape ne furent pas exempts d'hérésie. Dès l'année 1521, nous trouvons imprimé un livre, sans indication de lieu, ayant pour titre Didymi Faentini *adversus Thomam Placentinum pro Martino Luthero theologo oratio, Ph. Melanctone auctore*, in-4°.

A Rome, lorsque les affaires de la compagnie de Jésus paraissaient être dans l'état le plus prospère, « un certain frère augustin, Piémontais de nation, appartenant à l'ordre des ermites de Saint-Augustin, en apparence catholique, mais secrètement madré luthérien[1] » songea à profiter de l'absence du pape qui se trouvait alors à Marseille (1540), pour propager l'hérésie par ses prédications auxquelles assistaient quantité de personnes, qu'attiraient ses dons naturels pour l'éloquence de la chaire. Il mêlait des erreurs

Hérétiques en Romagne.

(1) Bartoli, *Vita di Sant' Ignazio*, lib. II, cap 42.

à beaucoup de vérités : son auditoire ne s'en aperçut pas d'abord, mais quelques jésuites l'ayant entendu, « ne tardèrent pas à reconnaître que Luther parlait par sa bouche, bien que son langage fût voilé, comme il arrive à celui qui veut se faire entendre et n'ose pas s'expliquer ». Il se pouvait que le prédicateur péchât sans le savoir : ils allèrent le trouver pour s'assurer de ses intentions. Celui-ci se mit à les accuser d'ignorance, de méchanceté ou de jalousie, et continua à prêcher des doctrines encore plus erronées : alors les Jésuites commencèrent à traiter du haut de la chaire des indulgences, de l'autorité du pape, du mérite de la continence, de la nécessité des bonnes œuvres. Augustin, de son côté, recourut à un artifice fort ordinaire : il se hâta de rejeter sur ses adversaires le soupçon d'hérésie, en dénonçant Ignace comme étant un loup travesti en pasteur, qui avait semé l'hérésie dans les premières académies d'Europe, et qui, maintenant dans Rome, faisait avec quelques-uns de ses disciples ses derniers exploits. Il supplia les Romains de ne pas se laisser entraîner à l'erreur et d'y résister comme l'avaient fait les universités d'Alcala, de Salamanque, de Paris et de Venise, où le fondateur des Jésuites, convaincu d'hérésies malsaines, avait dû se soustraire au bûcher par la fuite.

La calomnie produit toujours son effet : la foule, bien qu'elle n'eût point déserté les sermons des jésuites, s'attendait d'un jour à l'autre à les voir conduits au bûcher, et personne n'osait prendre leur défense. Saint Ignace se résigna d'abord à la tempête qui venait de fondre sur lui ; mais peu à peu, avec la réflexion, il cita son accusateur à comparaître devant le gouverneur de Rome, où, s'appuyant sur de solides et nombreuses preuves, il convainquit contradictoirement ses adversaires d'imposture : le gouverneur rendit une sentence d'absolution complète. Ceux qui s'étaient portés ses accusateurs ne tardèrent pas à être convaincus d'hérésie : quant au méchant moine piémontais, il s'enfuit à Genève, où, après avoir jeté le froc aux orties, il se fit prédicant. On croit qu'il est l'auteur du *Summarium scripturæ*.

Thomas Lubero, qui, ayant grécisé son nom, se faisait appeler Éraste, dans une lettre écrite de Bologne en 1544 à un ami, rapporte ceci. Un frère de l'Observance prêchait à Imola, que nous pouvons acquérir le royaume du Christ par nos propres mérites ; un enfant lui reprocha tout haut de blasphêmer Dieu et le Christ. Le moine lui répliqua, qu'il ne savait pas ce qu'il disait, qu'il ne devait pas même savoir le *Pater noster;* mais l'autre lui répondit par cette parole : *Ex ore infantium et lactentium perfecisti laudem* ; enfin, on finit par mettre l'enfant en prison[1].

Polydore Virgilio, d'Urbin (1555), auteur d'ouvrages riches d'une certaine érudition, mais fort pauvres de critique, accompagna en Angleterre le cardinal Adrien de Corneto, et fut chargé par Henri VIII d'écrire une histoire d'Angleterre, d'abord imprimée à Bâle en 1534, puis en 1535 dédiée à ce monarque. On prétend que Virgilio, bien qu'ecclésiastique, adopta les erreurs de ce prince, et qu'il y resta secrètement attaché[2].

Frère Luc Baglione de Pérouse, dans l'*Art de prêcher* (1562), raconte de nombreux épisodes qui lui sont personnels : un jour qu'il lançait des invectives contre les hérétiques dans une ville, dont il ne donne point le nom, l'un d'eux lui tira un coup d'arquebuse, mais Dieu le pré-

(1) Hottinger, *Hist. eccles.*, tom.IX, pag. 200.
(2) Théophile Betti, dans le *Giornale Arcadico*.

serva. Une autre fois, ayant été assailli en pleine rue par plus de quinze de ces sectaires, il put se défendre de leurs attaques rien qu'en invoquant le nom de Dieu[1].

L'Inquisition romaine allait moins loin; mais à cette époque on crut trop facilement qu'il fallait remédier au paganisme des mœurs voluptueuses et au paganisme de l'esprit par la sévérité des édits et des supplices; on s'engagea ainsi dans cette voie jusqu'à diminuer les garanties de la sûreté personnelle et la liberté de penser. Déjà du temps de Léon X, et cela ne fit que continuer sans interruption sous ses successeurs, on insinuait aux papes qu'il fallait réprimer l'hérésie par la force, que « le foyer de la rébellion ne s'éteint « que dans les glaces de la terreur et dans une pluie de sang » : que ce n'était point par les moyens de persuasion, mais bien par les croisades et par les bûchers, qu'on avait enrayé l'hérésie des Patarins au douzième siècle.

En 1533, on fit à Rome un procès fameux, dans lequel beaucoup d'accusés se retractèrent. Jean Mollio de Montalcino, de l'ordre des Minimes, ne suivit pas cet exemple[2]. Il répandit avec tant de succès les doctrines de Zwingle parmi les jeunes étudiants de l'Université de Bologne, qu'un gentilhomme de ce temps se disait prêt à lever six mille soldats, si l'on faisait la guerre au pape[3]. Mollio, poursuivi par l'Inquisition, ne voulut point revenir à ses premières croyances; il se mit à soutenir de plus belle ses doctrines nouvelles et à vomir l'injure contre la tyrannie ecclésiastique, en appelant au grand juge de l'éternité de la sentence qui le

(1) MAZZUCCHELLI, *Scritori d'Italia*, ad vocem.

(2) Sur Mollio de Montalcino, consultez *Zeitschrift für das Gesammte lutherische Theologie und Kirche von* BUDELBACH *und* GUERICKE, année 1862.

(3) SECKENDORF, *Hist. luther.*, tom. III, pag. 168 et suiv.

condamnait comme hérétique. Par suite, il fut supplicié à Rome, avec un habitant de Pérouse : tous deux furent étranglés, puis brûlés sur la place *Campo di Fiori*.

Congrégation du Saint-Office.

Sous Paul III, alors qu'on discutait sur les moyens de rémédier aux maux causés par l'hérésie, Caraffa, cardinal de l'ordre des Théatins, fut le promoteur de la première des célèbres congrégations romaines, de celle du Saint-Office. Avant son établissement, les poursuites étaient molles : on confiait le jugement des causes tantôt au maître du Sacré-Palais, tantôt au vicaire de Rome, tantôt au collége des cardinaux, ou à quelque commission spéciale. La congrégation du Saint-Office fut créée par la bulle *Licet ab initio*, du 21 juillet 1542 : on mit à sa tête le même cardinal Caraffa, Cervini et Ghislieri, qui plus tard devinrent papes sous les noms de Paul IV, Marcel II et Pie V : tant on attachait d'importance à leurs fonctions. Cette mission dite le *Saint-Office* était confiée à des dominicains, et dans certains pays à des franciscains, jamais à des jésuites : ces derniers, au contraire, obtinrent les pouvoirs les plus étendus pour absoudre les hérétiques[1].

Caraffa, devenu Paul IV, donna à l'inquisition une vigueur extraordinaire ; il voulut qu'elle ne dépendît plus des évêques, mais des seuls représentants de la congrégation,

(1) Donc pas d'ouvrage plus inepte que le livre récemment publié sous ce titre : *Storia dell' Inquisizione, ossia le crudeltà gesuitiche svelate al popolo italiano.* »

Dans la bulle du 8 Juillet 1660, Alexandre VII se plaint de ce que les moines des différents ordres, et même des jésuites, lorsqu'ils viennent à connaître quelque hérétique, au lieu de le dénoncer, se contentent de lui administrer une correction fraternelle, et de lui imposer une pénitence privée, après quoi ils lui donnent l'absolution. Ils se fondent, ajoute-t-il, pour justifier leur conduite, sur l'opinion de quelque docteur, ou sur la coutume : bien plus, il conseillent aux autres de les imiter.

et il l'autorisa à juger sans appel les procès d'hérésie, qu'ils fussent intentés en deçà ou au-delà des Alpes. Aussi établit-il dans chaque ville « de puissants et zélés inquisi« teurs, assistés de laïques zélés et savants, pour venir « en aide à la défense de la foi, comme par exemple « Odescalco à Côme, le comte Albano à Bergame, et Muzio « à Milan. On prit le parti de se servir de laïques, parce que « non-seulement beaucoup d'évêques, de vicaires, de reli« gieux et de prêtres, mais encore beaucoup de membres « de l'inquisition elle-même étaient hérétiques[1]. » Singulier aveu!

Ce pape, à l'article de la mort, ayant appelé près de lui les cardinaux, leur recommanda tout particulièrement ce *très-saint tribunal*. Sixte Quint l'agrandit en portant à douze le nombre des cardinaux qui le composaient, et en étendant ses pouvoirs à tout l'univers catholique. Le souverain pontife en est le préfet; sa juridiction s'applique à toutes personnes, de quelque rang, condition et dignité qu'elles soient, sans réserve de priviléges locaux ou personnels; les magistrats doivent exécuter ses décrets, sous peine d'excommunication.

Ses procédures.

Ses attributions consistaient à poursuivre les hérétiques ou les suspects d'hérésie et leurs fauteurs; les magiciens, les devins, les enchanteurs, les astrologues, qui font pacte avec le démon; ceux qui profèrent des blasphèmes qualifiés d'hérésies, lors même que leurs auteurs les auraient proférés dans un accès de colère ou par ignorance; enfin,

(1) Voir *Compendio della Santa Inquisitione* par Caracciolo, que nous citons ci-dessous. Busini écrivait de Rome, le 31 janvier 1549, à Varchi : « Ici on est tout occupé à emprisonner des Luthériens; cette tâche « est échue à un frère mineur de Saint-François, dit *le Padouan*, en « sorte que, d'après tout ce qu'on voit, il faut dans ce monde n'avoir « pas plus de cervelle qu'un bœuf. »

quiconque fait résistance au Saint-Office ou à ses ministres. Est déclaré suspect d'hérésie quiconque laisse échapper des propositions qui blessent ceux qui les entendent; ou bien celui qui commet des actes qui sentent l'hérésie, par exemple celui qui abuse des sacrements, qui baptise des choses inanimées, tels que des aimants, du papier vélin, des fèves, des chandelles; celui qui déchire des images sacrées; qui détient, écrit ou lit des livres défendus; ou encore celui qui s'éloigne de la pratique du catholicisme, en ne se confessant plus, ou en mangeant des aliments non permis ou en violant d'autres règles. Citons la polygamie, le vol des saintes parcelles, l'excitation au péché donnée en confession, *la sainteté* feinte, la lecture de livres entachés d'hérésie, outre une infinité de cas moins graves tels que l'allégation que la sainte Vierge n'a pas été conçue sans la tache originelle, ou l'usage de litanies non approuvées, ou encore le fait de célébrer la messe et d'entendre des confessions sans être prêtre.

Les procédures de l'Inquisition, quelle que soit l'horreur qu'elles nous inspirent, ne différaient point de celles qui étaient en usage alors : il est facile de s'en convaincre. Ses codes ont toujours été imprimés au grand jour (K.) : nous y voyons en effet qu'à chaque accusé on doit donner un défenseur, personne intelligente et animée d'un zèle pur, qui puisse communiquer avec lui et produire ses moyens de défense; on doit tenir un procès-verbal de tous les actes de la procédure et des dépositions des témoins; on y « avertit les vicaires de ne pas permettre aux notaires de délivrer copie des actes du Saint-Office sous quelque prétexte que ce soit, excepté à l'accusé, et seulement quand le procès est en instance, et encore sans indiquer le nom des témoins et sans les particularités qui pourraient

« mettre l'accusé sur les traces de la personne qui a dé-
« posé (L.). »

Alors on vit croître les soupçons. En vérité, si la Réforme, considérée au point de vue philosophique, était un élan de l'esprit humain vers la liberté, ou la prétention de penser et de juger d'après les facultés de son propre entendement sur des faits et des idées qui jusqu'alors avaient été acceptés par l'autorité, il s'en suivait que tous les penseurs, quelle que fût l'opinion vers laquelle ils inclinassent, devenaient suspects. Les princes, s'étant aperçus que la question religieuse avait pour corollaire les révoltes politiques, firent cause commune avec cette Cour de Rome qu'ils avaient regardée d'un œil jaloux, et partout ainsi l'Inquisition fut renforcée. On eut recours aux priviléges et aux indults pour engager des confréries d'hommes et de femmes à lui servir d'acolytes. Quiconque dénonce un abus, quiconque implore une réforme, est surveillé de près, et déjà on le taxe de perturbateur : on prend ombrage de tout ce qui auparavant passait inaperçu ; une dévotion très-ardente, une rigueur extraordinaire dans les pratiques religieuses apparaissent comme des reproches au relâchement général ; la prudence dans les manières et dans le langage passe pour de l'hypocrisie, la franchise pour de l'insolence ; il n'est pas jusqu'au silence qu'on interprète comme une dissimulation dangereuse. Ce sont des genres de martyre que n'ignore à notre époque aucun de ceux qui ont senti ou pensé.

L'Inquisition s'étendait même aux Juifs, non pour les punir, mais pour empêcher de propager leurs erreurs, et de commettre ces énormes délits dont la crédulité frémissait alors, comme la crédulité frémit encore aujourd'hui des massacres du Saint-Office. Le vertueux Sadolet, surnommé le Fénélon de l'Italie, se plaint dans une lettre au cardinal Farnèse de ce qu'à Rome les Juifs sont traités avec trop de douceur, et de ce qu'ils sont protégés par Paul III. Mais Paul IV les traita rigoureusement, et voulut qu'on les confinât dans le *Ghetto*. Les Juifs s'en irritèrent, et peut-être prirent une grande part contre ce pape au soulèvement de la populace romaine qui abattit sa statue et mit le feu au palais de l'Inquisition.

A Pie IV succéda sous le nom de Pie V frère Michel Ghislieri, alexandrin de Bosco, d'une piété sévère, d'une vie intègre. Il n'allait pas autrement qu'à pied : comme général des Dominicains, il libéra beaucoup de couvents de leurs dettes : il se fit remarquer dans la haute Italie par son zèle comme inquisiteur ; aussi l'opposition qu'il rencontra partout révèle non pas tant le déchaînement des opinions hostiles, que la résistance opiniâtre aux mesures violentes. Ayant eu vent qu'à Poschiavo, pays italien et appartenant au diocèse de Côme, mais qui pour le civil dépendait des Grisons, on imprimait des livres entachés d'hérésie pour les envoyer en Italie, et que quelques ballots avaient été expédiés à un négociant de Côme, frère Michel les séquestra. Côme avait alors pour évêque Bernardin Della Croce, mais Charles-Quint ne voulait pas lui donner le *placet*, parce qu'il était l'ami de Paul III et des Farnèses : aussi le chapitre comasque qui administrait le diocèse à cette époque, et qui était protégé par le gouverneur Gonzague, voulait que les ballots fussent restitués; les chanoines n'ayant pu arriver à leurs fins, le peuple s'ameuta; les enfants lancèrent des pierres à frère Michel lorsqu'il rentrait au couvent, situé dans les faubourgs, et ce fut à grand'peine qu'il put se réfugier dans la maison d'Odescalchi, qui appartenait à la confrérie de

Michel Ghislieri.

la Croix de Côme : de plus, dans l'intérêt de la paix, le gouverneur ordonna à frère Michel de se retirer à Milan. Il obéit, mais lorsque les chanoines allèrent à Rome, il y alla aussi, et alors pour la première fois il visita la ville qui devait plus tard lui appartenir. Ghislieri commença aussi à Morbegno en Valteline un procès d'hérésie contre Thomas Planta, évêque de Coire, sans le citer, ni appeler les témoins; si bien que les Seigneurs Grisons lui interdirent à l'avenir de procéder contre qui que ce soit, sans leur permission : l'inquisiteur se soumit d'abord à cette injonction, mais ayant ensuite entamé de nouvelles procédures, peu s'en fallut que le peuple ne cherchât à porter sur lui une main criminelle.

Jérôme Albani.

Ghislieri eut ensuite l'ordre de procéder contre Victor Soranzo, évêque de Bergame, qui par suite fut suspendu, mais qui au bout de deux ans fut rétabli dans ses pouvoirs. De plus graves indices transpiraient sur la personne du comte Georges de Medolago; mais son influence eût empêché toute tentative de poursuite de la part de l'inquisiteur, si Jean-Jérôme Albani ne fût venu en aide à celui-ci. Par l'entremise d'Albani, Medolago fut arrêté; mais le Sénat de Venise le fit enlever de vive force des prisons du Saint-Office et transférer dans les siennes, où il mourut. L'opposition contre Ghishieri alla jusqu'à le forcer à quitter Bergame; cette mesure fut attribuée à Nicolas da Ponte, noble vénitien, alors provéditeur de cette province et plus tard doge, et qui pour ce motif vint en odeur de luthéranisme. Albani, jurisconsulte d'un mérite incontesté, était en grande faveur près du Sénat; mais quand ses deux fils eurent assassiné le comte Brembati dans l'église de Sainte-Marie-Majeure, leur père, considéré comme leur complice, fut pendant dix ans exilé en Dalmatie. Aussi

Ghislieri, devenu plus tard le pape Pie V, ne voulut pas recevoir Da Ponte, qui lui avait été envoyé en qualité d'ambassadeur de la sérénissime république; il conféra aux enfants d'Albani le titre de gentilshommes romains, et au père le gouvernement de la Marche d'Ancône, puis le chapeau de cardinal, qu'il porta dignement jusqu'à l'âge de quatre-vingt-dix-sept ans, non sans avoir eu des chances pour devenir pape.

Partout alors on vit se réchauffer le zèle pour les procès de l'Inquisition. Il y a dans tout parti de tristes avocats, qui croient le servir en montrant qu'il a beaucoup d'ennemis, enveloppant ainsi, sous une dénomination élastique qui exclut *toute* critique et toute justification, les personnes qui le méritent le moins. C'est ce qui advint alors. Nous avons vu Paul IV, dans l'inflexibilité de son zèle, faire jeter en prison le cardinal Morone, les évêques Égidius Foscarari de Modène, Thomas Sanfelice de la Cava, Louis Priuli de Brescia, tous accusés d'avoir fomenté des opinions hérétiques, ou d'avoir mal défendu les orthodoxes, tandis qu'ils ne demandaient qu'une simple réforme, c'est-à-dire la restitution à l'Écriture sainte de l'autorité usurpée par la tradition, et l'amendement des mœurs. Aussi durent-ils se disculper.

Le vénitien don Gabriel Fiamma, chanoine de Latran et évêque de Chioggia, auteur de poésies spirituelles, prêchant à Naples en 1562, fut aussi accusé d'hérésies. Il écrivait à Gonzague, seigneur de Guastalla : « Hier soir, par ordre « du cardinal Alexandrin, on m'a enlevé tous mes livres, « et on a pris note du moindre billet. Ce procédé, venant de ce respectable et religieux seigneur et du très-« saint tribunal de l'Inquisition, n'a pour moi rien de « pénible; mais je regrette fort qu'il ait pour cause la mé-

« chanceté et l'envie de quelques-uns de mes émules [1]. »

Ce fut alors que l'académie de Modène fut dispersée comme nous l'avons dit ailleurs, et que plusieurs de ses membres émigrèrent. Le décret de 1558, aux termes duquel on obligeait tous les moines qui étaient sortis de leur couvent à y rentrer et à se soumettre au châtiment mérité, fut cause que beaucoup d'entre eux s'enfuirent en Hollande et à Genève : aussi, si nous en croyons Gregorio Leti, il y en eut plus de deux cents qui se jetèrent dans l'hérésie [2].

Tiepolo, ambassadeur de Venise à Rome, décrit un auto-da-fé exécuté dans cette ville contre quinze personnes : sept furent condamnées aux galères comme faux témoins : sept hérétiques abjurèrent ; un relaps fut remis aux tribunaux séculiers ; ce relaps était don Pompée de Monti, d'une famille très-noble, frère du marquis de Cortigliano, et proche parent du cardinal Colonna [3]. A la date du 27 septembre 1567, il décrit l'auto-da-fé dans lequel furent brûlés Carnesecchi, dont nous parlerons plus tard longuement, et un frère de Cividale de Bellune, sans compter dix-sept autres qui, après avoir abjuré, furent condamnés les uns à la prison perpétuelle, les autres aux galères, d'autres furent frappés d'une amende au profit d'un hôpital qu'on devait construire pour les hérétiques. Parmi ces derniers figuraient six gentilshommes bolonais.

Zanetti. Le 28 mai 1569 eut lieu en présence de vingt-deux cardinaux un autre auto-da-fé, où quatre impénitents furent condamnés au bûcher, et dix abjurèrent, parmi lesquels Guido Zanetti de Fano. Celui-ci étant à Londres en 1537

(1) TIRABOSCHI, *Stor. letter.*, vol. XII, pag. 1712.
(2) Vie de Sixte Quint, partie I, liv. III.
(3) Dépêches des 2 et 9 mars, 27 avril et 29 juin 1566, ap. MUTINELLI *Stor. arcana.*

y avait acheté beaucoup de livres hérétiques, et s'était imbu des fausses maximes qu'ils contenaient : l'année d'après, de retour en Italie, il se lia avec divers hérétiques de ce pays et du dehors, et se vanta de posséder la bibliothèque la plus considérable de livres hétérodoxes qu'il y eût dans Rome. Apprenant que divers hérétiques avaient été pris à Curia Sabella, il s'enfuit à Naples en 1545, et de là à Venise, où il fut favorablement accueilli et secouru par Donato Rullo, et où il fréquenta Lactance Ragnone et autres apostats. Il passa ensuite en Saxe, fit la connaissance de l'électeur duc Jean-Frédéric, et celle du landgrave de Hesse, se fit passer près d'eux pour un capitaine attaché au service d'Henri VIII roi d'Angleterre, et servit dans leur armée, qui était en guerre contre l'empereur. Dans son voyage en Allemagne, il connut les principaux hérésiarques, visita plusieurs fois le tombeau de Luther, retourna à Venise, puis en Angleterre, où il assista au rétablissement de la religion catholique, qui eut lieu par l'avénement de la reine Marie et par l'influence du cardinal Pole. De retour en Italie, il ne cessa pas d'entretenir des relations intimes avec Carnesecchi, Endimio Calandra, Pierre Martyr, Ochin et autres. Le Saint-Office en ayant été informé, Guido Zanetti fut arrêté à Venise le 23 février 1561, sous Pie V, mais sur les instances faites par la reine Élisabeth auprès de la République il fut relâché. De nouveaux et plus graves soupçons d'hérésie étant parvenus sur son compte à l'Inquisition romaine, il fut arrêté au mois de juillet 1566 à Padoue, et conduit à Rome, où il confessa trente-huit chefs d'hérésie qu'il avait enseignés dès l'année 1537, ce qui entraîna sa condamnation : néanmoins il n'est pas vrai, comme le dit de Thou, qu'il ait été envoyé au bûcher, puisqu'il avait ait une abjuration publique le 20 mai 1559 dans l'église

Sainte-Marie de la Minerve. On lui imposa des pénitences : et le même jour que Cellario fut mis à mort, Zanetti fut seulement condamné à la prison (dit le résident vénitien) « en partie, prétend-on, parce qu'il a révélé beaucoup de « choses importantes, en partie parce qu'il n'a jamais fait « d'abjuration et qu'on ne peut considérer comme relaps « celui qui n'a pas cessé de professer l'erreur pendant tant « d'années ; enfin, parce que les canons ne punissent pas « de la peine de mort celui qui est tombé dans l'erreur « pour la première fois ».

On trouve dans la correspondance de Bullinger vers l'an 1568 plusieurs lettres, où l'on raconte sur l'Inquisition des atrocités, empreintes des exagérations qui naissent d'ordinaire des bruits de la foule. A Mantoue, on aurait arrêté un parent du duc : celui-ci ayant sollicité son élargissement ; l'inquisiteur lui aurait répondu qu'il ne reconnaissait pas de duc dans l'exercice de ses fonctions. Il aurait même été jusqu'à lui montrer les clefs du cachot, ajoutant qu'il pouvait, s'il le voulait, enlever le prisonnier de vive force ; mais que, pour lui inquisiteur, jamais il ne le relâcherait. A Rome (dit-on), il ne se passe pas de jours qu'on n'envoie les patients au bûcher, à la potence et au gibet ; toutes les prisons sont pleines, et il en faut toujours construire de nouvelles. Après avoir brûlé Carnesecchi, on a arrêté le baron Bernard d'Angola et le comte de Pitigliano, qui, soumis à la question pendant de longues séances, finirent par abjurer : le premier fut condamné à la prison perpétuelle et à une amende de huit mille coronats ; l'autre à mille coronats et à la retraite pour la vie dans une maison de Jésuites. A Valence, un noble aurait été dénoncé pour ses opinions religieuses, et après une longue détention mis à la torture, puis aurait expiré au milieu des tourments; l'indignation causée par ce traitement aurait fait révolter les citoyens de cette ville, qui attaquèrent les prêtres, massacrant celui-ci, chassant celui-là. A Milan, un jeune noble, accusé de luthéranisme et condamné à la potence, aurait dû, aux termes de l'arrêt, y être traîné attaché à la queue d'un cheval; à moitié étranglé, comme il persistait à ne pas vouloir abjurer il aurait été brûlé à petit feu, et ses restes exposés auraient été la proie des chiens [1].

A la date du 24 février 1585, le résident de Venise à Rome informe son gouvernement d'une sentence rendue *publiquement* contre dix-sept individus poursuivis par le Saint-Office, en présence de plusieurs cardinaux et d'un très-grand nombre de personnes. Parmi les coupables, trois furent envoyés au bûcher comme relaps en matière d'hérésie manifeste : d'autres en qualité de sorciers et de magiciens, qui abusaient des sacrements par leur scélératesse, furent condamnés au carcan, d'autres au cachot et à différentes peines. On comptait parmi les condamnés « au supplice du feu vif » Jacob Paleologo de Chio, jadis dominicain, qui erra longtemps à travers l'Allemagne. Cet hérétique devint recteur du gymnase de Clausenbourg en Transylvanie, et adopta les erreurs de Buduy, unitaire tellement exagéré que Fauste Socin lui-même le condamna. Paleologo, arrêté sur la requête de Grégoire XIII, fut amené à Rome; là, en approchant de la potence, il demanda un délai pour se réconcilier avec Dieu, et fut re-

(1) L'illustre historien De Thou rapporte que, durant le pontificat de Sixte Quint, Muret lui dit : *Je suis ebahi que je me lève qu'on ne me vient dire. Un tel ne se trouve plus : et si l'on n'en oserait parler.* L'assertion, quoique présentée d'une façon si précise, est fausse, parce que Muret mourut peu après l'élection de Sixte Quint, en 1585, et cette même année De Thou était certainement en France.

conduit en prison, où, paraît-il, on le laissa mourir sans l'envoyer au bûcher. Des deux autres, l'un fut étranglé, comme un relaps, mais qui s'était repenti; l'autre « en sa qualité d'hérétique obstiné mourut brûlé à petit feu, et fit preuve d'une fermeté inébranlable en présence d'une grande partie de la ville ».

Fannio. Nous savons qu'Olympe Morata déplora la mort de Fannio. Né à Faenza, de parents obscurs, il commença à étudier l'Écriture sérieusement sur une traduction; puis, prônant avec affectation les bienfaits de la parole de Dieu, il se livra sur ce sujet à tant de controverses, qu'il fut arrêté par ordre du Saint-Office et mis en prison. Là, touché par les entretiens qu'il eut avec sa femme et ses parents, il se rétracta et fut mis en liberté. Mais il ne tarda pas à sentir un tel remords de sa conduite, qu'il résolut d'en faire amende honorable en professant ouvertement les nouvelles doctrines; c'est ainsi qu'il partit pour la Romagne afin d'y prêcher l'hérésie sans aucun voile; lorsqu'on l'empêchait d'annoncer en public l'Évangile, il le faisait dans des entretiens secrets avec tous ceux qui voulaient l'écouter, heureux quand il pouvait convertir quelqu'un. Arrêté à Bagnacavallo, il fut condamné au bûcher. Toutefois, ayant été envoyé à Ferrare, il eut l'occasion de faire d'autres conversions; poursuivi avec moins de rigueur qu'il ne l'avait été sous les Dominicains, il subit, tantôt seul, tantôt avec d'autres, des traitements plus ou moins durs, toujours avec fermeté, croyant, ainsi qu'il le disait, *souffrir pour le Christ*. Beaucoup de personnes allaient pour l'entendre, et il les exhortait à la liberté des enfants de Dieu. Sa femme, ses sœurs essayèrent de nouveau de le détourner de ses convictions, mais il répondait : « Le Seigneur ne veut pas que je le renie pour le bien de ma famille. »

Lorsque Jules III succéda à Paul III, l'ordre vint de mettre à mort Fannio. Il embrassa celui qui lui en porta la nouvelle, et en le remerciant, il ajouta : « J'accepte avec joie la mort, cher frère, pour la cause de Christ » ; puis il continua à édifier ses compagnons de captivité en leur exposant les joies d'une telle mort. Quelqu'un lui demandant à qui il voulait confier ses enfants ; après avoir recommandé qu'on eût compassion d'eux et de sa femme, il répondit : « Je les laisse au meilleur des gardiens, à Notre-Seigneur Jésus-Christ. »

On lui offrit alors la vie sauve s'il se rétractait, mais il déclara qu'il n'avait aucun désir de fuir la mort. Il continua à expliquer divers passages de l'Écriture, et se mit à réciter ses sonnets sur la justification ; quelqu'un lui ayant alors demandé comment il pouvait, lui, avoir le visage serein tandis que le Christ avait montré ses angoisses dans l'agonie : « Christ (répliqua-t-il) endura au jardin et sur la « croix les tortures de l'enfer auquel nous étions con- « damnés. Mais depuis qu'il s'est chargé de nos péchés, il « ne me reste plus qu'à me réjouir, car je sais que la « mort de mon corps sera pour moi le passage à une vie « éternelle. »

Ainsi parlait Fannio peu avant d'être conduit sur la place publique de Ferrare. Quand on lui eut présenté un crucifix, il dit : « Ne me troublez pas, je vous prie, en me présentant un Christ fait de bois, alors que je le possède vivant dans mon cœur. » Il pria Dieu à genoux avec une ardente dévotion d'illuminer les intelligences obscurcies de l'ignorante multitude. Il arrangea lui-même la corde qui devait servir à l'étrangler, et mourut avec le nom de Jésus sur les lèvres au mois de septembre 1550. Son cadavre fut brûlé sur le lieu même du supplice.

Les écrits qu'il a laissés sont un témoignage de ses opinions ; ils renferment les objections de ses adversaires et ses réfutations. Il a composé deux traités sur les attributs de Dieu, deux sur la confession, et deux autres sur la manière de connaître Jésus et de discerner le fidèle de l'impie ; en outre, cent sermons sur les articles de foi, des commentaires sur les psaumes, une explication des œuvres de saint Paul, des polémiques contre l'Inquisition, des épîtres consolatoires à ses parents sur les vicissitudes et des remarques sur les événements de sa vie [1].

Procès de l'Inquisition à Plaisance, en Lombardie, etc.

Les Réformés, qui nous ont conservé le nom de leurs martyrs, décrivent les cruels supplices qu'on fit subir à Dominique Cabianca de Bassano, à frère Jean Mollio, un professeur de Bologne dont nous venons de parler. Pomponio Algeri de Nole, arrêté à Padoue, fit une brillante défense, en invoquant l'Écriture et les Décrétales contre les erreurs de l'Église romaine ; mais, quel que fût le désir des Vénitiens de le sauver à cause de son mérite, il fut condamné à être brûlé vif. De sa prison de Venise, il décrivit dans une magnifique lettre les consolations spirituelles qui lui avaient été accordées [2]. François Gamba de Côme, convaincu d'être allé à Genève et d'avoir participé à la sainte cène avec les Réformés, fut condamné à la

(1) On trouve le récit de la vie et de la mort de Fannio dans un livre de la bibliothèque de Zurich, lequel a pour auteur Jules de Milan, qu'il ne faut pas confondre avec Jules Terenziano, ami de Vergerio.

On a aussi *De Fannii Faventini et Dominici bassanensis morte, qui nuper ob Christum in Italia rom. pontificis jussu impie occisi sunt, brevis historia Francisco Nigro, bassanensi authore*, 1550. « Vous pouvez par là, pieux lecteur, juger de ce qu'on pouvait attendre du concile composé d'évêques romains réunis sous la direction du pape ».

(2) Cette lettre se trouve dans les *Acts and monuments*, publiés par Fox, en 1838.

potence, et à avoir au préalable la langue percée de part en part, afin qu'il ne pût parler.

Godefroy Varaglia, capucin piémontais, parti pour convertir les Vaudois, se laissa au contraire convertir par eux; attaché au légat du pape à Lyon, il l'abandonna pour passer à Genève, d'où il alla prêcher l'Évangile dans le val d'Angrogna. Arrêté, il fut transféré à Turin, et mis à mort le 29 mars 1588; on lit dans son procès, que le nombre des adhérents à ses doctrines était si grand, que l'Inquisition n'aurait jamais assez de fagots pour les brûler.

Barthélemy Bartoccio s'était retiré à Genève, où il professait en paix la Réforme. Étant venu un jour à Gênes en sa qualité de marchand, il y fut reconnu, arrêté et envoyé à Rome, où il fut brûlé : il mourut en s'écriant : *Victoire, Victoire*.

A Plaisance, en 1553, le chantre Paul Palazzo, qui penchait vers le luthéranisme, fut mis en prison à Saint-Dominique, et délivré au bout de quelques jours, grâce aux nombreuses démarches faites en sa faveur. En 1557, l'inquisiteur fit jeter en prison les notaires Mathieu Dordono et Innocent Nibbio, qui, après s'être repentis, firent amende honorable et une pénitence publique; ils s'en retournèrent ensuite chez eux *couverts de confusion*. Taddée Cavalzago, poursuivi comme luthérien, s'enfuit à Genève, et par suite, resta en exil. Le prêtre Simon qui avait vécu longtemps avec lui fut arrêté, et se cassa la cuisse en cherchant à s'évader de son cachot; il dut ensuite faire pénitence de ses erreurs. Alexandre Cavalgio fut arrêté pour avoir tiré du couvent une sœur et l'avoir mariée. On découvrit aussi parmi la haute noblesse des fauteurs de l'hérésie, qui eurent à expier leur crime; beaucoup furent exilés, et leurs biens dévolus au prince. En 1558, le prêtre

Riccio, qui avait conversé, bu et mangé avec des luthériens et qui les avait aidés à fuir, fut fouetté sur un échafaud par l'inquisiteur frère Valère Malvicino, et dut révéler publiquement toutes les menées qu'il avait faites contre les décrets du souverain pontife; le même supplice fut infligé en même temps à deux autres citoyens : Joseph de Medici, fouetté lui aussi, confessa ce qu'il avait cru ou fait de contraire à la foi catholique, et un notaire nommé Joseph avoua qu'il avait souillé de son urine le bénitier, et frappé à coups d'épée certaines images pieuses, ainsi que les bras et les cuisses de la statue de saint Roch (L.L).

Nous pourrions retrouver les traces de procédures semblables dans toutes les villes d'Italie, et nous n'aurons malheureusement que trop souvent l'occasion de les signaler. En Lombardie, le frère Pierre Ange, de Crémone, se rendit redoutable; au nombre des victimes de ses cruautés on cite François Cellario de Mantoue, fils de Galéas, religieux mineur de l'Observance, qui avait déjà été poursuivi à Pavie. Milan était alors au pouvoir de l'Espagne, qui chercha à y introduire son inquisition; mais la ville envoya de hauts personnages en députation au roi, au concile de Trente, au pape, et obtint qu'on n'ajoutât pas ce fléau à tous ceux dont elle était déjà accablée. Mais on y implanta l'Inquisition à la mode romaine : on y institua une compagnie composée de quarante cavaliers, portant une croix sur la poitrine; elle avait à sa tête le père inquisiteur : le jour de saint Pierre martyr, ses membres se rassemblaient dans leur oratoire, et à l'Évangile ils tiraient tous leur épée, en signe du zèle et de la constance dont ils devaient faire preuve pour la mission qui leur était confiée de maintenir la foi dans son intégrité, de la propager et d'obéir aveuglément au Saint-Office : cette institution se maintint jusqu'en 1770. Des compagnies semblables se formèrent partout, et se livraient avec un zèle inconsidéré à des investigations minutieuses sur le compte non-seulement des hérétiques pervers, mais encore de ceux qui négligeaient les pratiques religieuses. Leurs membres allaient flairer l'odeur des cuisines le vendredi; ils incriminaient la moindre parole équivoque échappée aux professeurs; en un mot leurs procédés se rapprochaient beaucoup de ceux employés par la police de nos jours; mais disons qu'ils étaient moins odieux, en ce sens qu'on ne pouvait leur supposer pour mobile l'intérêt momentané d'un prince ou d'une faction, mais le salut des âmes.

Saint Charles écrit de Rome, le 10 décembre 1563, au doge de Gênes pour lui demander de faire arrêter frère Antoine de Cortemiglia des Mineurs conventuels, sur qui planaient de graves soupçons d'hérésie. L'Inquisition avait déjà été établie dans cette ville en 1253, lorsque maître Luco fut envoyé au supplice. Trois ans après, frère Anselme, inquisiteur en chef, publia contre les hérétiques certains règlements qu'il voulait faire insérer dans les statuts de la république; et comme les consuls s'y refusaient, il les y contraignit, en menaçant même d'excommunication la cité tout entière. Plus tard, Lucilius Vanini fit école à Gênes, et eut, paraît-il, pour disciple le peintre César Conte, qui, ayant été emprisonné par ordre du Saint-Office en 1632, mourut dans les cachots du palais ducal.

En 1462, les prudhommes de la vallée de Chamonix au pied du mont Blanc, condamnèrent au bûcher diverses personnes accusées d'hérésie, d'apostasie et de magie : ils firent asseoir pendant trois minutes sur une plaque rougie au feu une femme qui avait eu un commerce charnel avec le démon, puis ils l'envoyèrent au bûcher. A Chambéry, les frères mendiants ne pouvaient sortir de leur couvent sans s'exposer à être sifflés et même à recevoir des coups.

Une autre lettre de saint Charles, du 15 avril 1575, nous apprend que l'évêque de Verceil fut accusé d'hérésie à propos d'une circulaire pastorale, dans laquelle il exhortait les fidèles de son diocèse à la prière du soir; mais le saint y atteste les bons sentiments de cet évêque, et il ajoute que fort heureusement l'accusation a été intentée à propos d'un écrit, les pensées exprimées de vive voix étant plus facilement travesties; enfin il croit que le saint-père non-seulement ne maintiendra pas l'accusation, mais en recherchera au contraire les auteurs pour les punir.

L'Inquisition, dans les pays dépendant du Piémont, fut modérée par Emmanuel Philibert : il décréta qu'on ne pourrait exécuter les sentences que du consentement du sénat, et après avoir pris l'avis du ministère public; mais cette prescription tomba en désuétude. Le même Emmanuel Philibert fit de minutieuses et rigoureuses prescriptions pour l'observance des préceptes de l'Église : il ordonna la translation en ville des monastères de femmes disséminés dans la campagne; il fit défendre les chansons lascives ou composées contre l'honneur et la dignité ecclésiastique; il établit un économat pour les bénéfices vacants, et assujettit les membres du clergé à concourir aux charges publiques.

En Sardaigne, Valente, archevêque de Cagliari, entreprit vers l'an 687, dans un ouvrage intitulé *De erroribus hodierna tempestate grassantibus*, de prouver que cette île s'était toujours conservée exempte d'hérésie [1]. Elle paraît avoir

(1) Voir MARTINI, *Stor. eccles. di Sardegna.*

eu ce bonheur : mais vers l'an 1560 on trouve les traces d'un procès intenté par ordre de l'archevêque Parraques contre Sigismond Arquer de Cagliari, avocat du fisc, à raison de ses opinions religieuses; l'accusé fut trouvé innocent, ce qui n'empêcha pas l'inquisiteur de continuer ses poursuites; aussi Arquer crut-il devoir chercher un refuge en Espagne. Arrivé dans ce pays, il y fut arrêté par l'Inquisition de Tolède comme un luthérien dogmatisant, et ensuite mis à mort avec d'autres dans l'auto-da-fé de l'an 1571. Nous avons de lui *Sardiniæ brevis historia et descriptio* [1], à la fin de laquelle on lit que dans cette île *sacerdotes indoctissimi sunt, ita ut rarò inter eos, sicut et apud monachos, inveniatur qui latinam intelligat linguam. Habent suas concubinas, majoremque dant operam procreandis filiis quam legendis libris.*

Ces paroles auraient-elles amené ou provoqué son procès?

Tandis que nous allons glaner au prix d'un ingrat labeur les faits que nous venons de citer, celui qui pourrait compulser les archives du Saint-Office à Rome recueillerait une abondante moisson. De nos jours, les portes en furent enfoncées de vive force à deux reprises différentes; la première, pendant la domination française après 1810, la seconde pendant la révolution de 1848, et pourtant personne n'a su en tirer profit dans l'intérêt de l'histoire et de la vérité. Jusqu'à ce que d'autres puissent le faire, nous nous sommes appuyé et nous nous appuierons encore sur le moine Caracciolo, qui en écrivant une vie de Pie IV, restée manuscrite, a pu avoir sous les yeux les procès de ce tribunal. Il fut l'infatigable panégyriste du tribunal de

(1) On la trouve dans la *Cosmographie* de Sébastien Munster (Bâle, 1558). Le susdit Martini et Llorente parlent de cet auteur.

l'Inquisition, et le juge inexorable des hérétiques; nous lui cédons ici la parole, pour lui laisser reproduire beaucoup de faits, que nous avons enregistrés déjà, mais à un point de vue différent. Après avoir parlé de tout ce qui advint en Vénétie et à Milan, il poursuit en ces termes :

Rapports de Caracciolo.

« Côme, par la proximité où elle se trouvait des pays du « nord, était une sorte d'entrepôt pour les hérétiques; « c'est là qu'ils envoyaient d'Allemagne les ballots « de leur livres, ainsi qu'on le découvrit plus tard en « 1549 par l'intermédiaire du Saint-Office de Rome et de « frère Michel Ghislieri. Il y eut alors beaucoup de « ballots de livres envoyés d'Allemagne pour être « distribués à Côme, à Crémone, à Vicence, à Faenza, à « San-Ginesio et en Calabre. Le Saint-Office de Rome prit « des mesures opportunes pour obvier à ces inconvénients, « en préposant à chaque ville des inquisiteurs capables et « diligents; il employa même parfois des séculiers zélés « et savants pour venir au secours de la foi, citons par « exemple Odescalchi à Côme, le comte Albano à Ber- « game, Muzio à Milan, à Pesaro, Venise et Capo d'Istria, « etc. Il y avait un motif pour lequel on en vint à se servir « des séculiers; en effet non-seulement beaucoup d'évêques, « de vicaires, de moines et de prêtres, mais même un « grand nombre d'inquisiteurs étaient hérétiques, ainsi « que l'avoua Vergerio, lorsqu'il eut été à tort absous par « eux à son premier interrogatoire.

« Il y eut pendant plusieurs années à Bergame quelques « hérétiques notables, ou vrais, ou présumés, et à qui « on intenta des procès d'hérésie : *in primis*, Victor So- « ranzo, évêque de Bergame, son vicaire, le prévôt nommé « don Nicolas Assonica et d'autres moins connus : l'é- « vêque en particulier passait pour un hérétique fieffé; ce

« fut lui qui eut l'audace d'envoyer des gens armés pour « incarcérer frère Michel Ghislieri, alors inquisiteur dans « ces contrées, et qui avait publiquement intenté un pro- « cès contre lui, qu'on soupçonnait bien auparavant d'hé- « résie. Cet évêque, depuis un certain temps déjà, avait « commencé à infecter sa ville épiscopale et son diocèse, « et si le Saint-Office de Rome ne l'eût pas poursuivi, aucune « force n'eût été capable de l'arrêter, car il jouissait d'une « grande autorité à Venise et à Bergame; mais le Saint-Of- « fice, par l'intermédiaire de frère Michel, lui fit son pro- « cès, et à peine l'eut-il en son pouvoir qu'il le fit incarcérer « dans le château Saint-Ange. A la fin, convaincu d'hé- « résie, Soranzo fut privé de son évêché, et mourut mi- « sérablement à Venise. Le cardinal théatin (Caraffa) « éprouva tant de satisfaction de voir cet hérétique pour- « suivi, qu'à dater de cette époque il commença à prendre « en affection frère Michel Ghislieri, et à lui donner tant « d'éloges, que plus tard il devint pape.

« A Modène, les hérétiques firent parler d'eux plus qu'en « aucune autre partie d'Italie. C'est là en effet qu'on trouve « le vicaire du cardinal Morone, nommé Bianco de Bonghis, « fortement suspect d'hérésie; là encore, Antoine Gadal- « dino, libraire modénais, une peste d'hérétique lui et « toute sa famille. Cet homme vendit de nombreux exem- « plaires *Del beneficio di Cristo*, livre pernicieux, qui en- « seignait la justification *ex sola fide et ex merito Christi* « *imputativo*, conformément à la doctrine de Luther. Tel « est ce livre si cher aux hérétiques, qu'il a été plusieurs « fois imprimé par eux, et Gadaldino ne se contente « pas seulement de le vendre, mais il l'a aussi réimprimé. « On compte encore parmi les hérétiques modénais Boni- « face Valentino, à qui le secrétaire du cardinal de Fano,

« Adrien, écrivit une lettre de condoléance pour la mort « de Luther, ainsi que pour celle de deux moines à Mo-« dène, nommés l'un frère Réginald, l'autre frère Alasio, « tous deux hérétiques. Cette lettre tomba entre les mains « du Saint-Office, qui intenta un procès audit secrétaire « Adrien. Ce Boniface dont nous venons de parler était en « rapport avec les hérétiques allemands, qui lui avaient « enseigné les lettres; ce fut lui qui infecta d'hérésie le « pays de Nonantola. Il y avait aussi parmi les Luthériens « Alexandre Milano de Modène, et un moine nommé Ber-« nard Bertoli, prédicateur dangereux, qui avait été en-« voyé pour prêcher à Modène par les soins de Louis Priuli, « du cardinal Pole et de la marquise de Pescara. On a dit « que ce moine était un disciple du cardinal Pole, motif « pour lequel tous trois furent poursuivis : quant au sus-« dit frère Bernard, il fut emprisonné à Rome, et abjura « ses erreurs. Il est vrai que Morone fut poursuivi, lui aussi, « en sa qualité d'évêque de Modène, pour avoir envoyé ce « moine prêcher dans son église; mais il échappa à ces « poursuites, en alléguant pour excuse que ce prédicateur « avait reçu l'approbation du cardinal Pole et celle de « Priuli. A Modène, le cardinal Morone avait aussi envoyé « prêcher un frère nommé Barthélemy Pergola. Celui-ci, « par l'entremise de Soranzo, évêque de Bergame, fut in-« vité à se transporter à Rome pour parler à Morone. Le « cardinal l'invita à dîner, s'entretint avec lui et le recon-« nut pour un luthérien : Pergola eut à Rome, d'un certain « Guido de Fano, le livre *Del beneficio di Cristo;* il prêcha « beaucoup d'hérésies à Modène, mais plus tard Morone « l'amena à faire une rétractation. Muzio fait mention de « Pergola dans une lettre qu'il écrivit au cardinal de Carpi « et au cardinal de Naples, c'est-à-dire à notre Caraffa le

« suprême inquisiteur, et à Lactance Fosco, son auditeur,
« et il les informe que cet individu appartenait à l'ordre
« des conventuels de Saint-François, et de plus qu'il était un
« célèbre prédicateur, arrivé cette année même à Pesaro;
« que neuf ans auparavant, c'est-à-dire en l'année 1542,
« année même de la fondation du Saint-Office à Rome, il
« avait prêché des doctrines scandaleuses à Modène, mais
« qu'il s'était justifié, en alléguant que ses prédications
« avaient été approuvées par Miranda, professeur de théo-
« logie, et par l'inquisiteur Beccadello. Néanmoins on lui
« fit rétracter ses erreurs en chaire, et, grâce aux bonnes
« dispositions de Muzio envers lui, on ne lui infligea
« pas d'autre peine que l'interdiction de la prédication
« pendant neuf ans. Le cardinal Cortese de Modène, bien
« que religieux bénédictin en grande réputation pour ses
« vertus et pour ses connaissances littéraires, fut cepen-
« dant sans aucun égard poursuivi par le Saint-Office
« pour avoir lu et approuvé le livre *Del beneficio di Cristo*.
« Il y eut aussi à Modène un prêtre du nom de Dominique
« Morando, majordome du cardinal Morone, hérétique et
« fauteur d'hérétiques; un certain François Camerone et
« un nommé Farzirolo, de Modène, furent poursuivis pour
« hérésie: citons encore le prêtre Gabriel Faloppia, héréti-
« que luthérien de la pire espèce, et un autre connu sous
« le nom de Gozapino le cordonnier, puis D. Jérôme Re-
« gio, prêtre modénais, tous hérétiques, ainsi que Louis
« Castelvetro, hérétique modénais, qui s'enfuit en Allema-
« gne. Il y avait à Modène une académie toute infectée
« d'hérésie, dont le chef était un chapelain de Morone,
« hérétique lui aussi, nommé D. Jérôme de Modène:
« ajoutons Jean Borgamazza et Jean Bertano hérétiques
« modénais; enfin Jean Marie Manelli ainsi que beaucoup

« d'autres suspects d'hérésie. Ils étaient si nombreux et si « puissants, qu'ils envoyaient des secours à leurs frères « d'Allemagne. Je termine ici ce que j'avais à dire de la « ville de Modène, qui eut pour évêque le cardinal Mo- « rone, soupçonné lui aussi d'hérésie, à qui on fit le procès, « et qui fut incarcéré pendant tant d'années pour de nom- « breux et graves chefs d'hérésie, bien que plus tard il ait « été absous au temps de Pie IV. Quant au livre *Del bene- « ficio di Cristo,* j'ajoute à ce que j'en ai dit plus haut, qu'il « eut pour auteur un moine sicilien de San-Severino près Na- « ples, et disciple de V. Valdès, et pour réviseur Flaminio, « lui aussi fortement infecté d'hérésie. Ce livre, plusieurs « fois imprimé, mais particulièrement à Modène *De man- « dato Moroni*, a trompé beaucoup d'âmes, parce qu'il « traitait de la justification avec une méthode pleine de « douceur, mais foncièrement hérétique, puisqu'en attri- « buant toute chose à la foi seule, et en commentant d'une « manière fausse les paroles de saint Paul dans l'épître aux « Romains, il avilissait les œuvres et les mérites : cet ar- « ticle de la justification *ex sola fide*, étant la pierre de « scandale sur laquelle vinrent tomber une grande partie « des prélats et des religieux de cette époque, le livre *Del « beneficio di Cristo* eut pour ce motif un grand débit, et « reçut l'approbation presque générale. A Vérone seule- « ment on le connut pour ce qu'il était, et il encourut les « censures : enfin, après bien des années, il fut mis dans « l'index des livres prohibés par Paul IV, puis par Pie IV « et par Clément VII.

« Lucques fut fortement infectée de ce fléau : dans cette « ville tinrent école Pierre Martyr, après sa fuite de « Naples, et ses compagnons, le ferrarais Tremellio, pro- « fesseur de langue hébraïque, Celso Martinengo, pro-

« fesseur de langue grecque, ainsi que Paul Lazizio « de Vérone, professeur de langue latine, et ceux-ci y trou- « vèrent Jérôme Zanco. C'étaient tous des hérétiques de la « pire espèce : ils restèrent à Lucques jusqu'en 1542, épo- « que à laquelle, ayant peur du pape, qui revenait de Bus- « seto ils, s'enfuirent tous en Allemagne avec Ochin.

« Sienne et Florence regorgèrent d'hérétiques. La pre- « mière donna le jour à Ochin et à Lactance Morone « (Ragnone ?), hérétiques consommés; la seconde vit « naître le moine Pierre Martyr Vermigli, qui infecta du « poison de l'hérésie Naples, Florence et toute l'Angle- « terre; cette ville fut aussi la patrie du protonotaire « Carnesecchi, secrétaire du pape Clément VII. Le car- « dinal Théatin fut le premier qui le poursuivit, peu après « l'époque de la fondation du Saint-Office à Rome. Plus « tard, en 1546, Carnessechi ayant donné quelque espoir « de conversion, fut relâché non point par le cardinal « Théatin, mais par d'autres qu'il n'est pas besoin de « nommer ici; aussi le cardinal Théatin se plaignait-il de « la lenteur excessive et de la bienveillance pernicieuse « dont on usait à l'égard des hérétiques. De là Car- « nesecchi passa à Florence, sa patrie, et retourna à « son vomissement avec tant de véhémence, qu'il se ser- « vait des revenus de beaucoup d'abbayes dont il était « titulaire pour entretenir un grand nombre d'agents « de l'hérésie dans diverses villes d'Italie. De concert avec « Pierre Martyr, il empesta tellement la ville de Flo- « rence de ses doctrines, que j'entendis plusieurs fois « répéter au seigneur Pierre Antoine Bandini, père du « cardinal Bandini, ces paroles : *Avant le Saint-Office, il « n'y avait eu à Florence aucun déchirement dans la foi.*

« Bologne courut un grand danger, car elle avait dans

« son sein quelques hérésiarques, parmi lesquels on cite
« un certain Jean-Baptiste Scot, qui était lié d'amitié avec
« des personnages considérables et avait leur appui, tels
« que Morone, Pole, la marquise de Pescara, etc. Cet héré-
« siarque recueillait de l'argent autant qu'il pouvait, et le
« répartissait entre les hérétiques cachés et pauvres qui
« résidaient à Bologne. Il abjura ensuite entre les mains
« du père Salmeron par ordre du légat de Bologne et du
« Saint-Office.

« Fiesole, outre sa proximité de Florence, était encore
« suspecte à cause de son évêque hérétique.

« San Geminiano eut Michelange Tramontano, luthé-
« rien, et un médecin nommé Travano, son maître.
« Le susdit médecin Travano enseigna l'hérésie à Pé-
« rouse : il eut pour disciples un prêtre nommé Crescio
« et Tramontano dont nous venons de parler.

« Viterbe fut la demeure du cardinal Pole, légat des Ro-
« magnes, lui aussi fort suspecté et poursuivi, et à la cour
« duquel étaient beaucoup d'hérétiques. L'hérésie répandit
« encore son infection chez un grand nombre de re-
« ligieuses du monastère de Sainte-Catherine de cette
« ville : Florence eut aussi des monastères tout en-
« tiers infectés d'hérésie.

« A Volterre, il y eut un frère André fort suspect, et
« ami de personnes suspectes.

« C'est ainsi que la pauvre Italie était maltraitée; ainsi
« furent découvertes et guéries par l'action du Saint-
« Office de Rome ses plaies occultes et pestilentielles.
« Les personnes vertueuses et pleines de foi éprouvèrent
« un sentiment de grande horreur pour un si grand mal,
« et un sentiment de grande joie pour un remède aussi
« efficace; le cardinal Théatin, surtout, l'inventeur et

« l'auteur de tant de bien, voyait chaque jour augmenter sa « satisfaction, et en remerciait le bon Dieu : son cœur in« trépide l'entraîna même plus loin, car il se mit à pour« suivre les princes d'Italie, qui étaient souillés de cette « poix, par exemple Ascagne Colonna duc de Palliano, Vit« toria Colonna marquise de Pescara, Renée, princesse du « sang royal de France en qualité de sœur d'Henri III, « duchesse de Ferrare, Catherine Cibo duchesse de Came« rino, Julie Gonzague comtesse de Fondi et autres per« sonnages. On vit ainsi se manifester dans le tribunal « du Saint-Office la puissance qui lui avait été donnée « par Dieu, la puissance *evellendi, disperdendi, dis« sipandi et destruendi*, c'est ce qui faisait dire souvent « au cardinal Caraffa sous une forme familière, *que le but « principal auquel doivent tendre le Saint-Office et les papes, « c'est de persécuter les grands lorsqu'ils sont hérétiques, « parce que de leur châtiment dépend le salut des peuples.*

« Naples et beaucoup d'autres villes et villages du « royaume ont été fort empestés par les hérésies de « V. Valdès, et par ses trois principaux disciples, c'est-à« dire par Pierre Martyr, Ochin et Flaminio, qui plus « tard devinrent chefs d'école pour beaucoup d'autres. Il « y eut encore un certain Sicilien, moine apostat de « l'ordre de Saint-Augustin, qui, ayant pris l'habit de « prêtre, porta le nom de don Lorenzo Romano. Il ne se « contenta pas de faire école à Caserte et dans bien d'au« tres pays de la Terre de Labour, mais il lui fallut encore, « pour devenir un hérétique plus célèbre, aller tout exprès « en Allemagne pour conférer avec les ministres de l'erreur, « et il revint de ce voyage non-seulement luthérien, mais « encore l'adepte le plus avancé des doctrines sacramentai« res. Maintenant que le Saint-Office est établi à Rome, de

« jour en jour on découvre un plus grand nombre de loca-
« lités infectées d'hérésie, et vraiment si on eût tardé da-
« vantage à établir à Rome le tribunal du Saint-Office, qui
« donna une force et une sanction aux sentences des autres
« inquisiteurs d'Italie, il eût été extrêmement difficile de
« porter un remède efficace au grand incendie allumé
« dans tout ce royaume. A Naples, les prédications de
« V. Valdès, d'Ochin, de Pierre Martyr, de Flaminio et de
« leurs compagnons ont fait une telle quantité de pro-
« sélytes, surtout parmi les maîtres d'école, que le
« nombre des gens empestés d'hérésie est arrivé à trois
« mille, ainsi qu'on l'a su, lorsque plus tard ils se sont ré-
« tractés. En Calabre, il y eut un nommé Apollonius Me-
« renda qui, après avoir infecté beaucoup de localités,
« et particulièrement la Guardia, San-Sisto et la baronie
« de Castelluccio, s'étant rapproché de Rome, devint cha-
« pelain du cardinal Pole. La Pouille eut beaucoup de
« coyphées de mauvaise doctrine, et specialement Odon
« de Monopoli, don Jean Paul Castroffiano, maître d'é-
« cole et compagnon de Louis Manna, tous hérétiques
« de la pire espèce. Dans la terre d'Otrante, il y eut La-
« dislas, auditeur de l'archevêque d'Otrante et compa-
« gnon de l'hérétique Louis Manna; l'archevêque lui-
« même eut à subir un sérieux procès; il avait, dit-on,
« envoyé Louis Manna prêcher publiquement à son église
« d'Otrante, et il entretenait des relations épistolaires avec
« Martin Bucer : enfin il fut l'ami de V. Valdès, dont il
« lisait les ouvrages; il eut longtemps chez lui Giannetto, hé-
« rétique fieffé qui s'enfuit ensuite à Genève. Grâce à notre
« cardinal Caraffa, cet archevêque n'eut pas le chapeau
« de cardinal. En l'état actuel des choses, comme d'une
« part on avait découvert à Naples et dans tout le royaume

« l'existence d'un grand principe de décadence pour la « foi, et comme d'autre part on voyait, par l'exemple de « Rome, de quelle efficacité était le Saint-Office pour « guérir le mal, on en vint à songer à établir aussi à Na- « ples le tribunal de l'Inquisition.

« Nos pères découvrirent les hérésies à Naples, car « notre Ordre est, pour nous servir des expressions d'A- « driani, le plus zélé persécuteur des hérésies, celui qui « fait profession plus spéciale de défendre la foi catho- « lique. Voici le moyen dont les nôtres se servirent pour « découvrir les hérétiques. Il faut savoir, que Régnier Gua- « lante et Antoine Cappone, par suite des rapports in- « times qu'ils eurent avec V. Valdès et Ochin, furent, « eux aussi, entachés un peu de cette poix; mais, comme « ils allaient à confesse près de nos pères de Saint-Paul, « et que par cela même ils se trouvaient à l'abri de tout « soupçon, ceux-ci se firent rapporter par eux tout ce « qu'ils avaient appris de ces hérétiques cachés.

« Tel fut le mode par lequel nos pères vinrent à con- « naître la mauvaise semence que ces gens répandaient et « les conventicules sécrets d'hommes et de femmes qu'ils « provoquaient. Après la découverte qui en fut faite par « eux, et le rapport qu'envoya le cardinal Théatin à « Rome, ces hérésiarques s'enfuirent tous de Naples. A « l'occasion de la fuite du père Bernardin Ochin, le car- « dinal Théatin écrivit une belle et longue lettre en latin, « toute remplie de citations de la sainte Écriture, dans la- « quelle il essaya de le ramener à la pénitence, ayant re- « cours tantôt aux caresses (car il avait encore conservé « quelqu'espoir à son sujet), tantôt aux reproches que mé- « ritaient son apostasie et le danger qu'il avait fait courir « à son âme et à celles de tant d'autres par lui trompées.

« Mais ce fut en vain : car, bien qu'Ochin ne se fût pas enfui « tout aussitôt de l'Italie, néanmoins il ne se contenta pas « de désobéir au cardinal Contarini, qui, l'ayant accueilli « avec bienveillance, l'exhorta à se présenter spontané- « ment à Rome : mais ce qui est pire, il s'enfuit à Ge- « nève, et fit courir le bruit que Contarini en personne « avait approuvé sa résolution. A dater de ce moment, il « se mit à dire du mal de la cour de Rome et de l'Église « catholique, comme savent faire les hérétiques. Ce dé- « sordre dut être imputé à la trop grande condescendance « du cardinal Contarini, qui aurait dû l'emprisonner, « quand il alla chez lui, et ne pas attendre qu'il en partît.

« Maintenant Ochin, avant de prendre la fuite, se rendit « chez la duchesse de Camerino, nommée Catherine Cibo, « et là jeta le froc aux orties, se sécularisa, et s'enfuit « ensuite à Genève. Il vivait, on le sait, dans une grande « intimité avec cette dame, ainsi qu'avec la marquise de « Pescara; ce qui par la suite valut à cette dernière « d'être inquiétée et poursuivie. »

Les attentats contre les inquisiteurs devaient être assez fréquents, puisque Pie V, en 1569, publia une bulle terrible (*Si de protegendis*) contre tous ceux, simples particuliers ou fonctionnaires publics, de quelque grade qu'ils fussent, qui assassineraient, battraient, chasseraient ou maltraiteraient des inquisiteurs ou des témoins, ou qui s'opposeraient à la publication de protocoles, à des actes de procédure, à des incarcérations.

Avec le temps, ainsi qu'il arrive toujours, les rigueurs s'adoucirent, l'Inquisition eut bien autre chose à rechercher que les délits d'hérésie, et à l'époque où dominait le point d'honneur, elle eut fort à faire pour punir et absoudre les duellistes et leurs témoins; mais le nom du tribunal et ses règles de procédure subsistèrent jusqu'au siècle de nos pères (N). En 1789, le père Pani, commissaire du Saint-Office, fit imprimer à Faenza (aucun imprimeur de Rome n'ayant voulu s'en charger) un livre intitulé : *De la punition des hérétiques et du tribunal de la sainte Inquisition*, dans lequel il défend cette institution comme personne n'eût pu s'y attendre, l'année même de la convocation de l'Assemblée constituante en France.

Par suite de l'habitude qu'a la cour de Rome de conserver les formulaires anciens, même quand les temps y répugnent, à l'imitation de l'Angleterre, qui conserve la vente des femmes et certains autres droits, lesquels sont abolis en fait, le 15 septembre 1841, frère Philippe Bertolotti, inquisiteur général à Pesaro, publiait un édit en vertu duquel on imposait *l'obligation très-stricte* de dénoncer au Saint-Office les délits ressortissant de sa juridiction, et ce sous peine d'excommunication, savoir : les individus suspects ou publiquement accusés d'hérésie, ou d'adhésion aux rites des juifs, des mahométans et des païens; ceux qui accomplissent des pratiques qui les font supposer avoir fait un pacte avec le démon; ceux qui se livrent à des expériences de nécromancie ou à d'autres arts magiques avec abus des sacrements; ceux qui administrent la confession et la communion sans être prêtres; ceux qui abusent du sacrement de pénitence; qui tiennent des conventicules au préjudice de la religion; qui profèrent des blasphèmes hérétiques; qui contractent mariage ayant une autre femme ou étant engagés dans les ordres sacrés; ceux qui entravent en quelque manière que ce soit la libre action du Saint-Office; ceux qui composent ou publient des satires pleines d'attaques contre le pape ou le clergé, ou de blasphèmes contre des textes sacrés; ceux qui détiennent ou répandent des écrits ou des imprimés entachés d'hérésie sans la licence exigée; ceux qui mangent ou donnent à manger des aliments défendus sans nécessité, ou sans en avoir obtenu la permission; ceux qui engagent un chrétien à embrasser une autre foi, ou qui empêchent les Turcs ou les Juifs de recevoir le baptême. Tout individu qui ne dénonce pas ces sortes de personnes ne pourra être absous, s'il n'a fait préalablement sa dénonciation : enfin, ledit inquisiteur ordonne que cet édit soit affiché dans les boutiques, hôtelleries et librairies [1].

L'année où Garibaldi et Cialdini, suivis de leurs chemises rouges, hurlaient jusqu'aux portes de Rome, parmi les thesès qui furent proposées aux élèves du séminaire romain (VI *kal. sept* 1860), nous remarquerons celles-ci :

CCVI. *Institutum sanctæ Inquisitionis, prout a Romanis pontificibus profectum est, nulla ex parte reprehendi potest.*

CCVII. *Perperam Protestantes Ecclesiam calumniantur, quasi a primæva sua mansuetudine defecerit.*

CCVIII. *Non minus enim veteri ætate, quamvis temporibus quæ Protestantium originem subsecuta sunt, romani pontifices solliciti admodum fuerint ne iis in locis, quæ immunia ab hæresi exstiterant, hæretici libere cultum profiterentur,*

(1) Une orpheline de Bâle s'étant faite protestante, se ravisa, et n'assista plus aux assemblées des dissidents. La communauté de Bâle commença par lui adresser par écrit des admonitions et des exhortations; puis, en juin 1866, elle prit cette décision : « Dès l'instant que vous ne vous êtes pas rendue aux invitations fraternelles qui vous ont été faites de comparaître devant la communauté, ce qui est un acte de désobéissance et de révolte, un mépris du Seigneur et de son corps, vous êtes exclue de la communion de Dieu : à dater de ce moment cesse toute relation civile avec vous dans toute la communauté. Après une pareille conduite, on ne peut s'asseoir avec vous à la même table. »

aut civilia jura, quibus solummodo catholicæ religionis cultores frui poterant, obtinerent.

CCXI. *Romani pontifices perpetue inficiati sunt aut ullum jus ab hæreticis afferri posse pro libertate (in religionis cultu profitendo) obtinenda, aut ipsam societatis conditionem posse eamdem libertatem a catholico principe postulare.*

CCXII. *Iidem romani pontifices sua agendi ratione in gravissimis adjunctis ostenderunt, meram solummodo tolerantiam ad graviora mala vitanda inductam, reprehendi non posse.*

Lors même qu'on n'aurait pas été témoin de pareils faits, on pourra se représenter le facile et bruyant triomphe de nos révolutionnaires, alors qu'ils reprochèrent au gouvernement papal d'avoir conservé le Saint-Office, et se glorifièrent de l'avoir eux-mêmes aboli dans les pays enlevés à son gouvernement. En s'affranchissant de cette institution, les peuples s'aperçurent qu'il n'y a pas une grande différence entre un prêtre exerçant des fonctions de police et un séculier. Lorsque plus tard on frémira en pensant aux lois Pica et Crispi, aux fusillades multipliées et à la potence qui subsiste encore, il sera bon de répéter qu'il ne faut pas condamner les institutions pour l'abus qu'on en fait, et qu'on doit les juger par rapport aux temps qui les ont vues naître. Aujourd'hui, en effet, la justice est le droit armé; alors l'Inquisition était le bien armé; de nos jours, l'État protège la justice, jadis l'Inquisition voulait protéger la moralité : c'est ainsi que les opinions varient selon les temps ; pour nous, nous ne demandons qu'une chose à tous, séculiers et ecclésiastiques, c'est de faire consacrer l'incompétence absolue de la force en matière de foi. Quant aux formes, on ne peut pas plus en faire un sujet de reproches au temps passé exclusivement qu'un titre de gloire pour le nôtre. C'est pourquoi, en passant sous silence les actes moins cruels, et moins nombreux en vérité, dont nous avons été nous-même témoin, il faut lire dans Louis Blanc l'histoire ou plutôt la justification de la Terreur en France. Après avoir fait dresser les cheveux à ses lecteurs non moins par le récit de ces massacres que par les efforts qu'il fait pour les justifier, l'auteur conclut : « Tous les « fanatismes se ressemblent. *Il n'est donc pas surprenant* que « le fanatisme politique soit venu fournir son contingent « de victimes à l'œuvre de destruction, poussée si avant « sur toute la surface du globe, du fanatisme religieux. « Mais une chose, du moins, est certaine : c'est que la « plupart (!) des malheureux qui furent frappés ne le « furent que parce qu'on les crut réellement coupables. « . . . . De même qu'à d'autres époques et en « d'autres pays, on avait cru digne d'être brûlé vif quiconque n'admettait pas le dogme de la présence réelle, « de même on crut alors digne de mort, et ce genre « d'intolérance était certes moins inconcevable, qui- « conque se révoltait contre le principe de l'égalité et de « la fraternité humaines [1]. »

Le plus fanatique apologiste du Saint-Office pourrait-il écrire une phrase plus absolue ? Puis l'auteur se demande : « Dans quel temps, dans quel pays, le déchaînement des « passions politiques et le choc des intérêts en lutte n'ont- « ils pas conduit les combattants à fouler aux pieds les droits « de l'humanité et agrandi outre mesure le domaine de « la mort ? Les exemples, hélas ! se présentent en foule ; « et, pour en trouver d'effroyables, il n'est nullement « besoin de consulter la biographie de Catherine de Mé-

(1) *Histoire de la Révolution française*, tome XI, page 144.

« dicis, ou d'ouvrir les registres de l'Inquisition, ou de « fouiller les annales des nations réputées barbares, on « en trouve même dans l'histoire d'Angleterre. » Ici l'auteur raconte l'horrible persécution soulevée en Irlande en 1689 [1].

(1) *Ibid.*, tome XI, page 147.

NOTES ET ÉCLAIRCISSEMENTS

AU DISCOURS I.

(A.) Voir notre Disc. V. T. I. *Les Précurseurs*. — Saint Augustin, qui désapprouva complétement les persécutions contre les dissidents, a écrit dans les *Rétractations*, liv. II, ch. 5, ce qui suit : « J'ai composé deux livres contre les Donatistes, où j'ai dit que je n'aimais pas qu'on eût recours au bras séculier pour faire rentrer de vive force les hérétiques dans la communion de l'Église. Certes, ce procédé me déplaisait alors, parce que je n'avais point encore fait l'expérience des excès auxquels l'impunité peut oser se porter, et des avantages que procure la promptitude du châtiment pour améliorer l'état des choses. » Et dans le traité II *in Johann.*, n° 14 : « Voyez ce qu'ils font et ce qu'ils souffrent : ils tuent les âmes, et ils sont tourmentés dans les corps; ils engendrent des morts éternelles, et ils se plaignent d'en souffrir de temporelles. »

(B.) Les rois de France, en recevant la couronne, juraient de détruire l'hérésie. Mais les jurisconsultes observent, d'abord, que cette expression n'est pas définie, et qu'il faut en restreindre le sens le plus possible. Ensuite, comme nul serment ne peut être en contradiction avec les commandements de Dieu, et que ces rois jurent de conserver la paix dans leur royaume, il en résulte qu'ils ne doivent pas employer la violence, ce qui détruirait l'amour, la sûreté, la protection due à leurs sujets. Le premier roi qui, lors de son couronnement, omit de prêter ce serment, fut Louis XVI en 1787 : il rendit aux Protestants leur état civil, et pourtant les Français le décapitèrent.

(C.) Bien des hommes semblent être en dehors de l'Église, qui réellement sont dans son sein; beaucoup d'autres semblent être dans son sein, qui en réalité sont en dehors d'elle. Ainsi parle saint Augustin. Dans l'allocution prononcée en 1854, lors de la proclamation du dogme de l'Immaculée Conception, Pie IX condamna ceux qui croient qu'on peut faire son salut dans toute espèce de religion, et il ajoute : « Cependant on doit tenir également pour certain que ceux qui vivent dans une ignorance invincible de la vraie religion, ne se rendent pas coupables aux yeux du Seigneur. Or, qui prétendrait déterminer les limites de cette ignorance, selon le caractère et la variété des peuples, des religions, des intelligences et de tant d'autres circonstances? Lorsque, affranchis des liens du corps, nous verrons Dieu tel qu'il est, nous comprendrons dans quelle étroite et sublime harmonie marchent ensemble la miséricorde et la justice divine; mais, tant que nous resterons dans la prison de cette chair mortelle qui affaiblit l'esprit, tenons-nous-en strictement à cette croyance qu'il n'y a qu'un seul Dieu, une seule foi, un seul baptême, et qu'il ne nous est pas permis de nous livrer à d'autres investigations. »

Dans l'encyclique du 10 août 1863, Pie IX disait encore aux cardinaux, aux archevêques et évêques d'Italie : « Notum nobis vobisque est, *eos qui* invincibili circa ss. nostram religionem ignorantia laborant, quisque naturalem legem ejusque præcepta in omnium cordibus a Deo insculpta sedulo servantes, ac Deo obedire parati honestam rectamque vitam agunt, posse, divinæ lucis et gratiæ operante virtute, æternam consequi vitam, cum Deus, qui omnium mentes, animos, cogitationes, habitusque intuetur, scrutatur, et noscit, pro summa sua bonitate et clementia minime patiatur quempiam æternis puniri suppliciis, qui voluntariæ culpæ reatum non habeat. Sed notissimum quoque est catholicum dogma, neminem scilicet extra catholicam ecclesiam posse salvari, et contumaces adversus ejusdem Ecclesiæ auctoritatem, definitiones et ab ipsius Ecclesiæ unitate... pertinaciter divisos, æternam non posse obtinere salutem. »

(D.) L'intolérance des réformateurs fut singulièrement flagellée par Simon Lemnio de Margudant dans les Grisons. S'étant lié à Wittemberg avec Mélanchton, il se fit beaucoup d'ennemis par son génie caustique et surtout par ses *Epigrammatum libri duo*, où il faisait l'éloge d'Albert, archevêque de Mayence, comme protecteur des lettres. Luther, qui était ennemi juré de ce dernier, fit poursuivre Lemnio à raison des allusions blessantes qu'il avait trouvées dans cet ouvrage contre l'Électeur de Saxe et d'autres personnages princiers : l'auteur n'évita la prison qu'en fuyant à Worms, et fut condamné au bannissement perpétuel. Cette mesure mit le comble à son irritation, et il se déchaîna contre ses persécuteurs, décochant contre eux de fines plaisanteries et des bons mots qui eurent cours dans le public; il ajouta à ses épigrammes un troisième livre, dans lequel il stigmatise l'intolérance de Luther, de Jonas et autres; dans sa *Monochopornomachia*, comédie dédiée à Luther, il fait figurer ce chef de la Réforme lui-même, Jonas, Spalatin, leurs femmes et leurs amants, ainsi que d'autres personnages dans la bouche de qui il met des dialogues obscènes.

Lemnio composa beaucoup, traduisit en vers l'*Odyssée*, fut correcteur à l'imprimerie d'Oporino, enfin professeur à Coire, où il mourut, de la peste, en 1550, à la fleur de l'âge.

Innocent XI, au milieu de ses luttes avec Louis XIV, voulut agir près de lui pour empêcher qu'on usât envers les Protestants d'autant de rigueur : il chargea à cet effet son nonce en Angleterre de prier Jacques II d'intervenir en ce sens : mais Jacques refusa. Voir, MAZURE, *Hist. de la Révolution de* 1688, Paris, 1825, tom. II, p. 126.

(E.) Clément VII, pendant le séjour qu'il fit à Bologne à l'occasion du couronnement de Charles Quint, le 15 janvier 1530, publia une bulle adressée à frà Paolo Botticelli, inquisiteur pour les diocèses de Ferrare et de Modène. Le pape lui enjoignait de procéder contre les hérétiques, spécialement contre les luthériens, lui accordant en même temps de pleins pouvoirs pour recevoir au sein de l'Église quiconque abjurerait ses erreurs; et cela pour arrêter l'irruption impétueuse du torrent de l'hérésie, et guérir l'Italie éprouvée par tant de disgrâces. Cette bulle fut adressée à tous les inquisiteurs avec des indulgences au profit des confrères de la société de la Croix.

Elle est insérée au volume intitulé *Bullarum et privilegiorum*, etc. On publia aussi à Bologne divers livres contre les hérétiques, et nommément *Opera contro le perniciosissime heresie luterane*, dont l'auteur était frère Jean de Fano, 1532.

(F.) V. A. Huber prononça en 1847 à l'Union Evangélique de Berlin un discours où il soutient que l'Inquisition en Espagne était une institution *indispensable*, dérivée du caractère national espagnol, et que la position de l'Espagne à la tête du monde catholique au XVIe siècle était la seule qui lui convînt. « Ce qu'il y a de certain (dit-il), c'est que l'Inquisition était, dans le vrai sens de ce mot, un moyen préservatif très-populaire pour conserver la nationalité castillane. » Voir *Ueber spanische Nationalität, u. s. w.* Berlin. Héfelé de Tubingen, dans sa belle monographie du cardinal Ximenès, développe amplement les raisons que nous avons ci-dessus énoncées, et il conclut que dans l'histoire de l'Inquisition d'Espagne, le saint siége joue un rôle tout à fait honorable, en sa qualité de protecteur des persécutés, comme il l'a été de tout temps. Le protestant Schröckh, dans son *Histoire ecclésiastique*, s'étonne que le pape ait consenti à cette transformation d'un tribunal ecclésiastique en un tribunal séculier, indépendant de son autorité. Ranke, protestant lui aussi, blâme l'histoire écrite par Llorente pour favoriser le roi Joseph Bonaparte au détriment des libertés basques et des immunités ecclésiastiques; il dit que, d'après cet ouvrage, on doit reconnaître que le Saint-Office était une justice royale sous des apparences ecclésiastiques; cela est si vrai que le cardinal Ximenès, montrant quelque répugnance à recevoir dans le conseil un laïc nommé par Ferdinand, celui-ci lui répondit : « Ignorez-vous donc que le Saint-Office ne tient sa juridiction que du roi? »

(G.) Il est notoire qu'Antoine Perez, condamné à mort par Philippe II, parvint à sortir d'Espagne, et fut un de ceux qui propagèrent le plus efficacement les sentiments de haine dont ce monarque fut l'objet. Dans ses *Relations*, publiées à Paris en 1624, il raconte que les propositions en vertu desquelles on attribuait au prince plein pouvoir sur la vie de ses sujets avaient été condamnées par de hauts personnages et par le nonce du pape, et il ajoute : « Un jour à Madrid, un prédicateur qu'il importe peu de nommer, dans un sermon prononcé en présence du roi catholique à Saint-Jérôme, déclara que « les rois ont un pouvoir absolu sur la personne et sur les biens de leurs vassaux ». Cette proposition fut condamnée par l'Inquisition, et le prédicateur obligé à faire sur place une rétractation publique avec toutes les formes juridiques, sans parler des peines particulières qu'il dut subir. Il fit sa rétractation du haut de la même chaire, lut une formule écrite, à laquelle il ajouta : « Les rois n'ont sur leurs sujets de pouvoir que celui qu'ils tiennent du droit divin et humain, et non de leur bon plaisir. » Le coupable dut répéter ces paroles par ordre de maître frère Fernand de Castille, consulteur du Saint-Office, prédicateur du roi, homme d'une grande éloquence et d'une science remarquable, fort estimé dans son pays, et bien plus encore en Italie. »

(H.) *D. O. M. Barth. Carranzæ navarro dominicano archiepiscopo toletano Hispaniarum primati, viro genere vitæ doctrina concione atque eleemosynis claro, magnis muneribus a Carolo V et Philippo rege catholico sibi commissis egregie functo, animo in prosperis modesto et adversis æquo. Obiit anno Domini*, etc.

Babbi, résident de Toscane à Rome, à la date du 14 avril 1571, informe le grand duc de Toscane que le cardinal Morone, suspect d'hérésie, a été « reçu en consistoire public avec beaucoup de solennité, et tendrement embrassé par le pape »; il ajoute que le soir on a lu la sentence contre l'archevêque de Tolède en présence du pape, des cardinaux, de l'Inquisition et de beaucoup de seigneurs et prélats de la Cour, et que devant eux il protesta contre tout soupçon d'hérésie. » (*Correspondance de Côme I*, liasse XII.)

Laderchi rapporte des témoignages excellents en faveur de Carranza. Outre Llorente, qui en parle avec son exagération habituelle, De Castro (*Hist. de los Protestantes Españoles y de suya persecution por Felipe II*, Cadix 1851) consacre un livre tout entier à ce procès, dont l'importance est capitale, parce qu'on y voyait l'autorité des évêques lutter contre celle de la sainte Inquisition, qui déploya toutes les ressources de sa puissance contre le primat d'Espagne, et sut entraîner l'opinion publique de son côté. Le célèbre théologien Melchior Cano, qui avait soutenu Philippe II contre Paul IV, se tourna contre Carranza. D. Diego Hurtado de Mendoza, fameux diplomate et guerrier, se fit son dénonciateur. Jacques Balmès, dans son livre *Le protestantisme et le catholicisme comparés, par rapport à la civilisation européenne*, chap. 37, a écrit sur ce procès des considérations dignes d'être lues.

(I.) Extrait d'un manuscrit de l'année 1571 :

Une discussion s'étant élevée entre le Saint-Office et le vice-roi de Sicile, Philippe II envoya pour l'apaiser et donner gain de cause au premier le père Parama. Celui-ci, à la demande des grands inquisiteurs Quiroga et Manrique (lib. II, tom. II, ch. XI, n° 3), avait écrit un traité qu'il avait dédié au grand inquisiteur Portocarrero sous ce titre : *De origine et progressu officii sanctæ Inquisitionis, ejusque utilitate et dignitate. De romani pontificis auctoritate et delegata Inquisitorum. Edicta fidei et de origine sancti Officii quæstiones decem, libri III, auctore Ludovico a Parama boroxensi archidiacono et canonico legionensi, regnique Siciliæ inquisitore.* Matriti, ex tipographia regia. C'est l'apologie la plus ample et la plus sincère qu'on ait jamais faite de ce funeste tribunal. On y fait remonter son origine jusqu'à Adam, au moment où le Créateur l'appelle après la désobéissance; on considère comme juste son établissement et comme régulière sa procédure, qui était en effet conforme aux usages reçus alors. Du reste il est certain que, au moins dans les traités, on recommandait la modération dans l'emploi des supplices, et que l'emprisonnement était appliqué de façon non-seulement à châtier, mais à amender l'accusé dont on poursuivait la conversion, quels que fussent d'ailleurs les moyens et le but.

Summonte, qui est cependant si minutieux, ne fait pas le relevé des hérésies. Dans ses œuvres, on trouve à chaque instant des personnes d'ailleurs qualifiées, arrêtées, égorgées, et pendues sans aucune procédure préalable, et cela en vertu d'ordres précis donnés par le vice-roi, ou aussi par sa volonté, surtout par la volonté du vice-roi Pierre de Tolède.

(J.) Voltaire écrit que l'Inquisition *fut en Sicile, plus encore qu'en Castille, un privilège de la couronne, et non un tribunal romain, car en Sicile, c'est le roi qui est pape.* (*Essai sur les Mœurs*, chap. CXL.). Mac Crie, parmi les nombreuses erreurs sur lesquelles il a échaffaudé son *Histoire de l'origine et de l'extinction de la Réforme en Italie*, raconte qu'un certain Benedetti, surnommé Locarno, prêcha en 1546 tout à son aise la Réforme à Palerme, grâce à la protection du vice-roi don Pedro de Cordoue et marquis de Terranova. Pedro de Cordoue ne fut jamais vice-roi de Sicile, où était lieutenant de 1535 à 1546 don Fernand Gonzague, qui fonda la célèbre Confrérie des Blancs : un moment seulement, en 1536, il y avait laissé comme président le marquis de Terranova. Que Locarno ait eu à Palerme un *très-nombreux auditoire*, aucun écrivain ne l'a dit excepté Mac Crie. Camille Siculo, qu'il cite comme ayant été le maître de Lélius Socin, avait sa résidence en Valteline où nous le retrouverons. Voyez Galeotti, *Dispute con un ministro valdese per certi appunti fatti alla storia del Mac Crie*. Palerme 1863.

Dans les *Instructions du Saint-Office du Royaume de Sicile rédigées pour l'usage et la commodité des* 1212 *commissaires du royaume*, se trouve cette prière : *Domine Deus omnipotens, pater Domini nostri Jesu Christi qui dignatus es hunc famulum tuum ab errore hæreticæ pravitatis* (*Luteranæ, sive Calvinistæ, sive Protestantium, sive Indipendentium, sive Multiplicantium, sive Anabaptistarum, sive Libertinorum, sive Quakerorum, sive alterius*) *clementer eruere, et ad Ecclesiam tuam sanctam catholicam revocare*, etc.

(K.) — J'en citerai quelques-uns :

Eymerick, *Directorium inquisitorium*, Roma 1587, et un autre plus incorrect, édité à Venise en 1607.

Carena Cesare, *De officio sanctæ Inquisitionis et modo procedendi in causis fidei*. Cremona, 1641.

Mengius, *Flagellum dæmonum, Fustis dæmonum. Compendio dell'arte exorcistica* (Abrégé de l'art de l'exorciste), ouvrages qui sont tous à l'index, ainsi que l'*Inquisizione processata* (1682.)

Reginaldus Gonzalvius Montanus, *Sanctæ inquisitionis hispanicæ artes detectæ, ac palam traductæ : Historia completa das Inquisicion de Italia, Hespanha e Portugal*, 1825.

Dandini Anselmo. *De suspectis et de hæresi*, Roma, 1703.

A l'histoire de la Sainte Inquisition de Sarpi, le cardinal François Albizzi répondit par un ouvrage anonyme ayant pour titre : *Risposta all' istoria della sancta Inquisizione*, Typ. de propag. fide, 1678.

Pasqualone Giacomo, *Sacro arsenale, ovvero pratica dell' officio della sacra Inquisizione*. Gènes, 1683.

Pane, *Della punizione degli eretici e del tribunale della santa Inquisizione*. Lettres apologétiques, 1789.

Le dominicain Hubert Locato de Castel San Giovanni près Plaisance, qui fut plus tard évêque de Bagnarea (-1587) est l'auteur de divers livres d'histoire; on a de lui : *Opus judiciale inquisitorum ex diversis theologis et j. u. doctoribus extractum*..... Roma, 1570, ouvrage riche de questions et de formules concernant les différents cas ressortissant du Saint-Office.

Manfredi Francesco, *Ristretto de processi dell'Inquisizione di Sicilia* pendant l'année 1640.

Lorsque Morellet en 1762 eut traduit le *Directorium Inquisitorium*, dans le but de faire tort à l'Église, le fameux jurisconsulte Malesherbes lui dit : — « Vous croyez avoir rassemblé des faits extraordinaires, des procédures inouïes. Eh bien, sachez que cette jurisprudence d'Eymerick et de la sainte Inquisition est à bien peu de chose près semblable à la nôtre. Je restai confus en présence d'une pareille assertion, ajouta Morellet, *Mémoires*, t. I, p. 59; depuis j'ai reconnu qu'il avait raison. »

(L.) — Voir *Breve informazione del modo di trattar le cause del Sant'Uffizio per li molto reverendi vicarj della santa Inquisizione di Modena*. Je choisis au hasard ce document, qui est semblable aux autres, et qui, bien qu'appartenant à une époque beaucoup plus éloignée, n'offre pas de différence avec les plus anciens. Voici la manière dont les attributions du Saint-Office sont expliquées dans un édit de 1776 émané de la curie de Modène.

« Nous, en vertu de l'autorité apostolique qui nous a été concédée, enjoignons, et ce sous peine d'excommunication, à toute personne résidant dans cette juridiction, quels que soient son rang ou sa condition, qu'elle soit ecclésiastique ou séculière, de révéler au Saint-Office de cette ville ou à l'ordinaire, et de notifier légalement dans l'espace de trente jours tous et chacun des faits ci-après dont ils ont actuellement connaissance, ou dont ils auraient eu ou auront à l'avenir également connaissance, à savoir :

« Ceux qui, ayant professé la sainte foi catholique, sont devenus hérétiques; ou ceux qui sont devenus suspects d'hérésie en matière de foi, ainsi qu'il appert des saints canons et des constitutions pontificales;

« Ceux qui se rendent coupables de blasphèmes, de moqueries sacriléges, de profanation des saintes images ou de sortiléges hérétiques.

« Ceux qui ont, sans l'autorisation du Saint-Siége apostolique, gardé, lu, imprimé, ou qui gardent, lisent, impriment ou font imprimer des livres hérétiques, traitant de religion ou de sortiléges.

« Ceux qui, malgré le vœu solennel de leur profession religieuse, ont, après avoir pris les ordres sacrés, contracté ou qui contractent mariage;

« Ceux qui, en violation des décrets et des constitutions apostoliques, ont abusé ou abusent de la confession sacramentelle ou du confessionnal pour solliciter leurs pénitents *ad turpia;*

« Ceux qui ont empêché ou empêchent l'action de l'Inquisition, ou qui insultent un dénonciateur, un témoin, ou un ministre, dans l'exercice de ses fonctions;

« Ceux qui, sans permission légitime, et pouvant être soupçonnés d'incrédulité, font usage d'aliments défendus par l'Eglise dans des temps déterminés;

« Ceux qui ont tenu ou tiennent des assemblées occultes, au préjudice et au mépris de la religion.

« Ceux qui, n'étant pas prêtres, ont usurpé ou en usurpent les fonctions en célébrant la sainte messe, et ont prétendu administrer le sacrement de la pénitence, bien qu'ils n'aient pas proféré les paroles de la consécration, et qu'ils n'en soient pas venus à prononcer l'absolution.

« Nous avertissons que ceux qui auraient la prétention de révéler les délinquants par des bulletins ou des lettres, alors surtout qu'ils ne sont pas signés, ne satisferaient point à nos prescriptions et ne peuvent vouloir y satisfaire ainsi, l'Inquisition ne tenant aucun compte de ce mode de dénonciation;

« Et que ladite excommunication qu'encourront les contrevenants à notre édit ne pourra être levée que par le Saint-Office;

qu'en outre le coupable ne pourra être absous qu'après avoir légalement révélé lesdits hérétiques ou suspects d'hérésie.

« Nous rappelons à tous les révérends confesseurs qu'ils doivent faire connaître aux pénitents l'obligation légale qui leur incombe de dénoncer les contrevenants au Saint-Office dans les formes ci-dessus prescrites, et que, faute par eux d'obéir à cette injonction, ils seront incapables de recevoir l'absolution.

« Enfin nous enjoignons, en vertu de la sainte obéissance, à tous les supérieurs ecclésiastiques, tant séculiers que réguliers, et aux confesseurs de religieuses, de veiller à ce que le présent édit soit publié et affiché dans leurs églises, sacristies et monastères en un lieu public. Nous ordonnons pareillement à tous ceux qui ont charge d'âmes de le publier chaque année en avent et en carême, un jour de fête et de grande assistance des fidèles; nous avons envoyé la copie authentique aux vicaires respectifs du Saint-Office.

« Quant aux Juifs, on déclare qu'ils encourront les peines édictées par l'Inquisition du Saint-Office dans les cas prévus par la bulle de Grégoire XIII, *Antiqua Judæorum*, etc., et cela chaque fois qu'ils diront ou feront des choses qui portent directement atteinte à la religion catholique. »

(LL.) Poggiali, *Memorie di Piacenza*, vol. II, p. 277 et 344, rapporte ces faits d'après une vieille chronique, mais en désignant seulement les personnes en question par des initiales, de peur de faire tort à leurs descendants; pour nous, nous avons mis les noms entiers. Corvi parle d'autres habitants de Plaisance, qui, ayant été poursuivis comme luthériens, abjurèrent ou furent punis.

A propos de Bologne, nous avons indiqué quelles semences d'erreurs y sema Jean Mollio, et quel terrible châtiment il subit. En dépouillant les listes des hérétiques exécutés par sentence de l'Inquisition, on trouve à la date de 1648 frère Jean Favelli, servite de Vérone, magicien et hérétique, qui avait composé un livre intitulé *Fiore Novello*, rempli d'énormités; en 1481, Georges de Monferrat, étudiant de l'Université, brûlé vif comme hérétique obstiné; en 1567 Bernardin Brescaglia de Modène, le peintre vénitien Baldiserra et Martin Feni, savetier français, tous brûlés comme hérétiques obstinés; en mars, maître Bernardin delle Agucchie, milanais, et en septembre, Pellegrino Righetti et Pierre Antoine de Cervia; en 1568, le mantouan Silvio Lanzoni, cousin du duc de Mantoue et du seigneur de la Mirandole; en 1572, Jacques Salicati dit Cattaneo. En 1587 Hercule del Trolle fut pendu pour avoir donné asile à un hérétique : nous savons en outre qu'en 1579 un certain Ascagne Lojani de Bologne avait été brûlé à Rome pour hérésie.

Il y avait à l'Université de Bologne en 1615 un certain Assuérus âgé de 27 ans, fils de Jean Bispiach du diocèse de Munster. Étant tombé malade, à l'examen qu'on lui fit subir sur les fondements de la foi, on découvrit en lui un disciple de l'erreur, et il fut envoyé au Saint-Office. A toutes les instances qui lui furent faites pour qu'il se rétractât, il répondit par un refus, et il fut condamné à être brûlé vif en 1618. Cependant, après avoir persisté dans son entêtement jusqu'au dernier moment, il se laissa fléchir par les exhortations des confrères de la bonne mort, et signa une abjuration, ce qui lui valut de n'être que pendu. « Plaise au Saint-Esprit, au Dieu béni et à sa très-sainte mère, que les dispositions intérieures soient conformes aux dispositions extérieures, car, au jugement de tous, il est mort après être rentré en grâce auprès de Dieu, à qui seul appartient de connaître les secrets du cœur humain. *Requiscat in pace! Amen.* »

Ainsi se termine la relation qui existe sur le livre des exécutions (*Auto-da-fe in Bologna*, publié par Mr G. Bologne, 1860).

(M.) — Dans l'ouvrage intitulé *Breve informatione del modo di trattare le cause del sant'Offizio a Modena* (Modène, 1619), je trouve en dehors des catalogues généraux des livres prohibés, celui-ci, spécial au pays :

Défense de laisser vendre aucune des histoires suivantes, à raison des choses fausses, supertitieuses, apocryphes et lascives qu'elles contiennent respectivement; à savoir : *Prière de saint Daniel* — *Prière de sainte Hélene*, en octaves. — *La Vierge Marie avec les saints Anges. Oraison et supplications de sainte Marie*; « Avec sa prière, qui la dira, etc.; O somma sacra, etc. » — *Le démêlé de Cicarello.* — *Eglogue pastorale de Grotolo et de Lilia.* — *Oraison de saint Brendan.* — *Vie de saint Jean-Baptiste*, en vers. — *Oraison de sainte Marguerite*, en stances de huit vers pour les femmes en couches : « O douce mère, vie de Jésus ». — *Bénédiction de la Madone*, en stances de huit vers : « C'est à toi, les mains jointes, etc. » — *Histoire, ou martyre des saints Pierre et Paul*, en vers « Au nom de Dieu qu'il soit glorifié, etc. » — *Confession de la Madeleine* : « O puissante, bénigne et bénie, etc. » — *Gémissements de la Madone*, en octaves : « *Celui qui veut pleurer avec la Vierge*, etc. » — *Combat entre l'évangile et le démon* : « Mère du Christ, Vierge Marie, etc. » — *Histoire de sainte Catherine, vierge et martyre.* — *Pieuse légende de l'Ermite des Pulcini. Confitemini de la bienheureuse Vierge.* — *Prière contre la peste.* — *Epître du Dimanche,* en octaves : « Vive la divinité partout où elle s'avance, etc. » *Œuvre nouvelle des douze vendredis :* « A la gloire de l'éternel Rédempteur. »

Œuvre nouvelle du jugement dernier, en vers : « C'est à vous que je recours, éternel Créateur ». *Prière trouvée dans la chapelle de Notre-Seigneur à Jérusalem.* « Madone, sainte Marie, etc. » *Au Christ saint et glorieux, pieuses louanges :* « Christ glorieux, toi qui souffris, etc. » — *Prière adressée à saint Cyprien contre les mauvais esprits :* « Je suis Cyprien le serviteur de Dieu, etc. » *Histoire de saint Georges,* en octaves in-quarto : « Que ce soit au nom, etc. » *Prière de saint Jacques Majeur,* en vers, in-8° : « Infini Créateur, qui par ta mort, etc. » — *Prière de sainte Marie-Perpétue,* en prose, avec la rubrique : « Ceci est une très-dévote prière, etc. » — *Prière de notre Dame très-dévote,* en vers et en rime : « Salut, Mère de Dieu, etc. » — *Prière de saint Etienne :* Souverain Père éternel Rédempteur, etc. »

Un catalogue plus étendu, composé de *petites œuvres et historiettes défendues,* est joint *au Sacre arsenal de la sainte Inquisition,* Bologne, 1665, qui pour la plupart sont des prières et des histoires pieuses, surtout écrites en vers : ce qui revient à dire qu'on expurgeait de préférence les œuvres contenant des superstitions; aussi dans ce but on prohibait en général « tous les livres qui traitent de songes ou de leur exposition » ou d'astrologie judiciaire, ou de l'art des devins. Il y a aussi dans les *Règles du saint Office,* rééditées à Milan, en 1689, une liste de livres prohibés, qui sont presque tous composés de prières ou de pieuses légendes.

DISCOURS II.

Hérésie démoniaque. Astrologie. Sorcellerie.

Nous avons eu souvent occasion de parler d'un autre genre d'hérésies, qui donna beaucoup de besogne au Saint-Office avant et depuis la naissance du protestantisme en Allemagne.

La croyance aux démons est aussi ancienne que la civilisation, et, sans se perdre en conjectures sur les peuples les moins connus, nous savons que les Grecs reconnaissaient de bons et de mauvais démons (εὐδαίμονες, κακοδαίμονες). Ils appelaient διαβολος, c'est-à-dire calomniateur, le malin, et ils admettaient les incubes et les succubes (ἐφιάλτες, ὑφιάλτες), les apparitions, les incantations. Platon, au livre IX de la *République*, traite des sorciers et des peines qu'il leur faut infliger : il raconte que quelques-uns d'entre eux, plaçant sous les portes certaines images de cire, faisaient pénétrer ainsi dans les familles la stérilité, les maladies et la mort. Aristote, au livre IV de la *Métaphysique*, énumère différents sortiléges. Hippocrate, s'il n'accepte pas les maladies démoniaques, montre par sa réfutation même qu'on y croit. Chez les Romains déjà les XII Tables en parlaient ; plus tard, tous les classiques : on disait que les magiciens et les sorciers pouvaient avoir de l'influence pour le bien et plus encore pour le mal d'autrui ; qu'on pouvait lire dans l'avenir par l'examen des étoiles, l'inspection des mains et l'évocation des morts; qu'on pouvait causer la mort ou la maladie des enfants par le regard ou par des formules d'enchantements (A). Pour n'en pas dire plus, qui ne connaît le philtre de Virgile, la *Canidie* d'Horace et l'*Ane d'or* d'Apulée?

Explication naturelle de la magie.

Nous voyons l'habileté des magiciens vantée chez les différents peuples : ce devaient être de fins observateurs qui possédaient ce qui manquait aux autres, l'art de créer des circonstances capables de modifier des faits et d'inventer des instruments pour en opérer la transformation. C'était avec un grand secret et un véritable arsenal d'impostures que leurs artifices se conservaient et se transmettaient; de là naquirent les sciences occultes, qui constituaient la partie abstraite des connaissances humaines, où l'on considérait la nature comme une succession de prodiges, en attribuant à la magie l'explication des faits et leur nouvelle application.

Frappée au cœur par la prédication évangélique, la religion païenne chercha un reste de vie en frappant fortement les sens et l'esprit par les secrets de la chimie et de la physique, qu'on avait empruntés aux religions orientales. En les mariant aux cérémonies officielles du polythéisme, on en forma ce mélange moitié poétique et moitié philosophique de formes grecques, hébraïques, égyptiennes, indiennes qui caractérisent le néo-platonicisme et qu'on prétendit opposer au christianisme. Le fonds s'en retrouvait dans les pratiques théosophiques qui tendaient à attribuer à l'homme la puissance d'entrer en communication directe avec la divinité. Ces pratiques, généralement admises parmi les savants, firent illusion même aux Pères de l'Église, et cela d'autant mieux que dans les récits bibliques on rencontre des actes attribués aux démons, et que, suivant certain système, il faut voir dans la mythologie une grande invention du diable.

Ces superstitions, que les sophistes affirment être un reste des ténèbres du moyen âge n'étaient donc rien moins qu'une création de la civilisation antique : elles prirent, il est vrai, au moyen âge une importance déplorable, eu égard à l'ignorance et aux malheurs de ce temps. Alors, le mot magie signifia l'art de produire des effets extraordinaires par le moyen d'un pacte que l'homme contractait avec le malin esprit, en lui livrant soit quelque partie de son corps, soit des tessères, soit des papiers écrits avec son sang et même avec le sang consacré du calice. Cette hypothèse admise, un enfant malade, une femme tombée en état de consomption, une fortune subitement acquise, les orages, et jusqu'au mal le plus ordinaire, l'amour et la jalousie, bien plus, les combustions spontanées, les hallucinations, les exaltations nerveuses, s'expliquaient comme un effet des machinations occultes. Il est si commode, si conforme aux mauvais instincts d'attribuer à la malignité ou à une puissance inéluctable ce qui provient de notre fait ou de la juste mais insondable Providence.

La croyance aux démons s'étend avec le Mahométisme.

Les communications avec l'Asie rétablies par les croisades donnèrent plus de force à ces opinions : puis, la diffusion des doctrines musulmanes et la renaissance de l'étude de l'antiquité prêtèrent l'appui de leur autorité à la croyance aux relations immédiates et spontanées entre l'homme et les êtres surnaturels; elles confirmèrent l'opinion que la magie peut enchaîner la puissance divine et la liberté humaine, et rompre l'ordre moral et physique de la création par l'intervention d'actes matériels où l'on ne peut trouver ni intelligence ni amour.

Que l'homme croie posséder une plus grande puissance

de faire le mal qu'il n'en a réellement, c'est ce que nous atteste l'histoire de tous les jours; que les délits se multiplient à mesure qu'on les châtie, cela est trop évident quand on médite sur les maladies de l'intelligence et sur les passions; à force d'entendre dire qu'une chose se fait, on arrive à se persuader qu'on la fait soi-même.

Dans quelle mesure un homme peut-il influer sur le corps et l'esprit d'un autre homme par la seule force de l'imagination, poussée jusqu'au point où elle touche à la foi, c'est une question qui n'a pas encore été éclaircie, et pas davantage celle de l'influence des passions, surtout de la peur, cause prépondérante des maladies nerveuses. L'hypocondrie nous porte à considérer nos souffrances imaginaires comme un produit de la volonté de l'homme, comme le résultat de sa colère et de sa vengeance. L'insensibilité de certaines parties ou de l'ensemble du corps est expliquée aujourd'hui, qu'on connaît deux ordres de nerfs dont les uns président au mouvement et les autres conduisent au cerveau les impressions reçues par les sens. Ceci nous permet de laisser de côté la vulgaire théorie de la fraude; et en général, en supprimant les entités démoniaques, aujourd'hui la magie se rattache à l'étude des facultés de l'âme. Mais alors les faits extraordinaires en médecine, les bizarreries nerveuses, les phénomènes hystériques, et d'autres maux capricieux étaient déclarés des manifestations démoniaques. Voyait-on une personne communiquer ses convulsions à tout un collége, à tout un couvent : on attribuait à la sorcellerie ce que nous savons aujourd'hui être un effet de l'instinct d'imitation.

Ces maux se traitaient par les pèlerinages et les bénédictions, et en effet les remèdes de l'Église auraient dû consister en prières, en admonitions, tout au plus en exorcismes.

Mais les exorcismes, parfois simples pratiques de psychiâtrie, qui, grâce à la conviction de leur efficacité, servaient de vrai remède à l'imagination malade, s'employaient quelquefois aussi avec accompagnement de luttes dramatiques entre le prêtre et le diable, avec des conjurations effrayantes et de grands gestes de bénédictions. Par là on effrayait les faibles, et on fortifiait de plus en plus la croyance aux obsédés, aux possédés, aux *circumsessi*, aux *indemoniati*, aux *invasati*, en un mot à l'influence directe des démons sur les hommes. On pensait que le contact et la présence des choses sacrées redoublaient les souffrances des victimes, dont l'intelligence étincelait souvent d'une *lumière* plus vive, de façon à leur faire donner des réponses merveilleuses, à leur faire parler latin, hébreu, et à leur faire voir les choses lointaines et futures.

Les savants s'y laissent prendre.

De là les nombreux faits de démonopathie et de démonolâtrie, de là tant de victimes du malin esprit et de ses infatigables ministres. Dans tout le moyen âge, on ne voit qu'astrologie, pronostics et songes : le cruel Ezzelino y croyait aussi bien que le doux Pétrarque; le tyrannique Frédéric II comme les libres communes de ce temps demandaient à ces pratiques la règle de leurs actions; il n'y a pas jusqu'à l'histoire des papes où l'on ne trouve des traces d'astrologie. En effleurant ce sujet, nous dirons comment Bennone, grand ennemi de Grégoire VII, dans les lettres très-violentes qu'il adressa à l'Église latine, accusait ce pape de mille indignités et lui reprochait surtout d'être nécromancien. Il y affirmait en outre que le pape Sylvestre II avait été très-versé dans les pratiques des sciences occultes; il prétendait que Benoît IX et Grégoire VI, arrivés suivant lui au trône pontifical en empoisonnant leurs prédécesseurs, les avaient apprises de Sylvestre; il en aurait été de même de Grégoire VII, qui ne voyageait jamais sans avoir avec lui un livre de magie. Il raconte même qu'un jour ce pape, l'ayant oublié en revenant d'Albano à Rome, chargea deux de ses fidèles serviteurs d'aller le lui chercher, et leur défendit sous peine de malheurs de l'ouvrir en route. La curiosité les aurait poussés à désobéir, et ils auraient lu quelques lignes; alors tout à coup leur seraient apparues des troupes de démons, criant: « Que voulez-vous? Pourquoi nous inquiéter? Commandez, ou nous vous sautons sur le dos. » Les deux fidèles serviteurs du pape, effrayés et ne sachant que devenir, auraient répondu : « Abattez ces hautes murailles ». Aussitôt dit, aussitôt fait : les murailles d'Albano tombèrent en ruines; et les deux envoyés de Grégoire VII n'auraient pu qu'à grand'peine se traîner jusqu'à la ville, en faisant des signes de croix et en se recommandant à Dieu.

Jean XXII, dans la bulle du mois de février 1317, disait : « Quelques personnes résidant à notre cour, ne se contentant pas d'une science modérée suivant la doctrine de « l'apôtre, mais, ivres de vanité, se sont plongées dans la « nécromancie, dans la géomancie et autres arts magiques; elles vendent des livres et des formules de magie. « Comme toutes ces choses sont des artifices du démon, « tout chrétien a le devoir de s'en abstenir. Les susdites « personnes font un fréquent usage de miroirs et d'images « consacrés selon leur rite abominable. Elles se placent « dans des cercles d'où elles évoquent les esprits malins « pour dresser d'infernales manœuvres contre le salut « des hommes, soit en les tuant par la violence des enchantements, soit en leur insinuant des maladies de « langueur. Parfois, ces personnes ont enfermé les dé-

« mons dans des miroirs, des cercles, des anneaux, pour « les interroger sur le passé et sur l'avenir. Elles se sont « plongées dans des divinations et des sortiléges, ayant « parfois recours à Diane (sic)... Enfin elles n'hésitent « point à affirmer que non-seulement elles peuvent par « des aliments ou des breuvages, mais par une seule pa« role, abréger, ou prolonger, ou trancher la vie des « hommes, et les guérir de toute espèce de maladie. Aussi, « négligeant le culte du vrai créateur, elles s'en remettent « aux suffrages des démons; elles les croient dignes de « recevoir leurs services et des honneurs divins, et, à l'i« mitation des idolâtres, elles les adorent. »

Cette superstition se manifeste soit sous une forme scientifique, soit sous une forme vulgaire, l'une s'unissant à l'autre pour tirer de ces faux principes d'épouvantables effets. On ne prend pas assez garde qu'à l'apogée des arts et des lettres, au sein des jouissances de la civilisation, en Italie comme ailleurs, les sciences occultes prirent un grand développement, et cela peut-être, ajoutera-t-on, parce que les illusions sont plus vives dans nos rêves au moment du réveil. Les auteurs les moins enclins aux préjugés croyaient à l'astrologie, aux pronostics et aux songes. Pomponace, qui combat l'immortalité de l'âme, soutient (*De Incantationibus*) l'influence des planètes, auxquelles, suivant lui, et non aux démons, est due la faculté qu'ont certaines personnes de pénétrer l'avenir : c'est par elles que l'homme peut conjurer le temps, changer en bête et faire d'autres prodiges. Pour découvrir un voleur (enseigne-t-il), prends un vase, remplis-le d'eau bénite, approches-en un cierge bénit, et dis : « Ange aux blanches ailes, ange saint, par ta sainteté, par ma virginité, découvre-moi celui qui a enlevé telle chose ; » et l'image du voleur apparaîtra au fond du vase[1]. Charles VIII, appelé, comme l'ont toujours été les Français, à la délivrance de l'Italie, faisait croire au succès de son expédition en publiant une prophétie qui lui promettait des victoires signalées. En 1501, à Lyon, en France, un Italien du nom de Jean, personnage grave et de bonne renommée, qui, grâce à son savoir universel, s'était fait donner le surnom de Mercure, traînait après lui sa femme et ses jeunes enfants, vêtus d'étoffes légères et une chaîne de fer au cou; il se vantait de posséder toute la science des Grecs, des Latins, des Juifs, et plus encore; de savoir interpréter les secrets de la nature, de prédire l'avenir, de transmuer les métaux, de rendre bonnes les chances mauvaises, et mauvaises les bonnes. Cet Italien eut un grand crédit près du roi de France pour lui avoir porté deux insignes présents, à savoir une épée formée de cent quatre-vingts petites épées et un bouclier contenant un miroir merveilleux qu'il aurait fabriqués tous les deux sous la conjonction de certaines étoiles, et par cela même capables de faire des prodiges. Le roi convoqua les physiciens pour l'entendre, et ceux-ci attestèrent qu'il surpassait en science tous les mortels : l'or qu'on lui donna fut par lui distribué aux pauvres; il voulut rester dans sa pauvreté[2].

Parmi les croyants à l'astrologie, il faut ranger Campanella, Fracastor, Machiavel et Luther. Mélanchthon la défendait contre Pic de la Mirandole, montrant que beaucoup d'événements avaient été prédits par la conjonction des planètes; et pendant la diète d'Augsbourg il se consolait en considérant comme imminente la chute de Rome, parce que dans cette ville le Tibre avait débordé, parce qu'une

(1) *Consilia in causis gravissimis*, pag. 414, cité par Alfred Maury, *Revue archéologique*, 1846, pag. 161.

(2) TRITHEMIUS *in chron.*; SPANHEIM, ad ann. 1501.

mule avait mis bas un monstre avec des pieds de grue, et parce que dans le territoire d'Augsbourg était né un veau à deux têtes.

Le fameux astronome Galéas Marzio de Montagnana a laissé manuscrite une *Chiromancie* sous la date de 1476 qu'on trouve à la bibliothèque de Padoue : accusé d'hérésie, il fut condamné à faire amende honorable, et son livre, qu'il avait porté en Hongrie et en Bohême, fut brûlé ; il mourut, plus tard, hors d'Italie, d'une chute de cheval. Jacques Zabarella de Padoue, dont le traité de logique fut adopté par les universités d'Allemagne, était passionné pour l'astrologie : il fit de très-nombreuses prédictions, et même sur sa propre mort. Les astrologues.

Tibère Rossiliano Sesto, astrologue calabrais, avait par son art prédit un déluge universel; il fut réfuté en 1516 par frère Jérôme Armenini, de Faenza, fameux inquisiteur de ce temps; mais Clément VII se tint prudemment loin du Tibre, bien que le physicien Richard Cervini lui envoyât plusieurs fois son fils, qui fut plus tard Marcel II, pour le rassurer. Au contraire, le temps alla se rassérénant : et ainsi (comme le raconte frère Julien Ughi) « l'astrologie fut raillée et méprisée par ceux qui ne pensaient pas que Dieu dominât les cieux : mais ceux qui croyaient que Dieu est le modérateur des sphères célestes, pensèrent que l'astrologie était une vérité : en sorte que, suivant le mouvement des cieux, le déluge prédit devait arriver, mais la miséricorde de Dieu l'avait empêché ». (B.) Singulier assemblage de préjugés et de bon sens !

Quand Stöfler de Tubingen annonça que, d'après la conjonction des trois planètes supérieures, le monde subirait un déluge en 1554, toute l'Europe se mit en quête de moyens de préservation, et Charles-Quint lui-même fut très-inquiet, quoique Augustin Nifo cherchât à le tranquilliser.

Toutes les biographies sont pleines d'horoscopes. On avait prédit à Bembo qu'il serait aimé et choyé par les étrangers plus que par les siens, et c'était sur cette donnée qu'il prenait toutes ses résolutions. Une nuit, sa mère rêva que Juste Goro, leur adversaire dans un procès, le frappait à la main droite; et de fait, celui-ci, pour lui arracher un mémoire qu'il allait présenter au tribunal, lui porta un coup qui faillit lui trancher l'index de la main droite. Une religieuse nommée Franceschina, d'un couvent de Zara, lui avait prédit qu'il ne serait jamais pape. François Guichardin, lorsqu'il gouvervait Brescia pour Léon X, dans une lettre écrite à Florence, raconte que dans une plaine des environs on voyait de jour venir conférer un grand roi d'une part et d'autre part une autre roi, accompagnés de six ou huit seigneurs, et qu'étant demeurés ainsi pendant un certain temps, ils disparaissaient; qu'ensuite, au même lieu, deux grandes armées se livraient bataille, que le même prodige s'était renouvelé plusieurs fois à quelque intervalle, et qu'un curieux qui avait voulu s'approcher pour voir ce qui en était tomba malade de peur et d'épouvante, et faillit en mourir [1]. Benvenuto Cellini voit des sabbats et des diables dans le Colysée, comme Luther en voyait partout. Machiavel consacre un des chapitres de ses Décades aux signes célestes qui annoncent les révolutions des empires, rapportant aux étoiles les causes qu'il avait lui-même tirées des profondeurs de la méchanceté humaine, et avec la désolante pensée de la dépravation croissante de notre race. Catherine de Médicis portait sur la poitrine la peau d'un

(1) GIO. CAMBI, *Storia fiorentina*, à l'année 1517.

enfant écorché tout exprès, pour se préserver des attentats contre sa personne. Je ne recherche pas si le fait était vrai, mais on le croyait.

L'Église combat la sorcellerie.

Les moines luttaient contre ces superstitions [1]; l'Église aussi les combattit, et les preuves en abondent dans un manuel à l'usage des confesseurs, existant en manuscrit à la bibliothèque Palatine de Florence, ouvrage du quatorzième siècle. On y lit, parmi les questions que le confesseur doit faire au pénitent, les suivantes : « Croyez-vous « aux devins qui prétendent lire dans les ceintures, les « mouchoirs, sur l'ongle d'un enfant vierge, ou dans « les résidus qui tombent du plomb fondu? — Avez-vous « fait des observations sur les jours et le temps, soit sur « les jours égyptiaques, soit sur celui de la décollation « de saint Jean, sur les kalendes de janvier? — Vous êtes-« vous interdit de faire la lessive le vendredi et le samedi, « ou de transformer le vin en vinaigre le vendredi, afin « qu'il soit plus fort? — Avez-vous eu plus de confiance « aux œufs pondus le jour de l'Ascension? — Avez-vous

(1) Le traité de Savonarole contre l'Astrologie fut traduit dans un latin élégant par frère Thomas Buoninsegni, de Sienne (— 1609), célèbre théologien, dont je me plais à rappeler ici quelques ouvrages qui s'appliqueraient si bien aux événements d'aujourd'hui.

Dei cambj, dove con molta brevità e chiarezza si dichiarano i modi oggi usitati nei cambj, e la giustizia che in quelli si contiene; Florence, 1573 (Du change, traité où l'on expose avec beaucoup de brièveté et de clarté les modes usités aujourd'hui dans les opérations de change, et leur raison d'être conforme à la justice).

Trattato delli sconti e del tagliar le dette (Traité des escomptes et de la cession de créances). Florence, 1585.

Trattato de traffichi giusti ed ordinarj, cioe della vendita a credenza, la diminuzione del prezzo per l'anticipato pagamento, i cambj, i censi, i giuochi e i monti. (Traité des trafics justes et ordinaires, c'est-à-dire de la vente à crédit, de la diminution de prix corrélative au payement anticipé, des changes, des courtages, des jeux et des monts-de-piété); Venise, 1588.

« fait écrire l'antienne de sainte Agathe sur la cire d'un « cierge fondu? — Avez-vous de ces anneaux de plomb « qu'on fabrique au moment où se chante la *Passion?* « — Avez-vous eu foi aux songes? à ceux qu'on appelle « songes de Daniel? aux chants des oiseaux? aux aboie- « ments des chiens? aux rencontres de certains animaux? « aux éternuements d'une personne? aux bourdonnements « d'oreilles? — Avez-vous cru que les animaux blasphèment « le jour de l'Épiphanie? — Avez-vous fait quelque vaine « observation sur le levain ou le tamis, ou autre chose, em- « ployés après le coucher du soleil? — Avez-vous cueilli une « certaine herbe, avec la pensée qu'il vaut mieux la cueil- « lir un jour qu'un autre, et pourquoi? — Avez-vous mis « du fer dans votre bouche au premier coup de cloche « du samedi saint, sous prétexte que cela soulage du mal « de dent? — Croyez-vous que les femmes se changent en « chattes et vont au sabbat? Croyez-vous qu'elles sucent « le sang des petits enfants? — Avez-vous pour donner « des étrennes choisi les Kalendes de janvier? — Avez- « vous voulu deviner l'avenir par l'inspection des lignes « de la main? »

Cabalistes. D'autres avec la cabale déraisonnaient à propos de nombres. Le Florentin Ponzetti, un des philosophes les plus renommés de son temps, et élevé au cardinalat par Léon X, dans sa *Philosophie naturelle*, subtilise à perte de vue sur les propriétés du nombre sept. Il est formé de deux et de cinq, ou de quatre et de trois. Il vient d'un impair et de six pairs, il procède de la source de tous les nombres, puisque le nombre six est engendré et n'engendre pas. Il vient de deux et de cinq : la dualité est le premier nombre, puisque l'unité n'est pas un nombre mais le principe des nombres, et cinq représente les cinq causes des choses, savoir : Dieu, l'esprit, l'âme du monde, le ciel et les éléments. Vient-il de trois et de quatre? Quatre est composé d'un et de trois; un, unité et principe; trois, origine du premier cube impair.

Ces diverses sciences tendaient aux biens que le monde convoite le plus : la prévoyance de l'avenir, la santé, l'or, l'amour, les vengeances.

Dans ce débordement de sensualisme où se perdait la loi morale, l'or devenait la suprême puissance; et de même que les Espagnols et les Portugais le cherchaient dans les entrailles de milliers d'Américains égorgés, les rois, en pressurant les peuples par de nouvelles inventions financières et par d'impudentes exactions, les lettrés en mendiant, les soldats en pillant, les prêtres en faisant commerce des choses saintes, les hérétiques en usurpant les biens de l'Église, de même les alchimistes le recherchaient avec des fourneaux et des alambics; et, pour apprendre le *grand art*, ils allaient jusqu'en Orient, ou bien en demandaient les secrets à la nature jusqu'au fond des montagnes magnétiques de la Scandinavie. Alchimistes. Bernard Trevisano.

Bernard Trevisano, né en 1406, d'une famille de comtes, en s'inspirant des Arabes Geber et Rases, dépensa au moins trois mille écus en expériences d'alchimie; plus tard il se tourna vers *ces deux autres grands maîtres*, Archelao et Rupescissa, et en quinze ans de recherches, « tant avec l'aide de charlatans que par lui-même, » il dépensa environ six mille écus pour trouver la pierre philosophale, à l'aide de laquelle tous les métaux devaient se changer en or. On ne peut s'imaginer l'étrangeté des diverses recettes qu'il recueillit près de médecins, de moines, de théologiens, de protonotaires, de gens trompés ou trompeurs. Comment s'étonner après cela que la fatigue et l'inquiétude lui aient donné une fièvre qui dura quatorze mois, et dont il faillit mourir. A peine guéri, il apprend par un clerc de son pays que maître Henri, confesseur de l'empereur, savait préparer la pierre philosophale. Il part pour l'Allemagne, et, après s'être introduit non sans peine près du prétendu inventeur, il en obtient dix marcs d'argent et le procédé qui avait servi à les faire. Mêlez du mercure, de l'argent, de l'huile d'olive, du souffre; faites fondre à un feu modéré, faites cuire au bain-marie, et remuez continuellement. Au bout de deux mois, séchez dans une cornue de verre recouverte d'argile, et tenez le produit pendant trois semaines sur des cendres chaudes; ajoutez du plomb, faites fondre et cuire; puis, raffinez le produit. Ces dix marcs devaient alors s'être accrus d'un tiers, mais hélas! après ce grand travail, il n'y en avait plus que quatre.

Trevisano, désolé, jura d'abandonner ces rêves, à la grande joie de ses parents, mais au bout de deux mois il retournait à son alambic. Persuadé qu'en voyageant il trouverait de grands savants qui lui donneraient de précieux avis, il alla à leur recherche en Espagne, en Angleterre, en Écosse, en Allemagne, en Hollande, en France, et même en Égypte, en Palestine et en Perse, foyer de ces fameuses doctrines. Il demeura longtemps dans la Grèce méridionale, visitant surtout les couvents, travaillant avec les moines les plus renommés au grand œuvre. A soixante-douze ans, après avoir dissipé le produit de la vente de son patrimoine, il arriva sans argent à Rhodes, où habitait un religieux fameux dans tout le Levant comme possesseur du grand arcane. Il obtint d'un marchand vénitien huit mille florins et des lettres de recommandations, et put ainsi pénétrer jusqu'au grand inventeur, qui le tint pendant trois ans dans une série d'études et d'espérances pour le préparer au *grand magistère* par le moyen de l'or et de l'argent amalgamés au mercure. A la fin, il lui découvrit les secrets de la science hermétique, c'est-à-dire qu'il lui indiqua que tout était fraude, en lui expliquant cet axiome : « La Nature se fait un jeu de la Nature, et la Nature contient la Nature, » ce qui signifie en langage ordinaire, que, pour faire de l'or il faut de l'or; et que toute l'alchimie n'aboutit jamais à obtenir quelque chose de plus que ce qu'elle a mis dans son creuset.

A soixante-quinze ans, ayant perdu l'illusion de sa vie, le comte Trevisano voulut au moins venir en aide aux innombrables adeptes de la science hermétique; il consacra les sept années qu'il vécut encore à écrire divers traités sur cette science. Le plus célèbre de tous est celui intitulé *Il libro della filosofia naturale dei metalli*, qu'assurément bien peu de personnes auront le courage de lire dans le tome II de la *Bibliothèque des philosophes chimiques* [1]. Ce traité est lui-même fort inutile, bien qu'il y confesse clairement ses erreurs pour l'édification des autres; c'est un tissu de tant de contradictions, qu'il ne manque pas de gens pour y chercher encore la science hermétique, et pour persister à croire son auteur maître du grand œuvre.

Jérôme Cardan.

Nous ne pouvons revendiquer pour l'Italie ni Théophraste Paracelse, vanté comme un génie divin, et à qui on attribuait des guérisons miraculeuses et des transmutations surnaturelles; ni Cornélius Agrippa de Cologne, conseiller de l'empereur, chargé par le cardinal Santa-Croce d'assister au concile de Pise, professeur de théologie à Pavie, que se disputaient comme astrologue des

(1) Lenglet-Dufresnoy, dans son Histoire de la philosophie hermétique, indique ce traité comme étant le quatrième du tome 1er de la bibliothèque.

têtes couronnées, le marquis de Montferrat, le chancelier Gattinara, et qui, tout à la fois enthousiaste et sceptique, a donné la quintessence des théories et des pratiques des sciences occultes. Mais nous pouvons lui comparer le milanais Jérôme Cardan de Gallarate, qui vécut de 1501 à 1576, théosophe et pourtant savant illustre, de la plus vaste érudition, et fécond en pensées étranges et indépendantes. Il s'élève parfois à des conceptions de génie, mais parfois aussi il blesse le sens commun; et si, comme l'a dit Scaliger, son ennemi acharné, il est en beaucoup de choses au-dessus de toute intelligence humaine, il est pour d'autres au-dessous d'un enfant. Il a laissé des mémoires de sa vie précieux entre ces livres rares où le cœur se montre à nu, et qui sont le curieux portrait d'un homme vivant dans la sphère poétique des cabalistes. S'il était envieux, lascif, médisant, d'un esprit envolé, il fallait imputer ces défauts aux constellations qui avaient présidé à sa naissance. Il se sentait cependant l'objet d'une prédilection spéciale du ciel; il pouvait à volonté tomber en extase et voir ce qui lui plaisait; il découvrait les événements soit en songe, soit d'après certaines marques des ongles; il savait plusieurs langues sans les avoir apprises; plus d'une fois, Dieu lui parla en songe, et plus souvent encore un génie familier à lui légué par son père, qui l'avait eu pour compagnon pendant trente années; il pouvait en état d'extase se transporter d'un lieu à un autre à volonté; il savait ce qu'on disait de lui absent, et prévoyait l'avenir. A peine tous les mille ans naît-il un médecin égal à lui; il n'en finit pas de vanter ses cures et son habileté dans la dispute. Il se rit tour à tour de la chiromancie, de la sorcellerie, de la magie, de l'alchimie, de l'astrologie; cependant, s'il les pratique, c'est par compassion; il considère les fantômes comme les illusions d'un esprit troublé, et cependant lui-même a sans cesse des apparitions ou des visions; il croit que les incubes engendrent des enfants, et que les dépositions des sorcières dans les procès sont vraies. Néanmoins Cardan a marqué sa place dans l'histoire des sciences par ses observations ingénieuses et fines, et par différentes découvertes, telles que la *formule cardanique* et une méthode pratique pour l'instruction des sourds-muets. Enfin, pour vérifier le pronostic qu'il avait fait sur lui-même, il se laissa mourir de faim.

D'après ses ouvrages, la matière est éternelle, mais elle passe de transformation en transformation, sous l'influence de deux qualités primordiales, la chaleur et l'humidité. On ne peut concevoir aucune portion de matière sans une forme : toute forme est essentiellement une et immatérielle, donc tous les corps sont pourvus d'âme, et c'est cette âme qui les rend susceptibles de mouvement. Les âmes particulières sont des fonctions de l'âme du monde, dans laquelle sont renfermées toutes les formes des êtres, comme les nombres simples le sont dans la décade, et comme la lumière du soleil qui, une et égale dans son essence, est infinie dans la diversité des images.

Cardan allait tout droit au panthéisme; seulement, il reculait devant les conséquences, et il a varié lui-même sur la question de l'unité de l'intelligence. A l'homme, organe de cette intelligence universelle, il attribuait un caractère propre, la conscience; et par là il était amené à distinguer l'âme du corps, cette âme dont il démontrait l'immortalité à l'aide des arguments employés par ses devanciers; mais il croit que ce dogme a produit de grands maux, entre autres les guerres de religion. Il fonde sa physique sur la sympathie générale qui existe entre les corps célestes et les parties du corps humain.

Il disserte sur toutes les sciences occultes avec une conviction profonde, et il gourmande hautement ces maîtres inexpérimentés par la faute de qui ces sciences sont déshonorées, bien qu'elles n'aient pas moins de certitude que l'art nautique et la médecine. Pour les venger de ces outrages, et montrer « combien sont manifestes les décrets des étoiles sur nous, » il procède toujours par la voie du raisonnement et de l'expérience, et réduit toute leur doctrine en aphorismes dont il fait sept catégories; d'où il résulte que tout pays, toute couleur et tout nombre ont un astre qui leur correspond au ciel. La magie naturelle enseigne huit choses : premièrement les caractères des planètes, l'art de faire des anneaux et des sceaux; secondement l'interprétation du vol des oiseaux; troisièmement, leur langage et celui des autres animaux; puis la vertu des plantes, la pierre philosophale, la connaissance du passé, du présent, de l'avenir sous leurs trois aspects; septièmement, il démontre les expériences spéciales tantôt pour produire, tantôt pour connaître; huitièmement, il traite de la manière de prolonger la vie pendant plusieurs siècles.

Et de tout ceci, Cardan ne fait pas mystère. A qui souffre d'insomnie, il prescrit d'oindre son corps avec de la graisse d'ours; à celui qui veut faire taire les chiens du voisinage, il prescrit de tenir dans la main l'œil d'un chien noir. Voulez-vous les présages qu'on peut tirer de tous les arts et de tous les phénomènes naturels? Voulez-vous la chiromancie? Savoir l'interprétation à donner aux songes? Interrogez-le, et il vous instruira à coup sûr. Il vous enseignera à composer des sceaux pour faire dormir ou aimer, pour vous rendre invisible, infatigable et vous faire arriver à la fortune, et cela en combinant quatre choses, la nature de la faculté, de la matière, de l'étoile, de l'homme qui opère : dans ce but il distingue la nature des différentes pierres précieuses et des astres correspondants. Parmi les talismans, le plus puissant était le sceau de Salomon. Une chandelle faite avec de la graisse humaine, quand elle est dans le voisinage d'un trésor, petille jusqu'à ce qu'elle s'éteigne; la raison en est que cette graisse vient du sang, et que dans le sang résident l'âme et les esprits, qui tous deux ont de la concupiscence pour l'or et l'argent tant que l'homme vit; et que, même au delà de la vie, le sang en est encore troublé. Il faut tenir compte de l'influence des étoiles dans le traitement des maladies; les prières adressées à Marie sont infailliblement exaucées, quand elles sont faites le premier avril à huit heures du matin. Il expose les signes qui sont apparus à l'arrivée en ce monde de cent illustres personnages; et dans l'horoscope tiré de leur naissance il voit les causes de leurs qualités. Bien plus, il pousse l'audace jusqu'à tirer l'horoscope du Christ.

Les plus illustres personnages sollicitaient de lui des réponses, entre autres Édouard VI, roi d'Angleterre; le primat d'Écosse, quand il était malade, avait la plus grande confiance dans ses consultations astrologiques; saint Charles le proposa pour une chaire à l'université de Bologne.

Jean-Baptiste Della Porta, né à Naples, en 1540, et mort en 1615, expose dans sa *Magie naturelle* toutes les fantaisies de l'époque touchant les formes substantielles des intelligences, émanations de la divinité. Un esprit universel anime le monde, unit tous les corps, donne naissance à notre âme, se manifeste par l'antipathie et la sympathie, opère sur tous les êtres, depuis les insectes jusqu'aux astres, qui

Della Porta.

sont des animaux immenses lesquels volent avec ordre dans l'espace infini. Cet esprit universel explique seul les phénomènes de la nature, et par lui les astres influent sur le corps humain.

Appelé à Rome par l'Inquisition, Della Porta se disculpa, et fut renvoyé après qu'on lui eut défendu de ne plus se mêler à l'avenir de prédictions, attendu que le vulgaire ignorant ne sait pas reconnaître si elles dérivent de la science ou d'une puissance surnaturelle. Cependant il dévoilait les moyens à l'aide desquels d'autres produisaient des effets crus surnaturels ; suivant lui, l'onguent des sorcières était un mélange d'aconit et de belladone, qui a naturellement la propriété de produire les visions fantastiques.

Postel. Postel fut une des gloires du règne de François Ier, qui lui confia les chaires de mathématiques et de langues orientales, où il donna les premières leçons de philologie comparée. Mais il était tourmenté de l'idée d'une religion nouvelle et universelle dont il aurait été le pontife, et François Ier le monarque, pour faire cesser ainsi la discorde dans le monde. Un moment, il s'enticha de la loi mosaïque, et se fit rabbin. A Rome, il trouva que la méthode des disciples de Loyola dépassait en perfection tout ce qu'on avait enseigné depuis, et il se fit jésuite. A Venise, il rencontra une dame de cinquante ans qui lui inspira et lui dicta les traités *De vinculo mundi*, *De la Mère Jeanne*, *ou des merveilleuses victoires des dames*, et *Les premières nouvelles de l'autre monde*, *c'est-à-dire l'admirable histoire et non moins nécessaire et utile à être lue et méditée..... en partie vue*, *en partie expérimentée et fidèlement écrite par Guillaume Postel, premier né de la restauration, et père spirituel de l'étonnante vierge de Venise*, 1555. C'est là qu'il annonce l'apparition de cette vierge vénitienne, dont la substance et le corps étaient descendus et tellement fondus en lui, que ce n'était pas lui qui vivait, mais elle-même; il ne sentait plus la vie ordinaire, mais « nous sommes dans une telle « disposition que ni satiété ni besoin de boire et de « manger ne se produisent en moi, parce que presque « toute la substance de la nourriture se dissipe dans l'air « et s'évapore à ce point, que la centième partie à peine « s'en va par les voies naturelles »;... il est possible, affirme-t-il ailleurs « que les yeux d'une personne soient à « ce point perçants, qu'ils puissent voir localement à travers « les corps obscurs, ou bien ce que nulle personne ne « pourrait voir autrement. »

Marsile Ficin, *De vita*, affirme que « c'est un axiome « parmi les Platoniciens, lequel semble même reçu par « toute l'antiquité, qu'il y a un démon tutélaire pour « chaque homme dans ce monde, et qu'il aide ceux dont il « est le gardien. Il y avait un esprit familier dans la famille « Torelli de Parme, qui, sous la figure d'une vieille laide, « apparaissait sous une cheminée quand devait mourir « un membre de la famille. » Démons familiers. Follets.

Les écrivains catholiques affirment que Luther et Zwingle avaient un démon familier, et Luther attribue au démon des faits miraculeux.

C'est un besoin inhérent à la nature humaine d'étendre l'horizon du monde visible par des rêves fantastiques, besoin plus grand encore dans les temps et chez les personnes à qui l'instruction n'ouvre pas de grandes échappées sur l'histoire et sur l'univers. Ce besoin avait créé et transporté chez nous du fond de l'Orient ces fées bienfaisantes qui, au lieu de nous effrayer, font le charme des vieux récits et des contes fantastiques : telles étaient Mélusine et Morgane, qui le samedi se transformaient en serpents, et qui les autres jours jouissaient d'une beauté éblouissante et d'une vie participait à l'immortalité. Il y avait aussi des génies familiers et des esprits follets qui apparaissaient pour aimer et servir, ou bien des esprits malins pour tourmenter et tenter. Un seigneur orgueilleux ordonne à un vilain de transporter dans son domaine un chêne énorme, sinon gare à lui : l'entreprise est au-dessus des forces du pauvre diable, qui se désespère jusqu'à ce qu'un esprit follet lui apparaisse, prenne l'arbre par le faîte comme il eût fait d'un fêtu, le place en travers de la porte du seigneur, après l'avoir tellement durci, que ni hache ni feu ne puisse l'entamer, et ainsi le force à ouvrir une autre porte, ce qui arriva précisément en l'an de grâce 1532. Le père inquisiteur Jérome Menghi de Viadana était tellement convaincu de ces faits, qu'il en a rempli son livre[1] ; entre autres anecdotes curieuses, il raconte qu'un follet, esprit familier d'un garçon de seize ans originaire de Mantoue, lui était tellement attaché, qu'il lui servait de domestique, de portefaix et de maître d'hôtel. En 1579, un autre esprit à Bologne s'était épris d'une servante; quand ses maîtres la grondaient, ils mettaient tout sens dessus dessous dans la maison, et qui le voudra pourra voir dans le récit l'exorcisme étrange à l'aide duquel les maîtres s'en débarrassèrent.

L'année suivante, dans la même ville, la même scène se renouvelle avec une jeune fille de quinze ans : le follet lui jouait les tours les plus bizarres; tantôt il brisait les vases

(1) *Abrégé de l'art de l'exorciste, où l'on démontre la possibilité des admirables et étonnantes opérations des démons et des maléfices, ainsi que les remèdes opportuns aux infirmités démoniaques... ouvrage non moins utile aux exorcistes qu'agréable aux lecteurs, édité pour l'utilité générale ;* Venezia, 1605 (en italien).

à lessive, tantôt il roulait de grosses pierres dans l'escalier, tantôt il lançait des pierres pour briser les vitres, tantôt il jetait dans le puits des seaux de bois ou de cuivre, et même des chats. Un prédicateur raconta à Menghi lui-même que, pendant qu'il distribuait la parole de Dieu dans une certaine ville de la Vénétie, tout à coup apparut un sorcier qui s'accusa de tenir deux esprits dans un anneau avec lesquels il le ferait parler lui-même : sur l'exhortation qui lui fut faite pour qu'il jetât l'anneau, voilà que les esprits se mirent à pleurer et à prier le prédicateur lui-même de vouloir bien les prendre à son service, lui promettant qu'ils le rendraient le plus grand orateur du monde. Sur ce, le bon prêtre, à force d'exorcismes, les amena à confesser que tout cela était une vraie trame pour le conduire à mal, le faire tomber dans quelque hérésie, et le gagner à l'enfer.

Voici ce que raconte encore Menghi. Quand la seigneurie de Venise déclara la guerre au duc de Ferrare, Alphonse d'Aragon, duc de Calabre, se trouvait à Milan avec plusieurs autres illustres seigneurs ; on se mit à parler des esprits, on en parla bien diversement, et chacun voulait donner son opinion. Voilà ce qu'affirma le duc : « C'est une chose très-réelle et non pas une fiction de l'homme que tout ce qu'on raconte de ces démons. Un jour, à Carrone de Calabre, j'entendis parler d'une dame possédée d'esprits immondes ; je la fis venir, mais je ne pus obtenir d'elle ni réponse ni mouvement : on eût dit un corps sans âme. Je me souvins que je portais au cou certaine relique que m'avait donnée Jean de Capistran, canonisé depuis ; je l'attachai secrètement au bras de la possédée, et tout aussitôt elle commença à crier, à se tordre la bouche et à rouler des yeux. Je lui demandai pourquoi : elle répondit qu'il fallait retirer de son bras cette petite croix, parce que, dit-elle, il y a là-dedans de la croix consacrée, de *l'agnus Dei*, et une croix de cire de mon plus grand ennemi. » Quand on lui eut ôté tout cela, elle redevint comme morte. La nuit suivante, au moment où le prince allait se coucher, il commença à entendre des bruits très-forts dans le palais et dans sa propre chambre, à tel point qu'il appela plusieurs de ses serviteurs pour plus de sûreté, et veilla jusqu'au jour ; alors il se fit conduire près de la dame qui, en riant, demanda au duc s'il avait été bien effrayé la nuit dernière. Celui-ci la traita d'esprit infernal, malfaisant pour les mortels, en lui demandant : « Où étais-tu caché hier? » L'esprit répondit : « En haut « du baldaquin qui entoure ton lit; et, sans les objets « sacrés que tu portes au cou, je t'eusse de mes propres « mains soulevé et jeté à bas du lit : bien plus, je te saurais « raconter ta conversation d'hier avec l'ambassadeur de « Venise, car j'ai tout entendu et tout compris. » Depuis cette épreuve, le prince resta persuadé qu'il y a des esprits malins errant dans les airs aussi bien que dans les corps humains.

Palais des Enchantements.

« Le *Palais des enchantements* fut imprimé avec l'approbation de l'inquisiteur, qui le recommande même comme un livre d'une lecture agréable et variée, et d'une doctrine aussi sûre que profonde. Or, ce n'est qu'un fatras d'historiettes sur les démons, les incubes et les succubes, empruntées aux auteurs les plus accrédités. La plus romanesque de toutes est celle d'un jeune homme qui, sous le roi Roger de Sicile, nageant un soir dans la mer, saisit par les cheveux une certaine figure qui lui arrivait par derrière, croyant que c'était un de ses compagnons; or, quand il l'eut déposé sur la rive, il reconnut que c'était une très-belle jeune fille; il la prit avec lui, en eut un fils et vécut heureux avec elle : seulement elle ne parlait jamais. Averti par un de ses amis qu'il avait introduit chez lui un fantôme, il déclara qu'il tuerait l'enfant, si la mère ne parlait pas. Celle-ci, alors, rompant le silence, lui dit que cette menace lui faisait perdre une excellente femme, et aussitôt elle disparut. Quelques années après, comme le petit garçon folâtrait sur le rivage de la mer, le fantôme reparut et le noya.

Ce livre est écrit par Strozzi Cicogna, à qui don Antoine Lavoriero, archiprêtre de Barbarano, armé par la permission de Dieu d'un pouvoir sur les démons, raconta qu'un certain frère Égidius avait révélé au duc de Ferrare l'existence d'un trésor, mais qu'on ne put jamais l'extraire, parce que les esprits rompaient les câbles et éteignaient les lumières. Le même Égidius aurait fait cacher par don Antoine une pièce, en promettant de la trouver. Il prit quatre rameaux d'olivier bénit, en leva l'écorce, et écrivit sur le bois « *Emmanuel Sabaot Adonai*, et un autre nom qu'il ne put retenir. » Puis il récita le *Miserere*, et quand il fut arrivé au passage : « *Incerta et occulta manifestasti mihi*, » il se sentit tirer vers la porte du jardin précisément vers l'endroit où avait été enfouie la pièce de monnaie. Aussitôt les baguettes de tourner la pointe en bas, comme si on les eût tirées de ce côté. Ne sont-ce pas là les prodiges de la rhabdomancie qu'on prétend voir se renouveler aujourd'hui?

Les sorcières se multiplient au XVIe siècle.

Le même don Antoine Lavoriero raconta à Strozzi qu'à Noventa du Vicentin on envoyait à une jeune fille un mouchoir d'une personne malade, et qu'elle le faisait devenir grand, très-grand, puis petit, très-petit; si le mouchoir reprenait ses dimensions primitives, c'était un présage de guérison; dans le cas contraire, c'était un augure de mort. Don Antoine lui envoya son mouchoir, donnant à entendre que c'était celui d'une femme malade; la jeune fille ne s'aperçut pas de la supercherie, parce que don Antoine était exorciste ; mais elle fit successivement et ostensiblement agrandir et diminuer le mouchoir, et le fit ensuite revenir à sa première dimension. Don Antoine raconta bien d'autres prodiges de ce genre à Strozzi [1]. Ces antiques superstitions ne mériteraient qu'un sentiment de pitié si elles étaient restées dans le champ pur de la spéculation ; mais la nature humaine a une terrible propension à traduire les croyances en faits. Et il en fut ainsi à propos des sorcières. C'est là une des nombreuses erreurs que nous a transmises la civilisation antique, que le moyen âge adopta en y mêlant des légendes dans lesquelles se confondent le mysticisme et l'impiété, le terrible et le bouffon. Cependant les législateurs, dès l'époque barbare des Lombards, résistèrent à cette superstition, et la seule peine comminatoire que nous trouvons dans leur code consistait à soumettre les sorcières à l'épreuve de l'eau froide ; l'absolution était assurée à celles qui allaient au fond, c'était peut-être un moyen inventé pour les sauver toutes. Quant à l'Église, on produisait un canon du pape Damase, qu'on rejeta depuis comme faux, dans lequel on traite de pure illusion les voyages des sorcières, en sorte que certains théologiens considéraient comme coupable de péché mortel et d'hérésie quiconque croyait aux sabbats nocturnes [2]. Cependant le

(1) Pag. 214, 218 et 302 du *Palagio degli incanti e delle gran meraviglie degli spiriti e di tutta la natura, diviso in quarantacinque libri e in tre prospettive, spirituale, celeste ed elementare*, di Strozzi Cicogna ; Vicence, 1605.

(2) Le pénitentiel de l'évêque Burckard, antérieur à l'an 1000, indique les pénitences à donner à celui qui croit qu'on peut par des incantations exciter des tempêtes, la haine ou l'amour, fasciner ou aller aux sabbats. Muratori dans ses *Ant. Medii Ævi*, VI, *Dissert.* LXVIII, a publié un pénitentiel du monastère de Bobbio, où on lit : « *Qui cum vidua aut*

Père Concina, dans sa grande théologie publiée après 1750, acceptait les prodiges des sorcières et de leurs concubins comme admis par l'opinion commune[1].

Transports et sabbats.

A la fin du quatorzième siècle, selon Antoine Galateo, on croyait que certaines sorcières en se faisant des onctions se changeaient en animaux, et galoppaient ou plûtôt volaient à de lointains pays, dansaient des caroles à travers les marais, s'accouplaient à des démons, entraient et sortaient à portes closes, et tuaient des animaux[2].

Ces opinions, loin de tomber, prirent une nouvelle extension à la renaissance des études, et encore plus dans le siècle d'or : aussi frère Bernard Rategno de Côme, en 1584, dit que les sorcières n'existaient pas *tempore quo compilatum fuit Decretum per dominum Gratianum...... Strigiarum secta pullulare cœpit tantummodo a centum quinquaginta annis citra, ut apparet ex processibus Inquisitorum*. Les erreurs du vulgaire trouvaient un aliment dans celles des persécuteurs, et elles gagnaient les persécuteurs eux-mêmes : il

vergine peccavit, qui falsa testimonia super alios apponunt, et ad sorcerias recurrunt, aut divinationes credunt.... isti pœniteant V annis, vel III ex his in pane et aqua.

(1) *Communis catholicorum sententia docet reipsa hanc commixtionem dæmonum mulierumque accidere.* Théol. Christ.; tom. III. Le religieux milanais François Marie Guacci, dans son livre *Compendium maleficarum*, imprimé à Milan en 1608 et en 1626, livre où les doctrines sont corroborées par de nombreuses illustrations dans le texte, au chap. 12, du livre I écrit : *Solent malefici et lamiæ cum dæmonibus, illi quidem succubis, hæ vero incubis, actum venereum exercere : communis est hæc sententia patrum, theologorum, philosophorum, doctorum, et omnium fere sæculorum atque nationum experientia comprobata.*

(2) *Sunt qui credunt mulieres quasdam maleficas, sive potius veneficas, medicamentis delubitas, noctu in varias animalium formas verti et vagari, seu potius volare per longinquas regiones, ac nuntiare quæ ibi agantur, choreas per paludes ducere, et dæmonibus congredi, ingredi et egredi per clausa ostia et foramina, pueros necare, et nescio quæ alia deliramenta.* De situ Japigiæ, pag. 126.

en résulta un horrible déluge de frénésie publique qui fut une nouvelle manifestation de la renaissance du paganisme. On était persuadé que les sorcières, les goules, et, quel que soit leur nom, celles qui allaient au sabbat (*andassero in corso*) tenaient leurs assemblées dans certains lieux, par exemple au mont Tonale en Lombardie, au Barco de Ferrare, à l'esplanade de la Mirandole, au mont Paterno de Bologne, au noyer de Bénévent....... Là, sous la présidence d'Hérodiade ou de Diane, elles se livraient à des danses, à des amours infâmes, et se changeaient en loups, en chats et autres bêtes. L'impiété et la luxure étaient la base de toutes ces saturnales; en dépit de l'Église, on banquetait largement au sabbat et on y profanait ce qu'il y avait de plus vénérable, les croix, les reliques et le pain consacré; des moines en tunique et des curés avec le pluvial y menaient les caroles.

Y avait-il quelque part une vieille d'une laideur insigne avec quelque tare particulière? Regardait-elle de travers avec des yeux pleins de colère une société qui la regardait en ricanant? Répondait-elle par des imprécations aux insultes qu'on lui adressait? C'en était assez pour la supposer sorcière, et plusieurs de ces malheureuses, ayant été l'objet de poursuites judiciaires, avaient confessé « qu'elles avaient vu le diable, qu'elles avaient été à cheval sur un balai au sabbat, et qu'elles y avaient reconnu un tel et une telle » : comment douter de leur sincérité? Puis n'ont-elles pas été condamnées, et oserait-on mettre en doute la chose jugée?

Si l'homme peut obtenir du diable les coupables joies qu'il n'ose demander à Dieu; s'il est un moyen de faire un pacte avec une puissance surhumaine, pourquoi si peu de personnes y auraient-elles eu recours! Aussi, croyait-on que beaucoup de personnes, et spécialement des femmes, formaient ensemble une espèce de société secrète ayant ses chefs, et ses assemblées, et ses plaisirs charnels, et ses voluptés de vengeance.

Le susdit frère Bernard Rategno, zélé inquisiteur, a laissé un livre *De strigiis*[1], où il se scandalise à l'idée qu'on puisse émettre un doute sur leur existence. Les *masche* (c'est ainsi qu'il les appelle) tiennent leurs assemblées la nuit du vendredi, renient en présence du diable notre sainte foi, le baptême, la bienheureuse Vierge ; elles foulent aux pieds la croix, promettent fidélité au diable en touchant sa main avec le dos de leur main gauche, et en lui donnant un objet quelconque à titre d'allégeance. Toutes les fois qu'elles reviennent au jeu de *la bonne compagnie*, elles font la révérence aux diables qui assistent sous une forme humaine. Et elles n'y vont pas en imagination, mais en chair et en os, bien éveillées, et en pleine connaissance ; à pied, si le rendez-vous est proche, si non, sur les épaules du diable. Celui-ci parfois les laisse à moitié chemin, et alors elles se trouvent fourvoyées. Tous ces détails résultent des confessions *spontanées* faites aux inquisiteurs dans toute l'Italie. Bien plus, « pour fermer la bouche aux adversaires », le frère donne des exemples qui lui sont personnels ; dans l'instruction d'un procès en Valteline, il a reçu les dépositions d'hommes d'une entière bonne foi, qui vraiment les avaient vues. Tout le monde savait à Côme que cinquante ans auparavant, à Mendrisio, le podestat Laurent de Con-

(1) Ce livre fait suite à la *Lucerna Inquisitorum hæreticæ pravitatis reverendi fratris patris* BERNARDI *comensis ordinis Prædicatorum ac inquisitoris egregii, in qua summatim continetur quidquid desideratur ad hujusce inquisitionis sanctum munus exsequendum*. Milan, 1566. Il a été réimprimé par les soins du révérend père inquisiteur de Milan *ad laudem Dei*, réimprimé bien des fois, et commenté par François Pegna.

corezzo et Jean de Fossato décidèrent une sorcière à les mener au sabbat : elle y consentit, et ils virent les sorcières réunies ; mais le diable, les ayant découverts, les fit fouetter de la bonne manière[1]. Comment se refuser à l'évidence ! Ne sait-on pas combien de sorcières furent brûlées, et cela du consentement des papes eux-mêmes.

Procès des sorcières. Leurs supplices.

Il n'est que trop vrai que l'Inquisition a aggravé pour ces misérables les cruautés légales, dont leurs auteurs se glorifient comme les héros de leurs batailles sanglantes.

L'intention de faire le mal était incontestable, et ils méritaient d'être châtiés ceux qui abusaient de leur science sur l'esprit des ignorants et des timides. La puissance des sorcières provenait de pactes avec les démons : il y avait donc là une impiété, et l'Église devait la réprimer, de même qu'elle prenait soin de ceux qui étaient possédés du diable, ou qui étaient ses involontaires instruments pour le mal. Tout cela engendrait des crimes de nature à révolter la conscience publique par la bassesse des moyens, et à épouvanter l'imagination par l'horreur des mobiles.

Lorsqu'en Allemagne le penchant au mysticisme répandit la crainte des sorcières, Innocent VIII, en 1484, fulmina contre elles une bulle des plus sévères, à la suite de laquelle se multiplièrent les procès et les supplices. La foi s'étant affaiblie, on fut amené, comme il arrive toujours, à fortifier la répression sous la forme de l'Inquisition : dans les procès, les légistes avaient redoublé de subtilité ; ils avaient introduit, bien qu'elle fût réprouvée par le droit

(1) Bodin, dans la préface de sa *Demonomania*, et frère Silvestre de Priero, qui le premier réfuta Luther dans ses *Admirables opérations des sorcières et des démons*, citent le même fait. Frère Bernard est l'auteur *De strigomagarum dæmonumque libri tres, una cum praxi exactissima et ratione formandi processus contra ipsas, opus finitum*, 24 novembre 1520. *De Strigibus*, 1523, et *Quattro apologie*, 1525.

canon, la procédure secrète, sous le régime de laquelle il n'est personne qui ne puisse être condamné. Comment l'homme, et plus encore la femme, livrés aux frayeurs qu'inspire la solitude, et à des enquêteurs endurcis au spectacle de la douleur, qui tiraient gloire et souvent profit de les trouver coupables, auraient-ils pu échapper? Aussi combien, dans la conviction qu'ils ne pourraient éviter le dernier supplice, et qu'alors même qu'ils s'en tireraient, ils subiraient des opprobres pires que la mort, faisaient des aveux *spontanés*, et fortifiaient ainsi eux-mêmes chez les autres la croyance à leurs crimes!

Les accusateurs eux-mêmes étaient aussi superstitieux que les accusés : ils tenaient pour règle qu'il fallait faire entrer la sorcière à reculons dans la salle, afin de la voir, avant qu'elle même ne pût les voir; qu'il fallait prendre garde à ce qu'elle ne les touchât, qu'il fallait « apporter du sel exorcisé, des rameaux et des herbes bénis, comme de la rue et autres semblables[1] ». Un autre enseigne que si un patient ne résiste pas à l'odeur du soufre, cela prouve qu'il est possédé du diable. Ensuite ils le faisaient déshabiller, raser, purger, afin qu'il n'eût plus sur le corps et au dedans aucun maléfice qui l'empêchât de révéler la vérité. La taciturnité est le symptôme de maléfice qu'on retrouve le plus dans les anciennes procédures, de même qu'elle est un des symptômes les plus dangereux pour les accusés dans nos procédures modernes.

(1) C'est ainsi que parle frère Jérôme Menghi dans son déjà cité *Compendio dell' arte exorcistica*, pag. 480. Il dit cependant, pag. 416, que les sorcières n'ont aucun pouvoir sur les inquisiteurs dans l'exercice de leurs fonctions, et que « plusieurs fois ces magiciennes et ces sorcières, interrogées sur le point de savoir pourquoi elles ne jetaient point de sorts aux juges et aux inquisiteurs, répondirent : qu'elles l'avaient bien souvent tenté, mais sans pouvoir jamais y réussir ».

On proposait quelquefois des remèdes efficaces, mais imprudents. Si un vampire venait à sucer le sang, l'autorité devait brûler le cadavre, et le mal cessait, suivant ce que nous affirme le sceptique Montaigne. Une dame de Mantoue se croyait ensorcelée; son médecin Marcel Donato prescrivit de mettre dans ses excréments des clous, des plumes, des aiguilles : cette dame, quand elle crut qu'on les avait chassés de son corps, se trouva guérie. Oui, mais donc le fait était vrai; la dame avait vu ces objets, elle n'en pouvait plus douter, et sa conviction passa à toutes ses connaissances, et ainsi de suite de proche en proche.

Tout code du temps contient des pénalités contre les sorcelleries. Déjà le fameux jurisconsulte Barthole conseillait à l'évêque de Novare de faire mourir à petit feu une femme accusée d'avoir adoré le diable, et d'avoir, par ses sortiléges, amené la mort de plusieurs enfants [1]. Une loi vénitienne de 1410 probibe sévèrement les sortiléges, et les esclaves qui interrogés à ce sujet s'obstinaient dans leur silence, étaient menacés de la torture. Le statut de Mantoue, qui dura autant que la domination des Gonzague, c'est-à-dire jusqu'à la fin de 1708, veut qu'on livre aux flammes les auteurs de maléfices, d'incantations, et de sortiléges, et autres, par exemple ceux qui donnent des philtres pour dompter le cœur d'autrui et inspirer de l'amour, ou pour d'autres buts coupables, de telle sorte qu'un homme ou une femme en soit possédée et conduite à la folie, ou à la maladie et à la mort. Si la tentative a manqué son effet, les coupables sont condamnés au fouet et à perdre la langue, ainsi qu'à être chassés du territoire. Celui qui a l'habitude de semblables actes soit en secret, soit en pu-

(1) XILETTI. *Consilia criminalia*; Venise, 1563, tom. I, *Cons.*, 6.

blic, sera brûlé : chacun peut le dénoncer, et on doit se contenter d'un témoignage unique, pourvu qu'il émane d'une personne de bonne renommée qui jure d'avoir vu; ou bien il suffit encore de quatre témoins qui attestent que tel est le bruit public. On excepte le seul cas où les incantations ont été faites dans l'intention de guérir. Pour peu qu'on les cherche, on multipliera à l'infini les exemples de semblables lois.

En Italie, cette erreur était commune, et dans le seul diocèse de Côme, s'il en faut croire Barthélemy Spina, il y avait en une seule année plus de mille procès, et plus de cent condamnés au feu étaient exécutés [1].

Au spectacle de tant de procès et de tant de victimes, l'homme est pris d'une terrible défiance pour sa propre raison : on se demande si tout fut mensonge ou délire; si ce furent de pures inventions de juges possédés de cette soif de sang, qui trop souvent est confondue avec la soif de la justice.

Beaucoup de nos contemporains sont encore persuadés de la puissance de certaines personnes pour produire chez les autres le sommeil magnétique et le sommeil du somnambulisme. Sommes-nous bien sûrs que cet art ne fût pas déjà connu? Certainement dans les philtres entraient les plantes qu'on appelle encore aujourd'hui herbes de sorcières ou magiques, qui sont généralement des solanées et des narcotiques : Della Porta et Cardan indiquent l'opium, la jusquiame, la belladone, le datura, le stramonium, le laudanum et

(1) *Millenarium sæpe excedit multitudo talium, qui unius anni decursu in sola Comensi diocæsi ab inquisitore, qui pro tempore est, ejusque vicariis, qui octo vel decem semper sunt, inquiruntur et examinantur, et annis pene singulis plusquam centum incinerantur.* Spina, *De Strigibus*, cap. 13.

la mandragore. Ceux qui s'étaient fait des onctions avec des extraits de ces plantes, dans leur extase comateuse, voyaient des diables, des sabbats, et d'autres images qu'on citait sans cesse dans les conversations et dans les histoires fantastiques du temps; et dans leurs transports ils se figuraient ou souffrir ou jouir réellement. Le sommeil dissipé, ils pouvaient encore se persuader qu'ils sortaient d'un état réel, attendu la croyance commune; à force de le répéter, ils en étaient convaincus eux-mêmes, et ils allaient jusqu'aux aveux, quand l'habileté de l'accusateur ou l'épouvante de la torture leur troublait l'esprit.

Crimes imputés aux magiciens.

Bodin, jurisconsulte de premier ordre, qui, dans son livre *De republica*, a devancé les grandes conceptions de Montesquieu, fit une *Dæmonomania*, où il énumère les crimes des magiciens : 1° ils reniaient Dieu; 2° ils le blasphémaient; 3° ils adoraient le diable; 4° ils lui consacraient leurs enfants; 5° ils les lui offraient comme victimes; 6° ils les consacraient à ce démon dès le sein de leur mère; 7° ils promettaient d'attirer à son service le plus de personnes possible; 8° ils juraient au nom du diable, et s'en glorifiaient; 9° ils commettaient des incestes et des abominations; 10° ils tuaient des personnes pour en cuire et manger la chair; 11° ils étaient surtout friands de la chair des pendus; 12° ils faisaient mourir les gens à l'aide de poisons et de sortiléges; 13° ils faisaient périr les bêtes; 14° et aussi les fruits et les céréales; 15° ils avaient commerce charnel avec le diable.

Nous ne recherchons point ici si ces crimes étaient vrais : on y croyait, et ce même Bodin se déchaîne contre ceux qui nient l'existence des sorcières, principalement contre Viero; et si, en le réfutant, il s'emporte outre mesure, voici l'excuse qu'il en donne : il est impossible, pour peu qu'on soit touché de l'honneur de Dieu, d'entendre de tels blasphèmes sans se mettre en colère.

Les faits existaient donc : ils dépassaient les phénomènes naturels ; les causes en étaient données, par la science et les opinions du temps ; l'autorité, interprète de l'opinion publique, devait chercher et examiner ceux qu'on accusait ; l'instruction se faisait conformément à la jurisprudence reçue, et le châtiment était, je ne dirai pas juste, mais légal.

Que les procès de l'Inquisition fussent considérés comme rentrant parfaitement dans la légalité, nous en trouvons la preuve dans les monuments qu'on imprimait, codes, *arsenaux, pratiques*, plutôt que de les tenir secrets ; et du reste, quelle nécessité de les cacher, puisqu'on ne procédait pas autrement que devant les autres tribunaux ou les autres juges ?

Elisée Masini [1], parlant des magiciens, des sorcières et des enchanteurs contre qui doit procéder le Saint-Office, dit : « Plus ces sortes de personnes abondent en maints endroits de l'Italie et aussi à l'étranger, plus il convient d'être vigilant ; aussi, nous ne devons pas ignorer que c'est ce tribunal qui doit juger tous ceux qui ont fait un pacte soit implicite, soit explicite, soit par eux-mêmes, soit par autrui, avec le démon, savoir :

« Ceux qui retiennent prisonniers (comme ils le prétendent) les démons dans des bagues, dans des miroirs, dans des médailles, dans des fioles et autres objets semblables ;

(1) *Sacro arsenale, ovvero Pratica dell' ufficio della santa Inquisizione, di nuovo corretto ed ampliato* ; Bologne, 1665. J'ai trouvé les mêmes renseignements dans la *Breve informatione del modo di trattare le cause del Sant' Officio, per li molto reverendi vicarj della santa Inquisizione di Modena*, 1650.

« Ceux qui se sont donnés corps et âme en apostasiant la sainte foi catholique, et qui ont juré d'appartenir au démon, ou qui le lui ont écrit même avec leur propre sang ;

« Ceux qui vont au bal, qu'on a coutume d'appeler le *striozzo;*

« Ceux qui jettent des sorts à des êtres raisonnables ou sans raison, en les sacrifiant au démon ;

« Ceux qui l'adorent ou explicitement ou implicitement, en lui offrant du sel, du pain, de l'alun ou d'autres choses ;

« Ceux qui l'invoquent en lui demandant des grâces, en s'agenouillant devant lui, en allumant des cierges ou autres lumières, en l'appelant ange saint, ange blanc, ange noir, en lui disant votre sainteté, ou autres paroles semblables ;

« Ceux qui lui demandent ce qu'il ne peut faire, comme de violenter la volonté humaine, ou de savoir les choses futures qui dépendent de notre libre arbitre ;

« Ceux qui dans ces actes diaboliques se servent des choses saintes, par exemple des sacrements, soit dans leur forme, soit dans leur substance ou de choses sacramentelles et bénites, et de paroles de l'écriture sainte ;

« Ceux qui mettent sur les autels où l'on va offrir le saint sacrifice des fèves, du parchemin, de l'aimant ou autres objets, afin de consommer un sacrilége en célébrant sur ces objets la sainte messe ;

« Ceux qui écrivent ou récitent des oraisons non approuvées et même réprouvées par la sainte Église pour se faire aimer d'un amour déshonnête, par exemple l'oraison de saint Daniel, celle de sainte Marie, celle de sainte Hélène ; ou qui portent sur eux des caractères, des cercles, des triangles, etc., pour se préserver des coups de leurs ennemis, ou pour ne point confesser la vérité dans les tourments, ou qui gardent des écritures de nécromancien, font des incantations ou exercent l'astrologie judiciaire à propos d'actes qui dépendent de la libre volonté ;

« Ceux qui font, comme on dit, des marteaux, ou mettent au feu des petites marmites pour inspirer une passion ou pour empêcher l'exercice du devoir conjugal ;

« Ceux qui jettent les fèves, se mesurent le bras avec les paumes des mains (font des passes), qui font tourner les cribles [1], qui examinent la trace des pieds, qui regardent ou se font regarder dans les mains pour savoir les choses futures et passées, et qui pratiquent d'autres sortilèges du même genre. » (C.)

Quelques personnes nient les assemblées nocturnes.

Ce serait pour l'erreur un trop beau privilège que de n'avoir pas un contradicteur, et il y en eut pour cette croyance aux assemblées nocturnes si répandue qu'elle fût alors. Samuel De Cassini s'appliqua à prouver que le démon *ne* transporte pas réellement ces femmes, mais produit seulement en elles une extase, en vertu de laquelle elles croient voler et se trouver transportées au milieu de la foule ; mais Jean Dadone, dominicain, soutient que le vol est quelquefois réel [2] ; son avis est partagé par frà Barthélemy Spina, maître du sacré palais [3], par frà Sylves-

(1) Ceci ne rappelle-t-il pas tout à fait nos tables tournantes.

(2) François Vittoria, *Prælectiones theologicæ*, lib. II.

(3) B. Spina, *De Strigibus et lamiis*, 1523, avec les trois apologies. Spina de Pise a beaucoup écrit sur les controverses d'alors, d'abord contre Pomponace, à propos de la prétendue mortalité de l'âme, ensuite contre les nouveaux hérétiques touchant le pouvoir du pape, la nécessité de se confesser avant la communion, la forme de la consécration, et au sujet de l'immaculée conception, en réfutant surtout le cardinal Cajétan et Catarino.

tre Priero, que nous avons cité plus haut, et par Paul Grillandi légiste florentin, qui avait commencé par nier ces faits magiques [1], et même par Jean François Pic de la Mirandole [2]. Frà Leandro degli Alberti, en traduisant un livre de ce dernier, raconte : « C'est l'année dernière qu'on « a découvert ce maudit, ce scélérat et diabolique jeu « *della donna*, où l'on renie, blasphème et outrage Dieu, « où l'on va jusqu'à fouler aux pieds la sainte croix, douce « consolation des fidèles chrétiens et étendard du salut, « et où l'on porte encore d'autres atteintes à notre très- « sainte foi. Après de scrupuleuses investigations et en « pleine connaissance de cause, même après une enquête « juridique du sage et prévoyant censeur et inquisiteur des « hérétiques, on parvint à remettre aux mains de la justice « quelques-uns de ces hommes maudits, et, conformé- « ment aux lois, ils furent exposés sur un énorme bûcher, « et enfin brûlés en châtiment de leurs crimes et pour « l'exemple d'autrui. Or, de jour en jour, on multiplie les « poursuites pour extirper et arracher ces ronces du mi- « lieu des herbes précieuses et parfumées des fidèles chré- « tiens. Plusieurs commencèrent à murmurer en disant « qu'il était injuste de voir de pareils hommes aussi cruel- « lement immolés, alors qu'ils n'avaient rien fait pour mé- « riter un pareil traitement : ils ajoutaient que tout ce « qu'ils disent de ce jeu, ils le disent par sottise et ab- « sence de cervelle, ou par peur d'un douloureux martyr. « Il n'est pas vraisemblable que les hommes aient com- « mis de semblables attentats à l'hostie consacrée, à la

(1) *De sortilegiis.*

(2) *Strix, sive de ludificatione dæmonum*, 1523, et la version italienne imprimée à Venise en 1566 sous le titre de *Il libro della strega, ovvero delle illusioni del demonio.*

« croix du Christ ou à notre très-sainte foi. Et ce qui le
« prouvait, c'est que plusieurs d'entre eux, après un aveu,
« avaient nié énergiquement. Ces récriminations crois-
« saient de jour en jour parmi le peuple; quand elles fu-
« rent venues aux oreilles de l'illustre prince Jean-Fran-
« çois, cet homme qui certainement n'était pas moins
« chrétien que docte et lettré, voulut approfondir la cause,
« et s'éclaircir par de minutieuses investigations sur son
« essence, comme sur ses moindres détails. C'est ainsi
« qu'il intervint et assista en personne à l'instruction
« faite par l'inquisiteur; il voulut même interroger les
« inculpés en tête à tête, et successivement sur toutes les
« parties de ce détestable jeu, sur les rites abominables,
« sur les habitudes profanes, sur les modes défendus et
« les opérations interdites par l'Église qu'y pratiquent cha-
« quejour, non-seulement quelques-uns, mais le plus grand
« nombre des adeptes. Sur les points essentiels, il ne trou-
« vait point entre eux de différence; tous se plongeaient
« dans d'abominables excès : aussi, en sa qualité de vrai
« serviteur de Jésus-Christ, il disait que chacun devait se
« bien garder pour ne point tomber dans le piége de notre
« antique ennemi; et, pour le démasquer le mieux possible
« et en tout lieu, il se mit à écrire sur cette coupable, scé-
« lérate et détestable école du démon. »

Jean-François introduit la *sorcière* qui entre en dialogue avec un incrédule (*Apistio*), et qui oppose toutes les objections du bon sens à toutes les confessions de la magicienne, pendant que le juge (*Dicasto*) emploie les formules juridiques pour prouver qu'il ne s'agit pas cette fois d'illusions, et pour soutenir la vérité des dépositions de celle-ci relativement à la réalité des voyages au sabbat, des orgies, des noces infâmes qui s'y célèbrent, et de l'abus sacrilége des saintes espèces. Dans d'autres procès, le prêtre Benoît lui a avoué ses amours charnels avec le diable qui avait pris le nom d'Armellina : ce malheureux préférait ces voluptés à toutes autres et conversait avec le tentateur même sur les places publiques, ce qui lui donnait l'air d'un fou aux yeux des passants pour qui son interlocuteur restait invisible. Par amour pour lui, il ne baptisait pas les enfants, il ne consacrait pas les hosties, et à l'élévation il les présentait dans le sens contraire aux règles liturgiques : c'est ainsi qu'il violait les sacrements. Il a appris aussi d'autres hommes qu'ils étaient si éperdument passionnés pour un démon sous la forme d'une femme, qu'ils allaient jusqu'à lui sacrifier leur vie, et cette grande flamme ne cédait que devant la flamme du bûcher. Ces faits sont si communs, que d'après les aveux des coupables, on voyait au sabbat plus de deux mille personnes.

La sorcière de Pic de la Mirandole

La sorcière de Pic de la Mirandole convient d'avoir fait tomber la grêle sur les champs de ceux qu'elle détestait, d'avoir tué leur bétail, et d'avoir sucé le sang sous les ongles des enfants, au point qu'ils en seraient morts, si elle-même n'y avait pas appliqué le remède enseigné par le démon. L'incrédule, insistant, veut savoir pourquoi elle n'a pas demandé de salaire au démon. Et la sorcière de répondre qu'elle a eu un salaire, mais que l'argent disparaissait, et que le plus grand attrait consistait toujours dans le plaisir des sens. Le démon lui permettait d'accomplir ostensiblement tous les actes d'une chrétienne, mais à condition qu'en assistant aux offices divins elle protesterait tout bas de son incrédulité, que par des roulements d'yeux et autres grimaces elle témoignerait de son dédain, et qu'en recevant dans sa bouche le pain consacré, elle le conserverait pour le profaner au sabbat.

Paul Grillando fit le procès à une femme, qui, rapportée à la maison par le diable, son amant, entendit sonner *l'ave maria* du matin ; tout aussitôt celui-ci s'enfuit, en la laissant sur place, où on la trouva toute nue. Un mari, à force d'épier sa femme, reconnut qu'elle se faisait certaines onctions, puis disparaissait ; il la battit si bien qu'il l'obligea à de complets aveux, et se fit conduire par elle jusqu'au sabbat. Là, assis à table, il trouva les mets insipides et demanda du sel dont on ne se sert pas dans ces banquets ; en ayant obtenu, après de longues instances, il s'écria : « Loué soit Dieu, que le sel soit enfin venu. » Cette exclamation suffit pour tout faire évanouir, et il se trouva dans un lieu parfaitement inconnu de lui, où des bergers survenus au matin lui apprirent qu'il était dans le voisinage de Bénévent à cent milles de sa patrie. A son retour, il fit poursuivre et condamner sa femme [1].

Le susdit Barthélemy Spina citait volontiers d'autres faits comme étant d'une égale certitude. Une jeune fille qui demeurait avec sa mère à Bergame, une certaine nuit fut trouvée à Venise dans le lit d'un de ses parents. On lui demanda comment cela s'était fait : elle raconta en rougissant qu'elle avait vu sa mère se faire une onction sur le corps, et qu'aussitôt sous une nouvelle forme elle l'avait vue sortir par la fenêtre. Elle voulut à son tour faire la même expérience, elle suivit sa mère, et la vit tendre des embûches à ce jeune parent ; épouvantée de cela, elle invoqua le nom de Jésus, et aussitôt tout disparut. L'inquisiteur fit des poursuites, et la mère, mise à la torture, confessa tout. Antoine Leone, charbonnier de la Valteline, se trouvant à Ferrare, racontait qu'un mari vit sa femme faire une semblable onc-

(1) *De sortilegiis*, lib. II, quæst. VII.

tion, et s'échapper ensuite par la cheminée; il en fit autant et la rejoignit dans une cave. La dame, en le voyant, fit un signe, et tout disparut : quant à lui, surpris en cet endroit, il fut arrêté comme un voleur; et il ne put s'échapper qu'en racontant le fait qui fit conduire sa femme au supplice [1].

Le bon sens le plus vulgaire suffit pour expliquer ces faits, mais il n'y a pas la même clarté pour tous ceux que citent les apologistes, et leur insistance prouve bien qu'ils avaient des contradicteurs. En 1518, le sénat de Venise, blâmant les rigueurs excessives des inquisiteurs dans le Val Camonica, fameux de tout temps pour cette plaie des sorcières, évoqua à lui tous ces procès, et décida qu'en pareilles matières les magistrats de la cité s'adjoindraient aux ecclésiastiques. L'opinion vulgaire fut combattue par le franciscain Alphonse Spina [2], par le chevalier Ambroise Vignato, jurisconsulte de Lodi [3]. Jean-François Ponzinibio, légiste de Plaisance, niait que le démon pût engendrer comme incube ou succube; il considérait comme de pures illusions le vol des sorcières ou le sabbat [4]. André Alciat écrit [5]: « Un inquisiteur était venu dans les vallées subalpines « pour rechercher les sorcières; il en avait déjà fait brûler « plus de cent, et chaque jour il offrait de nouveaux ho- « locaustes à Vulcain; de toutes ces victimes, il en était « beaucoup à qui il aurait fallu plutôt un grain d'ellébore « que la purification par le feu; à la fin, les paysans en

(1) *De strigibus*, cap. XVII et seq.

(2) *Fortalitium fidei*.

(3) *De hæresi*.

(4) *De lamiis, et excellentia utriusque juris*.

(5) *Parergon juris*, VII, cap. 23; VIII, cap. 21. C'est surtout contre lui que sont dirigées les réfutations de Martin Delrio, *Disquisitionum magicarum*, lib. III, 9, 16.

« armes s'opposèrent à ces violences, et exigèrent que la « cause fût portée au tribunal de l'évêque, qui m'envoya les « pièces de procédure en me demandant mon avis. » La réponse fut qu'il ne fallait plus livrer ces malheureuses au supplice; qu'il ne fallait voir dans ces exemples de crédulité que des visions de femmelettes; et pourquoi (demandait Alciat) le démon n'aurait-il pas pu prendre la ressemblance de ces dames? et comment se faisait-il que tout le sabbat se dispersât à la seule invocation du nom de Jésus?

Prélats et papes qui croient à la magie.

Pierre Borboni, archevêque de Pise, consulta un jour les savants de l'université à propos de certaines religieuses qu'on disait possédées, pour savoir si le phénomène était naturel ou surnaturel. Celse Cesalpino, fameux naturaliste, répondit en exposant fort au long les prodiges attribués à la magie, sans paraître les attaquer; puis, en se fondant sur Aristote, il avança qu'il existe des esprits intermédiaires entre Dieu et l'homme, mais qui ne peuvent communiquer avec nous [1]. Il aurait fallu en conclure que les possessions soumises à son examen manquaient de réalité, mais lui, eu égard aux temps, déclare seulement que ces faits ne sont pas naturels, et qu'il faut leur appliquer les exorcismes de la sainte Église.

En face de ce courant de l'opinion auquel cédaient et le vulgaire et les savants, nous éprouverons plus de regrets que d'étonnement à voir les membres les plus considérables de l'Église se laisser eux-mêmes entraîner. En 1494, le pape Alexandre VI, ayant appris *in provincia Lombardiæ diversas utriusque sexus personas incantationibus et diabolicis superstitionibus operam dare, suisque veneficis et variis observationibus multa nefanda scelera procurare, ho-*

(1) *Dæmonum investigatio peripatetica, in qua explicatur locus Hippocratis, si quid divinum in morbis habeatur.* Florence, 1580.

mines et jumenta ac campos destruere, et diversos errores inducere, il commit des inquisiteurs pour faire des poursuites, mais en leur défendant de s'occuper des sortiléges, des diableries et des sorcelleries, si ce n'est lorsqu'il y aurait abus des sacrements et des attentats contre la foi. En 1521, Léon X, à l'occasion de nombreux sortiléges découverts dans le Val Camonica, parle aux inquisiteurs de Venise d'une funeste engeance qui renie le baptême, donne le corps et l'âme à Satan, va même pour lui plaire jusqu'à tuer les enfants, et exerce d'autres maléfices [1]. En 1523, Adrien VI écrivait au Saint-Office de Côme qu'on avait découvert des personnes de l'un et l'autre sexe qui reconnaissaient pour seigneur et maître le diable, et qui par leurs incantations, leurs carmes sacriléges et autres criminelles superstitions, gâtent les fruits de la terre, et se livrent à d'autres excès, à d'autres crimes [2].

Le père Carrara, dans l'histoire de Paul IV (L. II, § 8), rapporte qu'en ce temps-là les démons jouèrent des quatre pieds, parce qu'ils se sentaient acculés. Entre autres exemples, l'année 1558 ils envahirent un asile d'orphelines à Rome; le pape institua à ce propos une congrégation de prélats respectables, à la tête de laquelle il mit le car-

(1) *Cum in Brixensi et Bergomensi civitatibus et diocæsibus quoddam hominum genus perniciosissimum ac damnatissimum labe hæretica, per quam suscepto renuntiabatur baptismalis sacramento, Dominum abnegant, et Satanæ, cujus consilio seducebantur, corpora et animas conferebant, et ad illi rem gratam faciendam in necandis infantibus passim studebant, et alia maleficia et sortilegia exercere non verebantur.....* Bulle du 15 février 1521.

(2) *Repertæ fuerunt quamplures utriusque sexus personæ.. . diabolum in suum dominum et patronum assumentes, eique obedientiam et reverentiam exhibentes, et suis incantationibus, carminibus, sortilegiis aliisque nefandis superstitionibus jumenta et fructus terræ multipliciter lædentes, aliaque quamplurima nefanda, excessus et crimina, eodem diabolo instigante, committentes et perpetrantes*, etc.

dinal doyen Bellay et J.-B. Rossi, général des Carmes, en les chargeant d'examiner le fait et de dissiper par des exorcismes le trouble subitement introduit parmi ces pauvres enfants. — Une magicienne originaire d'Afrique, qui habitait dans le Transtevere, prétendit guérir un certain César, sellier du pape, qui était devenu cataleptique, et qu'on croyait possédé du diable ; mais elle voulait avoir la permission du pape, de peur d'encourir les peines édictées par lui contre les actes de superstition. Le père Ghislieri non-seulement refusa la licence, mais fit emprisonner la sorcière, et bien qu'on ne pût établir sa culpabilité, il la fit exiler, et soumit le sellier aux exorcismes du père Rossi. Le père reconnut qu'il était véritablement possédé; il ordonna donc à la mère de faire de minutieuses recherches dans la maison, surtout sous les couvertures, sous les seuils de portes, où les sorciers ont coutume de cacher leurs maléfices; et de fait, sous une pierre on trouva une petite marmite sale et poudreuse, qui contenait un amas de papiers et de chiffons, une petite couronne de cheveux blonds comme l'or, dont le nœud était lâche, deux cornes de mulet, deux plumes de poule pliées en triangle ; deux aiguilles plantées dans un cœur de cire, un morceau d'ongle humain, des graines de cicérole et autres légumes, et au fond trois papiers pliés. L'un offrait au centre l'image grossièrement dessinée d'un homme transpercé de deux flèches se croisant à la façon d'un X ; dans l'autre, on lisait treize noms inconnus, probablement de démons; sur le troisième, on lisait : « César, en passant ici dessus, tu seras pour dix années souffrant », et d'autres paroles inintelligibles.

On mit aussitôt le petit vase dans l'eau bénite, et on le garda en lieu sûr : au même instant, César fut délivré, et redevint bien portant et tranquille. Tout ceci nous est raconté par le père Carrara pour attester combien le monde était souillé par les attentats du démon, et comment Paul IV y remédia avec une sainte rigueur.

Grégoire XV fulminait contre les auteurs des maléfices qui amènent, sinon la mort, au moins des maladies, des divorces, l'impuissance d'engendrer, et des dommages pour les animaux, les semences et les fruits; il veut que les coupables soient reclus entre quatre murs.

S'il faut en croire le sérieux historien De Thou, on disait que Sixte-Quint avait eu commerce avec le diable, et s'était donné à lui, à condition qu'il serait pape, et régnerait pendant six ans. De fait il obtint la tiare, et pendant cinq ans se signala par des actions qui surpassent la portée de l'esprit humain; après quoi il tomba malade, et le démon vint lui rappeler son pacte. Sixte-Quint, furieux, lui reprocha sa mauvaise foi, parce qu'il n'y avait que cinq années d'écoulées; mais le démon lui dit : « Souviens-toi « qu'un jour qu'il s'agissait de condamner quelqu'un qui « n'avait pas l'âge légal, tu lui as dit, je lui donne une « de mes années. » Le pape ne sut que répondre, et se prépara à mourir au milieu des remords.

Il est vrai que De Thou ne garantit pas le fait, qui peut être une invention de la malveillance espagnole [1]. Sixte-Quint promulgua en 1585 la très-longue bulle *Cœli et terræ creator Deus,* où il condamne la géomancie, l'hydromancie, l'aéromancie, la pyromancie, l'oneiromancie, la chiromancie, la nécromancie; l'art de jeter des sorts avec les dés, ou des pincées de grains de blé et de fèves; le fait de contracter un pacte avec la mort ou l'enfer pour

(1) De Thou, *Histoire Universelle*, livre XI.

trouver des trésors, le fait de consommer des crimes, d'accomplir des sortiléges, l'habitude de brûler des parfums et des cierges au démon, comme aussi les pratiques des personnes qui prétendent par l'intermédiaire des possédés et des femmes lymphatiques et fanatiques interroger le démon sur l'avenir; celles de certaines femmes qui gardent un démon dans une fiole, et qui, après s'être oint avec de l'eau et de l'huile la paume des mains et les ongles, l'adorent. Le pape prohibe tous les livres d'astrologie; il défend de prendre sur une personne un ascendant magique et de décrire des pentagones; enfin il condamne les autres superstitions qui avaient cours alors. Il faut remarquer que toutes ces qualifications se trouvent déjà dans Porphyre [1], ce qui établit d'abord la généralisation de semblables pratiques, laquelle nous apparaît comme une éruption de l'esprit satanique au temps de la Réforme, et ensuite la persistance de ces pratiques malgré toute la vigilance de l'Église.

En 1598, Clément VIII était parvenu à la 63e année de sa vie et à la septième de son pontificat. Les chiffres climatériques 7 et 9 faisaient croire au peuple qu'il arriverait malheur au pape, et celui-ci avait soin de répéter qu'il n'avait que soixante-deux ans, en attendant que la mauvaise influence fût passée.

Un astrologue annonça à Paul V qu'il ne vivrait pas longtemps; aussi s'empressa-t-il de renvoyer son cuisinier et son maître d'hôtel; s'entourant de précautions, il n'osait recevoir aucune pétition d'inconnus, il ne voyait que poisons et embûches, et il ne fut guéri que par un remède homœopathique, c'est-à-dire par une consultation

(1) Eusebii, *Præparatio evangelica*, lib. II, VI.

d'astrologues qui lui déclarèrent que le temps de l'influence redoutable était passé.

Prélats qui combattent la magie.

En 1588 le cardinal Augustin Valier, célèbre évêque de Vérone, dans une lettre pastorale, se plaint de ce qu'« il y « eut des hommes, il est vrai de vile et basse condition, « qui ont fait pacte avec l'enfer, c'est-à-dire avec le démon « infernal, en se livrant à des actes de superstition, à des « incantations, à des sortiléges, et autres semblables abo- « minations ».

L'évêque Bonomo, dans ses constitutions pour le diocèse de Côme, défend l'usage des figures et des anneaux magiques dans le traitement des maladies des hommes et des bêtes; il prohibe les sortiléges, les bandages et les formules magiques pour guérir les blessures et les maladies, et la récolte des fougères et de leurs semences dans des jours et à des heures donnés. Il veut que les magiciens et les devins soient punis par l'évêque comme les sorcières qui fascinent et tuent les enfants, envoient la stérilité et la grêle.

Saint Charles dans son premier concile provincial ordonne que les magiciens, les auteurs de maléfices, d'incantations, en un mot que tous ceux qui ont fait un pacte tacite ou exprès avec le diable, soient punis sévèrement par l'évêque et exclus de la congrégation des fidèles [1]. Dans son rituel, il fixe la pénitence qu'on doit appliquer aux magiciens à cinq années; celui dont les conjurations ont amené des tempêtes sera mis pendant sept ans au pain

(1) *Magos et maleficos, qui se ligaturis, nodis, characteribus, verbis occultis mentes hominum perturbare, morbos inducere, ventis, tempestati, aeri ac mari incantationibus imperare posse sibi persuadent aut aliis pollicentur, cæterosque omnes, qui quavis artis magicæ et veneficii genere pactiones et fœdera expresse vel tacite cum dæmonibus facient episcopi, acriter puniant, et e societate fidelium exterminent.* Part. III, pag. 5.

et à l'eau; celui qui a fasciné par ses incantations devra faire trois carêmes; celui qui fait des pansements ou des philtres magiques sera soumis au même régime pendant deux ans. Il avait défendu d'indiquer dans les sermons la fin du monde [1], et dans le Ve concile provincial on lit : *Ad nuptias matrimoniaque impedienda vel dirimenda eo cum ventum sit, ut veneficia fascinosve homines adhibeant, atque usque adeo frequenter id sceleris committant, ut res plena impietatis ac propterea gravius detestanda; itaque ut a tanto tamque nefario crimine pœnæ gravitate deterreantur, excommunicationis latæ sententias vinculo fascinantes et venefici id generis irretiti sint.*

Dans la Mesolcina, vallée italienne des Grisons, abondaient les sorcières, qui faisaient des philtres, fascinaient des enfants, provoquaient les orages, et allaient ensemble aux sabbats, où le diable les invitait à fouler aux pieds la croix. Saint Charles, envoyé comme légat pontifical dans ce pays, les fit poursuivre, et trouva le mal plus grand qu'il ne le pensait. Cent trente sorcières firent leur abjuration; d'autres furent brûlées avec leurs complices, parmi lesquels on compte Dominique Quattrino, prévôt de Roveredo, qui d'après onze témoins avait été vu au sabbat menant une danse revêtu des ornements qu'il portait à la messe, et tenant en main le saint chrême (D.)

Le père Charles Bescape, à la date du 8 décembre 1583, racontait à son supérieur le supplice de quelques-unes de ces sorcières. « Dans un vaste champ s'élevait un bûcher :
« chacune des sorcières y fut étendue et attachée sur une
« plate-forme, la bouche tournée du côté du bûcher, aux
« côtés duquel on mit le feu; et les flammes gagnèrent

(1) Acta, p. 3.

« si vite, qu'en peu d'instants les chairs furent consu-
« mées et les os réduits en cendres. Après que le bourreau
« les eut attachées à la plate-forme, chaque condamnée
« avait de nouveau confessé ses péchés, et je leur avais
« donné l'absolution : d'autres prêtres les encourageaient à
« bien mourir, en les assurant du pardon de Dieu. . . . . Je
« ne puis assez vous dire avec quels sentiments de profonde
« contrition et avec quel courage elles ont marché au sup-
« plice. Après s'être confessées et avoir reçu la commu-
« nion, elles déclarèrent accepter tout, comme venant de
« la main du Très-Haut, en expiation de leurs égarements,
« et elles lui offraient avec une manifeste contrition leur
« corps et leur âme. La plaine regorgeait d'une foule im-
« mense, très-serrée, émue jusqu'aux larmes, et criant de
« toutes ses forces : Jésus! et ces femmes infortunées, une
« fois sur le bûcher, au milieu du pétillement des flammes
« répondaient en prononçant elles-mêmes ce saint nom;
« en signe de salut, elles avaient au cou le saint ro-
« saire... J'ai voulu donner tous ces détails à votre révé-
« rence, pour qu'elle pût remercier Dieu et le louer pour
« les précieuses gerbes recueillies dans cette moisson. (E). »

En 1586, Daniel Malipiero, sénateur vénitien, fut arrêté comme nécromant et avec lui les nobles Eustache et François Barrozzi; ils furent condamnés à faire abjuration. François, qui a laissé différents traités de mathématiques et de philosophie, persistait à nier; mais quand on lui eut promis de lui laisser la vie et les biens, il confessa qu'il avait fait des pratiques diaboliques avec profanation des saintes huiles et d'autres sacrements; qu'il avait violenté l'esprit du prochain avec des cercles magiques; qu'il avait fait la statue de plomb conformément aux règles indiquées par Cornélius Agrippa; il ajouta qu'il pouvait faire venir quelqu'un des extrémités du monde : une plaque de métal fabriquée sous la constellation de Vénus lui suffisait pour forcer une personne à lui vouloir du bien, et d'autres préparées sous l'influence de diverses planètes pour acquérir de l'or, des dignités, des honneurs. Il était convaincu qu'il pouvait avec des sortiléges instruire son fils dans toutes les sciences; qu'il avait découvert le sens des hiéroglyphes de la place de Constantinople, lesquels lui avaient révélé que l'année 1588 devait voir s'éteindre la famille des sultans et la puissance des Turcs. Se trouvant à Candie pendant une longue sécheresse, il avait fait pleuvoir, mais en même temps il vint une tempête de grêle qui dévasta les champs qu'il possédait dans cette île. *Il* était passablement riche, mais, grâce à ses vices, il se trouva souvent dans la gêne. Il fut condamné à payer une petite somme qu'on transforma en croix d'argent, et à faire certains actes de piété; on l'exhorta encore d'avoir toujours dans sa chambre de l'eau bénite pour se défendre contre tant d'esprits infernaux avec qui il avait eu des rapports familiers. (F.)

La croyance à la sorcellerie se propage hors de l'Italie.

Les choses allaient de la même façon, si ce n'est pire, hors de l'Italie. En France, sous le règne de François Ier, cent mille personnes furent condamnées pour sorcellerie [1], et en 1609, sous Henri IV, il y eut seize cents accusés du même chef. On ne connaît que trop les faits d'obsession au temps du jansénisme, c'est-à-dire au grand siècle du grand roi, mais il ne faut pas oublier que dans le procès du jésuite Girard, en 1731, douze juges, sur trente et un, l'avaient condamné au feu pour magie et inceste spirituel; en appel la sentence fut cassée. On en peut dire autant de

(1) CREPET, *De odio Satanæ*, lib. I, diss. 3.

l'Angleterre et de l'Allemagne; et Soldam, qui récemment a publié un traité sur les procès de sorcellerie[1], raconte qu'à Nordlingen, petite ville de six mille habitants, de 1590 à 1594, on brûla trente-cinq sorcières.

Les Réformés en faisaient tout autant, et se montraient même plus cruels que les Catholiques. Luther demandait le supplice des magiciens dans le triple intérêt de la religion, de la morale et de la sécurité publique. La sorcellerie n'était passible que d'une peine correctionnelle à Genève; mais Calvin y établit le supplice du feu, en qualifiant ce crime de lèse-majesté divine au premier chef : dans l'espace de soixante ans, cent cinquante individus y furent brûlés pour cette cause[2].

Sa persistance au XVIIIe siècle.

Il en fut de même durant le XVIIe siècle, et le 21 juillet 1612, à Florence, une femme fut condamnée à la potence, à être brûlée après sa mort et à la confiscation de ses biens comme coupable, d'après le témoignage d'autrui et sur son propre aveu, d'avoir eu un commerce criminel avec un démon qui s'appelait Bigiarino, et qui, sous la forme d'un bouc, l'avait portée plusieurs fois au sabbat célébré près du noyer de Bénévent. Elle y avait, transformée en chat, sucé le sang de plusieurs jeunes garçons. Le fait était prouvé par plusieurs mères qui attestaient que certaines maladies de leurs enfants avaient été guéries par cette sorcière, moyennant certains signes et paroles inintelligibles : et, comme les faits paraissaient peu croyables, les juges soumirent la coupable à la torture probatoire, dans laquelle elle reconnut tous ces artifices magiques[3]. En octobre 1664, au monastère de Sainte-Scolastique de Borgo, à Buggiano, on

(1) Stuttgard, 1843.

(2) Picot. *Histoire de Genève.*

(3) Paoletti, *Istituz. criminali.*

entendait un esprit frappeur, et « les religieuses osèrent le conjurer, et de la part de Dieu lui commandèrent de déclarer qui il était et quelles étaient ses prétentions; mais celui-ci ne répondit comme à l'ordinaire que par ses coups; il frappait pour dire oui, et cessait de frapper pour dire non [1]. »

Diego Guscalone de Palerme, après avoir commis plusieurs crimes dans sa patrie, s'enfuit en Espagne et là, poursuivi par le Saint-Office, pour sortilége, il prit la fuite vers les Indes, où il remplit les fonctions de chapelain, puis avec de faux papiers et un froc d'augustin, et sous le nom de frère Bernardin de Montalto, il revint en Italie, où il se lia avec frère Dominique Zanconi de Fermo, prieur des Augustins, et en fit son complice. Convaincus d'avoir, à l'aide de sortiléges, tenté de séduire une femme, ils furent expulsés, et se réfugièrent dans le couvent de Macerata. Leurs pratiques de nécromancie furent éventées par Hyacinthe Centini, neveu du cardinal Centini, qui faillit devenir pape dans le conclave où fut élu Urbain VIII. Centini leur demanda si son oncle avait chance d'obtenir la tiare, et après certaines opérations magiques, ceux-ci répondirent affirmativement. Pour hâter le succès, ils exécutèrent plusieurs sortiléges qu'ils combinèrent avec d'autres charlatans, plus experts qu'eux en la matière : il formèrent une statuette de cire, qui, en se fondant, devait marquer l'abréviation de la vie du pape [2]. Ceci se passait en 1631. Mais frère Dominique dénonça le cas au Saint-Office de Rome; les coupables furent arrêtés, et par suite du procès, Hyacinthe fut condamné à mort avec un frère

(1) Manuscrit existant à la bibliothèque Magliabecchiana, Cl. 24, n° 65.

(2) C'est l'opération qu'en terme technique on appelait envoûtement. (*Note des Traducteurs.*)

nommé Cherubino qui put s'enfuir, et avec le frère Bernardino, principal auteur dans ces pratiques de magie. Frère Dominique fut lui-même condamné à 39 ans de galère, les autres à plus ou moins de prison; tous firent abjuration publique (1635). Le cardinal, soupçonné de complicité, se disculpa, mais ne survécut pas longtemps.

La cabale et d'autres vanités astrologiques tenaient encore une large place dans les traitements qu'appliquaient les médecins même les moins accessibles aux préjugés [1], et l'illustre L'Hôpital, chancelier de France, disait qu'à Rome dominaient les mathématiciens et les astrologues [2]. Paul Taggia, fameux savant de Modène, écrivait à Gualdo de Padoue : « Le mariage continue à être une union brouil-« lée, quoique on ne cesse point les oraisons, les jeûnes, les « charités et les exorcismes. Il n'y a de bon que la certitude « du lien et de l'incantation, et cela tant chez le jeune « marié que chez la jeune épouse : c'est pourquoi nous « pouvons espérer bientôt une bonne fin [3]. » L'excellent mathématicien Cavalieri, dans la *Ruota planetaria*, prétendit révéler ce que font dans leur sphère les étoiles, et comment elles exercent une bonne ou une mauvaise influence; Borelli fit une défense de l'astrologie pour Christine de Suède; Marc Antoine Zimara d'Otrante, fameux médecin, publia : *Antrum magico-medicum, in quo arcanorum magico-physicorum sigillorum, signaturarum et imaginum medicarum, secundum Dei nomina et constellationes astrorum cum signa-*

(1) Le fameux Peiresc écrit le 28 juin 1615 d'Aix à Paul Gualdo, à Padoue : « Le médecin qui me soigne désire avec passion avoir un livre *Baptistæ Codrunqui medici imolensis De morbis ex maleficio*, dans l'intérêt de certaines religieuses de cette ville, qui en grand nombre se trouvent malades de maladies inconnues et surnaturelles.

(2) Ep., lib. III.

(3) 2 janv. 1610.

tura planetarum constitutarum, ut et curationum magneticarum, et characteristicarum ad omnes corporis humani affectus curandos, thesaurus locupletissimus, novus, reconditus, etc., avec un traité des moyens de conserver la beauté et un autre du mouvement perpétuel sans employer ni l'eau ni les poids.

Capecelatro, l'un des meilleurs historiens de Naples, ayant passé par les affaires, grâce à son expérience des emplois publics, à propos du soulèvement de Masaniello, raconte que ces bouleversements furent « causés par la mauvaise influence des étoiles, ou par l'éclipse de soleil qui était arrivée à l'heure de midi, l'été précédent, sous le signe du lion, sous l'influence duquel est Naples, éclipse qui, suivant la prédiction de Paul Cocurullo célèbre astrologue, annonçait pour cette ville une révolution suivie de beaucoup de ruines et de désastres ». Capecelatro lui-même fait remarquer que ce soulèvement arriva au XVIIe siècle, la XVIIe année après la fameuse peste, au XVIIe mois du gouvernement du duc d'Albe, dans la VIIe année depuis l'an 1640, dans le VIIe mois de l'année, le VIIe jour du mois, le VIIe jour de la semaine, et à la VIIe heure du jour. Pendant cette révolution, on disait que les Espagnols envoyaient des sorcières pour enchaîner les postes par leurs incantations : le peuple arrêta trois vieilles femmes, à l'une desquelles il fit sauter la tête, et infligea aux deux autres la prison, où elles devaient être mises à la torture; puis on manda des prêtres pour exorciser les postes de soldats.

Catherine de Médicis avait amené avec elle en France Côme Ruggieri, astrologue et magicien, qui à cette cour se fit une grande renommée pour ses horoscopes, ses talismans, ses philtres à inspirer de l'amour ou à donner la mort; et Catherine l'avait mis à cette besogne probablement pour en faire son espion. Accusé de conspirations, il fut mis à la torture et envoyé aux galères en 1574, puis relâché. Sous Henri IV, il fut arrêté de nouveau pour avoir eu chez lui une statuette de cire de ce roi, dans laquelle il piquait chaque jour une épingle; mais, grâce aux instances de certains courtisans et de certaines grandes dames, on suspendit le procès. Chaque année il publiait les almanachs : il fut nommé abbé de Saint-Malo, et, ce qui est plus extraordinaire, historiographe; à la mort, il refusa les consolations de la religion, en disant qu'il ne connaissait pas d'autres diables que ses ennemis qui venaient le tourmenter jusqu'à ce moment, ni d'autre Dieu que les princes qui pouvaient lui faire du bien; aussi son cadavre fut-il traîné à la voierie [1].

Concini. Le Florentin Concini, bras droit d'une autre reine de France, Marie de Médicis, et devenu le maréchal d'Ancre, fut condamné à mort avec sa femme pour magie. (G.) La maréchale elle-même, en 1611, avait fait venir en France un certain Montalto, médecin juif, qui avait refusé l'offre à lui faite d'une chaire à Bologne, à Messine, à Pise, afin de succéder au célèbre Mercuriale. Ses relations avec la maréchale auraient éloigné celle-ci des pratiques chrétiennes, et on trouva chez elle deux livres, l'un intitulé *Cheinuc*, c'est-à-dire morale, espèce de catéchisme; et l'autre *Machazor*, espèce d'almanach imprimé à Venise par les Juifs espagnols. On prouva qu'elle-même employait les exorcismes, les oblations, les sacrifices selon le rit judaïque qu'elle faisait la nuit dans les églises de Paris, à l'heure précise où l'on entend le cri du coq, et selon l'usage spécial aux Hébreux dans la fête de la réconciliation. Tout cela est prouvé de la façon ordinaire.

(1) Donzelli, pag. 174.

Elle n'en fut pas moins convaincue d'artifices magiques. On trouva une lettre où elle demandait à une certaine Isabelle qui passait pour sorcière, si par son art elle avait connaissance de quelque chose qui la regardât elle ou sa famille. On trouva chez elle des livres en caractères étranges, et un coffret avec cinq ronds de velours, qui, on le sait, étaient employés pour avoir de l'influence sur la volonté des grands. Elle avait fait venir des frères Ambroisiens de Nancy, qui, en effet furent assez charlatans pour l'assister dans le sacrifice du coq; on trouva encore chez elle des amulettes à mettre au cou et des figures de cire qu'elle gardait dans des cercueils. On donne aussi le détail des pratiques et des exorcismes attribués à ces frères Ambroisiens qui en semblable occasion éloignaient les serviteurs : notamment on signale l'habitude de faire de l'eau bénite de préférence le jour de l'Épiphanie, ce qui devait constituer un certain mystère, puisqu'elle n'en avait pas pu donner de motif.

L'alchimiste Gaëtan, comte de Ruggero.

Don Dominique Manuel Gaëtan, comte de Ruggero, maréchal de camp du duc de Bavière, général, conseiller, colonel d'un régiment d'infanterie, commandant de Munich, et major général du roi de Prusse, était né à Pie trabianca, près de Naples. Ayant travaillé dans l'orfévrerie, en 1695, il fut initié aux secrets de l'alchimie transmutatoire, probablement par le fameux Lascaris, de qui il tint la teinture blanche et la jaune pour faire l'argent et l'or, mais en petite quantité. Il suppléa à l'indigence et à l'inefficacité de ces teintures par le charlatanisme; il annonçait qu'il pouvait transmuer les métaux à volonté, et comme il admettait très-peu de personnes à ses expériences, il obtint du crédit. Après avoir parcouru l'Italie, il fit pendant quatre mois d'excellentes affaires à Madrid, d'où l'envoyé de Bavière l'engagea à passer près de l'Électeur, qui était alors gouverneur à Bruxelles. Là, ce fut une véritable admiration ; et Maximilien, ayant pleine confiance dans ses magnifiques promesses, lui donna charges, titres et un subside de six mille florins : puis, ayant découvert que c'était un pur intrigant, il le fit enfermer dans une forteresse. Au bout de deux ans, il réussit à s'échapper ; il apparaît à Vienne en 1704, où il se montra si habile à fabriquer de la poudre de projection, que toute la cour en fut stupéfaite ; l'empereur Léopold le prit à son service, mais à la mort de ce prince, sa fortune eût été compromise, s'il n'avait point été accueilli par l'électeur palatin, à qui aussi bien qu'à l'impératrice il promit de donner en six semaines soixante-deux millions ou sa tête. Avant l'expiration du délai, il s'était échappé avec une demoiselle, et le voilà à Berlin, où il gagne la faveur, en se disant persécuté par l'Autriche. Le roi, après avoir pris l'avis de son conseil d'État qui n'y fit pas d'opposition, accepta ses propositions. Notre homme, en présence de nombreux témoins, fit quelques transmutations constatées rigoureusement, et promit de faire de la poudre de projection autant qu'il en faudrait pour six millions de thalers.

Il faut bien reconnaître combien il était jongleur expert, quand on voit que de dupes il fit et quels honneurs il obtint ; cependant, comme ses promesses au roi ne se réalisaient point, celui-ci commença à assaisonner les honneurs de misères ; quand on lui eut fait connaître ses antécédents, il le fit enfermer à Custrin, et comme il ne put pas remplir sa tâche, il fut poursuivi comme criminel de lèse-majesté, pendu à Berlin, le 29 août 1709, avec une robe lamée de chrysocale à une potence dorée. Frédéric eut honte de s'être laissé tromper d'abord et d'avoir ensuite appliqué un châtiment excessif. Il défendit de prononcer son nom à l'avenir.

En Piémont (H), l'an 1710, un certain Bocalaro, de Caselle, fut tenaillé et mis à mort pour avoir fait une image de cire afin de causer la mort du roi ; l'an 1718 fut exécuté le chanoine Duret pour avoir cherché des trésors à l'aide d'incantations ; on enferma dans le château de Miolans un certain marquis Risaja pour pratiques de magie, un vannier qui avait dérobé une hostie pour s'en servir dans des sortiléges, un certain François Freylino, qui s'accusa ainsi que d'autres d'avoir préparé des philtres contre le prince, et qui à l'article de la mort avoua avoir fait tout cela pour obtenir quelque emploi ; enfin, en 1723, à Aoste, fut décapité le comte André Dupleoz pour avoir, par magie, attenté aux jours de sa femme. La magie au XVIIIe siècle.

Mais le progrès de la science expliqua d'une façon naturelle des phénomènes qui jusque-là avaient paru miraculeux : la médecine montra les analogies qui existent entre beaucoup de faits ; la jurisprudence insinua qu'on ne pouvait, pour condamner, se contenter de l'aveu d'un accusé ; la circonstance qui paraissait incriminer davantage, c'est-à-dire l'accord entre les diverses dépositions, tenait le plus souvent à la généralité des allégations, que chacun répétait sur oui-dire, et aussi à ce que, grâce à la marche suivie dans les interrogatoires, on ne pouvait guère répondre que par oui ou par non.

Il faut un grand courage pour affronter ce despote qu'on appelle l'opinion publique, aussi nous ne pouvons trop louer ceux qui attaquèrent de front et intrépidement le préjugé populaire. Nous citerons surtout les jésuites Adam Tauner et Frédéric Spec ; mais comme ils développaient leurs thèses en citant des textes et des canons à l'usage des seuls savants, ils n'ouvraient pas les yeux à la foule. Le premier qui porta cette question d'humanité devant le public fut Jérôme Tartarotti[1] de Rovereto, qui contesta l'existence des sorcières et réfuta spécialement Martin Delrio : il acceptait cependant et même soutenait la réalité de la magie. Reconnaissant la puissance immédiate du démon, il ne voyait pas de motifs pour lui refuser la faculté de transporter les sorcières ; il disait pour conclure qu'en certains cas le bon sens ne permettait pas de croire aux sorcières, et surtout à leur grand nombre. Jean Rinaldo Carli et Scipion Maffei (I) allèrent plus loin, et refusèrent au diable toute influence magique immédiate ; alors Tartarotti protesta qu'en traitant d'illusion les faits reprochés aux sorcières, il n'avait pas entendu jeter du doute sur la puissance du démon, tant la raison humaine éprouve de peine à se soustraire aux opinions qu'elle tient de la première éducation.

Le père Zaccaria, annonçant l'ouvrage de Tartarotti, désapprouve ceux qui nient la magie : « Dans une ville, il m'arriva d'entendre un médecin plein d'esprit, qui niait « l'existence des possédés, et attribuait tout à l'imagina- « tion de celui qui se croit en proie au démon... Mais « pourquoi soutenir avec tant d'insistance que les démons « ne peuvent sortir de l'enfer ?[2] »

Cette espèce de protestation échappée au jésuite ne se retrouve-t-elle pas dans la bouche de certains apôtres de notre prétendue civilisation. « Au nombre des êtres qu'on maudissait autrefois et que la tolérance d'aujourd'hui sauve de l'anathème, sans aucun doute Satan est celui qui a le plus gagné au progrès des doctrines et de la civilisation

(1) *Del congresso notturno delle lamie, libri III* ; Rovereto, 1749.
(2) *Storia letteraria d'Italia*, 1750.

universelle, tandis que le moyen âge, qui s'entendait bien peu en matière de tolérance, en fit autant qu'il put un être méchant, tourmenté et même ridicule. » Voilà ce qu'écrit Renan, qui, après avoir enlevé au Christ sa divine auréole, dit que, par respect pour la céleste étincelle partout où elle apparaît, il ne voudrait pas prononcer une sentence d'exclusion, de peur d'envelopper dans cette condamnation un atome de beauté! C'est une falsification de l'histoire à joindre à tant d'autres du même auteur, puisque le féroce moyen âge étendait sa compassion jusqu'aux damnés; il assignait un jour de relâche à Judas lui-même; il reconnaissait à l'ange du mal les traces de la plus belle créature de Dieu, il le faisait respectueux devant l'innocence, soumis devant les saints, et il ne lui refusait même pas l'espérance de la rédemption.

Du reste, comment avoir le courage de vilipender le passé, quand on voit tant de crédulité dans l'âge présent, qui, sur des faits d'une certitude qui vaut à peu près celle d'autrefois fonde des théories nouvelles? Combien peu de personnes sont capables de revenir par la pensée à ces temps si différents du nôtre! Mais, grâce à Dieu, pour expliquer ces vieilles croyances, il suffit d'observer quelques faits qui appartiennent à ce siècle où nous vivons, et nous reconnaîtrons tous les défauts, toutes les erreurs, tous les crimes du moyen âge : aucun ne manque, ils ont seulement pris la nuance de l'heure présente.

Les hommes ont besoin d'adorer et d'obéir; s'ils n'adorent pas Dieu, s'ils ne lui obéissent point à lui, le souverain bien, ils portent leur adoration au diable qui souffle le mal. De là l'ardeur de celui-ci à nous éloigner de Dieu et de son Christ, parce qu'alors nous allons à lui. Voilà où tendent les trois erreurs capitales de notre temps, le panthéisme, On adore le démon.

le matérialisme, le rationalisme. Si tout est Dieu, il n'y a plus d'incarnation; même conclusion, si tout est matière ou s'il faut exclure tout mystère qui dépasse les limites de la raison. Nous retournons ainsi au fatalisme et à la servitude des temps antérieurs au Christ : et renverser son trône, c'est relever celui de Satan.

Tout d'abord, on s'est borné à nier le Christ; bientôt après on est arrivé au culte de son ennemi, en vertu du besoin que nous éprouvons de manifester notre vénération intérieure par le culte extérieur : on a vu renaître les évocations, les prodiges, les oracles de l'âge païen, dans ce qu'on appelle le spiritisme.

Spiritisme. Ce fut après les révolutions de 1848 qu'on annonça les étranges phénomènes des tables tournantes, c'est-à-dire des mouvements divers imprimés par de simples attouchements. D'abord, on ne voulut y voir qu'une opération purement mécanique, puis on découvrit une intelligence et enfin un esprit comme moteur. On supposa que cet esprit était un reflet de l'intelligence des assistants ou de celle du *médium*, nom que prirent les personnes qui produisaient à volonté ces phénomènes; mais plus tard on obtint des mouvements indépendants de la pensée et des connaissances des assistants, et même en contradiction avec leurs idées, leur volonté, leurs désirs. Il fallut alors reconnaître un être invisible, et pour s'en convaincre, il devint nécessaire d'entrer en conversation avec lui; on obtint ce résultat en convenant de certains mouvements qui signifieraient oui ou non, ou en se servant des lettres de l'alphabet : et c'est ainsi que les tables tournantes devinrent des tables parlantes.

Les réponses indiquaient qu'on avait affaire à des esprits du monde invisible.

Pour remédier à la lenteur du procédé, on appliqua aux pieds d'une table un crayon qui écrivait; puis on découvrit que l'esprit agissant sur un corps pouvait aussi mouvoir immédiatement le bras d'un homme, et on eut des médiums écrivant, qui, sous l'impulsion des esprits, traçaient involontairement des paroles. Quand on est arrivé à ce point, il n'y a plus de limites : on vit paraître des médiums évocateurs, et des médiums guérisseurs. Les premiers obtiennent l'apparition des spectres, des phosphorescences, des sons articulés, des écritures spontanées, l'arrêt spontané de toutes les pendules d'une maison, l'insensibilité de tout le corps ou de quelques membres. Les autres guérissent, non point en transmettant leur propre fluide comme les magnétiseurs, mais le fluide plus pur envoyé par les esprits.

Vers 1855, toute l'Amérique civilisée et l'Europe furent remplies de cette communication de l'homme avec des êtres immatériels, intelligents et mal définis. Les faits les moins naturels furent attestés par des témoins oculaires, rapportés par les feuilles publiques, reproduits à volonté, discutés, classés, commentés de toutes parts; on voulait voir M. Home; on étudiait les théories de M. Allan Kardec; les phénomènes se produisaient dans des lieux si divers, devant tant de témoins, et avec de telles circonstances qu'on ne pouvait plus les nier. Désormais, impossible de les considérer comme de simples effets mécaniques ou physiques et encore moins comme des tours de jongleurs; et le rire des sceptiques, les phrases conventionnelles des doctrinaires ne suffisaient plus pour infirmer les faits; on se laissa donc persuader de l'intervention des esprits.

D'Angleterre et de France le spiritisme passa en Italie, surtout après la guerre de 59 : il eut ses chaires et ses assemblées, où on le pratiqua et où on l'enseigna. Les évocations se font au moyen de prières mentales, qu'on appelle élévations à Dieu : on obtient des guérisons miraculeuses; les adeptes croient à l'obsession des esprits mauvais, dont les bons peuvent délivrer : les apôtres se montrent sous la forme moderne des journalistes, et les livres de spiritisme sont recherchés avec la même avidité que les romans. Dans les derniers ouvrages ayant pour objet de soutenir et de propager le spiritisme, on proclame comme ses précurseurs dans l'antiquité, les oracles, les pythonisses, les génies, et dans le moyen âge les sorciers et les magiciens. C'est donc un retour aux croyances antiques si décriées touchant les oracles et les pythonisses : aussi l'apôtre du spiritisme n'hésite pas à l'appeler une résurrection de l'antiquité [1]. Les croyants furent aussi nombreux que ceux qui les tournaient en ridicule, et même, la première fureur passée, beaucoup restèrent fidèles à cette croyance.

Ces esprits seraient donc ou des âmes et de bons anges, ou bien des diables. Mais les premiers ne sont pas à la disposition de l'homme pécheur, d'autant plus que Dieu prohibe les évocations [2]; quiconque y obéit est un rebelle à sa puissance. Ce ne peuvent être non plus les âmes des damnés, sur lesquelles l'homme ne peut rien. D'illustres évêques ont conclu que ce sont des esprits mauvais qui nous tentent, et qui cherchent les moyens de nous tromper [3].

(1) ALLAN KARDEC. *Le Spiritisme à sa plus simple expression.* — Le livre *des Esprits*, etc. Voir aussi la *Revue spirite.*

(2) *Non inveniatur in te.... qui querat a mortuis veritatem.* Deut. XVIII.

(3) Le chevalier Des Mousseau a publié, entre autres livres sur la magie et sur le spiritisme, *Mœurs et pratiques des Démons* (Paris, 1866), et plusieurs évêques lui adressèrent à ce sujet leurs félicitations, affirmant qu'on ne pouvait attribuer à d'autres qu'aux démons les faits du spiritisme moderne. Voyez aussi BIZOUARD, *Des rapports de l'homme avec le démon*; Paris, Gaume, 1863-64, 6 vol. in-8°........

Nous ne traitons cette matière qu'incidemment pour donner l'explication et la raison des hérésies démoniaques du XVIe siècle, qui naguère provoquaient les moqueries et les imprécations des esprits forts. Nier le surnaturel satanique conduit à nier le surnaturel divin ; les saints pères ont attribué aux démons beaucoup de phénomènes qui sont en dehors de la nature, et ce n'est pas sans raison que les théologiens d'aujourd'hui recourent à leur autorité pour expliquer les faits du spiritisme. On a dit de lui qu'il avait converti des âmes, en réveillant la croyance qu'il existe quelque chose en dehors de la matière ; mais il en a perdu bien davantage, en enseignant non-seulement des absurdités, mais de véritables erreurs, tantôt la transmigration des âmes, tantôt la non éternité des peines, tantôt l'indifférence pour tous les cultes ; maintenant, comme au moyen âge, on y puise des motifs de foi, des motifs d'impiété : quelques-uns prétendent démontrer par le spiritisme l'existence des âmes et d'une seconde vie, les autres font proclamer par ces esprits que le Christ n'est pas Dieu. Et on fait professer de pareilles doctrines par David, par saint Thomas, par saint Paul, par saint Jean l'Évangéliste, par Dante, par La Mennais, par le curé d'Ars. On prétend que c'est une espèce de seconde révélation, qui changera les religions et nous en apportera une nouvelle, laquelle en résumé ne pourrait être autre que le culte du démon.

Ces opinions dans les siècles passés furent combattues avec les armes d'une époque qui avait la foi, et qui appliquait tout à l'affaire suprême du salut éternel. Aujourd'hui elles le sont avec les armes d'un temps qui ne croit même plus aux vérités positives, et qui, n'ayant d'idée arrêtée sur rien, délaisse la croyance d'hier pour se jeter aujourd'hui dans une autre, que demain il se hâtera d'oublier. Le résultat le plus général est la négation du christianisme ; la charité est annoncée comme l'unique moyen de salut : de là vient l'indifférence pour les croyances et les pratiques; de là vient l'accroissement rapide des cas de folie et de suicide; la propagande du mépris pour le catholicisme et la haine contre Rome, et après l'idolâtrie pour le dieu du beau, puis pour le dieu de la liberté, on en est venu à vénérer le dieu du mal, qui, vaincu sur le Calvaire, ne se voyant plus désormais enchaîné par le christianisme, arrive à se faire adorer à la place de l'Esprit-Saint [1].

(1) *Traité du Saint-Esprit*; par M. Gaume; Paris, 1864, 2 vol.

NOTES ET ÉCLAIRCISSEMENTS

AU DISCOURS II.

(A.) *Striges, ut ait Verrius, Græci* στριγας *appellant, a quo maleficis mulieribus nomen inditum est; quas volaticas etiam vocant.* Festus. — Et Pline : *Fabulosum arbitror de strigibus, ubera eas infantium labris immulgere*; et ailleurs : *Post sepulturam visorum quoque exempla sunt.* — Apulée, *Métam.* 5 : *Scelestarum strigarum nequitia.* Petrone, *Fragm.* 63. *Cum puerum mater misella plangeret, subito strigæ cœperunt..... Strigæ puerum involaverunt stramentitium.* Lucain, au liv. VI, décrit les pactes avec les diables et les sorcelleries, comme pourrait le faire un écrivain du XVe siècle :

> Quis labor hic superis cantus herbasque sequendi,
> Spernendique timor? Cujus commercia pacti
> Obstrictos habuere Deos?
> An habent hæc carmina certum
> Imperiosa Deum, qui mundum cogere quidquid
> Cogitur ipse potest?

Et Serenus Samonicus (cap. 59) :

> Præterea si forte premit strix atra puellos
> Virosa immulgens exertis ubera labris,
> Allia præcepit Titini sententia necti.

Festus conserva deux vers comme préservatifs, mais très-incorrects; Dachery les corrige ainsi :

> Στρίγγ' ἀποπέμπειν νυκτινόμαν, στρίγγα τ'ἀλαὸν,
> Ὄρνιν ἀνώνυμον, ὠκυπορόυς, ἐπὶ νῆας ἐλαύνειν.

La sorcière éloigna les mangeurs de nuit, la sale sorcière, oiseau funèbre, s'enfuit sur les vaisseaux rapides.

Les passages des anciens attestant l'existence des arts magiques, sont reproduits par Delrio, savant jésuite d'Anvers, dans ses *Disquisitiones magicæ*, lib. II, qu. 9 et *passim.*, ouvrage traduit en français par A Duchesne, 1611.

(B.) Frère Jérôme Armenini, qui dut exister jusque vers l'an 1520, a laissé un *Volumen adversus Tiberium Russilianum Sextum calabrum de artis astrologicæ falsitate.* Ce Calabrais soutenait aussi que le déluge universel devait avoir été causé par une conjonction naturelle d'astres; aussi fut-il combattu par Armenini, qui refuta de même d'autres auteurs lesquels soutenaient que le Christ avait été conçu non pas dans le sein de Marie, mais près de son cœur par trois gouttes de sang. Voir *Scriptores ordinis Prædicatorum.*

Le cardinal Cajétan a laissé un traité intitulé : *Utrum liceat maleficium solvere opera malefici parati utendo*; Milan, mars 1500.

Frà Paolo Sarpi, dans sa XXIXe lettre *al signor* Dell' Isola, écrit : « Je ne puis en aucune manière pénétrer la pensée de ceux qui « disent : Dieu a prédit et a voulu ceci, et qui pourtant font tout « ce qu'ils peuvent pour empêcher l'accomplissement de ses pré- « dictions ou de sa volonté. Mais quant à l'astrologie judiciaire, « il faudrait en parler avec un Romain, car cette science est « beaucoup plus de mode dans leur capitale que dans la nôtre. « Quelle que soit la multiplicité des abus qui règnent chez nous, « celui-ci n'a jamais pu y prendre racine : le vrai motif en est « qu'ici on ne s'élève qu'en passant par la filière ordinaire, et « que personne ne peut nourrir d'espérances hors de proportion « avec sa condition, ou sans avoir l'âge requis. A Rome, au con- « traire, où vous voyez aujourd'hui au premier rang celui qui « était hier encore au dernier, l'art divinatoire est en grande fa- « veur. »

(C.) La bibliothèque Magliabecchiana a hérité de la bibliothèque Palatine (mss. CCCCVIII) d'un manuscrit du XVIe siècle (Palermo, n. 583), intitulé : *Pratica del procedere nelle cause del Sant' Uffizio*, ayant pour auteur Thomas Fransone, consulteur du Saint-Office de Gênes. Entre autres choses on lit ceci : « Sous le nom de devins, on comprend à la fois les sorcières et les magiciens qui exercent des maléfices sur les personnes de différentes manières, soit en provoquant l'amour, soit en causant la mort, et particulièrement en jetant des sorts sur les enfants au berceau (page 40).

En cette matière, il n'y a que très-peu de règles, pour ne pas dire aucune de bien précise : le plus souvent on s'arrête à des indices très-indirects, par exemple à une menace comme celle-ci :

je t'en ferai repentir, tu me le payeras, ou sur des indices plus sérieux, par exemple sur certains aliments pris par des personnes qui depuis sont devenues malades. Aussi dans l'instruction demande-t-on l'avis motivé d'un médecin pour établir que la maladie n'est pas naturelle ou du moins qu'il y a doute à cet égard; et encore l'avis d'un exorciste expérimenté et sagace, parce qu'il en est beaucoup qui attribuent aux maléfices toute espèce de maladie, et cela soit par défaut de pratique, soit pour en tirer profit. Il arrive même que ces personnes n'ayant pas été réellement victimes d'un maléfice, grâce à l'humeur mélancolique qu'on a entretenue chez elles, et grâce à d'autres manœuvres coupables, tombent sous le coup de véritables maléfices (pag. 43).

Les sortilèges et les charmes les plus connus parmi ceux qu'on pratiquait alors à Gênes, étaient : « Ceux qui par le moyen de caractères, de paroles inconnues *n'ayant aucun sens* dans quelque langage que ce soit, ou par abus des sacrements, des choses sacramentelles et bénites, par des paroles de la sainte Écriture, par des fumigations, par l'oblation de son propre sang ou de celui de certains animaux, par des actes religieux accomplis en l'honneur du démon ou une évocation adressée à lui-même, procurent soit l'amour, soit la mort d'une personne, ou font trouver des trésors, ou conservent la monnaie de telle façon, que quelque partie qu'on en dépense, elle se retrouve tout entière dans la bourse, ou font obtenir des dignités, acquérir de la science, enfin atteindre d'autres résultats. » — « Ces sorciers ont ordinairement des écritures en certains caractères, des appareils magiques, du parchemin vierge, des clavicules de Salomon, l'Al-Madel, le Centum Regum, l'Art notoire, celui de saint Paul, les livres de Cornelius Agrippa, ceux de Pierre d'Abano, l'Opus mathematicum, des instruments de magie, l'épée recouverte de caractères ».

Voici les maléfices amoureux et homicides. « On exerce les maléfices d'amour souvent par les moyens qu'employent les sorciers, savoir les petits cierges, les caractères, ou bien en jetant le sel dans le feu, ou en jetant des fèves bénites, en abusant des paroles de la consécration, en les écrivant sur des amulettes, en faisant une poudre de certaines herbes qu'on bénissait ensuite et avec laquelle on touchait la personne aimée, et en se servant d'aimant consacré avec les cérémonies du baptême, enfin d'hosties. »

Le plus souvent ils préparent les maléfices sur des comestibles : ils écrivent des paroles inconnues ou certains caractères sur des fruits; ils mêlent certaine poudre avec les aliments; ils forment des statues qu'ils percent avec des aiguilles, et qu'ils font ensuite fondre au feu en prononçant sur elles certaines paroles tendant à embraser la personne dont elles sont l'effigie; en faisant certains paquets d'herbes, de cheveux, de rognures d'ongles ou d'autres choses provenant de la personne à ensorceler, et sur lesquels on murmure des paroles inintelligibles, ou des invocations aux démons, puis en enterrant ces paquets dans quelque endroit de la maison de la personne, principalement sur le seuil de la porte où elle passe d'ordinaire. Pour conclure, ces choses, qui par elles-mêmes n'ont pas la vertu de produire un tel effet, grâce au concours explicite ou implicite du démon, produisent le résultat désiré (pag. 39).

A la page 34, il est dit « que le démon n'est pas réellement obligé à observer les pactes, mais qu'il feint de l'être » ; et « pour moi, j'ai la croyance que le diable ne peut forcer la volonté humaine, mais qu'il peut troubler l'imagination » (pag. 38), et cependant s'il n'a pas pouvoir sur la volonté, il a pouvoir sur la vie, et « on voit bien souvent des personnes qui se consument sans qu'on y trouve remède, sans que le médecin en découvre la cause, et il n'y a là autre chose qu'un maléfice mortel ourdi par la haine (page 42) ».

Telles personnes sont dénoncées pour avoir mangé de la viande les jours défendus, mais le Saint-Office apporte beaucoup de prudence dans ses poursuites, parce que bien souvent il arrive que ces personnes étaient malades ou convalescentes, ou avaient une dispense, ou bien, si elles ne l'avaient pas, pouvaient invoquer comme excuse leur indisposition ou la nécessité.

(D.) Dans son épistolaire imprimé à Milan en 1857, à la page 419, saint Charles écrit à Jean Fontana : « J'apprends avec la peine la plus vive ce qui se passe dans les Trois Vallées, au sujet de ce nécromancien qui fait profession de découvrir les sorciers et les sorcières de ce pays par d'autres moyens que les voies juridiques. Il ne me paraît pas moins digne de châtiment que les sorciers eux-mêmes, lui qui marche par les voies de la nécromancie et autres défendues aux chrétiens. Aussi, j'en écris aux seigneurs de la Vallée, et je donne ordre au visiteur Bedra de se rendre au plus vite sur les lieux avec des instructions pour faire révoquer et châtier ce mécréant. » Suit l'ordre au visiteur.

On lit aussi dans la vie du cardinal Borromée, à la date de 1608 : « Certaines gens s'obstinent encore à employer des moyens superstitieux pour détruire l'effet des philtres, mais on ne peut obtenir de témoignage pour les éléments d'une poursuite. On admet des chirurgiens, des médecins et des maîtres d'école sans leur demander une profession de foi catholique, et quand nous exigeons qu'ils le fassent, le fòr séculier dit qu'il suffit de leur faire jurer de ne point faire ce qui est défendu et de ne point user de moyens diaboliques, et avec cela on admet des vagabonds. » Tout ceci se rapporte aux Trois Vallées du diocèse de Milan, qui appartiennent à la Suisse.

Le 19 juillet 1673, Torriano, évêque de Côme, écrivait à un prêtre du territoire de Bormio qu'on avait trouvé là *quamplures tam viros quam fœminas variis sortilegiis infestos, fascinationibus incumbere et veré strigas esse, ante in tenera ætate prehensa.* Aussi dans les quatre années suivantes on jugea de ce chef trente-cinq personnes, dont plusieurs furent bannies.

(E.) Ripamonti, *Historia Mediolanensis* (de Milan), déc. IV, lib. V. pag. 300. — Oltrocchi, *Nota ad vitam sancti Caroli*, p. 684-94.

Dans les archives de la curie de Milan, on trouve divers procès contre les hérétiques et les sorciers; nous y avons distingué la « Relation de ce qu'a fait saint Charles dans sa visite aux Grisons ». (*Instructiones pro iis qui in missionibus contra hæreticos versantur*); les « *Doutes présentés par le prévôt de Biasca* ». En voici un : « On « a fait le procès à ceux qui étaient soupçonnés de pratiques « diaboliques, et le notaire a dit qu'il avait envoyé la procédure « à Milan, et l'affaire en est restée là : aussi le mal va-t-il crois- « sant, au grand scandale du prochain ». En voici un autre : « Il « y a ici des marchands qui n'observent pas la défense d'aller « dans les pays infectés d'hérésie sans permission, et les seigneurs « temporels (les Suisses) les défendent, parce qu'eux font de « même. Il est vrai qu'ils observent le précepte de ne pas as- « sister au prêche des hérétiques et la prohibition de traiter avec « eux de questions religieuses. » J'ai cité d'autres faits dans mon *Histoire de la Ville et du diocèse de Côme*, livre VII.

(F.) — Le procès existe dans la Bibliothèque ambroisienne, sous la lettre R. 109. in-fol.

Du reste les jongleurs habiles ne manquaient pas, et Hortensius Landi (*Comm. delle cose notabili e mostruose in Italia*) dit : « A Venise, un certain Sicilien écrivait sur un miroir d'acier, et ce qu'il écrivait dessus, il le faisait, par voie de réflexion, lire dans la lune.... Il faisait apparaître une table chargée des mets les plus délicats, et il faisait ensuite tout s'évanouir comme en fumée. Il plaçait un morceau de papier d'une espèce inconnue jusque-là, sur lequel étaient écrites certaines paroles, ou bien une serrure, et incontinent il ouvrait la porte la mieux fermée. Il arrachait avec ses dents le plus gros clou. Il convertissait en or le cuivre, le fer, le plomb, et tout autre métal en le saupoudrant d'une certaine poudre qu'on n'a pas vue depuis. Devant moi et trois autres personnes, il a fait parler une tête de mort.

(G.) — Cosme Baroncelli, diplomate toscan, ennemi declaré de Concini, raconte à ses fils sa mission et la fin du maréchal.

« Le cadavre de Concini fut jeté dans le fossé du palais où l'on urine; enlevé de là par ordre du roi, il fut porté par quatre goujats sur une échelle improvisée en civière et inhumé au cimetière. Le peuple de Paris, quand il apprit sa mort, se souleva et courut furieux à la fosse, la fouilla et traîna le cadavre par les rues de la ville; puis on le pendit au Pont-Neuf et on lui coupa les parties sexuelles en prononçant des paroles qu'il vaut mieux taire que répéter. Il fut ensuite descendu et encore traîné par la ville jusqu'à ce qu'enfin on le pendit de nouveau par un pied. Le peuple accourut en foule pour lui couper, qui une oreille, qui le nez, qui un doigt, qui lui arracher les yeux; il fut littéralement mis en pièces et l'on s'estimait heureux d'en avoir un lambeau. Or, vous voyez maintenant si j'ai été vengé à mon gré. » (Manuscrit de la Magliabachianna, ch. XXIV, page 65.)

(H.) Jeanne d'Entremont, d'une maison puissante de Savoie, devenue veuve, voulut épouser l'amiral de Coligny. Quand celui-ci eut été tué à Paris, dans la nuit de la Saint-Barthélemy, elle se réfugia au château de Châtillon, en Savoie, en suppliant le duc Emmanuel Philibert de la protéger, elle et ses enfants (1572). Celui-ci y consentit non sans peine, et la fit enfermer au château de Nice, pour qu'elle fît profession de catholicisme; mais on découvrit qu'elle correspondait avec les protestants d'Allemagne et qu'elle songeait à fuir. Quand elle eut juré de ne point fuir, de ne point abjurer le catholicisme, de ne point chercher sans la permission du duc un mari pour sa fille, héritière de fiefs très-considérables, elle fut non-seulement laissée en liberté, mais peut-être aimée d'Emmanuel Philibert. Lui mort, quand vint le moment de marier sa fille avec don Amédée, fils naturel du duc, le bruit courut et on soupçonna que Jeanne avait des engagements avec les Huguenots et qu'elle avait jeté un sort au duc, et elle fut mise en prison. Le cas était de la compétence des tribunaux séculiers; mais le Saint-Siége l'accusa aussi d'hérésie, et prétendit qu'on devait la renvoyer devant l'évêque de Turin et devant le nonce.

Après avoir langui longtemps en prison, elle y mourut, en décembre 1599.

L'accusation de sorcellerie fut intentée sur la déclaration orale d'une possédée. Le cardinal d'Ossat en parle beaucoup dans ses lettres de 1597 : il s'employa pour la sauver, en montrant qu'on ne devait ajouter foi au diable, père du mensonge qui certainement n'eût pas voulu dénoncer ses propres adeptes. Vers le même temps, on crut s'apercevoir que le duc de Savoie n'aspirait qu'à s'emparer de ses biens *pour servir de partage à un de tant de petits louveteaux qui se nourrissent au pié de ces monts* (sic). C'était une allusion aux nombreux enfants naturels du duc.

(I.) — *Lettere del presidente Gian Rinaldo Carli al Signor G. Tartarotti intorno all'origine e falsità della dottrina dei maghi e delle streghe.* — MAFFEI, *Arte magica dileguata*, Vérone, 1750. On fit cette même année à Venise une réponse : *Osservazione sopra l'opuscolo Arte magica dileguata*, ouvrage d'un prêtre de l'oratoire (père Luziato), pour démontrer qu'avant et depuis le Christ il y eut toujours des magiciens et des sorcières, à l'appui de quoi sont cités certains passages des Pères qui semblent admettre la sorcellerie. Barthélemy Melchiorri, dans une *Dissertazione epistolare sopra gli omicidii che diconsi commessi con sortilegi*, s'accorde avec Tartarotti pour nier l'existence des sorcières et pour admettre celle des magiciens, et il y enseigne comment les juges peuvent reconnaître sûrement les coupables pour ne point rendre de sentences injustes. L'archiprêtre Antoine Florio, de Vérone, réfuta le père Luziato dans un livre publié à Trente, en 1750, où fut aussi éditée une réfutation de François Staidelio, conventuel, sous le titre de *Ars magica adserta*, et l'année suivante à Vérone un anonyme faisait imprimer la réplique à cette réponse sous ce titre : *Ars magica distrutta*, attribuée à un docteur prêtre de Vérone. Un autre anonyme fit contre Tartarotti le *Animadverzioni critiche* (Venise, 1751), divisée en 76 réflexions, où il soutient la magie. L'opinion contraire fut soutenue la même année à Rome dans une *Disertazione* de Constantin Grimaldi, « où il recherche quelles sont les opérations qui dépendent de la magie diabolique, et celles qui dérivent de la magie artificielle et naturelle, et quelles précautions sont à observer dans la tâche scabreuse de les reconnaître. » Puis à Venise parut l'*Arte magica dimostrata* de Barthélemy Preati, Vicentin, qui soutient « que le voyage des sorcières au sabbat est vrai et réel » ; et encore « *Apologia del congresso notturno delle lamie*, qui est la réponse de G. Tartarotti à l'*Arte magica dileguata* de M. S. Maffei, et aussi la réfutation de l'asesseur B. Milchiorre. » Puis encore, en 1792, on imprima à Venise même *Philippi Maria Renazzi De sortilegio et magia liber singularis*, livre qui contient les discussions, les lois et les procédures relatives à cette matière.

DISCOURS III.

Saint Pie V. 1566-72.

Mœurs de Rome à cette époque.

Après la grande réforme catholique, enfantée par le Concile de Trente, la physionomie extérieure de l'Église change d'aspect : on y constate une grande sévérité dans les mœurs, des études plus sévères, une discipline respectée. Un gentilhomme allemand, entendant toujours déclamer contre la dépravation de Rome, avait voulu venir s'en assurer de ses propres yeux, et en 1566 il écrivait à un prince que, loin d'avoir trouvé cette ville telle qu'on la dépeignait, il avait vu ses habitants adonnés aux pratiques pieuses, observateurs rigoureux de la loi du Carême, adonnés à la communion fréquente, et assidus à la visite des églises : la semaine sainte, ajoutait-il, les Romains dormaient par terre, et les jours de vigile et de jeûne, ils s'ingéniaient à trouver de nouvelles pratiques de pénitence pour acquérir les biens spirituels. Il continue sa lettre par la description des émouvantes solennités que le pape accomplit le jeudi saint; il parle des excommunications lues à haute voix en présence du peuple, qui les écoute avec un respectueux silence, des détonations du canon qui les suivent, image pour lui du terrible jugement dernier. De longues files de pénitents se donnant la discipline arrivaient à Saint-Pierre, où on leur montrait la lance de Longin et la sainte Face au milieu des sanglots, des cris et des prières.

Je n'accepte pas pleinement ces éloges; notre chroniqueur voit partout la sainteté, mais d'autres ne voient que la scélératesse, c'est affaire d'appréciation individuelle. En 1563 voyageait en Italie Philippe Camerarius, illustre savant d'Allemagne, qui décrit son voyage jour par jour, s'arrêtant plus spécialement à la partie matérielle. Il médit du royaume, et cite ce proverbe : « Le pays de Naples est un délicieux paradis, mais habité par des diables », et il s'étonne que le roi d'Espagne ne retire que peu ou point de ressources d'une contrée si fertile, et qu'il doive dépenser des trésors pour contenir ses sujets et repousser les Turcs. Il décrit les phénomènes du tarentisme [1] : il raconte que souvent à la porte d'une ville les voyageurs étaient obligés de déposer leurs armes et leurs pistolets, sauf à les reprendre à la sortie; il ne devine pas quelle peut être la raison de ce procédé, surtout lorsqu'il y a des auberges où l'on court de plus grands dangers que dans aucune de celles de la Lombardie et de la Toscane. A Rome, il chante la même antienne élégiaque sur la décadence des mœurs contemporaines comparées à celles de l'antiquité; mais ce sont surtout les hommes qui lui paraissent déchus, et pour la plupart tout à fait ignorants dans les lettres. « Il y a certes des poëtes, des philosophes, des orateurs, « mais ils sont tels que vous ne voudriez pas les entendre : « on appelle poëtes certains charlatans qui chantent dans « les rues des vers lascifs; philosophes, des gens qui at- « tribuent tout à la nature, ou qui s'abandonnent aux vo- « luptés; orateurs, ceux qui n'ont jamais lu Cicéron ni Dé-

(1) Maladie fort commune autrefois dans la Pouille, qui consiste en une passion exagérée pour la danse, et que l'on croyait occasionnée par la piqûre de la tarentule, espèce de grosse araignée se trouvant principalement aux environs de Tarente. (*Note des Traducteurs.*)

« mosthènes, mais qui ont tant bien que mal fait une ou « deux harangues. » A son départ, Camerarius fut arrêté par ordre de l'Inquisition, et jeté dans une prison, où était depuis un an Pompée de Monti, baron napolitain, coupable de meurtres et d'incendies, mais alors accusé d'hérésie. Camerarius avoua qu'il était luthérien; aussi les inquisiteurs cherchèrent-ils à l'attirer à l'Église catholique : si le dominicain frère Ange le vexait, le jésuite Canisius lui procurait des adoucissements et des livres, et le docteur Stampa de Milan avait pour lui toute espèce d'égards. Il s'échappa grâce à Cencio son geôlier, qui, dit-il, le sauva des embûches et du poison; et un inconnu lui offrit de l'argent pour son retour. Voilà ce qu'on lit dans une *Relatio vera et solida* qu'il écrivit lui-même, afin de prouver comment Dieu se sert de moyens inespérés pour sauver ses élus des mains de leurs ennemis et les délivrer des calomnies. Camerarius avait eu pour inquisiteur Ghislieri, ce qui explique pourquoi il s'est déchaîné contre lui avec tant de rage.

Peu de temps après, le célèbre moraliste Montaigne arrivait lui aussi à Rome, qu'il a appelée « la seule ville commune et universelle, la ville métropolitaine de toutes les nations chrétiennes, où l'Espagnol et le Français, chacun est chez soi ». On fouilla avec grand soin ses malles, spécialement à cause des livres qu'elles contenaient, et on lui retint ceux qui étaient suspects pour les visiter; mais on les lui rendit « attendu qu'il ne s'y trouva nul livre défendu. Toutefois aucuns seigneurs de là luy disoient, quand il s'en fût trouvé, qu'il en fût esté quitte pour la perte des livres. » Montaigne trouvait à Rome moins de cloches que dans certain village de France; pour lui, pas d'images dans les rues; les églises sont moins belles que dans le reste de l'Italie et qu'en France; les habitations y sont peu sûres, aussi celui qui avait de l'argent le confiait à des banquiers. Un prédicateur fut arrêté pour avoir déclamé vaguement contre le luxe des prêtres. En carnaval, on faisait à Rome des courses tantôt d'enfants, tantôt de vieillards nus, tantôt de juifs, de chevaux, d'ânes, de buffles. Le petit peuple est beaucoup plus dévot qu'en France; il n'en est pas de même des courtisans et des riches. Les visionnaires et les possédés du malin esprit y abondent. A la procession de la sainte Face, on alluma peut-être douze mille torches; des files de pénitents se flagellaient, tandis que d'autres accouraient pour les réconforter avec du vin et des dragées, et pour laver avec du vin les extrémités des étrivières souillées de sang. Les classes inférieures, elles aussi, tiennent du seigneur jusque dans la manière de demander l'aumône, et l'un de ces mendiants lui avait dit : « Faites-moi l'aumône pour le bien de votre âme. » Il y a beaucoup de courtisanes, dit encore Montaigne, et elles faisaient payer même leur conversation. Lorette regorgeait de dévots, et était remplie d'exvotos et de miracles.

Le président Misson fit, lui aussi, un voyage en Italie, et il ne tarit pas en railleries et en invectives contre les superstitions romaines; mais il en avait bien peu le droit, lui l'auteur du *Théâtre sacré des Cévennes*, qui est rempli de miracles en l'honneur des protestants massacrés. Jacob Soranzo écrivait en 1565 au sénat de Venise sur la pauvreté des cardinaux, laquelle dérive de deux causes. La première vient de ce qu'on n'avait plus le moyen de leur donner de riches bénéfices, comme cela avait lieu alors que l'Angleterre, l'Allemagne et d'autres provinces importantes obéissaient au saint-siége, et qu'on pouvait pourvoir chaque cardinal de trois ou quatre bénéfices et évêchés;

la seconde, parce que le nombre des cardinaux était monté à soixante-quinze, nombre qu'on n'a plus vu depuis. En outre, il n'y a plus de prince pour leur faire des présents ou les investir de bénéfices, ainsi qu'avaient coutume de faire Charles-Quint et la cour de France : changement qu'on peut attribuer au peu d'influence laissé aux papes. Ce fut le motif pour lequel les cardinaux se détachèrent, au moins en public, de toute espèce de plaisirs ; on ne les vit plus comme auparavant ni se masquer, ni courir à cheval ou en carrosse de gala : à peine sortaient-ils seuls et en voitures fermées. Plus de banquets, plus de jeux, plus de parties de chasse, plus de livrées ; tout autre luxe a cessé.

Transformation de la papauté.

La papauté, cependant, par son côté temporel, fut encore le point de mire des ambitions d'illustres familles ; et quelquefois dans le souverain pontife, on vit surtout apparaître le prince national, tout occupé à restituer à la tiare son éclat par des manéges diplomatiques, et déployant une certaine habileté pour louvoyer au milieu de situations fort délicates.

Si le népotisme ne cessa pas complétement, il se transforma : les papes avaient coutume de garder près d'eux un neveu cardinal et un neveu laïc, pourvus l'un et l'autre de dignités et de richesses, mais non pas d'autorité réelle, comme la possèdent les ministres dans les pays constitutionnels. Benoît, fils du cardinal Accolti, fut soupçonné d'avoir puisé à Genève de la haine contre les papes et des idées républicaines ; sous cette inspiration, il ourdit à Rome, avec quelques jeunes gens de la noblesse, une conjuration pour assassiner Pie IV, qui devait, disait-on, avoir pour successeur ce pape angélique, que certains esprits avaient rêvé plusieurs fois au moyen âge. Les conjurés prétendaient être en communication avec les esprits célestes, et se préparaient à un semblable attentat par la confession et la communion. Le complot échoua; les conjurés furent découverts, et ils subirent, sans cesser d'avoir le sourire sur les lèvres, un épouvantable supplice, affirmant qu'ils étaient consolés par les anges.

Élection de Pie V. Ses vertus.

Pie IV, assisté à son lit de mort, par saint Charles et par saint Philippe de Néri, eut pour successeur Michel Ghislieri, surnommé le cardinal Alexandrin, qui prit le nom de Pie V. Nous avons déjà vu combien il était chaud partisan de l'Inquisition, et la persécution qu'il endura à Côme à cause de cela-même fut pour lui l'origine de ses grandeurs [1]. Il composa divers ouvrages pour être distribués principalement à Crémone, à Vicence, à Modène, à Faenza, à San-Genezio et en Calabre. Malgré cette sévérité, il fut cependant loué pour sa douceur, comparativement à saint Bernardin : Davalos, gouverneur de Milan, le choisit pour son confesseur. Devenu cardinal, il n'avait pas plus de trente personnes à son service, ce qui étonnait ses contemporains. Les papes eurent pour lui beaucoup d'égards, bien qu'il fût pour eux un franc contradicteur. Lorsque Pie IV voulut donner la pourpre à Ferdinand De Medici et à Frédéric Gonzague qui étaient alors tout jeunes, le cardinal Ghislieri lui fit une vive opposition, et lui allégua les réformes décrétées par le Concile, en vertu desquelles on ne devait élever à cette haute dignité que des personnes qui en fussent dignes. Lorsqu'ils eurent été élus contre son avis, il dit à ses nouveaux collègues lors de la visite ordinaire de remercîments : « Je ne les accepte point, parce que j'ai combattu votre élection par devoir de conscience. »

(1) Voir plus haut, page 59.

Le choix fort inattendu de Ghislieri déplaisait donc à un grand nombre de personnes, tant parce qu'il était une créature des Caraffa, qu'à cause de la rigidité notoire de son caractère; mais il avait dit : « Nous ferons en sorte que les Romains regrettent plus notre mort que notre élection [1]. » Pour la fête de l'exaltation du nouveau pape, on avait coutume de jeter de l'argent à la populace; pour remplacer cette inconvenante prodigalité, Pie V fit distribuer la même somme à des pauvres honteux; quant aux mille sequins qu'on gaspillait en réceptions d'ambassadeurs, il les envoya aux couvents les plus pauvres; et comme plusieurs lui reprochaient cette manière d'agir, il s'écria : « Certes, Dieu ne me la reprochera pas. » Il fit, selon la coutume, des présents aux cardinaux, mais en même temps il les pria de lui prêter l'appui de leurs conseils et une coopération effective pour réformer l'Église, reconnaissant que les désastres qu'elle avait subis provenaient des mauvais exemples du clergé.

On doit considérer comme mémorable sa constitution du 25 mars 1567, qui défend dans les termes les plus formels et les plus précis de céder ou d'aliéner n'importe quelle ville ou village du domaine papal, de *dare in feudum*,

(1) Serristori, ambassadeur de Toscane, allant faire sa visite au nouveau pape, ne savait pas s'il devait se féliciter ou se lamenter avec lui de la charge qui venait de lui échoir. Pie V, ayant deviné son embarras, lui dit : « qu'il était plus raisonnable d'avoir pitié de lui; qu'il eût refusé la tiare s'il n'eût pas craint de la voir sur la tête du cardinal Morone ou de quelque autre sujet, et cela au grand préjudice du saint-siége » (Lég. de Serristori, p. 422). Serristori répliqua que le grand-duc, son maître, avait eu la même crainte, ce qui lui avait fait donner l'ordre de faire exclure des candidats à la tiare les cardinaux Ferrara, Farnèse et Morone; ce dernier, par le même motif qu'avait eu sa sainteté, les autres parce qu'ils n'étaient guère dévoués aux intérêts du saint-siége.

gubernium, vicariatum, ducatum aut quemvis alium titulum perpetuum vel ad tertiam generationem seu ad vitam aut alias. Il exigea que cette constitution fût souscrite par tous les cardinaux, et jurée par chacun de ses successeurs, comme de fait cette pratique se continue. Cette constitution valut au saint-siége la restitution de beaucoup de possessions et lui en fit perdre d'autres, qui avaient été une pierre de scandale pour les hérétiques dans un pays où même des abbés et des évêques aliénaient et donnaient en fief des biens du clergé. Pie V n'avait pas de famille à enrichir, pas d'ambitions propres à satisfaire, point de sujets de jalousie contre des princes étrangers. Il ne céda qu'à de vives instances en conférant la pourpre à un de ses arrière-neveux, religieux d'un grand mérite : il en racheta un autre à de bonnes conditions des mains des pirates, au pouvoir desquels il était tombé; puis, l'ayant ait voir à Rome en costume d'esclave, il lui fit présent d'un cheval et de cent écus. Au contraire, il fut prodigue envers les pauvres, surtout pendant une épidémie qui éclata à cette époque. Persuadé que la papauté faisait courir un grand danger au salut de l'âme, il avait pour maxime que « Celui qui veut gouverner les autres doit commencer par se gouverner lui-même ». Il restreignit les dépenses de la cour, et vécut en cénobite; il n'éprouvait de satisfaction que dans le strict accomplissement de ses devoirs, et dans la ferveur de la méditation et de l'adoration, dont il ne sortait que les yeux baignés de larmes.

L'ambassadeur vénitien Paul Tiepolo, au mois d'août 1566, assista à un souper de ce pape, et il écrit : « Il a mangé quatre prunes cuites au sucre, quatre bouchées de fleurs de bourrache qu'il avait lui-même assaisonnées en salade; un potage aux herbes; deux seules bouchées d'une *fortaja* ou plat de légumes cuits à l'eau, sans huile ni saindoux ; cinq crabes cuits au vin, et pour dessert trois bouchées de poire ou de pêche en compote; ce fut tout le souper; on ne servit aucun autre mets sur la table. Il but deux fois, mais pas plus qu'un autre n'eût bu en une seule fois. »

Ce genre de perfection produit chez l'homme une grande confiance en sa propre volonté et une grande ténacité pour dompter celle d'autrui. « Dans les affaires de religion, écrivait le même ambassadeur, le pape croit en savoir plus que les autres, et n'avoir pas besoin de conseil; quand une fois il a pris une résolution dans une bonne intention, il ne s'en départ plus; il n'y a ni raison d'État, ni cause quelconque qui puisse l'en détourner; il laisserait plutôt périr le monde que de changer d'opinion; il y a plus, disait un cardinal : « Lorsqu'il s'était arrêté à certaines opinions, il eût été homme, pour les soutenir, à attaquer seul une armée entière marchant contre lui, espérant que, vu sa bonne intention, Dieu devait lui venir en aide [1]. »

Pie V voulait la justice, et même jusqu'à l'excès : il la voulait éclatante, exemplaire; aussi fit-il agir l'Inquisition avec toutes ses rigueurs, comme il arrive lorsqu'une opinion s'incarne dans une personne. Jamais il n'eut recours à la ruse, jamais au mensonge; s'il accueillait mal les donneurs de conseils, c'est que le plus souvent il les croyait ou trompeurs ou intéressés. Inaccessible aux passions humaines, dès que le sentiment du devoir s'y faisait jour, il ne regardait plus à qui il s'adressait; aussi les cardinaux étaient-ils obligés de lui rappeler qu'il n'avait pas affaire à des anges. Il prétendait maintenir dans toute sa vigueur Sa sévérité.

(1) Dépêche du 16 février 1566.

la bulle *In Cœna Domini;* conséquemment il refusait aux princes le droit d'imposer de nouvelles charges à leurs sujets; et comme les temps et les têtes couronnées ne se prêtaient plus à de telles prétentions, il eut à affronter de sérieuses oppositions. Il imposait des règles de discipline aussi rigoureuses que si on eût été aux premiers temps du christianisme : défense aux médecins de visiter trois fois un malade sans qu'il se confessât; le profanateur du dimanche devait pour sa punition se tenir debout devant les portes de l'église, les mains liées derrière le dos; en cas de récidive, on devait le fouetter en place publique; à la troisième fois, il était condamné à avoir la langue percée et aux galères. Il avait expulsé les courtisanes; quelqu'un lui dit que c'était un mal nécessaire à Rome : « Eh bien, « à vous de rester avec ces misérables, pour moi je choi- « sirai une autre ville. » Mais, ayant reconnu que le remède avait produit des résultats pires que le mal, il les confina dans un quartier unique. Il réprima le luxe de l'habillement; il permit aux seuls étrangers d'habiter dans les auberges, et défendit aux curés de s'éloigner de leurs paroisses; il remit en vigueur les règles des couvents, et restreignit la clôture des religieuses; il se montra très-parcimonieux en matière de dispenses et d'indulgences; secondé par des évêques remplis de zèle, il améliora notablement l'Église d'Italie, et publia un nouveau missel et un nouveau bréviaire; il voulait, en un mot, changer le Vatican fastueux, belliqueux et lettré en un Vatican chrétien, estimant que les abus une fois corrigés la rébellion protestante n'aurait plus aucune raison d'être.

Il répartit entre les séminaires de la Lombardie les clercs de la Suisse, et il était d'avis qu'il convenait non-seulement d'y recevoir les fils de catholiques, mais aussi un certain nombre de ceux dont les parents avaient abandonné la vraie foi, parce qu'il ne faut pas désespérer, disait-il, que les fils élevés avec soin ne puissent un jour aider à la conversion de leurs parents et des étrangers[1]. »

Persécutions contre les hérétiques.

Pie V, par l'intermédiaire du cardinal Commendon et de saint Charles, fit exercer de rigoureuses poursuites contre les hérétiques découverts à Mantoue, et on vit beaucoup d'abjurations qui ne furent pas pures de ces supplices que la libre Amérique, aujourd'hui encore, inflige aux nègres, mais que, précisément avec la haute idée que nous nous faisons de la sainteté de l'Église, nous ne cessons de déplorer.

Quelquefois cependant les rigueurs étaient provoquées par les hérétiques eux-mêmes, qui se livraient à des profanations. Sous le règne d'Élisabeth, un Anglais, à Rome, avait lancé trois pierres contre la Madone-des-Monts; un autre, dans l'église dite Sainte-Marie-du-Peuple, avait arraché le missel au clerc, pendant que celui-ci le transportait du côté de l'épître à celui de l'évangile, et l'avait lancé sur le calice, puis avait pris au corps le célébrant, et l'avait renversé par terre, en s'écriant : « Quand donc finiront ces idolâtries ? » Un autre, dans la basilique même de Saint-Pierre, au moment où le prêtre allait élever l'hostie, la lui avait arrachée des mains, et avait répandu le calice par terre : aussi, attaqué par les assistants, le malheureux fut maltraité et livré à l'Inquisition. Il confessa qu'il était venu en Italie avec d'autres de ses compatriotes pour commettre de pareils actes, fut condamné au bûcher et subit sa peine « avec tant de fermeté, qu'il a beaucoup fait parler de lui[2]. »

(1) Lettre du 18 mai 1566.

(2) Correspondance de l'ambassadeur vénitien, 29 juillet 1581.

Les correspondances des résidents vénitiens font sans cesse mention de procès dirigés contre des simoniaques, des adultères et autres pécheurs ; ils écrivaient de Rome, le 25 septembre 1568 : « Dans un pays de la Marche, nommé « Amandola, les exilés auxquels, dit-on, se sont joints « plusieurs défroqués, après y être entrés, commirent de « grands excès ; ils incendièrent les églises, renversèrent « par terre et brisèrent les statues, et ne respectèrent au- « cune des choses sacrées. Aussi assure-t-on que sa sain- « teté est dans l'intention de prendre des mesures vis-à- « vis ce village non moins que pour San-Genese, autre « village voisin, parce qu'elle a su que dans ces deux pays « il y a beaucoup d'hérétiques. Mais il n'est pas de ville « dans les États de l'Église qui ait une plus mauvaise « réputation en fait d'hérésie que Faenza : aussi, sa sain- « teté a-t-elle pu dire, après s'être un peu mieux rensei- « gnée, qu'elle avait résolu de la détruire de fond en com- « ble, mais seulement après en avoir chassé tous les « habitants, et après avoir préparé pour eux une nouvelle « colonie ; c'est ainsi que, ces jours derniers, on a amené « ici plusieurs citoyens de cette ville aux frais de l'Inqui- « sition. »

Ces défroqués étaient des moines échappés de leur couvent ; mais dans cette même correspondance on parle aussi des Amadéistes, franciscains fort dépravés que le pape supprima et remplaça par les mineurs de la stricte observance ; et dans beaucoup d'endroits, surtout dans le Bres- cian, à Iseo, à Erbusco, à Quinzano, ils résistèrent en armes, pour repousser de leurs couvents les Observantins.

Le pape insista près des Vénitiens pour la réforme de la discipline ecclésiastique, et, outre les règlements sur les mœurs, il recommanda aux envoyés chargés de la poursuite des blasphémateurs de punir ceux qui parleraient sans respect de l'autorité pontificale et de l'Église, de ne rien passer aux nobles, pas même les transgressions légères ou le soupçon en matière d'hérésie, et de ne laisser personne au sénat parler avec inconvenance de la sainte Église. Il demanda qu'on fît arrêter Guido Zanetti de Fano et qu'on le lui consignât : les sénateurs exprimèrent le désir qu'on fît son procès à Venise, mais le pape objecta que le délit d'hérésie est de la pure compétence de l'Église qui n'a pas de limites de territoire, et que, ne voulant pas ou ne pouvant pas avoir une force armée à lui, il invoquait le bras séculier. Le duc Octave Farnèse ayant consenti à arrêter et à livrer Jean Galéas Sanseverino de Parme, dont le procès était dirigé par saint Charles, Pie V lui en fit de très-grandes félicitations, dans la prévision qu'il serait plus tard un champion de la foi. Par contre, Guillaume Gonzague de Mantoue, s'étant refusé à envoyer à Rome quelques hérétiques, Bzovio raconte que le pape alla jusqu'à le menacer, pour le cas où il souffrirait dans ses États un pareil nid d'hérésies, de lui déclarer la guerre; et il eût mis cette menace à exécution sans l'intervention des princes d'Italie.

De son temps la chrétienté courait de sérieux dangers par suite de l'approche des Turcs qui s'avançaient menaçants. Soliman le Grand avait enlevé l'île de Chio aux Génois; il avait dévasté les côtes de l'Adriatique, de la mer Ionienne et de la Méditerranée, en sorte que Pie IV avait dû fortifier Ancône, Civita-Vecchia et Rome elle-même : le corsaire Dragut était débarqué à Naples, Kilig-Ali à Nice; Sélim II sommait la république de Venise de lui céder l'île de Chypre. Les galères de ces nouveaux envahisseurs étaient conduites par des Italiens, enlevés de vive force sur le littoral. Les protestants favorisaient les Turcs, si bien que, cédant à la crainte que ceux-ci lui inspiraient, le pape persécutait ceux-là; et l'on assistait au spectacle d'une société dont l'autorité suprême était en péril, autorité qu'il fallait sauver par tous les moyens possibles, comme en temps de peste ou de siége.

Contre les huguenots et contre les infidèles.

Voilà pourquoi Pie V prit une si grande part aux guerres civiles suscitées par la Réforme en France, et dont nous aurons occasion de parler. Ayant appris les malheurs qu'elles causaient, il ordonna un deuil général dans Rome : lui-même se mit à la tête d'une procession qui allait visiter différentes églises, priant et prêchant pour le salut de ce pays, et faisant réciter cette oraison : « O Dieu miséricordieux, toi qui ne te souviens plus des iniquités du « pécheur converti, jette un regard sur tes églises pro« fanées par la main des infidèles; vois la consternation « qui désole ton troupeau chéri; souviens-toi de la posté« rité que tu as acquise par l'effusion de ton précieux sang; « viens dans ta sollicitude visiter la vigne que ta droite a « plantée et que le barbare sanglier cherche à exterminer; « protége par ta puissance les vignerons qui la cultivent « contre la rage des dévastateurs; accorde-leur la victoire, « et daigne par ta vertu rendre plus forts ceux qui la cul« tivent avec zèle. » (A).

Pie V était donc bien loin, comme on le prétend, de pousser aux assassinats. Dans une lettre du 25 juin 1566, adressée à Charles IX, il lui rappelle combien il importe à la tranquillité de la France d'extirper les hérésies, puisque sous ce prétexte on répand l'agitation dans le pays et on y appelle les étrangers. Il sait, dit-il, qu'il en est qui conseillent au roi d'éteindre peu à peu le foyer de l'hérésie en usant de tolérance et de dissimulation. « Nous n'aimons « pas plus que vous à recourir aux moyens téméraires :

« nous voulons que vous usiez de prudence, de patience et « de modération : nous n'ignorons pas combien il est dif- « ficile de faire revenir de leurs erreurs ceux qui se sont « écartés de la foi catholique; nous croyons qu'il faut une « grande longanimité, eu égard aux temps présents; mais « nous sommes aussi d'avis qu'il faut appliquer sans re- « tard un remède qui ait la vertu la plus efficace pour « guérir le mal. Et quel est ce remède, me demandez-vous? « Si vous ne voulez pas obliger tous vos sujets à recevoir « les décrets du Concile de Trente, faites-les du moins ob- « server par les catholiques, et surtout en ce qui concerne « le régime disciplinaire de l'Église et la réforme morale « du clergé. Bien loin d'offenser ceux qui sont éloignés « de la religion catholique, cette mesure vous procurera « leur approbation : car les mœurs dépravées du clergé « déplaisent tellement à tous, que les vices des prêtres et « ceux des autres personnes ecclésiastiques ont été la cause « principale des nombreuses hérésies dont nous sommes « témoins. Les prédicants hérétiques n'ont pas trouvé de « plus puissant moyen pour répandre le poison de leur « doctrine que de châtier et de discréditer le clergé à rai- « son de ses vices, et de le faire tomber dans le mépris et « la haine : voilà le dard dont se sont principalement ser- « vis les dissidents pour attaquer la vérité de la foi catho- « lique. Et en vérité le vulgaire ignorant fait bien « moins attention aux doctrines qu'enseignent les prêtres, « qu'à la manière dont ils vivent; les exemples plus que « les paroles le touchent. Les mauvaises mœurs ôtent toute « confiance aux discours. Que peut-on imaginer de plus « indigne que de voir ceux qui devraient donner l'exemple « d'une vie chaste, honnête, pieuse, offrir le spectacle d'une « vie honteuse, déshonnête et criminelle? Si donc, mon

« très-cher fils, vous voulez éteindre dans votre royaume
« le foyer de l'hérésie, il faut en arracher les vices; il faut,
« par votre sollicitude et vos exhortations, encourager les
« évêques à résider dans leur diocèse et à veiller avec
« plus de soin au salut des âmes. Que chacun d'eux réforme
« son clergé; plus de concubines; répression des vices;
« qu'on restaure la vie sacerdotale. Lorsque dans l'ordre
« ecclésiastique on aura corrigé tout ce qui est nécessaire,
« les laïcs à leur tour deviendront meilleurs; on ôtera aux
« fauteurs de l'hérésie tout prétexte à introduire des nou-
« veautés; enfin ceux qui ont été distraits des voies droites
« de la foi non moins par les vices des ecclésiastiques que
« par la fraude des hérétiques ouvriront les yeux. »

On le voit, il y a tout autre chose dans cette lettre que le conseil de massacrer les hérétiques; pourtant personne ne nie que Rome ait fêté l'horrible massacre dit de la Saint-Barthélemy; mais, remarquons-le bien, on croyait que ce coup d'État avait prévenu la perte des catholiques concertée par les huguenots; on n'en connaissait pas d'ailleurs l'étendue; quand on l'a connue, le pape Grégoire XIII répondit à ceux qui se félicitaient de ce massacre en sa présence : « Oh! qui peut m'assurer que parmi les coupables n'aient pas péri des innocents! » Du reste, Pie V envoya au duc d'Albe, qui poursuivait les hérétiques en Flandre, le chapeau et l'estoc bénis; pour combattre l'Angleterre, l'adversaire acharnée du saint-siége sous le règne d'Élisabeth, il avait permis de faire ressource de tous les biens de l'Église, sans en excepter les calices et les croix; il proposait même d'aller en personne diriger l'expédition. Son siècle et sa position le portaient à de pareilles conceptions. Il se voyait précédé par deux cent vingt-neuf papes que le vœu populaire et l'Esprit-Saint avaient faits chefs de la chrétienté, tandis que, novateurs de la veille, sans mission ni miracles, les protestants voulaient rompre l'unité sainte et glorieuse du catholicisme. Ces papes avaient sauvé la civilisation en réunissant tous les chrétiens pour combattre l'Islam : à cette heure, les Turcs, redevenus menaçants, étaient prêts à fondre sur l'Europe, et au même moment les royaumes chrétiens se déchiraient entre eux.

Dans sa dépêche du 15 avril 1570, l'ambassadeur vénitien déjà nommé s'exprime ainsi : « Pistoggia, un des prédicateurs célèbres de l'ordre des capucins, ayant du crédit près du pape, qui l'a regardé aussi comme un homme très-vertueux et comme un bon catholique, à son récent retour à Rome, fut présenté à sa sainteté. Après lui avoir baisé la mule et lui avoir rendu compte de ses efforts dans les pays qu'il avait évangélisés, Pistoggia dit qu'en présence de sa sainteté il se sentait poussé à crier toujours *misericordia, misericordia*, en pensant à tant d'âmes qui allaient à la perdition, qui tombaient au pouvoir des infidèles et aux mains des chiens. Il ajoute que sa sainteté étant le vicaire du Christ sur la terre, c'était à elle qu'il appartenait de veiller au salut de ces âmes, dont il lui serait demandé compte par Dieu, pour n'avoir pas usé envers elles de miséricorde ; qu'elle était prompte à faire justice, et que tous les jours elle faisait pendre ou écarteler tantôt l'un, tantôt l'autre ; mais qu'elle devait aussi se rappeler que pour un passage de l'Écriture où Dieu est appelé le Dieu de la justice, il y en a dix autres qui le nomment le Dieu de la miséricorde ; que par conséquent, si elle voulait imiter Dieu, comme c'est son devoir, elle devrait avoir plus de sollicitude pour aider, soutenir et défendre les âmes qui vont à la perdition par suite de la puissance des Turcs, que pour châtier au nom

« de la justice les scélérats. Il appela en même temps l'attention de sa sainteté sur beaucoup d'évêques des temps passés qui s'étaient eux-mêmes livrés aux mains de leurs ennemis pour délivrer les autres, et parmi les papes modernes, il lui cita Calixte, Pie, Innocent qui vendirent les biens des églises pour faire la guerre contre les Turcs. Pistoggia dit beaucoup de choses sur ce sujet avec une grande liberté et pendant un temps assez long; et le pape, tout en se sentant percé par les flèches d'un pareil langage, ne manifesta aucun mécontentement pour ce qu'il lui disait. Après que le religieux eut cessé de parler, le pape, poussant un grand soupir, lui répliqua qu'il avait dit la vérité en toute chose, mais qu'il ignorait les angoisses au milieu desquelles il se trouvait; qu'un pape de son temps était fort pauvre et fort affaibli, qu'il était opprimé de toutes parts; que s'il voulait prendre une mesure destinée à opérer le bien, il rencontrait mille obstacles, et cela non-seulement de la part des hérétiques et des ennemis de la foi, mais aussi de ceux qui font profession d'être des amis, quoique de mille manières ils offensent Dieu et cherchent à opprimer l'autorité de celui qui remplace sa majesté divine sur la terre: ce qui lui tourmentait très-fort l'esprit; mais que néanmoins sa sainteté, prenant en pitié ces hommes, voudrait les aider tous, bien que son devoir lui conseillât de les châtier. Enfin elle se montra navrée de douleur à l'occasion de cette guerre, et surtout en songeant au peu de moyens qu'elle avait de la soutenir. »

Bataille de Lépante.

En effet, Pie V écrivit des lettres très-pressantes à tous les souverains, et spécialement à Catherine de Médicis, dans lesquelles il déplorait les victoires des Turcs, la perte de la Hongrie, les dangers que couraient l'Italie et la France, en présence des formidables armements que faisaient les infidèles, et alors que les princes chrétiens semblaient prendre plaisir à travailler mutuellement à leur ruine. Décidé à soutenir la guerre sainte, ce pape déclara en plein consistoire, du 20 février 1568, que, vu les périls auxquels était exposée la catholicité tant de la part des hérétiques que de celle des infidèles, qui équipaient une flotte immense, il se trouvait dans la nécessité de grever ses sujets de nouveaux impôts. En conséquence, la ville de Bologne eut à payer 60,000 écus d'or : il établit à cet effet un mont, chargé de payer la rente de ce capital à 7 pour 100, garanti par un nouvel impôt de consommation, payable par tout le monde, excepté par les réguliers, suivant un tarif applicable à chaque objet et suivant le poids de ces objets.

Ce fut par de pareils moyens, et grâce à l'aide que lui fournirent l'Espagne, Venise et les autres puissances italiennes, que, dans un siècle si bouleversé, Pie V put mettre en ligne une armée catholique, et obtenir à Lépante la dernière victoire que la chrétienté unie pût se vanter d'avoir remportée sur le croissant. L'étendard que Colonna avait arboré sur le vaisseau amiral de la flotte pontificale portait l'image du divin Crucifié entre celles de saint Pierre et de saint Paul. Ce fut un triomphe pour toute la chrétienté, mais à Rome surtout : les drapeaux pris aux ennemis de la foi vinrent orner la basilique de Latran ; on institua plusieurs fêtes pour perpétuer le souvenir de la défaite des infidèles, par exemple celle de Sainte-Justine à Venise, et celle du rosaire qui se célèbre dans toute la chrétienté.

Tous les hagiographes, et récemment un écrivain français aussi pieux qu'élégant et érudit [1], ont parlé de Pie V avec

(1) M. de Falloux.

de grands éloges. Pour nous, tenant à ne pas nous écarter de la méthode que nous avons préférée dans tout le cours de cet ouvrage, nous voudrions faire entendre à nos lecteurs un témoin oculaire qui vivait du temps de ce pape, c'est-à-dire alors que ni le titre de saint ne le rendait inattaquable, ni la mort ne le mettait encore à l'abri des flèches que décoche trop ordinairement la malveillance.

Pie V d'après Poggiani. Sa charité. Sa fin.

Jules Poggiani de Suna sur le lac Majeur, latiniste d'une élégance achevée, qui écrivit les lettres d'un grand nombre de cardinaux, et celle d'Othon Truchses d'Augsbourg (lettres auxquelles nous avons déjà fait de fréquents emprunts), écrivait de Rome à ce dernier, sur Pie V, une lettre remplie d'éloges, qui dévoile l'état des opinions et des mœurs à cette époque [1]. Nous la traduisons, en retranchant les passages insignifiants ou inutiles :

« Le souverain pontife, ayant ordonné trois jours de « supplications pour implorer la victoire en faveur de « l'empereur Maximilien sur les ennemis du nom chré- « tien, dit toujours sa messe dès l'aube à Saint-Marc ; puis « le premier jour il se rend à la basilique de Latran, le « second à Sainte-Marie-Majeure, le troisième à l'Ara- « Cœli, accompagné d'un grand nombre de cardinaux « et d'évêques, précédé des collèges et des confréries, et « suivi par des prêtres et des clercs appartenant à tous les « ordres : une foule innombrable, composée de personnes « de tout sexe, de tout âge et de toute condition lui fait « cortége. Depuis deux cents ans, de l'avis de tous, « aucun pape n'a accompli cette cérémonie sacrée avec

(1) J. POGGIANI *Sunnensis epistolæ et orationes, olim collectæ ab A. M. Gratiano, nunc ab H. Lagomarsinio adnotationibus illustratæ ac primum editæ*, Roma, 1757, 4 vol. in-4°. Voir les lettres du 21 septembre et de novembre 1566.

« un si grand concours d'assistants, et jamais on n'y a « vu tant d'élan et de piété; personne ne tomba malade « et ne revint fatigué, bien que la fête eût lieu dans une « saison si dangereuse (en août). Le zèle du pape Pie dé- « passa celui de tous les assistants : frais et bien portant, « les mains sans cesse jointes comme un suppliant, à son « visage et à son aspect on reconnaissait véritable- « ment l'homme qui traite la cause de l'Église près de « celui dont il est le vicaire. Bien plus, dans cette fa- « meuse procession, il excita un tel sentiment de com- « ponction, qu'on croyait voir dans tous les assistants « l'image de cette vraie foi que jadis l'Apôtre louait chez les « Romains [1]. La religion fut de nouveau glorifiée par « suite de ce fait que des femmes trop connues furent dé- « livrées des mauvais esprits. A l'approche du pontife « on entendait d'horribles cris, on voyait des mouvements « désordonnés et sinistres, d'incroyables contorsions : « mais à peine fut-il arrivé, et eut-il touché ces femmes « avec son étole, que tout-à-coup elles tombèrent par « terre et restèrent comme mortes; le lendemain elles re- « vinrent à la santé : ce sont des femmes si connues, que « personne ne peut douter du miracle. Il advint aussi en « ces jours que la galère d'un illustre pirate, appelée le « *Faucon* à cause de sa solidité et de sa légèreté, fut « prise par le comte d'Altamura près de Monte Argen- « taro. A bord se trouvaient quatre-vingts chrétiens, « prisonniers depuis plus de dix ans; ils furent en- « voyés à Rome. Pie V, qui les accueillit avec la plus « grande bonté, leur donna des vêtements, de l'argent

(1) Poggiani fait allusion à ce passage de saint Paul *ad Rom.*, c. 1, 8 : *Gratias ago Deo meo pro omnibus vestris, quia fides vestra annuntiatur in universo mundo.*

« et des objets de piété. Au temps de ces processions, « arrivèrent à Rome de retour de Malte beaucoup d'il- « lustres chevaliers français; ils furent merveilleuse- « ment touchés de ce spectacle, et plusieurs d'entre eux, « dans leur vénération pour Pie V, marchant sur leurs « genoux, allèrent depuis le seuil de l'église Saint-Marc « jusqu'à l'abside pour lui baiser les pieds. Chaque jour « avaient lieu d'admirables conversions, inspirées non « par la crainte des supplices, que le pape a beaucoup de « peine à ordonner, mais par l'exemple de sa vertu et « par la ferme opinion qu'on a de sa sainteté. Plus de cent « juifs se convertirent avec leurs femmes et leurs enfants, et « parmi eux il y en avait de fort riches et de très-honnêtes; « ils étaient non-seulement de la ville, mais des provinces, « et même de l'étranger. Pour loger les catéchumènes, « le pape fit acheter le magnifique palais que le Français « Carinotto avait érigé au pied du mont de la Trinité, et il « consacra à son entretien une rente considérable. Oh! « doux et miséricordieux pontife! Depuis la fin d'août « jusqu'à ce jour une maladie contagieuse envahit la « ville; elle attaquait surtout ceux qui vivent de leurs bras; « des familles entières gisaient dans leurs lits [1]. Le pape « envoya à tous de l'argent; il préposa pour les secourir « dix médecins, quatre inspecteurs et avec eux l'évêque « Fioribello : il établit des pharmacies et des boucheries « pour approvisionner les malades de médicaments et de « viandes; il confia aux Jésuites le soin de les assister,

(1) Bartoli, dans la *Vie de saint François de Borgia*, en fait une pompeuse description. Il raconte que dans cet universel abandon les Jésuites s'offrirent à porter des secours. D'après lui, ce furent principalement les élèves du collége germanique qui se dévouèrent à servir les malades, et ceux du séminaire romain à veiller les morts.

« tâche que voulurent partager aussi les dames de la haute « noblesse, en sorte que jamais riche ne fut plus abon- « damment pourvu que ne l'étaient ces pauvres gens. »

« Pie V, si large pour les nécessiteux, est si parcimonieux « pour les siens, qu'on reconnait seulement leur parenté « avec le pape à leur piété exemplaire et à leur humilité « chrétienne. La discipline cléricale est presque rétablie dans « son intégrité; le droit ecclésiastique et l'administration « des églises sont ramenés aux antiques traditions; Rome « est délivrée des crimes; on a chassé les courtisanes, on « n'entend plus de blasphèmes contre Dieu et les saints, « plus de calomnies; les contrats iniques sont cassés, l'u- « sure modérée, les procès examinés à fond : le pape veut « lui-même écouter, voir, connaître tout, et n'accepte au- « cun rapport où percent la haine, la partialité ou la cu- « pidité; il exige qu'on lui dise la vérité toute pure. Par- « tagé entre cette sollicitude et cette activité si profitables à « la Ville Éternelle et à l'Église, ce pape est assidu à l'o- « raison et au jeûne, quoique son genre de vie soit une « pratique continue de tempérance. Chaque jour il célèbre « le saint sacrifice; aussi, au dire des personnes vertueuses « et prudentes, toutes ses résolutions, marquées au coin « de l'utilité, profitent à l'État, puisqu'il ne laisse passer « aucun jour sans recevoir Dieu en son âme et comme hôte « et comme conseiller. L'influence qu'elles attribuent aux « ferventes prières du pape est telle qu'elles en attendent « tous les progrès; elles sont persuadées qu'on fera aux « Turcs la guerre qu'il a tant désirée, et qu'on verra leur « ruine. Tous les Romains, quels que soient l'âge, le sexe « ou la condition, portent des *Agnus Dei* consacrés par ce « pape : car, bien qu'une vertu salutaire soit divinement « attachée à ces cires, cependant, à raison de l'éminente

« piété de Pie V, on estime davantage celles qui ont été « bénites par lui..... Ce fut vraiment un bienfait de Dieu « que le saint concile de Trente nous ait appris quels « doivent être les chefs de la religion chrétienne, et que « peu après nous ayons eu un pape tel qu'en réclamait le « Concile. Pie V, et par ses préceptes et par ses exemples, « tend sans relâche non-seulement à rétablir dans leur « état primitif les règles de discipline de la vie chrétienne, « mais encore à ramener aux antiques coutumes le culte « et les cérémonies : il a visité les principales églises de « la ville, et a pris la parole en présence de leurs chapitres, « les exhortant au devoir ; il s'en est suivi un redoublement « de piété et d'assiduité aux offices divins. Ayant rassem-« blé tout le personnel de sa maison, il enseigna à chacun « son devoir, et l'obligation où il était de donner l'exemple « de la piété et de la modestie. Il fit venir devant lui les « magistrats de la cité et les juges, sans oublier les car-« dinaux qui s'occupent de l'administration publique, et « leur prescrivit la manière d'instruire, de discuter et de « résoudre les procès; puis s'adressant aux cardinaux : « Ne recommandez, leur dit-il, aucune cause sans « ajouter à votre apostille la formule : *Autant que le com-« porte la justice;* et vous, juges, si l'on vous recommande « quelqu'un sans cette formule, ne vous en occupez pas, « et suivez le droit chemin de la justice, chemin dont per-« sonne de nous ne vous provoquera jamais à vous écar-« ter. Il publia un édit sur le vêtement, le logement et « la manière de vivre des ecclésiastiques. On vit cesser les « jeux, les orgies; plus de théâtres, plus de tournois : par « contre, on vit fréquenter les sacrements, l'office divin « et les prédications ; on visitait les hôpitaux. Les droits « d'octroi ou de gabelles furent ou supprimés ou diminués ;

« on exempta de toute espèce de taxes les bénéfices ecclé-
« siastiques; on n'eut plus égard à la puissance ou au
« crédit, mais seulement à la vertu et à la piété : ceux qui
« voient quelle maturité et quelle prudence on apporte
« dans le choix des évêques peuvent juger de l'améliora-
« tion qui en serait résultée dans les affaires publiques
« si on eût agi de même par le passé; car Pie V confère
« aux hommes le sacerdoce et non les pensions. Il res-
« suscita la coutume de célébrer la messe dans la basilique
« de saint Pierre et dans les chapelles Sixtine et Pau-
« line..... Prions Dieu, du moins, de nous conserver son
« excellent vicaire. »

Ici finit Poggiani. La sévérité chez ce saint pontife n'ôtait rien à la douce simplicité. Il avait planté avec un condisciple une vigne pour se délasser, et il avait dit : « Du vin de cette vigne, aucun de nous ne boira. » Or voici qu'un jour apparaît le vieux condisciple avec un petit baril qu'il vient lui offrir en lui rappelant ce mot, puis il ajoute : « Alors votre Sainteté n'était pas encore infaillible. » Étant inquisiteur, et voyageant un jour de Milan à Soncino, toujours à pied, selon sa coutume, Ghislieri rencontra un domestique : celui-ci, prenant en pitié sa lassitude, prit la besace du couvent sur sa jument, et la lui transporta jusqu'à destination. Pie V s'en souvint plus tard : il l'envoya chercher, et lui conféra un emploi dans son palais.

Ne perdons pas de vue que cet intolérant, cet ami de Philippe II débordait de charité. Les personnes objet de sa prédilection étaient-elles menacées par celles qui étaient l'objet de son indignation, il poursuivait ces dernières pour l'amour des premières, comme le pasteur qui repousse le loup : pourrait-on en dire autant des persécutions des protestants?

Quelqu'un se plaignait devant lui que la chaleur de Rome ne permît pas de travailler : « Qui mange peu et boit peu (dit-il) ne ressent pas les ardeurs de l'été. »

Voyant sa fin approcher, Pie V visita les sept basiliques baisa avec dévotion le saint escalier *pour prendre congé de ces saints lieux*. Au fort de ses douleurs, il s'écriait : « Seigneur, augmente mes souffrances, pourvu que croisse ma patience. » Sa dévotion sincère fit que, malgré son austérité, le peuple l'aima pendant sa vie et le vénéra après sa mort. Bacon s'étonnait que l'Église n'eût pas compté ce grand homme au nombre de ses saints : de fait, Pie V fut le dernier pape canonisé (B).

NOTES ET ÉCLAIRCISSEMENTS

AU DISCOURS III.

(A) — Cette prière est tirée de l'*Officio della Madonna dei Domenicani*, ainsi que cette autre,

Pour implorer la conversion des hérétiques.

« O vraie paix et fidèle pasteur du bercail de ton Église, exauce nos prières, et aie pitié des afflictions et des ravages causés au peuple chrétien. Nous supplions de tout notre cœur ta miséricorde de daigner veiller paternellement sur tous ceux qui ont abandonné la foi orthodoxe et catholique, et qui, trompés sur ses articles et séduits par une fausse persuasion, vivent comme des hérétiques. Ah! daigne illuminer leurs cœurs par les rayons de ta lumière, et fais qu'ils reconnaissent l'erreur qu'ils professent, afin que, guéris de leur folie, ils cessent de se livrer aux controverses et aux dangereux abus de la parole corruptrice. Puissent-ils conserver toujours le trésor de l'unique et vraie foi sous la conduite de nos légitimes pasteurs ayant à leur tête toi, le souverain pasteur de tous, toi dont l'émission du moindre rayon de lumière et de grâce se réfléchit dans tous les membres qui te sont unis par le lien sacré de la foi! Ainsi soit-il! »

(B.) — Nous connaissons une *Vita del gloriosissimo papa Pio V*, par Jérôme Catena, Rome, 1587. Elle a au frontispice un portrait du saint, et autour de la figure du pape est l'exergue *Absit mihi gloriari nisi in cruce Domini Jesu Christi* : parmi divers emblèmes qui ornent ce frontispice, on voit le pape qui embrasse deux figures, paraissant symboliser la France et Venise, avec la devise *Fœdus ictum in Turcos et vict.* : en face, cette autre, *Hœreticum clades*; au bas, la bataille de Lépante. Le père Quetyf, *Script Ord. Prædicatorum*, énumère un très-grand nombre de biographies de ce pontife, qu'il croit être l'auteur de la *Praxis procedendi in causis fidei*. Il est étrange que quelques personnes lui aient attribué un opuscule intitulé *Delle belle creanze delle donne*, opuscule qui est prouvé être l'œuvre d'Alexandre Piccolomini de Sienne.

Voir *La Visiera alzata*, ecatoste n° 6.

DISCOURS IV.

Des hérétiques en Toscane. — Carnesecchi.

Pour peu qu'on étudie encore Florence telle qu'elle se présentait avant l'époque où s'est accomplie sa dernière transformation non pas tant politique que morale et artistique, on y trouve partout l'influence de la religion. On la saisit mieux encore dans l'inspiration de ses poëtes et de ses artistes, à l'époque où l'art ne s'était pas fait l'esclave d'un nouveau paganisme et le courtisan des princes. En Toscane, ce sont les moines qui commencent l'assainissement des vallées de la Chiana, et si la plaine de Ripoli est après son desséchement devenue d'une fertilité exubérante; si, près des marais de Varlungo (*Vadum lungum*), on voit dans les plantureuses campagnes de San-Salvi et de Rovezzano onduler de riches moissons, tout le mérite en revient aux moines. Le marécageux désert qui s'étendait entre Prato et Florence devint dès l'établissement de l'abbaye de Saint-Juste le beau territoire d'Osmanrono, tandis que de leur côté les Bénédictins de Settimo assainissaient par un système de rigoles et de nivellements la rive opposée de l'Arno. Les moines, à qui longtemps Florence confia la construction et le service des ponts, des murs d'enceinte et des fortifications, établirent dans tout le val d'Arno des levées, des digues et des petits canaux de dérivation. Que de villages s'élevèrent autour d'un couvent ou près d'une église! Que de bois aux fourrés impénétrables, repaires de bêtes féroces et de brigands, furent transformés en de vigoureuses et belles futaies! Que de terres incultes furent changées en métairies; que de milliers de plants d'oliviers s'acclimatèrent dans la plaine, et que de millions de sapins et de hêtres vinrent couronner le sommet des montagnes! Il suffit de rappeler que la règle des Camaldules impose l'obligation de planter chaque année une quantité déterminée de sapins, et pourvoit minutieusement à tout ce qui concerne l'entretien, l'exploitation et le reboisement des forêts, dont la magnifique végétation fait encore admirer, hélas encore pour peu de temps, les pieux asiles de Camaldoli, de Monte Senario et de l'Alverne.

Piété des Florentins.

A Florence, depuis les temps de saint Ambroise et de Charlemagne jusqu'à la domination de la maison de Lorraine, mille édifices destinés soit au culte, soit à la charité se rattachent aux fastes des familles locales. (A.) Lors du siége néfaste de 1529, on regarda comme un des plus grands sacrifices faits à la patrie la destruction, devenue nécessaire, de quelques chapelles, de quelques peintures, et les années suivantes on s'occupa à réparer ces dommages. Les Florentins aimaient aussi à ériger, même en dehors de leur pays, des monuments pieux : citons Saint-Jean-des-Florentins à Rome, l'église Sainte-Marie et l'hospice de Thomas Guadagni à Lyon, la Chartreuse à Naples, les Loges de San-Friano à Lucques, la chapelle de Saint-Pierre-Martyr, fondée par Pigello des Portinari dans l'église de Saint-Eustorge de Milan, l'église Saint-Antoine, bâtie par Goto degli Abati à Venise, et un hôpital établi à Jérusalem aux frais de Côme, père de la patrie. C'est ce qui fit dire au père Richa, que « dans notre histoire on ne peut refuser au clergé florentin d'avoir joué le plus beau rôle [1] ».

Les hymnes opposaient la piété et la charité à l'obscène sensualisme des chants carnavalesques. (B.)

Est-il hors de propos de raviver ces souvenirs aux habitants de la capitale actuelle de l'Italie?

Nous avons mentionné le XVII° concile œcuménique, qui fut le troisième tenu à Florence, et à la XXV° session duquel Orientaux et Occidentaux professèrent que « le pontife romain est le successeur de Pierre, prince des apôtres, vrai vicaire de Jésus-Christ, chef de toute l'Église, père et docteur de tous les chrétiens; qu'à lui, en la personne de Pierre, Notre-Seigneur Jésus-Christ a donné plein pouvoir de régir et de gouverner l'Église universelle, ainsi qu'il est exposé également dans les actes des conciles œcuméniques et dans les saints canons ».

Parmi les monuments les plus dignes d'être étudiés par les Italiens on doit ranger l'histoire des églises et des saints de Florence [2]. On se rappelait que le jour de la fête de Sainte-Réparate (3 octobre 407) les Goths avaient été battus à Fiesole; que le jour de Saint-Barnabé (11 juin 1289) les Arétins avaient été mis en déroute à Campaldino. On attribuait au bienheureux André Corsini la grâce d'avoir mis en fuite Picinnino à la bataille d'Anghiari, en 1440; le duc Cosme se reconnaissait redevable

(1) Richa, *Storia delle Chiese di Firenze*, en 8 vol. Voir vol. I, p. 202.
(2) Ibid.
Brocchi, *Vite de' Santi e Beati fiorentini*.
Biscioni, *Lettere de' Santi e Beati fiorentini*.
Voir en outre Razzi et les nombreuses monographies qui existent.

au pape saint Étienne de la victoire de Marciano. La mémoire de Savonarole et celle de Madeleine des Pazzi étaient encore toutes fraîches, et toutes fraîches aussi la mémoire de saint Antonin et celle des quinze bienheureux dont le nom est conservé dans sa cellule, et parmi lesquels on remarque le bienheureux frà Angelico, ce peintre merveilleux, le miniaturiste frà Benedetto du Mugello, et le bienheureux Jean de Domenico, qui fut plus tard cardinal et légat a *latere*. Lainez, général des Jésuites, vint établir sa compagnie à San-Giovannino en 1551, suivant les instructions particulières de saint Ignace, et reçut à cet effet des dons considérables et des biens fonds de Cosme Ier et de monseigneur Ughi; de nobles seigneurs appartenant aux familles Amannati, Guadagni, Pazzi, Sassolini, Rinuccini allèrent recueillir des aumônes avec lesquelles ils firent bâtir l'église. L'endroit où demeura saint Louis de Gonzague est encore rappelé par une inscription lapidaire: enfin, en l'année 1565 se tint à Santa-Croce le chapitre général des Franciscains, auquel prirent part cinq cents théologiens et autant de novices.

Les premières familles florentines ajoutèrent au lustre de leur noblesse en donnant à l'Église un nouveau saint. Madeleine de la maison des Pazzi et des Buondelmonti, qui dès son enfance avait fait ses délices de la pratique de l'obéissance, devint un véritable prodige dans la science de la perfection spirituelle et de la contemplation des choses éternelles, science à laquelle elle allia une immense charité pour le prochain. Laurence Strozzi de Capalle, ayant pris l'habit de dominicaine, se trouva en grande relation avec Ochin et avec Vermigli : elle pleura à chaudes larmes leur apostasie, et, toute enflammée de l'amour divin, elle composa des hymnes pour chacune des cérémonies de l'année, hymnes qu'on chanta longtemps, qui furent mises en musique et même traduites en français. Catherine de Ricci, renonçant aux séduisants attraits que lui offrait au sein de sa famille une existence fastueuse, consacra à Dieu une vie toute remplie d'amour et de douleurs, éprouvée par les contradictions et par la calomnie, et qui finit par l'épreuve non moins délicate des louanges et de l'admiration. La vie de Catherine de Ricci devint pour Parenti et pour Tosini le sujet de peintures qu'ils exécutèrent à Prato, comme l'avaient été auparavant pour Giotto celle de la bienheureuse Michelina, pour Bufalmacco celle de sainte Umiltà, pour Vanni et pour Pacchiarotto celle de sainte Catherine de Sienne.

L'Inquisition est modérée à Florence.

Nous avons déjà parlé des premiers jours de l'Inquisition à Florence, et nous avons dit que dès l'année 1254, au lieu d'être confiée aux Dominicains, elle le fut de préférence aux Franciscains, qui avaient à Santa-Maria-Novella et à Santa-Croce un nombre suffisant d'archers et de cachots affectés spécialement à cette institution [1]. C'est à ce tribunal que fut jugé Cecco d'Ascoli, l'astrologue dont nous avons déjà parlé. (*Disc.* VII, *T. I. Les Précurseurs.*)

Le fait d'avoir envoyé au supplice l'un des philosophes les plus fameux de son temps indigna un grand nombre de personnes contre l'Inquisition, qui osa malgré cela étendre sa juridiction. On accusa surtout frère Pietro dell'Aquila d'outrepasser ses pouvoirs, et d'extorquer de l'argent aux citoyens suspects d'hérésie, en sorte

(1) Parmi les papiers enlevés aux couvents, et déposés à la bibliothèque Magliabecchiana de Florence, nous avons bien trouvé l'histoire des couvents de Santa-Maria-Novella et de Santa-Croce, mais il n'y est pas dit un seul mot de l'Inquisition : les papiers de cette dernière doivent avoir été déposés aux archives de la Curio archiépiscopale, où elles sont encore, dans le plus grand désordre.

que la république inséra dans son statut (1) une disposition aux termes de laquelle les inquisiteurs ne devaient se mêler que des choses de leur compétence, condamner un citoyen uniquement dans sa personne, et non dans ses biens : ce statut leur interdisait d'avoir des prisons particulières, et leur enjoignait de se servir des prisons publiques. Défense y était faite à tout capitaine ou podestat, aussi bien qu'aux évêques de Florence ou de Fiesole, de faire arrêter personne en vertu d'un mandat du Saint-Office, sans une licence préalable donnée par les Prieurs. On n'y accordait le droit de porter les armes qu'à six familiers du Saint-Office, et on établissait quatorze défenseurs de la liberté, avec mission de veiller à l'observation de ces dispositions.

On chercha toujours à rappeler le Saint-Office à ces dispositions, chaque fois que les circonstances l'avaient entraîné à les outre-passer. Lorsque Paul III eut institué la congrégation du Saint-Office, on résolut d'adjoindre à l'Inquisition, à Florence, trois commissaires, puis un quatrième pour connaître des causes de religion.

Cosme I. Sa conduite vis-à-vis du concile.

Jean, surnommé *des Bandes Noires*, un de ces brillants condottieri qui sans se soucier du parti qu'ils appuyaient, ont toujours obtenu par surprise les sympathies des Italiens, fut le père de Côme de Médicis. Ce prince, étant parvenu par de bons et par de mauvais moyens à se rendre maître du gouvernement de Florence,

(1) Le statut de Florence avait été rédigé une première fois en 1353, par Thomas de Gubbio, et devint pour ainsi dire le droit commun de toute la Toscane, excepté du pays de Sienne. La république en confia une nouvelle rédaction à Paolo di Castro en 1415. Il jouissait d'une telle autorité, que, selon Gravina, on lui donnait les épithètes de *speculum et lucerna juris, virtus juris, dux universorum, robur veritatis, auriga optimus, Apollo Pythius, Apollinis oraculum*, etc.

où la république avait été déjà renversée par les armées étrangères, y constitua à son profit une principauté héréditaire. Cette forme de gouvernement était alors l'aspiration universelle, tant par suite de la lassitude qu'on éprouvait des institutions anomales enfantées par le moyen âge, que par suite de l'attraction nouvelle des esprits pour les pouvoirs forts et les systèmes de centralisation qui devaient, disait-on, arracher l'Italie aux mains de l'étranger, et qui, tout au contraire, l'y plongèrent de plus belle. Devenu un objet d'exécration pour les vieux républicains qu'il dut réprimer, combattre, exiler, et même faire assassiner, Cosme pendant un très-long règne se montra d'une libéralité magnifique sans pour cela abandonner les habitudes bourgeoises de sa famille; il s'efforça de faire fleurir les arts et le commerce, de propager les fabriques, d'ériger de superbes palais, et de réaliser tous les progrès compatibles avec la servitude de la patrie.

Cosme comprit que c'était un intérêt de premier ordre pour tout gouvernement nouveau en Italie de se ménager les bonnes grâces du pape : cependant il épiait d'un œil jaloux tous les actes de la cour romaine, ainsi qu'il ressort de la correspondance de ses envoyés, et il avait la prétention de s'immiscer dans les conclaves et les décisions de cette cour. Par déférence pour elle, il respectait les immunités ecclésiastiques; ainsi, dans la cruelle guerre que les Florentins firent à Sienne, ses troupes, sous le commandement du marquis de Marignan, ayant profané quelque lieu consacré, il écrivait à Barthélemy Concini, son envoyé, le 24 octobre 1554, ce qui suit :

« Nous avons appris avec la plus grande peine le pil-
« lage qu'a fait l'armée du marquis de Marignan à Casole,

« pillage auquel n'a pas même échappé la maison de Dieu. « Nous ne tolérerons pas ces iniquités. Lorsqu'on permet « à une armée de donner le sac à une ville, les églises « doivent être respectées, et le premier qui osera profa- « ner une église, un monastère, des hôpitaux ou autres « lieux analogues, nous entendons qu'il expie un aussi « grand forfait par la perte de la vie. Nous voulons que « le marquis obéisse à nos ordres. Pour vous, si vous « désirez être dans nos bonnes grâces, vous devez vous « efforcer d'empêcher de tels excès, et vous nous en « donnerez de suite avis. Sur la masse du butin qui n'a « pas encore été partagée, nous voulons qu'on rende à « ces églises tout ce qui leur a été pris. Exécutez cet « ordre, et que Dieu vous ait en garde! »

Cosme favorisa la convocation du concile de Trente, et dès le 9 décembre 1547 il écrivait à Pandolfini : « Sa « Béatitude devra, dans sa prudence, considérer combien « il importe qu'elle se réconcilie avec l'Empereur et avec « les Réformés, qu'elle ramène dans les choses de la reli- « gion l'union qui est si nécessaire, et qu'elle ne laisse « pas échapper une si belle occasion d'opérer le retour à « l'Église des provinces de l'Allemagne, ce membre si con- « sidérable de l'Église, qui a toujours été infecté d'hé- « résie et qui en a infecté tous les autres. Plût au ciel « que maintenant, avec la grâce de Notre Seigneur Dieu, « elle consentît à fixer l'époque de la réunion du concile, « maintenant que Sa Majesté y est bien disposée. »

Parmi beaucoup d'autres lettres qui tendent au même but, celle que le duc écrivait de Rome le 16 novembre 1558 à Ferrero mérite une attention toute particulière [1].

(1) De Thou, *Historiæ*, XXVI, sect. 16, fait mention de ce séjour de Cosme à Rome, quand il dit : *Fluctuanti* (Pio IV, p. p.) *et de alia*

« Nous voulions retourner à Sienne, mais Sa Sainteté, « qui nous fait trop d'honneur et nous comble de ses « bontés, nous retient ici, puisque nous avons été, dit- « elle, en quelque sorte les auteurs de l'ouverture du « concile, qui a été la cause de notre voyage à Rome, « elle veut aussi que nous soyons présent à l'inaugura- « tion et à la messe solennelle du Très-Saint-Sacrement, « laquelle, s'il plaît à Dieu, sera célébrée par Sa Béatitude « de dimanche prochain en huit. » Et Cosme ajoute de sa propre main : « *Ne dites pas que cela vient de nous.* »

Dans une autre lettre [1], Cosme encourage à continuer le concile, et montre la nécessité de réformer la cour de Rome. On voit aussi transpirer dans la correspondance d'Espagne de monseigneur Minerbetti la sollicitude de Cosme pour la réunion du concile, car s'il est mené à bonne fin, la saine morale peut y gagner; s'il n'aboutit pas, et s'il n'y a point l'amélioration désirée, le statu quo du moins sera maintenu. Le duc désire vivement qu'on fasse part de ses idées sur ce sujet au roi catholique, qu'on le presse de s'opposer à la réunion des conciles nationaux, comme la demandaient les archevêques de Séville et *del Gallo* (sic probablement de France).

Puis en 1561, il écrivait au pape :

« Que Votre Sainteté ne reste pas sous l'influence de « deux sentiments, l'un de convoquer le concile, l'autre de « ne pas le laisser ensuite se poursuivre librement; car,

quavis re potius quam de munere pastorali sollicito, supervenit Cosmus..... perhonorificeque exceptus, ac deinde ad colloquium privatum admissus, rationibus suis pervicit ut Concilium indiceretur. Lagomarsini déblatère contre ce passage (*Comm. aux lettres* de Poggiani, tom. II, pag. 154).

(1) N° CCIC *del Carteggio di papi e cardinali*, aux archives d'État à Florence.

« en agissant ainsi, pour ce qui regarde Dieu, cette cause « étant la sienne, il ne faut pas se tromper : il vau- « drait bien mieux s'abstenir que de faire comme on fit « à Trente, au grand scandale des chrétiens et au dé- « shonneur du chef suprême : que Votre Sainteté agisse « donc avec un esprit résolu et en toute liberté. »

Cosme entretint toujours accrédités à ce concile des ambassadeurs, qui le mettaient minutieusement au courant de ce qui s'y passait, en sorte que la correspondance qu'il recevait d'eux fournirait une abondante source de renseignements pour qui voudrait encore en reprendre en sous œuvre l'histoire. (C.)

Mécontent de se voir l'égal ou l'inférieur d'autres princes d'Italie qu'il surpassait en pouvoir et en grandeur, et surtout de se voir inférieur aux ducs de Savoie, qui pourtant relevaient de l'Empire, et qui trouvaient une source de gain à mettre au service d'autrui leur épée et leurs soldats, Cosme ambitionna le titre nouveau de grand-duc et le demanda au pape, qui conservait la suprématie sur les trônes de la terre. « Le pontife romain, « du haut du trône de l'Église militante, où il est placé « au-dessus des nations et des royaumes, ayant parcouru « avec son pénétrant et infatigable génie les provinces « du monde catholique... dans ces temps où pullulent « tant d'hérésies et d'apostasies, parmi ceux qui ont le « mieux mérité de la vraie foi, a trouvé que c'était le « prince de la Toscane qui maintenait cette province plus « que toutes les autres exempte de la maudite ivraie. » En conséquence, pour le respect que professe Cosme envers le saint-siége, pour avoir secouru de sa bourse et de ses armées le roi de France Charles IX contre les rebelles et les hérétiques, et pour la promesse qu'il a faite de se prêter à la défense et à l'augmentation de la foi catholique : considérant que ce prince exerce le pouvoir avec une sagesse et une justice incomparables, qu'il châtie les pirates, les brigands, les sicaires, qu'il garde les côtes avec une excellente flotte, le pape le nomma *de motu proprio* grand-duc de Toscane [1] et lui fit présent d'une couronne portant gravée cette inscription, *Pii V p. m. ob eximiam dilectionem ac catholicæ religionis zelum, præcipuumque justitiæ studium*. Le grand-duc prononça à genoux cette formule de serment : « Je jure selon la coutume obéissance et fidélité à la sainte Église et au saint-siége, ainsi que le doivent faire les princes chrétiens, me déclarant prêt à coopérer de tout mon pouvoir à l'exaltation de l'Église et à la défense du saint-siége ».

Ce titre de grand-duc, qui constituait en Italie une principauté indépendante, excita un grand mécontentement chez l'empereur, qui prétendait avoir, à l'exclusion de tout autre souverain, le droit de le conférer. Aux lamentations de l'empereur Pie V répondait : « Sur quelle base vous appuyez-vous pour contester ce pouvoir à l'Église? Quel autre que l'Église a donné aux Empereurs la qualification de leur dignité et le prestige qui y est attaché? Qui leur a donné l'empire? Qui l'a transféré cet empire de l'orient en occident, si non mes prédécesseurs [2]. » Philippe II, lui aussi, qui voyait s'élever un émule de sa puissance en Italie, fut tellement indigné de cette création de titre, que la guerre semblait imminente. Les Huguenots en profitèrent, et suggérèrent tout aussitôt à Cosme de favoriser le prince d'Orange et les insurgés de

(1) Bulle de Pie V, 1569.

(2) *Litteræ SS. D. N. Pii V super creationem Cosimi Medicis in magnum ducem provinciæ Etruriæ et subjectæ*. Florence 1570.

la Belgique, pour susciter par là des embarras au roi d'Espagne; mais Cosme ne voulut pas s'allier avec des hérétiques; — peut-être n'y voyait-t-il point son compte.

Le grand-duc Cosme surveille l'inquisition.

Il était naturel que Rome empêchât par une surveillance très-active qu'à côté d'elle, en Toscane, les germes d'hérésie ne vinssent à se développer : tandis que, de son côté, le duc cherchait à se mettre dans les bonnes grâces de la cour romaine. En 1545, Pandolphe Pucci informait celui-ci que le pape se plaignait de ce qu'il avait expulsé de Saint-Marc les Dominicains, et les avait remplacés par les Augustins, qu'il regarde comme étant plus luthériens que catholiques [1]. Deux années auparavant, le secrétaire Campana l'informait d'un chapitre qu'avaient tenu les moines de Santa-Maria-Novella, et dans lequel cinq des conclusions qui y avaient été adoptées étaient regardées comme entachées de luthéranisme [2]. Le duc écrivit lui-même en 1552 une lettre au cardinal de Santa-Fiora, où il déplorait les désordres qui se commettaient dans les monastères de Florence, affirmant que dans l'un d'eux on avait trouvé au moins quinze sœurs qui avaient perdu leur virginité par le fait des moines et des prêtres [3] ; mais il est constant, d'après les historiens du temps, que Cosme avait en horreur et en suspicion les moines, et surtout les dominicains, comme étant entichés des idées républicaines et des souvenirs de Savonarole.

La vérité est que Cosme était réellement intolérant comme tous les hommes de son temps, qu'ils fussent séculiers ou ecclésiastiques, catholiques ou protestants, italiens ou étrangers. Cependant il n'aimait pas l'Inquisition,

(1) Archivio di Stato, *Carteggio universale*, n° 44.
(2) Ibid. *Carteggio universale*, n° 30.
(3) Carteggio di Cosimo, liasse XXIX.

qu'il considérait comme une juridiction étrangère dans son pays; aussi voulut-il y avoir la haute main, et empêcha-t-il qu'elle ne passât des Mineurs Conventuels aux Dominicains. Les familiers du Saint-Office avaient pour marque distinctive une croix rouge; ils étaient exempts de la juridiction séculière et étaient autorisés à porter les armes. C'était pour Cosme autant de motifs de craindre que ces agents ne servissent à déguiser les nombreux adversaires de son gouvernement : aussi se tenait-il parfaitement en garde vis-à-vis d'eux.

Depuis, Paul IV abolit à Florence la députation du Saint-Office : le nonce lui-même en fut exclu; la juridiction de ce tribunal fut concentrée entre les mains de l'inquisiteur. Il y eut à Florence vers le milieu du mois de décembre 1551 un *auto-da-fé*. Un étendard portant une croix noueuse sur fond noir entre l'épée et la branche d'olivier, et autour pour devise les paroles du psaume, *Exurge, Domine, et judica causam tuam*, précédait la procession composée de vingt-deux personnes, en tête desquelles marchait Barthélemy Panciatichi, riche gentilhomme, qui avait été jadis ministre du duc en France. Les condamnés, vêtus de chapes sur lesquelles étaient peintes des croix, étaient menés ainsi à l'église métropolitaine; là, après avoir fait leur abjuration, on leur donnait l'absolution, tandis que leurs écrits et leurs livres étaient livrés aux flammes. Dans le même temps s'accomplissait par quelques femmes à Saint-Simon une semblable cérémonie, mais sans publicité.

Cosme prétendait être informé par le nonce apostolique des procès qui seraient intentés aux Florentins même à Rome [1], par la raison, disait-il, que comme il s'agis-

(1) *Carteggio universale*, n° 161, à l'année 1561.

sait de matières de foi, dont l'importance dépassait toutes les autres, il voulait que tout fût réglé de concert avec ses ministres. En février 1551, l'Inquisition de Rome ayant réclamé Laurent Niccolucci, le duc autorisa son extradition, mais à la condition expresse que les inquisiteurs le renverraient à Florence s'il avait à subir une peine. Nous avons trouvé fréquemment dans les archives des traces de semblables informations, et notamment le nonce apostolique, à la date du 4 novembre 1564, écrivait :

« Hier on a terminé l'examen de la cause de Raphael « Risaliti, détenu en vertu d'une commission donnée « par la sainte Inquisition de Rome, examen auquel « je n'ai pas manqué d'assister une seule fois. Il résulte « des aveux de l'inculpé, qu'il y a quatre ans, tandis « qu'il était à l'abbaye de Saligny en France, laquelle « dépendait de l'évêque d'Osimo, il avait entendu discou- « rir plusieurs fois, et en beaucoup d'endroits décocher « de vilains mots contre la messe, contre le pape, contre « les indulgences, contre le purgatoire et autres sujets « semblables; qu'il avait non-seulement approuvé ceux « qui en parlaient de la sorte, de plus que lui-même avait « imité leur exemple et avait fini par être convaincu « de ce qu'il disait; mais, qu'ayant abandonné ce faux « système (et il y a de cela maintenant déjà deux « ans), il avait en même temps fait divorce avec toutes « ces fausses opinions, ce dont il a facilement per- « suadé ses juges, tant par la justification qu'il a donnée « de sa vie depuis sa conversion, que par les larmes « qu'il a versées et par les témoignages du repentir qu'il « paraît donner en confessant sa faute, et en demandant « tout à la fois son châtiment et son pardon; quant au re-

« tard qu'il a mis à confesser sa faute, il est imputable à la
« peur plus qu'à la mauvaise volonté. J'enverrai, s'il plaît à
« V. E., la copie de l'enquête faite à Rome, puisqu'elle la
« désire, et à cette intention j'en hâterai, près de ces Illus-
« trissimes et Révérendissimes seigneurs, l'expédition.

« Le frère des Humiliés de Sainte-Catherine de cette
« ville a fini par avouer que c'était lui qui dans un accès
« de colère avait lancé une pierre sur la statue de saint
« François : il n'avait pas cru pouvoir sortir autrement de
« la congrégation d'*Ognisanti*; qu'il avait introduit dans le
« couvent des femmes de mauvaise vie déguisées en
« hommes; qu'il avait dit la messe après s'être rendu cou-
« pable de ces délits, et sans s'en être auparavant con-
« fessé. J'en écrirai deux mots, avec la permission de
« votre seigneurie, à monseigneur illustrissime Borromeo,
« comme étant le protecteur de l'ordre, et je ferai ensuite
« subir au coupable le châtiment qu'il mérite [1]. »

En feuilletant la correspondance des Médicis, nous y avons trouvé une lettre des cardinaux par laquelle ils priaient le duc de vouloir bien leur livrer Pierre-Paul Vermigli (D.); une autre du cardinal de Pucci, par laquelle il met le duc en garde contre les projets politiques des hérétiques, à propos de Celio Curione, espérant que l'apostasie de frère Bernardin Ochin démasquera certains hypocrites (E.); une autre duc cardinal Farnèse (F.), qui, inquiet du retour de ce même Celio à Lucques, invite formellement le duc à trouver le moyen de le consigner aux mains de l'Inquisiteur.

Carnesecchi Sa correspondance.

Nous n'avons pas trouvé de preuves suffisantes que le duc ait livré Celio Curione, mais quant à Pierre Carnesecchi, ses aventures ont été plus sérieuses. Issu d'une noble

(1) *Legazione di Roma*, n° XI.

famille Florentine (G.), très-versé dans la connaissance des lettres grecques et latines, beau parleur, poëte distingué, il fut le favori des Médicis dans sa patrie, en France et à Rome. Lié d'amitié avec Julien de Médicis, celui-ci, lorsqu'il devint le pape Clément VII, le nomma protonotaire apostolique et en fit son secrétaire, poste qui lui valut la commende de plusieurs abbayes et des pensions ecclésiastiques. Nous avons trouvé une lettre de recommandation portant la date du 27 juin 1531, que lui avait donnée le pape près de l'empereur Charles Quint, où le pontife le qualifie de *cives florentinus summa fide et singulari modestia vir, quem cum suis meritis et deditissimo animo in me, tum virtute et nobilitate ita amo, ut plus non possum,* ce qui lui fit même décerner le surnom de Médicis. En sa qualité de protonotaire apostolique, il reçut une quantité de lettres écrites d'Allemagne en 1533 par Pierre-Paul Vergerio, correspondance conservée aux archives Vaticanes : elle fait bien voir toute la jalousie qu'inspirait à l'empereur et aux Allemands l'accord qui semblait se préparer entre le pape et la France, surtout par suite du mariage du roi avec Catherine de Médicis. « Le pape et la France se « trompent fort s'ils croient pouvoir l'emporter, car « l'empereur n'a qu'à faire un signe et à laisser dormir « un peu la question luthérienne, et les forces réunies de « l'Allemagne tout entière, tous, sans en excepter les « femmes et les enfants, courraient sus à l'église avec « une ardeur passionnée, et ne souhaiteraient pas autre « chose que de bouleverser la France : oui, il suffirait « d'un seul signe de l'empereur pour faire accourir cette « nation perverse, qui se contenterait, pour toute récom- « pense, de confondre le pape, ses adhérents et tous ceux « qui en dépendent. » (Prague, 31 décembre 1533.)

Ailleurs, le même Vergerio raconte que le roi des Romains lui avait signalé les dangers qu'offrait cette guerre, parce que, disait-il, « les personnes qui la provoquent appartiennent à la faction luthérienne et à cette malheureuse classe d'hommes, pauvres, téméraires et impies, à qui il faut absolument *per omne nefas* trouver à vivre et même à sortir de leur condition : *itaque tanto magis periculosa multis eorum victoria (sed Deus avertat) futura esset* ». Puis, il considère son époque, où « ces fauteurs de troubles rencontrent beaucoup de gens qui leur ressemblent, par le caractère, en trouvent de plus élevés qu'eux, d'autres qui sont presque leurs égaux, et enfin d'autres qui sont leurs inférieurs. » Il mentionne la cupidité des Luthériens, tout fiers de l'occasion qui se présente d'avoir un chef prêt à marcher à leur tête pour achever la ruine des orthodoxes : Vergerio n'oublie pas non plus de citer « le grand mouvement qu'ont soulevé dans nombre de provinces ces autres bêtes rebaptisées » : c'est ainsi qu'il nommait les Anabaptistes. (Lettre datée de Prague, le 11 mai 1534).

Prosper de Santa-Croce écrivait à Carnesecchi, le 20 octobre 1534.

Facit eximia animi tui virtus ut hoc tempore gratulatione tecum utar potius quam consolatione. Nam, etsi pro nihil tibi unquam acerbius in vita accidisse, quam pontificis de te optime meriti interitum, tamen te dolori fortiter restitisse gratulor equidem tibi vehementer. Est enim christiani et cum ipsa natura moderati, tum doctrina atque optimarum artium studiis eruditi, id est tui, impetus fortunæ sustinere, etc.

Le 25 novembre 1534, le ministre Granvelle lui écrivait qu'ayant appris *quemadmodum illi Jacobi Salviati bonæ memoriæ studium atque animus simul cum isto munere ad vestram Dominationem transivisse, ita et nos, quemadmodum æquum est, et nuper etiam polliciti sumus, omnem eum affectum quem erga defunctum gerere solebamus, in v. d. juxta quadam successione transfudimus.*

Et Paul Jove, le 11 mars 1545, lui écrivait de Rome : « Très-honorable Monseigneur, — Messieurs Stuffi étant « sur le point de retourner en Toscane après avoir fait les « stations de Rome, j'ai voulu leur confier cette lettre d'in- « troduction destinée à M. Giovanni Michele, qui, j'en suis « sûr d'avance, manifestera à votre seigneurie le dévoue- « ment impérissable que Jove porte à sa personne. Michele « vous félicitera de votre bonne santé, et vous racontera « à quelles veilles et à quelles fatigues je m'abandonne en « ce moment, à la lueur de ma lampe, pour mettre la pos- « térité au courant des fourberies du monde actuel. Quant « à moi, je m'en tiens à l'antique forme, dans la grâce du « Père, du Fils et du Saint-Esprit : et je puis vous as- « surer que nous valons un peu plus que les oranges « vertes. »

Il existe à la Bibliothèque Magliabecchiana, classe VII, 51, une importante lettre de monseigneur Ubaldino (Bandinelli ?) adressée de Fontainebleau, le 28 août 1534, à Carnesecchi, écrite pour la plus grande partie en chiffres, où, entre autres choses, il raconte qu'il a parlé longtemps de monseigneur de Paris, qu'il savait accusé auprès du pape d'avoir eu trop de rapports avec les Luthériens. « Ce prélat, disait-il, s'excusa sur la conduite qu'il avait tenue vis-à-vis d'eux, et prétendit qu'aucun ecclésiastique n'était plus fidèle que lui, mais que le jour où il avait vu cette secte, tant par le nombre de ses adhérents que par le crédit dont ils jouissaient, prendre une si grande consistance qu'il avait cru presque impossible, et assurément très-dangereux de l'abattre de vive force, et il avait jugé qu'on devait procéder avec une certaine adresse, et non pas crier *au bûcher, à la potence,* conduite qu'il fallait de toutes manières éviter : en conséquence, chaque fois que des hérétiques lui avaient été livrés, il s'était efforcé de les ramener par des paroles affectueuses et par de bons et solides raisonnements, passant sous silence des points moins importants, les reprenant sérieusement sur certains autres; de cette manière, il avait eu accès et crédit près d'eux, presque comme s'il eût été un personnage neutre et exempt de toute espèce de passion; par là il avait obtenu de meilleurs résultats que ceux qui avaient voulu recourir à une extrême sévérité, qui n'a servi qu'à les rendre responsables de l'obstination plus grande de ces hérétiques. Le prélat avait, disait-il, remédié à beaucoup de scandales, et dernièrement il pensait avoir mis les choses en tel état qu'on pouvait espérer quelque arrangement : il m'a même parlé de certains points d'une importance capitale que tout récemment son frère avait obtenus des chefs de la secte dans ce pays, et il m'en nomma plusieurs, mais je n'ai souvenance que de Martin Luther et du duc de Saxe. Le point important, c'était la reconnaissance faite en dernier par ces sectaires du pape en qualité de chef de l'Église, et l'acceptation des sept sacrements, non sans quelques restrictions...... »

Carnesecchi à Naples en 1536 hanta Pierre Valdès, Ochin, Vermigli, Caracciolo, puis à Viterbe en 1541 l'évêque Victor Soranzo, Vergerio, Lactance Ragnone de Sienne, disciple d'Ochin, l'évêque Louis Priuli, Apollonia Merenda, Balthasar Altieri, apostat luthérien et libraire, et Mino Celsi : il entretint des rapports d'amitié avec Vittoria Colonna, Marguerite de Savoie, la du- Ses liaisons suspectes.

chesse Renée de France, Lavinie della Rovere, Orsini, et avec Julie Gonzague, à laquelle il recommanda deux hérétiques. En écrivant à des protestants, il leur donnait les épithètes de frères, de pieux, d'innocents, d'hommes élus de Dieu : il leur remettait de l'argent; de même qu'il blâma un gentilhomme d'avoir à l'article de la mort fait profession de la foi catholique, de même il louait la constance montrée par Valdès à ses derniers moments, et il pleura amèrement sa mort avec Jacques Bonfadio (H.). Carnesecchi attribuait la mort d'Henri II aux persécutions que ce prince exerça contre les Réformés, et il regardait comme un châtiment de la justice divine l'incendie des archives de l'Inquisition à la mort de Paul IV. Il eut des rapports personnels avec Mélanchthon[1] et avec d'autres hérétiques : il usa de son autorité et de sa fortune pour attaquer l'autorité pontificale et les moines. Il manifesta particulièrement ses opinions hétérodoxes dans une lettre sur la messe qu'il adressa à Flaminio ; mais, ayant été cité à Rome sous Paul III en 1546, il parvint à se faire absoudre. L'Inquisition le poursuivit de nouveau pendant son séjour en France; mais, par la faveur de la reine Catherine, il put échapper aux conséquences du procès. De retour en Italie, il vint s'établir à Venise, où il continua ses allures, si bien que Paul IV le cita à comparaître à Rome en 1557.

Pero Gelido. Son apostasie.

Carnesecchi avait eu la bonne fortune de trouver à Venise un ami, comme en ont rarement les exilés et les accusés ; un ami qui non-seulement l'encourageait, mais encore prenait sa défense, et le recommandait au duc. Cet ami était Pero Gelido de San Miniato, ecclésiastique d'un grand savoir, qui avait été jadis secrétaire du cardinal de

(1) Il faut savoir qu'il s'agit ici d'André, et non de Philippe Mélanchthon, qui n'alla jamais en France.

Ferrare, puis nommé par le duc son résident à Venise, d'où il lui écrivait le 25 novembre :

« Nous avons été extrêmement fâché des tracasseries « auxquelles a été soumis de la part de l'Inquisition de « Rome monseigneur Carnesecchi ; car, avec l'attachement « que nous avons pour lui, nous lui eussions souhaité plu- « tôt un accroissement d'honneurs et de profits que ces « nouveaux ennuis. Espérons pourtant que son innocence « le fera sortir encore de cette épreuve, et qu'il saura, avec « la prudence que nous lui connaissons, prendre les me- « sures qui lui sembleront les plus opportunes pour sa « sécurité. Il est bien vrai que l'Inquisition dans sa ma- « nière de procéder est très-rigoureuse, et que fort souvent « il ne suffit pas d'être pur, comme vous savez et comme « nous croyons qu'il l'est. »

Et le 14 avril 1558 :

« Quant à l'affaire de notre ami monseigneur Carne- « secchi, nous avons écrit chaudement au cardinal Ca- « raffa et à notre ambassadeur, pour nous conformer aux « intentions que nous avons pu relever dans ses lettres et « dans les vôtres : et, comme nous avons été fort satisfait « d'apprendre qu'il avait fait choix de Philippe Del Mi- « gliore pour l'envoyer à Rome, afin de surveiller les dif- « férentes phases de la procédure, nous lui avons fait « part de notre satisfaction en lui remettant de nouvelles « lettres pour notre ambassadeur, que nous chargeons de « l'aider en tout ce qu'il aura besoin et de lui obtenir « toutes les faveurs nécessaires. Nous verrons quel ré- « sultat aura cette mission, et nous ne manquerons « pas d'ajouter, toutes les fois que nous en serons averti, « et suivant les besoins, de pressantes recommandations. « Cette conduite prouvera à Sa Sainteté et à ces mes-

« sieurs notre ardent désir d'être utile à monseigneur Car-
« nesecchi, la grande estime que nous lui portons, notre
« amitié pour lui, et la ferme conviction que nous avons
« de son innocence. » Voici la lettre qu'écrivait Gelido,
le 9 juin 1568, à Bibiena, secrétaire du duc :

« Je parle bien souvent de vous avec monseigneur Car-
« nesecchi, qui, on peut le dire, est abandonné par
« tout le monde excepté par moi, qui ne pourrais pas
« plus l'abandonner qu'une mère n'abandonne son fils, car
« je l'aime autant qu'on peut aimer un véritable ami;
« et certes ce n'est point pour les bienfaits que j'ai reçus
« de lui ou pour ceux que j'espère en recevoir, mais
« parce que je l'ai toujours connu pour un homme de
« bien, et cela autant qu'on peut le dire. Que si je l'ai connu
« pour tel, je vois enfin dans cette épreuve, une des plus
« lourdes qui puissent arriver à un homme, puisqu'on y
« perd la fortune, l'honneur et presque la vie, un gage
« certain que Dieu est avec lui, le dirige, le console et
« le fortifie : car autrement il ne pourrait supporter ce
« coup mortel avec une si grande constance d'âme et pres-
« que avec gaieté, comme réellement il la supporte. Il
« s'est retiré dans une maison qu'il regarde comme une
« honnête prison : là, il s'entretient avec ses livres et vit
« avec ses pensées, pour la plupart divines et tournées
« vers les choses de l'autre vie, en sorte que cette persé-
« cution, qui le prive de la conversation des hommes,
« l'habituera à converser avec les anges : il recueillera
« ainsi de son exil plus de profit n'en recueillit du sien
« Boëce, ou n'importe quel autre philosophe, parce que
« la philosophie chrétienne offre des consolations bien
« différentes de celles que peut offrir la philosophie pu-
« rement humaine. »

Gelido revient souvent auprès de Bibiena sur ce sujet, et le 5 août 1559 il lui écrit :

« Votre seigneurie ne pourrait croire, et moi de mon « côté j'aurais bien de la peine à vous faire part de la « grande consolation qu'éprouve monseigneur Carnesec« chi, en lisant ce que vous m'écrivez à propos de lui : « aussi lui semble-t-il que la persécution qu'il souffre a « eu au moins pour lui cet avantage de lui faire con« naître qu'il est aimé plus qu'il ne savait l'être par une « foule de gens de bien, et particulièrement par votre « seigneurie, etc. »

Et le 19 du même mois :

« Comme je vous l'ai écrit d'autres fois, monseigneur « Carnesecchi lit toujours tout ce que votre respectable « seigneurie m'écrit sur son compte, avec un si grand plai« sir et avec une si grande satisfaction, qu'il m'est impos« sible de vous en donner une idée. Et il a bien raison « d'agir ainsi, car cela prouve qu'au milieu de ses malheurs « il a conservé un esprit qui connaît les vrais devoirs de « l'amitié et la conduite que doit tenir un homme de bien « dans toute la force du mot : quant à moi, je sais par« faitement bien que vous n'ignorez pas que dans cer« tains temps on estime plus une seule drachme de devoir « accompli, que dans d'autres des milliers de livres. Je « sais bien toute la reconnaissance que professe pour « vous le susdit monseigneur, et combien il est ravi en « pensant à l'affection que vous lui témoignez dans des « temps comme ceux-ci. C'est bien malgré lui qu'il se « prive de vous écrire, mais s'il fait ainsi, c'est qu'il « croit mieux faire : en omettant ce devoir qui lui serait « si doux, il s'en remet à moi du soin de le remplir, « bien que je sois incapable d'interpréter ses sentiments

« d'une manière satisfaisante pour lui. A ce propos, je « désire informer votre seigneurie d'un fait qui m'a été « raconté hier seulement par un chapelain du cardinal « Trivulce, qui maintenant est retourné en France, et qui « est un de mes amis les plus intimes. Ce chapelain, ve- « nant donc à parler avec moi de monseigneur Carne- « secchi, et se lamentant de ses épreuves, me dit : Tu n'as « peut-être plus entendu parler de ce que je vais te dire. « Tu dois te rappeler qu'il y a trois ans un moine de « Saint-Augustin, nommé Montalcino, prêcha à Saint- « Prpl (?). Ce moine avait conçu une grande haine pour « monseigneur Carnesecchi, parce qu'un jour ce prélat « était venu le trouver dans sa chambre, et lui avait « démontré par de bonnes raisons qu'il avait tort de par- « ler si irrévérencieusement du duc de Florence. Mon- « talcino, étant un des plus enragés Siennois qu'on pût « imaginer, commença à élever la voix et à décocher en « pleine poitrine à son adversaire l'épithète injurieuse de « tyran, en sorte que Carnesecchi (d'après ce qu'il m'a « dit aujourd'hui en réponse aux questions que je lui fis « *ad hoc*, car autrement il ne m'en avait jamais parlé) m'a « avoué qu'il avait été obligé de lui dire entre quatre yeux, « qu'il était la plus insigne bête à deux pieds qu'il connût, « et que là-dessus il l'avait laissé seul. Montalcino était allé « ensuite se plaindre à différentes fois auprès du cardinal « Trivulce, qui est actuellement légat ici ; mais, voyant que « l'éminence ne tenait aucun compte de ses doléances, « parce qu'elle était très-liée d'amitié avec monseigneur, il « avait dit qu'il trouverait bien le moyen de le perdre. Le « cardinal lui ayant demandé quel moyen il pensait em- « ployer pour arriver à ses fins, Montalcino aurait répondu « que l'Inquisition était là, toute prête à agir, attendu

« qu'en parlant avec lui monseigneur avait laissé tomber de « ses lèvres je ne sais quelles paroles sur un passage de « saint Augustin, paroles qui sentaient l'hérétique, et finalement nous avons découvert que c'était ce vilain moine « qui avait suscité cette persécution [1]. »

Ailleurs Gelido se félicitait qu'une fille de Philippe del Migliore eût épousé un neveu de Carnesecchi.

Ici, nous trouvons par hasard une nouvelle preuve de la facilité avec laquelle les germes de l'hérésie se développaient dans ce territoire de Venise, tant par suite des rapports continuels qu'avaient les habitants avec les étrangers appartenant à toute espèce de religion et de la liberté des mœurs, que par suite des sollicitations des résidents protestans, et des querelles avec la cour de Rome [2]. Le père Gelido penchait du côté des nouveautés en matière de religion. Le duc Cosme lui écrivait de Rome le 13 décembre 1560, dans un postscriptum libellé de sa propre main :

« Votre lettre du 7 courant est enfin arrivée ; cette lettre, « si remplie de nouvelles plus merveilleuses les unes que « les autres, et qui a servi de passe-temps aux veillées de « beaucoup de cardinaux. »

Et à la date du 17 juillet 1561, Cosme lui écrivait encore :

« Vous ferez bien de ne pas écrire à Rome le peu de cas « que l'on fait de la religion, et de taire les maximes en « honneur auprès de la jeunesse d'ici, car c'est plutôt l'affaire du nonce que la vôtre : au contraire, soyez circonspect dans tout ce que vous écrivez, abstenez vous dans

(1) *Carteggio universale*, série 2972.

(2) Une lettre du théatin Ange Cajazzi dénonçait au pape comme hérétique Jean-Baptiste Veneto, supérieur général de sa congrégation. (*Carteggio di Cosimo*, 199.)

« vos lettres de certaines particularités, qui, si elles ve-
« naient à être connues, contenteraient peu ces seigneurs
« et nous-mêmes. »

En effet, Gelido tenait le grand-duc au courant de tout les pas et démarches que faisaient à Venise les réfugiés toscans et les Strozzi; il suggérait au gouvernement les moyens à employer pour tenir la ville de Sienne en respect, et se félicitait avec Cosme de l'annexion que celui-ci en avait faite à ses États, annexion qui préparerait la formation d'un puissant royaume : enfin, il était persuadé qu'avant peu il pourrait le saluer roi de Toscane.

Gelido quitta plus tard Venise pour aller à Genève, d'où il écrivit au sculpteur florentin Paul Ceri, domicilié à Venise, qu'on l'avait si bien accueilli à Lyon, que le gouverneur avait voulu le faire intervenir dans les conseils de de la ville : « je ne désespère plus de nous revoir en Italie,
« car l'Évangile prend chaque jour un nouvel essor
« qui le fera bientôt s'élancer jusqu'à ces contrées : il
« faudra bien alors que ces archevêques et ces autres pré-
« lats gros et gras changent de vie, comme cela est arrivé
« et arrivera encore dans ce royaume. »

Ainsi parle Gelido le 31 octobre 1562; puis le 24 mars suivant il écrit « au duc de Florence *in manu propria :* »

« . . . . . . J'arrivai enfin à Paris, où je m'arrêtai,
« et par ordre de madame de Ferrare (*la duchesse Renée*)
« je me consultai avec les ministres des Eglises réformées
« sur tout ce que je devais faire. Sur ces entrefaites, on
« sut à la cour mon arrivée et mes projets. C'est pour-
« quoi quelques-uns de nos écervelés Florentins, qui
« d'ordinaire se tiennent à la cour, commencèrent aus-
« sitôt à dire que je n'étais pas parti d'Italie pour la cause
« de l'Évangile, mais pour me faire à la cour l'espion de

« votre altesse et du roi Philippe, et non-seulement ils en « parlèrent entre eux, mais ils en persuadèrent le comte « de Tournon et le roi de Navarre. Or, ainsi qu'il plut à « Dieu, qui protège l'innocence, un Florentin de mes « amis intimes, et qui est à plus d'un titre mon obligé, « m'écrivit de ne point aller à la cour avant qu'il ne « m'eût parlé. Au bout de deux jours, cet ami vint en « effet à Paris, et me révéla tout le mystère, à savoir que « les ministres n'étaient point d'avis que je dusse me pré« senter à la cour, non pas tant pour le danger que je « pourrais y courir, que pour le déshonneur qui en re« jaillirait sur la cause de Dieu, puisqu'on pourrait croire « que j'étais parti d'Italie, non pas pour le service de « Dieu, mais pour le service des princes, et cela d'une « manière si laide. Faisant droit à cette considération, je « ne m'arrêtai même pas chez madame de Ferrare, mais « longtemps après, lorsque j'eus conversé avec elle et « contre sa volonté, je m'en vins à Genève, où, bien qu'il « m'y faille mendier mon pain, je vis très-heureux, puis« que nous avons ici en abondance le pain et les aliments « spirituels, nourriture qui ne manque jamais. Il est bien « vrai que si la reine s'en va accompagnée du roi « et des frères du roi à Orléans pour soustraire les pro« testants à la rage du roi de Navarre, à celle des cardi« naux, du connétable et du marquis de Saint-André, qui « ont commencé ensemble avec monseigneur de Guise à « tenir conseil *a parte*, etc., la susdite madame de Fer« rare a décidé que je devais aller la rejoindre à Orléans, « où elle pense que je trouverai réunis le prince de « Condé, monseigneur de Montmorency, l'amiral, mon« seigneur d'Andalon, et le cardinal de Cittiglion, tous « frères, et tous protecteurs et défenseurs de la pureté de

« la doctrine de Jésus-Christ. Aussi voit-on déjà surgir une « division des plus fortes, et conséquemment une guerre « civile et intestine dans ce royaume, à moins que Dieu « n'y mette la main. Quant à moi, je n'agirai qu'autant « que j'y serai autorisé par cette Église, à laquelle j'ap- « partiens désormais. »

Gelido, après avoir fait part à son ami Geri de diverses nouvelles, fait des vœux pour qu'il plaise à Dieu de le conserver dans sa grandeur, « et surtout de lui accorder la « parfaite connaissance de la vérité, afin que cette vérité « devienne le ministre et l'instrument de Dieu pour per- « suader au pape de faire abstraction de toute ambition « et de tout intérêt, et de vouloir une bonne fois que la « lumière se fasse sur cette cause, lumière qui ne pour- « rait se faire que si le pape consentait spontanément à « ordonner la convocation d'un concile légitime au « sein de l'Allemage, à y assister en personne, et à y « traiter sérieusement la question des réformes dans l'É- « glise. Une pareille résolution serait pour lui la cause « d'une gloire immortelle auprès des hommes et lui as- « surerait auprès de Dieu le salut éternel. De toutes ma- « nières on en viendra là envers et contre lui, et en dé- « pit des obstacles que pourront susciter tous les princes, « parce que, comme l'a dit Gamaliel, la chose vient de « Dieu, *et non dissolvetur* [1]. »

Il semblerait résulter de la citation précédente que le duc était suffisamment de connivence avec les hérétiques ; le fait est qu'il ne négligea rien pour rappeler Gelido, qui, déjà inscrit sur les registres de l'Église évangelique de Genève, revint cependant en Italie et à Florence, et y obtint une pension du pape.

(1) VIII *del Carteggio di Cosimo.*

Paul IV avait excommunié Carnesecchi par contumace; Pie IV avait obtenu du grand-duc qu'il fût envoyé à Rome, où cependant en 1561, à la suite d'une brillante défense et aidé principalement par l'incendie d'un grand nombre de papiers qui avait eu lieu à la mort de Paul IV, il obtint une sentence absolutoire, et fut reconnu bon et fidèle catholique, soumis à l'Église. Mais l'austère Pie V, étant devenu pape, jugea que pour extirper l'hérésie il était indispensable de faire disparaître celui qui en était un des principaux soutiens [1]. C'est pourquoi il écrivit en latin, de sa propre main, au duc Cosme une lettre datée du 20 juin 1566, ainsi conçue : « En vue d'une affaire qui intéresse au suprême degré le « respect dû à la divine majesté et à la religion catholi- « *que*, nous vous envoyons avec la présente notre maître « du sacré palais : et, si ce n'était l'époque des chaleurs « excessives, nous avons tant à cœur cette affaire, que « nous en eussions chargé le cardinal Pacheco. Veuillez « accorder à ce personnage la même confiance qu'à nous- « même. Puisse Dieu vous conserver vous, votre fils et « votre bru, et bénir les cardinaux, comme de fait nous « vous accordons de tout cœur la bénédion apostoli- « que. »

Cosme, soit faiblesse de sa part, ou dessein de se faire bien venir du pape, soit dans l'espérance de voir Carnesecchi s'échapper encore de ses mains, ayant reçu la lettre du pontife pendant qu'il l'avait à sa table, le livra, Arrestation de Carnesecchi

(1) L'historien De Thou accuse Achille Stace, célèbre littérateur portugais, auteur d'un poëme lyrique *Sur la victoire de Lépante*, d'avoir dénoncé Carnesecchi. Parmi les témoins entendus dans ce procès, et dont le nombre dépasse 430, ou ceux appelés en justice comme complices, ne figure point le nom de Stace.

disant que, si pour le même motif, Pie lui avait demandé son propre fils, il le lui aurait donné tout enchaîné. Le pape fit parvenir au duc ses plus chauds remercîments, ajoutant que « si sous ce rapport les autres princes lui ressemblaient et voulaient imiter son exemple, les choses « de la religion suivraient une marche bien plus prospère, que Dieu en serait plus honoré, et que, partant, « il répandrait plus de bienfaits sur toute la chrétienté, « qui en serait plus heureuse [1]. »

Accusations dirigées contre lui.

Voici les hérésies dont était accusé Carnesecchi : La justification résultant uniquement de la foi; les œuvres ne sont pas nécessaires au salut, lequel s'opère par la foi; l'homme justifié peut néanmoins les produire chaque fois que l'occasion s'en présente à lui, mais elles sont inutiles pour la vie éternelle; cependant, après la résurrection universelle, elles obtiendront à leur auteur un plus grand degré de gloire. — Par nature, nous possédons le libre arbitre, seulement pour le mal; et avant la Grâce, pour le seul péché. Il est impossible d'observer les préceptes du Décalogue, surtout les deux premiers et le dernier, sans la grâce efficiente de Dieu, et sans la foi et l'espérance données surabondamment, mais accordées seulement à un bien petit nombre d'individus. On ne doit ajouter foi qu'à la parole de Dieu, laquelle nous a été transmise par les Écritures. — On ne trouve dans l'Écriture aucune preuve des indulgences; elles n'ont de valeur que pour les vivants, c'est-à-dire en tant qu'elles suppléent aux pénitences imposées. Tous les conciles généraux n'ont pas été rassemblés sous l'inspiration de l'Esprit-Saint. Carnesecchi n'était pas bien sûr à qui appartenait le droit

(1) Ces deux lettres se trouvent dans Laderchi, tome XXII, pages 97 et 98.

de les convoquer, si c'était à l'empereur, au pape ou à d'autres. — Il hésitait sur le nombre des sacrements. — Il ne considérait pas la confession comme une obligation, mais comme une consolation. — Il avait de grands doutes sur l'existence du Purgatoire, et estimait apocryphe le IIe livre des Machabées, où le suffrage pour les morts est qualifié d'œuvre sainte et salutaire. Il croyait que dans l'Eucharistie la substance du pain reste, en tant que le corps du Christ y est présent, mais sans qu'il y ait transsubstantiation : opinion de Luther, dont il s'écarta quelquefois pour se rapprocher de celle de Calvin. — Selon lui, il serait utile aussi pour les laïcs de communier sous les deux espèces. — Le sacrifice de la messe n'est propitiatoire qu'en tant qu'il réveille le souvenir de la passion du Christ, et en conséquence la foi par laquelle on obtient la rémission des péchés. — Le pape est le premier des évêques par une sorte d'excellence, non pas par autorité; il est évêque de Rome, et il n'a de pouvoir sur les autres églises qu'en tant que le monde le lui défère par égard pour Rome; et ce fut une usurpation que s'arrogèrent les pontifes, surtout celle d'accorder des indulgences. — Il condamnait certains ordres monastiques comme favorisant l'oisiveté, et les ordres mendiants comme coupables de voler le pain aux pauvres; il approuvait le zèle de ceux qui dépensent leurs forces pour cultiver la vigne du Seigneur, mais il ne le jugeait pas conforme à la science théologique, parce que dans leurs prédications ils recommandaient par trop les œuvres. — Il jugeait utile qu'on permît le mariage aux prêtres. — Les religieux, selon lui, ne devaient ni ne pouvaient être liés par le vœu de chasteté, parce que cette vertu est un don de Dieu, et que celui-là seul peut la promettre qui est sûr d'avoir reçu ce don : son opinion était la même vis-à-vis des religieuses. — Il condamnait les pèlerinages : chacun, d'après lui, pouvait manger ce qui lui plaisait, et ce n'était pas un péché que de transgresser le jeûne, pas plus que de garder chez soi des livres défendus. Le Christ étant l'unique médiateur entre Dieu et les hommes, l'invocation des saints est tout à fait superflue.

« Tu as donné un logement, un asile, des encouragements et des subsides pécuniaires à un grand nombre d'apostats et d'hérétiques qui s'enfuyaient pour le compte de l'hérésie dans un pays peuplé d'hérétiques d'outremonts[1], et tu as recommandé par lettre à une princesse d'Italie (Julie Gonzagne) deux apostats hérétiques aussi chaleureusement que s'ils eussent été deux apôtres envoyés pour prêcher la foi aux Turcs, ainsi du reste que tu le confesses, et ces apostats se proposaient d'ouvrir dans les États de cette noble dame des écoles spéciales pour y enseigner à leurs jeunes écoliers certains cathéchismes hérétiques : on les découvrit et on les envoya à Florence dans les prisons du Saint-Office.....

« Tu as été complice d'une de tes pénitentes, personne perverse, poursuivie par l'Inquisition et hautement suspecte d'hérésie, par l'intermédiaire de laquelle on faisait parvenir une pension annuelle de cent écus à l'hérétique donna Isabelle Brisegna, qui s'était enfuie à Zurich, et ensuite à Chiavenna chez les hérétiques.

« Tu as blamé et désapprouvé, de concert avec une personne qui se fit ton complice, comme étant superflue et scandaleuse, la confession de foi catholique que fit à ses

(1) Il s'agit notamment du susdit Pero Gelido et de Pierre Léon Marioni.

derniers moments un grand personnage[1], et dans laquelle, entre autres points, il reconnaissait ouvertement que le pape, et particulièrement celui qui était assis alors sur la chaire apostolique, est le vrai vicaire du Christ et le successeur de saint Pierre : et tu as beaucoup plus loué Valdès à ses derniers moments que le susdit personnage.

« Tu as tout fait pour avoir à Venise, d'un complice qui les avait chez lui, les livres et les écrits pestiférés dudit Valdès[2], pour en faire imprimer et publier une partie, nonobstant la prohibition décrétée par ce Saint-Office, ou tout au moins pour qu'ils demeurassent cachés; enseignant que ce n'est pas un péché de garder des livres défendus, mais bien un fait indifférent au point de vue de la conscience : bien plus, tu t'es offert d'en être le vigilant gardien, et tu as déclaré que c'était un bien plus grand péché par rapport à l'âme de les brûler que de les conserver.... En outre tu as entamé des négociations avec cette personne, pour que les susdits écrits te fussent envoyés à Venise par une voie sûre, et cela tant par le désir que tu avais de les conserver, que pour affranchir cette personne du danger qui la menaçait en les gardant.

« Tu as ajouté foi à toutes les erreurs et hérésies contenues dans le livre *Del Benefizio di Cristo*... Pendant le cours du procès, tu as reconnu que, jusqu'aux derniers actes approbatifs et confirmatifs du concile de Trente, tu avais soutenu affirmativement avec Valdès l'article de la justification par la foi et celui de la certitude de la Grâce, tandis que tu défendais avec lui la négative sur la question de la nécessité et du mérite des bonnes œuvres. Et en

(1) Gibbings croit qu'il y a là une allusion à l'empereur. *Voyez* ci-dessus, page 31.

(2) Il est sans doute question ici de Paleario.

émettant de pareilles théories en ce qui concerne la justification, tu as dit que tu ne savais pas bien distinguer la différence entre les opinions de Valdès et les résolutions du concile, et que tu étais encore indécis si tu devais condamner oui ou non sa doctrine sur ce point. »

Son procès.

Après son arrestation, Carnesecchi avait avisé une personne de faire jeter dans un puits ceux de ses livres qui étaient prohibés. Son procès rappelle tout à fait celui de Morone que nous avons rapporté ailleurs, et est même curieux à cause des nombreux détails qu'on peut en tirer sur ce même Morone, sur Pole, Foscarari, Priuli, Geri, Flaminio, Julie Gonzague, Vittoria Colonna, Merenda, et autres personnages appartenant à la même école. Le duc Cosme en suivit la marche, et Babbi, son ambassadeur à Rome, lui écrivait, le 20 juin 1567, ce qui suit :

« Avant-hier, profitant de l'occasion que m'offrait la « cavalcade de Milan, j'écrivis à votre excellence illustris« sime qu'on devait hier à la Minerve condamner quelques « luthériens, ce qui eut lieu en effet, et la condamnation « en frappa même une dizaine. Parmi eux, il n'y eut au« cun noble, à l'exception d'un nommé Mario Galeotto, Na« politain, qui abjura; on le confina en prison pour cinq « ans, et de plus on lui interdit à perpétuité la faculté « d'aller à Naples. Un autre était un Arétin de la famille « des Tesini (?), qui a femme et enfants en Calabre et aussi « des propriétés : condamné à être brûlé vif, ce matin « même eut lieu l'exécution. Quant aux autres, c'étaient « tous des gens du peuple, des personnes qui ne savent « ni lire ni écrire; parmi eux on compte un porteur d'eau, « et un mécanicien travaillant au tour, qui furent tous « deux exilés en Gallia (?), ainsi que d'autres condamnés « à la prison pour le reste de leur vie. Le gouverneur de

« Rome me disait hier soir que Carnesecchi courait fort le « risque de la vie, quoique son procès ne soit pas encore « arrivé à terme et qu'il ait un grand besoin de secours : « s'il a la vie sauve, il sera enfermé dans un lieu où on ne « le reverra plus jamais, parce qu'on a trouvé parmi ses « papiers des brouillons de lettres qu'il écrivait à diffé- « rentes personnes, lors de l'élection de ce vertueux pape, « dont il détestait le choix béni, et dans lesquelles il di- « sait beaucoup de mal de lui et de tout le sacré collège. « Assurément, Carnesecchi est un hérétique de la pire es- « pèce ; d'une part, le pape ayant si mauvaise opinion de « lui, et de l'autre, étant rempli de démérites près du pon- « tife, nul doute qu'il ne court grand risque de la vie : « aussi suis-je porté à croire que le pape ne tient aucun « compte des avis qu'on lui donne, pas plus que des re- « commandations qu'on lui fait, parce qu'il ne veut en- « tendre parler d'aucune proposition en faveur de l'hé- « rétique ou à sa décharge : conséquemment ce procès « doit tirer bientôt à sa fin; puisse Dieu venir en l'aide à « l'accusé, car il en a grand besoin[1] ! »

Et à la date du 2 juillet 1566 :

« Par le courrier ordinaire de Gênes, j'écrivis à votre « excellence illustrissime, à laquelle je n'ai pas omis de « dire que Sa Sainteté a déclaré en plein consistoire qu'elle « voulait envoyer un monitoire pénal à tous les préposés « de l'Inquisition dans toute l'Italie, contenant invitation de « lui dénoncer toutes les personnes qu'ils suspecteraient « entachées d'hérésie. Et le pape a ajouté qu'il entendait « examiner lui-même toute chose, et pourvoir à la ré- « pression de ceux qui lui auraient été dénoncés. Et voici

(1) Arch. Toscano. *Appendice al carteggio di Roma*, série IV.

« justement qu'est arrivé hier soir de Naples le major-
« dome de Violanta de Gonzague, ce qui ne laisse pas
« que de donner à penser qu'entre lui et monseigneur
« Pierre Carnesecchi il n'y ait une longue liste de dénon-
« ciations[1]. »

En effet, le procès de Carnesecchi devenait de plus en plus sérieux, et nous pouvons en suivre les péripéties dans les rapports de l'ambassade de Serristori[2]. Le 5 juillet il annonce que Carnesecchi était arrivé la nuit précédente, et avait été mis dans la prison du Saint-Office; le 9 il ajoutait qu'il était dès lors inutile de le recommander. « J'ai jugé.... qu'il n'y a plus aucun moyen
« maintenant d'aider Carnesecchi : tout ce que pourraient
« entreprendre vos excellences ne servirait à rien, mais
« ternirait en grande partie cette droiture et cette ferme
« volonté qu'elles ont apportées dans la conduite par elles
« tenue contre ces hérétiques empestés : c'est pourquoi
« aux yeux de Sa Sainteté il n'y a pas de princes plus ca-
« tholiques dans toute la chrétienté. »

Un Calabrais part pour vous dire que monseigneur Carnesecchi se recommande à vous, craignant qu'on n'use contre lui d'une punition infamante, où que même on ne le condamne à mort, car il a confessé tout ce qu'il pouvait révéler de contraire à sa défense, sans faire tort à d'autres, et il a, deux fois déjà, subi la torture. Telle est la nouvelle qu'il avait apprise d'un baron du royaume, qui sortait de l'Inquisition. Mais ce dernier ajoutait qu'il ne lui était pas facile d'en tirer de grandes conséquences, vu

(1) Arch. Toscano, *Appendicio al carteggio di Roma*, série IV.

(2) *Legazione di Averardo Serristori ambasciadore di Cosimo I a Carlo V e in Corte di Roma*, 1537-1568 (Florence. Le Monnier, 1853).

la peine d'excommunication majeure frappant celui qui parlait des affaires du Saint-Office.

Serristori fait ressortir pompeusement le grand mérite des princes toscans d'avoir immédiatement consigné Carnesecchi aux mains de l'Inquisition, quoique celui-ci fût depuis tant de temps un bon et fidèle serviteur de leur famille; mais le cardinal Pacheco les détourne toujours de s'intéresser à cet hérétique tant que la sentence n'a pas été prononcée. Il se plaint que Carnesecchi se soit montré beaucoup trop léger, telle est la base de la cinquième sentence : « On a trouvé chez lui une grande quantité de lettres « de la noble dame Julia (Gonzague), et on a intercepté « plusieurs missives qu'elle écrivait ici sur la confiance « qu'elle avait dans les bonnes dispositions de V. E. Je « crois que le fait d'avoir pris et accepté la défense de « cette dame a aggravé de beaucoup la position de « Carnesecchi; car il eût bien mieux fait de s'humilier, « d'avouer et de reconnaître son erreur. »

Les princes écrivirent en sa faveur au pape, qui répondit que s'ils eussent su où en étaient les choses ils ne le lui auraient pas recommandé; il craignait bien que leur recommandé ne courût péril de la vie; qu'il ne pouvait se laisser soupçonner de connivence lorsqu'il s'agissait d'une cause qui avait eu tant de retentissement, et lorsque *c'était* pour la quatrième fois que l'accusé était poursuivi et jugé; enfin le pape ajoutait que du temps de Pie IV Carnesecchi avait débité une montagne de mensonges; et que pourtant il avait été absous; si le duc de Toscane était à Rome, il s'en rapporterait volontiers à sa conscience pour le jugement à rendre dans cette cause. Si j'avais en mon pouvoir un malfaiteur qui eût commis dix assassinats, disait-il, je pourrais] vous accorder sa grâce, mais quant au procès de Carnesecchi je n'y puis rien, le jugement étant de la compétence de messieurs les cardinaux; si on avait égard au rang ou à la noblesse des accusés, on n'aurait pas fait tant d'exécutions même de personnes bien posées; si d'autre part ce procès traîne autant en longueur, la faute en est à Carnesecchi.

Et comme le duc persistait à le recommander, les cardinaux lui offraient de lui faire examiner le procès; et ils l'assuraient qu'on faisait tout ce qu'il était possible par égard pour sa recommandation [1].

Sous la date des 23 et 30 mai, Serristori annonçait déjà que « quant à Carnesecchi on ne discutait plus que la « question de savoir si on devait oui ou non l'abandonner « au pouvoir séculier; on craint qu'il n'y ait pour lui péril « de la vie, parce qu'il n'a pas de tête, qu'il regarde son « erreur comme de peu d'importance, et qu'il parle « de donna Julia comme si elle était une sainte ».

Fin de Carnesecchi. Son exécution.

A la fin, Carnesecchi ayant été atteint et convaincu d'hérésie, fut exposé sur la place de la Minerve, où il entendit lecture de la sentence rendue contre lui par les cardinaux de Trani, de Pise, Pacheco et Gambara. Cette lecture dura deux heures : elle relatait sa conduite dès l'année

(1) Pour satisfaire la reine Catherine de Médicis, le pape n'hésita point à lui envoyer les actes du procès, qui ainsi fut connu même en dehors du Saint-Office. Laderchi, tome XXII, p. 325, en a reproduit des extraits; puis il a été imprimé en entier par Richard Gibbings, *Report of the trial and martyrdom of Pietro Carnesecchi* : Dublin, 1856.

Serristori écrit à la date du 19 juillet : « Plus le procès tire en longueur, plus les circonstances pour Carnesecchi deviennent graves, et cela tout à l'opposé de ce qu'il en espérait. »

12, 19 et 21 septembre : « On lui a accordé d'autres délais, pour voir s'il voulait revenir sur sa décision, mais il est resté insensible : c'est en vain que le cardinal Pacheco lui a parlé. »

1540. En conséquence, il fut déclaré que Carnesecchi avait encouru la peine du bûcher, et on le livra au bras séculier. Le capitaine de justice le releva du prie-dieu, lui fit endosser un san-benito, et l'emmena dans une chambre où il fut dégradé, puis renfermé à Tordinona.

On multiplia les suppliques au pape pour obtenir son pardon, mais il répondait que cela lui était impossible, à moins que le condamné ne se repentît. Dans cet espoir, il fit suspendre l'exécution de la sentence pendant dix jours : les moines allèrent près du condamné pour essayer de le convertir; mais celui-ci répondait, que Dieu voulait qu'il mourût, et que, partant, lui le désirait aussi; et il disputa dans ce sens lugubre même avec le capucin qui l'exhorta au dernier moment. A la fin, il fut décapité et brûlé, sans donner le moindre signe de repentir : il voulut même qu'on lui mît du linge blanc et des gants sous le funeste san-benito [1].

Le 27 septembre 1567, le résident de Venise à Rome écrivait à la *Signoria :*

« Dimanche dernier eut lieu à la Minerve l'Acte solennel « de l'Inquisition, auquel assistèrent tous les cardinaux « qui se trouvent ici, ainsi du reste que Sa Sainteté les « y avait engagés au précédent consistoire, excepté le « cardinal Boncompagno, qui ne voulut pas s'y rendre, « à cause d'un de ses neveux, qui devait abjurer. En outre, « un autre cardinal (Morone?) obtint du pape la permis- « sion de s'absenter, pour ne pas se trouver à cet Acte,

(1) « Il marcha au supplice dans une toilette tout à fait soignée, avec une chemise blanche, une paire de gants neufs, et un mouchoir blanc à la main. Puisse Dieu l'avoir touché de sa grâce à l'article de la mort, car auparavant il ne s'était pas départi un seul instant de ses doctrines perverses ! » (SERRISTORI)

« craignant d'être montré au doigt par tout le monde, à « cause des rapports d'étroite amitié et des entretiens qu'il « avait eus avec Carnesecchi, lequel devait figurer parmi les « condamnés. Les coupables étaient au nombre de dix-« sept, dont quinze se sont rétractés, sans pourtant échap-« per à la condamnation, qui, pour les uns, consistait à « être confinés à perpétuité entre deux murs, pour les « autres, en une prison perpétuelle, pour d'autres dans la « peine des galères à perpétuité ou pour un temps limité; « pour quelques-uns, et parmi eux se trouvaient six gen-« tilshommes bolonais, la peine était une amende d'une « certaine somme au profit d'une construction à élever « pour servir d'hôpital aux hérétiques; mais quant aux « deux autres, on les a remis au bras séculier, et en con-« séquence ils ont été condamnés à mort et au bûcher. « L'un d'eux, natif de Cividale dans le pays de Bellune, est « un moine conventuel de Saint-François, professeur de « théologie, condamné comme relaps; l'autre est Carne-« secchi, accusé d'avoir tenu pendant longtemps pour « l'hérésie de Luther et de Calvin, d'avoir plusieurs fois « trompé l'office de l'Inquisition, en simulant une con-« version, mais de fait d'avoir été toujours *impénitent* et « obstiné, et enfin d'avoir eu des relations intimes et des « intelligences avec des hérétiques et des personnes sus-« pectes d'hérésie, en correspondant fréquemment avec « elles, et en les aidant de sa bourse. Parmi les personnes « suspectes d'hérésie, on en a nommé une qui est morte, « de qui généralement on avait meilleure opinion de vertu « et de sainteté, mais il semble qu'on ait été très-pressé « d'accuser l'entourage du cardinal Pole, sans prendre la « peine de citer un nom, et cela surtout dans l'intention « de laisser croire que ce n'était pas sans motif, que

« Paul IV avait essayé de procéder contre lui et sa suite, « et peut-être aussi pour avoir occasion d'accuser un autre « cardinal.

« Ainsi s'est passé cet Acte de l'Inquisition, qui a été plus « notable qu'aucun de ceux qui l'ont précédé. Quant à « Carnesecchi, qui, pour comble de malheur, a dû s'en- « tendre condamner en face du tombeau du pape Clé- « ment VII, dont il avait reçu plus que tout autre les fa- « veurs et les témoignages d'estime, on le revêtit selon « l'usage, ainsi que le frère, du san-benito, et on le condui- « sit à la sacristie pour y être dégradé, puis à la prison de « Tor di Nona, où il doit rester jusqu'à son exécution « fixée à la semaine prochaine. Les cardinaux de l'Inqui- « sition ont fait tout au monde pour lui sauver la vie; mais, « comme ils disent, Carnesecchi dans sa prison se fait en- « core gloire de son impénitence; il a écrit au dehors « des lettres pour en avertir d'autres qui furent ses com- « plices, et il a nié toute vérité, encore qu'elle fût de la « dernière évidence, manifestant de plus en plus sa cul- « pabilité par ses lettres; aussi ont-ils été forcés de rendre « cette sentence. On désirait qu'il ne mourût pas, pour « donner une sorte de satisfaction au duc de Florence, « qui l'a livré à sa sainteté; en outre, on savait que la « reine de France, se reconnaissant en partie redevable « envers lui de son élévation, désirait son salut, quoi- « qu'elle n'ait pas osé le demander; mais Carnesecchi, dans « ses interrogatoires, a bien eu soin de dire, que la reine « devait avoir recours à votre sérénité pour la prier d'in- « tercéder en sa faveur. Quant aux revenus des bénéfices « appartenant à Carnesecchi déjà recouvrés, ou ceux qu'on « doit recouvrer à ce jour, revenus qui, dit-on, peuvent « s'élever à cinq mille écus par an, sa sainteté, en té-

« moignage de sa reconnaissance envers le duc de Flo-
« rence, a voulu en faire don aux parents dudit Carne-
« secchi. Mais, quant aux bénéfices vacants qui consistent
« principalement en deux bonnes abbayes, l'une située
« dans le royaume de Naples, l'autre en Polésine, sa sain-
« teté n'a voulu en aucune manière entrer en pourpar-
« lers.....

« La journée de mercredi fut signalée par divers événe-
« ments fort remarquables. En effet, dans la matinée, de
« très-bonne heure, on trancha la tête sur le pont au
« moine de Cividale et à Carnesecchi, puis l'un et l'autre
« furent brûlés. Le moine de Cividale mourut avec les meil-
« leures dispositions; quant à Carnesecchi, s'il eût ma-
« nifesté un vrai repentir, il aurait eu la vie sauve; telle était
« du moins l'intention du pape et celle des cardinaux de
« l'Inquisition; mais il a tant varié dans ses dires et sans
« doute aussi dans ses croyances, que lui-même à ses der-
« niers moments confessa qu'il n'avait satisfait ni les hé-
« rétiques, ni les catholiques. Dimanche dernier eut lieu
« à la Minerve la séance du tribunal de l'Inquisition, à la-
« quelle assistèrent 72 cardinaux. Quatre impénitents ont
« été condamnés au bûcher; l'un d'eux, s'étant repenti au
« moment où il allait être exécuté, eut la vie sauve; dix
« autres, ayant abjuré leurs erreurs, furent condamnés à
« diverses peines. Parmi ces derniers était Guido Zinetti
« de Fano, qui jadis fut envoyé de Venise ici; il a peut-
« être été pendant vingt ans plongé dans l'hérésie, et a été
« mêlé à toutes les sectes. On l'a condamné à la prison
« perpétuelle et on lui a fait grâce de la vie, en partie parce
« que, dit-on, on a eu par lui connaissance de beaucoup
« de choses importantes, en partie parce qu'il n'a jamais
« abjuré, et qu'on ne peut pas le considérer comme re-

« laps, quoiqu'il ait persévéré pendant tant d'années dans « l'erreur, car les canons ne permettent pas de condam- « ner à mort celui qui est tombé dans l'erreur pour la « première fois. »

La même année, à la date du 2 août, le cardinal de Pise louait le prince de Toscane de tout ce qui avait été fait ostensiblement en faveur de Carnesecchi, et il raconte certaines dépositions par lui faites à propos des livres prohibés que ce dernier possédait, tels que des Bibles éditées par Léon de Juda et Robert Etienne, le Nouveau-Testament traduit par Erasme, la *Medecina animæ*, le commentaire de Pierre Martyr sur l'épître aux Romains; le commentaire de Luther sur la Genèse et celui sur le Deutéronome [1].

Autres hérétiques.

Outre Mollio et Pierre Martyr, on vit s'enfuir de Florence pour cause de religion, Bardo Lupetino, Antoine Albizi et Jean Léon Nardi qui écrivit de nombreux ouvrages pour la défense des nouvelles croyances. Le prédicateur frère Michel Ange, que nous verrons apostasier à Soglio dans les Grisons, publia une *Apologie qui traite de de la vraie et de la fausse Eglise, de l'essence et de la qualité de la messe, de la vraie présence du Christ dans le sacrement de la Cène, de la papauté et de la primauté de saint Pierre, des conciles et de leur autorité, etc*.

Domenichi.

Louis Domenichi, prêtre connu comme littérateur de

(1) *Carteggio di Roma*, appendice, série XXVI, dans la XXXVI de la légation de Rome, on trouve trace des démarches entreprises dans le but de confirmer la prohibition décrétée contre l'histoire de Michel Bruto, écrite, dit-on, à l'instigation de certains négociants florentins établis à Lyon : l'auteur s'offrit à la modifier dans les parties qui blessent la maison Médicis : mais comme il était déjà hérétique, on ne voulut pas entreprendre de négociations sur ce sujet.

Dans la série LIII, on trouve une instance faite par le duc pour obtenir que les œuvres de Nicolas Machiavel fussent rayées de l'Index, à la condition qu'on en ferait une édition expurgée.

profession, et à qui l'on avait attribué la traduction et la publication faites à Florence, avec la date de Bâle, de la *Nicomediana* de Calvin [1], fut condamné à faire abjuration avec le livre pendu au col, et à subir dix années de prison, peine dont il obtint la remise, grâce à l'intervention de monseigneur Paul Jove. Zilioli, qui laissa manuscrites certaines vies de lettrés, écrites avec fort peu de bienveillance, après avoir parlé du style lascif de Domenichi, ajoute : « Pour ce vice et pour un autre plus grave, « c'est-à-dire pour avoir fait une fausse interprétation « ou mal parlé de la foi chrétienne, Domenichi fut une « fois retenu par les inquisiteurs de Florence, et subit « la question avec des tortures si cruelles qu'il faillit « en perdre la vie. Quoique n'ayant avoué aucun des « points de la doctrine qu'il professait, et sur lesquels « il existait des indices péremptoires, il n'en fut pas « moins condamné à être enfermé dans les prisons de « Florence à perpétuité. Cependant, peu après cette con- « damnation, sur les instances de Paul Jove et d'autres, il « obtint par faveur de sortir de prison, et d'habiter dans « un monastère; enfin on lui accorda sa mise en liberté. »

Tiraboschi croit que ce n'est pas l'Inquisition qui fit le procès à cet hérétique, mais qu'il eut lieu sur les instances de Charles-Quint, parce qu'à Plaisance, sa patrie, Domenichi entretenait des relations avec ceux qui détestaient l'usurpation faite par l'empereur. Il existe une médaille de

(1) Je n'ai rencontré personne qui ait vu ce livre, et je ne connais aucune œuvre de Calvin portant ce titre. Je sais bien que Domenichi, à la fin de sa vie, traduisit « *La spada della fede per difesa della Chiesa christiana contro i nemici della verità cavata dalle sacre scritture, per frate Nicolas Granier* » (Venise, 1565) : « Le Glaive de la foi pour la défense de l'Église chrétienne contre les ennemis de la vérité, tiré des saintes Écritures par frère Nicolas Granier. »

1553, frappée par le célèbre Dominique Poggi en l'honneur de Domenichi, et dont le revers représente un vase de fleurs, atteint, mais non brûlé par la foudre, avec la légende ΑΝΑΔΙΔΟΤΑΙ ΚΑΙ ΟΥ ΚΑΙΕΙ : *elle a frappé, mais non brûlé*. Domenichi, dans son *Dialogo delle imprese* (Dialogue des devises), en donne une explication qui paraîtrait faire allusion à une persécution religieuse, lorsqu'il dit : « Le vase est là pour représenter la vie humaine, les « fleurs représentent les vertus et les grâces qui sont des « dons du Ciel : Dieu a voulu qu'elles fussent foudroyées « et frappées, mais non brûlées et anéanties. Vous savez « qu'il y a des foudres de trois espèces, dont l'une, pour « me servir des expressions de Pline, frappe mais ne « brûle pas : telle est celle qui, montrant accumulés sur « ma tête tous les fléaux et toutes les tribulations de « la part de Dieu qui, comme dit saint Paul, châtie ceux « qu'il aime, m'a fait découvrir et reconnaître les bienfaits « infinis qu'il m'avait dispensés, ainsi que mon ingratitude « envers lui. »

Son antagoniste, Antoine François Doni, appartenait aussi au sacerdoce. D'un caractère des plus bizarres comme homme et comme écrivain, il est l'auteur d'une quantité innombrable de pamphlets insensés, parmi lesquels on remarque un *Commentaire sur le treizième livre de l'Apocalypse contre les Hérétiques*[1]. Il avait la prétention

François Doni.

(1) « Élaircissements de Doni sur le XIIIe chap. de l'Apocalypse contre « les hérétiques suivant une interprétation que jamais homme vivant « n'a trouvée jusqu'ici. Qu'est ce que la barque de saint Pierre, l'Église « Romaine, le Concile de Trente ? Que doit-on entendre par le côté « droit de la barque, par le côté gauche, par le filet, et par les 153 poissons « de l'Évangile saint Jean ? — Leur symbolisme, et nouvelles explica- « tions de l'Écriture sainte d'après les cabalistes ». Texte italien (In Vinegia, Giolito, 1562.)

d'être l'émule de l'Arétin, à qui l'on comparait Nicolas Franco, qui déchira cruellement princes, papes et le Concile de Trente, jusqu'à ce que Pie V l'eût envoyé à la potence. Le condamné s'écria : « C'est par trop fort. »

Si par hasard l'un de mes contemporains se reconnaît dans ces originaux, ce n'est pas la faute du miroir.

Les rigueurs ayant redoublé en Toscane, l'imprimeur Torrentino émigra dans les domaines du duc de Savoie, et édita les histoires de Jean Sleidan, traduites selon toute apparence par Domenichi. Les Giunti passèrent à Venise, où la liberté la plus complète faisait prospérer l'art typographique. Dans l'imprimerie des Giunti, nous voyons figurer François Giuntini, carme florentin (1522-1590), qui composa des ouvrages d'astrologie, apostasia en France, puis, s'étant aperçu de son erreur, fit une abjuration publique à Sainte-Croix de Lyon. C'est dans cette ville qu'il fut correcteur d'imprimerie, et gagna dans une banque soixante mille écus, sur lesquels il en légua trente mille aux Giunti ; mais, ayant été enseveli sous les ruines de sa bibliothèque, on ne trouva aucune trace de cette somme. Peut-être le testament n'était-il qu'un mauvais tour, car nous savons que c'était un cerveau fêlé et un *libertin*. Aussi Possevin ne croit-il guère à la rétractation de Giuntini, bien que ce dernier eût placé en tête de son *Speculum astrologiæ* une lettre adressée aux évêques et aux inquisiteurs, dans laquelle il protestait en ces termes : *Ego revoco et tanquam a me nunquam dictum volo* ce que j'ai écrit contre l'Église [1].

(1) D'un Giunti, Florentin établi à Troyes en Champagne, naquit en 1540 Pierre de Larivey, le premier qui écrivit en France des comédies. Lorsqu'en 1855 on réimprima les vieux comiques, on signala l'influence qu'il exerça sur le théâtre français, spécialement sur Mo-

Antoine Bruccioli de Florence, auteur de *Dialogues sur la philosophie païenne*, imprimés à Venise en 1537, avait commencé à dénigrer les moines dès le temps de la république florentine. A quoi bon, disait-il, tant d'ordres religieux et tant de costumes divers? Tous devraient se ramener à une seule règle, et ne pas se mêler d'affaires temporelles, où ils ne causent que des désastres, comme cela est arrivé avec frère Jérôme : jadis, en mourant, les citoyens laissaient des legs pour embellir et fortifier la ville; maintenant, on ne teste plus qu'en faveur des moines, qui, au lieu de travailler comme saint Paul, triomphent et vivent dans l'oisiveté. « Il était si ferme et si obstiné sur le chapitre des prêtres et des moines, que, quelque nombreux que fussent les avertissements qu'il reçut, et les réprimandes que lui adressèrent plusieurs de ses amis, il n'y eut jamais moyen de le faire se rétracter, et il avait coutume de répéter : *Qui dit la vérité ne dit point de mal* » (VARCHI). Après l'établissement de la domination des Médicis à Florence, Bruccioli, ayant aussi déchargé le venin de sa colère contre ces princes, fut mis en prison, comme ayant pris part à la conjuration ourdie contre le cardinal Jules : puis, ayant obtenu plus tard son pardon, il fut de nouveau accusé d'hérésie, et se réfugia à Venise avec deux frères imprimeurs, à l'aide desquels il publia diverses traductions du grec et du latin, et la *Bible traduite en langue toscane* (1532). Il la dédia au roi de France, et prétendit l'avoir traduite sur l'original; mais il n'est pas difficile de se convaincre, que, connaissant fort peu la langue hébraïque, il a dû faire sa traduction sur le latin de Sante Pagnini. De plus, on a trouvé dans cette tra- Antoine Bruccioli.

lière, et on fit voir tous les emprunts qu'il avait faits aux auteurs italiens. De Larivey traduisit aussi les *Notti facete* de Strapparola.

duction une quantité d'hérésies, ainsi que dans le commentaire prolixe qu'il composa en sept volumes[1]. Quoique Pierre Arétin se soit mis en frais d'éloquence pour encourager Bruccioli à s'élever au-dessus des commérages de moines, son ouvrage ne mérite que le mépris. Dans le livre intitulé *Governo dell' ottimo principe*, Bruccioli se plaint d'être tombé dans la disgrâce de son prince. Assurément, son livre sur la *Toscane, la France* et *l'Empire*, qui existe en manuscrit à la Magliabecchiana, lui aurait mérité un bon accueil : c'est dans cet ouvrage qu'il suggère au gouvernement cent huit moyens d'enrichir le trésor public, lesquels ne sont autres que cent huit recettes pour voler l'argent du contribuable. En outre, nous avons découvert la preuve que Bruccioli servait d'espion au duc, et qu'il le mettait au courant de tous les faits et gestes des exilés (1). Bien qu'il n'apparaisse point qu'il se soit écarté dans ses livres des doctrines de l'Église catholique, néanmoins le Concile de Trente a rangé leur auteur au nombre des condamnés de la première classe, c'est-à-dire qu'il a prohibé en masse toutes ses œuvres.

Plus tard, au mois de juin 1626, le chroniqueur Settimani fait mention d'un nommé Antoine Albizzi, qui ins-

(1) La *Bibbia novamente tradotta da la hebraica verità in lingua toscana*, par maître Santi Marmochino, Florentin, de l'ordre des Frères Prêcheurs (Venise, Giunti, 1538-46), n'est véritablement qu'une édition revue sur celle de Bruccioli. Philippe Rustici, apostat de Lucques, fit aussi à Genève ou revit une traduction de la Bible d'après les versions de Vatable, de Pagnini, de Bruccioli. Je n'ai su que par une lettre de l'Arétin à Dolce, datée de novembre 1545, que ce dernier était l'auteur d'une traduction ou d'un commentaire de la Bible : voici le passage de cette lettre : « Certes, je vous engage à poursuivre la traduction de la Bible que vous avez commencée, car le souverain créateur de toutes choses vous dévoilera les secrets qu'elle renferme, à la fin comme au milieu de votre tâche. »

titua à Florence l'académie dite *degli Alterati*, et fut même consul de l'Académie florentine. Il raconte que celui-ci, pendant qu'il était au service du cardinal d'Autriche en Allemagne, ayant pris goût aux doctrines nouvelles, revint en Italie accompagné d'un ami pour mettre ordre à ses affaires, et s'en aller après en un lieu où il pût librement professer ses opinions. Mais ils furent découverts : l'ami fut arrêté et livré au Saint-Office; quant à Albizzi, ayant pris la fuite, il alla à Innspruck, puis à Kempen en Souabe, et mourut, au moment même où le Saint-Office venait de faire placarder dans les environs de cette ville la citation qui lui intimait à nouveau l'ordre de comparaître devant son tribunal.

Le même chroniqueur mentionne de temps en temps certains individus punis comme hérétiques. « Ce jour-« d'hui, 27 juin 1660, à Sainte-Croix, fut placé sur une « estrade Marcel Basini de Pietralunga, âgé de soixante ans, « et on lui donna lecture des nombreuses hérésies et des « énormités dont il s'était rendu coupable, et cela en pré-« sence d'environ douze mille personnes. Il resta tout le « temps de cette lecture debout, portant au milieu de la « poitrine un placard, et tenant à la main un cierge « jaune. Sur l'estrade étaient au moins seize théologiens « avec le père inquisiteur, qui le condamna à cinq années « de galères.

« 1671, le 6 décembre. On dressa une estrade en l'église « de Sainte-Croix, sur laquelle fut exposé aux yeux des « fidèles, pendant tout le temps de la grand'messe, un « jeune homme tenant à la main un cierge jaune et ayant « sur la poitrine un placard avec cette inscription : *Blas-« phémateur entaché d'hérésie.* »

Un nommé Tosinghi, d'Anvers, mande à Ceccotto Tosinghi qu'il a jeté le froc aux orties, et qu'il a épousé une abbesse jeune et d'une famille noble[1].

Cosme n'était pas moins attentif aux affaires de France : aussi envoya-t-il des subsides et des hommes pour combattre dans les guerres de religion d'alors, sur lesquelles on peut recueillir de précieux renseignements dans les correspondances de ses résidents. Nous y avons trouvé en effet des lettres de Pie V, respirant un zèle peu modéré, et sur la guerre de Flandre et les Huguenots un échange continu de lettres entre Chiappino Vitello et le prince don François[2]. Les nouvelles données par l'ambassadeur de Toscane à la Cour impériale avaient trait surtout aux dissensions religieuses.

A Florence, on mettait d'ordinaire des inquisiteurs plus circonspects, sans compter que la présence des princes les obligeait à une conduite plus prudente. Dans les autres villes, au contraire, ils étaient continuellement en lutte avec les ministres, à raison des empiétements de juridiction; à Sienne et à Pise, ils poursuivaient impitoyablement quiconque émettait des propositions ambiguës, n'épargnant pas même la légèreté des étudiants. Pise avait pour consulteurs du Saint-Office quatre théologiens, quatre légistes, quatre canonistes, quatre métaphysiciens. François Spino, dans une lettre qu'il écrivit au mois de novembre 1545 à Pierre Vettori, rapporte que Simon Porzio fit une leçon à l'université de Pise sur

(1) *Carte strozziane*, série 246.

(2) *Carteggio concernente Cosimo I*, série LVIII. Lorsque l'armée du seigneur Gabrio Serbellone campait en France, saint Charles, au nom du pape, informait le duc de Florence des dommages causés au pays par ses soldats, et le priait de renoncer aux prises et aux déprédations, l'invitant à réparer autant qu'il le pourrait le préjudice causé. (Lettre du 10 juillet 1560, aux Archives d'État à Florence.)

les météores d'Aristote, et que, comme il était pour finir, plusieurs lui crièrent : « *Parle-nous donc de l'âme*, argument que le professeur traita de bien mauvaise grâce, et sur lequel il déçut l'attente générale de ses auditeurs. Il existe encore une lettre de Paul Jove, du 20 mai 1551, adressée audit Porzio dans laquelle il fait allusion à notre sujet, mais dont je ne saisis pas la portée. « Des prêtres ré- « formés se sont scandalisés, pour ne pas dire révoltés « du titre de votre livre *De mente humana*, prétendant « que ce titre ne signifierait réellement rien autre que « celui-ci *De libero animæ arbitrio* : c'est pourquoi il « est resté pour ainsi dire ensablé, et peu s'en est fallu « qu'il n'ait donné dans un écueil comme les galères du « duc Orazio[1]. » En 1567 les étudiants de Pise pendirent l'effigie d'un saint ; l'Inquisition ayant intenté un procès, put annoncer qu'un prêtre corse répandait des doctrines entachées d'hérésie, voulait qu'on permît aux ecclésiastiques de se marier et prétendait que le célibat qu'on leur imposait n'était pas une inspiration de l'Esprit-Saint, mais une suggestion du diable[2].

Réservons ce que nous avons à dire de Sienne, l'esprit anti-catholique se propageait aussi dans d'autres villes de Toscane. C'est ainsi qu'en 1564 l'Inquisition de Rome appelait l'attention de l'évêque de Volterre sur une académie qu'avaient fondée dans la petite ville de San-Geminiano des amateurs de poésie, qui soutenaient en principe que la volonté peut être forcée par l'amour ; mais c'étaient des gens ignorants en fait de doctrines théologiques[3]. Dans cette ville, les prédications de Savonarole avaient obtenu

(1) *Lettere d'illustri uomini*, par Antoine Manuzio, 1561.
(2) *Carteggio di Cosimo*, n° 198.
(3) Arch. de Florence, *Carteggio universale*, n° 180.

un grand succès en 1484 et 1485. Dans la ville voisine de Colle nous trouverons la maison de Paleario, foyer de contagion. L'évêque de Cortone, en 1569, informait le grand-duc d'une opinion qui s'était répandue dans sa ville épiscopale : au milieu de tant de chefs-d'œuvre de l'art chrétien, de modernes iconoclastes prétendaient introduire la défense d'avoir des crucifix et des images pieuses, ce qui les faisait cacher ou détruire à beaucoup de personnes ; à ce propos l'évêque demandait les moyens à employer pour mettre un terme à un pareil délire [1]. En 1567, le prévôt de Lari à la Fête-Dieu porta à la procession l'ostensoire sans l'hostie consacrée. Les prêtres et les clercs de la cathédrale de Pise firent encore pis; ils se servirent pour la messe d'urine au lieu de vin : nous possédons les procès à l'appui de cette assertion, ainsi que d'autres intentés contre des violateurs de couvents [2].

Des troubles sérieux éclatèrent lors de la publication de la bulle *in Cœna Domini*, ramenée à sa dernière forme, et au sujet de laquelle furent échangées d'interminables correspondances.

Livres prohibés.

Déjà en 1553 on avait publié en Toscane l'édit de l'Inquisition romaine contre les livres des Juifs, et notamment contre le Talmud. Paul IV, en 1558, fit paraître l'Index des livres prohibés, qui comprenait non-seulement les ouvrages entachés d'hérésie, mais aussi tous ceux écrits par des hérétiques, ou sortis de presses appartenant à des imprimeurs qui avaient déjà publié des livres hérétiques ; cet édit obligeait les fidèles à les porter au Saint-Office. Le célèbre juriconsulte Livio Torello

(1) *Carteggio di Cosimo*, n° 211.
(2) *Carteggio di Cosimo*, n° 199, 200.

écrivait à Concino, sécretaire du duc, que cette loi allait trop loin, parce qu'elle atteignait les meilleurs livres, par exemple tous les classiques imprimés au delà des Alpes, et qu'elle causait à la seule ville de Florence une perte de cent mille ducats; et il conseillait de n'en tenir aucun compte, ainsi qu'on avait fait à Milan et à Venise [1]. En effet, le duc prescrivit qu'on n'observât la prohibition que par rapport aux livres concernant la religion, la magie et l'astrologie judiciaire, et qu'on suspendît son exécution pour les autres : il empêcha notamment les religieux de Saint-Marc de brûler les livres condamnés qu'ils avaient dans leur bibliothèque. Après un long échange de notes, l'index fut modifié par Pasquali, et alors, le 3 mars 1559, une quantité de livres furent réduits en cendres sur les bûchers allumés au milieu des places de Sainte-Croix et de Saint-Jean [2].

Néanmoins, au mois d'octobre 1570, l'inquisiteur écrivait au grand duc que le nombre des livres prohibés qui se vendaient à Florence était très-considérable, et il lui demandait la faculté d'ordonner 1° que les libraires dussent dans l'espace de quinze jours donner la note de tous les livres existant dans leur magasin, avec défense de mettre en vente ceux qui n'avaient pas été catalogués; 2° qu'aucune production ne fût imprimée sans la licence de l'inquisiteur; 3° qu'on ne pût acquérir aucun livre provenant d'une succession, sans qu'il eût été soumis au visa du Saint-Office. En outre l'inquisiteur proposait d'établir des amendes à la charge des transgresseurs. Le secrétaire Torelli répondit que les premier et troisième points

(1) *Carteggio universale*, n° 145.
(2) *Carteggio universale*, n° 147.

étaient inadmissibles à raison du grand dommage qui en résulterait pour le commerce; quant au second, qu'il était déjà en usage; que d'ailleurs la preuve que la profession de libraire était déjà tombée en décadence, c'est que désormais ils ne pouvaient recruter comme apprentis et garçons de magasin que de fils des sbires[1].

Nous ne voulons pas omettre ici de faire ressortir un fait qui a son importance, à savoir combien dura la vénération pour Savonarole. Le 20 avril 1583 l'archevêque de Florence[2], alors ambassadeur à Rome, écrivait au grand-duc que « grâce à l'obstination des frères de Saint-Marc, la « mémoire de Savonarole, qui il y a dix ou douze ans « était complétement éteinte, ressuscitée aujourd'hui, est « partout invoquée plus que jamais; ses folies germent « parmi les frères et les religieuses, parmi les écoliers et « dans la jeunesse. On ne saurait croire à quels actes de « présomption ils se laissent entraîner; c'est ainsi qu'ils « lui font secrètement l'office comme pour un martyr, « ils conservent ses reliques comme si Savonarole eût été « canonisé, et jusqu'à la potence à laquelle il a été suspendu, les fers qui l'ont soutenu, les habits, le capu« chon qu'il portait, les ornements qui ont échappé au « feu, les cendres, le cilice dont il était revêtu. Ils conser« vent le vin béni par lui, le donnent aux infirmes, et en « racontent des miracles; ils reproduisent son image en « bronze, en or, en camées, en gravures, et ce qui est pis, « c'est qu'ils y inscrivent au-dessous les épithètes de mar« tyr, de prophète, de vierge et de docteur. Je me suis

(1) *Carteggio di Cosimo*, n° 224.

(2) Il s'agit ici d'Alexandre de Médicis, des princes d'Ottajano, cousin de Cosme Ier qui resta pendant quinze années son ambassadeur à Rome près du pape Pie V, et qui plus tard devint pape sous le nom de Léon XI, mais dont le règne ne dura que vingt-six jours.

« jadis, pour remplir mon devoir, opposé à beaucoup de « ces actes de folie; j'ai même fait briser les planches « d'imprimerie. Bien plus, j'ai fait enlever de Saint-Marc, « et conduire à Viterbe, où il est mort depuis, un moine « nommé frère Bernard de Castiglione, qui avait été l'au- « teur de ces portraits et les avait fait publier; j'ai em- « pêché qu'on peignît dans le cloître de Santa-Maria-No- « vella le portrait de Savonarole au milieu des saints « de l'Ordre; j'ai fait en sorte que l'abrégé de sa vie et le « récit de ses miracles ne fussent pas imprimés; j'ai fait « peur aux moines; je les ai fait reprendre et avertir, et « même punir par leurs supérieurs, et dans toutes ces « mesures j'ai trouvé l'appui plus que bienveillant du car- « dinal Justinien s. m., qui connaissait toute l'impor- « tance de cette affaire. . . .

« Mon sérénissime seigneur, il me semble, d'après « la grande expérience que j'ai des caractères des habi- « tants de cette cité, que la dévotion envers frère Jérôme « produit deux mauvais effets, que dis-je, deux très- « mauvais effets, lorsqu'ils s'y jettent à tort et à tra- « vers, comme ils le font maintenant. Le premier con- « siste en ce que ceux qui croient à la sainteté de Savo- « narole s'éloignent du siége apostolique, et que s'ils « ne deviennent pas hérétiques, ils n'ont pourtant pas « bonne opinion du clergé séculier et des prélats, et « leur obéissent bien malgré eux, ce dont je fais l'expé- « rience. Le second, qui touche à votre altesse, consiste « en ce que les dévôts de frère Jérôme ne voient pas « sans chagrin l'état prospère de la Toscane, et conçoi- « vent pour votre altesse une amère rancune, quoique « la puissance et la peur les maintiennent dans le devoir. « En effet, je me rappelle qu'une fois, peu auparavant

« qu'on eût découvert sa trahison, Pandolphe Pucci me « dit un matin grand bien de frère Jérôme, et cela à ma « grande surprise : je sais que Pucci lisait les œuvres du « *frate* avec les autres conjurés. . . . Les dévôts de Sa- « vonarole sont toujours à se plaindre, toujours à gémir, « et comme ils n'osent pas médire du prince, ils parlent « de ses ministres et des mesures que ceux-ci prennent; « ils font chez eux des réunions secrètes, et quand je sais « qu'elles ont un prétexte religieux, je les interdis, mais « je ne puis pas en être toujours bien informé ».

L'archevêque poursuit en exhortant le duc à être vigilant et à réprimer ces abus.

Les chroniques de Saint-Marc rapportent qu'à Florence frère Ghislieri intenta un procès contre un ecclésiastique marquant qui tentait de faire de l'opposition, mais nous ne savons pas qui il était [1].

Aux archives d'État [2], nous avons trouvé mention de Pandolphe Ricasoli, homme d'une vertu exemplaire, qui fit venir de Lyon, en 1536, des livres d'hérétiques, sous prétexte de les réfuter, et qui pour cela eut maille à partir avec le Saint-Office. Nous avertissons le lecteur de ne pas le confondre avec un autre Pandolphe Ricasoli dont nous parlerons en son lieu et place.

Il ne nous a pas paru ennuyeux d'aller puiser çà et là des renseignements relatifs à l'Inquisition en Toscane, pour éclaircir ce fait, à savoir combien il a fallu de temps pour arriver à obtenir des consciences libres et fidèles un hommage plus précieux, une soumission plus méritoire; pour comprendre enfin tout ce que la foi trouve de dignité dans la liberté.

(1) Ap. Lami, *Lezioni*, pag. 600.
(2) *Carteggio di Roma*, série C.

NOTES ET ÉCLAIRCISSEMENTS

AU DISCOURS IV.

(A.) Par exemple, dans l'église de Santa-Croce étaient les chapelles appartenant aux familles Obizzi, Busini, Arrighi, Orlandi, Uzzano, Castellani, Baroncelli, Peruzzi, Magalotte, Bellacci, Gubbio, Salviati, Valori, Covoni, Baldi, Ricasoli, Sacchetti, Benvenuti, Sirigatti, Orlandi, Infangati, Lupi de Parme, Donatti, Ceffini, Asti, Riccialboni, Cavicciuli, Serristori, Panzano, Pierozzi, Machiavelli, Tedaldi, Bastari, Spinelli, Pazzi, Cavalcanti, Boscoli, Baroncelli, Zati, Altoviti, Giugni, Bucelli; toutes ornées de bannières et de targes qui y avaient été déposées par suite d'un vœu ou en signe d'actions de grâce. Le couvent des Capucins devait un dîner à la famille Alberti, à laquelle les religieux faisaient une invitation en règle et par écrit. La famille Ughi, descendant du comte Ugo, avait le droit de recevoir une fois l'an, de l'archevêque de Florence, un dîner. Il était envoyé servi sur une table, garnie des plats stipulés, la majeure partie composés de chair de porc, le tout orné de fleurs et décoré avec luxe : la table était portée par deux serviteurs au milieu d'une troupe d'enfants tout joyeux, qui ensuite s'en partageaient les mets. L'emplacement sur lequel a été construit le théâtre dit *del Cocomero* à Florence appartenait aux Ughi, qui se réservèrent le droit à un billet pour chaque représentation, jusqu'à l'extinction de leur famille.

(B.) Parmi les autres chants religieux existant à cette époque en si grand nombre, j'ai trouvé dans un manuscrit appartenant à la confrérie des Pellegrini à Florence le suivant :

Qui non habet caritatem
Nihil habet,
Et in tenebris et umbra
Mortis manet.
Nos alterutrum amemus,
Et in Deum
Sicut decet ambulemus,
Lucis prolem.

Clamat Dominus, et dicit
Clara voce :
Ubi fuerint in unum
Congregati
Propter nomen meum simul
Tres vel duo
Et in medio eorum
Ego ero.....
Unanimiter excelsum
Imploremus
Ut det pacem nostris
In diebus
Jungat fidei speique
Opus bonum
Ut consortium cantemus
Supernorum.

(C.) Nous avons déjà cité au Discours XIII', note G., page 641 du tome II, Les Hérétiques en Italie et le Concile de Trente, quelques-uns des rapports des ambassadeurs florentins sur le Concile de Trente. On doit particulièrement remarquer les correspondances de Bernard Daretti en 1546, celles de Pierre François del Riccio aux numéros 47 et 48 du *Carteggio universale* conservé aux Archives d'État. Jean Strozzi, puis Jacob Guida, évêque de Penna, furent successivement députés par le duc comme ambassadeurs au Concile. Nous lisons sous le n° 4011 la lettre suivante écrite au grand duc par Jean Strozzi, le 15 mars 1555.

« Des disputes étant survenues plusieurs fois entre les serviteurs, ainsi qu'il arrive souvent là où se rencontrent tant de personnes et de conditions si diverses; puis, ces disputes ayant grandi peu à peu et ayant pris un caractère d'intérêt national aussitôt que deux individus étaient aux prises (et ici on accuse surtout de cet excès les Espagnols qui semblent désireux de se livrer à des escarmouches), vendredi dernier quelques-uns d'entre eux en vinrent aux mains avec certains Italiens, et chacun réclamant le secours de sa nation, la dispute prit de plus grandes proportions : il y eut bon nombre de blessés et même quelques morts, si bien que le capitaine du pays fit sonner le toscin, et appeler la population sous les armes. Il vint à bout d'apaiser le tumulte, et ordonna la formation d'une certaine garde pour empêcher le retour d'un pareil scandale. »

Le 28 avril 1563, Jacob Guida écrivait de Trente au duc (nº 4015 du *Carteggio mediceo*) :

« Le 24 de ce mois, monseigneur d'Augsbourg, ambassadeur de l'illustrissime duc de Savoie, fut informé de la découverte d'un complot tramé par certains Huguenots dans le but d'assassiner le duc et aussi la duchesse, découverte qui eut lieu de la façon suivante. Un suisse de S. E., étant devenu jaloux de ce qu'un de ses secrétaires faisait la cour à sa femme, en vint aux mains avec lui, si bien qu'il l'assassina, tout en étant lui-même très-grièvement blessé. Arrêté par la justice et ensuite condamné à mort, le pauvre suisse supplia les autorités de surseoir à l'exécution de la sentence capitale rendue contre lui jusqu'à ce qu'il lui eût été possible d'informer son Excellence de certains faits fort importants pour sa conservation, ajoutant qu'après une communication d'une telle importance, il s'en remettait à sa bonté de lui faire grâce de la vie, ayant fait tout ce que lui commandait l'honneur. Il révéla donc, qu'à l'instigation du prince de Condé, trois valets de chambre de S. E. avaient résolu de le faire mourir lui et la duchesse; qu'en outre un Italien, qui séjournait à cette cour, avait été recherché au nom dudit prince, qu'on lui avait fait accepter une somme d'argent convenable, pour le faire demeurer à cette cour afin qu'il pût à un jour donné, rendre au prince un important service, ce à quoi le susdit Italien n'avait pas voulu autrement consentir. On arrêta aussitôt les trois valets de chambre pour connaître par eux le plan de la conjuration, ainsi que les autres chefs et leurs complices. Peu de jours auparavant, on avait su que monseigneur illustrissime de Lorraine avait reçu à Venise des lettres qui l'informaient d'un danger capital encouru par la reine d'Ecosse d'une manière insolite : l'auteur de la lettre écrivait que, peu d'intants avant que la reine ne fût allée se coucher, un individu tout armé d'armes blanches était entré dans sa chambre et s'était caché sous le lit dans l'intention de l'assassiner. Mais il arriva que la reine, ayant cru entendre un léger bruit, fit faire des recherches dans toutes les chambres contiguës à la sienne, et que, n'ayant rien trouvé, elle ordonna qu'on regardât aussi sous son lit. On découvrit l'individu en question, et on le livra aux mains de la justice : celui-ci, dès le commencement, aurait dit, paraît-il, qu'épris d'amour pour la reine, il n'était pas venu là pour autre chose; mais que, plus tard et en dernier ressort pressé par la torture, il aurait avoué qu'il n'y était venu que dans le but de l'assassiner, mais à l'instigation de qui aurait-il agi, on n'en sait encore rien.

« Je puis vous dire en outre qu'on écrivit de France à monseigneur le cardinal de Lorraine, qu'ayant appris qu'il avait loué une villa à cinq milles aux environs de Trente pour s'y établir de temps en temps pendant cet été, on le prévenait qu'il existait un complot contre sa personne, et qu'on l'engageait à n'y point aller du tout. »

(D.) *Ill. Domine frater noster honorande,*

Scimus excellentiam tuam non ignorare S. D. N. hisce proximis diebus nos super negocio fidei deputasse. Verum, quia in præsentia ex officio nobis injuncto est super aliquibus rebus agere, atque a Petro Martyre, ordinis canonicorum lateranensium, de eis informari cupimus, exc. tuam enixe rogamus, velit, pro singulari suo in Christo amore, ac in hanc sanctam sedem apostolicam studio dare operam ut, quanto honestius et cautius fieri possit, idem Petrus capiatur, et ad nos eodem modo quo rev. dominus cardinalis Burgensis collega noster scripsit, cum alio fratre lucensi transmittendum curet, etc. Romæ XVII *kal. octobris* MD. XXXXII.

Cardinales deputati, Io. PETRUS.
CARDINALIS S. CLEMENTIS.
CARDINALIS BURGENSIS.
P. CARDINALIS PARISIENS?
B. CARDINALIS GUIDICIONUS.

Archivio Mediceo, cartella 3717.

(E.) « Ilustrissime maître. J'ai reçu avec le même plaisir que d'ordinaire les lettres de V. E. jointes à la copie de celles qui vous ont été adressées par le commissaire de Pise concernant le frère Cilio de Turin, sur lequel j'ai déjà appelé votre attention. Que V. E. n'aille pas croire que tout ce que j'ai écrit à ce sujet, je l'aie fait sans motif; il me semblait voir se nouer une intrigue qui me rappelait celle de frère Jérôme au temps du magnifique Pierre de Médicis, intrigue dont je me souviens parfaitement bien. Mais je pense que par la grâce de Dieu nous en sommes à peu près sortis, par les bons soins de frère Bernardin de Sienne, général des Capucins, qui se sera enfin aperçu que ce qui reluit n'est pas toujours de l'or. Si V. E. veut bien m'en croire, c'est l'affection que je lui porte qui me fait lui dire qu'elle doit, tout autant que nous autres prélats, se méfier des hérétiques, car ce sont eux qui mènent la foule envers et contre toutes les puissances, etc.

« Pérouse, le XVI septembre 1542.

« Cardinal DE PUCCI. »

Archivio Mediceo, liasse n° 5717.

(F.) « S. S., pleine de confiance dans les sentiments chrétiens et les bonnes intentions de V. Ex., persuadée que les ordres qu'elle m'a chargé de vous communiquer ne seront pas mal accueillis par elle et que vous y donnerez immédiatement la suite qu'ils méritent, m'a prié de vous dire avec quelle peine elle a appris la nouvelle du récent retour à Pise d'un détestable esprit qui a nom Celio Curione de Turin. Il a publiquement, et en différents lieux, fait profession du luthéranisme, et dernièrement se trouvant à Lucques, où il s'est montré tel, il en a été chassé, et s'est refugié à Pise, où en se donnant pour maître d'école, il a enseigné les erreurs de cette secte et de cette maudite hérésie. Ce fait étant d'une haute importance, ainsi que vous pouvez dans votre prudence en juger, appelle un prompt remède; c'est pourquoi sa Béatitude vous prie instamment, au nom des devoirs que vous confère votre charge, d'envoyer de suite l'ordre à votre officier à à Pise de le faire incarcérer et mettre sous bonne garde, jusqu'à ce que son iniquité ait été démasquée et châtiée pour l'exemple des autres, etc.

« De Rome, le 26 août 1552.

« Le cardinal FARNÈSE. »

Archivio Mediceo, cartella 3717.

(G.) On voit à Florence, dans la nef méridionale de l'église Sainte-Marie-Majeure, la chapelle des Carnesecchi, avec les armoiries de la famille, qui consistent en trois bandes d'or placées au-dessus d'une tour également d'or : d'un côté sont les armes des Capponi, de l'autre celles des Velluti, qui rappellent l'alliance de ces deux familles avec les Carnesecchi. La chapelle du Saint-Sacrement, sise dans la nef septentrionale de cette église, eut pour fondateur Bernard Carnesecchi, en 1449; il y existe en outre une autre chapelle appartenant à la même famille : çà et là sur le pavé de l'église on rencontre plusieurs pierres sépulcrales des Carnesecchi.

On trouve la correspondance de Carnesecchi avec Granvelle dans les manuscrits de la bibliothèque Magliabecchiana, classe VIII, 51 : on y trouve aussi les lettres de Vergerio écrites en 1534 en réponse à celles qui sont conservées à la bibliothèque Vaticane, *Nuntiatura Germaniæ*, vol. IV.

(H). J'ai appris, par lettres de M. Marc-Antoine Flaminio, que V. S. a eu une fièvre très-violente qui l'a conduite presque aux portes du tombeau, et qu'elle n'a pas encore cessé de garder le lit, bien qu'elle soit hors de danger. J'en ai éprouvé, comme je le devais, une véritable peine. Considérant en moi-même quelle modération V. S. apporte en toutes choses, et quelle grande régularité elle observe dans sa manière de vivre, je ne saurais trouver d'autre cause aux nombreuses infirmités dont elle souffre, que son tempérament par trop sensible, qu'annonce bien du reste son cœur, presque divin. De même que les Romains conservaient avec grand soin une statue qui, disait-on, leur était tombée du ciel, de même Dieu devrait bien conserver les jours de V. S., jours si précieux pour tant de personnes; assurément il le fera, pour ne pas laisser ainsi s'éteindre prématurément un des plus brillants astres de vertu qui aient éclairé jusqu'ici la Toscane. Que Votre Seigneurie s'attache donc avec l'aide de Dieu à rétablir sa santé et à vivre avec la gaieté habituelle que je lui connaissais, quand nous étions à Naples. Puissions-nous y être maintenant en aussi bonne compagnie! Il me semble voir V. S. soupirer de tout son cœur vers ce pays, et souvent je crois l'entendre prononcer le nom de Chiaja et celui de la délicieuse colline du Pausilippe. Avouons-le aussi, monseigneur, on ne peut nier la vérité; Florence est un bien belle ville, et intérieurement et dans ses environs; néanmoins, il y a dans les charmes de Naples, dans sa position, dans ses rivages enchanteurs, dans cet éternel printemps qui l'entoure une marque visible de supériorité en sa faveur; autour de cette ville, il semble que la nature domine en reine, et sous son empire tout prend un gracieux aspect, là tout est riant et gai. Maintenant, si vous étiez aux fenêtres de la tour que nous célébrions tant, lorsque vous jetiez un coup d'œil sur ces délicieux jardins, ou lorsque vous promeniez votre regard sur le vaste golfe de cette riante mer, mille génies puissants viendraient en foule se présenter à votre mémoire. Je me rappelle qu'avant votre départ vous me dites à plusieurs reprises que vous vouliez revenir à Naples; plus d'une fois aussi vous m'invitâtes à y venir. Plût au ciel que nous pussions y retourner! Mais à quoi bon? qu'irions nous y faire maintenant, puisque le seigneur Valdès est mort? Ce fut une grande perte que ce trépas pour nous et pour le monde; car le seigneur Valdès était un homme rare entre tous en Europe, et les écrits qu'il a laissés sur les Épîtres de saint Paul et sur les Psaumes de David le prouvent pleinement. Valdès était incontestablement par ses actes, par ses paroles et par ses conseils, un homme accompli. Il savait gouverner par une toute petite partie de son âme son corps frêle et épuisé par la maigreur; quant au reste de cette âme et à sa pure intelligence, on eût dit qu'elles s'étaient échappées de la prison du corps; aussi restait-il sans cesse en extase, ravi qu'il était par la contemplation des vérités et des choses divines. Maître Marc-Antoine partage mon chagrin, lui qui, plus que tout autre, avait pour Valdès de l'amitié et de l'admiration. Il me semble, monsieur, que lorsque tant de qualités, tant de connaissances et de vertus sont unies dans une âme, elles font la guerre au corps, et s'efforcent le plus vite possible de s'élancer ensemble avec l'âme vers la demeure d'où elle est descendue. Pour moi cependant, je ne suis pas fâché d'avoir quelques vertus, et comme je craindrais qu'elles ne se révoltâssent et me laissâssent sur la terre comme un niais, je voudrais vivre encore, si je le pouvais : j'exhorte Votre Seigneurie à faire de même, et je lui baise la main. Puisse Notre-Seigneur lui accorder des jours heureux, et tels qu'elle les désire !

(1.) Bruccioli écrivit à Cosme Ier :

Illustrissime et Eccellentissime Duc.

« J'ai reçu, il y'a peu d'heures, une lettre de V. E. et ayant pris connaissance de son contenu, je ne suis pas peu affligé de voir la méchanceté des hommes, qui sont toujours prêts à médire du prochain et à lui faire peu de bien, comme cela, paraît-il, m'est arrivé près de V. E. de la part de certaine méchante langue. Mais comme, après tout, j'ai bien autre chose à faire qu'à me plaindre, je vais vous exposer ce qui m'arrive actuellement. Vous n'ignorez pas qu'il y a une amende de cinquante écus d'or et deux ans de bannissement de la ville de Venise pour quiconque imprime quelque ouvrage sans avoir obtenu au préalable le permis. Or donc, pendant mon absence, un de mes préposés à l'imprimerie, fit imprimer sans avoir demandé le permis, une œuvre suspecte. La chose étant venue à se savoir, tous les volumes de cet ouvrage dont je n'étais pas l'auteur, et pendant que je n'étais pas à Venise, ont été saisis et ensuite brûlés; c'est ainsi que j'encourus la peine par la faute d'autrui. Cependant, après avoir bien pris connaissance de l'affaire, on m'a remis la peine des deux ans de bannissement, mais à condition que je payerais la dite amende, qui se monte à soixante-dix ducats : quant à la question de savoir si cet ouvrage est de ma composition et si je suis suspect d'hérésie, je vous envoie la preuve du contraire, signée par le père inquisiteur qui a assisté à tout ce procès; certes j'eusse obtenu la remise de l'amende si le produit n'était destiné à des œuvres pies. Aucun des ouvrages qui portent mon nom n'a encore été ni inquiété, ni attaqué, ni condamné, ainsi du reste que peut l'attester le secrétaire de V. E., à qui je les ai montrés, et il est évident pour tous qu'ils se vendent chez tous les libraires. En outre, si j'avais été signalé comme hérétique, je ne pourrais demeurer non-seulement à Venise, mais pas même dans le territoire de la république, et tous mes ouvrages eussent été condamnés, tandis qu'aucun ne l'a été, et que tous sont très bien notés. Il n'y a ici aucun gentilhomme qui ne soit aux regrets de la disgrâce qui m'est arrivée, disgrâce qui m'a causé un grand préjudice... Et je n'ai jamais rencontré un homme, fût-il même moine, qui ait eu la hardiesse en ma présence d'y mordre... Et s'il est quelqu'un qui dans les possessions de V. S. ose condamner quelque passage dans mes livres sur l'Écriture Sainte, je suis toujours prêt à prouver qu'il n'entend rien en fait d'Écriture Sainte et de piété chrétienne, et que c'est un méchant homme, un ignorant, soit qu'il veuille traiter l'argument par correspondance, ou de vive voix en présence de V. E.

« Quant à mander par écrit à votre Exc. des avis utiles à la conservation de ses États, je ne puis pour le moment, vu le peu de temps que j'ai pour écrire, lui donner satisfaction, comme je pourrai le faire dans l'avenir... (Ici Bruccioli donne quelques avis, puis il termine en baisant les illustres mains de sa Seigneurie.)

« De Venise, 20 avril 1549. »

Quant à la quatrième œuvre que, dans mon épître dédicatoire du livre, je vous disais avoir entreprise pour V. E., j'avais de bons motifs pour me réserver d'en parler ici, attendu sa grande importance et sa valeur, car c'est là que je vous donne des avis sur toutes les choses qui peuvent intéresser votre État, non-seulement pour le passé et pour le présent, mais encore pour l'avenir. L'avantage que présente mon livre sur ceux de mes devanciers est celui-ci : considérant que tous les écrivains qui ont voulu établir des règles pour bien gouverner un État ont assigné au prince des préceptes et des conseils, communs à tous les genres de gouvernement à la tête desquels il pourrait être placé, à tous les lieux et à tous les pays où il pourrait se trouver; mais aucun de ces écrivains que j'aie jamais connu, ou lus, n'ayant, dans les bons conseils qu'il avait dictés au prince pour la conservation de son État, tenu compte de la qualité de ces citoyens, de leur caractère, des factions du dedans et du dehors, des conditions de ses sujets, des dispositions dont ils sont animés envers leur prince, ou même de celles qui les porteraient à vouloir un changement de gouvernement, ayant négligé aussi de s'inquiéter du degré de confiance que le prince pourrait avoir, en cas de dangers, dans la fidélité de ses sujets : puis, d'autre part, ces écrivains comptant pour rien la qualité des potentats en ce qui concerne, etc..... (ici se place la division de son œuvre). Cet ouvrage doit être uniquement pour V. E. comme un miroir dans lequel elle se verrait non-seulement elle-même, mais ses concitoyens grands et petits, bannis et mécontents, et toute la puissance et l'humeur des princes et des gouvernements avec lesquels V. E. pourrait avoir jamais quelque chose à démêler; et elle y verrait non-seulement les visages, mais les âmes, les forces et les pensées. Mais comme cet ouvrage doit être uniquement composé pour vous, voyant combien est mince la faveur dont je jouis près de vous, quoique mon attachement et mon respect et les services rendus en méritassent davantage, j'ai cessé de le continuer, laissant seulement à entendre à V. E. qu'elle perd dans cet ouvrage que je devais achever l'un des travaux les plus utiles qu'on ait pu jamais concevoir dans son intérêt.....

« De Venise, le 8 juin 1549 ».

Le 29 juin, Bruccioli revient encore à demander des secours :

« Lorsque j'écrivis pour la première fois à V. E. je la suppliai, vu la pénurie où je me trouve, de vouloir me faire un peu de bien, ou pour l'amour de Dieu, ou pour les services que je lui ai déjà rendus dans des temps périlleux, ou pour ceux que je me promets de lui rendre encore. La réponse fut que je devais d'abord me justifier du reproche d'hérésie, ce que je fis, et cependant je n'ai rien reçu. Eh ! qui pourrait dire que celui qui demande au prince « la faveur de quelques écus », et qui ne l'obtient pas, quelles que soient les promesses qu'il lui fasse, soit en grand crédit près de lui? Certes, si je savais avoir les moyens de vivre pendant deux ou trois mois que durera l'achèvement de cet ouvrage, et qu'il faudra pour le recopier, je l'eusse fait sans commencer par rien demander. Mais, n'ayant pas d'autre capital que le temps, je dois l'employer de manière à pouvoir gagner la subsistance de ma famille...... »

Il poursuit en insistant sur l'utilité de cet ouvrage, et en demandant bassement l'aumône. Plus tard, à la date du 4 août 1554, il avertit M. Ange Dovizio de Bibiena, secrétaire du duc, des manœuvres de Pierre Strozzi avec Cavalcanti et autres réfugiés, pour faire la guerre à Sienne; le 18 août, il l'informe de la marche et des projets des exilés, et continue à demander pour lui.

Une autre lettre, du 25 août, est du même style. A la date du 28 août 1554, nous avons trouvé cet extrait :

Brucciolo voudrait savoir si V. E. entend oui ou non le prendre à son service, et comment elle entend être servie?

Le duc écrivit de sa main :

« *Qu'il serve, puisqu'il le veut, de toute façon.* »

Le premier septembre, Bruccioli lui adresse des félicitations pour les victoires de Sienne, et lui promet de faire un discours par lequel il montrera au monde que Cosme est le plus juste des princes, qu'il est orné de toutes les vertus, etc.; il donne des renseignements sur les Strozzi et sur ceux à qui il donne de l'argent; il dit que l'ambassadeur de France est parti : « et si j'eusse eu la possibilité, et que je n'eusse pas eu le devoir de faire des leçons, je saisissais l'occasion d'aller avec lui jusqu'à Ferrare, où chemin faisant j'eusse appris bien des choses en détail. De semblables occasions se rencontrent souvent, qu'il serait bon de ne pas laisser échapper et dont il faudrait profiter avec empressement; c'est ce que je ferai quand vous voudrez. Par le prochain courrier, je vous aviserai d'une affaire dont vous pourriez avec le temps tirer un utile parti dans votre intérêt. »

Pourtant, pas plus tard qu'hier, un de ces historiens charlatans qui ont maintenant la vogue, comptait Bruccioli parmi les martyrs de la bonne cause, uniquement parce que ses œuvres ont été mises à l'Index.

DISCOURS V.

Hérétiques de Sienne. — Aonio Paleario.

Après la prise de Sienne, le duc de Toscane dut aviser à toute espèce de moyens pour y étouffer les tentatives d'une nouvelle insurrection : il y supprima les académies des Rozzi et des Intronati; il emprisonna des citoyens, en bannit d'autres, triste nécessité à laquelle est forcé de recourir quiconque veut enchaîner un peuple. **Siennois suspects.**

Plus tard, nous parlerons séparément des Sociniens. — Nous avons déja noté les prédications faites à Sienne par Ochin. Nofri Camajani, capitaine de justice au nom du duc, s'aperçut des semences de protestantisme qu'on y répandait, et en fit avertir Cosme. Puis, le 15 septembre 1559, il lui écrivait :

« Je n'ai pas voulu manquer de donner avis à V. E. Ill.
« de ce qui m'avait été raconté par plusieurs personnes
« sur une certaine semence d'hérésie qui, paraît-il, s'est
« répandue dans cette ville depuis un mois, et j'en donnai
« un avis sommaire, d'après ce qui me fut rapporté alors
« par les dites personnes. Depuis, elles ont pu me fournir
« une liste composée de plusieurs individus, en partie
« nobles, en partie appartenant à la classe des artisans et
« des plébéiens qui doivent faire profession plus manifeste
« des nouvelles doctrines, laquelle liste sera jointe à la
« présente. Je me suis attaché plus particulièrement à ce

« qu'on a vu ou entendu dire de leurs coupables manœu-
« vres. On rapporte qu'on les a vus dans les églises en-
« tendre seulement l'évangile, puis tourner le dos au saint
« sacrement, faisant des gestes et des signes de dédain
« pour les cérémonies ordinaires de culte divin, et se
« moquer du purgatoire dans leurs discours. On raconte
« même que l'un d'eux, se trouvant un matin au sermon
« d'un religieux théatin ou d'un moine réformé, qui, entre
« autres choses, traitait du purgatoire, se mit tout à coup
« à éclater de rire, disant qu'il ne voulait pas rester plus
« longtemps à entendre de pareilles balivernes, sans
« compter qu'il parlait avec peu de respect du siége apos-
« tolique. Mais comme d'ordinaire ces dispositions ne
« s'accusent que par de faibles signes, ainsi la loi se con-
« tente de faibles indices pour autoriser leur poursuite :
« Le seigneur G. (Inquisiteur, Gouverneur ?) m'a dit qu'on
« en a déjà parlé à S. S., et que je lui procurasse la liste
« même que j'avais dressée; puis que, s'il plaît à V. E. ou
« à S. S., on pourra procéder de la façon qui leur paraîtra
« la plus opportune. (*Omissis.*).

« Listes des nobles : — les deux fils de M. Maria So-
« zini, c'est-à-dire Charles et Camille. Fausto, frère de
« M. Alexandre Sozino. Savola F. de M. Levio Pecci, et
« même on n'est pas sûr de lui. Marc-Antoine Cinuzi (A.)
« Nicolas Spanocchi. M. Francesco Buoninsegni.

« Liste des petites gens : Mess. Paolo, maréchal près du
« pont. M. Hippolyte, maréchal à Pantaneto. François, li-
« braire à la Boucherie (B.). Nicolas, à la barbe rousse,
« corroyeur. L'horloger qui règle l'horloge de la place.
« M. César Sarto, demeurant vis-à-vis la fontaine de la
« place [1]. »

(1) Archivio di Firenze, *Carteggio di Cosimo*, série 143.

Nous avons fait, mais en vain, tous nos efforts pour suivre cette trace, à l'exception d'une lettre que nous avons trouvée, adressée de Rome, le 23 juillet 1560, au duc, et que voici :

« Très-illustre et très-excellent prince,

« *Comme*, d'une part, il est constant pour nous que « certaines hérésies pullulent présentement dans vos « États, et principalement dans la ville de Sienne; « qu'elles se développent de jour en jour, et que si « l'on ne prend pas promptement des mesures pro- « pres à les arrêter, nous craignons fort qu'il n'arrive « chez vous ce qui est arrivé dans beaucoup d'en- « droits de la chrétienté, à savoir qu'il n'en résulte la « perte de beaucoup d'âmes, outre celles qui sont déjà « en danger, si la main du Dieu tout puissant n'y pourvoit; « et, d'autre part, désirant, ainsi qu'il appartient à notre « vigilance, pourvoir autant qu'il sera possible à un pareil « état de choses par l'intermédiaire de V. E. (et grâce au « noble et pieux zèle que nous avons toujours trouvé « en vous pour la sainte foi catholique et pour le saint- « siége, nous espérons bien que V. Ex. partagera nos « sentiments et nous secondera dans cette entreprise), « nous avons donné l'ordre de vous envoyer une personne « vertueuse et capable de remplir une mission si utile. « *Nous* espérons bien qu'avec l'aide de Dieu N. S., et « grâce à votre bon concours, elle pourra pourvoir au « salut de ceux de ses sujets qui sont infectés d'hérésie, « et qui sans ces mesures de prévoyance non seulement « se nuiraient fort à eux-mêmes, mais encore nuiraient « à bien d'autres. Et comme nous désirons mettre le plus « tôt possible cette mesure à exécution, nous prions V. E.

« de vouloir bien nous aviser de ses convenances et des « moyens qui lui agréeraient le plus dans cette affaire, « nous recommandant toujours à ses bonnes grâces.

« De V. E. Ser.

Card. De Carpi.
Card. Puteo.
Card. Alexandrin.
Card. d'Aracœli [1].

Le duc répondit qu'il se glorifiait d'être le persécuteur des adversaires du Christ; mais que, dans son amour pour la justice, et comme il arrivait souvent que les accusations d'hérésies étaient soulevées pour satisfaire des passions privées, ou dans l'intention de nuire au prochain, il désirait qu'on lui fournît des renseignements plus précis sur cette affaire, et qu'alors il aviserait au remède, sans que leurs Eminences s'en donnassent la peine. D'autre part[2], nous avons trouvé une lettre du nonce, qui réclame au duc qu'on lui livre Cornelio Sozzini, pour l'envoyer à l'Inquisition de Rome.

L'hérétique Benvoglienti.

Les deux lettres suivantes adressées au grand-duc se rapportent au même fait :

« Ill. et Exc. Maître,

« Je ne cesse et ne cesserai jamais de faire avec toute « la dextérité possible, même dans les maisons habitées « par des suspects, toutes les recherches nécessaires pour « découvrir la retraite des hérétiques. Elle pourrait être « beaucoup plus mystérieuse, maintenant que certains « esprits persistent à croire que ces hérétique sont re-

(1) Archivio di Firenze, *Carteggio di Cosimo*, série 155.
(2) *Ibidem*, série 161.

« tombés dans quelques-unes de leurs fausses opinions « d'autrefois, opinions qu'ils avaient déjà abandonnées. « C'est pourquoi j'apprends par l'Inquisiteur que quelques-« uns d'entre eux sont allés vous trouver pour vous de-« mander pardon, et l'ont obtenu, surtout après la capture « de M. Achille Benvoglienti [1] et celle d'un certain « M. Aonio (Paleario), qui fut, il y a longtemps, arrêté « à Rome : il fut autrefois pédagogue chez les Belanti, et « sema la peste de son hérésie chez tous ceux qu'il fré-« quentait. Parmi les empestés appartenant à cette ville « était un nommé M. Mino de Celsi, qui, il y a peu de « jours, l'a quittée et a été vu à Bologne. Bien que l'on « pense qu'il faille attribuer le motif de sa fuite à l'exis-« tence des nombreuses dettes dont il était réellement « chargé, et dont il a laissé en partant mémoire à sa « femme, en lui disant en outre que telle était bien la cause « de son départ, néanmoins il ne manque pas d'autres « personnes qui supposent qu'il puisse bien être parti à « raison de l'arrestation dudit M. Aonio et à cause des « relations qu'il avait eues avec lui, et qu'enfin il se puisse « qu'il soit passé à Genève. En conséquence, si je venais « à connaître le lieu où il s'est arrêté, lui ou tout autre des « susnommés, j'en informerais tout aussitôt V. E. Ill. que « je prie d'agréer mes respectueuses salutations ».

« Sienne, le dernier jour de juillet 1569.

« De V. E. Ill. le très-dévoué serviteur,

« Frédéric des Comtes Monteaguto [2]. »

« Mon sérénissime maître,

« Je supplie V. A. de vouloir bien me faire savoir « si je dois laisser abjurer un jour de fête dans la ca-

(1) Archivio di Firenze, *Carteggio di Cosimo*, série 161.

(2) Id., id., *id.*, *id.*, série 212 à 977.

« thédrale de cette ville M. Achille Benvoglienti, qui, « ainsi que je l'ai appris, a déjà fait son abjuration « à Rome, d'où il est revenu ici il y a peu de jours « d'après l'ordre du Saint-Office de l'Inquisition. Car, bien « que l'Inquisiteur, revenu ici ce matin de Florence, « m'ait montré lettre et commission dudit Office, et m'ait « dit qu'il en avait obtenu la permission de V. A., j'ai cru « néanmoins, pour plus de sécurité, devoir lui demander « son consentement et attendre ses ordres. Je désire aussi « en recevoir relativement à la dernière résolution à « adopter dans l'affaire des hommes de la Balia à Isola « contre les moines de Saint-Eugène, qui, bien que je les « eusse priés et fait prier avec instances, mais seulement « en mon nom, par les avocats et par leurs procureurs, « n'ont pu consentir à aucune trêve (ce dont je ne m'étonne « pas, car ce sont des moines et des moines aisés), et ils font « toute espèce de diligence pour obtenir l'exécution des « sentences. Sans doute, j'aurais pu la leur concéder, « d'après la teneur du dernier rescrit de V. A.; mais, dans « la crainte de me tromper, elle voudra bien m'excuser, « si je recours de nouveau à la manifestation de ses « ordres. En attendant, je lui souhaite toute espèce de « félicités et de satisfactions, et je lui présente mes très-« humbles respects.

« Sienne, le 11 avril 1570.

« De V. A. le très fidèle serviteur,

« Frédéric, des comtes Monteaguto[1]. »

Dans le procès de cet Achille Benvoglienti, le Saint-Office fit arrêter cinq sorcières, qui, convaincues d'avoir renié

(1) Archivio di Firenze, *Carteggio di Cosimo*, série 217 à 73.

la foi, renoncé au baptême et égorgé dix huit jeunes enfants, furent condamnées au bûcher. Le grand-duc permit l'exécution de la sentence. Dans les archives de Florence existe l'interrogatoire qu'on fit subir à Benvoglienti sur les matières religieuses, et Monteaguto en l'envoyant à Cosme le fait suivre de renseignements relatifs à ce procès [1].

Pendant longtemps, on crut que Mino Celsi était un nom de guerre, sous lequel se cachaient Lelio, ou Faustus Socin, ou Castalio. Mais ce Mino Celsi exista réellement; il était natif de Sienne, d'où il s'enfuit en 1569, et vécut pendant trois ans chez les Grisons, dont il nous a laissé une peinture qui n'est rien moins que flatteuse. Il passa ensuite à Bâle, et chercha toujours à faire la paix entre les dissidents : ce fut un des trois personnages qui, seuls parmi les protestants, désapprouvèrent le supplice infligé à Servet. Mino n'attaque pas le droit de punir un individu pour des opinions hétérodoxes, mais il voudrait que la punition en ce cas fût, soit une amende, soit l'exil, mais jamais la mort [2].

Au mois de septembre 1560, Pero Gelido, que nous avons ci-dessus mentionné, écrivait de Venise au grand duc [3] : Spanocchi.

« Il y a huit jours qu'est arrivé dans cette ville un certain Nicolas Spanocchi, citoyen de Sienne, qui est venu « de but en blanc me trouver, et qui, après un court pré-

(1) Id., *ibid.*, série 206 et 214.

(2) Voir Celsus Minus *Senensis*, *Disputatio in hæreticis coercendis quatenus progredi liceat, ubi nominatim eos ultimo supplicio affici non debere aperte demonstratur*. Christlingæ, 1577. En 1584, cet ouvrage fut réimprimé avec deux lettres de Théodore de Bèze et d'André Dudicio sur le même sujet, mais portant un avis contraire.

(3) Archivio della Segreteria vecchia, n° 3101 et suivants.

« ambule fort bien tourné (car c'est un homme lettré et « un esprit cultivé), s'est ouvert à moi comme ayant « toujours été dévoué à la maison royale des Médicis . . . « Par suite des calomnies de ses ennemis, il est pour- « suivi plus qu'il ne l'a mérité pour cause de religion, fait « qu'il assure être à la parfaite connaissance de V. A. « Puis il m'a raconté qu'étant un des magistrats qui « composent la *balia* de Sienne et un des quatre élus « chargés de recevoir Son Altesse à l'entrée solennelle « qu'elle devait faire dans cette ville, il s'acheminait en « Toscane, lorsqu'il rencontra en route une personne qui « lui annonça l'emprisonnement d'un certain Lelio So- « cin et de ses deux neveux; qu'effrayé, en apprenant « cette nouvelle, il avait résolu de rebrousser chemin, « et de s'arrêter en un lieu où il pourrait être un peu « plus en sûreté. . . . . Et, bien que, d'après ce qu'il a « ouï dire, il blâme la conduite qu'a tenue Lelio, il au- « rait préféré qu'on l'eût laissé en liberté, et qu'on l'eût « fait partir de vos États, pour éviter ce triste accident à « la ville de Sienne, au moment même de l'entrée de « Votre Altesse, ajoutant que ce mode de procéder eût « été aussi préférable pour empêcher une pareille se- « mence de germer dans ce pays. Pour moi, assurément, « j'ai éprouvé un vif déplaisir de voir que Votre Altesse fût « dans la nécessité de mettre la faux dans ce champ de « blé, et certes je comptais au nombre des plus belles « grâces qu'elle ait reçues du Seigneur Dieu celle d'avoir « pu jusqu'à présent se dispenser de recourir à de sem- « blables persécutions, car l'expérience m'a fait voir les « résultats qu'elles ont produits dans les autres pays. Main- « tenant, pour en revenir au fait de Spanocchi, il dit qu'il « n'a pas fui le jugement, mais les juges, et qu'il ne veut

« pas, à l'âge de soixante-douze ans où il est arrivé, avoir « à vivre péniblement ou à mourir dans une prison; « qu'enfin il supplie instamment Votre Altesse de vouloir « bien le prendre sous sa protection. . . . . »

Le juif Sixte de Sienne, qui s'était converti de bonne heure à la foi catholique, prit l'habit de mineur conventuel, et professa pour Caterino le respect d'un disciple envers son maître. Lui-même nous raconte qu'il apprit à son école la doctrine des deux prédestinations : l'une, résultant d'un décret inéluctable de la Divinité, l'autre, conditionnelle, et qu'il la prêcha de vingt à trente ans dans les principales villes d'Italie, « comme étant merveilleusement propre à émouvoir certaines natures d'esprits endurcis, que quelques hérétiques de nos jours avaient remplis de désespoir, en leur inculquant la théorie absolue de la prédestination ». Ses prédications eurent, ainsi qu'il le dit, un grand succès parmi ses auditeurs, et produisirent le meilleur effet sur les âmes profondément troublées. Puis, ayant su combien cette doctrine rencontrait d'oppositions, il cessa de l'enseigner, mais n'en fut pas moins, à raison de ses erreurs, traduit devant le Saint-Office. Frère Michel Ghislieri, prenant en compassion la jeunesse et la science de l'accusé, entreprit de le convertir, et, malgré l'amour-propre que celui-ci mettait à ne point renoncer à ses propres opinions, il parvint à le remettre dans la bonne voie. Ayant obtenu pour lui le pardon de Jules III, il le fit entrer chez les dominicains, où il fut chargé fort à propos de prêcher et de convertir les juifs qui s'étaient établis en grand nombre à Crémone, d'où ils propageaient les livres de leur secte [1]. Sixte de Sienne.

(1) *Thalmudicos hebræorum libros, impiæ ac prodigiosæ doctrinæ,*

Sixte mit à part les œuvres utiles, telles que le Thalmud et autres, et jeta au feu celles qui ne pouvaient servir à rien : il en fit de même pour tous ses écrits, à l'exception de la *Bibliotheca sancta*, ouvrage dans lequel il avait traité des livres saints, de leurs interprètes, et des erreurs qui en découlèrent. Il mourut à Gênes à l'âge de 49 ans, en 1569.

Cette même année, l'Inquisition établit à Sienne une confrérie de Croisés, principalement destinée à servir d'auxiliaires au Saint-Office, mais elle rencontra une très-vive opposition dans le pays; et si, dès le commencement, le gouverneur comte de Montaguto ne l'avait pas combattue, il y eut cependant un grand nombre de citoyens qui signalèrent au prince le danger qu'il courait dans un pays récemment conquis, en tolérant qu'une société d'hommes s'y fondât indépendante de l'autorité séculière, et grâce à laquelle l'Inquisition n'aurait plus eu besoin de s'appuyer sur la force publique. Le grand-duc donna aussitôt l'ordre de la dissoudre, et en écrivit à Rome, qui promit de la faire disparaître peu à peu, de peur qu'en la supprimant tout à coup, l'inquisition ne reçût de ce fait une sorte de déshonneur.

Aonio Paleario. Ses études.

Maître Antoine della Paglia, né vers 1500 de Mathieu et de Claire Gianarilla, à Véroli, ville épiscopale située à l'extrémité de la campagne de Rome, avait, selon la coutume d'alors, latinisé son nom, en le changeant en celui d'Aonio Paleario. Il étudia à Pérouse, ensuite à Sienne (1530), « ville magnifique et agréablement située, « mais gâtée par l'esprit de parti et par d'éternelles fac- « tions, qui font que les seigneurs vivent à la campagne,

quos Judæi ex omni ferme Italia in eam urbem tanquam in commune judaicæ nationis asilum convexerant.

« et qu'ainsi les neuf Muses en sont bannies : mais les « habitants ont une grande pénétration d'esprit et une « grande vigueur de pensée; les jeunes gens ont une « académie, où ils récitent souvent des discours composés « dans la langue maternelle, » usage qui, selon lui, est blâmable, parce qu'il les éloigne de l'étude du latin et du grec (C.). Il alla, aux frais du Romain Cincio Frigipani, à Padoue, où il entendit chez Benoît Lampridius lire les harangues de Démosthène. De retour à Sienne, il défendit avec distinction Antoine Bellanti, accusé de malversations et de complot; mais ses adversaires retournèrent l'accusation contre lui, ce qui lui fournit l'occasion de faire preuve de son éloquence. Le sénat de Sienne le choisit pour enseigner publiquement les lettres grecques et latines, puis la philosophie. Ce fut là qu'il s'initia aux doctrines d'Ochin qu'il propagea ensuite à Colle dans le Val d'Elsa, où il avait des propriétés, et aussi à San Geminiano. Il composa un poëme en trois chants sur l'immortalité de l'âme, mélange de sacré et de profane, où il invoque Aristote pour lui servir de guide dans sa scabreuse investigation. Il dédia son poëme à Ferdinand, roi des Romains. Les critiques ont comparé Antoine della Paglia à Vida, à Sannazar; Vossius lui a donné les épithètes de divin et d'immortel. Il envoya une édition incorrecte de son poëme au cardinal Sadolet, son maître, en le priant d'engager l'imprimeur Griphe à en faire une meilleure. Sadolet en effet ne manqua pas de le recommander chaudement. Ce livre, suivant lui, avait un parfum de Lucrèce; tout y était exprimé selon les règles de la plus pure latinité, et respirait un tact exquis, une exactitude scrupuleuse : *Multaque prætorea ubique nitentia ingenii et vetustatis luminibus*, et, *quod ego pluris quam reliqua omnia facio, christiana mens, integra castaque religio, erga Deum ipsum honos, pietas, studium, in eo libro vel maxime non solum docere mentes errantium, sed etiam animos incendere ad amorem puræ religionis possunt.*

Sadolet en outre écrivait à l'auteur qu'il n'avait point lu d'œuvre de ce temps qui lui plût davantage que son poëme, et il ajoutait : « De même que la sérénité et la « constance empreintes sur le visage d'un homme sont « les signes caractéristiques d'une âme droite et d'un esprit « intègre, ainsi la piété singulière envers Dieu, telle « qu'elle se manifeste dans tes écrits, nous force à faire « le plus grand cas de ta personne, de tous les senti- « ments de ton âme et de ton excellente doctrine [1]. »

A Rome, Aonio eut pour intimes Mauro d'Arcano et le poëte Berni : ses vers y étaient lus avec charme dans l'Académie des Vignerons et au milieu des festins privés, comme ce banquet que donna en 1531 Mussetola, traducteur de Lucrèce, où l'on ne but d'autre vin que celui récolté dans la vigne de Pontanus à Naples.

De retour à Sienne, Paleario espéra un moment y devenir professeur, mais il fut traversé dans ses desseins. Il eut à soutenir des disputes opiniâtres avec un adversaire qu'il nomme Maco Blaterone, et contre qui Pierre Arétin déchaîna aussi sa colère. Aonio avait fixé sa résidence à Ceciniano et à Colle, où, à l'âge de trente-quatre ans, il épousa Marie Guidotti avec six cents florins de dot : il eut de ce mariage deux fils et deux filles. Il se plaisait à disputer sur l'âme, ce qui lui donna maille à partir avec quelques philosophes, venus exprès pour le trouver à Colle; mais les zélateurs de la foi pro-

(1) SADOLETI *Ep.*, 25, lib. V.

fitèrent de ce fait pour l'accuser, cherchant à lui aliéner le peuple et le duc par tous les moyens auxquels ont recours les envieux, sans en excepter même l'infamie. Leurs machinations, les diatribes furibondes, les imputations calomnieuses, l'indignation, l'amour-propre, la mortification, exaspérèrent Paleario contre ses ennemis; et ses correspondances [1], celles surtout qu'il échangea avec Lelio Bellanti et Pterigi Gallo, nous dévoilent à la fois les intrigues de ses adversaires et l'agitation à laquelle lui-même était en proie.

Tout cela peut avoir exaspéré les esprits et les avoir préparés aux persécutions qui lui coûtèrent si cher. Il se sentait appelé à un poste plus élevé que ne l'était celui de professeur de latin et de grec [2] : il recourait, en vue d'en obtenir protection ou défense, à son archevêque Bandini et à Sadolet; et, bien plus affligé des malheurs publics que des siens (car à cette époque les Turcs étaient déjà débarqués et menaçaient Orbetello et Sienne), il se plaint d'avoir été obligé d'abandonner sa patrie et tout ce qui lui était cher.

Sadolet finit par s'apercevoir des opinions hétérodoxes

(1) Lazzari a trouvé vingt-cinq lettres d'Aonio Paleario dans la bibliothèque des Jésuites. — *A. Palearii Miscellaneorum ex mss. lib., bibliothecæ collegii romani*. Roma, 1757. Voir aussi Jos. Gurlitt, *Leben des A. Palearius*, Hambourg, 1805; *The Life and Times of Aonio Paleario, or a history of the Italian reformers in the sixteenth century : illustrated by original letters and unedited documents*. London, 1860, deux volumes, par Madame Young.

(2) *Moriar si me non angunt putidissimæ interpretationes meæ sive græcæ sive latinæ. Semper judicavi sordidum et obscurum iis, quorum ingenio aliquid fieri potest illustrius, si interpretandis scriptis aliorum humiles ac demissi quasi servitia ancillentur. Sed cum mihi res domi esset angusta, uxor lauta, liberi splendidi, et propterea magnos sumptus facerem, mancipavi propemodum studiis iis a quibus semper ab horrui*. Epist. 4, libri IV.

de Paleario, et l'en avertit; mais celui-ci n'en tint aucun compte, et continua à les manifester publiquement. Il attira surtout l'attention sur sa personne, en attaquant un certain ecclésiastique, qui, fort assidu à se prosterner devant les reliques des saints, ne payait pas ses dettes. « Colta dit que, s'il me laisse la vie, il ne restera plus « aucune trace de religion à Sienne. Et pourquoi? parce « que, quand celui qui me demandait quel était le « premier fondement sur lequel les hommes devaient ap- « puyer leur salut, je répondis, *sur Christ;* et, comme on « me demandait quel était le second, je répondis : *Christ;* « et quel était le troisième, et moi encore de répondre : « *Christ.* »

L'auteur du livre *Del Beneficio di Cristo.*

On y sent l'idée qui a été développée dans le *Traité du bienfait de la mort du Christ*, dont nous avons parlé [1].

Nous vîmes alors quel intérêt avait excité ce livre, qui d'abord fut considéré comme une œuvre de piété, et réimprimé à la suite d'autres traités pieux, dans l'édition mise à l'index par Sixte-Quint sous le titre suivant : « Traité très-utile du Bienfait du Christ, « suivi des mystères du rosaire, et de l'indulgence *in* « *articulo mortis* accordée par le pape Adrien VI aux « chapelets bénits ». Nous en avons fait l'analyse, et nous avons dit que, l'auteur ne s'étant pas déclaré, on l'attribua à diverses personnes, par exemple à Valdès, qu'on a en effet copié en beaucoup de parties, puis au cardinal Contarini, à Flaminio, et à d'autres. Le cardinal Morone avoue que, ce livre a fait son admiration et qu'il l'a propagé; dans le cours du procès qu'on lui fit, un domini-

(1) Voir le Discours III de notre tome II, *les Hérétiques d'Italie et le Concile de Trente*, page 99 et suiv.

cain dépose qu'il a vu ce livre en manuscrit à Vérone; qu'il fut envoyé à un chanoine nommé Pellegrini, qui le donna à l'évêque, lequel, l'ayant jugé bon et utile, le présenta au cardinal; mais celui-ci, ayant découvert combien la vérité y avait été alterée, fut peiné de le voir peu de temps après imprimé et répandu.

Pierre-Paul Vergerio, en commentant l'Index des livres prohibés fait par monseigneur Della Casa, dit que bien des personnes pensent qu'il n'y a eu à notre époque, au moins en italien, aucun écrit aussi plein d'onction, de piété, de simplicité, et aussi propre à instruire même les gens les plus rustres et les plus bornés surtout sur l'article de la justification. Et il ajoute : « Mais j'ai encore « à dire quelque chose sur ce *Bienfait du Christ*. Il est « un certain moine, qui n'en veut entendre parler en « aucune manière : dans l'espoir d'obtenir du pape un « bénéfice, il a lancé des invectives contre le (*bénéfice*) « du Christ crucifié. Cependant un autre homme « de talent et d'esprit a entrepris de le défendre; « il a composé un livre écrit avec une douce charité, et « l'a remis à un cardinal qui a la réputation de savoir « reconnaître les erreurs de l'Église et de goûter toute la « suavité de l'Évangile. Certes, Son Éminence est douée « de beaucoup de vertus excellentes : mais je serais tout « porté à croire que (si ce cardinal ne laisse pas publier « maintenant l'apologie de ce bon livre qu'il a entre « les mains et s'il ne se hasarde pas à dire qu'il est « bon) la réputation dont il jouit est usurpée, et qu'il « n'y a pas en lui autant d'esprit que bien des gens ont cru « en voir. Il a coutume de dire qu'il faut être prudent, « attendre l'occasion et le temps opportun. Voilà qui est « bien dit; mais ne seraient-ce point l'occasion et le

« temps opportun, maintenant que tant de gens cher-
« chent de tant de manières à éteindre et à enfouir le
« bienfait et la gloire de Christ? Quand lui plaira-t-il
« donc de se déclarer et de se faire connaître comme
« son soldat, s'il ne le fait maintenant que son Christ
« est si combattu, si persécuté, si affligé? Allons! nous
« verrons bien ce que va faire ce cardinal. Que Dieu lui
« donne la hardiesse d'avouer son opinion! Il serait bien
« temps en vérité que ce cardinal eût à se prononcer,
« lui et toute son école.

« J'ajouterai, quant à ce petit livre, que deux personnes
« ont travaillé à le composer : l'une l'a commencé, l'autre
« l'a terminé et limé, et toutes deux sont en Italie, par-
« faitement connues et choyées par les premiers digni-
« taires de la cour de Rome; et cependant leur livre a
« été condamné comme hérétique. Nous allons voir
« s'ils pourront souffrir et dévorer l'injure qui a été
« faite en plein visage à leur Père céleste, ou s'ils aime-
« ront mieux dissimuler leur affront et jouir en paix des
« avantages et des douceurs attachés à leurs tonsures. »

En rhéteur et en sophiste, Vergerio veut confondre le titre du livre avec le bienfait du Christ, comme si ce livre était condamné par les censeurs. Enfin il conclut ainsi : « Or, pour ce qui est de ce livre, écoutez : de deux
« choses l'une, ou il est bon ou il est impie. S'il est
« bon, pourquoi l'avoir condamné? S'il est impie, pour-
« quoi en avoir d'abord laissé vendre quarante mille
« exemplaires? car, depuis six ans, je sais positivement
« qu'il en a été imprimé et vendu ce nombre dans la seule
« ville de Venise. Pourquoi avoir laissé circuler une
« telle dose de poison pour les âmes, du moins comme
« ils l'entendent?

« Voici ce qui nous étonne : ces gens, après tant de « supplications et de reproches, devraient se faire chaque « année plus humbles, mieux reconnaître les erreurs, « les superstitions, les ténèbres dans lesquelles ils ont « voulu tenir plongées les pauvres âmes, les apaiser, s'at- « tirer leur bienveillance et les habituer à trouver « leurs satisfactions dans tout ce qui procure la gloire de « Dieu. Ils voient que ces âmes désirent se reposer « sur la doctrine de l'Évangile; eux au contraire ont « pris le parti de s'enorgueillir chaque jour davanta- « ge, d'abaisser et de tyranniser le pauvre peuple, et « de lui cacher tout ce qui pourrait lui donner quel- « que lumière sur le salut. Qui ne sait que le peuple « finira par se moquer des indulgences, des jubilés, et de « toutes les autres inventions et imaginations des hommes, « inventions qui pendant longtemps ont dû faire croire « qu'on pouvait obtenir la rémission des péchés, lors- « qu'ils auront la grâce d'arriver, par une foi vive, à con- « naître le grand bienfait que leur a fait le Père céleste, « en leur donnant son fils bien-aimé pour répandre son « sang et mourir sur la croix? »

On a supposé que les deux écrivains qui, d'après l'assertion de Vergerio, ont participé à la rédaction de ce livre étaient Flaminio et Palcario. Vergerio dit en outre que le cardinal Pole contribua à le répandre d'accord avec Flaminio, Priuli et autres disciples de la même école, qui l'envoyèrent à un libraire hérétique ou suspect, pour en vendre le plus d'exemplaires qu'il pourrait, et même les donner gratuitement, sous la promesse qu'ils seraient remboursés.

Le moine détracteur de l'œuvre en question, auquel fait allusion Vergerio, est Ambroise Caterino, que nous avons plusieurs fois cité, et qui, entre autres écrits innombrables de polémique, a publié un « Abrégé des erreurs et fourberies luthériennes, contenues dans un petit livre anonyme, intitulé, *Trattato utilissimo del beneficio di Cristo crocifisso* (Roma, 1544)». Il fait suite à l'ouvrage qui a pour titre *Resoluzione sommaria contro il sommario della Scrittura, traduzione di Melanclone.*

Antoine Caracciolo, dans sa vie manuscrite de Paul IV, nous apprend qu'à Trévise on trouva « un pédant nommé maître Angelo » qui avait habité à Venise, et qui envoyait de Zurich le livre pestiféré du Bienfait du Christ, ouvrage qui, selon lui, avait été composé par un bénédictin de San Severino, Sicilien et disciple de Valdès. Caracciolo nous apprend en outre que cet ouvrage aurait été revu par Flaminio, « lui aussi fortement infecté d'hérésie ».

Ranke, qui, pas plus que nous, ne peut se décider à attribuer cet opuscule à Paleario, se range de l'avis de Caracciolo. Dans le procès de Morone, divers individus interrogés sur ce livre ont répondu qu'ils en ignoraient l'auteur. Un libraire vénitien, qui en a débité une grande quantité d'exemplaires, a dit : « Je ne saurais vous dire qui l'a composé, ni de quel côté il est venu . . . Je sais qu'on le vendait dans toute l'Italie, et qu'en maint endroit tous les catholiques le lisaient. » Morone lui-même assure qu'alors l'auteur en était parfaitement connu. Un témoin répond : « J'ai entendu dire, je ne sais par qui, « que l'auteur était un religieux bénédictin noir, ami de « Valdès, lequel religieux je ne connais ni de nom ni au- « trement, et qu'ensuite Flaminio l'avait revu et arrangé « à sa manière, puis donné à l'impression. » Dans le procès de Carnesecchi, on le fait clairement passer pour l'œuvre d'un bénédictin nommé Benoît de Mantoue, qui le composa au pied de l'Etna, et qui ensuite le donna à Flaminio pour le limer. Malgré toutes ces conjectures, je suis tenté d'y voir une traduction, parce que, d'une part, il me paraît par trop différent des travaux du même genre faits par des Italiens, et que de l'autre j'y trouve un cachet bien marqué de style toscan. Assurément le style en est plus simple que celui qu'employait Paleario dans ses écrits, qui du reste sont tous en latin; cependant, ce qui pourrait faire attribuer le livre du *Bienfait du Christ* à Paleario, c'est la doctrine qu'il professait lui-même sur la justification par le Christ, conforme en tout point à celle de ce livre, ainsi que la défense qu'il présenta dans sa propre cause [1].

Aussi Paleario s'était-il attiré par ses ouvrages et par ses opinions une multitude d'ennemis, à la tête desquels était Othon Melio Cotta, que nous avons cité et dont le nom est peut-être l'anagramme d'Orlando Mariscotti : sur trois cents accusateurs qui se présentèrent, douze seulement s'offrirent de témoigner contre lui; et il se défendit devant le sénat de Sienne, en prononçant une pompeuse harangue latine, toute hérissée de rhétorique [2]. Mais cette harangue, bien loin de le disculper, confirmerait les accusations dirigées contre lui : il y dit que, pour avoir denoncé deux monstres de religieux, il s'est attiré les inimitiés de toute la gent capuchonnée, qui, semblable à des porcs, se ruent sur celui qui en a frappé un. « J'avais parlé de cette république, Défense de Paleario.

(1) Gaétan Melzi, dans son *Dizionario di opere anonime e pseudonime* (Milan, 1859), dit que « le seul écrivain qui dans l'espace de deux siècles ait vu ce livre rarissime fut Rœderer. Il n'y a pas de doute que l'auteur en soit le célèbre et infortuné Aonio Paleario, etc. ».

La traduction latine est attribuée à François Pucci.

(2) *Oratio III pro se ipso ad patres conscri os reip. senensis.*

« antérieure à la création du monde, décrétée par « Dieu, et dont Christ est le chef, l'auteur et l'unique « modérateur; quant à ce qui est de la loi abrogée et « du très-pesant joug de la servitude, nous en avons « traité seulement dans la mesure que comporte la « misère des temps, dans lesquels il n'est pas sans « danger de manifester l'objet de ses désirs. Il y a des « hommes cruels, endurcis et coupables, en présence « de qui il n'est pas même possible de louer pleinement « le Père, et le Christ auteur de notre salut; on m'a même « accusé d'avoir *écrit cette année* un traité en langue « toscane, destiné à faire voir combien de bienfaits « nous viennent de sa mort. Je disais donc que Celui, « en qui réside la divinité (*in quo divinitas inesset*), « ayant répandu son sang avec un si généreux amour « pour notre salut, nous ne devions pas douter de la vo- « lonté céleste, mais bien au contraire nous reposer en « toute sécurité et quiétude sur lui : j'affirmais, sur la « foi d'autorités très-anciennes et parfaitement sûres, que « les maux étaient finis, que toute tache était effacée pour « tous ceux qui, ramenés en esprit vers le Christ crucifié, « s'abandonneraient en toute confiance à ses promesses, « et placeraient toutes leurs espérances en celui-là seul « qui ne trompe jamais. Eh bien, ces propositions pa- « rurent si abominables à ces douze, je ne dis pas « hommes, mais bêtes féroces, qu'ils jugèrent leur au- « teur digne du bûcher. Si je devais un jour subir cette « peine pour avoir rendu ce témoignage, certes je me « considérerais comme le plus heureux des mortels, « car, au temps où nous vivons, un vrai chrétien ne peut « mourir dans son lit. Qu'on nous accuse donc, qu'on « nous jette en prison, qu'on nous torture, qu'on nous

« étrangle, qu'on nous donne aux bêtes féroces, nous sup-
« porterons tout, pourvu que de nos souffrances la vé-
« rité sorte triomphante. Si nous n'avions pas foi dans le
« futur concile où les papes, César et les rois ont convo-
« qué un très-grand nombre de délégués de toutes les
« nations, ce serait à désespérer pour nous de voir la fin
« de tant de troubles; que le glaive de l'Inquisition, sus-
« pendu sur la tête de quiconque écrit, tombe de la main
« de ceux qui, même pour des fautes très-légères, veulent
« faire de cruelles blessures. Ce sont eux qui ont arrêté
« mon pieux et intègre ami Sadolet; eux, les ignorants,
« qui ont accusé Bernardin Ochin, cet homme d'une vie
« si austère et si admirable, et qui, voyant que vous ne
« vous apprêtiez pas à le défendre, jugea bon de s'en-
« fuir tout seul, et d'errer dans des contrées éloignées
« de notre chère Étrurie. »

Ici, Paleario se met à prodiguer des éloges au fugitif, puis il arrive à réfuter les accusations qu'on lui a intentées. « Vous dites que je partage les opinions des théo-
« logiens allemands. Mais, en Allemagne, il y en a d'ex-
« cellents. Sans doute vous voulez parler d'Œcolampade,
« d'Érasme, de Mélanchthon, de Luther, de Poméranus,
« de Bucer et des autres suspects d'hérésie? Il n'y a pas
« chez nous un théologien assez stupide pour ne pas
« comprendre qu'il y ait chez eux beaucoup de choses
« très-louables et empruntées aux saints Pères, aux com-
« mentaires des Grecs et des Latins plus estimés, à tel
« point que, en accusant ces hommes, on accuse en
« même temps Origène, Chrysostome, Cyrille, Irénée,
« Hilaire, Augustin, Jérôme. Quant à la conduite des
« Allemands, je suis loin de l'approuver en tout : je
« les loue d'avoir ressuscité les bonnes lettres latines,

« d'avoir remis en lumière les études théologiques, qui « étaient reléguées dans les ténèbres, d'avoir découvert « et fait imprimer des livres latins, grecs et chaldéens, « et enfin d'avoir assigné des honoraires convenables aux « professeurs. Puis vinrent des discordes intestines, des « émeutes populaires, des guerres qui, au point de vue « de la charité fraternelle, m'ont causé, à moi, une « immense douleur. Quel est l'homme qui ne louerait « pas les causes, et qui ne blâmerait pas les effets? »

Ses vicissitudes.

En résumé, Paleario déclare ne pas partager entièrement les opinions des hérétiques d'Allemagne; mais il réclame le droit d'emprunter aux documents anciens, à l'Écriture et aux Saints Pères ses propres croyances : puis, sans se reconnaître l'auteur de l'opuscule *du Bienfait du Christ*, il soutient absolument les mêmes doctrines. Cependant nous n'avons pas découvert que sa conduite lui eût attiré d'autre vexation que celle d'être renvoyé de Sienne. C'est alors qu'il passa à Lucques, muni de lettres de recommandation de Sadolet et de Bembo, qui l'engageaient à être plus circonspect. En 1546, on lui confia la chaire d'éloquence de cette ville : il y fut chargé de missions publiques, et en outre de prononcer chaque année deux discours pour des occasions solennelles. Nous les possédons, et ce sont de purs morceaux oratoires, où ne percent aucuns dissentiments religieux. Objet tout d'abord de l'admiration publique, puis, supplanté par Bandinelli dans un concours, Paleario, irrité de cet échec, quitta Lucques, où il demeurait depuis dix ans.

En sa qualité de partisan dévoué de la faction impériale, il crut être mieux traité à Milan, où il fut choisi par le sénat comme successeur de Majoragio à la chaire d'éloquence. Il y arriva le 27 octobre 1555, et écrivit à ses enfants une lettre pour leur raconter l'accueil bienveillant qui lui avait été fait, ajoutant qu'il avait prononcé son discours d'ouverture le 29 du même mois dans l'église de Santa Maria della Scala, en présence du sénat, du gouverneur, des préteurs, du collége des jurisconsultes, des philosophes et d'une foule de peuple. Le lendemain, il fut accompagné au gymnase par les principaux membres du sénat. Il termine en exhortant ses enfants à étudier, car il n'a pas de quoi leur venir en aide, sa solde étant déjà insuffisante pour lui seul. En effet, nous avons trouvé une requête qu'il adressait aux décurions milanais, dans laquelle il leur exposait qu'il vivait fort modestement n'ayant qu'une servante, après avoir, par amour pour cette cité, abandonné son pays natal et renoncé à un bon traitement. Les magistrats de Milan, prenant en considération sa grande science, les avantages que les jeunes gens pourraient recueillir de ses leçons, ainsi que l'honneur qui en rejaillirait sur la ville elle-même, lui accordèrent au mois d'avril 1558 une allocation suffisante pour l'entretien de six personnes. Paleario fut chargé de prononcer un autre discours, losqu'on pensait que l'empereur Ferdinand, Philippe d'Espagne et Henri de France s'assembleraient à Milan pour traiter de la paix; discours où il fait l'éloge de la paix, et où il développe les espérances fondées sur le concile et sur l'entrevue des souverains avec le pape. On a aussi de lui des lettres à des princes régnants, qui contiennent de grands éloges à l'adresse des empereurs d'Autriche, et prouvent l'espoir qu'il avait mis en eux pour le maintien de la paix et la croisade contre les Turcs.

Paleario resta sept années à Milan. Parmi les thèmes qu'il proposait à ses élèves, on en remarque deux : l'un pour combattre, l'autre pour défendre la loi agraire. Nous possédons imprimée la thèse avec le canevas tracé par lui ainsi que les deux plaidoyers écrits par Louis de Rho et Charles de Sauli, le premier tenant pour Tibérius Gracchus le second pour Marc-Antoine (Milan, 1567). Il fit aussi un plaidoyer contre Lucius Muréna, dont le latin, suivant d'Olivet, ne peut être distingué de celui de Cicéron. Paleario composa tous ses ouvrages en latin, se proposant par là de ramener le goût classique : aussi sentent-ils tous le paganisme qui dominait alors dans les écoles; il n'est pas jusqu'à l'épitaphe de sa femme, où il ne mêle le Christ avec les champs Élysées[1]. Mais c'est en vain que dans tous ses écrits nous avons cherché à suivre les évolutions de son esprit vers les idées nouvelles; nous n'y avons pas trouvé davantage le moindre indice de ses rapports avec les protestants. Nous savons bien qu'il écrivit l'*Actio in pontifices romanos et eorum asseclas* en 1542, alors qu'il s'agissait de rassembler le concile de Trente; mais cette œuvre ne fut publiée que vingt-six ans après sa mort et cinquante ans après qu'il l'eut composée.

Son réquisitoire contre les papes.

« Dans la volumineuse correspondance que j'ai échan-
« gée ces dernières années avec les Suisses et les Alle-
« mands (dit-il à peu près dans cet ouvrage) on peut voir
« clairement mes espérances, mes sentiments et mes
« projets. Dieu, le Père de Notre-Seigneur Jésus-Christ,
« m'est témoin que, depuis bien longtemps déjà, j'ai sou-
« haité voir les princes chrétiens présider une assemblée
« composée de personnes d'une haute piété et d'une grande

(1) Ni mihi spem Christus faceret; quem vita secuta est,
Non possem abrupto vivere conjugio.
Ille mihi te olim redituram in luminis oras
Pollicitus, dulci pascit amore animum.
Interea Aonium venientem cursibus ad te
Exspecta campis, uxor, in Elysiis.

« science, en présence desquelles il me serait permis de « témoigner de mes pieuses intentions, tout disposé que « je suis à répandre même mon sang pour Jésus-Christ. « Mais, voyant d'une part ces princes occupés de bien « d'autres choses, et, de l'autre, sentant ma fin approcher, « j'ai écrit ma confession de foi et l'acte d'accusation « contre les papes, afin que, si la mort venait à me sur- « prendre, ils pussent être utiles à mes frères. Je dépose « cet écrit entre les mains d'hommes pieux et fidèles, pour « qu'ils le conservent jusqu'à la réunion d'un concile « vraiment général, libre, saint, solennel, pour la réalisa- « tion duquel j'adresse les plus ardentes supplications au « Père de Notre-Seigneur Jésus-Christ. Mais, tant que cet « événement ne s'accomplira pas, je défends que ce mé- « moire soit publié.

« Si l'aurore de ce jour tant désiré vient à luire, si « les peuples, obéissant à l'Évangile, peuvent enfin se con- « certer pour la paix publique et pour l'union de l'Église, « c'est alors qu'il leur sera permis d'obtenir de l'empe- « reur, des rois et des princes chrétiens qu'ils forcent le « pape à acquiescer à un concile, à l'occasion duquel « pourraient avoir lieu des réunions publiques et libres, « composées de personnes appartenant à toutes les na- « tions chrétiennes, et pouvant parler librement par l'in- « termédiaire de leurs orateurs, en présence des seigneurs « et des délégués des cités. Si donc dans ces assemblées « on est parvenu à laisser se produire équitablement « toutes les opinions; si, par la seule parole de Dieu, on « a fait justice des abus, si on a fait disparaître les con- « troverses religieuses et régénéré les Églises, en sorte « qu'elles ne forment plus qu'un seul corps; alors seulement, « ô vous qui êtes mes dépositaires, vous consignerez cet

« écrit tel quel aux représentants des Églises de Suisse et
« d'Allemagne, qui sont les défenseurs du saint Évangile;
« vous le présenterez au concile général, libre, saint, solennel, comme la confession de foi d'un homme pieux,
« lequel en mourant n'avait pas de raison pour mentir
« au Christ. C'est alors que vous lancerez là cette confession de foi et cet acte d'accusation comme un coup de
« tonnerre, qui abattra l'Antechrist. O mes frères, je
« vous en supplie, ne leur laissez pas beaucoup de temps
« pour vous répondre; cet infâme doit être confondu sur
« le coup, en plein concile, et en présence des illustres
« princes. Alors vous lirez et relirez ma confession de
« foi ensemble avec l'acte d'accusation; faites que le tout
« soit discuté et examiné avec soin, et ainsi l'Église de
« Dieu sera purgée. »

Paleario poursuit en développant une vingtaine d'articles de foi, dont chacun contient la profession d'un dogme protestant, et le dernier une invective contre les déréglements des prélats.

Il commence son réquisitoire par la description des souffrances auxquelles s'expose quiconque se sépare de sa patrie, de sa famille, de ses chères habitudes pour pouvoir professer l'Évangile; puis il développe les chefs d'accusation ci-dessus relatés. Le plus grand embarras qu'il rencontre provient de l'antiquité de la tradition sur un grand nombre de vérités catholiques. Mais il prétend que, déjà du temps des Apôtres, aux vrais croyants s'en étaient mêlés de faux, qui obscurcissaient la lumière apportée en ce monde par le Christ, et que par eux s'étaient introduits dans l'Église des dogmes contraires à l'Évangile, et certaines cérémonies qui peu à peu nous éloignent du Christ, ainsi que les innombrables prescriptions contre lesquelles avaient déjà tonné Pierre et Paul, le purgatoire et les invocations aux saints. Le style de ce pamphlet est bien loin de cette élégance artificieuse, dont Paleario s'était servi ailleurs : il en fait du reste lui-même l'aveu. (D.)

Il écrivit d'autres lettres aux hérésiarques de son temps, lettres qui en 1566 étaient citées et colportées en tous lieux par Barthélemy Orello. Dans l'une d'elles, adressée « à Luther, Mélanchthon, Calvin, Butzer, et à tous les Suisses et Allemands qui invoquent Jésus-Christ », il les dissuade d'accepter la convocation du concile, telle qu'elle était faite, mais il les engage à chercher à la faire modifier : puis il les met en garde contre la vive ardeur que montre le pape pour le convoquer : *Pontifex qui, id ætatis, non satis firma est valetudine, ne nocturnum quidem tempus sibi ad quietem relinquit; magnam copiam consultorum habet, quibuscum ad multam noctem sermonem producit; interdum autem jurisperitos, aut usu rerum probatos, aut astutos homines, addite autem si vultis improbos, consulit..... advocat, orat atque obsecrat ut in communem curam incumbant*[1]. Ayant appris l'arrestation de Carnesecchi, il songea à mettre à l'abri de l'Inquisition son Réquisitoire *contre les papes*, et, par l'intermédiaire d'Orello, il fit savoir à Théodore Zuinger, médecin de Bâle, ce qui s'était passé : celui-ci le remercie de la confidence, le félicite de la bonne volonté qu'il a d'être utile à la cause de Dieu, mais ajoute qu'il eût mieux fait de confier son œuvre à quelque maître en théologie, par exemple à Sulcer ou à Cocceïus, car dans leurs mains elle eût été en toute sécurité.

Aonio écrivit ensuite au sénat de Milan qu'il était pour- Se condam-

(1) Ap. SCHOELHORN.

nation et sa mort.

suivi par le père inquisiteur à raison d'un discours latin, écrit trente-cinq ans auparavant; que, par conséquent, il se voyait obligé de se séparer des jeunes gens, pour l'instruction desquels il avait été appelé de Toscane. Pressé maintenant par des lettres nouvelles de l'inquisiteur, lui enjoignant de se présenter à Rome, il répond qu'il dépend du sénat, et qu'il ne peut, sans son consentement, disposer de sa personne. Quoique vieux et d'une santé débile, il ne se refuse pas à ce long voyage, mais il n'a pas d'argent pour le faire et pour acquitter tout d'abord les dettes qu'il a contractées; puis il lui faudrait avoir de quoi vivre à Rome, jusqu'à ce qu'il ait dissipé l'acusation injuste qui pèse sur sa personne.

Nous ne savons pas si le sénat milanais lui accorda ce qu'il demandait; le fait est qu'il alla demeurer à Faenza, qui pourtant était une ville appartenant au pape. Mais, en 1566, sous le pontificat de Pie V, frère Ange de Crémone, inquisiteur, alla arrêter Paleario, le conduisit à Rome, et l'enferma dans la prison de Tordinona. Les chefs d'accusation relevés à sa charge peuvent se réduire à quatre, savoir : il niait le purgatoire; il blâmait les inhumations dans l'intérieur des églises, disant qu'il était préférable de les faire en dehors des murs; il mettait en dérision la vie et les costumes monastiques; enfin, il attribuait la justification exclusivement à la foi en la miséricorde de Dieu, qui pardonne par les mérites du Christ.

Le père Laderchi donne, comme la principale accusation qu'on portât contre lui, le fait d'avoir publié un livre où il avait adroitement distillé le venin de l'hérésie; venin qu'il s'était tellement assimilé qu'on le retrouve dans une harangue écrite par lui aux pères de la république de Sienne; et il ajoute qu'il tint le langage suivant aux cardinaux du Saint-Office : « Puisque Vos « Éminences ont contre moi tant de bonnes raisons pour « me condamner, il est inutile qu'elles prennent plus long- « temps la peine de me convaincre, ou qu'elles conti- « nuent à me causer de plus longs ennuis. Je suis ferme- « ment résolu de conformer ma conduite aux préceptes « que saint Paul résume en ces termes : *Christ a souffert « pour nous, et nous a laissé un exemple à suivre; il n'avait « fait aucun mal, on ne trouva jamais le mensonge sur ses « lèvres; accablé d'injures, il se tut; en proie à la souffrance, « il n'eut aucune menace pour ses bourreaux, mais il se con- « fia lui-même à Celui qui juge avec justice.* En avant donc « dans votre jugement, proférez la sentence contre Aonio; « donnez ainsi satisfaction à ses adversaires, et accom- « plissez votre mandat. »

Après un long emprisonnement, il fut condamné à être étranglé, puis à être brûlé.

Est-il vrai qu'à l'article de la mort, il se repentit? On a extrait des mémoires appartenant à la *Confraternità de la Misericordia di san Giovanni Decollato de' Fiorentini di Roma* une annotation faite par ceux qui assistèrent à ses derniers moments, de laquelle il résulterait que Paleario s'est repenti, car, y est-il dit, « s'étant confessé et ayant fait pénitence, il demanda pardon au Seigneur, à sa glorieuse Mère et à toute la cour céleste, voulant (disait-il) mourir en bon chrétien, et croyant tout ce que croit la sainte Église romaine : ainsi fut mis à mort et ensuite brûlé ledit Paleario, le 8 juillet 1570[1] ».

(1) Voir le mémoire publié par SCHOELHORN, ainsi que les lettres du 3 et du 5 juillet 1570 qui le suivent. Laderchi a donc commis une erreur de date lorsqu'il donne Paleario comme mort le 1er octobre 1569; il avait été arrêté en 1568.

Ses lettres pathétiques.

Voici en quels termes il écrivait à sa famille dans ses derniers jours :

« Ma très-chère épouse : — Je ne voudrais pas que tu « regardasses comme un déplaisir ce qui est mon plaisir, « ni comme un mal ce qui pour moi est un bien. L'heure « est venue où je dois de cette vie passer à mon Seigneur « et père, à Dieu. J'y vais avec autant d'allégresse que s'il « s'agissait des noces du fils du grand roi, et, cette grâce, « j'ai toujours prié le Seigneur mon Dieu de me l'accor- « der au nom de sa bonté et de sa libéralité infinies. Ainsi « donc, mon épouse chérie, que la volonté de Dieu et ma « satisfaction vous donnent du courage; veillez à la famille « consternée qui me survivra; faites en sorte de l'élever et « de la conserver dans la crainte de Dieu, et de lui ser- « vir à la fois et de mère et de père. Quant à moi, j'étais « déjà âgé de soixante-dix ans, vieux et bon à rien : mes « enfants devront dorénavant s'efforcer de vivre honora- « blement du prix de leurs sueurs et de leurs vertus. Que « le Père et Notre-Seigneur Jésus-Christ soient avec votre « esprit.

« De Rome, le III juillet 1570.

« Ton mari, Aonio Paleario. »

« Mes chers fils Lampride et Fedre : — Ces Messieurs, « qui ont été d'une humanité extrême jusqu'à la fin, ne « veulent pas en manquer encore, et me permettent de « vous écrire. Il plaît à Dieu de m'appeler à lui par le moyen « que vous apprendrez, et qui vous paraîtra dur et « cruel; mais, si vous y réfléchissez bien, comme, « après tout, je n'ai pas de plus grande satisfaction, de « plus grand plaisir, que celui de me conformer à la vo- « lonté de Dieu, vous devrez, vous aussi, en être satisfaits.

« Je vous laisse pour tout patrimoine la vertu, l'activité, et « ce peu de biens que vous avez. Je ne vous laisse point de « dettes; il ne manque pas de gens qui demandent quelque- « fois, tandis qu'ils devraient rendre. Vous avez été éman- « cipés il y a plus de dix-huit ans, donc vous n'êtes pas « tenus de payer mes dettes. Si on venait à vous les ré- « clamer, recourez à S. E. le duc, qui ne permettra pas « qu'on vous fasse subir une injustice. J'ai remis à Lam- « pride le compte des recettes et des dépenses. Il y a la « dot de votre mère, et une somme destinée à établir « votre petite sœur, ainsi que Dieu vous en fera la grâce. « Saluez de ma part Aspasie et sœur Aonilla, mes filles « chéries dans le Seigneur. Mon heure dernière approche. « Puisse l'esprit de Dieu vous consoler et vous maintenir « dans sa grâce !

« Votre père, Aonio Paleario. »[1]

Il n'y a pas dans ces lettres l'ombre d'un repentir : aussi Laderchi, l'inflexible continuateur des Annales de Baronius, écrit : « Lorsqu'on vit que ce fils de Bélial persistait dans « son obstination, et qu'on ne pouvait par aucun moyen « le ramener des ténèbres de l'erreur à la lumière de la « vérité, il fut livré aux flammes qu'il méritait, afin que,

(1) Paleario eut sept enfants : deux garçons et trois filles seulement lui survécurent. Aspasie avait été, en 1557, mariée à Fulvio della Rena avec 1200 florins de dot; Aonilla était entrée au couvent de Sainte-Catherine de Colle; Sophonisbe avait été mariée à Claude Porzii, et il se peut qu'elle fût déjà morte; la jeune sœur dont il est question ici s'appelait, paraît-il, Aganippe. Quant à Fedre Paleario, nous avons su, par un manuscrit de la bibliothèque de Sienne, qu'il eut une fille nommée Sophonisbe, belle comme le soleil, de qui, lorsqu'elle vint à Florence, le grand-duc fut tellement émerveillé qu'il la fit élever à ses frais et lui procura un bon établissement.

« après avoir souffert ici-bas des tourments passagers, « il se trouvât plongé dans les flammes éternelles. »

Ses œuvres ont été recueillies par ses nombreux amis (E), et furent plusieurs fois réimprimées à l'étranger, où elles furent présentées aux uns comme un modèle de bonne latinité, et aux autres comme un modèle de profonde connaissance des saintes Écritures, de foi intègre et d'un zèle tolérant.

Paleario avait eu pour ami Latino Latini de Viterbe (1513-93), célèbre jurisconsulte, un des trente-cinq qui furent chargés de corriger le *Corpus juris canonici*. Lorsqu'Antonio changea son nom en celui d'Aonio, Latini crut qu'il avait agi ainsi pour retrancher le T, qui a la forme d'une croix; et, il composa sur ce sujet, qui tout au plus pouvait faire l'objet d'une plaisanterie, la barbare épigramme que voici :

Musis amicus factus olim Antonius
Crucem putavit nomine
Si ferret ingens se patraturum scelus
Nullo abluendum flumine;
Velut profana tinctus unda, vatibus
Probrum futurum se ratus,
Aonius ergo fit repente, atque ambulat
Novo superbus nomine.
Nescitque cana, lustra post decem, miser
Ætate confectus, gravem
Crucemque, laqueumque simul, et rogum horridum
Tandem repositum regia
In urbe, tanti sceleris et pœnas luat
Reputatùs ut sacer cinis.

Adoucissons-en l'aigreur par une autre épigramme toute à sa louange, composée par Jean-Matthieu Toscano, son disciple, qui inséra plusieurs poésies de son maître dans le *Peplus Italiæ, sive Carmina illustrium poetarum italorum* (Paris, 1577) :

Aonio Aonides grajos prompsere lepores
Et quascumque vetus protulit Hellas opes.
Aonio Latiæ tinxerunt melle Camœnæ
Verba ligata modis, verba soluta modis.
Quæ nec longa dies, nec (quæ scelerata cremasti
Aonii corpus) perdere flamma potest.

Les opinions protestantes ont tenté de reparaître en Toscane vers l'année 1840, et elles ont eu pour principaux apôtres Pierre et Louis Guicciardini, qui pour cela furent quelque peu inquiétés, mais de la façon douce dont on usait alors dans ce pays. A Colle, où Paleario avait eu des propriétés, les frères Guicciardini découvrirent et mirent en honneur une pierre portant l'inscription d'*Aonia Aganippe*, et ils ont imaginé qu'elle avait été placée là par Aonio lui-même, près d'une source dont il parle dans une lettre adressée par lui à Pterigi Gallo; c'est ainsi que ces nouveaux coryphées du protestantisme entendaient honorer « l'illustre et infortuné poëte, philosophe lettré et martyr de la foi ».

A ce titre, Aonio a reçu de nos jours des témoignages d'admiration et des honneurs, surtout de la part des Allemands et des Anglais : mais néanmoins ils disent qu'il différa des autres protestants, en ce qu'il considérait le mariage comme un sacrement, et qu'il croyait illicite de prêter serment en justice pour quelque cause que ce fût.

NOTES ET ÉCLAIRCISSEMENTS

AU DISCOURS V.

(A) Mr. Grotanelli, bibliothécaire de Sienne, qui nous a beaucoup aidé dans les recherches que nous eûmes à faire dans cette ville, publia en 1866 une *Canzone a santa Caterina da Siena di Marcantonio Cinuzzi*, et signala le nom de cet auteur comme ayant été indiqué pour la première fois par moi dans les *Spigolature degli archivj toscani*. Sa canzone prouverait qu'il était meilleur catholique que bon poëte; et lorsque, dans une ode spirituelle, il chante :

> Dunque de' miei gran falli
> Pentito e tristo, in tua pietà confido...

(Donc de mes graves fautes je suis repentant et triste, mais confiant en ta pitié.) On ne peut trouver autre chose dans ces vers que l'accent de tout chrétien. On ne voit pas qu'il ait été poursuivi pour cause d'hérésie, si ce n'est par une note placée à la fin de ladite canzone à sainte Catherine, note d'où il appert qu'elle fut composée en 1583, *après que l'auteur eut subi une longue détention*.

(B) En 1546, on imprima à Sienne la description de la fête qui eut lieu à l'occasion de la Madone d'août, et, la première édition étant devenue très-rare, on en fit une seconde en 1582, à Sienne, *alla Loggia del papa*; elle portait cette dédicace « *alla nobilissima et honorata madonna Gentile Fantucci* ». Après le mot *Fine*, on lit : « *Vostro servitore Cecchino, librajo* ». Le personnage dont il est ici question devrait être Francesco, auteur et libraire, qui fit partie de la compagnie des Rozzi sous le nom de Bonaccio, comme on lit au livre des délibérations de cette société, à la bibliothèque de Sienne (vol. II, p. 47), où on lit aussi : « Ce jour 4 septembre « 1547, on vota pour la nomination d'un lecteur; les votes se por- « tèrent sur Materiale, Confuso et Bonaccio; la majorité fut ac- « quise à Bonaccio. »

(C) De semblables réunions existèrent sans interruption à

Sienne, tant que la bienveillante affabilité dans les mœurs n'eu pas fait place à la moderne hydrophobie : nos pères avaien conservé le souvenir de la pharmacie de Jean Olmi, bon chimist et graveur distingué. Elle était située aux Loges du pape, où s réunissaient des hommes qui faisaient l'honneur de Sienne, c où Victor Alfieri lui-même déposait la fierté de son caractère.

Parmi les lettres de félicitation adressées à Jérôme Gigli pou son *Vocabolario Cateriniano*, il en est une d'Antoine Pizzicagigli d Reggio, fondateur de l'Académie *degli Artificiosi*, datée de Rom le 30 juin 1719, où il loue « la doctrine évangélique de la pieus Vierge, qui fut certainement une colonne de feu allumée pa Dieu au ciel de la sainte Église pour illuminer les erreurs de c siècle pervers et schismatique, et qui fut aussi une colonne de nué pour distiller la manne de son élocution pleine de saveur sur l'é loquence vulgaire, en se servant du très-doux dialecte d Sienne.... » Et, un peu plus loin, Pizzicagigli ajoute qu'on peu « dire, de chacune des maisons particulières de Sienne, que c'es une académie du beau langage et un aréopage de la bonne vi chrétienne, ainsi qu'on peut s'en convaincre par la quantité de ser viteurs de Dieu à qui cette ville a donné le jour, et dont l'illus tration (dit le célèbre cardinal Frédéric Borromée) fait remar quer entre tous les autres votre bienheureux pays, de la mêm manière que la Voie lactée, si chargée d'étoiles, laisse pour ain dire dans les ténèbres toutes les autres parties du ciel. »

On possède une lettre de la vénérable veuve Brigitte, qui ava été mariée à Nicolas Baldinotti de Pistoie, lettre adressée au pieuses dames hospitalières de Santa-Maria-Nuova de Florence, qu'on trouve dans plusieurs manuscrits du quinzième siècle, o on lit, entre autres passages, le suivant :

« Oh ! quelle inestimable et douce joie vous goûteriez si, en so « gnant les plaies repoussantes des malades, vous pensiez que « Christ Jésus voulut être tout couvert de plaies pour rachet « nos péchés ! C'était cette suavité infinie que ressentait la bie « heureuse Catherine de Sienne, lorsque, étant au chevet d'u « femme atteinte de la lèpre, et s'apercevant que la sensuali « lui inspirait un peu d'aversion, assaillie par la flamme du div « amour, elle ne se contenta plus de laver la plaie avec ses main « mais, y appliquant ses lèvres, elle se mit à la lécher. O adn « rable et pieuse transformation opérée par la puissance de l' « mour divin ! O Dieu, qui, pour guérir la plaie infecte de la cré « ture, avez permis qu'elle approchât la bouche de votre cô « sacré ! etc. »

Manzoni, dans sa *Morale cattolica*, fait l'éloge d'un acte semblable attribué à la comtesse Arconati.

(D) *Quoniam mei testimonii similitudinem non in verborum volubilitate sed in re ipsa positam arbitror, missa nunc faciam dicendi ornamenta, quæ in alia causa fortasse me delectassent; in ea quæ Christi est, qui istis adjumentis non eget, minime delectant. Quod eo facio libentius ne quis putet me gloriæ umbram quærere, aut aliud quid præter gloriam Christi, qui per apostolum monet ne quis nos fallat sublimitate orationis. Tenue itaque atque humile dicendi genus sequar, et libenter profecto lingua vulgari et patria de his agerem, quominus viderentur hæc elaborata et inquisita industria, nisi apud eos sermo esset, quorum nonnulli italice nesciunt, latine omnes sciunt, etc.*

L. Desanctis (Turin, 1861) la traduisit en italien, mais il fit en en sorte de « mitiger quelque peu ce style âpre et parfois injurieux, qui n'est plus en harmonie avec la civilisation de notre époque », laquelle, comme chacun sait, n'est point avare en fait d'injures.

(E) Nous avons vu à la bibliothèque de Sienne trois lettres autographes de Paleario (*Miscellanee*, B, X, 8); deux d'entre elles sont celles qui ont été imprimées, adressées à sa femme et à ses enfants Lampride et Fedre; la troisième, datée de Lucques le 9 novembre 1552, adressée à « Nicolas Savolini, étudiant à Pise », dans laquelle il signe « père Aonio Paleario », et où il lui écrit qu'il a parlé à l'évêque pour le faire ordonner prêtre. Il ne nous paraît pas utile de la publier. Dans le manuscrit H, X, 15, *Miscellanea poetica*, A. C. 64, existent « *Rime varie alle sacre e santi ombre del Bongino*, accompagnées d'une préface d'Aonio Paleario, dédiée « *alla molto magnifica et virtuosa madonna Aurelia Bellanti commadre osservandissima* ». Parmi les nombreuses poésies, on trouve deux canzones et trois sonnets qui sont l'œuvre de Paleario.

Il y a aussi à ladite bibliothèque (*Miscell.*, C. VII, 12) « *Memorie per servire alla vita di Aonio Paleario*, recueillis par Carlo Girolamo, et dédiés à Antoine Compagnoni ». Parmi ces mémoires est la copie d'une lettre dudit Paleario au cardinal Cervini, qui depuis fut pape; malgré son peu d'originalité, nous la transcrivons ci-contre.

« Très-révérendissime et très-honoré monseigneur,

« J'ai reçu la très-affable lettre de Votre Seigneurie révérendissime, et je n'attendais pas moins de votre affabilité et de votre générosité, *quæ cum ætate et dignitate accrevit simul*. Quant à ce que vous me dites, qu'il faut opérer *in evidentem utilitatem*, je ne vous eusse pas fait d'autre proposition; bien plus, si le boisseau du pays vaut V florins, j'offrais d'en donner VII; s'il vaut VII, d'en donner X; et cela, tant parce qu'il s'agit de biens d'Eglise, que pour l'honneur de votre seigneurie révérendissime, lequel depuis longtemps je mets bien avant mon intérêt personnel. On pourra acheter d'un certain Cecchino, membre de la Collégiale, autant d'autres terres qu'il en faut parmi celles qui sont à vendre dans le voisinage de la ferme de Covie, et il ne sera pas difficile de faire le remploi pour le plus grand bien et avantage de l'abbaye.

« Je remercie votre seigneurie révérendissime de l'expédition qu'elle me promet gratis, ce sera un nouveau bienfait que je tiendrai d'elle à ajouter à tous ceux qui déjà me constituent son obligé. Que Dieu le père de Notre Seigneur Jésus-Christ veuille me conserver votre éminence bien plus que ma propre vie.

« De Menzano, le XXIX août MDXLIIIJ.

« De V. S. R.

« Le très-respectueux serviteur,

« Aonio Paleario. »

Nous avons vu aussi à la bibliothèque Ambrosienne de Milan, diverses lettres, même autographes de Paleario : il loue les Milanais et les décurions de ce que, même dans les temps de disette, ils ne l'ont laissé manquer de rien : ailleurs il se plaint à l'historien bien connu Michel Bruto, de ce que celui-ci ait imprimé une lettre de lui sans l'en avoir prévenu.

Dans son procès, qui figure à la Bibliothèque Magliabecchiana de Florence, au manuscrit portant le n° 393, on trouve en feuilles imprimées son plaidoyer prononcé au sénat de Sienne.

I Concetti di Aonio Paleario per imparare insieme la grammatica e la lingua di Cicerone, etc., ont été imprimés à Venise en 1567, par François Franceschini ; mais en réalité l'ouvrage est de Lazzaro Bonamici, et il n'y a de Paleario que le *Supplemento de' concetti della lingua latina*.

DISCOURS VI.

Les hérétiques de Lucques.

La critique appliquée aux choses de religion avait entraîné aussi l'aristocratique Lucques à des mesures de rigueur. Non moins religieuse que ses sœurs, cette charmante ville comptait au treizième siècle cinquante-huit églises, et il y en avait cinq cent vingt-six dans son diocèse, assez étendu. Comme les autres communes d'Italie, celle de Lucques avait publié des édits contre les hérétiques et contre les Patarins (A) : plus tard, en 1525, elle avait prohibé les livres de Luther et ceux des Luthériens, avec injonction à quiconque en possédait de les lui consigner. Mais Pierre Martyr, Ochin, Aonio Paleario, qui séjournèrent à Lucques soit comme prédicateurs, soit comme professeurs, y avaient fait de nombreux prosélytes. L'aristocratie, qui dominait en ce pays, ou ne s'en apercevait pas, ou se taisait pour ne pas envenimer les passions, alors qu'étaient encore si récents le soulèvement démocratique des Straccioni (Gueux) et les tentatives parricides de messire Pierre Fatinelli (B), et lorsqu'on devait plutôt trembler au sujet des ambitions mal dissimulées de Cosme de Toscane. Nulle part nous n'avons trouvé d'indication relative aux projets qu'on aurait eus de tenir le Concile à Lucques ; mais, parmi les papiers des Médicis existant aux Archives de Florence [1], il nous est tombé entre les mains une note de

(1) Série 4015.

1545, qui énumère les motifs pour lesquels les Lucquois déclinaient cet honneur, et que voici :

1° Parce qu'ils eussent été entraînés à de sérieuses dépenses pour se prémunir contre les dangers qui en pouvaient résulter ; 2° parce que le commerce, qui fait vivre les habitants, eût été troublé ; 3° parce qu'ayant à peine de quoi vivre pendant trois mois, ils auraient eu trop à faire de procurer des vivres à tant de monde ; 4° parce qu'il eût été difficile de trouver chez eux assez de logements ; 5° parce que les prélats n'ayant pas de femmes ne seraient pas accueillis volontiers par la population ; 6° parce que le pays ne verrait pas d'un bon œil une telle assemblée, et que, partant, il en résulterait des malédictions plutôt que des bénédictions.

Au mois de septembre 1541 Charles-Quint, de retour de la diète de Ratisbonne et en route pour sa trop fameuse expédition d'Alger, invita Paul III à venir à Lucques pour se concerter avec lui au sujet du Concile. Le pape s'y rendit accompagné de seize cardinaux, de vingt-quatre prélats, et des ambassadeurs du roi des Romains, de ceux de France, de Portugal, de Florence et de Ferrare. La suite se composait en outre du grand maître des chevaliers de Rhodes avec dix-huit chevaliers, de cent cinquante soldats à cheval et de deux cents fantassins. Il s'efforça de détourner Charles-Quint de l'expédition, qui, comme tout le monde le sait, eut un si triste résultat, et blâma les concessions qu'il avait dû faire aux Luthériens à Ratisbonne. Pendant cette entrevue des souverains à Lucques, on n'inquiéta point les dissidents qui y demeuraient, et parmi lesquels était Pierre Vermigli.

Alexandre Guidiccioni. Paul III chérissait beaucoup l'illustre Barthélemy Guidiccioni de Lucques, et lui fit accepter des emplois, des dignités, même le cardinalat et divers évêchés, entre autres celui de Lucques, dont il se démit bientôt en faveur de son neveu Alexandre. Celui-ci, qui avait fait preuve de beaucoup de zèle à propos du Concile de Trente, composa une grande quantité d'ouvrag es de droit ; et lorsqu'il mourut, le pape, qui n'entreprenait jamais rien sans le consulter, dit que nul n'eût été plus capable de lui succéder soit par la vertu, soit par la pureté des mœurs, soit par la science. Or voici ce que Guidiccioni écrivait de Rome, en 1542, aux magistrats de son pays : « Ici, nous avons appris de di-« vers côtés combien se sont multipliées dans notre ville « de Lucques les erreurs pestilentielles de la secte luthé-« rienne, antérieurement condamnée ; erreurs, qui, bien « qu'on les ait crues assoupies, ne se sont réveillées de « leur léthargie que plus fortes et plus vigoureuses... Jus-« qu'à présent, on avait pu croire qu'elles n'avaient causé « de ravage que chez quelques pédants et quelques fem-« mes ; mais, à entendre parler des conventicules tels « qu'ils ont lieu à Saint-Augustin, à voir les doctrines « qu'on enseigne et qu'on imprime, sans qu'il soit pris « aucunes mesures par les dépositaires de l'autorité soit « ecclésiastique, soit civile, sans même que personne « cherche à les provoquer, on ne peut avoir d'autre pen-« sée, si ce n'est que tout se passe ainsi avec la partici-« pation et le consentement de ceux qui gouvernent. « C'est pourquoi je prie de nouveau vos seigneuries de « vouloir bien prendre les mesures qui seront néces-« saires, afin que la ville de Lucques ne tarde pas à être « en aussi bonne odeur qu'elle est aujourd'hui suspecte « d'infection pour le mal qu'on y a répandu et qu'on y « répand encore. Aussi, celui qui au nom du saint-siége

« apostolique chasserait de leur couvent ces moines, depuis « si longtemps déjà les auteurs et les fauteurs de ces er- « reurs pestilentielles, pour mettre à leur place d'autres « religieux capables de produire de bons fruits et qui en « même temps châtieraient quelques adeptes de la secte, « celui-là, dis-je, apporterait peut-être le meilleur remède « au mal...

« En attendant, il serait bon que vos seigneuries, en « vertu de leur autorité, ordonnassent au vicaire de l'é- « vêque de faire arrêter ce Célio (il s'agit ici de Curione) « qui habite chez messire Nicolas Arnolfini; Célio qui, « dit-on, a traduit en langue vulgaire quelques ouvrages « de Martin Luther pour donner cet aliment même aux « faibles femmes de notre ville, et qui a pu faire à son gré « imprimer les préceptes de cet hérésiarque; sans compter « que de Venise et de Ferrare on a appris sur son compte « de plus tristes nouvelles encore. Ainsi, il n'y a pas de « temps à perdre avec ces religieux de Saint-Augustin, « et surtout pour arrêter le vicaire, qui, d'après ce qu'on « sait de bonne source, a plusieurs fois donné la commu- « nion à un certain nombre de nos concitoyens, en leur « faisant croire qu'ils font cet acte uniquement en mé- « moire de la passion du Christ, et non pas avec la « croyance que dans l'hostie soit son vrai et sacré corps. « Vous pourrez à votre choix, après toutefois les avoir « mis sous bonne garde, ou les envoyer à Rome, ou « bien faire publier par un manifeste que vous les re- « tenez prisonniers sur les instances de sa Béatitude, afin « que tout le monde sache que vos seigneuries sont bien « résolues à faire leurs preuves, et à rester, à l'exemple de « nos ancêtres, de bons et fidèles catholiques, et des en- « fants soumis au saint-siége apostolique...

« Ce matin, après le départ de l'ambassadeur, dans la « congrégation composée des révérendissimes membres « de la commission pour les hérésies et erreurs luthé- « riennes, en présence de Notre Seigneur (le pape), on a « donné lecture de huit propositions luthériennes et non « catholiques de don Constantin, prieur de Fregonara, qui « ont tellement affligé Sa Sainteté ainsi que les réváren- « dissimes députés, qu'ils m'ont chargé d'écrire à Vos Sei- « gneuries de le faire incarcérer, d'en donner avis, ou « de l'envoyer à Rome avec l'autre frère de saint Au- « gustin. Aussi, je m'adresse à vous pour que vous veuilliez « bien agir avec célérité; vous effacerez ainsi le mauvais « renom que s'est acquis notre ville, vous montrerez « que de telles erreurs vous sont odieuses, et vous ferez une « chose agréable à Dieu. »

Le sénat envoya une députation pour se disculper : il ordonna en même temps au gonfalonier et aux anciens d'assister plus souvent aux offices religieux : il consentit en outre à l'arrestation de quelques individus suspects, entre autres du prieur de Frégonara, qui put s'enfuir à temps, et de l'anonyme augustin, que ses adhérents firent échapper de prison.

Si nous nous en rapportons au témoignage de Beverini, le tardif narrateur des Annales Lucquoises, Louis Balbani, séjournant à Bruxelles pour affaires, put, par l'entremise du grand chancelier Granvelle, entendre, sans être vu, un entretien entre l'empereur, le nonce apostolique et l'orateur du duc de Toscane, dans lequel ils se plaignaient de ce que la république de Lucques fomentait l'hérésie, en sorte que, disaient-ils, si celle-ci ne se corrigeait pas bientôt, il faudrait la placer sous la dépendance de Cosme. Balbani serait accouru, selon Beverini, annoncer ce fait au sénat de sa patrie, et les sénateurs, qui se sentaient en faute, se seraient enfuis tout effrayés du sort qui les menaçait.

Ce récit, que Beverini donne comme une tradition orale, n'est appuyé sur aucun document authentique. Néanmoins Pierre Martyr Vermigli, dans l'épître apologétique qu'il adressait à ses frères lucquois concernant sa fuite, se félicitait de l'augmentation du nombre des croyants à Lucques. Peut-être l'avait-on exagéré tant à la cour de Rome qui désirait y établir l'Inquisition, qu'à Florence, dont le souverain cherchait un prétexte pour mettre la main sur cette république objet de ses convoitises, laquelle, pour écarter les périls qui la menaçaient, songea à déployer une rigueur exorbitante. Le conseil général de la dite république publia un édit portant la date du 15 mai 1545, ainsi conçu : « Ayant tout lieu de croire qu'il y a certains « individus téméraires, qui, bien qu'ils n'aient aucune in- « telligence des Saintes Écritures et des sacrés canons, « osent s'immiscer dans le domaine de la religion chré- « tienne, et se hasardent à en parler ainsi en libres pen- « seurs comme s'ils étaient de vaillants théologiens; crai- « gnant, en outre que, dans le cours de leurs entretiens, « il ne leur échappe quelque propos, ou entendu par « d'autres qui leur ressemblent, ou suggéré par leurs « convictions diaboliques, lequel s'écarte de la vérité « et tienne de l'hérésie, et qu'ils ne lisent aussi de petits li- « vres sans nom d'auteur, contenant des choses héréti- « ques et scandaleuses; d'où il pourrait facilement ar- « river que non-seulement ils tomberaient dans quelque « erreur, mais qu'ils y feraient encore tomber d'au- « tres, » condamne à l'amende les auteurs de ces sortes de discours, et même aux galères en cas de récidive; ab-

sont les dénonciateurs; ordonne, sous peine de confiscation, qu'on lui consigne les livres hérétiques, défend d'entretenir toute espèce de correspondance avec les hérétiques, et notamment avec Ochin et don Pierre Martyr; finalement décide qu'il sera nommé chaque année trois citoyens pour veiller sur les infractions au présent édit. Toutes ces dispositions ne devaient s'appliquer qu'à l'avenir; quant au passé, toute recherche était interdite. Le pape consentit, approuva tout, et décerna des éloges aux magistrats pour le zèle par eux déployé en cette circonstance [1].

La fameuse conspiration de François Burlamacchi accrut encore les soupçons. Associant, comme il arrive souvent, les aspirations libérales en politique aux sentiments religieux, ce personnage avait rêvé de ressusciter les républiques toscanes tombées, pour les opposer à la tyrannie de Cosme, en les unissant à celles de Sienne et de Lucques, sa patrie, qui étaient encore debout. Dans son rêve, on eût à la fois ramené l'Église à la pauvreté apostolique, en enlevant au clergé ses biens et au pape son domaine temporel, pour le soumettre à la suzeraineté de l'Empire. Nommé chef de la milice des campagnes et des contingents de la montagne, Burlamacchi croyait que ces forces suffiraient pour prendre d'assaut Pise et y proclamer la liberté, et de là marcher sur Florence. Ne mesurant pas les moyens d'exécution au résultat qu'il se proposait, il avait mis sa confiance dans un petit nombre de personnes partageant ses vues et ayant accepté les doctrines hétérodoxes (1546). Burlamacchi.

(1) Dans la liste des livres prohibés annexée à ce décret, on cite OCHINUS, *De confessione. Vita nuova, Quædam simplex declaratio* PETRI MARTYRIS VERMILII FLOR. *Et libri dicti P. Martyris et B. Ochini post eorum lapsum ab unitate sanctæ matris Ecclesiæ.*

Mais les sénateurs eux-mêmes, qu'il croyait lui être favorables, en ayant eu vent, l'arrêtèrent et le firent mettre à la torture, puis le livrèrent à un commissaire impérial, qui le transféra à Milan, où il eut la tête tranchée, le 14 février 1548.

Burlamacchi, dans sa défense, n'avait cherché à démontrer à ses juges qu'une seule chose, c'est que toutes ses entreprises avaient eu pour but de rendre service à l'empereur.

Comme on lui demandait quel bien il entendait procurer à Sa Majesté par cette union, il répondit :

« Dans le cas où mon entreprise de ne faire qu'un seul « État de toute la Toscane eût réussi, j'avais le projet soit « de me rendre ensuite vers l'empereur, soit de lui envoyer « un délégué, soit de lui écrire, pour le prier de venir « dans ce pays, afin d'y réformer les nombreux abus qui « existent dans l'Église, et afin de ramener l'unité dans les « croyances, aujourd'hui si diverses, dont elle souffre. « L'empereur pouvait, ce me semble, obtenir ce résultat, « en retirant pour l'avenir les revenus aux bénéficiaires, « tout en laissant la jouissance aux titulaires actuels, « sauf après leur mort à appliquer ces revenus soit au « trésor public, soit au soulagement des pauvres, selon « qu'il lui eût paru meilleur. Par là il eût contenté les « Allemands, qui ne désiraient pas autre chose, les eût « fait rentrer sous son obéissance, après quoi il les eût « engagés à prendre la route de Rome, et ainsi secondé « par eux et par les peuples de la Toscane, il se serait fait « proclamer empereur des Romains, ce qui avec le susdit « aide eût d'autant plus facilement réussi, qu'il avait là « tout près le royaume de Naples et un parti à lui dans « Rome (C). »

Burlamacchi songeait donc à expulser d'Italie les papes pour y implanter les empereurs d'Allemagne.

L'an 1549, on apprit tout à coup que le Saint-Office, ayant été informé qu'on avait introduit à Lucques une grande quantité de livres luthériens, envoyait en qualité d'inquisiteur dans cette ville le prieur des Dominicains de San-Romano. Les sénateurs et le peuple, effrayés de la création de ce tribunal d'exception, envoyèrent à Rome leurs réclamations par l'intermédiaire du cardinal évêque, et obtinrent qu'on confiât la juridiction du Saint-Office au vicaire de l'évêque, assisté du Gouvernement, sans immixtion aucune de magistrats étrangers. Pour faire preuve de zèle, le gouvernement de Lucques, à la date du 24 septembre 1549, révisait la loi contre les hérétiques, en confirmait les dispositions, et étendait même l'application des pénalités qu'elle contenait à quiconque publiait un livre traitant de matières religieuses, sans l'approbation préalable du vicaire de l'évêque. Le nouveau statut contre les hérétiques obligeait chaque habitant de la république à se confesser et à communier ; en carême, il portait interdiction d'abattre d'autre bétail que des chevreaux, des veaux ou des moutons, et de débiter d'autre viande ; il défendait à tous sans exception de prendre comme gens de service des personnes sorties d'un couvent : il y avait pour toute infraction à ces dispositions des sanctions pénales, et même des encouragements aux dénonciateurs. Aussi, le nouvel évêque Alexandre Guidiccioni rencontra-t-il dans l'exercice de sa juridiction de fréquentes oppositions, qui entraînèrent contre lui des plaintes sur la négligence qu'il apportait dans sa mission de surveiller les hérétiques : on lui reprocha même de les laisser si bien se multiplier, que désormais l'au-

Inquisition lucquoise contre les hérétiques.

torité apostolique seule pourrait suffire à les anéantir. L'empereur lui-même fit des remontrances à ce sujet, et le Saint-Office, dans les procès qu'il suivait à Rome, trouvait continuellement impliqués quelques Lucquois qui entretenaient des correspondances avec les exilés, en sorte que l'Inquisition fut rétablie à Lucques. Dans cette circonstance, les sénateurs envoyèrent au pape Jacques Arnolfini pour l'assurer de la sincérité des croyances des membres du gouvernement; ils lui promettaient de veiller dorénavant avec plus de soin sur l'hérésie et d'en punir les fauteurs, le priant de ne pas bouleverser la république par l'introduction de cette autorité insolite (D).

On réussit en effet à écarter le péril; mais, pour extirper la malheureuse semence de l'hérésie, on institua en 1545 l'*uffizio di religione*, avec mission de surveiller les nouveautés en matière de croyances, institution dont les actes existent aux Archives de Lucques. On établit pareillement un *uffizio dell' onestà*, et un autre *della bestemmia* (blasphème) qui avait mission de procéder même contre les joueurs.

Sur l'ordre du Saint-Office, l'évêque publia un édit invitant tous les fidèles égarés à confesser dans le délai de trois mois leurs erreurs devant témoins, et à demander l'absolution : passé ce délai, on procéderait contre les réfractaires en vertu de l'autorité apostolique, c'est-à-dire par devant un tribunal d'exception. Cette espèce de pardon solennel, cette procédure exceptionnelle déplurent souverainement : il semblait que le bref du Saint-Office contribuât à étendre l'hérésie, en lui donnant plus de publicité; aussi Paul IV fit suspendre l'exécution de l'édit, et chargea l'évêque d'entendre en secret les confessions (1555). Mais, en présence de ce revirement, comme il y avait à craindre de voir mettre à exécution les mesures qui jusqu'alors étaient restées comminatoires, beaucoup de citoyens prirent le parti d'émigrer. D'abord on vit Guillaume Balbani, François Cattani, Jerôme Liena, qui en 1542 avait été condamné à l'amende pour avoir favorisé l'évasion d'un moine augustin suspect d'hérésie; ils furent suivis dans leur exil par Christophe Trenta, Vincent Meï, Philippe Rustici, qui traduisit à Genève la Bible (1562), Jacques Spiafame, évêque de Nevers; le docteur Nicolas Liena, très-versé dans les affaires publiques; Pierre Perna, qui, devenu plus tard imprimeur à Bâle, multiplia surtout les éditions des auteurs réformés, et eut pour correcteur Mino Celsi, de Sienne; enfin le médecin Simon Simoni. Des familles entières allèrent rejoindre par essaims les exilés, témoins les Liéna, les Jova, les Trenta, les Balbani, les Calandrini, les Cattani, les Minutoli, les Buonvisi, les Burlamacchi, les Diodati, les Sbarra, les Saladini, les Cenami, qui donnèrent à la Suisse d'utiles citoyens, et à la république des lettres des personnages illustres. (E.)

Ces émigrés, condamnés comme hérétiques, avaient eu leurs biens confisqués, mais plutôt pour la forme, car on leur avait laissé tout le temps nécessaire pour mettre leur fortune à couvert. Le terme de la rétractation étant expiré, Paul IV avait invoqué l'appui du bras séculier, pour faire traduire les récalcitrants devant le Saint-Office; et en effet trois citoyens furent arrêtés. Les sénateurs rendirent leur évêque responsable de cette mesure rigoureuse : celui-ci, dégoûté des oppositions qu'il rencontrait dans l'exercice de sa juridiction, saisissait toutes les occasions possibles pour faire jouer un triste rôle à sa patrie. A Rome, on intenta des poursuites contre six émigrés de

Lucques, et on brûla leurs effigies; quant au gouvernement lucquois, il s'empressa de les déclarer rebelles et de saisir leurs biens, avant que l'Inquisition y mît la main. Michel Diodati, cité à Rome par l'Inquisition, renonça au poste d'*ancien* qu'il occupait pour aller de suite se disculper, mais il n'y parvint qu'au bout de deux ans. En 1558, on prohibait tout entretien ou correspondance avec les personnes déclarées hérétiques, ou qui étaient contumax sur les citations du Saint-Office.

Le sénat de Lucques accepta les décrets du Concile de Trente et la bulle sur la presse : il obligea les aubergistes à donner la liste de tous les étrangers suspects de mauvaises doctrines : il exclut des charges publiques les descendants jusqu'au deuxième degré de ceux qui avaient été déclarés hérétiques. Cette conduite valut à la république l'insigne faveur de recevoir du Pape Pie V, par l'entremise du prince Colonna, la rose d'or bénite, présent que les souverains pontifes ont coutume d'accorder aux grands princes en signe d'affection. Les Lucquois n'étaient que trop intéressés à se montrer catholiques zélés; Cosme en effet, désirant les ranger sous son obéissance et annexer leur pays, les dénonçait comme hérétiques de la pire espèce : aussi tous ceux que réclamait le Saint-Office étaient-ils consignés à ce tribunal ou contraints sous d'énormes cautions à se présenter devant lui. De temps en temps on essayait à nouveau d'établir l'Inquisition, et ce n'était pas petite affaire que de chercher à écarter les tentatives faites dans ce but : on allait même jusqu'à laisser poursuivre des magistrats ainsi que des personnes jouissant d'une grande estime.

Un certain Laurent Del Fabbro mit tout en œuvre pour démontrer la nécessité de l'établissement de l'Inquisition, et il réunit dans ce but des dépositions émanées d'hommes de la basse classe. Le gouvernement, s'en étant aperçu, lui fit un procès et l'envoya à Rome. Après de longues investigations, Del Fabbro fut absous, et le sénat, secondant les sentiments de haine que le peuple nourrissait contre lui, essaya de l'exiler, sous le prétexte qu'il cherchait à transférer hors de sa patrie l'industrie de la laine : mais le Saint-Office, s'étant aperçu que ce n'était qu'un prétexte mis en avant pour tirer vengeance de lui, prit sa défense.

Néanmoins, chaque fois qu'un inquisiteur arrivait sur le territoire de Lucques, on le tenait tellement isolé, qu'il était bientôt obligé de quitter la place : les Jésuites cherchèrent aussi à se faire appeler pour diriger l'éducation des jeunes gens appartenant à la noblesse, mais le sénat déclara qu'il ne pouvait les recevoir sans faire courir à la république un danger manifeste.

En 1561, pour obéir aux recommandations faites par les cardinaux inquisiteurs, on redoubla de précautions à la frontière, afin d'empêcher l'introduction des livres prohibés; en conséquence on permit aux autorités d'ouvrir les dépêches et les valises provenant des pays d'outre-monts. Lorsque Pie IV craignit que les nombreux Lucquois qui voyageaient en Suisse, dans le Brabant et en France ne contractassent la souillure de l'hérésie, le sénat défendit aux nationaux de s'établir dans ces contrées (20 janvier 1562); ceux d'entre eux qui habitaient Lyon devaient tous ensemble recevoir la communion le jour de Pâques; quiconque hébergeait un étranger, et lui voyait faire des actes ou l'entendait tenir des propos peu catholiques, était obligé de le dénoncer : quant à ceux reconnus hérétiques par l'État, on leur défendait de s'arrêter en Italie, en Espagne, en France, en Flandre et dans le Brabant, « lieux « où nos nationaux sont habitués à converser, à demeurer « et à entreprendre de grandes affaires commerciales; « que si on les y trouve, quiconque les tuera aura droit « par chaque exécution à la somme de trente écus d'or, « qui lui seront payés sur les fonds de la commune : s'il « était parmi les bannis, il aura la liberté de rentrer : au « cas contraire, il aura la faculté de faire gracier un autre « banni. » (F.)

Ce décret dans son ensemble valut à la commune de Lucques des éloges de la part de Pie IV et de saint Charles, et fut proposé ailleurs comme un modèle à suivre : mais, par bonheur, nous avons tout lieu de croire qu'il ne fut pas appliqué dans toute sa rigueur, car nous savons que, même après sa publication beaucoup d'hérétiques restèrent dans cette ville, y entretinrent des correspondances avec les exilés, et continuèrent à recevoir des ouvrages protestants. Aussi, saint Charles, dans une lettre du 13 décembre 1563 adressée aux Anciens de Lucques, où il leur rappelait les mesures prises, disait être parfaitement informé que leurs concitoyens et les sujets de la république établis en France, et surtout ceux fixés à Lyon, y tenaient une conduite déplorable, et vivaient comme dés gens fort suspects en matière de foi : partant, il exhortait les susdits Anciens à surveiller de plus près l'exécution des ordres antérieurs.

Nouvelles poursuites.

En effet plusieurs émigrés lucquois, qui étaient venus de Genève à Lyon pour prendre part aux agitations religieuses de cette ville, firent grand bruit à l'occasion de ces décrets, et en appelèrent à la protection du roi sous lequel ils vivaient. Par suite, la reine Catherine et Charles IX se plaignirent à la république de Lucques de l'injustice de ces actes, et envoyèrent au gouverneur de Lyon l'ordre d'empêcher qu'on fît aux citoyens lucquois aucune violence. Le sénat de Lucques écrivit des lettres justificatives à la Cour de France et aux sénats de Genève et de Berne. Catherine lui répondit qu'elle n'avait pas voulu empêcher la justice d'avoir son cours, qu'elle n'avait écrit les lettres de doléance que pour se soustraire aux importunités des religionnaires, qui lui avaient exposé l'état des choses sous un aspect différent. Les seigneurs lucquois s'enhardirent de cette protection, et un registre spécial des arrêts rendus contre les hérétiques à la date de 1570 contient les noms de nouveaux exilés, tels que Godfroy fils de Barthélemy Cenami, Nicolas Franciotti, Joseph Cardoni, Sauveur dell' Orafo, Antoine, frère de Michelange Liena, Gaspard et Flaminie Cattani, César fils de Vincent Mei, Benoît fils de Philippe Calandrini, Michel fils de François Burlamacchi, Joseph Jova, Laurent Alò, Venturini, Marc fils de Clément de Rimini. Leurs noms étaient inscrits sur une affiche exposée aux regards de tous, afin que personne n'ignorât l'obligation où il était d'éviter toute correspondance avec eux, et s'ils ne se rendaient pas au premier appel, leurs biens étaient confisqués.

Un autre évêque du nom d'Alexandre Guidiccioni avait succédé à son homonyme : violent dans ses procédés avec les réformés et en lutte continuelle avec le Gouvernement, il molesta quelques hétérodoxes allemands qui s'étaient établis à Lucques pour y faire le commerce; il se plaignait des enquêteurs spéciaux en matière de religion, comme s'ils eussent apporté de la négligence à faire exécuter les règlements qui avaient valu à la République les éloges de Pie IV; de plus, il prônait l'Inquisition comme un remède nécessaire (1603) : sa conduite amena tant de conflits, que le Gouvernement le déclara ennemi de la ville. Paul V parut seconder les vues de l'évêque en voulant retirer au Gouvernement l'examen des livres prohibés et certaines attributions lui appartenant en vertu des lois qu'avait approuvées Pie IV, et il trouvait étrange qu'une cité d'où étaient sortis tant d'hérétiques repoussât ce tribunal qu'avaient accepté et Venise et Gênes. Cependant le sénat parvint encore à calmer le pape, en lui promettant qu'aussitôt que les enquêteurs spéciaux auraient découvert quelque infraction, il en donnerait avis à l'ordinaire pour que celui-ci y mît bon ordre.

Le cardinal Jules Spinola, évêque de Lucques, adressa encore en 1679 une lettre aux familles lucquoises demeurant à Genève, pour les exhorter à revenir dans leur patrie et à rentrer dans le giron de l'Église romaine. François Turrettini, professeur de théologie, lui répondit pour justifier l'émigration qui avait eu lieu un siècle auparavant : « Nous pouvons assurer sa Grandeur (disait-il) que s'il « s'agissait de toute autre chose, elle nous eût trouvés tout « prêts à l'écouter, mais en un point aussi important que « celui-ci, qui regarde la conscience, laquelle dépend uni- « quement de Dieu, elle ne trouvera pas étrange qu'étant « persuadé de la vérité que nous professons, nous ne « puissions prêter l'oreille aux exhortations qu'elle nous « adresse pour abandonner nos croyances, quelles que « soient les considérations qu'elle nous présente à ce su- « jet ». Turrettini ajoute que ses coréligionnaires eussent voulu garder le secret sur les démarches de l'évêque; mais comme elles étaient venues à la connaissance du public, et comme le bruit avait couru qu'ils étaient disposés à changer de religion, ils se trouvaient forcés de publier leur réponse. Cette réponse à l'évêque de Luoques porte les signatures de F. Turrettini, B. Calandrini, F. Burlamacchi, G. Diodati. M. Micheli, V. Minutoli (F. *bis*.)

Jean Antoine Pelligatti (*Annali di Lucca*, manuscrit existant aux Archives d'État, tome II, part. II, pag. 121) écrit : « Si dès le principe la touchante invitation adressée « par le cardinal-évêque aux familles d'origine lucquoises « résidant à Genève rencontra chez ces émigrés un « accueil peu favorable, néanmoins elle ne fut pas tout « à fait sans résultat, puisque, avec le temps tou- « chés par la grâce divine, quelques membres des no- « bles et antiques familles des Calandrini et des Minutoli, « reconnaissant les erreurs de leurs ancêtres, abjurè- « rent l'hérésie, et, faisant acte d'obéissance envers la « sainte Église, revinrent dans leur patrie. Le sénat, « voyant qu'ils y manquaient du nécessaire, parce que « leurs biens avaient été dévolus au fisc à l'époque de la « fuite des premiers apostats, et satisfait du retour à la « foi de ces concitoyens, les pourvut non-seulement des « secours opportuns pour mener une existence conve- « nable, mais encore les réintégra dans les dignités qu'ils « avaient jadis perdues, dont ils ont maintenant et auront « désormais la jouissance ».

Aux mêmes Archives (*Atti del Consiglio Generale, registro* 160, *cart.* 55), on trouve, à la date du 18 mars 1681, mention de la lecture faite en conseil général d'un mémoire émané du bureau des secrétaires d'État, où l'on exposait que le cardinal Spinola, évêque de Lucques, avait, dès l'année 1679, adressé une lettre aux descendants des familles lucquoises réfugiées à Genève et hérétiques, lettre à laquelle jusqu'ici il n'avait été fait aucune réponse ; « mais « ce jourd'hui (est-il dit dans le mémoire) sont com- « parus devant nous les respectables citoyens Octave et

« Nicolas Diodati, Barthélemy et Attilius Arnolfini, Octave
« Manzi et François-Marcel Burlamacchi, qui nous ont
« présenté chacun un livre imprimé à Genève, intitulé
« *Lettre de l'éminentissime cardinal Spinola, évêque de*
« *Lucques, aux originaires de Lucques demeurant à Genève,*
« avec les considérations faites à ce sujet. Et en même
« temps, ils nous ont exhibé les lettres qui ont été envoyées
« à chacun d'eux avec le dit livre par les susdits habi-
« tants de Genève..... Cette découverte opérée, nous
« avons tout d'abord fait force diligences pour rechercher
« par quel moyen lesdits livres avaient été introduits dans
« la ville, et nous sommes parvenus à savoir qu'un né-
« gociant de Livourne, calviniste et correspondant desdits
« Genevois, les avait consignés sous la forme de paquets,
« cachetés chacun par trois cachets, à un batelier de
« Pise, portant à l'extérieur l'adresse des nobles citoyens
« destinataires. Nous n'avons pu encore citer devant nous
« ce batelier, quelles que soient les diligences que nous
« ayons apportées à le faire rechercher dans le seul but
« d'avoir le nombre précis desdits paquets, car nous com-
« mençons à soupçonner que leur nombre a pu s'élever
« à sept, et six seulement nous ont été présentés. »

Les secrétaires d'État racontent qu'il leur parut bon de consigner les susdits livres à l'évêque, *lequel* (dit le mémoire précité) *a accueilli avec une extrême satisfaction ce témoignage de religieuse piété qui lui a permis de supprimer un poison si pernicieux, nous assurant qu'il en écrirait à Notre Seigneur* (au pape), *pour que la République en ait l'honneur et les profits.* Le mémoire se termine ainsi :
« Les secrétaires considéreraient comme vraiment digne
« de la grande piété de l'excellentissime conseil, de
« son respect constant et de son dévouement envers la

« sainte Église, de donner un témoignage public de son « indignation : le conseil devrait, selon nous, faire brûler « lesdits livres par l'exécuteur des hautes œuvres après « avoir retiré les feuilles sur lesquelles a été imprimée « la lettre de Son Éminence. Par là, de même qu'on ma« nifesterait au monde combien a déplu ici la conduite « des dits originaires de Lucques qui ont publié le dit livre, « et la répulsion que chacun a éprouvée pour leur invi« tation, ainsi on fera connaître que, pas plus en pu« blic qu'en particulier, on ne veut en aucune façon « entrer en pourparlers avec des personnes en dehors « de la société des vrais fidèles et de l'obéissance envers « le saint-siége. On verra que si les membres de ce Con« seil agissent ainsi, c'est pour se confirmer toujours « davantage dans les sentiments de nos ancêtres qui « se sont attiré de si grands éloges de la part du pape « Pie IV, de sainte mémoire, pour les décrets portés à « cette époque. »

Le gonfalonier ajoute que le septième exemplaire ayant été consigné peu d'instants auparavant, tous ces livres, en exécution d'un décret du grand conseil en date du même jour, ont été brûlés publiquement par le bourreau sur la place de Saint-Michel.

En 1713, Clément XI reprocha au gonfalonier et aux anciens de Lucques d'avoir publié un règlement contraire à la juridiction ecclésiastique et à l'autorité de la sainte Inquisition, règlement qui portait qu'on devait s'en tenir aux prescriptions que Paul V avait éditées dans son bref du 13 octobre 1606.

Parmi les fugitifs, nous avons nommé Simon Simoni. Simon Simoni.
Natif non de Lucques, mais de Vagli, dans le pays de Garfagnana, il étudia la médecine, et, après avoir em-

brassé les opinions calvinistes, s'établit à Genève, vers 1565, où, choyé comme il arrive d'ordinaire aux exilés, il fut chargé d'un enseignement public. Mais, à l'exemple d'autres italiens, Simoni se fit bientôt remarquer par des opinions que de Bèze dénonça comme antitrinitaires, et les théologiens du pays l'anathématisèrent : ce qui lui valut à deux fois différentes d'être emprisonné. Parvenu à s'échapper, il se retira à Heidelberg, où il fut aussi nommé professeur, et où, le 30 décembre 1568, il fit une leçon sur l'axiome péripatéticien *Ex nihilo nihil fit* : partant de ce principe, il soutenait que le Verbe lui-même avait été créé. De Bèze lui écrivit pour le blâmer d'avoir développé de pareilles propositions et d'autres encore, tant dans cette leçon que dans son ouvrage sur l'essence de Dieu, où il rejetait le dogme de la Trinité, et où il affichait la prétention de croire au ciel comme père, à la terre comme mère, et à la forme, c'est-à-dire à la sensibilité et à l'intelligence du ciel. En conséquence de ses étranges doctrines, Simoni dut aussi quitter Heidelberg. S'étant établi à Leipzig professeur de philosophie, il s'y maria, et devint le protégé de l'électeur Auguste, qui le nomma son médecin et le chargea de réformer l'Université. Mais, peu de temps après, l'électeur, lui aussi, le congédia, soit pour ses opinions, soit par suite des rivalités ordinaires, qui lui avaient attiré beaucoup de contradicteurs, notamment Jacques Schegki. Il se retira ensuite à Prague, se laissa convertir au catholicisme par un jésuite, fit une abjuration solennelle en 1581, et promit d'écrire dorénavant en faveur de la vérité. Il alla se fixer alors à la cour de Ferdinand II, puis à celle d'Étienne Bathory, en Pologne, et enfin à celle du roi Sigismond.

Mais ses rivaux ne cessaient pas de lui faire la guerre :

en 1588 Marcel Squarcialupo publia à Cracovie un pamphlet ayant pour titre : *Simonis Simoni lucencis, primum romani, tum calvinici, deinde lutherani, denuo romani, semper autem athei, summa religio,* où il le compare à l'Arétin. Selon lui, Simoni aurait enseigné que les générateurs de toutes choses sont le ciel et la terre; que la chaleur du ciel règle, prévoit et dispose toutes choses; et, à l'appui de cette assertion, il cite un symbole de foi que Simoni aurait fait imprimer à Vilna.

Il se vantait d'avoir des syllogismes qui eussent embarrassé même saint Paul : les Protestants le regardent, après Mélanchthon, comme le restaurateur de la science parmi eux; d'autres le croient victime de la calomnie de ses ennemis, à qui il fait allusion dans son livre intitulé, *Balais avec lesquels on balaye les excréments des calomnies, des mensonges, des erreurs*, 1589[1]. Il écrivit beaucoup d'ouvrages de médecine, entre autres une réfutation de l'avocat Nicolas Buccella, chirurgien italien, anabaptiste en Pologne, sur le compte de qui nous ne savons absolument rien, si non qu'il avait attaqué les précédents écrits de Simoni.

Parmi les descendants des émigrés lucquois ont brillé d'un certain lustre Frédéric Burlamacchi et le fameux légiste Gian Giacomo; Jean Louis Calandrini; Jacques, Barthelemy et François-Gratien Micheli; Jean-Louis Saladini. A la famille Minutoli, illustrée par d'insignes personnages, principalement par des prélats et des jurisconsultes, appartenait aussi Vincent fils de Paolino et de Laure Cenami, qui, s'étant fixé à Genève en 1594 et ayant embrassé la religion Émigrés lucquois.

(1) C'est la traduction littérale du titre italien que voici : *Scope con le quali si scopano gli escrementi delle calunnie, delle bugie, degli errori,* 1589. Note des traducteurs.

protestante, épousa Suzanne, fille de Michel Burlamacchi et de Clara Calandrini, d'où sortit une postérité justement célèbre, et qui fleurit encore à Genève dans la personne des Turrettini et des Passavanti. (G)

Genève resta toujours la Rome des Evangéliques. La famille des Turrettini mérita bien de cette ville et lui donna plusieurs hommes d'État et quelques écrivains. Citons Benoît Turrettino, auteur de sermons et de dissertations théologiques (1631) et d'un histoire de la réforme à Genève, restée manuscrite : son fils François, disciple de Gassendi, et qui compta au nombre des hommes les plus remarquables de cette ville ; entre autres ouvrages, il composa *Institutiones theologicæ elenchticæ* (1687) : Jean-Alphonse Turrettino, son fils, encore plus célèbre que les autres (1671-1737). Accueilli avec distinction dans ses voyages, établi à Genève comme un des pasteurs de cette ville, nommé plus tard à une chaire d'histoire ecclésiastique érigée tout exprès pour lui, il entretenait une correspondance des plus étendues pour se tenir au courant de tout ce qui se passait chez les Protestants. Il tenta de faire la paix entre les dissidents, en les engageant à s'en tenir uniquement à certaines croyances fondamentales et à tolérer les dissentiments sur des points secondaires : aussi peut-on dire qu'il réforma une seconde fois Genève, en effaçant tout ce que Calvin y avait laissé de passionné. Ce fut grâce à son intervention que le consistoire des pasteurs de Genève renonça à la prétention d'exiger de tous les ministres leur adhésion écrite au fameux *Consensus*, formulaire relatif aux questions de la prédestination et de la grâce. Les œuvres d'Alphonse Turrettino ont été réunies en quatre volumes à Leuwarde, en 1775. Ce fut lui qui écrivit que si tant de nations européennes placées sous un ciel fortuné, et possédant de beaux génies, ne produisent rien de remarquable, la faute en est au Saint-Office, ou à des lois comme celles de l'Inquisition, qui émoussent toute la vigueur des intelligences, attendu que nul ne veut provoquer de mouvement littéraire, et chercher les vérités ou publier ses propres découvertes, alors que, au lieu de louanges, on ne doit attendre que des reproches, le déshonneur au lieu d'applaudissements, des peines et des supplices au lieu de récompenses.

Ludovic Muratori, cet auteur aussi pieux que savant, qui mérita d'être surnommé le père de l'histoire d'Italie, entreprit de réfuter ces assertions dans le livre *De ingeniorum moderatione in religionis negotio*. Il y démontre que chez les catholiques on a pleine liberté de discuter sur tout ce qui n'attaque pas la foi et les mœurs, ainsi que les opinions en fait de sciences, lettres, arts, par exemple la théorie de Copernic, et que le droit de publier la vérité reste intact. Mais pour défendre cette vérité il recommande qu'on use de la justice, de la prudence, de la charité, jamais de calomnies; il faut savoir tempérer les paroles mordantes; se comporter avec modération, tant que l'intérêt de la foi n'est pas en jeu; et n'imputer des erreurs à personne qui ne soient bien vérifiées. Muratori voudrait aussi la même prudence chez les censeurs qui revoient les livres avant l'impression; il leur recommande de ne pas froisser l'amour-propre des écrivains, car avec ce système on ne fait que les exaspérer; d'éviter dans leur mission la susceptibilité de leurs opinions personnelles, comme l'obstination à trouver partout des erreurs et à interpréter à mal les intentions.

Parmi les membres de la famille Diodati, outre Charles et Alexandre, Jean se fit une grande réputation grâce à la traduction de la Bible, qu'on a vantée et dédaignée plus qu'il ne convenait, uniquement parce qu'elle était l'œuvre d'un hétérodoxe. Quant à sa valeur littéraire, je n'y trouve pas cette pureté de style qui expliquerait l'honneur que lui font les académiciens de la Crusca en la mettant au nombre des classiques italiens. Diodati a le mérite d'être clair, mais pour y atteindre il a dû ajouter des articles, des prépositions, des mots tout entiers, qu'il a mis en caractères italiques. Ce procédé en fait souvent un interprète et un paraphraste, plutôt qu'un traducteur, rôle où il réussit parfois, où parfois il échoue, et cela d'autant plus qu'il manquait d'une science étendue comme orientaliste, et aussi parce qu'il a voulu torturer la Bible dans un sens hétérodoxe (H). A la première édition, de 1607, l'auteur mit des notes très-courtes, qu'il allongea beaucoup dans celle de 1641, où quelquefois il expose les motifs de ses interprétations et leurs divergences avec celles des autres. La plupart sont bonnes; très-souvent elles s'écartent de la lettre pour se rapprocher du sens mystique, ou bien elles inclinent au sens calviniste.

Comme pour faire contre-poids à la défection de ces catholiques lucquois, nous citerons le fait suivant. En 1588 un soldat, en perdant au jeu, se mit à blasphémer, et lança ses dés contre une effigie de la Madone. A l'instant même où il accomplissait ce sacrilége, il eut le bras cassé; et tous de crier au miracle. Aussitôt après on vit les fidèles accourir en foule vers cette image de la sainte Vierge, qui devint un objet de grande dévotion; elle fut dans l'espace de six mois visitée par deux cent cinquante processions, et reçut tant de dons, qu'on put avec leur valeur construire l'église qui a pour vocable la Madone des Miracles.

NOTES ET ÉCLAIRCISSEMENTS

AU DISCOURS VI.

(A) Dans le statut de 1308, manuscrit existant aux Archives d'État, *liber tertius*, rub. CLV, on lit :

De hæreticis et patarinis et sodomitis expellendis de civitate, et pœna eis danda.

Et (ego lucana potestas) purgabo civitatem lucanam, districtum et episcopatum hæreticis et patarinis et sodomitis et aliis iniquis septis, quos omnes punire debeam et tenear in libris CCC in quibus tenear condemnare et insuper ponere eos in bannum perpetuum, et tenear dari facere de dictis CCC libris, centum accusanti vel denuntianti vel tantum de ejus bonis quantum valeant ad voluntatem accusantis, si legitime de maleficio probaverit accusator vel denuntiator. Et si prædictam condemnationem non solverit accusatum vel denuntiatus ipsum corpore puniri faciam, si quo tempore mei regiminis reperti fuerint sine ulla fraude, et de ipsis hæreticis expellendis in vado lucanum episcopum et lucanum capitulum si me inde inquisierint, et per me et meam curiam tenear prædicta invenire bona fide, sine fraude, et etiam mirari omnem personam quæ a Romana Ecclesia officium circa vel jurisdictionem haberet. Item ego lucanum regimen tenear vinculo juramenti observari facere omnes constitutiones quas olim dominus Clemens papa bonæ memoriæ fecit contra hæreticos utriusque sexus et eorum bona et eorum occasione confirmavit et approvabit, non obstantibus suprascriptis.

(B) Pierre Fatinelli avait vécu en débauché et en incrédule, mais nous trouvons dans l'*Histoire de Lucques de Civitali*, manuscrite, p. 601, ce *Pieux souvenir envoyé par Pietro Fatinelli à ses sœurs les religieuses peu avant de mourir :*

« Oh ! certes, s'il peut vous paraître étrange que Saül ait été mis au nombre des prophètes, combien vous paraîtrait-il plus étrange encore que moi, un si grand pécheur, je vienne vous parler de la parole de Dieu ; mais l'esprit souffle là où il lui plaît. Pierre renia son divin maître, et Paul fut converti au Christ, au moment où il persécutait ses apôtres. Je rends donc grâces au Dieu tout-puissant et à Jésus-Christ, qui est venu pour sauver les pécheurs et qui m'a ouvert les yeux, de ce que je commence à le connaître par la foi, et par un pur effet de sa bonté et de sa miséricorde. Aussi je ne veux pas manquer de communiquer le fruit que j'ai retiré de ma vocation : or, puisqu'entre toutes les bonnes œuvres, celle qu'on loue davantage est l'oraison, comme étant celle qui nous rapproche le plus de Dieu et qui nous unit plus étroitement à lui, j'ai résolu d'en parler avec vous, non pas certes comme un docteur, mais comme un disciple du Christ, et dans la mesure où le Saint-Esprit me commandera de porter l'eau au fleuve. Quelle que soit ma présomption, je vous prie d'accueillir le fruit de mes veilles avec la même sincérité qui me porte à vous l'envoyer; que s'il y a quelque chose qui vous édifie, attribuez-le à la bonté de Dieu, qui me l'aura dicté, car mon esprit s'applique tout entier à glorifier son nom; que si le contraire vous arrive en me lisant, accusez-moi du scandale que vous y aurez rencontré, parce qu'en tant qu'homme je ne puis opérer aucune action méritoire; que si cependant j'apprenais que la lecture de mes lettres vous satisfît pleinement, alors vous me donneriez envie de vous en envoyer d'autres.

« La prière est une élévation de l'esprit qui s'entretien avec Dieu; c'est un ardent désir de procurer sa gloire et de faire le salut de l'âme. C'est une méditation remplie de suavité sur la puissance, la bonté, la grandeur, la justice et la miséricorde de Dieu. C'est une action de grâces pour tous les bienfaits que nous recevons de lui, non pas pour nos mérites personnels, mais par un pur effet de sa bonté : c'est la reconnaissance de sa justice et l'aveu de notre injustice, la manifestation de la joie que nous cause la première, et de la tristesse que nous cause la seconde. Dans la prière, on peut demander le salut de l'âme et la grâce d'éviter les maux spirituels; elle doit être faite avec une foi ardente, en sorte qu'on ne doute point d'obtenir l'objet de ses demandes; elle doit être faite avec sincérité, loin du trouble, et pour ainsi dire dans le sanctuaire du cœur; brève, sans circonlocutions et en termes très-simples. La prière exige par-dessus tout le calme de l'âme, l'éloignement de l'esprit de toute pensée terrestre, et la concentration de toutes les affections en Dieu.

« Le fidèle peut donc être certain de voir exaucée la prière faite de cette manière, ainsi que nous pourrons le voir exposé brièvement dans les saintes Écritures. »

(C) Voir son procès, à l'interrogatoire du 3 septembre 1546.

Dernièrement, on a voulu faire de Burlamacchi « le premier martyr de l'unité italienne et le premier champion de la guerre contre le pape. » Son procès, qu'on a réimprimé tout récemment, a subi des mutilations dans ce sens, ainsi que nous l'avons vérifié en le confrontant avec l'original. Par exemple, dans ce procès, placé en appendice aux récits historiques de Tommasi, dans l'*Archivio Storico*, après les mots de la page 157, *pour réformer l'Église... en lui enlevant ses revenus*, on lit dans l'original, *en laissant jouir ceux qui en étaient en possession actuellement, et en appliquant ces revenus après leur mort soit au trésor public, soit au soulagement des pauvres, selon que l'empereur l'eût jugé préférable*. Et à la même page, après ces mots, *ils ne désiraient rien autre*, on lit : *Burlamacchi aurait engagé l'empereur à prendre le chemin de Rome, avec l'aide des Allemands et de la Toscane, pour se faire proclamer empereur de Rome, parce qu'il ne lui paraissait pas convenable de se faire appeler empereur des Romains, alors qu'il ne commandait pas à ce peuple. En outre Burlamacchi ajoutait qu'il eût facilement réussi dans cette entreprise avec la susdite aide, d'autant plus qu'il avait là tout près le royaume de Naples et un parti à lui dans Rome. Que, puisque Dieu n'a pas permis que l'entreprise eût lieu de cette manière, il ne devra pas manquer d'un autre expédient pour le faire aboutir à ce résultat*. (R. Archivio Lucchese. — *Cause delegate*, série n° 11.) Bien entendu Minutoli ne fait pas mention de cette dernière partie, qui figure à l'original, parce qu'il eût été tout à fait mal séant pour un protomartyr de l'unité italienne de vouloir livrer sa patrie à l'empereur d'Allemagne.

(D) Tous les historiens modernes de Lucques, et plus spécialement le marquis Mazzarosa, se sont occupés de ces faits, bien que toutefois ils aient ignoré ou omis beaucoup de choses. Nous devons au jeune érudit Jean Sforza, qui a pris pour nous la peine de fouiller dans les riches archives de Lucques, les détails suivants extraits de l'*Histoire de Lucques*, par Joseph Civitali, citoyen lucquois, histoire manuscrite :

«........ Le cardinal Guidiccioni, qui était fort attaché à sa patrie, avertit la ville de Lucques, par des lettres pleines d'affection, que Sa Sainteté et toute la cour romaine la considéraient comme luthérienne et hérétique, et il exhortait par suite ses concitoyens à abandonner les fausses opinions au cas où ils y seraient portés, et à vivre en bons chrétiens et bons catholiques, comme l'avaient toujours fait leurs ancêtres. Plusieurs personnes ayant écrit en ce sens à des citoyens d'une manière privée, on résolut, pour purger la république de Lucques de cette mauvaise réputation, d'envoyer un ambassadeur au pape, et Nicolas Guidiccion fut élu. Comme on avait diminué le nombre des visites que les *Anciens* avaient coutume d'accomplir les jours de fêtes de certains saints, dont les corps reposent dans plusieurs églises de Lucques, on en donna une nouvelle liste, et un décret émané des pouvoirs publics obligea dorénavant les *Anciens* de se rendre en corps pour vénérer leurs reliques. Le cardinal susnommé ayant écrit par ordre du pape qu'on arrêtât le vicaire des frères de Saint-Augustin, celui-ci se constitua volontairement prisonnier au palais du gouvernement. Quelques-uns de ses amis l'ayant aidé à fuir, le magnifique conseil prit à cette occasion de grandes mesures de rigueur : c'est alors que fut exilé Vincent Castrucci, que François Cattani fut privé pendant dix ans des charges honorifiques dont il était revêtu, et qu'Étienne Trenta, Jérôme Liena et Bernardin Macchi furent condamnés à l'amende. » (Livre IV, partie VI.)

Année 1543. « Comme on était en temps de carême, les Anciens ordonnèrent que pour observer les préceptes de la sainte Église, on ne pourrait vendre de viandes pendant ce temps. » (Livre V, partie VI.)

Année 1545. «..... Vu la multiplication des Luthériens en Italie, comme d'une part il n'est pas jusqu'aux artisans ignorants et aux gens tout à fait illettrés qui ne se mêlent ouvertement de controverse religieuse, abus qui avait envahi aussi bien Lucques que d'autres lieux, et cela au déshonneur de la sainte Église catholique romaine ; comme, d'autre part, cet état de choses déplaisait réellement aux hommes sages en général et surtout aux citoyens composant le gouvernement, bien qu'il y eût encore quelques grands personnages souillés de cette erreur, on porta en conséquence une loi très-sévère et très-rigoureuse contre ceux qui seraient assez téméraires pour oser parler, discuter et faire de la controverse sur de semblables matières. La loi ordonnait en outre de saisir tous les livres prohibés et suspects à la sainte Église ; on confia l'exécution de cette mesure pendant très-long-temps à une commission composée des trois citoyens Bathazar Montecatini, Barthélemy Cenami et Jean Bernardini. » (Ibidem.)

Année 1549. «...... Les sénateurs firent une loi en faveur de la religion, bien qu'ils en eussent déjà fait d'autres, car ils désiraient par-dessus tout que les citoyens de la république vécussent dans la crainte de Dieu, dans les bonnes grâces de la majesté impériale et dans celles du saint-siége romain ; dans ce but, ils nommèrent Jacques Arnolfini ambassadeur auprès du pape

Paul III, pour l'assurer de la bonne foi et de la religion des Lucquois. » (Ibid.)

1553. «..... On fit quelques bons règlements sur la religion, et on envoya à Rome messire Augustin Ricci se joindre à l'archevêque de Raugia, pour qu'ils se concertassent ensemble et fissent un rapport aux députés et seigneurs composant l'Inquisition, afin de les rassurer sur les bonnes dispositions de la ville de Lucques, que quelque esprit malin ou turbulent avait calomniée près d'eux, et de leur affirmer qu'elle n'avait jamais laissé passer aucune occasion de témoigner sa respectueuse obéissance envers l'Église. Puis, pour mieux prouver l'intérêt qu'on avait pour le culte sacré, on chargea une commission composée de Jérôme Arnolfini, Barthélemy Pighinucci, Michel Diodati, messire Libertà Moriconi, François Camiccioni, Bernardin Cenami, messire Bernard Manfredi, Ferdinand-Jean-Baptiste Bonella, Christophe Bernardi ainsi que du révérendissime évêque de Lucques, d'aviser aux moyens à employer pour que la ville de Lucques fût dans les bonnes grâces des révérends cardinaux de l'Inquisition de Rome. Cette commission ne tarda pas à envoyer à cet effet messire Jérôme Lucchesini à Rome, et messire Nicolas Guidiccioni à Florence, lorsque déjà messire Jean Tegrini y était pour un an. Ces neuf citoyens prirent en faveur de la religion certaines mesures, qu'on rendit publiques. » (Ibid.)

Année 1555. «..... Comme les opinions, ou pour mieux dire les hérésies luthériennes, subsistent encore en Italie, qu'en outre elles ont à Lucques quelques adhérents, mais que d'une part la ville en général et son gouvernement sont non-seulement de sentiments tout contraires, mais plutôt bien disposés à suivre les traces de leurs ancêtres et à se ranger sous l'obéissance de la sainte Église, en conséquence on créa par ordre du magnifique conseil une magistrature avec juridiction spéciale dans les choses de religion. Cette mesure fit connaître à Sa Sainteté et aux révérends inquisiteurs de Rome, qui avaient expédié un certain bref, que les seigneurs catholiques persécutaient les hérétiques et étaient bien disposés pour le culte sacré. On envoya au pape et aux inquisiteurs copie des règlements émanés desdits magistrats, en vertu desquels ceux-ci devaient veiller à l'accomplissement des punitions infligées à ceux qui étaient dans l'erreur. Voici les noms des citoyens qui furent choisis pour cette fonction : messire Tobie Sirti, frère Michel Serantoni, Guillaume del Portico, messire Benoît Manfredi, François Camiccioni, et Balthazar Guinigi. » (Ibid.)

Année 1558. « Lucques ne cessait pas d'être agitée à cette époque par certains individus qui avaient embrassé les opinions contraires à l'Église romaine. Chaque jour on faisait de nouvelles lois et des règlements pour défendre d'embrasser ces croyances, et même d'en parler; on espérait par cette vigilance rigoureuse faire voir au monde combien il déplaisait aux membres du gouvernement que leurs concitoyens et sujets cessassent de se montrer les vrais fils obéissants de notre sainte mère l'Église catholique romaine. On n'eut donc aucun égard ni pour la parenté, ni pour la noblesse, ni pour aucune autre cause : la commission instituée pour s'occuper des affaires de religion procéda à la confiscation des biens des citoyens ci-dessous dénommés, déclarés rebelles bien qu'absents et habitant à Genève, pays d'hérétiques : à savoir messire Nicolas Liena, Jérôme Liena, Christophane Trenta, Guillaume Balbani, François Cattani, Vincent Mei. »

Année 1561. «..... On élut une commission composée de neuf citoyens pour s'occuper des affaires de religion et pour satisfaire au désir exprimé par les révérends cardinaux du Saint-Office, près de qui l'on avait faussement calomnié la ville de Lucques : les citoyens élus pour en faire partie étaient messire Georges Franciatti, Jérôme Lucchesini, Benoît Manfredi, Jacques Arnolfini, Bernardin Cenami, Libertà Moriconi, Nicolas Burlamacchi, Jacques Micheli et Pierre Serantoni. »

Année 1563. «..... Le cardinal Borromée, proche parent du pape, et qui était très-attaché à ce pays, recommandait instamment dans ses lettres qu'on prît des mesures préventives et même répressives contre les Lucquois résidant en France et qui ne vivaient pas en bons catholiques; et il insistait d'autant plus que, le concile de Trente étant clos, c'était, selon lui, un nouveau motif pour agir avec sévérité et sans aucun égard contre les susdits, et pour exécuter pleinement la volonté de Sa Sainteté. »

Année 1569. « Le 25 octobre, on apprit que les huguenots, hérétiques et adversaires des ecclésiastiques de Rome, avaient été défaits et passés pour la plupart au fil de l'épée dans les provinces de France où cette secte avait pris naissance et s'était développée. Cet événement fut salué par des démonstrations publiques d'enthousiasme dans toute l'Italie : Lucques aussi suivit l'exemple des autres villes, pour faire voir qu'elle était animée d'un esprit tout à fait conforme à celui des autres catholiques et fidèles de la sainte Église. »

(E) Il ne s'agit donc pas d'une émigration contemporaine, car nous avons emprunté au *Sommario di storia lucchese* de Tommasi la liste des Lucquois condamnés, avec la date sous laquelle figure leur nom, dans les fastes de la réforme, comme hérétiques et rebelles.

1558.	27 septembre.	Balbani Guillaume, Cattani François, Liena Jérôme et Nicolas, Trenta Christophe, Mei Vincent.
1564.	29 août.	Guidiccioni Louis.
1566.	2 juillet.	Arnolfini Paul, Balbani Nicolas.
1567.	26 août.	Minutoli Paolino.
1567.	4 novembre.	Calandrini Julien.
1567.	17 novembre.	Del Venoso Régule, Rustici Philippe, Calandrini Scipion, Civitali Masseo, Delle Favole Louis, Bartolomei Vénant, Simoni Simon.
1567.	2 décembre.	Jova Joseph.
1568.	3 mars.	Diodati Charles et Pompée.
1570.	28 février.	Cenani Joseph, Franciotti Nicolas, Cardoni Joseph, Dall'Orafo Salvatore, Liena Antoine, Cattani Gaspard, Mei César, Calandrini Benoît et Philippe, Burlamacchi Michel, Jova Joseph (serait-ce le même que ci-dessus?), Venturini Laurent, Di Rimini Marc.
1578.	28 février.	Turrettini François.
1580.	20 juin.	Calandrini Jean et César, Balbani Manfre et Henri, Perne Pierre.
1597.	31 octobre.	Minutoli Vincent fils de Paolino.

Gaberel ajoute à cette liste les Micheli. Il raconte que le père du premier Micheli qui s'exila était gonfalonier de Lucques, et que « dans son testament il laissa un témoignage de sa foi et de son courage chrétien, puisqu'au lieu d'invoquer, selon l'usage, la Madone et les saints, il écrivit ceci : « Je remets mon âme entre les mains du Dieu tout-puissant, pour qu'elle soit rachetée par le précieux sang du Christ. Je prie le Seigneur de me recevoir au nombre de ses élus, non pas pour mes mérites, mais par le pur effet de sa grâce. » Si le notaire (ajoute Gaberel) qui reçut cet acte, l'avait dénoncé au saint office, le chef de la famille Micheli eût confirmé par l'effusion de son sang cette courageuse confession de foi. » (Tome I, pag. 481.)

Que M. Gaberel se rassure : des milliers de catholiques, alors comme aujourd'hui, répètent cette formule, sans avoir pour cela faire preuve de courage ou sans courir le moindre risque du martyre.

(F.) Raynaldi, *ad annum* 1562.

Voici un décret du 10 avril 1562 rendu en matière de religion :

« Afin que le magnifique seigneur gonfalonier et les deux magnifiques seigneurs, préposés ou à préposer à la surveillance des matières de religion, puissent d'une part veiller avec plus d'attention et de diligence à la charge qui leur incombe quant à la religion, et exécuter les ordres et les mesures de précaution qui leur ont été prescrits par le magnifique conseil, avons décrété et décrétons que le pouvoir exécutif de la république ait la faculté pendant les six mois qui suivront de dépenser cent écus par mois, et enjoignons au caissier spécial des revenus publics de leur faire passer de temps en temps et à toute réquisition de leur part les à-comptes dont ils pourraient avoir besoin.

« Le pouvoir exécutif sera tenu et devra avec toutes les diligences possibles chercher et trouver tous ceux qui ont été déclarés hérétiques par le saint office de l'Inquisition, ou qui, cités devant lui, sont restés contumax aux termes des dispositions contenues en la loi de 1558, et exécuter contre eux les prescriptions que la dite loi impose.

« En outre, ledit pouvoir exécutif sera tenu de rechercher avec toutes les diligences possibles et de retrouver tous ceux qui, dans la ville de Genève aussi bien qu'ailleurs, ont eu, ont ou auront à l'avenir pratique ou commerce avec les hérétiques déclarés rebelles par le magnifique conseil, et en outre tous ceux qui appartenant soit à notre ville et à son territoire, soit à quelque partie du monde que ce soit, ont en quelque façon contrevenu ou contreviendront aux statuts, décrets ou ordonnances rendus par le magnifique conseil en matière de religion : tous ces décrets devront être appliqués par ledit pouvoir exécutif, sous peine d'une amende de cent écus au profit de la commune, laquelle amende sera encourue *ipso jure et ipso facto* sans autre déclaration, et les magnifiques seigneurs devront condamner les réfractaires aux peines édictées en les dits statuts et ordonnances : la condamnation une fois rendue, ils devront en envoyer l'expédition aux archives publiques, chaque fois que la contravention sera de son ressort.

« Le dit pouvoir exécutif sera aussi tenu, sous la même peine, chaque fois qu'on fera une proposition intéressant la religion, de rendre compte aux magnifiques seigneurs de toutes les mesures qu'il aura prises, exécutées ou concertées jusqu'à ce jour, et les magnifiques seigneurs devront les soumettre et en donner lecture au magnifique conseil, quand ils feront la dite proposition sur la religion, afin qu'ils puissent prendre sur icelle les résolutions qui lui paraîtront convenables.

« Le dit magnifique conseil devra en outre nommer une autre commission composée de trois citoyens pour veiller à l'administration des biens confisqués appartenant aux hérétiques par lui déclarés rebelles, et cette commission sera élue pour deux années consécutives avec les mêmes pouvoirs, attribution et charge qui ont déjà été donnés à celle précédemment élue pour veiller aux biens desdits hérétiques déclarés rebelles ; cette commission sera tenue sous peine de cent écus d'amende de faire son rapport, etc. Et comme plusieurs auront été condamnés antérieurement à la proposition qui doit être présentée à la prochaine réunion des magnifiques seigneurs touchant les affaires de religion, les mesures que l'ancienne commission aura prises ou mises à exécution jusqu'à ce jour devront faire l'objet d'un rapport de la part des magnifiques seigneurs, qui sera soumis et lu en entier au magnifique conseil, lorsqu'ils feront ladite proposition.

« Le pouvoir exécutif sera tenu encore, sous les peines sus-énoncées, et avant l'époque où devra être faite la proposition sur la religion, de faire un rapport par écrit à la prochaine assemblée aux magnifiques seigneurs sur tous ceux qui en matière de religion ont depuis un an fait de fausses dénonciations, c'est-à-dire sur ceux qui n'ont pu justifier la source d'où provenaient les imputations qu'ils ont faites, lequel rapport les magnifiques seigneurs devront soumettre et lire en entier au susdit magnifique conseil.

« La même obligation incombera au susdit pouvoir exécutif, durant le temps de ses fonctions, et à ceux qui lui succéderont : de temps à autre, et chaque fois qu'ils trouveront dans les procès pour cause de religion qu'il y a eu une calomnie rapportée aux magnifiques seigneurs, ils devront, ainsi qu'il est dit ci-dessus, soumettre le rapport du magnifique conseil et en donner lecture à la séance où ils feront la proposition concernant la religion. »

(G.) La lettre est du 21 février 1681, et se trouve à la bibliothèque Magliabecchiana, classe XXXVII, n° 159, des manuscrits.

Bayle, à l'article *Jules III*, cite une *Lectura super canonem de consecratione* du Dr Gérard Busdrago de Lucques, évêque de Napoli de Romanie et suffragant de l'évêque de Padoue, imprimée à Wittemberg, en 1543.

Parmi les Italiens réfugiés à Genève était la famille Lombardi, qui eut pour chef César Lombardi, dont le testament nous a été conservé et a été publié par Gaberel, au tome Ier des *Pièces justificati-*

ves, p. 212. Parmi ces documents figurent les lettres de Charles IX et de Catherine de Médicis adressées au conseil de Lucques à propos des décrets contre les réfugiés. « Nous avons avisé (dit le roi) de vous faire la plainte, pour vous faire entendre de « combien nous sont odieuses telles tailles et façons de procéder « à l'encontre de ceux de votre nation qui sont retirés ou à Lyon « ou ailleurs en notre Royaulme : estant cette façon de faire inu- « sitée en celuy, et que nous ne voulons aucunement permettre ni « souffrir avoir lieu, pour la protection, sauvegarde et recom- « mandation en laquelle nous avons pris et mis les susdits Luc- « quois, leurs femmes, familles et biens, se retirant par deçà. . . « Ce faisant autrement, nous serions contraint de chercher les « voyes de vous en ressentir, et dont, pour l'amytié et affection « que nous vous portons, nous serions bien marry. »

(H.) Nous allons donner ici quelques notices sur ces familles.

1. TURRETTINI. Appartenant à la noblesse de Lucques en 1300, chassés comme Guelfes en 1312, ils revinrent dans leur patrie en 1400, de Nozzano, où ils s'étaient réfugiés. Christophe Turrettino fut ancien de la république, puis gonfalonier de justice en 1443 : il fut le premier de sa famille qui jouit de cet honneur, mais après lui plusieurs autres de ses parents arrivèrent à cette dignité. En 1466 Paul Turrettini fut ambassadeur près de Galéas Sforza, duc de Milan. Un autre Christophe Turrettino fut secrétaire des chiffres sous le pape Grégoire XIII, et obtint en 1485 le privilége de la noblesse impériale, par diplôme de l'empereur Rodolphe, ainsi que la faculté de porter l'aigle dans ses armoiries. César Turrettini, prieur du monastère de Saint-Jean de Lucques, mourut en 1632, en odeur de sainteté.

François Turrettino figure parmi les principaux orateurs de la réforme : profond, incisif, il trouvait des expressions qui frappaient à la fois l'imagination et la conscience de ses auditeurs. Apprenant les lamentations occasionnées par la longue durée des épreuves infligées à l'Église par l'intolérance du despote français, il prit pour texte : *Dieu est patient, parce qu'il est éternel*, et fit un magnifique sermon dans le cours duquel il dit par exemple ceci : « La justice divine marche avec des chaussures de laine, mais quand elle a atteint le coupable, elle le saisit avec une main de fer ».

Son fils Jean-Alphonse, comme un prédicateur remarquable, possédait une grande clarté, et une chaleureuse simplicité d'élocution ; on disait de lui : « Il semble qu'il prêche pour les enfants ; cependant, à la sortie de l'église, il se passe un certain temps avant que les personnes sérieuses aient fini d'analyser les idées qui se pressent en foule dans les sermons de ce prédicateur ». Son sujet de prédilection était la charité dans la conduite avec la tolérance dans les opinions.

2. Liena, famille chassée en 1308 par le peuple, parce qu'elle était riche et puissante. Nicolas Liena fut choisi pour aller à la rencontre du pape Paul III lorsqu'il vint à Lucques en 1538, puis fut envoyé comme ambassadeur près de Charles Quint à l'effet d'apaiser les différents survenus entre cet empereur et les Florentins dans la question de Pietrasanta.

3. Les Jova ou Ghiova quittèrent Lucques en 1312, avec cent quatre-vingts familles guelfes, puis revinrent en 1331, et prêtèrent serment de fidélité au roi Jean de Bohême, qui fut seigneur de Lucques. En 1384, Nicolas Jova partagea avec Mathieu Gigli l'honneur d'une ambassade près la république de Florenee, pour concerter l'établissement d'une ligue entre cette dernière république et les villes de Sienne, Pérouse et Pise. Paul Jova, franciscain, fut disciple de frà Francesco de Savone, devenu plus tard pape sous le nom de Sixte IV; il introduisit les Mineurs Observantins à Lucques, fut gardien de leur couvent et vicaire provincial de l'ordre. C'était un théologien des plus érudits : il mourut en 1484.

Joseph Jova, dont nous avons trouvé la condamnation à la date de 1570, était un littérateur en relation avec les lettrés les plus distingués de son temps, et était membre de l'Académie des Vignajuoli (vignerons), qui se réunissait à Rome chez Hubert Strozzi, de Mantoue. Il fit partie des courtisans de Giberti, puis de Vittoria Colonna. On a une lettre que lui adressa le cardinal Bentivoglio, qui traite uniquement de littérature, ainsi que celle qu'il écrivit à Vittoria Colonna. Mais la lettre du 1er août 1562 d'Annibal Caro présente Jova comme étant déjà suspect en matière de foi.

4. Calandrini, famille originaire de Sarzane, commença à devenir illustre à Rome et ailleurs au temps du pontificat de Nicolas V, qui était fils d'Andreola Calandrini. Celle-ci avait eu en premières noces d'un Calandrini deux fils nommés Pierre et Philippe. Ce dernier fut promu au cardinalat et déclaré noble originaire de Lucques, par décret du 12 décembre 1447. Jean Mathieu Calandrini, fils de Pierre, fut fait, lui aussi, noble Lucquois le 22 janvier 1456; il était sénateur de Rome et docteur en droit. Philippe, son fils posthume, épousa Catherine fille de Benoît Bonvisi; il fut ancien de la république de Lucques et plusieurs fois ambassadeur : il mourut en 1554. Il eut un fils nommé Julien, qui aban-

donna la foi catholique et se retira en France, où il mourut, en 1573; il avait épousé Catherine fille d'Augustin Balbani. Jean, son fils, après avoir erré à travers l'Allemagne, se réfugia à Londres, et laissa deux fils, Jean-Louis et Philippe. Le premier s'établit à Genève, le second s'en fut à Londres, mais en sa qualité de partisan de Charles Ier, il dut se retirer à Amsterdam, où il fut élu directeur général du commerce de Batavia et des Indes orientales. Il donna le jour à Théodore, qui se retira en France et se convertit à la religion catholique. Des fils de ce dernier, *Philippe* et Théodore, le premier entra chez les Jésuites, le second, après avoir pendant plusieurs années servi dans l'armée française, retourna à Lucques en 1697, et fut réintégré par le conseil dans les honneurs et nommé colonel.

Par décret du 16 décembre 1605 fut mis à l'Index le *Trattato delle heresie et delle Schisme che sono nate nella Chiesa di Dio, et dei rimedj che si deono usare contro di quelle*, par Scipion CALANDRIN.

5. A la famille Minutoli appartient un autre Vincent, professeur de grec, qui abandonna l'académie de Genève pour aller exercer les fonctions de ministre dans les Pays-Bas. Mais, ayant donné du scandale, il fut en 1668 exclu de la Cène et déposé par le synode de Flessingue; il fit pénitence, et fut réintégré dans sa dignité. Son fils Joachim, étudiant en théologie, fut aussi chassé pour cause de scandale; alors il se mit en rapport avec les catholiques, et vint à Lucques, où il obtint une pension; puis, étant revenu en Savoie en 1714, le curé Pontverre, célèbre par ses relations avec J.-J.-Rousseau, l'engagea à publier un libelle intitulé *Motifs de la conversion de Minutoli*, où il fait usage pour attaquer les pasteurs de Genève de bons mots et d'une fine ironie à propos des mœurs et des prêches : enfin il fit beaucoup de bruit dans ce temps-là.

(I) C'est ainsi que parfois Diodati rencontrant le mot πρεσβύτερος ne traduit pas en italien par les mots *preti o sacerdoti*, mais par *anziani, collegio degli anziani*. Quand Paul et Barnabé ordonnent des prêtres par l'*imposition des mains* (χειροτονησαντες αὐτοῖς πρεσβυτέρους κατ' εκχλησίαν), il traduit par ces mots italiens « gli ordinarono per ciascuna chiesa per voti communi degli anziani » (ils les ordonnèrent pour chaque église par les vœux communs des anciens). Saint Pierre recommande aux fidèles, *nemo vestrum patiatur ut homicida, aut fur, aut alienorum appetitor* (Ep. I, 4, 15), ou bien, suivant le texte grec, ἀλλοτριεπίσκοπος, c'est-à-dire n'espionnez pas les faits d'autrui; et Diodati met « *o facendo il vescovo sopra gli stranieri* » (ou ne faites pas l'évêque sur les étrangers), tant il est plein d'antipathie pour les évêques. Εν προσώπῳ χριστου (II Ep.

ad Corinth. 2, 10) c'est-à-dire *in persona Christi*, il traduit par « *in cospetto di Cristo* » (en présence du Christ), et cela pour ne pas faire un apôtre vicaire du Christ. Παράδοσις, qui veut dire *tradition*, est par lui traduit, *enseignement*, χαρισμα, *grazia* par « *dono*, don »; Λογος, *verbo*, par « *parola* ».

La Vulgate, aux Actes des Apôtres, III, 1, dit que « Pierre et Jean montaient au temple à la neuvième heure de la prière » : on sait que les Hébreux faisaient plusieurs fois par jour la prière, et que l'Église, à leur imitation, introduisit les neuf heures dans son office. Ne voulant pas approuver cet usage, Luther avait altéré ce passage, et, d'après lui, Diodati traduisit : « Il montait au temple à la neuvième heure, qui est l'heure de la prière. »

Mgr. Martini, dans sa traduction italienne de la Bible, suit en général la Vulgate, mais parfois il s'en est écarté, par exemple dans le Nouveau-Testament, parce qu'il connaissait le grec. Dans les rares notes qu'il y a joint, il n'est pas toujours orthodoxe, conforme à l'original.

DISCOURS VII.

Hérétiques à Naples. — Galéas Caracciolo.

Les premiers germes de la doctrine luthérienne avaient été semés à Naples par les soldats de Charles Quint et du connétable de Bourbon, qui avaient pris part au sac de Rome, et qui venaient dans le royaume pour en chasser Lautrec et les Français, lors de l'invasion que l'Italie eut à souffrir de la part des hérétiques luthériens. Ainsi le royaume de Naples, au dire de Bernini[1], « se trouvait déjà infecté ou tout préparé pour l'infection, lorsqu'y arriva Jean Valdès, le misérable séducteur de ces populations. C'était un hérétique luthérien dans l'âme, mais il était beau de sa personne[2], agréable de manières, et ce qui donnait encore plus d'attrait à sa beauté, c'est qu'il était versé dans la connaissance des langues et pouvait en parler plusieurs. Il était prompt à la riposte, nourri de l'Écriture-Sainte; aussi, une fois qu'il se fut glissé dans cette métropole, il ne manqua ni d'auditeurs ni d'adhérents. » Premiers réformateurs à Naples.

On lit encore dans la vie de Galéas Caracciolo, dont nous allons parler plus bas (Genève, 1587), que Valdès, « ayant quelque connaissance de la vérité évangélique et surtout

(1) *Storia delle eresie*, tome IV, p. 447.

(2) Ce détail tendrait à prouver qu'il faut distinguer un Jean Valdès et un Alphonse Valdès. Il est contredit par Castiglione, quand il dit : « La malice, même avant qu'il n'ait parlé, est peinte sur les traits pâles de son visage maudit. »

de la doctrine de la justification, avait commencé à retirer des ténèbres quelques nobles avec qui il s'entretenait, en réfutant leurs opinions sur la justice personnelle et sur les mérites des bonnes œuvres, et en les éclairant par suite sur beaucoup de superstitions ». Le protestant Josias Simler a écrit que Valdès « convertit au Christ beaucoup de personnes, principalement parmi les nobles, et que, grâce à lui, il se forma à cette époque dans la ville de Naples une communauté assez considérable d'hommes pieux ».

En 1536, Charles Quint publia à Naples un rigoureux édit pour défendre tout commerce avec les luthériens sous peine de mort et de confiscation[1]. C'était pour les combattre qu'en 1533 les Théatins, que nous avons vus veiller avec tant de sévérité sur les doctrines de Valdès, s'étaient établis dans ce pays. En 1536, Ochin prêcha dans l'église Saint-Jean-le-Majeur de Naples, et fut écouté avec une grande attention par l'empereur lui-même; mais, après le départ de celui-ci, le gouverneur Toledo, sur la recommandation à lui faite par son souverain de ne pas laisser se propager l'hérésie, défendit au fameux moine de continuer ses prédications sans avoir fait auparavant du haut de la chaire une déclaration très-claire de ses opinions touchant les points controversés. Le prédicateur arrangea ses batteries de façon à pouvoir continuer sa station de carême; aussi à son départ laissa-t-il, imbues de ses doctrines, beaucoup de personnes qu'on appela dès lors spirites (*spiritati*) ou plutôt spirituelles (*spirituali*).

A l'occasion d'un terrible tremblement de terre qui eut lieu le 7 août, le peuple s'écria que ce fléau était un châtiment de Dieu à l'adresse des hérétiques, et par suite on

(1) Gregorio Rosso. *Istoria delle cose di Napoli sotto l'Imperio di Carlo V*, Naples, 1635, liv. Ier, p. 133.

emprisonna beaucoup de personnes sur les poursuites de la cour de l'archevêque. En 1539, Ochin revint prêcher à la cathédrale[1], et Castaldo rapporte que « ses prédications « fournirent à un grand nombre de personnes l'occasion « et le motif de s'entretenir de l'Écriture Sainte, d'étudier « les Évangiles, et de disputer sur la justification, la foi et « les œuvres, sur la puissance pontificale, sur le purga- « toire et autres questions tout aussi difficiles, qui ne peu- « vent être traitées que par de grands théologiens et non « par des laïcs, surtout quand ce sont des gens de peu « de science et nullement lettrés. Je dirai une chose qui « paraîtra incroyable, et qui pourtant est très-vraie, que « même des ouvriers corroyeurs de la place *del Mercato* « en étaient arrivés à parler librement et à discuter les « passages les plus difficiles des épîtres de saint Paul, et « qu'Ochin avait laissé des disciples fervents à Naples et « dans toutes les villes d'Italie où il avait prêché. »

On compte au nombre de ceux qui pervertirent ce pays Marc-Antoine Flaminio, qui, d'après Bernini, « s'adonna à la prédication de la vie spirituelle dans le territoire de Sessa et de Caserte », outre Carnesecchi et Vermigli. Ce dernier était abbé du couvent des Augustins de San-Pietro *ad Aram* de Naples. Giannone ajoute que Vermigli eut tant de succès et un auditoire si nombreux, que quiconque n'allait pas l'entendre passait pour un mauvais chrétien[2].

(1) Citation d'Antoine Castaldo, qui mourut vers 1560, et que Giannone a souvent copié. Voir *Raccolta dei più rinomati scrittori dell' Istoria generale del Regno di Napoli*, Naples, 1769. Ochin prêcha à Naples, probablement pour l'avent, car la même année nous le voyons prêcher le carême à Venise.

(2) Giannone, pour tout ce qui concerne les hérétiques, est très-inexact. Sponde, dans sa continuation des Annales de Baronius, dit que Vermigli, *Neapoli nactus nonnullis Erasmi, Zwinglii et Buceri*

Parmi ses auditeurs et ses adhérents, on remarque François Caserta, qui entraîna lui-même le marquis Caracciolo; Benoît Gusano de Verceil, Jean Montalcino, « grand lecteur des épîtres de saint Paul[1], » et Laurent Romano, Sicilien.

Le gouvernement fit cesser les conventicules, même avant la mort de Valdès, arrivée en 1540. Cette même année, Carnesecchi avait déjà lu le livre *Del Beneficio di Cristo*, qui probablement était encore manuscrit, et qui, certainement imprimé en 1543, à Venise, se répandit à profusion dans le royaume de Naples. On défendit alors différents livres dont l'impression avait d'abord été ouvertement permise, par exemple le *Bienfait du Christ*, et le *Sommaire de l'Écriture*, œuvre de Mélanchthon, qui furent brûlés sur la place de l'Archevêché après un discours du dominicain Ambroise de Bagnoli. Castaldo, à qui nous devons ce détail, assure que depuis lors personne ne garda ostensiblement ces ouvrages, et qu'on fut plus réservé et plus modeste en parlant de la sainte Écriture. Une nouvelle pragmatique de 1545 sur la censure des livres et sur la suppression de certaines académies mit fin à la recherche et à l'étude des questions délicates.

Galéas Caracciolo.

Le marquis Nicolas Antoine Caracciolo de Naples servit sous le prince d'Orange au siége de Florence; il remplit diverses missions près l'empereur Charles Quint, auquel il avait rendu d'importants services lors de l'occupation française de 1528, circonstances auxquelles il dut d'être en

scriptis, et conversatione Johannis Valdesii J. P. hispani, ex Germania illuc delati, atque lutheranismo imbuti, corruptior factus, una cum ipso, spiritu et conatu rem agens, clam cœtum quemdam tam virorum quam fœminarum, primæ etiam nobilitatis collegerunt, quibus ipse concionabatur.

(1) Castaldo, chap. V.

grande faveur près de ce monarque, qui en fit un des six conseillers du vice-roi de Naples. Il épousa une princesse Carafa : celle-ci étant morte à la suite de ses premières couches, il concentra toute son affection sur Galéas, le fils qui lui restait, et lui fit épouser Vittoria, l'héritière du duc de Nocera; de cette union naquirent quatre fils et deux filles.

Galéas fut nommé chambellan et chevalier de la clé d'or de l'Empire : ses manières courtoises captivèrent tout le monde. Il fréquentait avec François Caserta les réunions tenues sous forme de conférences dans la maison de Valdès, notant les divergences entre la doctrine évangélique et les usages de Rome, ce qu'il fit bien davantage après avoir entendu Pierre Martyr commenter l'épître aux Corinthiens. Ce dernier disait : « Si quelqu'un voit à distance un certain nombre de personnes se mouvoir, tourner et retourner sur elles-mêmes de divers côtés, il lui semble voir une foule d'insensés. Mais si en s'approchant d'elles le spectateur entend la mélodie qui inspire et règle leurs mouvements, alors non-seulement il commence à comprendre leur action, mais il s'identifie si bien avec cette scène, que lui-même veut se mêler aux danseurs. Il en est de même lorsque nous voyons quelqu'un changer de manière de vivre, et agir en contradiction avec les habitudes de la société. D'abord nous le tenons pour un insensé ou un extravagant, mais un examen plus attentif de sa conduite et de ses principes ne tarde pas à nous convaincre que cet homme les conforme à la parole de Dieu et aux inspirations de l'Esprit-Saint. Le mobile de ses actions est révélé, et les spectateurs en sont tellement pénétrés qu'eux-mêmes renoncent aux plaisirs trompeurs du monde, reviennent avec un désir sincère à des pensées de sanctification, et se trouvent d'accord avec les personnes qu'ils blâmaient autrefois. »

Caracciolo prit bien vite la résolution de se tourner du côté de la vie de l'esprit, mais l'exécution de ce projet rencontrait des obstacles. Son grade, le poste qu'il occupait à la cour, sa vie publique l'exposaient aux regards de tous, et son changement de religion aurait excité une surprise générale chez les personnes qui ne pouvaient comprendre l'efficacité de la parole de Dieu[1]. Bien d'autres obstacles pouvaient l'arrêter. Son père, Nicolas-Antoine, fondait sur lui de magnifiques espérances pour la gloire de sa famille : adonné aux pratiques catholiques non moins qu'à la cour, il avait en horreur ces nouveautés impies, et il s'ingénia pour trouver le moyen d'en détourner son fils. Sa femme avait de la peine à reconnaître son brillant mari dans le pensif Galéas, et l'accusait de refroidissement sensible à son égard. La cour elle-même ne tarda pas à prendre des mesures pour extirper les hérétiques. L'Inquisition commença à poursuivre les novateurs, et entre autres Caserta, ami de Caracciolo, qui mourut sur l'échafaud. Le royaume de Naples était infesté d'Ariens et d'Anabaptistes « qui, selon son biographe, voyant que Galéas n'avait pas encore acquis la pleine connaissance des Écritures, » n'épargnèrent rien pour lui enseigner leurs déplorables erreurs. Mais il conversait tous les jours avec les disciples de Valdès, « qui à Naples étaient fort nombreux, et qui n'avaient point encore dans les voies de la vérité chrétienne dépassé la pleine intelligence de l'article sur la justification, et la protestation contre certains abus du papisme : d'ailleurs ils fréquentaient les églises, enten-

(1) Voir page 158, t. II, LES HÉRÉTIQUES D'ITALIE et *le Concile de Trente*, pour les félicitations que Flaminio lui faisait à ce sujet.

daient la messe, et participaient aux idolâtries ordinaires. » Caracciolo suivit pendant quelque temps leurs leçons, et se serait certainement perdu à cette école comme tant d'autres, qui, arrêtés par un motif de religion et manquant de la base fondamentale, se retractèrent, ainsi qu'il arriva pour Caserta, le premier instrument de la conversion du marquis napolitain.

Sa fuite chez les protestants.

En sa qualité de chambellan, Caracciolo devait souvent voyager en Allemagne; il trouvait dans ce pays de nombreuses occasions d'entendre des protestants, et particulièrement au sein de la Diète de Ratisbonne (1542), où l'on attaqua la suprématie du pape, et où l'on soutint le mariage des prêtres, la communion sous les deux espèces et autres points analogues. Il en revenait toujours mieux affermi dans la doctrine de la justification, et il le fut bien davantage après avoir vu à Strasbourg Pierre Martyr. De retour à Naples, il exhorta ses amis à se séparer de l'Église de Rome : comme il les vit faiblement disposés à suivre ses avis, il étouffa en lui les affections de famille, et, se recommandant souvent à Dieu (ses amis nous ont transmis une prière qui, disent-ils, était la sienne), il quitta Naples au mois de mars 1551, âgé alors de trente-cinq ans, emportant avec lui deux mille ducats. Plusieurs de ses adhérents avaient promis de l'accompagner, mais ils ne le suivirent pas au-delà des frontières d'Italie. Il resta à la cour d'Augsbourg jusqu'à ce que Charles Quint l'eût mis hors la loi; alors il passa à Genève, où arrivèrent peu après Lactance Ragnoni, de Sienne, qu'il avait connu à Naples. Il se lia avec Calvin et les autres chefs de la Réforme, et on peut se figurer avec quel plaisir ceux-ci firent une acquisition aussi importante pour leur parti.

Tentatives

On apprit à Naples cette fuite avec une profonde doude sa famille pour le faire revenir.

leur : la famille de Caracciolo se regarda comme déshonorée; l'Inquisition fit des enquêtes sur la conduite de ses amis; son père n'épargna aucune démarche pour le faire revenir; il supplia l'empereur de le relever de la disgrâce encourue, et il lui envoya un sauf-conduit de Venise, en lui ordonnant, au nom de l'autorité paternelle, de rentrer. En effet, le père et le fils se rencontrèrent à Vérone le 29 avril 1553; mais, quelle que fût l'influence de l'affection et de l'autorité paternelles, Galéas ne se laissa pas fléchir.

Plus tard, lorsque Carafa, son grand-oncle, devint pape, Nicolas-Antoine obtint de lui que Galéas pût rester sur le territoire vénitien, sans abandonner ses pratiques religieuses, et il lui envoya un passe-port pour venir à Mantoue. Galéas y arriva en effet le 15 juin 1555, et eut à subir un nouvel assaut de la tendresse paternelle. « On ne vous demande rien qui répugne à votre religion, lui disait-on; revenez à cette Italie, votre bien aimée patrie; obéissez à votre père en un point qui ne blesse point votre conscience; demeurez encore avec votre femme, avec vos enfants, comme il convient à votre naissance. » Mais Galéas réfléchit qu'il lui faudrait vivre sous la dépendance du pape, à côté de l'Inquisition, et il préféra les oignons d'Égypte à la manne du désert. Le père, trompé dans son espoir, s'en retourna à Naples par la route de Rome, et Galéas l'accompagna autant que pouvait le lui permettre le sauf-conduit, c'est-à-dire dans tout le territoire vénitien. A cette occasion, il visita la duchesse de Ferrare; puis, traversant la Valteline, il rentra à Genève, où ses amis rendirent grâces à Dieu de son retour.

Vittoria, sa femme, ne pouvait se résigner à son isolement; aussi lui adressait-elle de pressantes lettres et d'incessants messages pour le faire rentrer dans sa patrie. A la fin, elle se contenta de demander à le voir; elle lui proposa une entrevue dans quelque port vénitien, assez rapproché du royaume. Le choix se fixa sur Lésina, située vers la côte de Dalmatie, ville séparée de Vico, son fief paternel, seulement par la largeur de la mer Adriatique. Galéas s'y rendit ponctuellement pour l'attendre, mais elle manqua au rendez-vous, s'excusant par de bonnes raisons, et lui envoya seulement ses deux fils Nicolas-Antoine et Charles. Soit affection pour sa femme, soit espérance de la convertir et de l'emmener avec lui, Galéas résolut d'aller la rejoindre. Il était devenu citoyen de Coire, concession qu'on faisait difficilement à qui n'y habitait pas (A), ce qui lui permit de se rendre en toute sécurité à Vico, où il trouva toute sa famille.

Autant fut grand le premier transport de joie causé par le plaisir de la réunion, autant fut vif le désespoir que Caracciolo éprouva de ne pas réussir à entraîner à ses opinions sa femme, fidèle à la religion de ses ancêtres, et résolue à ne pas habiter un pays où cette religion est proscrite, bien décidée aussi à se séparer de lui s'il persistait dans l'hérésie. Laissons l'imagination se peindre cette scène, où les sentiments inspirés par l'affection de famille et par l'amour de la patrie se montraient dans leur vivacité malgré l'opposition des sentiments religieux, et où l'on voyait en lutte deux convictions bien fermes. Le cœur également brisé chez celui qui restait et chez celui qui partait; mari et femme se séparèrent pour toujours.

Galéas Caracciolo fit un second voyage à Lésina, passa rapidement à Venise, où il trouva une lettre de Calvin, à qui son retour tardif inspirait des soupçons, et qui le pressait de revenir, persuadé qu'aux affections du cœur il préférerait l'accomplissement de la volonté du Seigneur. « Votre voyage à Vico (écrit-il) m'avait mis dans « une grande anxiété; que n'aurais-je point fait pour « l'empêcher? Mais le Seigneur vous a donné de nouvelles « forces pour résister aux insinuations mondaines. Votre « absence paraît très-pénible à vos nouveaux compatrio« tes. » Il continue sa lettre en lui racontant comment il avait dû citer devant le consistoire Georges Biandrata, Sylvestre et Jean-Paul; et combien de scandales avaient surgi de ses dissentiments avec ceux-ci et Valentin Gentile, qui répandaient çà et là des erreurs conformes à celles de Servet; que Gentile avait été emprisonné, et que le jeune Nicolas Gallo, de Sardaigne, avait répudié les doctrines fausses qu'on l'accusait de professer. Calvin terminait sa lettre en l'engageant à revenir promptement, parce qu'il espérait avec son aide rétablir la paix (10 juillet 1558.)

Il est accueilli à Genève. Ses rapports avec Calvin.

Caracciolo fut donc accueilli à Genève avec de grandes démonstrations. Peu après son retour, il consulta Calvin, Pierre Martyr et Zanchi pour savoir si, attendu l'obstination de sa femme, il pouvait la répudier. Les docteurs hésitèrent beaucoup : ils discutèrent ensemble sur ce passage de la première épître aux Corinthiens (chap. VII, v. 12), *Si un chrétien a épousé une femme idolâtre, laquelle consente de demeurer avec lui, qu'il ne la quitte pas;* et nonobstant d'autres passages de l'Écriture, où il est dit *Que l'homme ne sépare pas ce que Dieu a uni*, le passage de saint Mathieu ch. XIX, v. 29, l'emporta : *Quiconque aura quitté pour mon nom sa maison, ses frères, ses sœurs, son père, sa mère, sa femme, ses enfants, ses terres, recevra le centuple avec la vie éternelle.* Ils décidèrent donc que c'était le cas pour Caracciolo d'abandonner sa femme : aussi celui-ci épousa-t-il, le 10 janvier 1560, Anne Frémery, venue de Rouen à Genève pour cause de religion. Ce ne fut pas un mariage d'inclination, mais une union basée sur une conformité de sentiments; les époux vécurent simplement et paisiblement à Genève; la femme allait faire les achats, et rapportait elle-même à la maison les provisions; quant au mari, il refusait de prendre le titre de marquis, et se contentait de son simple nom. Cependant, dans chaque cérémonie officielle il avait un poste d'honneur, et il était considéré tout autant que s'il eût été en possession des titres et de la fortune de son père : chaque étranger de passage tenait à honneur de lui faire visite ou de l'inviter à venir chez lui; on peut citer entre autres François et Alphonse d'Este, le prince de Salerne, et Octave Farnèse, duc de Parme. Il savait rendre la conversation charmante par le récit de ses aventures, de ses voyages en Allemagne, et d'anecdotes sur la cour de Charles-Quint. Il se plaisait pourtant davantage à parler des choses divines. A Genève, il songea à établir une Église pour les réfugiés italiens, à laquelle il préposa comme pasteur Celso Martinengo, qu'il plaça sous la protection des magistrats de la cité. Calvin lui dédia la seconde édition de ses Commentaires sur les épîtres aux Corinthiens; cette dédicace contenait ce qui suit : « Quoi-« que vous ne recherchiez pas, selon la coutume du « monde, les applaudissements des hommes, content d'a-« voir Dieu pour unique témoin de votre droiture, il « n'est pas juste que je laisse ignorer à mes lecteurs qui « vous êtes, et que je les prive de la satisfaction qu'ils doi-« vent éprouver en apprenant qu'un homme comme « vous, issu d'une illustrissime famille, abondamment « pourvue de charges éminentes et des dons de la fortune, « ayant une très-noble et très-vertueuse épouse, et par « elle un entourage de très-beaux enfants; jouissant d'une

« parfaite concorde et de la paix du foyer domestique, « dans une condition tout à fait digne d'envie, qu'un tel « homme, dis-je, ait voulu, pour s'enrôler sous la ban- « nière de Jésus-Christ, abandonner une charmante pa- « trie, un délicieux pays, un patrimoine opulent, une de- « meure des plus commodes et des plus luxueuses, et, s'il « est permis de parler ainsi, se dépouiller de l'éclat d'une « haute naissance, se sevrer de la douce compagnie d'un « père, d'une femme, d'enfants, de parents et d'amis; qu'en- « fin, après avoir renoncé à toutes les satisfactions et à « tous les attraits du monde, il ait daigné se contenter de « grimper ici parmi nous pour y vivre avec le commun du « peuple, comme si rien ne le distinguait de la foule. Oh! « combien je souhaiterais que tous vous prissent pour mo- « dèle du renoncement à soi-même! Voilà en effet le fon- « dement solide sur lequel reposent toutes les vertus; voilà « ce qui fait l'essence propre du christianisme; et vous « n'ignorez point que je fais peu de cas de ceux qui, « ayant abandonné leur patrie, laissent croire en fin de « compte qu'ils n'y ont pas laissé leurs mauvais pen- « chants. » (20 janvier 1556.)

Mais, après la mort de Calvin, Caracciolo eut à essuyer des déboires et se trouva en mauvaise intelligence avec le conseil de la cité : aussi eut-il l'idée de quitter Genève. Cette ville, qui aspirait à devenir la Rome des Évangéliques, eût subi par le fait de ce départ un grave préjudice dans l'opinion; aussi, grâce aux bons offices de certaines personnes, Caracciolo resta[1]. Lorsque vint pour lui la vieillesse, il déclina, et eut beaucoup à souffrir d'un asthme.

Il regardait comme rompue toute communication avec

(1) Le procès-verbal de cet incident se trouve au *Registre* tenu par M. Jean Pirrault : *compagnie des pasteurs à Genève.*

sa famille, quand lui survint un de ses neveux, clerc théatin, porteur de lettres écrites par Vittoria et par l'un de ses enfants, qui essayaient de l'engager à revenir à Naples, ou au moins dans quelque coin d'Italie. Ils lui offraient en outre de l'argent, et lui faisaient part de la prochaine arrivée de l'un de ses fils nommé Charles, qui, entré dans la carrière ecclésiastique, était sur le point d'obtenir des dignités en rapport avec sa haute naissance. En proie tout à la fois aux douces émotions d'un sentiment naturel et aux suggessions amères de l'orgueil, Galéas finit par jeter les lettres au feu, et déclara qu'il n'avait pas enduré pendant toute sa vie tant de souffrances pour changer dans ses vieux jours, et qu'enfin il ne recherchait pas près des hommes une approbation diamétralement opposée à l'esprit de l'évangile. Le Théatin insista, passa des prières aux reproches, jusqu'à ce que les magistrats de Genève lui eussent intimé l'ordre de partir.

Un fameux prédicateur aussi allait se mettre en route pour le convertir, mais Caracciolo mourut après avoir reçu les soins des médecins de Genève et les prières de son Église, le 7 mai 1556, âgé de soixante-neuf ans. Sa seconde femme lui survécut peu : nous possédons la lettre qu'elle adressa aux chefs de l'Église lucquoise à Genève, pour les féliciter de la façon respectueuse et tout à la fois résolue avec laquelle ils avaient rejeté les offres du cardinal Spinola, qui les invitait à revenir à Lucques et à l'Église catholique (B). Sa fin. Eloges qu'on fit de lui.

Que le titre de nouveau Moïse ait été donné à Caracciolo par De Bèze, c'est ce qui nous est affirmé par Nicolas Balbani. Ce Lucquois venu à Genève en juillet 1557 y fut élu ministre de l'Église italienne le 25 mai 1561, et mourut en 1587. Il avait traduit le catéchisme de Calvin en

1566[1], et écrit la vie de Caracciolo. Imprimée à Genève en 1587, cette vie fut traduite en anglais, puis en français par Tessier de l'Estang en 1681, et réimprimée en 1854. Elle fut aussi traduite en latin par Vincent Minutoli (1587-1596), puis figura dans le *Musæum Helveticum* (1717). Le traducteur français dit que l'original est devenu fort rare, et qu'il était utile d'en rappeler le souvenir aux églises réformées. « Genève, notre seconde mère, avait si complétement oublié un événement si extraordinaire et si beau, bien qu'accompli dans son sein, qu'il était temps de lui faire savoir non-seulement qu'une Église italienne s'était formée chez elle, mais encore que d'éminentes vertus brillaient chez les fidèles de diverses langues et nations que Dieu a conduits ici; et enfin de l'engager à revenir à cet esprit primitif de piété dont étaient charmées les personnes honnêtes qui s'étaient réfugiées dans ses murs. »

Ce même Balbani se plaignait de ce que les disciples de Valdès à Naples fussent des Nicomédistes : on sait que ces sectaires n'approuvaient pas la doctrine qui préconise près des justes les afflictions, les persécutions, la perte des biens et qui leur demande souvent d'abandonner leur maison, leur patrie, leur famille pour servir Dieu[2]. Vergerio dit en-

(1) Nous connaissons la *Réponse à Pierre Viret, à Nicolas Balbani et à deux autres hérétiques qui ont écrit contre le traité de la messe*, par *Antoine Possevin*; Avignon, Rosso, 1566, in-16.

Notre Caracciolo n'est pas même nommé dans la *Biographie universelle*.

(2) En fait, Valdès dans son *Mercurio* fait dire à une âme pieuse qu'elle ne croyait pas nécessaires les pèlerinages, tout en louant la bonne intention suivant laquelle certaines personnes les faisaient : et comme cette même âme s'étonnait qu'avec des jubilés et des indulgences on accomplît la doctrine du Christ, on lui en fit reproche, et elle répondit : « Frères, suivez le chemin qui vous paraît le meilleur, et laissez-moi suivre celui que je veux, puisqu'il n'est point mauvais. »

core que Valdès laissa « plusieurs disciples parmi les courtisans, et que si une partie d'entre eux se conserva pure et ardente, l'autre ne resta pas sans tache, se montra froide et lâche. Que Dieu la réchauffe et la purifie ! »

Antoine Caracciolo qualifie de triumvirs de la république satanique Valdès, Pierre Martyr qu'il appelle *Cacomartyr,* et Ochin. Saint Gaétan se déchaîna contre eux : il allait ou envoyait quelqu'un les écouter, et quand il fut impossible de douter de leurs erreurs, il les dénonça au cardinal Théatin ; il dévoila aux Napolitains l'hypocrisie de ces hommes qui, sous la peau de l'agneau, avaient infecté la Campanie, et les indignités commises dans leurs conventicules, où se mêlaient les hommes et les femmes. Cette dénonciation fit prendre la fuite aux chefs. On ne doit pas croire que toute semence d'erreurs fut arrachée dans ce pays, et nous avons vu au Discours I du présent volume comment on fut amené à faire pour l'établissement de l'Inquisition espagnole à Naples une tentative qui fut repoussée [1].

François Romano, ex-moine augustin, répandit secrètement en Sicile, son pays natal, les erreurs de Zwingle, puis s'enfuit en Allemagne. De retour dans sa patrie en 1549, il exposa la logique de Mélanchthon, les épîtres de saint Paul, et passa lui aussi pour être l'auteur du célèbre livre sur le *Bienfait de la mort du Christ*. Cité devant le Saint-Office, il s'enfuit d'abord, puis vint spontanément se constituer prisonnier aux mains du cardinal Théatin, se rétracta, et obtint son pardon, à la condition d'accomplir plusieurs pénitences et de faire une abjuration publique

(1) Il existe un document espagnol manuscrit *Papel sobre poner la Inquisicion en Napoles*, dans lequel on fait dire à Charles Quint « J'aime mieux le royaume sans l'Inquisition que l'Inquisition sans « le royaume. »

dans les cathédrales de Naples et de Caserte. Il confessa qu'il avait beaucoup de prosélytes, et parmi eux plusieurs dames de qualité. Plus tard Scipion Tetti, auteur d'une dissertation *De Apollodoris*, estimée des érudits, publia nous ne savons trop quels livres, contenant des opinions fausses sur la divinité, et il fut condamné pour ce fait aux galères. C'est ce que raconte l'historien De Thou, qui, se trouvant à Rome en 1574, ignorait s'il vivait encore. On envoya aussi au bûcher Pompée Algeri, de Nole.

Boniface d'Oria.

La famille Boniface possédait la principauté d'Oria, dans la terre d'Otrante, en vertu d'une donation faite par le roi Frédéric à Robert, qui mourut en 1536, laissant deux fils, tous deux lettrés. L'un, Dragonetto, trouva la mort en distillant un poison extrêmement violent; l'autre, Jean Bernardin, hérita de la principauté d'Oria, qui avait pour annexes Francax villa et Casalnuovo, dont le territoire fertile produisait de magnifiques revenus. Mais le nouveau maître était très-original; il n'avait à son service que deux esclaves turques et vivait complétement retiré pour se donner tout entier à l'étude. Suivant la chronique, il pensait mal en fait de religion et n'assistait jamais à la messe. Craignant d'être poursuivi par l'inquisition, il réalisa une grosse somme d'argent et feignit d'aller à Venise, mais il fut soupçonné avec ses esclaves turques de hanter les chefs de la secte luthérienne. Enfin, il s'établit à Wilna en Lithuanie, dans une campagne sise à un mille hors de la ville, où plus tard l'une des deux servantes étant devenue folle, l'autre se maria. Il acheta alors à Constantinople une autre esclave, mais cette dernière s'étant enfuie en Moldavie, il resta sans aucun serviteur. « Il vit (dit le chroniqueur) le plus sou-
« vent de laitage, d'œufs, de figues sèches, de raisins secs,
« de pommes et de radis; il boit de l'eau pure; il ne chauffe

« point ses appartements, encore qu'il soit dans un pays « très-froid ; souvent on le voit à côté d'un petit fourneau, « soufflant le feu pour faire cuire sa soupe, qui la plupart « du temps est composée de lait et de raisins, ce qui lui « donne plutôt l'air d'un chauffournier que d'autre chose.... « Toute sa garde-robe ne vaut pas deux florins..... Il en- « tend que personne que lui ne touche à son lit et à ses « meubles; il a la barbe longue et graisseuse; il est maigre, « et aujourd'hui (1586) il peut avoir soixante à soixante-dix « ans. Il appartient à la Confession d'Augsbourg, qu'il n'a « jamais abandonnée, et est l'ennemi juré des calvi- « nistes. A Nuremberg, on lui fit beaucoup d'accueil; « mais, n'ayant aucune consistance dans le caractère, « il ne peut demeurer longtemps dans le même en- droit [1] ».

Nous n'avons rien trouvé de Bernardin Boniface dans les sources où nous puisons d'ordinaire, mais nous connaissons de lui une traduction de Salluste, imprimée en 1550, par Torrentin, de Florence, puis un recueil d'*Hymnorum, epigrammatum et paradoxorum quorumdam*, imprimé à Dantzick, en 1599, avec une préface où l'éditeur parle des aventures de Boniface, et où il raconte sa mort, arrivée dans cette ville, en 1597. Une inscription indiquait que *in medio Hispanicæ inquisitionis furore,* [2] *agnita ex scriptis Melanchthonis evangelii luce, paulo post exuli volontario ac primo Venetias, dein ob irati pontificis insidias per Helvetiam in Germaniam et ad Vormaticense colloquium delato.*

(1) SCIPIONE AMMIRATO, *Delle famiglie napoletane*: Florence, 1580. Le passage que nous avons cité entre guillemets a été extrait des notes mises à la IIe partie, laquelle n'a été éditée qu'en 1651.

(2) Nous savons que l'Inquisition espagnole n'existait pas à Naples.

Suivant certaines lettres de Quintius Marius Corrade, on serait amené à croire que Boniface se serait enfui de sa patrie la seconde année du pontificat de Paul IV : sa principauté fit retour au fisc, attendu qu'il était le dernier rejeton de la famille. Le roi Philippe en investit saint Charles Borromée, qui la vendit ensuite quarante mille sequins, somme qu'il distribua aux pauvres dans une seule journée.

En 1567, les Théatins découvrirent à Naples une nouvelle secte, qui observait les mêmes rites, professait les mêmes croyances et les mêmes impiétés que les Juifs, et avait des écoles clandestines. On fit sur cette secte un rapport à l'évêque Marius Caraffa, qui envoya pour les combattre Jérôme Ferro, des Clercs réguliers, Jérôme Panormitain de l'ordre de Saint-Dominique, Alphonse Salmeron, de la Compagnie de Jésus, et le prêtre Jérôme Spinola [1].

Della Lama.

On nous a conservé le souvenir d'un autre napolitain. Le médecin Jean-Marie Della Lama, depuis plusieurs années déjà, exerçait sa profession à Vienne, lorsqu'en 1567 il envoya à Rome un mémoire par l'entremise du cardinal Commendon, dans lequel il exposait qu'il avait été dénoncé au Saint-Office comme suspect en matières religieuses; ne s'étant jamais écarté sciemment des croyances et des commandements de la sainte mère l'Église, il prétendait pouvoir vivre en paix à charge de faire pénitence, s'il était tombé involontairement dans l'erreur. Il le suppliait donc d'intercéder en sa faveur près du pape, afin que Sa Sainteté fit remettre le jugement de sa cause au

L'épitaphe a été publiée à Konigsberg dans les *Neue preussiche Provinzialblätter*.

(1) Silos, *Hist. cl. regul. sub anno*.

nonce ou au juge compétent à Vienne, parce que, pour lui, aller se présenter à Rome, serait la ruine de sa position : il ajoutait que les bons catholiques pouvaient certifier que depuis qu'il habitait dans ces parages, il s'était abstenu de toute relation avec les hérétiques et qu'il avait fréquenté les sacrements.

Ni Pie V, ni Grégoire XIII ne voulurent consentir à la demande de Della Lama : Sixte V répondit, le 26 mars 1587, à l'empereur Rodolphe II, qui le lui recommandait, que les accusations pour lesquelles il s'était enfui d'Italie étaient nombreuses et graves, et que sa fuite avait augmenté les soupçons contre lui ; qu'il n'était pas possible d'instruire son procès aussi loin des témoins ; que cependant, s'il confessait ses fautes et s'il abjurait ses erreurs, il enverrait les pouvoirs nécessaires pour l'absoudre. Quoi qu'il en soit, il avertit l'empereur qu'il ne sied pas à sa haute vertu et à sa piété fervente de garder à son service privé un homme suspect d'hérésie et fugitif pour une telle cause [1].

Vaudois en Calabre. Leurs supplices.

Dans le procès de 1387, que nous avons rapporté précédemment, les Vaudois du Piémont voulaient que leurs pontifes demeurassent dans la Pouille, d'où leur venaient leurs maîtres. En effet, dans la province de la Calabre Citérieure, là où l'Apennin s'incline vers la mer Tyrrhénienne, aux pieds de la crête du Bitonto, dans le district de Paola et dans le mandement de Cetraro se trouve, au sommet d'une colline, le petit village de La Guardia, peuplé par quinze cents agriculteurs, qui ont un langage et une manière de s'habiller tout différents de ceux de leurs voisins. Les historiens ont souvent confondu ce

(1) LAGOMARSINI, annotations aux lettres de Poggiani, tom. IV, pag. 443.

village avec Guardia Lombarda, dans la Principauté Ultérieure, et qui reçut cette épithète parce qu'elle a été peuplée par des Piémontais, considérés comme Lombards. Les historiens vaudois, et notamment Giles, racontent que vers 1315 un gentilhomme calabrais, selon toute probabilité, Hugues de Balzo, sénéchal du roi Robert, s'étant rencontré dans une hôtellerie de Turin avec quelques Vaudois, et ayant appris d'eux que leurs vallées subalpines regorgeaient de population, offrit de leur donner quelques terres en Calabre. Les Vaudois envoyèrent quelques-uns des leurs pour les explorer; ceux-ci, ayant trouvé un beau ciel, des pâturages, des arbres fruitiers, des vignes et des oliviers en abondance, y établirent une colonie, en acceptant de payer une redevance, mais à la condition qu'ils conserveraient leurs coutumes et leurs rites. Tout cela fut l'objet d'un acte public et authentique, espèce de charte confirmée dans la suite par Ferdinand d'Aragon. A la ville de Montalto ils joignirent un faubourg, dit des Ultramontains : au bout de cinquante ans, leur nombre s'étant accru, ils en bâtirent un autre, distant d'un mille, qu'ils appelèrent Saint-Sixte, et où se trouva une des églises réformées les plus célèbres; ils fondèrent successivement les bourgs de Vaccarizzo, de Rose, d'Argentina, de Saint-Vincent, et plus tard La Guardia, sur les terres des marquis Spinelli de Fuscaldo.

Ce fut sur ces terres que se réfugièrent par la suite beaucoup de Vaudois de Provence, persécutés au temps où la cour pontificale était à Avignon. Ils bâtirent dans cette partie de l'Italie Montelione, Faito, La Cella, La Motta; vers l'an 1500, d'autres allèrent se fixer à Volturara[1]. Ils vécurent là

(1) Ces différentes émigrations expliquent la diversité des dates assignées à ce fait par Giles (*Hist. des églises réformées*; Genève, 1644),

tranquilles, tolérants et tolérés, au point d'aller à la messe et de faire baptiser leurs enfants par des prêtres catholiques; usant de très-peu de formes extérieures dans leur culte, ils ne heurtaient pas les populations voisines : ils étaient bien vus des seigneurs de l'endroit, parce qu'ils étaient paisibles et payaient bien la redevance; tous les deux ans, ils recevaient la visite d'un *recteur* et d'un *coadjuteur* venus des vallées alpestres, qui se cachaient sous divers déguisements; ils se faisaient passer pour des artisans, des marchands, des médecins, et se faisaient reconnaître à leur manière particulière de frapper à la porte. N'ayant aucune instruction, ils ne disputaient point sur leurs croyances, et ne cherchaient pas à les répandre. Toutefois, leurs frères des vallées subalpines, lorsqu'ils se réformèrent à l'imitation des protestants, envoyèrent en Calabre quelques-uns d'entre eux « pour y remettre toute chose en bon état [1] », et ce fut peut-être alors qu'ils furent amenés à se retirer des assemblées catholiques, auxquelles ils s'unissaient d'abord, et envoyèrent à Genève Marc Usegli demander des docteurs. Louis Pascal de Coni, jadis soldat de la Savoie, vint en effet chez eux : il fit des prosélytes même dans les contrées voisines de la Basilicate, à Faito, aux Celle, et à Castellucci. Le cardinal Alexandrin, et comme chef de l'Inquisition à Rome, et quand il fut devenu pape, envoya des prédicateurs, entre autres Jean-Antoine Anania de Taverna, chapelain de la famille Spinelli, qui le premier lui avait dénoncé ce danger (1561), et le jésuite Chistophe Rodrigue,

par Rorengo (*Mem. istoriche dell' introdutione dell' heresie nelle valli di Lucerna*; Turin, 1649), par Perrin (*Hist. des Vaudois*; Genève, 1618), par Muston (*Hist. des Vaudois du Piémont*; Paris, 1837), par Morelli (*Sulla venuta de' Valdesi nella Calabria Citra*; Naples, 1859).

(1) Th. de Bèze, *Histoire*, à l'année 1544.

tous deux munis de pleins pouvoirs ; mais les menaces restèrent sans aucun résultat, ces populations ne voulant ni violer leurs règles antiques ni s'éloigner de ces belles contrées. On eut donc recours au bras séculier, et le vice-roi, duc d'Alcala, expédia Annibal Moles, juge de la *vicaria*, avec une troupe de soldats, qui, secondant les missionnaires et le marquis Spinelli, contraignaient les Vaudois d'aller à la messe, et punissaient les récalcitrants dans leurs biens et dans leur personne.

Poussés au désespoir, ils prirent les armes, et s'étant réfugiés dans les forêts de l'Apennin, ils combattirent d'abord par bandes, puis livrèrent des batailles rangées; enfin, après avoir été défaits, ils se réfugièrent en Calabre à La Guardia, qui leur offrait une position favorable, une enceinte fortifiée et un cours d'eau. Le marquis, sur les terres de qui se trouvait La Guardia, y envoya cinquante hommes, qui se présentèrent comme des délinquants cherchant un refuge dans cette forteresse : mais, une fois entrés, ils tirèrent leurs armes, s'emparèrent des postes, et d'autres hommes armés étant venus se joindre à eux, ils enchaînèrent leurs hôtes abusés. Ces derniers encoururent alors d'impitoyables condamnations, et les récalcitrants subirent des supplices d'une cruauté raffinée. On les enferma tous dans une maison : le bourreau venait en saisir un, lui bandait les yeux, puis le conduisait dans une plaine rapprochée, et, après l'avoir fait agenouiller, lui coupait la gorge avec un couteau et le laissait dans cet état ; ensuite, avec le même bandeau et le même couteau ensanglantés, il retournait à la prison, en emmenait un autre, et le tuait de la même manière.

Tel est le récit d'un contemporain, qui en fait périr ainsi jusqu'à huit cents. « Les vieillards (dit-il) marchent à la

« mort tout joyeux; les jeunes avec moins d'intrépidité. On « a donné l'ordre, et déjà les charrettes sont là, de couper « les cadavres par morceaux et de les exposer en les espa- « çant le long de la route que parcourt le courrier jus- « qu'aux frontières de la Calabre, si le pape ou le vice- « roi ne défend pas au marquis (de Buccianico) de le faire. « En attendant il fait mettre à la torture les autres, et il « en rassemble beaucoup pour en finir. On a ordonné de « faire venir aujourd'hui cent femmes des plus âgées, de « les soumettre à la torture, et puis de les envoyer au « supplice, pour pouvoir faire la mesure complète. Il « y a sept Vaudois qui refusent de voir le crucifix et de « se confesser; on les brûlera vifs. Dans l'espace de onze « jours on a fait justice de deux mille personnes, et il reste « encore dans les prisons seize cents condamnés; on en a « massacré plus de cent dans la campagne, trouvé environ « quarante les armes à la main, et tous les autres, par « groupe de quatre et de cinq, sont réduits au déses- « poir. Les flammes ont dévoré les villages, et l'on a ra- « vagé beaucoup de domaines (C.); le reste des vaudois a « été embarqué sur des galères espagnoles pour y ramer. »

Louis Pascal, que nous avons déjà nommé, après avoir étudié à Lausanne, s'était affranchi du lien matrimonial pour aller apostasier dans le royaume de Naples; il fut arrêté avec Stéphane Negrino, son ami, et envoyé à Rome après avoir subi toutes sortes de mauvais traitements. Malgré les souffrances qu'il endura, il demeura inébranlable dans ses convictions; il se réjouissait de souffrir pour le Christ, et de sentir approcher l'heure où il pourrait s'offrir en sacrifice au Sauveur : le 8 septembre 1560, il fut étranglé *en présence du pape et des cardinaux*. Il avait publié un Nouveau Testament en italien, et diverses lettres *melle ac dulcedine evangelico refertissimæ ac unctionem spirantes*, dit le martyrologe protestant.

L'esprit de parti a évidemment exagéré le récit de ces supplices, appuyé sur des relations ne méritant pas plus de confiance que certains articles de journaux qui chaque jour nous induisent en erreur. Le fait est qu'alors disparurent les colonies protestantes de la Principauté sise au delà de l'Appennin, c'est-à-dire Montalto, Volturara *et* Saint-Sixte. Sur l'intervention de l'évêque de Bovino, on fit grâce aux habitants de Castelluccio, de Faito, de Celle et de Monteleone. Plusieurs d'entre eux parvinrent à retourner dans les vallées subalpines ou en Suisse; d'autres abjurèrent leur foi, et furent recueillis à la Guardia, qui était restée inhabitée, et où les femmes conservent encore aujourd'hui quelques restes du costume alpestre, tels que le jupon d'étoffe rouge, les manches de velours ou de drap noir, les cheveux nattés avec un ruban rouge ou noir, ainsi qu'on le portait jusqu'à ces derniers temps dans le val d'Angrogna; leur dialecte tient du piémontais, aussi bien que leur physionomie et leurs habitudes laborieuses [1].

En Calabre, outre les Vaudois, nous savons que le luthéranisme s'était glissé et avait infecté plusieurs moines ainsi que certains familiers d'Augustin Gonzaga, archevêque de Reggio. Mais le gouvernement n'en fut informé qu'à propos des haines terribles existant entre les Monsolino et les Malgeri de Reggio, haines qui en 1561 éclatèrent dans toute leur intensité et devinrent une véritable guerre civile. Les Monsolino, ayant eu le dessus, égorgèrent leurs adversaires. Ils se renvoyaient les uns aux autres l'accusation de luthéranisme avec une telle obstination

(1) Voyez *Arch. storico*, 1846, tom. IX, pag. 193.

que le vice-roi, en 1512, expédia en Calabre Pierre Antoine Pansa, personnage d'une sévérité inflexible, qui condamna au bûcher plusieurs personnes convaincues d'hérésie. Parmi elles se trouvaient quatre citoyens de Reggio, onze de San-Lorenzo, dont sept étaient capucins. Pansa ordonna que ceux qui avaient abjuré portassent sur la poitrine et sur les épaules un morceau de drap jaune traversé d'une croix rouge.

A Naples, au mois de mars 1564, sur la place du Marché, furent décapités, puis brûlés comme luthériens, les nobles Jean-François d'Aloisio de Caserte et Jean Bernardin de Gargane d'Aversa. En outre le vicaire de l'archevêque envoya des citations à d'autres personnes de mauvais renom. Ces poursuites, émanées tant du pouvoir spirituel que du temporel, avaient agité la ville pendant des jours et des mois entiers [1].

Ce fut alors que le vice-roi Parafan de Ribera écrivit au roi Philippe, le 7 mars 1564 :

« J'ai reçu la lettre que Votre Majesté a daigné m'écrire « de sa main le 24 janvier, et votre recommandation pour « que les choses de la religion aillent comme il convient « au service de Notre Seigneur, et comme il sied à un prince « si grand, si bon catholique et si comblé des faveurs du « pape que l'est Votre Majesté. Je ferai ce qu'elle m'a com- « mandé, bien que jespère peu le succès. Le vrai re- « mède est tout entier dans la vigilance de Votre Majesté. « Dans une lettre que je remets au secrétaire Vargas, j'in- « forme Votre Majesté qu'on doit exécuter sur la place pu- « blique de Naples un chevalier et un gentilhomme, pour « cause de luthéranisme. L'un d'eux est l'hérétique qui a fait « le plus de mal dans tout ce pays : aussi la noblesse et le

(1) SUMMONTE, *Storia*, l. X, c. IV.

« peuple ont montré leur satisfaction, bien qu'on n'ait vu « jusqu'ici exécuter personne pour un semblable crime. Je « crois bon d'aviser Votre Majesté de ce que, d'après l'a- « veu du coupable, il faut penser de certains prélats du « royaume, afin que Votre Majesté sache à quoi s'en tenir « dans les occasions qui pourront se présenter. Je supplie « Votre Majesté avec toute l'insistance possible, parce « qu'il est périlleux de traiter ce sujet, de faire en sorte « que personne ne sache ce que j'écris [1]. Que le Seigneur « garde votre Majesté ! »

« De la déposition de Jean François d'Aloysio, sur- « nommé Caserta, résultent les déclarations suivantes :

« De l'archevêque d'Otrante, il dit que de 1540 à 1547, « pendant les troubles de Naples, il avait parlé maintes fois « avec lui, et que l'archevêque déclara qu'il adoptait et « croyait la doctrine luthérienne; qu'en sa présence le « même prélat, parlant avec une grande véhémence et s'en- « tretenant avec d'autres, discutait, prêchait, et enseignait « cette doctrine; enfin qu'à cette époque les Napolitains « le considéraient comme un des chefs de la secte. D'au- « tres personnes ont contredit par leur témoignage cette « déclaration, et si on cherchait à pénétrer plus avant « dans la vie de l'évêque, on trouverait des choses plus « tristes encore, mais pour cela il faudrait une commission « spéciale de sa sainteté [2].

(1) La liste avait été dressée avec tant de précautions que les personnes n'y sont indiquées que par des chiffres dont la clé est donnée sous un pli particulier. Le document espagnol a été publié par Édouard Böhmer à la suite des *Cent-dix considérations divines de Jean Valdés* (Cento dieci divine considerazioni di Giovanni Valdesse); Halle en Saxe, 1860.

(2) Bernino, en s'appuyant sur le manuscrit de Carracciolo, dit que dans la terre d'Otrante un certain Ladislas, auditeur de l'évêque,

« De l'évêque de La Cava San Felice [1], Caserta dit qu'en « 1548 et 1549, étant à Trente, il eut une dispute avec « quelqu'un de son bureau qui niait la justification par « la foi seule, opinion qu'il tenait, lui, pour très-véri- « dique : qu'après cette déclaration, comme aussi pour « avoir été le disciple d'un autre luthérien, il l'a, lui, tou- « jours considéré comme un adhérent de la secte.

« Il dit qu'un peu avant les tumultes de Naples il était « allé voir l'évêque de Catane [2], accompagné d'une autre « personne qui professait aussi le luthéranisme, et que, « dans leur conversation sur la Sainte Écriture, l'évêque « déclara qu'il professait et croyait les opinions luthé- « riennes; il montra qu'il possédait les sermons de frà « Bernardin de Sienne et le *Bienfait du Christ* et d'autres « écrits de la main de l'hérésiarque Valdès, et on en lut « plusieurs passages en sa présence.

« Caserta, dit de l'évêque d'Ana (?), coadjuteur d'Urbin, « qu'il était grand ami du frère Marco de Tursi, héré- « siarque, lorsque ce dernier habitait le couvent de Saint-

et l'archevêque lui-même furent gravement soupçonnés ; on assurait que ce dernier avait mandé près de lui Ludovic Manna pour enseigner publiquement dans l'église d'Otrante, qu'il entretenait un commerce épistolaire avec Martin Bucer et était l'ami de Valdès, dont il lisait les livres, enfin qu'il avait eu longtemps dans son palais Giannetto, hérétique fieffé qui plus tard s'enfuit à Genève. Cet archevêque ne put obtenir le chapeau par suite de l'opposition du cardinal Caraffa ». Or l'archevêque était à cette époque Pierre Antoine de Capoue, loué par Ughetti pour sa grande doctrine, son érudition et sa probité. Il prêcha au concile de Trente, où il était fort estimé.

(1) Jean-Thomas San-Felice, qui au concile fut réprimandé par l'évêque de Chironia, puis privé de son office de commissaire, fut expulsé du concile, et enfin emprisonné à Rome, au temps du pape Paul, en même temps que le cardinal Morone, comme nous l'avons dit T. II. *Discours XI des Hérétiques d'Italie et le Concile de Trente*.

(2) Nicolas-Marie Carraciolo, personne en grand crédit près des papes et des souverains.

« Augustin de Naples; et qu'un jour, dans une con-
« versation qu'il eut avec lui, il lui avait déclaré qu'il « professait et croyait l'article de la justification comme « l'enseignait Valdès, à savoir que l'homme se justifie par « la foi seule, et que par les œuvres il n'acquiert de mérite « qu'en tant qu'elles sont le fruit de la foi.

« Quant à l'archevêque de Sorrente [1], suivant Caserta « il lui aurait dit qu'il suivait les opinions luthériennes, car « la voie de Luther était la vraie, et il aurait fait un si « grand éloge d'un livre qu'il possédait, intitulé le *Sommaire de l'Écriture*, que lui-même l'avait acheté de « Fascitelli, évêque d'Isola [2], qui, suivant l'abbé de « Tursi, professait aussi les opinions luthériennes.

« De l'évêque de Cajazo [3], qu'au dire d'Hiéronyme « Scanapeco, il était aussi luthérien.

« De l'évêque de Nola [4], qu'avant d'occuper son siége « actuel il lisait un livre intitulé *Il Benefizio di Cristo*, et « en faisait ses délices.

« De l'évêque de Civita di Penna [5], Caserta dit qu'au « témoignage de l'hérésiarque Apollonius Merenda, ce « prélat partageait ses opinions, c'est-à-dire croyait et « professait celles de Luther.

« De l'évêque de Policastro [6], qu'appelé un jour par lui

(1) Jules Pavesi, de Brescia, de l'ordre des Dominicains, commissaire du Saint-Office.

(2) Honoré Fascitello d'Isernia, moine du Mont Cassin, a été loué pour son mérite littéraire par Mgr Della Casa, par Bembo, par Flaminio. Il assista au Concile de Trente.

(3) Fabio Mirto.

(4) Antoine Scarampi, Piémontais, de la famille des comtes de Cannella. Il assista au Concile.

(5) Jacques Guidi, noble de Volterre, élève de François Guichardin. Il assista aussi au Concile.

(6) Nicolas François Missanelli. On prononça contre lui en 1576 une

« pour être examiné sur un certain procès, l'évêque lui « montra une composition qu'il avait faite sur la question « de la justification, où il professait et enseignait des opi- « nions conformes à celle de Valdès. Caserta ajoutait qu'au « témoignage d'un luthérien, aujourd'hui mort, cet évê- « que, en commentant les épîtres de saint Paul, avait « enseigné et prêché sur la prédestination les opinions « des Luthériens.

« De l'archevêque de Reggio [1], Caserta et Gargano disent « qu'avant de recevoir sa dignité actuelle, étant encore dans « son couvent, et visité par eux et par d'autres luthériens, « il leur déclara qu'il professait et croyait les opinions « luthériennes; qu'une fois, dans un sermon, en traitant de « la justification, il conclut qu'il fallait tenir et croire « ce qu'enseignait Martin Luther; qu'un jour au mo- « ment de sortir, échangeant ses pantoufles contre des « souliers, il avait dit : « *Laissez moi prendre la justifi- « cation de mes pieds* », et qu'enfin il leur avait montré « plusieurs livres luthériens qu'il avait en sa posses- « sion. »

sentence de condamnation, comme s'étant rendu suspect de ce chef que plusieurs hérétiques travaillaient ouvertement dans son diocèse. Il fut donc suspendu pour dix ans avec perte de la moitié des revenus de son évêché.

(1) Gaspard Fossa, Calabrais, de l'ordre des Minimes. Il prononça un discours d'inauguration au Concile de Trente, en 1562, et il y était fort écouté.

NOTES ET ÉCLAIRCISSEMENTS

AU DISCOURS VII.

(A.) Jean Fabrizio de Coire écrivait à Bullinger le 21 mars 1558, pour lui recommander chaudement le marquis : *Rem aggressus est valde difficilem, et cujus simile exemplum apud nostros non exstat, ut is scilicet in civem recipiatur, qui alibi quam apud nostros subsistere cogitur. Wen er sich hätte wollen in Pündten* (Bunden, les trois ligues) *niederlassen, vare es besser darzu z'reden.* D'autres lettres portent des recommandations pour lui et pour son voyage en Valteline, puis *in Illyricum, ubi censet se uxorem suam inventuram.*

(B.) ÉPITAPHE DE CARACCIOLO.

Italiam liqui patriam, clarosque penates,
   Et lætam antiqua nobilitate domum;
Cæsareaque manu porrectos fortis honores
   Contempsi, et magnas marchio divitias,
Ut te, Christe, ducem sequerer, contemptus et exul,
   Et pauper varia pressus ubique cruce.
Nam nobis cœli veros largiris honores,
   Et patriam, et census annuis, atque domos.
Excepit profugum vicina Geneva Lemanno,
   Meque suo civem fovit amica sinu.
Hic licet exigua nunc sim compostus in urna,
   Nec claros cineres alta sepulchra premant,
Me decus Ausoniæ gentis, me vera superbis
   Majorem pietas regibus esse facit.

ÉPITAPHE DE SA FEMME.

Vix, vix undecies repararat cornua Phœbe,
   Conspicitur tristi funus in urbe novum.
Anna suum conjux lacrymis venerata maritum,
   Indomito tandem victa dolore cadit.

Illa sui cernens properantia tempora Lethi,
  Dixit, tunc demum funere læta suo :
Quam nunc grata venis, quam nunc tua jussa libenter,
  Mors, sequor, ad sedes nam vehor æthereas,
Hic ubi certa quies concessa laboribus, aura,
  O conjux, tecum jam meliore fruar.
Pectore quem toto conceperat illa dolorem
  Sola superveniens vincere mors potuit.

Th. Heiger a lu à la société d'histoire et d'archéologie de Genève, le 23 mai 1854, une note sur Caracciolo, dans laquelle il rapporte les lettres qu'on lui adressa et d'autres témoignages. On y voit que sa seconde femme mourut dans cette ville, à l'âge de 64 ans, le 27 avril 1587, après avoir institué pour ses héritiers l'hôpital, le collége, la bourse française et italienne, et laissé des legs à De Bèze, Pompée Diodata, G. Colladon, etc.

(C.) Voici un passage que j'ai trouvé aux Archives des Médicis (*Correspondance de Naples*). On a voulu l'attribuer à une personne qui accompagna Ascagne Caracciolo dans cette expédition ; cette lettre porte la date de Montalto, 11 juin 1562 :

« On sait qu'Ascagne, par l'ordre du vice-roi, avait été forcé de partir en poste pour la Calabre le 29 du mois dernier, aux frais de ces deux villages de luthériens qui s'étaient bâtis au loin dans la campagne, sous le nom de Saint-Sixte et de La Guardia. Sa seigneurie rencontra à Cosenza, le premier de ce mois, le marquis de Buccianico, son beau-frère, qui était prêt, avec plus de six cents fantassins et cent cavaliers, à sortir pour aller de nouveau dans la campagne ; il était disposé à la faire battre en tous sens et à piller ces maudites gens. Il partit donc le 5 pour la Guardia, et arrivé là, on nomma des commissaires ; puis il envoya des auditeurs avec des hommes armés, chargés de parcourir les terres circonvoisines et d'arrêter ces luthériens. Ils ont mis tant de diligence à accomplir leur mission, qu'ils ont surpris la plus grande partie de ces gens ; et beaucoup d'autres, tant hommes que femmes, étant venus se présenter, le nombre des arrêtés dépasse quatorze cents. Aujourd'hui, jour de la Fête-Dieu, il a réuni toutes ces femmes en troupe, et les a fait conduire en prison, ici, à Montalto, où elles se trouvent à présent. C'est vraiment pitié de les entendre crier, sanglotter et demander miséricorde, disant qu'elles ont été trompées par le diable ; et elles ajoutent beaucoup d'autres paroles qui excitent la pitié. Néanmoins le seigneur marquis et Ascagne ont ce matin, avant leur départ de La Guardia, rdonné de livrer aux flammes toutes les maisons, après avoir préalablement fait démanteler ce bourg et couper toutes les vignes. Il reste maintenant à procéder au jugement des dissidents : et, quels qu'aient été les pourparlers qu'ils ont eus avec les auditeurs du Saint-Office et avec frère Valerio, inquisiteur de ce district, il sera terrible; car on entend faire conduire nombre de ces hommes et aussi de ces femmes jusqu'en Calabre et même jusqu'aux frontières d'Italie, et les faire pendre ainsi sur toute la route de place en place. Certes, si Dieu dans sa miséricorde ne touche pas le cœur de Sa Sainteté et celui du vice-roi en faveur de ces pauvres opprimés, le gouverneur marquis de Buccianico et Ascagne leur feront subir un châtiment exemplaire, à moins que tous deux ne viennent à recevoir de nouveaux ordres émanés de ceux qui ont droit de leur commander.....

« Aujourd'hui, on a prescrit de soumettre cent vieilles femmes à la question et à la torture, puis ensuite de les envoyer au supplice, et cela pour égaliser les parts, et qu'on puisse dire qu'il y a eu autant d'hommes que de femmes condamnés à mort. Il y en a parmi ces hérétiques de si obstinés, qu'ils ne veulent ni voir un crucifix, ni confesser leur faute; et alors sont brûlés vifs.

« A la première sortie que fit le marquis, il ordonna d'incendier le bourg de Saint-Sixte, et d'arrêter en même temps certains hommes de La Guardia, qui s'étaient trouvés à la mort de Castagnete, et il les fit pendre et jeter du haut des tours au nombre de soixante : ainsi j'espère qu'avant huit jours on aura mis ordre à cette affaire, et qu'après l'avoir terminée les inquisiteurs partiront pour Naples.....

« Le nombre des hérétiques pris en Calabre est de 1600, qui tous ont été condamnés, mais jusqu'à présent celui des exécutés n'est que de 88. Ces hérétiques proviennent des montagnes d'Angrogna dans la principauté de Savoie; aussi les appelle-t-on ici les gens d'outre-monts; ils observaient, paraît-il, la maxime *crescite*, comme plusieurs d'entre eux l'ont avoué. Il y a encore dans ce royaume quatre autres villages situés dans différentes provinces; on ne dit point cependant qu'on s'y soit mal conduit. Les habitants sont gens simples et ignorants, des hommes venus du dehors, des bouviers, des travailleurs des champs, qui, à l'approche de la mort, sont revenus fort bien à la religion et à l'obéissance de l'Eglise romaine. »

Siméon Florillo, ministre évangélique à Chiavenna, dans une lettre du 21 août 1560 décrivait la même exécution à Guillaume Grattarola, médecin à Bâle : « Je n'ai pas d'autres nouvelles à te mander, que la copie de lettres écrites de Montalto, le 11 juin 1560, qui ont été imprimées à Rome et à Venise. Elles traitent du massacre commis en Calabre, dans deux villages situés à huit mille de Cosenza, Saint-Sixte et La Guardia, qui ont été détruits et dont huit cents habitants ont été mis à mort, si ce n'est pas mille, ainsi qu'écrit de Rome le 21 juin un des serviteurs d'Ascagne Caracciolo. J'ai connu ces gens d'origine vaudoise, d'une conduite exemplaire et d'une foi meilleure encore; car, avant mon départ de Genève, nous envoyâmes dans ces villages, et sur leurs instances, deux ministres et deux maîtres d'école. Les ministres ont été martyrisés l'an passé; l'un à Rome, et il avait nom Jean-Louis Pasquale de Coni; l'autre à Messine, Jacques Borello : tous deux étaient Piémontais. Cette année, le reste des hommes pieux a subi le même sort : aussi j'espère que leur mort sera pour l'Italie une bonne semence qui fera germer des fruits précieux et abondants. »

Cette lettre, traduite en latin, est rapportée par Jean Fox dans le *Martyrologe*, part. II, fol. 337, Bâle, 1563. On y voit que les lettres des archives des Médicis ne sont pas des rapports officiels d'un résident toscan, mais bien des documents qui, selon la coutume du temps, sont insérés dans certaine correspondance, des copies d'imprimés qui sont dépourvues de toute authenticité, avec la fausse date de Rome pour leur donner plus de crédit. Ce sont évidemment des œuvres de parti, qui portent l'empreinte des exagérations propres à ce genre d'écrits.

[illegible] que la copie de lettres écrites de [illegible], le [illegible] juin 1790, [illegible] de [illegible] à Rome et à Venise. [illegible] [illegible] [illegible] [illegible], dans [illegible] village [illegible] [illegible] [illegible] [illegible] [illegible] et La [illegible], et [illegible], et il [illegible] [illegible] [illegible] [illegible] [illegible] [illegible] [illegible] [illegible], [illegible] [illegible] [illegible] [illegible] [illegible] [illegible]. [illegible] [illegible], le reste des [illegible] [illegible] [illegible] [illegible] [illegible] [illegible] [illegible] [illegible] [illegible] [illegible] pour [illegible] [illegible] [illegible] [illegible] [illegible] [illegible] [illegible] [illegible] [illegible] [illegible].

[illegible] [illegible], [illegible] en [illegible], en [illegible] par [illegible] des documents qui [illegible] de [illegible]. Ce sont [illegible] [illegible] [illegible] [illegible] [illegible] [illegible] qui [illegible] [illegible] [illegible] [illegible] [illegible] [illegible] de ce genre d'écrits.

DISCOURS VIII.

Antitrinitaires. — Les Socins. — Biandrata.

Les dissidents d'Italie ne devaient point s'arrêter dans la voie de l'hérésie. Non-seulement ils contribuèrent à étendre ailleurs la Réforme, mais ils en déduisirent de plus rigoureuses conséquences, et, à la doctrine anthropologique, fond de toutes les hérésies d'Occident, ils substituèrent la christologie telle qu'elle existe en Orient; au déisme épicurien, le déisme rationnel.

Luther, en bouleversant les règlements et les rites catholiques, et en brisant la tradition, avait conservé un grand nombre de dogmes, la hiérarchie ainsi que le principe fondamental de l'autorité, mais sous le joug du pouvoir temporel. Dès l'instant où il avait rejeté l'excommunication, il ne pouvait plus maintenir que par l'épée cette unité de foi qu'il venait de rompre; mais s'il ne réussit que trop à ébranler la hiérarchie ecclésiastique, plusieurs fois on pût espérer une réconciliation. Calvin tint peu à ces constitutions officielles, mais il se lança dans la critique, niant sans détours l'Église dans le sens mystique, et la faisant disparaître devant l'individu, de façon à creuser un abîme entre la divinité et ses adorateurs. Cependant, comme ses prédécesseurs, il conserva certains dogmes et soutint la divinité du Christ; la Bible en tant que révélation paraissait encore le port de salut contre les doutes de l'intelligence et les tempêtes du cœur. Ce furent des Italiens qui consommèrent la double dissolution de la discipline et de la hiérarchie, en répudiant les vérités fondamentales; au nom de l'autorité illimitée de la raison, ils s'attaquèrent à l'idée elle-même, à l'ontologie chrétienne, pour y substituer le nominalisme et le sensualisme, masqués de rationnalisme, qui n'étaient tempérés que par ces rudiments ou *simulacres* imaginaires que les doctes païens avaient sauvés du naufrage des vérités primitives. N'allez pas croire que ce fussent des gens d'église; c'étaient au contraire des jurisconsultes et des médecins, qui, ne trouvant pas dans la Bible le dogme de la Trinité, le répudièrent à la manière des antiques Ariens, en niant la divinité du Christ, la consubstantialité du Verbe et autres inventions des sophistes grecs (ainsi qu'ils le disaient). Quel besoin avait Dieu de faire tant de circuits pour nous sauver? Il suffisait d'un acte de sa volonté, et nos péchés étaient remis. Quant à notre instruction, il suffisait des doctrines et des exemples d'un homme rempli de l'Esprit-Saint, sans qu'il fût Dieu. Le Christ est celui qui éleva l'humanité au plus haut degré du progrès religieux.

La Trinité. Peut-être Ochin et d'autres réformés, probablement aussi la Société de Vicence, dont nous parlerons plus tard, doutaient-ils de ce dogme. A cette société appartenait Jean Valentin Gentile, fils du médecin Mathieu Gentile de Cosenza, qui, pour suivre les doctrines nouvelles, s'était expatrié. Valentin, qui avait enseigné à Genève, s'exprimait ainsi dans un livre dédié au roi de Pologne : « Trinité est un mot que vous ne lirez jamais dans la sainte Écriture ou dans les symboles catholiques, pas plus que ces expressions tout à fait humaines d'*ὁμοούσιον*, *personne*, *essence*, *hypostase.* Il y a un Dieu seul et unique, lui seul est αὐτόθεός, c'est lui qui répand dans le Christ son fils sa propre divinité; Christ est son image : c'est le symbole de la gloire du Père; il est Dieu, mais non par lui-même; il en est de ainsi de l'Esprit-Saint qui est la puissance divine mise en action. Père, Fils, Esprit-Saint sont distincts de personne, d'essence et de degré. Calvin adore une quaternité au lieu d'une trinité, car il enseigne que, l'hypostase étant une fois écartée il reste toujours la divinité, et que chaque personne est vraiment Dieu : d'où il suit qu'il y a quatre Dieux[1]. »

Comme cette prétendue contradiction de la trinité avec l'unité, devenue la base de la dogmatique de Mahomet, embarrasse les esprits simples, nous rappellerons que l'unité pure n'est pas adéquate à Dieu. Quand on dit *un*, on se demande qu'est-ce que cet *un*, qu'est-ce qu'une chose *une?* On répond : un Dieu; et c'est déjà quelque chose de plus que la simple unité; c'est l'unité avec des éléments réels, comme il en faut à un être vivant et agissant, tandis que l'unité est une abstraction, qui n'a de réalité que dans l'esprit de celui qui la conçoit; c'est une chose négative, morte. Dieu n'est pas une abstraction, une généralisation, un théorème de l'esprit humain; il est au contraire un Dieu vivant et véritable, qui existe par lui-même et en lui même; un être indépendant, autonome. Vivre, c'est opérer; vivre éternellement, c'est opérer éternellement; aussi les théologiens appellent-ils Dieu *actus purissimus.* L'acte a pour conditions essentielles un principe, un moyen, une fin. C'est pourquoi l'unité en tant qu'être moral, agissant dans l'éternité, doit réunir en elle les trois rapports de prin-

(1) Jean Gaberel, *Calvin à Genève*, p. 232-235.-Laderchi, *Continuation de Baronius*, p. 202.

cipe, de moyen, de fin, qui ne sont autres que ceux que la théologie chrétienne appelle Père, Fils et Saint-Esprit. Ces trois rapports sont indispensables pour concevoir l'unité comme Dieu vivant et véritable; partant, la conception fondamentale du Dieu en trois personnes est essentielle à l'idée du Dieu un. Ici, on ne trouve pas l'idée absurde de l'un qui fait trois, et on n'infirme pas l'idée de l'unité, puisque celle de la trinité implique non pas l'existence de trois Dieux, mais un triple rapport dans l'essence intime d'un Dieu unique, en vertu duquel il est un Dieu réel et vivant; Dieu est, passez-moi l'expression, le contenu vivant de son unité, sans lequel contenu il ne serait qu'une abstraction vide.

Calvin poursuivit de ses invectives Valentin Gentile comme un homme ignare qui vous présente à boire l'eau trouble qu'il a puisée à la citerne bourbeuse de Servet[1], et qui veut persuader à ceux qui ont le goût corrompu que c'est une douce liqueur et un breuvage salutaire. Néanmoins l'antitrinitarisme se répandait en Suisse et dans les

(1) C'est ici l'occasion de faire remarquer que Michel Servet, en rééditant en 1535 à Lyon la géographie de Ptolémée, est peut-être le seul de ses contemporains qui ait accusé Améric Vespucci d'avoir usurpé la gloire de Colomb. « Colomb (dit-il) découvrit dans un nouveau voyage le continent et beaucoup d'îles dont les Espagnols sont aujourd'hui absolument les maîtres. Ceux qui donnent le nom d'Amérique à ce continent sont donc complétement dans l'erreur, puisqu'Améric Vespucci n'y aborda que longtemps après Colomb, et qu'il s'y rendit non pas avec les Espagnols, mais avec les Portugais pour y faire le commerce ». Humboldt a prouvé combien est peu fondée l'accusation dirigée contre Vespucci d'avoir surpassé l'illustre Génois; on sait d'ailleurs qu'Améric fit son voyage en 1499 avec Hocheda et pour le compte de l'Espagne, non en qualité de négociant, mais peut-être en qualité d'astronome. Ce qu'il y a de curieux, c'est que l'édition de Servet contient le planisphère de 1522, dans lequel le nouveau monde est désigné sous le nom d'Amérique.

Grisons, et Lyon avait des poëtes qui exposaient en vers les doctrines de Valentin. Aussi, pour éviter qu'au moins à Genève l'uniformité ne fût compromise, Calvin rédigea un formulaire que les membres de l'Église italienne établie dans cette ville devaient s'engager par serment à jurer, formulaire qui contenait la définition la plus orthodoxe de ce mystère et la promesse de ne pas l'attaquer ni directement ni indirectement. Cinq Italiens y apposèrent leur signature, sept refusèrent d'y adhérer; parmi eux André Ossellani, Marc Pizzi, et Valentin, qui pourtant n'étant pas disposé à mourir comme Servet, finit plus tard par l'admettre, ce qui ne l'empêcha pas peu après d'enseigner ses doctrines fantaisistes, et de dire : « Je confesse « que le Dieu d'Israël, que les saintes Écritures nous pro- « posent comme le seul vrai Dieu, et, qui selon de vains « sophistes, n'a pu avoir un fils, est le père de Notre Sei- « gneur Jésus-Christ; je reconnais que ce même Jésus- « Christ, envoyé par lui, en tant qu'il est le verbe, est « le vrai et naturel fils du Dieu saint, le père tout-puis- « sant[1]. »

Calvin fit jeter Valentin en prison comme parjure et hérétique; celui-ci pendant ce temps priait Dieu d'éclairer ses juges et composait des apologies, ce qui n'empêchait pas Calvin de lui adresser le reproche suivant : « Ton dernier « écrit nous a clairement démontré que tu as l'esprit dé- « pravé, rempli d'un orgueil insupportable et d'une na- « ture venimeuse; qu'enfin tu es un hérétique obstiné. « Répète tant que tu voudras que tu reconnais Christ « pour vrai Dieu : si son père seul est Dieu, il est le Dieu « d'Israël, et alors tu le rejettes ouvertement du lieu où tu « places le Père seul. »

(1) Opuscules de Calvin, pag. 1991, 1923, etc.

Valentin fit une rétractation complète; cependant, voici les termes de la sentence rendue contre lui par ses juges : « La malice et la méchanceté que tu as déployées « t'ont mérité d'être exterminé d'entre les humains « comme séducteur, hérétique et schismatique, cependant, comme tu es venu à résipiscence, nous te condamnons à venir en chemise, pieds nus, tête découverte, « un petit cierge à la main, t'agenouiller devant nous pour « nous demander pardon à nous et à la justice, pour « maudire tes écrits, et nous t'ordonnons de les jeter au « feu de ta propre main, comme remplis de mensonges « pernicieux. » Le 2 septembre 1558, Valentin parcourut en cet accoutrement les carrefours, faisant amende honorable, et jura qu'il ne sortirait pas de la ville : mais dès qu'il le put il s'enfuit en Savoie près du médecin Mathieu Gribaldi, où allèrent le rejoindre Paul Alciat et Biandrata[1]. A peine avait-il passé la frontière, que la vérité *lui apparut encore sous la forme d'une étincelle*, et lui révéla que le seul père de la parole était le Dieu d'Israël. Le bailli de Gex l'ayant obligé à faire une profession de sa foi, il feignit de considérer cette obligation comme un ordre exprès, et la fit imprimer avec une dédicace au bailli, qui pour cela devint suspect. Valentin alla prêcher ses doctrines en France et en Pologne, d'où il sortit pour se retirer en Moravie et à Vienne, lorsque Charles IX, en 1566, bannit les professeurs des nouvelles doctrines. Calvin, son grand adversaire, étant venu à mourir, il crut pouvoir retourner impunément en Suisse; mais, poursuivi comme ayant rompu son ban, il fut arrêté le 11 juin 1566, et, après un procès en règle, décapité à Berne. En marchant

(1) HOORNBEECK, *Apparatus adv. Socin.*, pag. 24.

au supplice, on l'entendit prononcer ces paroles : « Les « autres ont donné leur sang pour le Fils ; moi, je suis le « premier qui aurai l'honneur de le verser pour la su- « prême gloire du Père [1]. »

Alciat de Milan, et Gribaldi.

Jean-Paul Alciat, de Milan, qui mourut à Dantzick, écrivit d'Austerlitz, en 1564 et 1565, deux lettres à Grégoire Paoli, pour défendre la doctrine unitaire ; ces lettres lui ont valu de la part de De Bèze la qualification « d'homme en délire, d'homme vertigineux » ; et de la part de Calvin, celle « d'esprit non-seulement stupide et insensé, mais frénétique jusqu'à la rage [2] ». L'abbé Léonard, Nicolas Paruta, Jules de Trévise, François de Rovigo, Jacques de Chiari et François Negri appartiennent à la même école. Alciat, Ochin et Biandrata furent au nombre des dix-sept théologiens que le waivode Radzivil employa à la traduction de la Bible (*Biblia swieta, tho iest ksiegi starego y nowego zakonu*, etc., 1563).

Mathieu Gribaldi, surnommé Moffa de Chieri, célèbre juriste, professa en France et en Espagne ; appelé plus tard à Padoue, en 1548, avec un traitement de 800, puis de 1100 florins, il y acquit une telle renommée, que la salle ne suffisait plus à contenir ses auditeurs. Il dissimulait à grand'peine ses opinions très-favorables aux novateurs ; aussi le soupçonna-t-on d'être l'auteur du livre imprimé,

(1) Sertorius Quattromani est l'auteur d'une *Epistola ad Celsum Mollium*, rapportée par Léonard Nicodème, *Addizioni alla Biblioteca Napolitana*, où il présente Gentile comme Napolitain, et Calvin comme l'auteur de l'histoire de son supplice. Quattromani se trompe. Cette histoire est de Benoît Arezio. Au synode de Pinczow, le 4 novembre 1562, Gentile avait fait cette profession de foi : *Deum creavisse in latitudine æternitatis spiritum quemdam excellentissimum, qui postea in plenitudine temporis incarnatus est.*

(2) Voir BAYLE, *Dictionnaire critique.*

ainsi que nous l'avons dit, à Bâle en 1550, livre où était racontée la mort de François Spiera ; il prit la fuite. Ses anciens élèves le présentèrent à Calvin ; celui-ci, le soupçonnant infecté de l'hérésie unitaire, pour laquelle il faisait alors poursuivre Servet, refusa de le recevoir, et ne consentit pas davantage à avoir avec lui un colloque, dans la crainte qu'il ne parlât en faveur des doctrines incriminées. Plus tard, après le supplice de Servet, Calvin invita Gribaldi à une conférence, à laquelle celui-ci se rendit, mais l'intolérant hérésiarque, ayant refusé de lui tendre la main, et voulant le forcer de faire une profession de foi, l'invité crut prudent de passer à Tubingue, et ensuite à Berne; mais ayant été aussi poursuivi dans cette retraite par Calvin comme antitrinitaire, il eut beau se rétracter, il dut quitter cette ville : quant à l'opinion qu'il se serait fait catholique avant de mourir, elle ne paraît pas fondée[1].

Pacio de Vicence.

Il eut pour disciple le chevalier Jules Pacio de Vicence (1550-1635), prodige d'érudition dès son enfance. S'étant enfui à Genève avec d'autres compatriotes, il y épousa une jeune personne de l'émigration lucquoise; il obtint ensuite une chaire de droit à Genève, et successivement à Heidelberg, à Sedan, à Nîmes : les universités de France et d'Italie se le disputaient à l'envi, à cause de ses ouvrages de droit et de philosophie, maintenant tombés dans l'oubli. A Montpellier, il eut pour disciple le fameux Peiresc, qui

(1) BAYLE, au mot Gribaldi. = GERDES, pag. 276 ; NICERON, *Mém. des hommes illustres*, tome XLI, pag. 235.

Voici la liste des œuvres de Gribaldi :

De methodo ac ratione studendi in jure civili libri tres, Lyon, 1544.

Recentiores Jurisconsulti singuli, singulis distichis comprehensi.

Commentarius ad legem Falcidiam. Pavie, 1548.

Epistola in mortem F. Spieræ. 1554.

fit beaucoup d'efforts pour le ramener au catholicisme, en même temps qu'il lui obtenait une chaire bien rétribuée. Au bout de plusieurs années il abjura de fait; il alla alors enseigner le droit civil à Padoue, puis obtint de retourner à Valence, où il mourut. Il nous a laissé dans une élégie latine l'abrégé de sa vie.

Au nombre des partisans les plus résolus des doctrines antitrinitaires furent Darius Socin, de Sienne, et ses frères, Albéric qui professa la jurisprudence à Oxford (1608), avec une rare élégance et une grande érudition[1], et Scipion, qui fit des cours à Heidelberg et ailleurs, et qui traduisit en latin dès leur apparition les deux premiers chants de la *Jérusalem délivrée*.

Lelio Socin

Lelio Socin était encore à la fleur de l'âge en 1546, lorsqu'il fut reçu membre de l'académie de Vicence, où se tenaient des conférences qui avaient pour but de nier le Christ. Pour mieux saisir le sens de la Bible, il étudia le grec, l'hébreu et l'arabe : puis, voyant qu'il y avait danger à manifester dans sa patrie des croyances nouvelles, il en sortit, et pendant quatre années voyagea en France, en Angleterre, dans les Pays-Bas, en Allemagne, et en Pologne : en dernier lieu, il alla se fixer à Zurich. Comme les premiers réformés avaient en horreur les doctrines unitaires, Lelio eut l'habileté de les dissimuler de façon à passer pour un des leurs, et à devenir l'ami de Mélanchthon et de plusieurs autres chefs de sectes religieuses. Il faisait à Calvin cette question : « Maître, *quid* d'un chrétien qui a épousé une catholique? » Et Calvin répondait : « Il n'est pas permis à un chrétien de s'unir à

(1) Hody, *De Bibl. textibus originalibus*, pag. 552, dit qu'Albéric Socin publia un livre intitulé *De latinitate veteris Bibliorum versionis male accusata*.

« une femme qui a abandonné le Christ. Maintenant tous les « papistes sont dans ce cas : papiste et musulman, c'est « tout un [1]. »

Mais Calvin, qui avait pressenti les dissentiments que devait engendrer une pareille situation, lui écrivait en 1542 : « Ce que je vous ai déjà dit autrefois, maintenant je vous « le répète sérieusement; si vous ne corrigez ce prurit « d'investigation, craignez d'avoir à lutter contre de très- « graves obstacles. » Lelio se tint pour averti, et le supplice de Servet lui apprit à dissimuler, ce à quoi il dut de continuer à être bien vu par des personnes d'opinions fort différentes. Nous avons une lettre de Pierre-Paul Vergerio datée de Vicosoprano le 20 juin 1552, adressée à Pellican, où il dit entre autres choses : « Notre ami Lelio est resté « avec moi pendant trois semaines : puis il s'en est allé chez « son père, mais, à ma connaissance, à travers combien de « périls. Dieu veuille l'en délivrer ! » Bullinger, toujours conciliant, lui fit bon accueil, mais Jules de Milan écrivait « de Poschiavo à ce dernier le 4 novembre 1555 : « Tu me « dis que Lelio, qui nous est suspect, et qui est considéré « ouvertement par beaucoup de vertueux frères comme « un anabaptiste, t'a fait une bonne confession, et a sous- « crit à la saine doctrine qu'a toujours enseignée l'Église « catholique, et tu m'engages vivement à le considérer « comme purgé de tout soupçon. Je t'embrasse pour le zèle « que tu montres à la maison de Dieu, car ton autorité ec- « clésiastique est parmi nous d'un tel poids, que ce qui te « satisfait nous satisfait également : je ferai donc en « sorte que nos églises regardent Lelio comme leur frère, « bien que la tache dont il est souillé à leurs yeux ne s'ef-

(1) Lettre du 7 décembre 1553.

« face pas facilement. Néanmoins, je prie le Seigneur d'ac« corder à Lelio la grâce de bien croire ce qu'il t'a con« fessé. Je ne voulais pas t'en dire d'avantage; mais, pour « ta gouverne, je dois te raconter que Lelio a été complice « de Camille Renato, à ce point, qu'après avoir abandonné « la vérité catholique, il n'a pas rougi de se faire passer « pour anabaptiste à Chiavenna, à Genève et dans d'autres « lieux : je crois que tu reconnais chez Camille l'esprit « d'astuce et de ruse, qui se manifeste chaque jour davan« tage ; tu ne peux croire combien ce serpent est flexi« ble et avec quels détours il nous échappera si l'on n'y « met pas bon ordre. Mais à quoi bon parler de Camille, « si tous les anabaptistes sont si perfides qu'ils n'aient « aucun scrupule de souffler le chaud et le froid [1]. »

Lelio s'ouvrait à quelques personnes, surtout aux émigrés italiens, et à ses parents demeurant à Sienne. Dégoûté de l'intolérance de Calvin, il écrivit *De hæreticis quo jure, quove fructu coercendi sunt gladio vel igne, dialogus inter Calvinum et Vaticanum*, opuscule sans nom d'auteur ni d'imprimeur, mais portant le millésime de 1554 [2] : puis en Pologne il professa ouvertement les doctrines antitrinitaires auxquelles il convertit François Lismanin, confesseur de la reine Bona Sforza.

Sigismond I, roi de Pologne, avait fait preuve de dévotion envers les papes, spécialement envers Léon X, en suppliant ce dernier de rétablir la concorde entre les princes pour repousser les Tartares, les Moscovites et les Turcs,

(1) OTT. *Annal. Anab.*, p. 120, FUESSLIN, *Epis. Reform.*, n° LXXII.

(2) Ce dialogue fut imprimé en Belgique. Sandro, dans la *Bibliotheca Antitrinitariorum*, le confond avec un autre intitulé *De hæreticis an sint persequendi?* imprimé à Strasbourg en 1610, et qu'on attribue à Sébastien Chateillon.

qui inquiétaient son royaume. Pour s'opposer aux progrès de la Réforme, il défendit aux jeunes gens de fréquenter les universités d'Allemagne, et déclara incapables ceux qui adhéreraient à l'hérésie ; mais ce qui favorisa sa diffusion, ce furent l'action de Stancari de Mantoue et l'exemple du marquis de Brandebourg. Ce dernier, grand maître de l'ordre Teutonique après avoir apostasié, fonda cette monarchie qui aujourd'hui sous le nom de royaume de Prusse menace d'envahir toute l'Allemagne. Paul III envoya à la cour de Sigismond Jean-Ange Medici, le futur pape Pie IV, en qualité de commissaire de l'armée pontificale chargée de combattre les Turcs et les Luthériens. Les Polonais, par reconnaissance pour ce grand roi, lui avaient permis de désigner comme son successeur son fils Sigismond-Auguste I, qu'il avait eu de Bona Sforza. Ce dernier prince, pour ne pas s'aliéner les seigneurs, adhéra aux nouvelles doctrines, qui avaient été propagées principalement à Dantzick, en Livonie et dans plusieurs palatinats; et on ne tarda pas à obtenir que dans les *pacta conventa* offerts au roi, fut insérée une clause qui assurait la tolérance aux Hussites, aux Luthériens, aux Sacramentaires, aux Calvinstes, aux Anabaptistes, aux Ariens, aux Sociniens, aux Antitrinitaires, aux Trithéistes et aux Unitaires.

Socin avait été recommandé à Sigismond-Auguste par Mélanchthon, en sorte que le bon accueil qu'il avait reçu du roi et des gentilshommes polonais et les lettres de recommandation obtenues pour le duc de Florence et pour le doge de Venise lui permirent d'aller recueillir la succession de son père (1559), qu'on lui contestait à raison de ses relations avec les hérétiques. A cette époque sa famille fut dispersée, comme nous le dirons plus tard; en conséquence il retourna en Suisse, et mourut à Zurich, au mois de mai 1562. Il avait composé en 1561 une paraphrase du chapitre I de saint Jean, toute empreinte d'arianisme [1].

Fauste Socin, neveu et disciple de Lelio, naquit à Sienne, le 5 décembre 1539 : bel écrivain, parleur facile, distingué dans ses manières, il étudia la jurisprudence et ensuite les sciences à Lyon. Ayant appris la mort de son oncle, il courut en Pologne pour rassembler les livres du défunt, et y fut accueilli comme un prophète destiné à mettre la dernière main à la doctrine arienne. Pour le moment, il retourna dans sa patrie, et pendant douze ans remplit à la cour de Florence d'honorables emplois : puis, lorsque ses parents furent persécutés, il transféra sa résidence à Bâle, en 1574, malgré les instances du grand-duc, qui cherchait à l'en dissuader. Il se mit à étudier la théologie, et la ramena à un sens tout opposé à celui qu'on lui donnait ordinairement; il publia des œuvres anonymes, par exemple le traité *de Jesu Servatore ;* mais, ayant eu une querelle avec François Pucci, en 1378, il dut quitter Bâle. Fauste fut alors appelé en Transylvanie et en Pologne, où l'hérésie antitrinitaire avait pris racine; et comme Sigismond-Auguste avait accordé la liberté de conscience à tous ceux qui s'étaient séparés du papisme, les Unitaires, qui ailleurs étaient envoyés au bûcher, purent y faire profession publique de leurs doctrines : ils ne tardèrent pas, grâce à Grégoire Pauli, à former à Cracovie une congrégation distincte, ayant son collége, son imprimerie et son synode annuel : ils con- Fauste Socin.

(1) Quant à ceux qui prétendent que la Franc-Maçonnerie a été inventée à Venise par Lelio Socin en 1546, nous pouvons leur opposer une circulaire publiée par les Francs-Maçons dès l'année 1535, circulaire dont nous reparlerons plus tard.

tinuèrent à y prospérer jusqu'à l'an 1658, date de leur expulsion.

Biandrata. Troubles en Pologne.

Il y avait scission chez les Unitaires eux-mêmes. Parmi eux figurait Georges Biandrata, issu d'une illustre famille de Saluces, docteur de l'université de Montpellier, puis de celle de Pavie, qui écrivit sur l'art des accouchements et sur les maladies de femme les meilleurs traités qu'on eût composés jusqu'alors, et cela sans connaître ni le commentaire de Bérenger, ni les œuvres de Paré. Appelé à donner ses soins à Jean Zapoly, waivode de Transylvanie, il le mit à même d'épouser Isabelle, fille de Bona Sforza, reine de Pologne, à laquelle il rendit de très-grands services ainsi qu'à l'enfant né de cette union peu avant la mort de son père. Il ne paraît pas juste de compter Biandrata au nombre des émigrés de Vicence[1], attendu qu'en 1552 nous le trouvons fort paisiblement établi à Mestre : de cette ville il s'enfuit, paraît-il, à Genève, où, écoutant les leçons de Calvin, il fatiguait le maître par ses questions incessantes : un jour il paraissait satisfait de ses réponses, le lendemain il revenait à la charge. Aussi, Calvin indigné « de sa conduite, lui dit : Ton visage me laisse entrevoir le « monstre plein de finesse que tu tiens caché au fond du cœur », et plusieurs fois il lui fit de durs reproches, pour qu'il se corrigeât de la perfidie, des fourberies et des intrigues tortueuses qui le fatiguaient [2].

Biandrata soumettait aussi ses objections à Celso Martinengo, ministre de l'Église italienne, sans en tirer

(1) Bayle corrige un grand nombre d'erreurs commises par Varillas et par Maimbourg à propos de Biandrata, mais il en commit lui-même beaucoup d'autres. Voir MALACARNE, *Comm. delle opere e delle vicende di Giorgio Biandrata* ; Padoue, 1814.

(2) CALVINI, *Ep.* CCCXXII.

plus de satisfaction. Calvin lui avait promis d'oublier sa faute; mais Biandrata, pendant qu'il assistait à une de ses leçons, vit entrer un sbire de la république : il lui vint à l'esprit qu'on voulait le faire arrêter; il feignit un saignement de nez, s'enfuit à Zurich, puis devint chef d'une église établie par Nicolas Olesnieski, seigneur de Pinsk. Lorsque plus tard Sigismond-Auguste ouvrit la Pologne aux hérétiques, Biandrata vint à Cracovie, assista à deux synodes, et collabora avec Stancari à la version polonaise de la Bible sous la protection de Nicolas Radziwil, grand chancelier de Lithuanie. Devenu doyen des églises qui dépendaient de Cracovie, il soutint de vives controverses, fut considéré par les Antitrinitaires comme un chef de file, et devint archiâtre et conseiller intime du roi. Radziwil le députa au synode de Xians avec des lettres de recommandation et un présent de six cents écus, ainsi qu'au synode de Pinsk, où il exposa une confession de foi qui parut orthodoxe, parce qu'il y professait la croyance à Dieu un, aux trois hypostases distinctes, à la divinité éternelle, à la génération du Christ et à la procession du Saint-Esprit. Cependant Calvin lui avait fait une mauvaise réputation, et il écrivit plusieurs lettres aux fidèles de Pologne pour les inviter à chasser Biandrata : *nullus est apud alias gentes : vos admiramini non secus atque angelum e cœlo delapsum. Vestras delicias minime vobis invideo*[1]. Il va même jusqu'à lui reprocher, sans trop de fondement, un style barbare.

Troublé par les persécutions acharnées de Calvin, Biandrata émigra en 1563 en Transylvanie, où l'invitait à se retirer le prince Jean Sigismond; il devint archiâtre et

(1) CALVINI *Ep.* CCCXXI.

conseiller intime d'Étienne et de Christophe Bathori, et ce fut à lui que Socin dédia sa seconde réplique à Volano.

En 1566, il soutint en présence de toute la cour une discussion publique, avec l'aide de François David; mais ce dernier le dépassa bientôt dans ses conclusions, non-seulement en niant que le Christ fût Dieu, mais en prétendant qu'on ne devait pas l'adorer; aussi Biandrata se brouilla-t-il avec lui. Déjà la Pologne était envahie par une infinité de sectes; pour remédier à cet état de choses, Biandrata fit venir Fauste Socin. Celui-ci ne tarda pas à se fâcher avec lui; il avoue que Biandrata avait rendu beaucoup de services à leurs Églises, mais que, pour se mettre dans les bonnes grâces du roi Sigismond-Auguste, non-seulement il ralentit le cours de ses faveurs vis-à-vis des Unitaires, mais encore qu'il caressa les Jésuites. Tant est vieille la mode de décerner l'épithète de jésuite à quiconque s'écarte des opinions courantes, fût-ce même un antitrinitaire! De fait, il sembla qu'il ne se fût pas totalement séparé du catholicisme, puisque la cour de Pologne l'employa dans diverses nonciatures. Ses adversaires l'accusèrent d'avarice; ils prétendirent qu'il était mort d'indigestion, ou étouffé par son neveu Bernardin, circonstance dans laquelle Socin voit « un juste châtiment de Dieu, qui use d'une grande sévérité contre ceux qui abandonnent sa cause pour des intérêts humains ».

Graziani, dans la vie du cardinal Commendon, a fait une peinture vivante des bouleversements survenus en Pologne par suite des discordes qui éclatèrent entre le roi Sigismond-Auguste et Bona Sforza, sa mère, et de l'introduction des opinions hétérodoxes. *Ex Germania, Gallia, Italia corruptores aderant, ac prohibente nemine, et inanis-*

sime quoque dictis applaudente, sua quisque somnia venditurus, cœtus æmulantium studia profligatæ doctrinæ habebant, et licencia linguæ grassabantur. Eodem Bernardinus Ochinus confugerat, et præter cæteros magno concursu et assensu audiebatur, etc.

Commendon écrivant au cardinal Borromée le 6 juillet 1564, après lui avoir analysé le livre de Sarniscki, ajoute : « Monseigneur de Warmie fut avisé hier de la Posnanie que dans ce pays on avait su par les lettres de « l'archiduc de Cracovie que frère Bernardin Ochin était « venu à Cracovie, qu'il avait ouvertement fréquenté les « Trinitaires, et qu'en outre il y avait apporté je ne sais « quel autre dogme de polygamie ».

Et de Parzow, le 28 février 1565 :

« Les hérétiques de ce royaume se voyant si divisés entre « eux, et voulant essayer, s'il est possible, de ne former « tous qu'une seule secte, pour s'unir ensemble contre « les catholiques, ont tenu hier et aujourd'hui, dans les « demeures des trois principaux chefs, trois conventicules « de Confessionistes, de Sacramentaires et de Trinitaires, « et ont résolu de rechercher s'il n'y aurait pas quelque « moyen de s'accorder avec les autres. J'ai appris d'un « des leurs, qui vacille quelque peu dans ses opinions, « et qui a l'habitude de venir parfois chez moi, que l'été « dernier ces Trinitaires avaient résolu de tenir un conciliabule en Pologne : c'est dans ce but qu'étaient venus de Transylvanie à Cracovie Biandrata, de Moravie, « Alciat, Statorio (Stancari ?) et Gentile, et d'Allemagne, « Ochin ; mais ce projet fut arrêté dans son exécution par « les édits de la police, et les susdits hérétiques furent « contraints de s'enfuir hors du royaume, à l'exception « d'Ochin, qui fut hébergé secrètement, jusqu'à ce qu'en-

« fin, étant sorti lui-même du royaume, il alla mourir en « Silésie. »

Le cardinal Osio, lui aussi, dans une lettre datée de Cologne en 1584 écrivit à Nicolas-Christophe Radziwil sur le nombre infini des sectes qui pullulaient en Pologne : *Fortasse non ignoras in dubium nunc revocari (quod etiam apud ethnicos facere capitale fuit) num sit Deus qui rerum humanarum aliqua cura tangatur. Ausus est hanc quæstionem tractare B. Ochinus; unus omnium impurissimus hæreticus, qui simul et inimicum et defensorem agit : qui plurimis etiam blasphemiis scatentes de sancta Trinitate dialogos edidit, quos patri tuo dicare veritus non est. Vides igitur ad quod extremæ barathrum impietatis ventum sit postea quam ab unitatis cathedra discessum est.*

Doctrines de Fauste Socin.

Fauste Socin, qui était passé en Pologne en 1579, avait apporté un nouvel élément de confusion parmi les nombreuses sectes de ce pays, en mettant au jour un nouveau symbole tiré des papiers de son oncle, symbole qui différait sur des points essentiels de celui des Unitaires polonais. D'après ses nombreux écrits, Luther et Calvin avaient bien mérité de la religion, mais cependant leurs mérites ne devaient pas satisfaire, puisqu'il fallait selon lui débarrasser la foi de tout dogme qui surpasse la raison. La Bible est d'origine divine, et l'on doit entendre dans le sens littéral les passages qui se rapportent au Christ; lequel, unique d'essence comme de personne, est seulement inférieur à Dieu pour la majesté et la puissance qu'il a acquises par la mort, par l'obéissance et par la résurrection. Conçu par l'opération du Saint-Esprit, et conséquemment appelé Fils de Dieu, avant d'assumer en sa personne le ministère de maître des hommes, il fut ravi au trône de Dieu, où il reçut les enseignements qu'il donna, et qui, puisés à cette source, sont là sublimes.

En récompense de son obéissance, il fut après sa mort élevé à la dignité divine, avec pouvoir sur toutes les choses terrestres et célestes. Nous pouvons donc recourir à lui avec confiance, et nous devons l'adorer comme Dieu. En cela la doctrine de Fauste Socin était en contradiction avec celle des Unitaires transylvaniens : en fait, on lit dans le catéchisme de Rakow : « N'est pas digne du « nom de chrétien quiconque ne rend pas à Jésus-Christ « des honneurs divins. »

De cette manière on créait un Dieu subalterne, à qui dans un temps donné le Dieu suprême devait céder le gouvernement du monde [1]. Christ n'est plus le verbe incarné, le Dieu révélé aux hommes pour les conduire sur le chemin du ciel, la raison métaphysique du monde, la source inépuisable de la vertu; il n'opère plus directement sur l'homme, qui se conduit alors par ses propres forces. L'homme a été mortel avant la chute; autrement Christ, en abolissant le péché, l'aurait soustrait à la mort; la coulpe originelle n'est pas transmissible. L'homme possède si bien le libre arbitre, que l'omniscience divine n'embrasse pas les actions humaines; la doctrine de la prédestination détruit toute espèce de foi. La justification n'est plus qu'un acte juridique, en vertu duquel l'homme est déclaré juste, parce que tel le constituent ses œuvres faites en obéissance des divins préceptes. Christ n'a pas satisfait pour les péchés des hommes, parce que Dieu les leur avait pardonnés avant lui : sa Grâce n'existe pas, autrement la morale courrait risque de

(1) C'est en ce point que consiste la différence entre les Unitaires et les Ariens; ceux-ci faisaient le Christ créé, mais avant toutes choses; selon eux, le monde avait été créé et était gouverné par lui.

ne plus exister : le baptême d'eau est uniquement un acte qui rappelle l'initiation; c'est une cérémonie comme la Cène. L'Esprit Saint est la force et la vertu du Très-haut. L'homme arrive par lui-même à discerner le bien et le mal, et il puise dans l'instruction l'idée de Dieu et des choses divines. On dit l'homme fait à l'image de Dieu en tant qu'il a l'empire sur les animaux, conception la plus abjecte qu'on ait jamais appliquée à la ressemblance entre Dieu et la plus noble créature [1], et qui n'explique pas du tout comment l'homme, aussitôt que Dieu s'est manifesté à lui, devient immédiatement capable d'en comprendre l'existence. L'idée religieuse est toujours chez Socin une idée secondaire et acquise; il donne la primauté à l'idée morale, à laquelle celle-ci doit être subordonnée; en sorte qu'on ne conservera aucun passage des livres sacrés qui puisse être en contradiction avec notre intelligence [2].

Socin fut donc un véritable hérésiarque, un hérésiarque

(1) Cependant Warburton, malgré son ignorance de la théologie catholique et le mépris qu'il en faisait, disait que Dieu, en créant l'homme à son image, avait voulu indiquer par là qu'il était doué de la faculté de raisonner.

(2) Telle est la doctrine qu'on peut déduire de ses écrits : mais Fauste professait pour les Ecritures une entière soumission. *Nihil in iis scriptis legi quod non verissimum sit.... Præstat, mi frater, mihi crede, cum in aliquem Scripturæ locum incidimus, qui nobis falsam sententiam continere videatur, una cum Augustino in hac parte ignorantiam nostram fateri, quam eum, si alioquin indubitatus plane sit, in dubium revocare.* Epist. III, ad Matth. Rudei. Naturellement un des passages que les Unitaires attaquent le plus vivement est celui de saint Jean, I, V, 7 : *Tres sunt qui testimonium perhibent in cœlo : Pater, Verbum et Spiritus : et hi tres unum sunt.* Et comme ce verset, surtout après l'édition du Nouveau Testament d'Augustin Scholz, a été mis en doute même par certains catholiques, son authenticité a été démontrée par le Père J.-B. Franzelin, professeur au collége Romain dans son traité *De Deo trino secundum personas.*

bien caractérisé, puisque, en proclamant les droits de la raison, il n'a respecté aucune limite. Luther et les autres avaient sécularisé la religion, lui sécularise Dieu; s'il n'osa pas bannir ouvertement le supra-sensible, il nia tous les dogmes, il conduisit à l'incrédulité, et fut le père du rationalisme qui est l'hérésie de notre temps.

Fauste Socin enseignait même des erreurs sociales : en exagérant la doctrine de la mansuétude évangélique et celle du pardon, il niait non-seulement la légitimité de la guerre, mais encore celle de toute autorité répressive. Celui qui avait dénoncé une injustice ou une violence exercée à son préjudice commettait un acte de vengeance, répugnant à la généreuse pratique de la morale chrétienne; car Christ, dans le sermon sur la montagne, dit : « Vous « avez appris qu'il a été écrit : œil pour œil, dent pour « dent. Et moi je vous dis : Ne résistez point à la violence; « et si quelqu'un vous frappe à la joue droite, tendez-« lui aussi l'autre. »

Cette doctrine fut soutenue par ses disciples, qui en étendirent les conséquences jusqu'à nier le droit pénal, et principalement la peine de mort. Ils s'appuyaient sur un passage célèbre de Lactance, qui rejette et la guerre et la dénonciation des délits [1] : Ostorod, théologien des plus renommés dans cette secte, s'appuyant sur le Nouveau Testament, proclama que le magistrat chrétien commet un péché en envoyant au supplice les malfaiteurs. Schmalz fit de plus cette réflexion, que le supplice du coupable peut amener la perte de son âme : Weigel répandit cet enseignement dans des instructions populaires, et tous les docteurs de cette secte se mirent à attaquer la légiti-

Il nie le droit pénal.

(1) *Div. Inst.*, lib. VI, cap. 20.

mité de la peine de mort. Le Christ a pardonné à la femme adultère et a blâmé saint Pierre de s'être servi de son épée, et saint Paul a dit que les Chrétiens ne devaient pas employer d'autres armes que les armes spirituelles, jamais le glaive ni la potence [1].

Sans parler des théologiens catholiques, ces maximes furent combattues par Benoît Carpzov, fameux jurisconsulte de Wittemberg (1595-1666), qui, dans la *Practica criminalis*, soutient que le châtiment est nécessaire pour préserver la société, et qui réfute les Sociniens, en citant les nombreux passages de la Bible où le dernier supplice est commandé ou infligé par de saints personnages. Le Nouveau Testament ne contient rien de pareil : il y est ordonné d'obéir aux puissances ; mais il suffit que la peine de mort soit édictée dans tant de lois humaines pour qu'elle soit légitime (A).

Isabelle de Médicis et le grand-duc son frère avaient toujours empêché que les biens de Fauste Socin fussent saisis par l'Inquisition, à la seule condition qu'il ne mettrait pas son nom en tête de ses livres, qui parurent en effet sous le voile de l'anonyme, ou avec l'anagramme de *Felix Turpio Urbevetanus*. André Wissovatius, son neveu, publia les œuvres de son oncle dans la *Bibliotheca fratrum Polonorum*, 1636, en 6 volumes in-folio. En 1627 on avait déjà publié à Cracovie *Prælectiones theologicæ Fausti Soccini, senensis*.

Fauste eut à essuyer de sérieuses contradictions à propos de ses doctrines. Protégé par quelques grands personnages, il épousa Agnès, jeune fille de bonne famille, qu'il perdit en 1587. Ses adversaires excitèrent contre lui le

(1) *An pœnas capitales facinorosis omnibus irrogare liceat magistratui christiano?*

peuple de Varsovie, qui le traîna dans les rues de la ville, il échappa à grand' peine à ces mauvais traitements, et se retira dans un obscur village, où il mourut, le 3 mars 1604. On lui fit cette épitaphe :

Tota licet Babylon destruxit tecta Lutherus,
Calvinus muros, sed fondamenta Soccinus.

En fait, la Réforme n'était parvenue qu'à arracher les âmes au pape pour les donner soit à un roi, soit à un consistoire, soit à un pasteur. Le Socinianisme seul implanta l'autonomie de la raison; c'est de lui que sortent Descartes, Spinoza, Bayle, Hume, Kant, Lessing, Hégel, Bauer, Feuerbach. Strauss et ses adeptes, en niant le Christ positif et en y substituant un Christ idéal, ne firent qu'ajouter au plan socinien l'élaboration scientifique, laquelle est le propre de l'âge moderne : les blasphèmes arcadiques de Renan et les propos de carrefour de Bianchi-Giovini et d'autres Italiens n'ont pas d'autre origine. Ce sont eux qui ont supprimé d'un seul coup la question suprême, la clé de voûte de l'histoire, celles de la vie, de la mort, de l'avenir, l'intelligence du monde mystérieux.

Parallèle entre les protestant et les Sociniens.

Les Sociniens, comme les disciples de Luther, se proclamaient les restaurateurs du christianisme primitif, par cela seul qu'ils prenaient la sainte Écriture pour unique règle de foi et pour mesure de leurs actions. Luther, en éliminant de la Bible ce qui n'était pas de son goût, conserva les dogmes de la Trinité, du péché originel, de l'incarnation et de la divinité du Christ, le baptême et une sorte d'eucharistie. Socin supprima tout. Le Luthéranisme avait donné la prépondérance à l'élément divin, le Socinianisme à l'élément humain; Luthériens et

Réformés exagérèrent le dogme du péché héréditaire, les Sociniens ne le reconnurent pas.

Suivant les uns, Dieu seul opère la justification, et l'homme reste un être entièrement passif; suivant les autres, l'homme seul est agissant, il s'élève et se perfectionne de lui-même, sans que Dieu fasse autre chose que de lui révéler sa doctrine. Pour les Protestants, le divin Sauveur est venu sur la terre afin de nous racheter par *son sacrifice*; pour les Sociniens, c'est un homme qui a été envoyé sur la terre afin de donner aux hommes une nouvelle doctrine, et de leur montrer en sa personne le modèle à imiter. Les Protestants, se fiant entièrement en la Grâce, méprisent la raison : les Sociniens proclament que la raison et ses droits sont au-dessus de tout mystère, et qu'elle est seule compétente pour éclaircir les nuages épais qui enveloppent les saintes Écritures. Les Protestants (dit Gioberti) ont puisé dans les ouvrages des païens les accessoires et l'éloquence : les Sociniens en ont renouvelé substantiellement les tendances, l'esprit et les doctrines. En rejetant le supra-intelligible idéal et révélé, ils obscurcissent l'*intelligible* à de force logique, ils lui enlèvent cette pureté et cette perfection qui surabondent dans les préceptes évangéliques; ils réduisent la sagesse du Christ aux étroites proportions de celle de Socrate et de Platon : à l'idée lumineuse et pleine d'harmonie de la chrétienté catholique, ils substituent l'idée boiteuse et nébuleuse de la philosophie païenne. Ils conservent seulement en apparence les vérités supra-rationnelles de la révélation pour établir une harmonie apparente entre l'aristocratie socinienne et la multitude, et pour former une doctrine exotérique à l'usage exclusif du vulgaire.

A Sienne, où la famille des Socins s'était illustrée dès les temps les plus reculés par les charges que ses membres avaient remplies, ainsi que par leur savoir, nous avons recherché soigneusement quelques souvenirs d'eux, mais il n'en reste presque qu'aucun. On dit seulement que la villa de Scopeto appartenait à cette famille; il y a peu d'années encore, on y voyait un grand arbre à l'abri duquel, selon la tradition, les religionnaires tenaient leurs assemblées; aussi fut-il abattu par l'ordre de la pieuse dame à qui il appartenait. Nous avons pu extraire de la bibliothèque communale quelques lettres de Socin, que, faute de mieux, nous rapportons ici : on y reconnaîtra une sorte d'argot convenu.

« Très-cher Materiale [1]. Il n'y a pas plus de cinq jours « que je reçus par une même personne trois de tes lettres « portant les dates des 2, 15 et 23 mars, auxquelles je ne « ferai pas une aussi ample réponse que tu la voudrais et « que je la désirerais, parce que j'ai encore beaucoup de « lettres à écrire, et que le temps que j'ai à y consacrer est « très-court. J'y répondrai par ordre en commençant par « la première, sans te dire combien la réception de tes « lettres m'a consolé, et presque fait revenir à la vie. Je « te crois, cher Materiale, lorsque tu me fais le récit de « tout ce que tu as souffert à cause de moi, par suite de « l'ignorance où tu étais des lieux que j'habitais et de « l'état où je me trouvais : ces pensées et ces discours « dont j'étais l'objet et dont tu me fais part ne m'apprennent rien de nouveau, parce que tu m'as donné trop « de preuves de la grande affection que tu me portes.

Lettres de Socin.

(1) C'est le surnom qui, à l'Académie de Sienne, appartenait à Jérôme Bargagli, comme ceux de *Frastagliato* (le Découpé) à Fauste Socin, de *Focoso* (l'Ardent) à Jules Spanocchi, d'*Attonito* (l'Étonné) à Lelio Marretti.

« Tu as bien pu, d'après mes autres lettres, te repré-
« senter que je n'ai pas été moins en peine de toi et de
« ce que tu étais devenu. Les vicissitudes par lesquelles tu
« es passé, et que tu me décrivais dans tes lettres, non-
« seulement sont toujours présentes à mon esprit, mais il
« semble que le souvenir en soit encore plus vivant en
« moi depuis que les préoccupations et les soucis que tu
« as eus à mon sujet par mes lettres sont, on peut le dire,
« entièrement dissipés; et alors même que se serait
« produit l'événement qui te faisait douter de ton amour
« pour moi, ce qui eût pu arriver de plus fâcheux aurait
« été la perte de la vie corporelle. Si au contraire je
« voyais se réaliser l'événement qui me ferait douter de
« l'immense affection que je te porte, le résultat pour toi
« serait la perte d'une vie spirituelle et éternelle, et pour
« moi une douleur sans mesure, incessante, pendant le
« reste de mes jours. Si jamais j'ai désiré être auprès de
« toi, si jamais j'ai ressenti combien t'est préjudiciable
« notre éloignement, c'est en ce moment, oui c'est en ce
« moment. Jour infortuné celui dont le 2e anniversaire se
« renouvelle aujourd'hui même, où j'ai été obligé de me
« séparer de toi! Mais puisque je reviendrai sur ce sujet, je
« veux dans ma réponse continuer à suivre l'ordre de tes
« lettres. — Ma seconde, qui renfermait des compositions
« de mon cru, doit t'être parvenue à l'heure qu'il est : je
« te les adresserai cependant de nouveau. Il me déplaît
« que tu aies abandonné ces études qui te fournissaient
« l'occasion de me poser des questions : je crains fort que
« tu ne me reviennes transformé en légiste pur; ce se-
« rait, ma foi, dépasser la mesure. Je crois ce que tu
« m'as dit de Messer Ascanio, de Viterbe, à savoir qu'il
« m'aime beaucoup, encore que je ne sache pas ce qui

« peut l'y engager, car il m'a connu à une époque où « il n'y avait rien en moi de louable et d'aimable. Pour « ce qui est de la Befana[1] et des autres choses qui autrefois « faisaient mon bonheur, je m'en passerai facilement. Je « ne te dirai qu'une chose, c'est qu'il me semble que tu as « voulu mettre ma fermeté à l'épreuve : or, avec l'aide de « *Dieu, elle* ne se démentira jamais ; chaque jour elle ne « *fera* que mieux s'établir. Je puis dire, Materiale :

« — Amour, si tu veux de nouveau me courber « sous ton joug antique, ainsi qu'il paraît, il te faudra « donner une autre preuve merveilleuse ; il te faudra « triompher tout d'abord pour me dompter.

« *Or* voilà ce qu'il faut qu'Amour me fasse voir claire- « ment, par de clairs témoignages : c'est en suivant ses « instigations et en me faisant son esclave, que je pourrai « après la mort revenir à la vie, comme Jésus-Christ, si je suis « ses préceptes et si je me livre à lui tout entier ; mais « comme cela est de toute impossibilité, il est pareille- « *ment* impossible que je m'engage de nouveau dans des « liens charnels.

« A ma devise j'ai restitué le premier mot, comme tu le « peux voir, et je m'en sers non pour Délie, mais pour « un sujet divin qui ne t'est pas caché. Je regrette que « Benvogliente ait cru devoir abandonner tant soit « peu les belles-lettres : que ta seigneurie me pardonne, « *mais* en cela il n'a pas la moindre raison, il faut que « je la dise : oui, que vaut un légiste, s'il n'est pas tout « nourri des belles-lettres ? Il me dira : les belles-let- « tres ne peuvent servir de gagne-pain, *non sunt de*

(1) *Befana*, signifie les cadeaux qu'on échange en Italie à l'occasion de la fête de l'Épiphanie. (Note des traducteurs.

« *pane lucrando*. Grand merci à lui : donc, qu'est-ce
« qu'on étudie pour gagner ou pour devenir grand ou cé-
« lèbre ? Non, messire, non : ce n'est pas là la fin véritable
« de l'étude, il s'agit d'être utile à ses semblables par sa
« science, et ensuite d'avoir les lettres comme refuge
« dans toutes ses peines. Il répliquera : qu'y a-t-il qui puisse
« être utile au monde en dehors des lois et de la connais-
« sance des lois, au moyen desquelles on maintient en
« paix les villes et les provinces ? En cela il se trompe évi-
« demment : il n'est si vil métier au monde qui ne rende
« plus de services à tous indistinctement que la science
« des lois civiles, eu égard à la façon dont on en fait aujour-
« d'hui usage : je vais plus loin, il n'y a pas de science,
« je parle des sciences humaines, parmi celles reçues et
« approuvées, qui nuise plus au monde que celle des lois ci-
« viles traitées par des docteurs, des avocats, des auditeurs
« et autres de la même espèce, en la manière adoptée
« presque partout : c'est une chose dont rendent témoi-
« gnage les villes qui ont chassé de chez elles cette sorte
« de gens : elles vivent dans une tranquillité dont on n'a
« pas l'idée. On n'y voit pas de pauvres gens se consumer
« trente années à plaider et à courir le palais : on n'y
« entend ni Barthole, ni Balde, ni Cino, ni Alessandro,
« ni toute cette canaille qui n'est venue au monde que
« pour en être le fléau. Mais, comme le temps me pousse,
« je me réserve de te démontrer une autre fois que
« l'homme ne peut embrasser un état et une condition
« pires que celle que nous voulons bien appeler profession
« de docteur en droit civil et canonique, ou civil seu-
« lement, ou toute autre dénomination qui te plaira,
« pourvu qu'il s'agisse de lois faites par les hommes.

« Quant à l'autre côté de la question, qui tend à trouver un

« refuge dans les peines, je te laisse à penser si les lois « sont bonnes à cela. Vois-tu, si j'étais près de toi, je te les « ferais honnir si bien que tu jetterais au feu tout ces vi- « lains animaux que tu as dans ton cabinet. Comme « tu pourrais m'objecter que je fais mal de blâmer cette « profession qui a été pour ainsi dire héréditaire dans ma « famille et lui a valu quelque gloire, je te réponds que ce « que je t'écris, je ne le crierais pas sur les places publi- « ques ; mais, en considérant ce que tu es pour moi et en « te voyant marcher dans le chemin que tu suis, je me crois « obligé de te tenir ce langage. Je te remercie de m'avoir « informé de ce qui s'est fait ce carnaval-ci, et des stances « que tu m'as envoyées ; j'aurais reçu avec plus de plaisir « encore le sonnet fait pour les deux fils du duc, et je ne « sais ce qui peut t'empêcher de me l'adresser. J'attends la « canzone du Frate, mais j'attendrai également le son- « net : je t'en prie, ne te moque pas de moi. La mort de « Spannocchio que j'ai apprise tout dernièrement m'a ex- « trêmement troublé : j'en écris au Focoso.

« Voilà pour ce qui est de la première lettre : j'arrive à « la seconde, dont je me débarrasserai en peu de mots. Je « suis d'une nature telle que rien ne me trouble excepté les « maux d'autrui, et les tiens par-dessus tous les autres : « c'est pourquoi je ne serai parfaitement heureux que « le jour où je saurai que ceux que j'aime, et toi en par- « ticulier, ne suivez pas une voie à vous rompre le cou et « à vous perdre. Je suis fâché que notre Académie s'en « soit allée en fumée, par suite des malheurs dont je t'ai « parlé autrefois, et puisque l'Italie aime tant la barbarie, « qu'elle veut bannir les belles-lettres de son sein, plaise à « Dieu qu'elle ne devienne pas barbare pour tout de bon. « J'ai écrit au Focoso, comme tu le vois, mais je ne l'ai pas

« grondé de la manière que tu voudrais; en échange,
« c'est toi que j'ai grondé dans cette lettre. L'espérance
« dont l'entretenait ma lettre, quoique lointaine, se réa-
« lisera, et se réalisera facilement, si toutefois nous vivons
« quelques années encore : en voilà assez pour ta se-
« conde lettre.

« A la troisième, je réponds que les sonnets de *cette nou-
« velle Sapho* m'ont été très-agréables, et j'estime qu'*elle est*
« appelée à être une grande *poëtesse*, puisqu'elle se décerne
« ce nom : elle vous fera rougir, vous autres jeunes gens
« qui ne cultivez plus que les articles du Code, et je ne
« sais quoi encore. Garde-toi de mettre les pieds dans les
« lacs de l'amour, ni pour celle-là, ni pour d'autres, et
« ne fais pas fi de moi en disant : Oh! quand même le
« Frastagliato le saurait, qu'importerait? Car en faisant
« cela, ce n'est pas de moi que tu te moquerais, mais de
« Dieu, qui ne se comportera pas comme moi : moi, je te
« reprendrai violemment, et j'en aurai une douleur
« sans mesure, et puis plus rien, mais Dieu te châtiera
« de façon que tu aimeras mieux n'être pas né : il t'in-
« fligera la peine de la mort éternelle, peine hor-
« rible et épouvantable pour les bêtes elles-mêmes. Et
« en vérité, Materiale, si tu ne te décides pas à changer de
« vie et à laisser de côté ces niaiseries, qui d'ici à très-
« peu de temps te causeront beaucoup de désagréments,
« je vois que tu vas te perdre tout à fait, car si tu te
« moques quelque temps de Dieu, il se moquera de toi, il
« t'abandonnera si bien, que tu tomberas rapidement dans
« l'abîme des vices, et que tu feras beaucoup de ces cho-
« ses que tu ne ferais pas maintenant pour tout l'or du
« monde. Je sais qu'un tel langage te paraîtra étrange,
« et pourtant la chose est ainsi; et ne va pas te comparer

« avec d'autres, parce que les autres n'ont point reçu les « mêmes corrections, les mêmes avertissements, les mêmes « lumières qui sont venues t'éclairer dans ce bas monde; « de plus, ces mêmes réprimandes qui t'ont été faites, ces « mêmes avertissements qui t'ont été donnés, l'ont été par « une personne qui t'aime si fort, et à laquelle tu es si cher, « qu'il me paraît bien étonnant que tu ne t'en aperçoives « pas. Comment est-il possible que tu ne sois pas « touché par des paroles empreintes de tant d'amour et « de tant de vérité ? Veux-tu par hasard que, pour te con- « vaincre, je t'écrive des balivernes ? Ne suffit-il pas, en- « tre des amis vrais et parfaits comme nous cherchons à « l'être, de se faire entendre réciproquement et simple- « ment sa volonté, en tant qu'il s'agit de choses licites et « honnêtes ? Exige de moi ce que tu voudras, pourvu que « ce soit permis et honnête, et tu verras si je dirai ja- « mais non, si même je n'aurai pas plus vite obéi que tu « n'auras ordonné. Ne sais-tu pas que tu m'appartiens ? « Penses-tu qu'une séparation de deux ans m'ait fait per- « dre mon empire sur toi ? Ce n'est pas ce que t'ensei- « gnent tes lois : or, si tu es à moi, pourquoi ne me « laisses-tu pas faire de toi ce que bon me semble ? « Quel plus grand contentement peux-tu avoir que celui « d'être entièrement uni avec ton Frastagliato ? Pré- « férerais-tu par hasard à cette parfaite union les plaisirs, « les grandeurs et les honneurs que te pourrait donner « l'univers entier ? N'aimerais-tu pas mieux mener une vie « misérable par le monde que de ne pas être mon ami par- « fait ? Si tu m'aimes véritablement, Materiale, c'est main- « tenant que je le saurai ; je le saurai surtout à l'époque « où tu te détermineras à embrasser une carrière ; si en « effet tu choisis un mode de vie que tu sais être contraire

« à mes intentions, je dirai que tu ne m'aimes pas, que « même tu désires me voir dans la douleur et la peine; « car ignores-tu que rien ne pourrait me contrarier « davantage que de te voir trop opposé à mes desseins. « Pardonne-moi si je suis un grondeur âpre, et fais-moi « savoir que tu as pris mes conseils en bonne part, et « surtout que tu as commencé à les mettre en pratique. « Une autre fois, je serai à peine la moitié aussi long « qu'aujourd'hui, car mes études et une infinité d'au- « tres choses m'empêchent d'être bref en écrivant. Voici « les quelques vers que je t'ai envoyés dans ma seconde « lettre. »

« *P.S.* Tu salueras le Scacciato de ma part; je lui ai déjà « écrit, je lui écrirai encore quand je saurai qu'il a reçu « les lettres que je lui ai déjà adressées. »

Nunc barbarorum asperrima hæc loca incolens,
Ubi horrido gelu riget, tabet, perit
Hominum, ferarum, et arborum simul genus
Dulcissimi haud meminisse natalis soli
Omnia ubi ferme adhuc virent, vivunt, vigent,
Non possum, amice mi omnium charissime,
Ejusque desiderio inenarrabili
Non usque aduri et confici miserrime.

« J'ai fait ces iambes, ainsi que je l'ai déjà écrit, au « commencement de novembre, par un temps de très- « grand froid que je ressentis, que je palpai pour ainsi dire « en ce pays-ci : je les ai faits avec l'intention d'en ajouter « beaucoup d'autres; mais plusieurs considérations m'ont « forcé à abandonner l'entreprise; et comme en les lais- « sant dans cet état d'imperfection, ils auraient pu ins- « pirer quelque doute à ton ami, je t'ai écrit, et je te répète « maintenant, que tout a été dit par hyperbole.

« Je t'ai écrit dernièrement que je désirais avoir un « Boccace, c'est-à-dire son Décaméron, l'édition imprimée à Florence en 1527 par les Giunti : je t'ai prié de « faire tout au monde pour en avoir au moins un exemplaire, à n'importe quel prix. Je te renouvelle ma demande, et je te supplie de ne pas manquer, dusses-tu « pour cela mettre Sienne et l'univers sens dessus dessous. » — Puis il continue en vers italiens :

« J'ai oublié les choses de la terre, je me suis oublié moi-« même ; je ne connais plus que les larmes et le deuil ; l'a-« mour intérieur m'a brûlé malgré moi.

« Et maintenant que je désire sentir les douces flammes « de l'amour de Dieu, Dieu père, Dieu éternel, et source de « tous les biens, l'effet est loin de correspondre à un aussi « beau désir.

« Mais si je pouvais éprouver l'infinie miséricorde, comme « il m'a été donné d'apercevoir l'angélique beauté de l'être « souverain, que je serais heureux ! car je ne craindrais plus « les dernières morsures de la mort, qui m'épouvante : « qu'aurais-je à craindre en aimant celui qui rend à la vie « ses fidèles ? »

« *P. S.* Je salue l'*Atonito* mille fois : je me courroucerai « beaucoup moins contre lui, alors même que pendant « toute sa vie il s'appliquerait uniquement à la philoso-« phie naturelle, que je ne me courroucerai contre toi « si j'apprends que tu te perds dans ces *Baldate* et ces « *Bartolate*[1], qui me font rougir quand je pense que j'ai « perdu du temps à m'en occuper. Salue de même tous « les amis. A Dieu, Matériale. » 20 avril 1563.

(1) Se reporter plus haut : C'est une allusion aux jurisconsultes contemporains, Balde et Barthole, dont il désigne les œuvres par des expressions forgées avec leur nom.

Autre lettre. — « Très-respectable monsieur.

« V. S. ne s'étonnera pas si je n'ai pas répondu plus tôt « à la charmante lettre qu'elle m'écrivit, il n'y a pas plus « de quatre mois, le 24 juin dernier, car il n'y a pas plus « de quatre jours que je l'ai reçue. Pour moi, je vous le dis en « vérité, le plus souvent lorsque j'écrivais à notre ami Bar- « gaglio, j'ai fait mention dans mes lettres de V. S.; c'est « ainsi qu'en lui écrivant j'ai toujours cru vous écrire : « je considérais aussi les lettres que m'écrivait Barga- « glio comme écrites non pas seulement par lui, mais en- « core par V.S., tant me paraît solidement établie et indisso- « luble l'amitié qui nous unit, amitié dans laquelle il vous « a toujours plu de m'admettre en troisième pour ma « plus grande satisfaction et dans mon véritable intérêt, « bien qu'au moment où je goûtais davantage le fruit de « votre insigne bienveillance, j'aie dû en quelque sorte « m'éloigner pour un temps, et à une distance assez « grande de l'un et de l'autre de vous. Si, comme elle me « l'écrit, cet éloignement devait encore lui causer un pré- « judice, certainement je sentirais redoubler en moi la « douleur que je dois en éprouver; mais quel préjudice « cet éloignement a-t-il pu lui causer, surtout dans cette « circonstance particulière où elle me parle de la réponse « qu'elle a faite à Mazzone?

« Quel besoin peut-elle avoir d'un homme comme « moi dans des questions et des matières poétiques, « où elle est si versée, que dis-je, si exercée, si en- « tendue, et d'où non-seulement je me retire peu à « peu, mais d'où je m'éloigne presque entièrement, « tant à raison de mes infirmités que des études plus sé- « rieuses auxquelles je me suis exclusivement adonné. « Ajoutez à cela que V. S. a eu entre les mains un excel-

« lent prétexte, et, si ce n'était que pour vaincre certaines
« difficultés qui se présentent à elle dans cette circons-
« tance ; s'il ne s'agissait que d'un secours nécessaire pour
« anéantir tout à fait ce monstre, quel autre meilleur cham-
« pion pouvait-elle désirer que M. Bargaglio, qui ne lui
« cède en rien sous le rapport de la valeur, pas plus que
« sous celui de la bienveillance réciproque? V. S. a pu
« voir combien j'ai dû étendre ce peu de connaissances
« qui me restent encore des études poétiques, pour traduire
« en vers, si Dieu m'accorde la vie, les hymnes de David,
« entreprise que je n'ai pu poursuivre depuis plusieurs
« mois, et cela contre mon attente, à cause de ma surdité,
« *qui n'est point* du tout pour cela en décroissance, mais
« qui d'après ce que je peux juger, s'est au contraire un
« peu augmentée.

« Maintenant que je suis débarrassé de ce souci, je
« dois absolument m'occuper de faire une réplique
« à un de nos Italiens, personne fort lettrée, et qui
« est connue spécialement pour ses études de théologie,
« sur une question née entre nous, et sur laquelle nous
« avons déjà l'un et l'autre écrit quelques pages. Cette
« question, la voici : Adam a-t-il été créé par Dieu de
« façon à ce que de sa nature il fût immortel, oui, ou
« non? Ce personnage tient pour l'affirmative, et moi je
« regarde la négative comme étant plus vraie. Bien que la
« susdite question ou controverse ne paraisse pas avoir
« grande importance dans notre religion, néanmoins, sur-
« tout au point de vue des conséquences qu'il tire de son
« système, ou plutôt au point de vue des arguments avec
« lesquels il s'efforce de le prouver, tant lui que d'autres,
« ces arguments, étant vrais, force est d'en conclure que
« cette question a une très grande importance. Il me sem-

« blait (et mon opinion était partagée par d'autres encore)
« que j'avais suffisamment répondu à une dixaine d'ar-
« guments qu'il avait rédigés par écrit en faveur de son
« opinion et qu'il m'avait fait passer, et selon toute vrai-
« semblance il eût dû se calmer, mais il a fait une répli-
« que, et une réplique fort longue. Aussi me suis-je mis
« à nouveau à répondre aux arguments qu'il a su écrire
« contre mon système, avec le ferme espoir que *cette fa-*
« *tigue* ne serait pas inutile; car, à moins de me tromper
« grossièrement, mes travaux serviront à expliquer plu-
« sieurs passages très-difficites et fort obscurs de l'Écri-
« ture sainte, passages que peu de personnes ont bien
« compris; mais le mal est que je me trouve dépourvu
« de livres, n'ayant avec moi rien autre que la Bible. J'es-
« père malgré cela mener à fin le mieux qu'il me sera
« possible l'ouvrage, me réservant, après l'avoir terminé
« de la manière où pour le moment il m'est permis d'y
« travailler, d'y ajouter certaines choses que je trouverai
« dans les livres qui me manquent, pour perfectionner
« ce travail.

« Mon opinion, je le sais d'une façon certaine,
« a été partagée chez les anciens par Athanase, et chez
« les modernes par Augustin Steucho d'Agubbio, cha-
« noine régulier et personne très-versée dans les lettres,
« par le cardinal Gaétan et par bien d'autres. Je recon-
« nais que la question, quelque profonde et difficile
« qu'elle soit, et sous bien des rapports ne ressortissant
« pas du pur domaine de la théologie, et par suite non pro-
« protionnée à mes études et à mes forces, je devrais lais-
« ser peser le fardeau de sa solution sur de meilleures
« épaules que les miennes. Mais je me confie en Dieu;
« car, ayant de mon côté, comme j'en suis persuadé, la

« vérité, et n'ayant pas d'autre but en écrivant que celui « de la manifester à ceux à qui elle serait obscure, et pour « la gloire de Dieu ainsi que pour le profit de ceux qui « cultivent les lettres sacrées, mes fatigues ne seront, ainsi « que je l'ai déjà dit, nullement inutiles.

« Dès que j'aurai terminé ce travail, qui, eu égard aux « nombreuses réponses que je devrai faire aux nombreux « paralogismes et aux chicanes de l'adversaire, sera un livre « assez complet, j'aurai à terminer un autre ouvrage plus « considérable et beaucoup plus important, au sujet duquel « j'ai écrit, dans d'autres occasions à M. Bargaglio ; cet « ouvrage a pour objet une très-longue controverse sur la « justification, controverse que j'entamai avec un prédi- « cant qui, venant de Genève, m'en avait parlé à Bâle. « C'est pourquoi j'ai écrit à Bargaglio de vouloir bien se « charger de la traduction des psaumes comme passe- « temps, non point que j'ignore le moins du monde qu'il « ne me faille, comme à n'importe qui, me voir bien souvent « couler la sueur du front pour m'acquiter médiocrement « d'une entreprise comme celle-ci. Je ne veux pas non plus y « apporter la moindre négligence : mais, en faisant le paral- « lèle entre les autres travaux du même genre dans « lesquels, je pourrais être sans cesse plongé, et celui- « là, ces autres me semblent de vrais travaux, tandis « que la traduction me paraît être pour ainsi dire un « délassement, délassement auquel je retournerai aussi- « tôt que je le pourrai, n'ayant jusqu'à présent pas tra- « duit plus de onze psaumes et demi. Mais, pour revenir « à cette traduction, j'ai besoin de quelques livres, et « je ne sais comment je pourrai me les procurer ici.

« Je me suis réjoui infiniment de ce que le Seigneur « Dieu, au lieu d'une fille qui vous était née avant mon

« départ, et qu'il vous a d'abord ravie, vous ait ensuite « envoyé un garçon. Plaise à Sa Majesté de vous faire « éprouver une véritable joie de cet événement, et non-« seulement pour cet enfant, mais encore pour tous ceux « (et j'aime à le croire) que V. S. et madame Aurélie, que « je salue de nouveau affectueusement, vous élèverez sans « cesse dans la crainte de Dieu, sans laquelle c'est une « suprême folie d'espérer jamais posséder aucun bien « véritable. Il n'est personne de nous désormais qui par « expérience, sinon par la raison ou par les leçons divines « et les maximes qu'il a reçues, ne sache que cette vie et « ce monde tout entier ne sont rien autre chose qu'une « fumée et qu'une ombre. Élevons donc une fois sérieuse-« ment notre âme vers cette vie et vers ces siècles promis « par Jésus-Christ, qui ne peut mentir, à tous ceux qui se « renonceront à eux-mêmes et qui renonceront pour le « suivre à toute autre chose, vers cette vie et vers ces « siècles qui, nous le savons par révélation divine, doi-« vent être éternels et incorruptibles. Pour pouvoir « faire cette élévation d'âme comme il convient, prions « sans relâche et avec ardeur Dieu, qui a promis d'exaucer « toutes les prières que nous lui adresserons, d'être en « conformité avec ce que nous savons être sa très-sainte « volonté. Et je recommande de tout cœur à ce Dieu, à « sa très-riche et très-puissante grâce et bonté Votre « Seigneurie, madame Aurélie et votre famille.

« Baden, le 30 octobre 1577.

P. S. « J'ai écrit ces deux ouvrages en latin.

« De votre Seigneurie très-magnifique

« Le beau frère et serviteur très-affectionné,

« Fauste Socin. »

Cette lettre est adressée : A son très-magnifique Seigneur et respectable beau-frère le seigneur Bélisaire Bolgarini, à Sienne (B.).

Le nombre des adeptes de Socin se multiplia tellement que les sectes très-variées d'Unitaires se réduisirent à une seule, dite des Sociniens. Un de leurs articles proclamant la guerre un fléau qu'on devait abhorrer, les Sociniens condamnaient ouvertement les Réformés qui prenaient les armes contre leurs souverains, se refusaient d'entrer dans l'armée, et ne consentaient pas davantage à se battre pour la défense du pays.

Cependant les Sociniens n'ont pas eu la paix en Pologne jusqu'en 1638 : ils furent persécutés pour cause politique, sous le prétexte qu'ils étaient d'accord avec les Suédois. Ils s'établirent ensuite, dans d'autres lieux, principalement en Transylvanie, où ils avaient été dans le principe introduits par Biandrata ; ils se conservèrent à l'état de secte particulière seulement dans ce pays, tandis que partout ailleurs ils se fusionnèrent avec les sectes au milieu desquelles ils vivaient.

François Pucci et les autres Unitaires.

Nous avons vu aussi s'enfuir de Sienne Mino Celsi et le frère Sixte, juif converti. François Pucci, issu d'une illustre famille florentine, qui avait donné à l'Église trois cardinaux, étant dans le commerce à Lyon, y fréquentait les lettrés : il prit goût aux controverses, fut imbu des opinions protestantes, et ayant abandonné les affaires il se mit à étudier la théologie. Espérant avoir plus de liberté en Angleterre, il s'y rendit, et fut en 1574 reçu docteur à l'Université d'Oxford. Dans son traité *De fide in Deum quæ et qualis sit*, il combattit les Calvinistes, dont les doctrines prévalaient à cette université; ce qui lui valut des persécutions auxquelles il échappa en se réfugiant à Bâle. Là, s'étant lié d'amitié et de croyance avec Fauste Socin, il publia une thèse dont l'argument était « que tout homme dès le sein de sa mère est réellement « participant des bienfaits du Christ et de la bienheureuse « immortalité. » Les opinions émises dans cette thèse le forcèrent même de quitter Bâle. Bien loin de trouver plus de tolérance à Londres, il fut mis en prison ; il en fut de même en Hollande, où il eut des disputes avec plusieurs personnes, et aussi avec Socin, à propos du livre *De immortalitate primi hominis ante peccatum* [1]. Pucci ne put pas davantage s'entendre avec les religionnaires. A Cracovie, deux alchimistes anglais, annonçant que Dieu allait opérer une grande réforme de son Église par leur entremise, lui persuadèrent qu'ils pouvaient, au moyen du commerce qu'ils entretenaient avec certains esprits, découvrir des choses ignorées du reste des hommes : Pucci y crut, et chercha à le faire croire aux autres par des publications. Ses illusions sur ce point étant tombées en 1536, il reconnut ses erreurs, et se rétracta en 1595, entre les mains de l'évêque de Plaisance, nonce pontifical à Prague ; puis, après avoir fait pénitence et avoir été ordonné prêtre, il entra au service du cardinal Pompée d'Aragon en qualité de sécretaire. En 1592, il avait fait imprimer

(1) Socin, dans la troisième lettre à Mathias Rudeio, parle de sa dispute avec Pucci, qui ne se tint pas pour vaincu, mais ne voulut plus l'écouter ni lire un de ses livres en italien.

Voyez Jean-Baptiste Gaspari, *De vita... Francisci Pucci Fidilini*, dans *la Nuova Raccolta Callogeriana*, tom. XXX, Venise 1776 ; Bayle, *ad nomen*, et Dodd.

Dans le volume de la « *Bibliothèque des Frères polonais* » existe une *De statura primi hominis ante lapsum disputatio*, qui contient dix thèses de Pucci, à l'aide desquelles il prouve que toutes les créatures étaient immortelles avant le péché. Ce volume renferme en outre la réponse de Socin, la réplique de Pucci et la défense de Socin.

en Hollande un livre où il soutenait que ni l'ignorance, ni l'incrédulité, ni le manque de baptême ne forment empêchement au salut d'un homme, pourvu qu'il vive honnêtement : cette thèse fut réfutée contre lui par des Catholiques, des Luthériens, et des Calvinistes. On a affirmé, mais nous ne savons pas sur quelle autorité repose cette affirmation, que Pucci fut arrêté par ordre de l'évêque de Salzbourg, et envoyé à Rome, où il aurait été brûlé.

Theiner[1] rapporte que le nonce du pape voulait appeler en Pologne Bellarmin et François Toledo pour contenir les hérétiques italiens, qui étaient alors Buccella[2], le Vénitien Michel Bruto, Simon de Lucques, Prosper Provana, Fauste Socin, Alciat de Milan, Bovico de Bologne, Fabricius Pallavicini de Chiavenna, Rosmino Rosmini de Roveredo.

Ces hérétiques nous sont déjà en partie connus; nous avons aussi nommé parmi les prédicateurs de la Réforme en Pologne François Stancari, de Mantoue. Professeur d'hébreu dans une académie établie par Bernardin Partenio à Spilimberg en Frioul, il avait manifesté des idées hétérodoxes qui le contraignirent de prendre la fuite : de Bâle où il s'était retiré, il adressa aux magistrats vénitiens un traité de la *Réformation*[3]. Tandis qu'Osiandre enseignait

Stancari de Mantoue.

(1) *Ann. Eccl.* au n° XL de l'année, 1583.

(2) Dans le rapport fait par le cardinal Albert Bolognetto sur sa *Nonciature de Pologne*, imprimé à Modène, en 1861, par F. Calori Cesi, il est dit que les Polonais voyaient avec peine les bénéfices possédés par des étrangers, parmi lesquels il nomme « Buccella, médecin de Padoue, hérétique des plus obstinés, et Alamanni, gentilhomme florentin, chef de cuisine, bon catholique et homme de bien ».

(3) Dans une lettre de Monseigneur Della Casa, datée de Venise, le 2 juillet 1547, on lit ce qui suit : « Un nommé Stancari, qui fut déjà arrêté ici comme hérétique et abjura, a écrit à ces messieurs les

que l'homme est justifié par la justice essentielle de Dieu et que Jésus-Christ est notre justice selon sa nature divine, Stancari soutenait que Jésus-Christ est notre médiateur seulement selon sa nature humaine. Le concile de Genève présidé par Calvin l'excommunia pour avoir professé que Jésus-Christ a été notre médiateur près du Père éternel comme homme, et non comme Dieu : il rencontra partout des adversaires pour ses doctrines exorbitantes. A Cracovie, où il fut appelé pour enseigner l'hébreu, il sut les dissimuler, mais lorsque l'évêque Maciejowski, qui avait des soupçons sur lui, l'eut fait arrêter, les seigneurs qui le protégeaient obtinrent du prélat sa mise en liberté. Encouragé par ce succès, Stancari proposa d'abattre les images des saints et de renverser l'antique culte; il agit en hérésiarque, et donna cinquante règles de réforme pour les nouvelles Églises. Sa doctrine fut anathématisée par les synodes polonais, et l'Église de Pologne resta en proie à une grande agitation jusqu'à ce qu'enfin Stancari vînt à mourir, à Stobnitz.

Mainardi écrivit de Chiavenna, le 22 septembre 1548, à Bullinger, alors à Zurich, sur différents sujets, et en parlant de Stancari avec une certaine amertume il lui communique trois lettres qui lui étaient arrivées de Venise. Dans l'une, Balthasar Alterio, secrétaire de l'ambassade anglaise, lui

députés (ainsi que V. S. Ill. le verra par les copies ci-incluses), et a envoyé à leurs seigneuries un livre publié par lui, et dédié à l'Illustrissime *Signoria* de Venise, livre qui contient beaucoup d'hérésies. Aussi les susdits députés hésitent sur le parti qu'ils doivent prendre à cet égard, lui faire un procès ou rester tranquilles; et ils ont ajouté, et cela par manière de dire, qu'il serait peut-être bien d'écrire au cardinal d'Augsbourg pour faire arrêter le dit Stancari. Je ne sais pas ce que fera Augsbourg, aussi je me suis enfui, et il m'a paru bon d'en donner avis à V. S. Ill. (le cardinal Farnèse). » *Lettere d'uomini illustri conservate nell' Archivio di Parma.*

écrit : « Il y a quelque temps déjà que je connais cet écervelé de Stancari, et je sais de quel pied il boîtait. Il n'a jamais valu grand'chose; sa conduite est scandaleuse et ses opinions étranges; il est d'une grande inconstance, grâce à laquelle on ne sait guère comment le prendre; c'est un individu beaucoup plus téméraire que vous ne me le dites dans vos lettres : fuyez-le donc pour l'amour de Dieu, et faites-le disparaître de vos regards le plus vite que vous pourrez : autrement, vous n'aurez jamais de repos, ni vous ni votre Église. »

Dominique Manjoni disait à Bullinger : « Sur don François Stancari, je vous dirai clairement et réellement ce que je sais et même ce que j'en pense. D'abord il est clair et manifeste qu'il est léger, inconstant, plein d'amour-propre, un brouillon dans tout ce qu'il fait; le pire c'est qu'il veut qu'on épouse toutes ses opinions, bien qu'elles soient en opposition avec la vraie religion chrétienne. » Manjoni ajoute qu'il fut prêtre, qu'à son avis ce n'était pas un juif, bien qu'il en eût l'apparence; qu'enfin il épousa à Venise une femme pauvre qui vivait dans la rue : « Je l'ai entretenu à mes frais pendant longtemps dans ma maison, mais ici, je dois le dire bien malgré moi, à cause de son état d'agitation. »

Marc fils de Lilio, *civis venetus, vir pius et fidelis*, le compare à la limace, qui laisse partout trace de son passage [1].

Stancari ne peut cependant pas, à proprement parler, s'appeler un Unitaire, mais bien un de ces sophistes querelleurs, qui passent la mesure à force d'exagération dans la critique. Après avoir, pendant son séjour à Kœnigsberg,

(1) Ap. De Porta, P. II, pag. 120.

attribué à l'humanité du Christ tout ce qu'Osiandre accordait à sa divinité, Stancari dans le seul but de le combattre, se rencontra à Francfort sur l'Oder avec Musculus, qui, pour le réfuter, soutient que Jésus-Christ, notre médiateur en tant que Dieu et en tant qu'homme, était mort comme Dieu. Musculus soutint son opinion en Pologne, et accusa ses adversaires d'arianisme, ce qui amena forcément de fatales transactions. Dans son livre *contre les ministres de Genève et de Zurich* (Cracovie, 1562), il écrit que « Pierre Lombard vaut à lui tout seul mieux que cent Lu-« ther, deux cents Mélanchthon, trois cents Bullinger, « quatre cents Pierre Martyr et cinq cents Calvin, car en « supposant qu'on les pilât tous dans un mortier, il n'en « sortirait pas une once de vraie théologie ».

Outre une grammaire hébraïque, Stancari a publié une exposition de l'épître de saint Jacques : *De trinitate et mediatore D. N. J. C. adversus Bullingerum, Petrum Martyrem, et Johannem Calvinum, et alios... ecclesiæ Dei perturbatores*, ainsi que d'autres écrits de polémique. Dans son obstination à vouloir prouver que toutes les Églises réformées sont ariennes et eutychiennes, il lançait des injures à tout le monde. Calvin qualifiait ainsi son exposition, *non absurdum modo sed exitiale commentum, quo vir ille false turgidus et novitatis nimium cupidus, ortodoxæ fidei principia labefactare conatus est*. Orichovitz, dans un poëme *la Chimère*, insiste auprès du roi de Pologne pour qu'on extermine de pareils novateurs; il ne se contente pas, on le voit, de donner des raisons contre l'hérétique.

Lucar, Lismanin, Jacques Paléologue

Cyrille Lucar, originaire de Candie, île du domaine de Venise, avait été instruit dans la Réforme en Italie et en Allemagne. Il dissimula ses opinions, jusqu'à ce que parvenu de dignité en dignité au patriarchat d'Alexandrie, puis à celui de Constantinople, il se mit à répandre les nouveautés. Les évêques et les prêtres, s'en étant aperçus, le firent reléguer dans l'île de Rhodes; mais, rétabli dans sa charge grâce à l'appui de l'Angleterre et de la Hollande, il publia un catéchisme calviniste, avec lequel il excita de grands troubles, que la Porte ne put étouffer qu'en le faisant étrangler. Divers synodes anathématisèrent sa personne et ses doctrines.

Nous pouvons compter au nombre des Italiens François Lismanin, de Corfou, moine franciscain, confesseur de Bona Sforza, reine de Pologne, et son prédicateur en langue italienne. Il répandit sans bruit les doctrines réformées dans la ville de Cracovie, et sa conduite passa inaperçue tant que Lelio Socin ne lui conseilla pas d'aller dans les pays dissidents. Voyant le roi Sigismond-Auguste incliner vers la Réforme, il demeura en Pologne pour l'affermir dans ces dispositions, et reçut de ce prince l'ordre de voyager pour étudier la marche des nouvelles croyances dans cette religion. Il visita l'Italie, la Suisse, Genève et Paris sous le prétexte d'acheter des livres pour la bibliothèque de ce roi; il entretint des relations épistolaires avec les principaux chefs de la Réforme, mais il se maria, et le roi de Pologne, indigné, ne voulut plus entendre parler de protestantisme. La secte s'était néanmoins répandue en Pologne, et les membres du premier synode qui s'y tint écrivirent à Lismanin, alors en Suisse, pour le prier de revenir. Il revint en effet en Pologne en 1556, et y resta caché comme un proscrit, jusqu'à ce qu'il eût obtenu sa grâce.

Les réformés de ce royaume étaient alors divisés entre Stancari, qui soutenait que Jésus-Christ n'était pas médiateur selon la nature divine, et Paul Gonesio, qui soutenait la prééminence de Dieu le père. Lismanin eut des entretiens avec Biandrata en 1558, et à partir de cette date il commença à avoir des doutes sur le dogme de la Trinité : par suite, il fut dénoncé comme arien au consistoire de Cracovie. Des dissentiments étant venus à éclater, il chercha à mettre l'accord au sein de l'assemblée, et conseilla de s'en tenir aux quatre docteurs de l'Église ; il résuma leurs doctrines en un centon qui pouvait servir aux adeptes de tous les partis.

S'étant retiré à Kœnigsberg en Prusse, il y vécut misérablement jusqu'en 1563, époque à laquelle il se suicida en se jetant dans un puits.

Nous pouvons à plus juste titre enregistrer parmi les hérétiques italiens Jacques Paléologue. Né en 1520, à Chio, d'une famille d'où étaient jadis sortis des empereurs, élevé en Italie, il y fut initié aux opinions nouvelles, qu'il alla ensuite professer en Allemagne. Mais il ne fut bien reconnu comme hétérodoxe qu'après qu'il eût fixé son séjour en Transylvanie : en 1569, il succéda à Jean Sommer en qualité de recteur du gymnase de Clausenbourg. Fauste Socin lui fit une querelle pour avoir embrassé les doctrines subversives de Budnée : comme il persistait dans cette voie, il fut arrêté par les magistrats et consigné à l'Inquisition de Rome, où il fut condamné au bûcher, le 22 mars 1585. Si nous en croyons Ciappi dans la vie de Grégoire XIII, Paléologue se troubla en face du bûcher, et demanda un délai pour se repentir : reconduit en prison, il composa des livres pieux et remplis d'érudition. Ciappi est le seul qui ait avancé ce fait. Parmi les opuscules de Paléologue, nous mentionnerons celui intitulé *De magistratu politico*, où il soutient que Jésus-Christ n'a pas supprimé l'autorité civile, et que par conséquent elle peut être exercée par un chrétien. Sur la réfutation que fit de ce traité Grégoire Pauli, au nom du synode de Rakow, Paléologue écrivit une réponse, à laquelle Socin opposa la *Defensio veræ sententiæ de magitratu politico* (Losc, 1580).

NOTES ET ÉCLAIRCISSEMENTS

AU DISCOURS VIII.

(A) Est-il vrai que les Vaudois aient nié le droit d'infliger la peine capitale? En fait, on les en a accusés, et ils s'en sont disculpés. Alain de Lille (*De insula*) surnommé le Docteur universel, dans l'ouvrage intitulé *De fide catholica, contra hæreticos sui temporis, præsertim Albigenses et Waldenses, libri IV*, entreprit de réfuter les erreurs des Vaudois, et entre autres celle-ci : il assimile le magistrat au soldat; car, dit-il, si en dehors d'une bataille un soldat tue un homme, il est responsable du sang versé; mais il n'en est pas de même s'il tue pour obéir à son chef. Alain fait voir comment les Vaudois altéraient ou forçaient le sens des textes de l'Écriture et des saints Pères, sur lesquels ils appuyaient leur horreur du sang : c'est à juste titre qu'il leur donne raison lorsqu'il blâme les rigueurs des lois pénales de cette époque; pour les voleurs la fustigation suffirait, mais la peine capitale n'est pas de trop pour les brigands armés; on ne devrait pas l'infliger aux hérétiques, bien au contraire, pour agir en chrétiens, on devrait chercher à les ramener au sein de l'Église.

Lorsqu'on voit Benoît Carpsow opposer les mêmes arguments et les mêmes autorités aux Sociniens, on serait tenté de croire que véritablement la légitimité de la peine capitale était déjà dès le XIIIe siècle l'objet d'une controverse doctrinale. Mais voici que Paul Perrin, qui, en 1618, prit chaleureusement la défense des Vaudois à Genève, proteste contre Alain, et réfute quatorze calomnies dont les Catholiques avaient chargé les Vaudois, et entre autres celle-ci, à savoir : qu'ils aient prétendu qu'il n'était pas licite de condamner à mort (Histoire des Vaudois, pag. II). Pour confondre cette assertion, il cite un manuscrit datant sans doute du XIVe siècle, intitulé : *Tresor e lume de fe*, où on lit : *Lo es escrit, non laissares vivre lo malfaitor. Si la ira non saré, la doctrina non profitare, ni li judici non saren discerni, ni li pecca non saren castiga*.

Donc la justa ira es maire de la disciplina, et la patiença sen raso semena li vici et laissa prevaricar li mal.

Cela ne suffirait pas à infirmer l'assertion directe d'Alain de Lille, et même celle de saint Thomas. Mais Régnier Saccone, que nous avons cité (T. I des HÉRÉTIQUES, D'ITALIE, *les Précurseurs*, pages 136 et 181 note D), composa en 1250 une *Summa de Catharis* : moins emporté que ne le sont d'ordinaire les convertis, il raconte avec calme et sans fanatisme, et ne refuse pas des louanges aux sectaires, avouant leur attachement pour la Bible et leurs mœurs pures. Or cet auteur affirme que les Vaudois pensent *quod non licet regibus, principibus et potestatibus punire malefactores*. Le père Moneta de Crémone, qui écrivit en 1250 un savant traité *Adversus Catharos et Valdenses*, a tout un chapitre pour prouver, contre l'opinion des Vaudois, que la société civile possède le *jus gladii*. Dans la *Bibliotheca Maxima Patrum*, t. XXV, p. 308, est un *Index errorum quibus Valdenses infecti sunt*, rédigé par un contemporain, et au numéro XXIV, figure l'erreur suivante : *Omne homicidium quorumcumque maleficorum credunt esse mortale peccatum : sicut nos non posse vivificare, non posse occidere.*

Il est donc curieux de voir une même doctrine affirmée par les accusateurs et niée par les défenseurs, alors que bien des gens aujourd'hui en feraient un mérite aux Vaudois.

(B) Les recherches relatives aux Socins ne sont pas nouvelles, ainsi qu'on le verra par les lettres suivantes, qu'on trouve parmi les manuscrits de la bibliothèque de Sienne, manuscrit E, IX, 17 a. c. 35.

« Au sieur Hubert Bentivoglio, à Sienne.

« Illustrissime seigneur. — Ayant eu entre les mains quelques certificats authentiques à la décharge de Celse, fils de Mariano Socin, et de Cornelius de la même famille, qui était marié à Françoise, fille d'Atoleo, de Bologne, tous deux vivants en 1560, je désirerais savoir de V. S. Ill. si l'un d'eux est sorti du giron de notre sainte mère l'Église, malgré ces certificats délivrés en forme authentique. Ils ont en effet été accusés de vivre comme des Luthériens et des Hérétiques, par un certain Paul de la famille Cataldi, de Bologne, qui était à cette époque dans les prisons de Sienne sur la poursuite des magistrats de l'Inquisition. Cette accusation résultant d'un interrogatoire qu'on lui avait fait subir après son élargissement, pour arriver à la vérité, il répondit que ces impostures lui avaient échappé à l'instigation de l'inquisiteur.

Je prie V. S. Illustrissime de satisfaire, à sa convenance, ma curiosité, etc.

De V. S. Illustrissime

Le dévoué et reconnaissant serviteur

ANTOINE FRANÇOIS MARMI.

Florence, 24 octobre 1772.

La minute, non signée, de la réponse en date du 29 novembre 1772, mais qui sans aucun doute est de Bentivoglio, fait partie du manuscrit E. IX. 18. a. c. 243 :

«..... Je n'ai aucun renseignement sur Cornélius Socin : quant à Celse Socin, j'ai ses controverses soutenues, à mon avis, vers l'an 1540. C'est ainsi qu'en parle le P. Ugurgieri, dans le tome III inédit des Fastes Siennois. — Celse Sozzini, frère d'Alexandre, lui aussi grand jurisconsulte, enseigna d'abord dans sa patrie, où il expliqua les Institutes de droit civil, et où il occupa ensuite une chaire extraordinaire : plus tard, grâce à l'appui de son père, il eut une chaire de droit canon à Bologne, à laquelle était attaché un traitement de cent écus d'or; enfin, après la mort de son père, il enseigna le droit civil, mais au bout de peu d'années il abandonna le professorat. Il est l'auteur d'une épître au cardinal d'Augsbourg, épître qui a été publiée au tome IV des *Conseils de Mariano*, son père.

« Ce Celse, qui a reçu dans notre académie le surnom de *Il Sonnacchioso* (l'endormi), a publié aussi d'autres ouvrages qu'on trouve dans la *Bibliotheca auctorum polonorum*, et quant à moi, je ne crois pas qu'on puisse douter qu'il fut un hérétique. Bien certainement ces écrivains ont embrassé le luthéranisme lors du fameux passage des Allemands, ainsi qu'il apparaît dans les procès qu'on trouve aux archives de notre Inquisition; reconnaissant ensuite la vanité de cette secte, et ne voulant point rentrer dans le giron de notre sainte foi, ils se firent Unitaires, hérétiques connus aujourd'hui sous le nom de Sociniens. Je pense que Lelio, Fauste, Celse et Alexandre appartenaient à cette illustre famille, mais, à dire vrai, Celse dut retourner à la vraie foi, puisque, si nous devons nous en rapporter à ce que dit le P. Ugurgieri au titre 16, fogl. 433, il mourut à Sienne, le 12 mars 1576, et fut inhumé dans l'église Saint-Dominique de cette ville ».

APPENDICE.

Nous croyons qu'on n'a jamais publié l'arbre généalogique de la famille Sozzini (des Socins); comme il s'agit d'une famille qui a donné le jour aux plus grands hérésiarques de l'Italie, nos lecteurs nous sauront gré de le leur offrir.

Martinello, natif de Percena.

Ses fils.

André, dont le nom est cité en 1318.

Sozzo, banquier, vivait en 1294.

Bindo, inscrit au Livre des dénonciations des années 1326 et 1327.

Les fils de Sozzo.

Giovanni ou Gianni (Jean) figure au Livre des Gabelles des années 1304-1305 comme citoyen de Sienne. Il épousa *Marguerite*, qui mourut après son mari, en 1345, et fut inhumée à Saint-Dominique. De ce mariage naquirent deux fils : *Minuccio*, gonfalonnier du quartier de San-Martino en 1368; et *Checco* (François), dont le nom est cité en 1344.

Ser Mino, notaire, transféra du village de Percena, situé au-dessus de Buonconvento, sa famille à Sienne, où son nom figure au Livre des Gabelles pendant les années 1304 et 1305. Il mourut en avril 1340. Sa femme, *Gherarda*, mourut en 1348, et fut inhumée dans l'église Saint-Dominique.

Fils de Ser Mino :

Sozzino, marchand ; ambassadeur de la ville d'Aquilée en 1349; inscrit à la confrérie du Crucifix (aujourd'hui dite de la Madone, sous l'arcade de l'Hôpital). En 1355, il mourut capitaine du peuple, et eut des funérailles auxquelles assistèrent toute la ville.

Francesco (François) fit partie de la *Signoria* en 1377, et fut ambassadeur à Florence en 1381.

Percena, mourut en 1376, et fut inhumé à Saint-Dominique.

Giovanni (Jean), capitaine du peuple en 1351 et 1356, fit partie du conseil des Douze en 1361, 63 et 67; membre de la confrérie du Crucifix avant l'année 1360; un des otages donnés par la commune de Sienne aux chefs de la *Compagnia Bianca*, en 1364; mourut en août 1374, et fut inhumé à Saint-Dominique. Il eut pour femme une Bargagli, peut-être Louise.

Lodovico (Ludovic), nommé dans une pièce concernant l'hôpital de Santa-Maria-della-Scala, 1335, avec d'autres enfants de ser Mino.

Margherita, morte en 1360, inhumée à Saint-Dominique.

Agnese, femme de Philippe de Lapo, morte en *1397*.

Vénérable Pietro, dominicain, étudia la théologie à Paris, et devint professeur de cette science; fut choisi comme inquisiteur par l'évêque Domesdeo, et mourut de la peste, en 1348.

Benedetto (Benoît), membre du conseil des Douze pendant les années 1356, 66, 68; de la *Signoria* en 1388; ambassadeur à Bologne en 1357, envoyé près le pape Urbain V en 1365, près Charles IV en 1368; gonfalonier pour le quartier de San-Martino en 1367; chassé comme rebelle; rappelé pour avoir livré aux flammes deux portes de la ville de Florence en 1391; mort en avril 1394, et inhumé dans le cloître de Saint-Dominique.

Eut pour fils *Betto*, mort en 1411; *Nicolas*, mort en 1383, et enseveli dans le cloître de Saint-Dominique; un autre *Nicolas* (celui-ci n'est pas bien authentique), qui engendra une fille du nom d'*Andrée*, mariée à Charles de Bandino Piccolomini avec 400 florins de dot.

De Sozzino naquirent *Ghera*, qui en 1415 était veuve de François de Toro; *Franceschino*, qui en 1370 était un des Prieurs, et mourut à Mantoue, en août 98, laissant un fils *Pierre Paul*, lequel en 1462 était châtelain à Massa et Montanto de la Maremme; ce dernier donna le jour à *Gabriel*, qui eut une fille nommée Virginie, mariée à Jacomo Tomma, en 1481, avec 1000 florins de dot.

Jacomo, membre de la confrérie du *Crucifix* : *Betto*, mort en 1363, ainsi que *Pierre*; *Mariano*, figurant avec l'épithète de *famosus mercator* dans le nécrologe de Saint-Dominique, fut un des *Signori* en 1401, et gonfalonier du quartier de San-Martino, et mourut en février 1402. *Jean*, qui en 1351 était ambassadeur de la commune à Pérouse; membre des Douze en 1361, 65 et 67; ambassadeur à Cortone en 58, à Florence en 59 et 64 : près le seigneur de Montefeltro en 1362.

Il engendra *Mariano* en 1409 : *Agnolina*, mariée en 1427 à François Ciani, avec 800 florins de dot, et morte en 1459.

Sozzino, mort en 1419 et inhumé dans le tombeau de famille placé dans le cloître voisin de la porte de Saint-Dominique, laissa un fils du nom de *Nicolas*, qui eut une fille nommée *Romana*, mariée en 1507, à Deo Dei de Chiusi, avec 1000 florins de dot.

Au point de vue historique la descendance de Jean étant importante, la voici :

Barbato, mort en 1374, eut une fille, inhumée à Saint-Dominique, 1363.

Mino, qui fit partie de la *Signoria* dans les années 1389, 95, 99, mourut en avril 1419, et fut inhumé dans le tombeau de ses ancêtres. De lui naquirent *Benoît* en 1393, Barthélemy en 1402, *Nicolas* en 1403, Antoine en 1405, *Angelino* mort en 1420, *Nanni* (Jean), qui en 1383 recevait un legs de Jean frère Joyeux.

Sozzino, qui habitait dans la rue de Pontaneto, fut un des Prieurs en 1389 et 98; gonfalonier du quartier de San-Martino en 1400; qui en 1386-87 acquit des époux Philippe Franzoli et Landonia Tolomei la forteresse de Micciano pour 412 florins; fut en 1376 ambassadeur près des Arétins; mourut en mai 1403, et fut enterré près de ses ancêtres. On le considère comme la souche de la famille, qui adopta comme nom patronymique son nom, ainsi qu'il était d'usage alors.

Fils de SOZZINO.

Bartolomeo (Barthélemy), qui eut pour fils Jérôme, lequel fut un des prieurs en 1499.

Lorenzo (Laurent), mort en 1462.

Francesco (François), mort en 1381.

Caterina (Catherine), mariée à Fazio Bellarmati, avec une dot de 450 florins.

Giovanni (Jean), mort en 1427, et inhumé dans le cloître de Saint-Dominique, chef de l'autre ligne, dont nous donnons l'arbre généalogique à la lettre A.

Mariano l'ancien, célèbre canoniste, étudia à Sienne et à Padoue, où, paraît-il, il enseigna; professeur à Sienne vers 1450, où il s'était fixé; en 1457, il acheta de la famille de la Sapience, pour lui et pour ses neveux Pietro et Sozzino, l'hôtel *del Gallo*, sis dans la rue *degli Alberghi*. En 1458, il était ambassadeur près du nouveau pape Pie II, qui le nomma avocat consistorial en 1467. Sur les instances du bienheureux Jean de Capistran, 1449, il fonda le couvent des pères Observantins d'Asinalunga sous le vocable de *Santa-Maria-di-Monte-Baldino*. Il fut inhumé dans la nouvelle chapelle de Sainte-Marie-des-Neiges, à Saint-

Dominique. En 1430, il avait épousé Nicola Venturi, avec 1450 florins de dot, laquelle mourut en 1483.

Fils de MARIANA :

GIOVANNI, né en 1432.

MARGHERITA, mariée, en 1459, à Salimbene Capocci, avec 1000 florins de dot.

CAMILLO, né en 1434.

Giovan Sozzino, né en 1442.

Bartolomeo, chef de l'autre ligne que nous donnons à la lettre B.

ALESSANDRO, né en 1443 ; un des prieurs, 1493 et 98; un des Gouverneurs en 97; il était gonfalonier pour le quartier de San-Martino en 1503, époque à laquelle il mourut; il fut inhumé dans la chapelle de ses ancêtres. En 1477, il avait épousé Laure, fille de François Arringhieri avec une dot de 1400 florins : celle-ci mourut en 1500.

*Fils d'*ALESSANDRO :

BERNARDINO, né en 1492.

CAMILLA, mariée à Alexandre Borghesi, avec 1810 florins de dot.

FRANCESCO, né en 1483, un des Prieurs 1508 et 1519; fut un de ceux qui, le 20 septembre 1555, jurèrent fidélité au roi de France et à la république de Sienne, qui avait battu en retraite sur Montalcino.

NICOLAS, né en 1488.

JEAN-BAPTISTE, né en 1496.

JEROME, né en 1480, un des Prieurs en 1505 et 1512, eut un fils, César, né en 1528, mort en 1530.

MARIANO le jeune, né en 1452; capitaine du peuple 1508 et 1524 ; de 1507 à 1524 enseigne les Instituts de droit civil et de droit canon dans sa patrie ; puis exerce le même professorat successivement à Pise, à Padoue, à Bologne; il fut même recherché ailleurs pour l'enseignement, mais en vain. Ambassadeur près des Florentins et de Léon X. En 1551 le pape Jules III le nomme avocat consistorial. Enéas Sylvius lui donne de grands éloges, étant (dit-il) d'une taille très-petite, mais d'une complexion robuste, d'un savoir universel. Un jour qu'on lui reprochait d'avoir interrompu le cours de ses leçons, il répondit : « Je suis marié. — Socrate aussi avait une femme, et pourtant... — Mais Xantippe était une chicanière et une brute sans doute, tandis que moi j'ai une femme belle et gentille ». En 1543 il achète le domaine du Scopeto des fils de Scipion Sozzini. A l'académie *degli Intro-*

nati, il avait reçu le sobriquet de *Sgualcito* (le chiffonné). En 1552, il fit son testament. En 1556, il mourut, et fut inhumé dans le cloître de Saint-Dominique de Bologne.

En 1508, il avait épousé Camille Salvetti, avec 1666 florins de dot : elle mourut en 1554.

Fils de MARIANO.

CAMILLE, mariée à Marc Tondi avec 1400 florins de dot.

CORNELIUS, qui était à Rome en 1552, lorsque son père lui légua par testament 70 écus d'or : il fut accusé d'hérésie. De son mariage avec Françoise, fille d'Atoleo, Bolonais, il eut une fille nommée Françoise, morte en 1572, et inhumée dans l'église de Saint-Dominique.

LELIO, né en 1525, jurisconsulte et polyglotte. En 1556, il commença à tenir des réunions religieuses à Vienne : il fut envoyé en exil, et alla s'établir à Zurich, où il mourut, en 1562.

OCTAVE, prit du service militaire en Allemagne.

JULES, né en 1512, mort en 1525.

BARTHÉLEMY, né en 1511.

MARC-ANTOINE, né en 1514.

ASCAGNE, né en 1526.

PORZIA, mariée en 1539, à Lelio, fils de Jean Pecci, avec une dot de 3000 florins.

PHILIPPE, qui survécut à son père.

CAMILLE, légiste; condamné et excommunié par contumace à la suite d'accusations en règle pour délits commis à Bologne et à Sienne.

ALEXANDRE, né en 1509; membre du conseil des Prieurs en 1531; reçu docteur en droit à Sienne par Philippe Decio, il expliqua les Instituts de droit civil; professa à Padoue en même temps que Jérôme Vieri et Marc-Antoine Bellarmati, enseigna à la nouvelle université de Macerata, avec un traitement annuel de 500 écus, et y mourut, en 1541. Il avait épousé, en 1538, Agnès fille de Borghèse Petrucci, qui reçut en dot la somme de 4,000 florins. De cette union naquirent *Alexandre* qui fut un des Prieurs en 1603, et *Fillide,* née en 1540, laquelle épousa en 1559 Cornélius fils de César Marsili, et eut 4,000 florins de dot.

FAUSTUS, né en 1539, qui, ayant adopté en matière de religion les erreurs de son oncle, dut s'expatrier, et se retira à Lyon en 1560. Après trois années de séjour dans cette ville, il revint dans sa patrie, où Cosme lui confia des charges honorifiques et des emplois lucratifs; mais, ayant persévéré dans l'erreur, il alla se retirer à Bâle en 1574 : il mourut à Cracovie, le 3 mars 1604. Dans la confrérie dite *degli Intronati*, il avait reçu le surnom de *Brouillon*. Il avait épousé en 1578 Elisabeth, qui mourut en 1587; sa fille Agnès eut pour mari un gentilhomme polonais, qui lui donna une nombreuse progéniture.

CELSE, né en 1517, fit partie du conseil des Prieurs en 1543 et 1549; capitaine en 1565; gonfalonier pour le quartier de San-Martino en 1568. Il enseigna les Institutes de droit civil dans sa ville natale, et le droit canon à Bologne avec 100 écus d'or d'appointements. Après la mort de son père, il lui succéda dans la chaire de droit civil, et peu de temps après il abandonna l'enseignement. En 1554 il fonda l'académie dite *dei Sizienti* : chez les *Intronati*, il avait reçu le surnom d'*Esprit obtus*. On lui conféra le titre de comte palatin, bien qu'accusé d'hérésie. Il mourut en 1570. En 1549, il avait épousé Albine Bulgarini, avec 3,000 florins de dot; il se remaria avec Lucrèce Sabattini, de Bologne, laquelle mourut en 1590.

Fils de CELSE.

MARIANO, né le 20 juillet 1594.

BARTHÉLEMY, né le 24 octobre 1595.

LUCRÈCE, née le 18 avril 1599.

LUCRÈCE, née le 28 août 1600.

CATHERINE, née le 5 octobre 1601.

CELSE, mort en bas âge, 1604.

JEAN-BAPTISTE, né le 27 juin 1604, mort l'année suivante.

CATHERINE, née le 1er novembre 1606.

MADELEINE-CATHERINE, née le 17 août 1609; mariée, en 1627, à Marcellus Pannocchieschi, comte d'Elci, avec une dot de 8,000 florins.

MARIANO, né le 5 juilet 1613; chez les *Filomati*, on le surnommait le *Circonspect*; à Rome, il entra chez les Oratoriens, et y mourut, en odeur de sainteté.

NICOLAS, né le 5 août 1605 surnommé chez les Intronati le *Gelido* (frais, glacé); fut membre du conseil des Prieurs en 1633 et 1635; gonfalonier pour le quartier de San-Martino en 1642; archiviste judiciaire et familier du prince Mathias : il mourut en 1699. En 1635, il avait épousé Catherine Savini, avec 8,750 florins de dot, et celle-ci était décédée en 1685.

Fils de NICOLAS.

Alexandre, né le 26 février 1635, chanoine et auditeur du cardinal Nini; surnommé chez les Intronati *le Jovial.*
Charles, né le 15 septembre 1637.
Victoire, née le 25 juin 1639.
Philippe, né le 13 juillet 1640.
Sylvie, née le 23 août 1641.
Elisabeth, née le 23 août 1642.
Camille, née le 14 septembre 1643.
Porzia, née le 17 avril 1646.
Philippe, né le 6 mai 1647, chanoine du Dôme; surnommé chez les Intronati *le Morbide.*
Orsus, décédé à l'âge de deux ans, le 15 octobre 1658, *oppressus a quantitate pustularum, vulgariter* vérole, *qui morbus necavit in hoc anno quantitatem non paucam puerorum,* dit le nécrologe de Saint-Dominique.
Bernardin, né le 8 octobre 1649.
Madeleine, née le 9 novembre 1650.
Charles, né le 9 mai 1653.
Jérôme, né le 9 mai 1654.
Madeleine, née le 15 juin 1655.
Camille, née le 22 septembre 1656.
GALGANO, né en 1638; fut membre du conseil des Prieurs en 1663; capitaine du peuple en 1676; surintendant des communes de l'État, et un des quatre conservateurs; chez les Intronati il portait le sunom de *il Franco.* Il recueillit la succession de Charles et de Marie Sozzini. Il mourut en 1711, et eut l'honneur de funérailles payées par le trésor public. Il avait épousé, en 1673, Faustine Chigi, avec une dot de 4500 écus, laquelle mourut en 1722.

Fils de GALGANO.

Porzia, née le 16 octobre 1675.
Jérôme, né le 1er octobre 1677.
François-Antoine, né le 20 août 1678.
Mariano, né le 24 janvier 1680.
Mariano, né le 11 septembre 1681; en 1747 il avait dédié au cardinal Régnier d'Elci la vie de Mariano, son grand oncle.
Nicolas Marie, né en 1674; fut membre du conseil des Prieurs en

1678, 1701, 1704, 1714; capitaine du peuple en 1716; chez les Intronati il était dit *le Lambin*. Il mourut en 1755. Il avait épousé, en 1705, Agnès Piccolomini della Triana, avec 4,000 écus de dot.

Fils de NICOLAS-MARIE.

Alexandre, né en 1706; fut Prieur en 1730, 33, 35, 37, 40, 44; il mourut d'une fièvre lente, le 23 avril 1748. En 1743, il avait épousé Catherine, fille de Philippe Bonarotti, de Florence, avec 4,000 écus de dot.

Marie, née le 30 octobre 1708.

Barthélemy, né le 14 août 1710.

Galgano, né le 9 mars 1711.

Catherine, née le 24 août 1713.

Victoire, née le 8 novembre 1714.

Catherine-Virginie, née le 8 avril 1717.

Horace, né le 20 juin 1718.

Bernardin, né le 5 février 1723.

Barthélemy-Horace, né le 5 avril 1722; fut un des Prieurs en 1774; gonfalonier en 1775, 77, 81; capitaine du peuple en 1776, 1784. En lui s'éteignit cette branche des Socins.

Faustine, née le 24 juillet 1727.

Porzia, mariée, en 1728, au comte Gaétan Marciani d'Orvieto, avec 2,000 écus de dot; elle fut l'héritière des biens des Socins.

BRANCHE A.

BARTHÉLEMY SOCIN, né en 1436 : disciple d'Alexandre Tartagli d'Imola, de Thomas Docci de Sienne, de Baptiste de Sanseverino. En 1471 il enseignait le droit à Sienne, lorsqu'il fut envoyé à Chianciano en qualité de commissaire des guerres. En 1480, il prit le chemin de l'exil comme étant rebelle, et se retira à Pistoie et à Pise, où il avait déjà été professeur à l'université de cette ville aux appointements de 800 florins. Il y eut pour élève Léon X. Ayant essayé d'abandonner sa chaire pour aller à Venise, il fut arrêté. De retour dans sa patrie en 1482, il y professa pendant trois ans, puis à Padoue, en 1498, avec un traitement de 1,100 ducats; il remplit plus tard les mêmes fonctions à Ferrare et à Bologne. A Sienne, il fut capitaine du peuple dans les années 1483, 87, 94 et 1507 : l'année 1487 le vit aussi ambassadeur à Florence pour aplanir les difficultés de frontières entre Montepulciano et Chianciano. C'était un homme profondément érudit dans la science du droit, en sorte que ce n'est pas sans raison que Politien put l'appeler le Tribonien de son époque. Il aimait à fréquenter la taverne, où il passait de longues heures en compagnie de buveurs et de joueurs. Il improvisait d'une manière surprenante et joignait à l'érudition une merveilleuse perspicacité et un jugement sain. Il plaisait beaucoup par son franc parler, par ses propos caustiques, par son rire sardonique, par cette véhémence avec laquelle il terrassait son adversaire, sans avoir égard ni à la dignité, ni à l'âge, ni à la triple couronne de laurier qui ombrageait son front. Laurent le Magnifique voulut un jour l'entendre lutter avec le célèbre Jason del Majno. Il y avait déjà une heure que la lutte durait entre les deux rivaux, lorsque Jason, poussé à bout par la logique de son adversaire, invente un texte pour se tirer d'embarras. Barthélemy Socin laisse voir son trouble, sa défaite, et se gratte la tête pour chercher une réplique; enfin, un éclair jaillissant lui vient à l'esprit, et il cite à son rival un texte qui lui donne définitivement raison. Les disciples qui assistaient à la dispute se mirent à applaudir; mais, sur ces entrefaites, Jason adresse à Socin cette question : « Où as-tu pêché ce texte? » — Et Barthélemy de répondre : « A la page même où tu as pris le tien ».

D'une humeur bizarre, ami des aventures, résolu à vaincre à tout prix, lorsque les preuves ou les procédures ne lui suffisaient point à amener un débiteur à reconnaître sa dette, il imaginait de lui enfoncer dans le corps la largeur de deux doigts d'une bonne lame de Brescia. Puis il rejetait bravement de côté sa toge, et monté sur un cheval qu'il dirigeait avec autant d'habileté que la parole, il se mettait à la tête de hallebardiers pour renverser la *balia* (le gouvernement) de Sienne, et la remplacer par une autre forme de gouvernement. Il mourut à Sienne, en 1506, et reçut des honneurs funèbres aux frais de l'État. Il avait épousé Louise Orlandini, avec 1,000 florins de dot; elle mourut en 1517.

Fils de Barthélemy.

Camille, mariée, en 1477, à Bernardin Borghesi, avec 1,500 florins de dot.

Françoise, mariée à Pierre Borghesi, en 1487, morte en 1512, et inhumée dans le cloître des Dominicains.

Catherine, mariée, en 1486, à Ludovic Piccolomini.

Cornélie, mariée, en 1483, à Pierre-Anselme Tolomei, avec 1,800 florins de dot.

Nicole, mariée, en 1505, à Jean Turamini, avec 2,700 florins de dot, et en secondes noces, en 1515, à Aldello Placidi, avec pareille dot; morte en 1546.

François, né en 1465.

Mariano, né en 1469, mort en 1505 : fut un des Prieurs en 1496, et eut une fille nommée *Cornélie*, qui mourut en 1518.

Jérôme, mort en 1501.

SCIPION, né en 1467 : podestat à Grosseto en 1488; gonfalonier pour le quartier de San-Martino en 1490 : un des administrateurs de la Commune en 1493. Il avait épousé, en 1489, Aurélie Tolomei, avec 2,000 florins de dot.

Fils de SCIPION :

Pandolphe, né en 1493.

FRANÇOIS, né en 1491 ; fut un des prieurs en 1514, 1522; il avait épousé Cassandre Petrucci, avec 2,800 florins de dot; il fit un testament le 5 mai 1529. Il mourut en mars 1530, et fut inhumé dans l'église de Saint-Dominique.

Fils de FRANÇOIS :

Isabelle, née en 1529; mariée, en 1538, à François Colombini, avec 2,500 florins de dot; puis en 1501, à Jean-Baptiste Ornoldi, avec 800 florins.

Déiphile, né en 1526.

Proserpine, née en 1516.

Faustine, née en 1512.

Livie, mariée, en 1543, à Régnier Pannocchieschi des comtes d'Elci, avec 1500 florins de dot.

Flavie.

Philomène.

Élisabeth, qui prit l'habit de religieuse en 1543; elle reçut de son père 350 florins.

Lavinie, née en 1521; mariée, en 1544, à Jérôme Petrucci, avec 1,900 florins de dot; morte en 1584.

Cléopâtre, née en 1524.

Octave. C'était l'époque du fameux siége de Sienne : étant sergent-major le 9 avril 1554, il reçut un coup d'arquebuse et mourut le 17 : il fut inhumé dans l'église de Saint-Dominique. En 1551 il avait eu un fils nommé *César*.

Camille, fait prisonnier avec son frère Scipion le 24 octobre 1554 par les Impériaux; il fut délivré moyennant une rançon de 100 écus d'or. Il portait le surnom *de Il Ruvido* (le Rustre) chez les Intronati; fut un des Prieurs en 1559, et mourut en 1580.

Augustin, né en 1515.

Tibère, né en 1518, tué dans un engagement avec les Impériaux au Moulin du palais dans le Val-de-Merse, le 11 septembre 1554.

Scipion, né en 1511. S'étant retiré au palais des Vergene dans la Montagnola, il fut fait prisonnier le 24 octobre 1554, et on mit sa rançon au prix de 100 écus d'or. Il se maria en 1564 avec Marguerite Landucci, et il eut de ce mariage une fille nommée *Camille*, qui épousa en 1578 Lelius Tolomei avec une dot de 300 florins.

Fabius, né en 1513. Fait prisonnier en 1553 à la prise de Crevole, se racheta moyennant 15 écus d'or. D'accord avec ses frères Octave, Camille et Scipion, et du consentement de leur mère, ils avaient vendu en 1503 les terres et la petite forteresse de Scopeto à Mariano, fils d'Alexandre Sozzini, au prix de 12,000 florins. Il épousa une jeune fille du nom de *Baptistine*..... union qui lui donna en 1544 un fils nommé Dardenio; en 1547 une fille nommée Philomène, et en 1575 une autre nommée Saula.

BRANCHE B.

Jean, meurt en 1427, et est enseveli dans le tombeau des patriciens. Il avait épousé, en 1407, Marianne Verdelli, avec 1,000 florins de dot. Il eut de ce mariage :

Marguerite, mariée, en 1422, à Nicolas, fils de Nanni, avec 825 florins.

Sozzino.

Pierre. Fut renfermé à la Rôcca, ainsi qu'il ressort d'une lettre écrite en 1541 par Mariano, son oncle, aux Prieurs et gouverneurs de Sienne. En 1443, il avait épousé Évangeliste, fille de Golia ou Zuccantini, avec une dot de 1,639 florins. Leurs enfants sont :

Domitille, mariée, en 1466, à Bogino Bogini, avec 800 florins.

Marianne, mariée, en 1464, à Georges Spanocchi, avec 700 florins.

Lucrèce, mariée, en 1471, à Duccio Spinelli, avec 800 florins.
Aurélie, morte en 1472 et inhumée dans l'église de Saint-Dominique.

Constantin, était un des prieurs en 1525; il avait épousé, en 1494, Camille Tommasi avec 1,400 florins; il eut de ce mariage :

Domitille, mariée, en 1527, à Achille Bindi, avec 1160 florins.
Laure, mariée, en 1528, à Jules Borghesi, avec 1100 florins.
Pompée, marié, en 1532, à Laudomia Bindi, avec 1900 florins.

Jules, un des Prieurs en 1487 et 1502; bon soldat; fut inhumé dans l'église de Saint-Dominique, en 1518. Il avait épousé Élisabeth Borghesi, avec 1200 florins.

Alexandre, fut un des prieurs en 1496 : en 1487 il avait épousé Alexandrine Guelfi, veuve de Conte, fils de Jean Savini, avec 950 florins.

Leurs enfants furent :

Jérômée, mariée, en 1508, à Jean Agazzari avec 1200 florins.
Jean François, né en 1492.

François, mort en 1525, victime d'une épidémie, avec son fils *Alexandre*, né en 1514. De sa femme Frasia, morte en 1518, il laissa trois filles; *Laure*, née en 1507; *Faustine*, née en 1509; Catherine, née en 1511.

Jérôme, avait épousé, en 1501, Nicole, veuve de maître Laurent Ligrittieri, avec 1050 florins de dot. Il mourut en 1525, et eut de ce mariage :

Laure, née en 1513, mariée à Joseph del Perna, avec 520 florins de dot.
Marguerite, née en 1515.
Judith, née en 1522.
Virginie, 1531-1588.
Émilie, née en 1534.
Louise, née en 1536.
Julie, née en 1537.
Nicolas, né en 1520.
Jean-Baptiste, né en 1525, se fit remarquer par son talent dans la plastique, et fut l'élève de Barthélemy Neroni, dit le *Riccio*.
Léandre, 1532-1566.
Alexandre, 1518-1608. Fut un des Prieurs en 1550 et 1556. Ouvrier employé à la construction du Dôme de Sienne, 20 juillet 1554. Trois fois gonfalonier, 1573 : capitaine du peuple, 1579 : membre du collége de *balia*, 1572, 78, 81, 86. Il a laissé un journal de la guerre de Sienne de l'an 1550 à l'an 1555. Il eut

pour héritier de sa fortune Alexandre, fils de Celse Sozzini.

JEAN, surnommé *Il Dappoco* (le poltron) chez les Intronati, naquit en 1496 : fut un des Prieurs en 1521, et épousa, en 1531, Agnès, fille de Borghese Petrucci, avec 1400 florins de dot.

Leurs enfants sont :

Alexandrine, née en 1517.

Hortense, née en 1520.

Antonia, née en 1526.

Flaminie, née en 1534 ; mariée, en 1552, à Horace Bardi, avec 2500 florins de dot.

CLAUDE, né en 1532 ; en 1553, commissaire au château de Trequanda ; un des Prieurs en 1558 ; en 1592 reconstruit à ses frais l'église de l'ermitage de Saint-Egidius près de Trequanda. Surnommé l'*Intirizzito* (l'engourdi) chez les Intronati. En 1557, il avait épousé Sylvie Bardi, avec 4650 florins de dot, et en 1559, en secondes noces, Cassandra Spanocchi, avec 3000 florins.

Les enfants de CLAUDE sont :

OCTAVE, marié, en 1591, à Euryclide Pannelli, avec 4125 florins ; de ce mariage sont issus :

Mariano, qui en 1615 était un des Prieurs.

Sylvie, née le 5 septembre 1583.

Barthélemy, un des Prieurs en 1626.

Pierre, enseigne et lieutenant d'une compagnie d'infanterie au service de Venise : fut fait par le grand-duc capitaine d'infanterie dans la guerre contre les Papalins. Il épousa, en 1645, Catherine Menocchi, avec 4550 florins de dot.

TIBÈRE, né le 5 avril 1561.

ALEXANDRE, marié, en 1580, à Venilia Malevolti, avec 4125 florins.

Leurs enfants sont :

Jéromée, mariée, en 1614, à Pierre Biringucci, avec 7000 florins.

Madelaine, mariée, en 1631, à Jean Accarigi, avec 8925 florins.

Alexandre, fils posthume, né le 8 décembre 1582. Fut un des Prieurs en 1612, 20, 30 ; gonfalonier pour le quartier de San-Martino en 1636 ; surnommé *il Cavilloso* (le chicaneur) chez les Intronati. En 1600, il avait épousé Catherine Palmieri, avec 6475 florins ; il mourut en 1649.

Enfants d'*Alexandre* :

Marie, née le 11 juin 1606.

Claude, né le 24 juin 1602.

Agnès, née le 4 septembre 1610.

Claude Bernardin, né le 12 décembre 1612 : fut un des Prieurs en 1632.

Charles, chanoine de la Madone de Provenzano. En 1616 il vendit, tant en son nom personnel qu'au nom de son frère François, les biens de Trequanda au docteur Scafucci, médecin de la cour, moyennant le prix de 5770 écus. Il reconstruisit l'église de Saint-Étienne à Sienne, dont il fut curé de l'an 1670 à l'an 1677. François Marie Galgano Sozzini hérita de sa fortune et aussi de celle de son frère.

François Marie, né le 19 décembre 1611 : fut un des Prieurs en 1632 et 1646. En 1647 il était débiteur de 1465 écus, 8 au fisc, et avait pour cautions ses frères et Galgano Sozzini. Il resta incarcéré environ trente ans dans la tour de Volterre, et y mourut.

Telles sont les armoiries antiques de la famille des Sozzini : *un lion d'azur rampant sur champ d'argent*, avec un globe d'azur, et l'exergue que voici :

CHAPELLA.DEL.REDE.D.S.MINO.SOZZI.DA.SIENA. ANTICHO.DA.PENCENA,

L'aigle noir couronné sur champ d'or fut probablement ajouté, lorsque Celse, fils de Mariano, fut créé comte palatin.

Par suite du mouvement de bascule qui se produit d'ordinaire dans les choses de Rome, Pie V avait eu pour successeur Hugues Buoncompagni de Bologne, qui voulut s'appeler Grégoire XIII. Souple et clément, même au détriment de la justice, il lui fallut en face de la réforme morale réprimer ses penchants mondains; aussi ne put-il favoriser que difficilement un fils qu'il avait eu avant son entrée dans les ordres, et nullement ses neveux; il remplit du reste avec exactitude les devoirs imposés au chef des fidèles, en élevant à la dignité d'évêque les sujets les plus méritants, et en répandant partout l'instruction. Pour se conformer aux décrets du concile de Trente, il établit une Congrégation de la visite, dont les membres avaient mission de surveiller celle que les évêques sont tenus de faire dans leur diocèse, et il envoyait des visiteurs apostoliques qui se faisaient rendre compte des églises, des œuvres pies, des confréries, au point de vue des mécontentements qu'elles pouvaient exciter. Il ordonna que chaque église cathédrale eût son théologien attitré (1573). Prodigue dans ses dépenses autant que Léon X, pour réparer les torts occasionnés par ce pontife, il fonda et dota au moins vingt-trois collèges, parmi lesquels celui de toutes les nations, à l'ouverture duquel on prononça des dis- Grégoire XIII cours en vingt-cinq langues; il donna de nouvelles bases au collége Germanique, qui était destiné à servir d'arène aux futurs athlètes de la foi; il en érigea un pour les Grecs, qui y étaient élevés selon les mœurs, le langage et le rit de leur patrie; un autre pour les Hongrois, un pour les Illyriens à Lorette, un pour les Maronites, un pour les Anglais; il rebâtit le collége romain, institua celui des Néophytes, puis en sema d'autres dans toute l'Allemagne et la France, et même trois dans le Japon. Il dépensa deux millions d'écus romains pour procurer l'instruction aux enfants pauvres, et un autre million à doter les jeunes filles[1]. A son instigation, le cardinal Ferdinand Medici ouvrit une imprimerie avec des caractères pour cinquante langues orientales, et expédia en Éthiopie, à Alexandrie d'Égypte et à Antioche des voyageurs érudits, parmi lesquels on remarque les Florentins Jean-Baptiste et Jérôme Vecchietti, qui en rapportèrent des manuscrits.

Grégoire avait une liste de personnes capables d'être promues à l'épiscopat dans toute la chrétienté : c'est ainsi qu'il était à même de faire de bons choix. Il envoya l'évêque de Côme chez les Suisses pour les maintenir dans la foi, et les empêcher de s'unir aux protestants; et l'évêque de Crémone Bonomo pour y amender le clergé, qui lui fit une vive opposition. Jean Delfino, les 6 et 26 juillet, écrivait au cardinal de Côme, Ptolémée Gallio, que les dix mille Italiens résidant à Vienne étaient pervertis par des apostats, venus de la Savoie et du pays vénitien, mais qui sur l'ordre de l'empereur avaient dû partir.

Le fameux typographe Froben, étant venu à Rome, se fit si bien passer pour catholique, que le pape l'accueillit

(1) Le P. Theiner consacre trois volumes in-folio au récit des événements de ce pontificat.

avec une grande bénignité, et l'engagea vivement à rester; à son départ, il fut muni de lettres de recommandations par des prélats, et il établit une imprimerie catholique à Fribourg. Ce fut pour lui une pure spéculation, de même que l'impression qu'il fit ensuite à Bâle de plusieurs ouvrages contraires à la doctrine catholique : le pape fit en sorte qu'on n'y publiât pas le Talmud.

Grégoire immortalisa son pontificat par la réforme du calendrier. Jules César l'avait déjà corrigé en fixant l'équinoxe du printemps au 25 mars, et en assignant à l'année trois cent soixante-cinq jours et six heures, ce qui dépasse de onze minutes et douze secondes la durée réelle : d'où il résultait qu'en cent vingt-neuf ans l'équinoxe devançait d'un jour. L'Église devait s'en inquiéter, parce que la fête de Pâques tombe dans la pleine lune qui suit l'équinoxe de printemps. Le concile de Nicée en 325 avait déjà constaté que cette équinoxe pouvait remonter jusqu'au 23 mars, mais il n'avait pas su en deviner la cause. En 1257 la précession était de onze jours, et à dater de cette époque on parla de la réforme du calendrier, souvent tentée, mais qui n'avait jamais abouti. La fameuse diète d'Augsbourg ne voulut pas reconnaître cette anticipation de l'équinoxe, et la dénonça comme un piége de la politique romaine[1]. Le concile de Trente, à l'exemple de tous ceux qui l'avaient précédé, s'occupa de cette réforme; puis Grégoire XIII convoqua à cet effet à Rome les personnages les plus compétents dans la matière, et particulièrement le dominicain Ignace Danti, de Pérouse, et le jésuite Clavius, de Bamberg; mais la vraie for- Calendrier grégorien.

(1) De Thou, l. LXXIX.

mule fut trouvée par Louis Lilio, médecin calabrais, et perfectionnée par son frère Antoine.

Le pape en 1577 envoya une copie du nouveau calendrier à tous les princes, à toutes les républiques, et à toutes les académies catholiques. Après avoir reçu leur approbation, il publia le nouveau calendrier en 1582, et supprima les dix jours compris entre le 5 et le 15 octobre. *L'année* y est composée invariablement de trois cent soixante-cinq jours, cinq heures, quarante-neuf minutes et douze secondes, et après chaque période de quatre années solaires, il y en a une de bissextile. La correction est d'une précision qui approche tellement de la réalité ($365^{j.}$ $5^{h.}$ $48^{m.}$ $55^{sec.}$) *que* ce n'est qu'au bout de quatre mille deux cent trente-huit ans que les minutes restant formeraient un jour. En vérité, on aurait pu, au lieu du cycle de quatre cents ans, en adopter un de trois cent cinquante-cinq, qui aurait donné une erreur non de vingt-sept secondes, mais seulement d'un dixième de seconde sur la durée réelle de l'année : par là on aurait pu faire coïncider le commencement de l'année avec le solstice, et celui de chaque mois avec l'apparition du soleil dans les différents signes du zodiaque, et assigner trente et un jours aux mois compris entre l'équinoxe de printemps et l'équinoxe d'automne, trente à chacun des autres, et moins à décembre. Ces défauts furent remarqués; mais il déplaisait surtout aux protestants que le pape commandât, fût-ce même en fait de calendrier; ils y voyaient un empiétement sur la liberté des princes, une usurpation sur l'indépendance des nations, et un acte d'arrogance de la nation italienne; ils criaient bien haut qu'il y allait de l'honneur et de la dignité de l'empire germanique; qu'on compromettait les libertés gallicanes; que c'était un attentat des jésuites;

un premier pas qui mènerait, Dieu sait où! Suivant la tactique de l'opposition parlementaire, on voulait au moins apporter à cette réforme du calendrier quelque restriction, et les Grisons proposaient de retrancher cinq jours au lieu de dix. Les princes furent lents à l'adopter; ce ne fut qu'en 1699 que les protestants d'Allemagne se résignèrent à l'employer, en 1700 la Hollande, le Danemark, la Suisse, en 1752 l'Angleterre, l'année suivante la Suède; et de nos jours ni les Russes ni les Grecs ne l'ont encore adopté, ce qui les constitue ainsi de treize jours en arrière sur notre calendrier. Est-ce là ce qu'on doit appeler indépendance?

Sixte-Quint, qui avait succédé à Grégoire XIII, a laissé une réputation romanesque, qui a sa source dans les plaisanteries populaires et dans les historiettes contées par les charlatans, parmi lesquelles sa biographie par Grégoire Leti est bien digne de servir de source aux récits impies et fantastiques de nos contemporains. Comme ce n'est pas ici le cas de donner ou de réfuter ces récits mensongers, nous nous bornerons seulement aux faits qui rentrent dans notre sujet. Félix Peretti était né le 15 décembre 1521, d'une modeste famille, à Montalto près Ascoli, où il mena l'existence d'un berger jusqu'à l'époque où un de ses oncles, qui était religieux, le fit venir à Rome pour y faire ses études, et y prendre l'habit des franciscains, ordre dans lequel il parvint à toutes les dignités. Pendant qu'il prêchait en 1552 à l'église des Saints-Apôtres de Rome devant un auditoire rempli d'admiration pour son talent, il reçut une lettre, dont l'auteur, reprenant point par point ses sermons, et spécialement ceux qui traitaient de la prédestination, avait écrit en regard de chacun d'eux ces mots : *Tu mens*. Peretti envoya sa lettre

Sixte-Quint.

au grand inquisiteur, qui était alors Michel Ghislieri; celui-ci accourut dans la cellule du franciscain, et avec un air froid, inflexible, il l'examina sur tous ces points. Sixte-Quint n'oublia jamais la terrible impression que lui avait causée la vue de l'inquisiteur, mais il répondit si à propos à toutes ses questions, que Ghislieri versa des larmes de tendresse, et devint l'ami et le protecteur du *moine franciscain*. Peretti, ayant fait alliance avec le parti qui avait entrepris la réforme morale de l'Église, fut l'ami de saint Ignace, de saint Félix, de saint Philippe de Néri et de beaucoup d'autres : son zèle pour la justice et la vérité déployé à l'encontre de personnes en crédit fit qu'il ne fut pas très-aimé. Devenu inquisiteur de la foi pour le territoire vénitien, par deux fois il faillit exposer sa vie aux attaques dirigées par les membres du gouvernement qui étaient jaloux de son influence, et il s'était écrié en fuyant : « J'ai fait vœu de devenir pape, en sorte que je ne « pouvais pas me laisser pendre par eux. »

Peretti fut nommé par Pie IV théologien au concile de Trente, légat en Espagne à l'occasion du procès de l'archevêque Caranza, et il nota dans les écrits de ce dernier divers passages où il avait fait des concessions aux protestants. Il devint évêque de Sainte-Agathe des Goths, puis cardinal en 1570; mais, lors de l'exaltation au trône pontifical de Grégoire XIII, à qui il était peu agréable, il se retira, et donna une édition des œuvres de saint Ambroise, meilleure que les précédentes, et que celle d'Érasme : enfin il montra une manie de faire bâtir qui n'était pas en proportion avec ses ressources financières.

Personne ne croit plus à l'historiette qui le représente paraissant au conclave comme un vieillard chancelant et appuyé sur un bâton, pour faire croire aux cardinaux qu'il mourrait bientôt; et où l'on ajoute qu'à peine élu il s'était débarrassé de son bâton et s'était redressé sur ses jarrets. Nous savons que sa candidature était en faveur, et que le succès en était généralement désiré, comme il fut plus tard applaudi [1]. Devenu pape, il voulut exercer le pouvoir pontifical avec la grandeur que ses convictions donnaient à son caractère; et comme ses prédécesseurs avaient perdu en pouvoir tout ce qu'ils avaient gagné en respect, il voulut recouvrer aussi le pouvoir, en faisant paraître un amour passionné pour la justice, pour l'autorité, pour l'unité, et en y joignant la vigueur d'une âme ardente et d'un vaste génie, ce qui a fait dire, en parlant de lui, que Dieu aimait mieux la sévérité de Sixte que la sainteté de Pie.

Novaes compila une histoire de Sixte Quint dans un sens tout à fait différent de celui du drolatique Leti; il y a indiqué, outre les autres événements du règne de ce pape, les efforts qu'il fit pour établir des filatures de laine et de soie. Il ordonna que dans ses États on plantât au moins cinq mûriers par chaque *rubbio* de terre; pour obtenir ce résultat, il donnait une subvention de quinze mille écus romains sur le trésor public. Dans sa villa, qui passa plus tard dans le domaine des Massimi, il favorisa beaucoup l'élevage des vers à soie; il voulait même établir des foires franches, et dans les maisons qui bordent la place des Thermes, des filatures et des rouets. Le juif Magino di Gabriele, de Venise, avait annoncé un secret pour avoir deux récoltes par an, le pape lui accorda un privilège pour soixante ans, et lui permit à lui et à sa famille de

Ses mérites

(1) Dans la correspondance des Médicis à Florence, liasse 255, on peut voir à quelles approbations et à quelles démonstrations de joie donna lieu l'élection du cardinal de Montalte.

demeurer en dehors du Ghetto; il s'engagea de plus à lui donner le cinq pour cent des bénéfices que la chambre apostolique pourrait tirer de son invention, plus une once par chaque livre de soie. Mais l'invention ne réussit pas.

Sixte V fit aussi bâtir de grands édifices, tous conçus dans un esprit religieux : il menaça de raser le Capitole si le peuple s'obstinait à y conserver les statues de *Jupiter tonnant* qu'il y avait fait placer entre celles de Minerve et d'Apollon; s'il consentit à y laisser Minerve, il remplaça sa lance par la croix; il fit dresser le fameux obélisque sur la place du Vatican, mais il le couronna d'une croix au sommet, et y introduisit des reliques de saints; il acheva la coupole de Saint-Pierre, amena dans Rome l'eau Marcia, et relia entre elles les vieilles basiliques par de larges voies de communication.

Après les immenses dépenses de Léon X, Adrien VI avait trouvé le trésor public épuisé, les joyaux de la couronne engagés; comme il avait tenu à ne pas lever de nouveaux impôts et à ne pas contracter de nouvelles dettes, il dut paraître ladre, et en mourant il laissa dans le trésor à peine trois mille écus. Cependant il avait pu envoyer quarante mille ducats en Hongrie et trois vaisseaux aux chevaliers de Rhodes pour résister aux Turcs. Clément VII, qui fut témoin pendant son pontificat du plus grand désastre que Rome ait jamais essuyé, établit de nouveaux impôts, créa des institutions de crédit, parmi lesquelles tout le monde connaît le Mont de la Foi, destiné à secourir Charles Quint contre les irruptions des Musulmans. On attribue à Paul III l'établissement du premier impôt frappant tout l'État, tel fut le subside triennal; mais ce pape, aussi bien que ceux qui lui ont succédé usèrent toujours avec une grande réserve des gabelles et des tailles. Pie V eut à faire face à d'immenses dépenses à l'intérieur, sans compter que sous son règne eut lieu la guerre du Levant, couronnée par la bataille de Lépante. Ce pontife vint au secours de la France, des Anglais catholiques et de la reine d'Écosse; il distribua deux millions d'écus d'or aux pauvres, laissa dans les caisses de l'État un autre million d'écus, et cinq cent mille qui devaient rentrer dans l'espace de trois mois; enfin, dans sa cassette particulière, treize mille écus destinés à des aumônes manuelles, et cent mille dans celle de son majordome.

Sixte Quint n'eut pas, dit-on, un bon système financier; qui donc alors en connaissait un? Mais il était convaincu qu'il fallait avoir beaucoup d'argent pour avoir un grand pouvoir; aussi, après avoir dépensé six cent mille écus dans la guerre contre les Turcs, cinquante mille pour l'érection des obélisques, deux cent mille pour amener l'Acqua Felice, huit cent mille pour les greniers d'abondance et autres magnifiques constructions, il économisa une somme de quatre millions d'écus pour constituer un trésor, que nous sommes tout étonné de trouver mentionné encore dans le traité de Tolentino.

N'ayant pas su se défendre du népotisme, il créa cardinal, à l'âge de quatorze ou de quinze ans, son neveu Alexandre Peretti, le combla de riches bénéfices et lui conféra en commendes des abbayes pourvues de magnifiques revenus; mais le cardinal en fit un très-noble usage : il dotait cent jeunes filles par an, et outre les aumônes qu'il faisait de la main à la main, il distribua en charités plus d'un million d'écus d'or.

Les congrégations romaines.

Sixte Quint, il ne faut pas l'oublier, donna plus d'importance et un ordre hiérarchique aux sept congrégations de l'Index, de l'Inquisition, de l'exécution et de l'interprétation du Concile, des évêques, des réguliers, de la signature, et de la consulte, et il en créa huit. L'une avait pour but la fondation des évêchés nouveaux, une autre prononçait sur toutes les questions de rite, et les six autres étaient destinées à faciliter l'expédition des causes temporelles portées au saint-siége, à qui il réservait spécialement les plus importantes. Peu après, dans la congrégation de la Propagande, dont la création est due à Grégoire XV et à son neveu Ludovic Lodovisi, treize cardinaux, trois prélats et un secrétaire eurent pour mission spéciale de s'occuper des moyens de propager la religion catholique et de diriger les missionnaires, qui se répandirent partout avec une merveilleuse activité depuis les Alpes jusqu'aux Andes, de la chaîne du Thibet à la Scandinavie, et de l'Irlande à la Chine, pour convertir les Protestants, les Mahométans, les Bouddhistes, les Nestoriens, les Idolâtres. Tandis que la civilisation n'apportait aux sauvages que de l'eau-de-vie pour s'enivrer et des armes pour tuer leurs semblables, quelle merveille d'ouvrir des mondes entiers à la foi chrétienne sans avoir recours à la violence, et d'y importer non-seulement un livre, mais de leur en faire appliquer les dogmes, d'obtenir d'eux une soumission complète à l'autorité, une abnégation de leurs instincts! C'était bien là l'application du principe catholique, ou pour mieux dire la puissance d'unifier l'humanité dans le Christ rédempteur. Les prodiges de l'apostolat, grâce à l'héroïsme le plus désintéressé et aux miracles les plus insignes, se renouvelaient spécialement dans les missions des deux Indes, en sorte que les papes pouvaient se consoler des nombreuses pertes qu'ils avaient faites en Europe, en recevant des ambassadeurs de l'Abyssinie, du Japon, de la Perse, des antiques empires d'Orient et des nouveaux gouvernements d'Amérique, où l'on fondait des évêchés et des couvents, des écoles et des hôpitaux. Urbain VIII prépara plus tard dans le séminaire apostolique une pépinière de missionnaires et un asile pour les prélats que dépouillait la Réforme; le cardinal Antoine Barberini y fonda douze bourses pour des Géorgiens, des Perses, des Nestoriens, des Jacobites, des Melchites, des Cophtes, et sept autres pour des Indiens ou Arméniens.

Sixte V, ressuscitant la grande politique des plus grands papes, rêvait le renversement de l'empire turc au moyen d'une alliance avec la Perse et la Pologne; la conquête de l'Égypte, et la jonction de la Méditerranée et de la Mer Rouge pour remettre l'Italie au premier rang des nations. Il voulait conquérir le Saint-Sépulcre, dont le Tasse chantait alors la délivrance, ne plus suivre avec les potentats d'Italie la politique de Machiavel, caressée par ses prédécesseurs, mais suivre la politique droite et ferme du catholicisme. N'ayant pas d'autre ambition que celle de propager la foi, il encourage Philippe II à faire la conquête de l'Angleterre et à venger Marie Stuart; il médite une croisade contre la reine Élisabeth et contre la république de Genève; il soutient la Ligue en France; il combat Henri IV, mais par la suite il se sentit si bien attiré par le génie de ce prince, que ses ennemis répandirent le bruit qu'il penchait vers les idées protestantes, et qu'en cela il obéissait au diable avec qui il avait fait un pacte. Ils ajoutèrent même que Satan emporta son âme à sa mort, qui arriva après cinq années d'un pontificat si court et si bien rempli[1].

(1) Voir ci-dessus, *Disc.* II, page 146.

Suivant une lettre du marquis Muti, au duc de Savoie, un jour que Sixte Quint était malade, un moine vêtu de blanc, qui était

Affaires de France. Catherine de Médicis.

Ces souvenirs nous amènent naturellement à jeter un coup d'œil sur les vicissitudes de la Réforme en France, auxquelles se trouvent mêlés plusieurs personnages italiens, et principalement Catherine de Médicis de Florence. Nous avons vu comment son oncle Clément VII lui obtint la main d'Henri, second fils du chevaleresque François Ier, qui célébra ce mariage par le supplice de divers Luthériens et par la promulgation d'édits très-rigoureux contre les protestants. Telle était l'école à laquelle (s'il faut en croire les Français) cette Italienne venait apporter les vices, l'intolérance, le machiavélisme de son pays : Chateaubriand a écrit au contraire que *la débauche et la cruauté sont les deux caractères distinctifs de l'ère des Valois*, et l'on peut à l'appui de sa thèse invoquer Brantôme et les autres chroniqueurs.

Le dauphin étant mort, Catherine se trouva placée sur les marches du trône entre la duchesse d'Étampes, maîtresse de son beau-père [1], et Diane de Poitiers, maîtresse de son mari ; aussi fut-elle obligée de dissimuler et de

le diable, lui apparut dans sa chambre ; il lui rappela que l'échéance du pacte qu'ils avaient fait ensemble était venue, et qu'il devait partir avec lui. Le pape n'aurait pas voulu se confesser : après sa mort, un vilain oiseau aurait voltigé autour de sa fenêtre, et le ciel serein jusque là se serait assombri tout à coup ; le tonnerre aurait éclaté, et la foudre se serait abattue sur la bannière pontificale arborée dans le Ghetto. C'est sur de pareilles relations que le *sagace* M. Petrucelli della Gattina et ses pareils s'appuient pour composer leurs histoires.

Voyez J. Lorentz, *Sixtus V und seine Zeit* ;- Mayence, 1832.

(1) Elle obtint pour son oncle Antoine l'abbaye de Fleury, l'évêché d'Orléans, le chapeau de cardinal et l'archevêché de Toulouse : pour Charles, son frère, l'abbaye de Bourgueil et l'évêché de Condom ; pour François, un autre de ses frères, l'abbaye de Saint-Corneille de Compiègne et l'évêché d'Amiens, et pour un autre, nommé Guillaume, l'évêché de Pamiers. De ses deux sœurs, l'une fut abbesse de Maubuisson, l'autre de Saint-Paul en Beauvoisis.

s'éclipser. Mais voici que le 31 mars 1547 François meurt, usé par les plaisirs : alors Catherine devient régente, ce qui ne l'empêche pas de se trouver toujours abaissée par la présence insultante d'une rivale, qui bien que vieillie, conservait sur Henri un ascendant que les contemporains ne surent attribuer qu'à des sortiléges. Le roi voulut que sa femme fût couronnée le 10 juin 1549, au milieu de fêtes splendides, auxquelles vint s'ajouter, selon la coutume du royaume, un tournoi qui fut regardé comme un des spectacles les plus brillants en ce genre ; puis, pour rendre la fête plus complète, il imagina de faire brûler quatre hérétiques. Mais l'un d'eux, avec qui il avait eu lui-même plusieurs fois l'occasion de faire de la controverse religieuse, le fixa avec des regards exprimant si bien la douleur et le courage, que le roi en frémit d'horreur, et jura de ne plus s'exposer désormais à une pareille épreuve.

La France était une nation fortement organisée, en sorte qu'elle repoussa constamment les nouveautés, tandis qu'elles avaient de plus en plus la prépondérance en Allemagne et en Angleterre, pays en proie aux déchirements des factions aristocratiques : aussi tous les mémoires du temps attestent que la majorité du peuple continuait à être très-contraire aux novateurs, et regardait d'un mauvais œil la moindre concession qu'on leur faisait. En retour, les Protestants étaient favorisés par les princes du sang, par les grands vassaux et par les hommes de guerre comme les rois de Navarre et l'amiral de Coligny. Il en résulta dans tout le royaume des bouleversements bien plus graves que ceux qui dérivèrent pour l'Italie de la lutte entre le sacerdoce et l'Empire. Catherine aussi s'y trouva mêlée lorsque, après la mort de son mari, tué dans un tournoi en 1560, elle dut prendre en main la régence pour le jeune François II et plus tard pour son second fils Charles IX. Nièce de deux grands papes, veuve d'un roi, mère d'une princesse qui épousa Philippe II, et de deux fils qui régnèrent l'un après l'autre; belle, savante, majestueuse, magnifique à l'exemple de sa famille dans ses dépenses et dans les constructions qu'elle fit élever; dans la force de l'âge, élevée à l'école du malheur des siens et de ses propres infortunes, le caractère aigri pour avoir dû pendant de longues années se résigner à une insultante rivalité et se tenir éloignée des affaires, elle se vit tout d'un coup à la tête d'un royaume, enveloppée par le tourbillon de puissantes factions, dont les adhérents se déchiraient entre eux sur le terrain le plus brûlant des partis, la religion. Les imprécations qui ne se produisent que trop dans des temps de factions, et lorsque le parti qui succombe est le plus audacieux en paroles et en pamphlets, poursuivirent cette femme, à qui l'on reprochait par-dessus tout d'être étrangère. L'histoire, qui a servilement copié les imprécations du temps, nous a présenté cette reine comme le type de l'astuce et de la dextérité italiennes, comme le représentant d'une politique égoïste, digne d'un Machiavel, et comme l'exemple d'une froide cruauté : dernièrement M. Michelet l'appelait « un ver sorti du cimetière de l'Italie ». La vérité est que cette femme, encore jeune et avenante, ne quitta plus le deuil : quant à ses mœurs dissolues, les romanciers seuls s'en sont amusés [1], quoique

(1) Brantôme, son ennemi juré, n'attaque pas ses mœurs. Henri IV, qui ne l'aimait pas non plus, disait au président Claude Groulard : « Mais, je vous prie, dict-il, qu'eust peu faire une pauvre femme ayant « par la mort de son mary cinq petits enfants sur les bras, et deux « familles en France qui pensoient d'envahir la couronne, la nostre et

par politique elle tolérât les déréglements des autres. Elle aimait ses fils, bien qu'elle les traitât despotiquement; elle avait une telle activité, qu'elle écrivait jusqu'à vingt lettres dans un seul après-dîner : elle donna des preuves d'une habileté remarquable qui avait sa source dans le sentiment d'une grande responsabilité, par laquelle elle s'élevait au-dessus des considérations secondaires et des calomnies de parti; douée de l'incomparable talent de fasciner quiconque l'approchait, elle entretenait la cour la plus splendide de l'Europe, et la divertissait par des fêtes, des ballets, des intrigues amoureuses, et bien qu'on lui reprochât d'entasser des trésors, à sa mort on ne lui trouva que des dettes. Celui qui connaîtrait uniquement le malheureux temps où nous vivons, n'aurait pas de peine à comprendre combien il est difficile d'observer les vraies règles à une époque tourmentée par des passions violentes, où par la même conduite on s'attire des applaudissements ou des haines, que dis-je, on suscite alternativement les uns et les autres. Ce qui est incontestable, c'est que la politique de Catherine fut éminemment française : les Huguenots auraient vendu la patrie aux Anglais, ou ils auraient appelé pour la dévaster les reîtres allemands; elle, au contraire, se détacha de l'alliance de l'Espagne, que recherchaient les partisans de la Ligue; et en voulant maintenir son pouvoir, elle assura le salut de la France, qui menaçait de se démembrer ou de se précipiter dans la tyrannie. Nous sommes bien loin de vouloir justifier tous ses actes : ils furent inspirés,

« celle de Guyse? Fallait-il qu'elle jouast d'estranges personnages « pour tromper les uns et les autres, et cependant garder comme elle « a faict ses enfants, qui ont successivement régné par la sage conduite « d'une femme sy advisée. Je m'estonne qu'elle n'a encore faict pire. » *Mém. de Groulard*, tome II de la collection Petitot, page 384.

comme tous ceux de cette époque, par la politique de Machiavel, qui a bien mérité l'apothéose que lui décernent nos contemporains pour avoir enseigné que « la fraude a toujours été nécessaire à ceux qui, d'humbles commencements, veulent s'élever jusqu'aux plus hauts degrés de l'échelle sociale; cette fraude qui est d'autant moins blâmable qu'elle est plus cachée [1] ».

Tentatives de conciliation.

Dès le début la reine fit près des Réformés un essai de conciliation; ce fut à son instigation que se tint un colloque à Poissy. Pour obtenir la permission de le réunir, elle avait écrit à Pie IV : d'après sa lettre, les opinions en France inclinaient vers la Réforme, comme vers tout ce qui est nouveau et qui bat en brèche l'autorité; le nombre de ceux qui s'étaient séparés de l'Église était considérable; on ne pouvait plus les réprimer par des lois et par les armes; ils comptaient dans leurs rangs des magistrats et des nobles dont l'union était devenue formidable, mais il n'y avait parmi eux ni anabaptistes, ni libertins, ni sectateurs d'opinions monstrueuses, et pas un ne rejetait le symbole des apôtres. Aussi, ajoutait-elle, il est des gens qui pensent qu'on doit les tolérer, bien qu'ils s'écartent de la voie droite en d'autres points, et qui espèrent que Dieu dissipera les ténèbres dont ils sont environnés et fera luire aux yeux de tous la lumière et la vérité. En supposant que le pape voulût attendre les décisions du Concile [2], il faudrait trouver à un mal pressant de prompts

(1) *Discours*, liv. II, c. 13.

(2) Le 7 janvier 1559, Nicolas Capponi, transmettant de Blois, par l'intermédiaire de l'ambassadeur florentin Tornabuoni, au grand-duc de Toscane des nouvelles de France, se plaignait surtout de ce que dans ce pays on soutenait alors les doctrines de Luther, tandis qu'à Genève on soutenait celles de Calvin. Il ajoutait qu'on lisait les ouvrages de Mélanchthon, et ceux « de Pierre Martyr, de Florence, lesquels étaient

et de particuliers remèdes pour ramener ceux qui étaient égarés et retenir ceux qui demeuraient fidèles. Pour les premiers, le meilleur moyen serait l'instruction; de pacifiques conférences entre ceux des deux partis qui possèdent le plus de science et d'amour de la paix; de la part des évêques, redoublement de zèle pour la prédication, pour les avertissements, pour les exhortations à la charité et à la concorde; il faut éviter les paroles injurieuses. Pour ceux restés dans le giron de l'Église, mais qui sont en proie aux perplexités du doute et aux problèmes de leur imagination troublée, il conviendrait de leur éviter toute occasion de scandale. C'est ainsi qu'il faudrait supprimer l'adoration des images et la récente fête du *Corpus Domini*; dans l'administration du baptême, on devrait omettre les exorcismes, l'introduction de la salive et les prières étrangères à la collation du sacrement. Il conviendrait également d'admettre tous les fidèles à communier sous les deux espèces : pas de communions ni de messes particulières, mais que tous s'approchent ensemble de la sainte table, après avoir fait la confession générale des péchés, après le chant des psaumes; qu'ils récitent tous ensemble les prières pour le roi, pour les seigneurs, pour les ecclésiastiques, pour les fruits de la terre, pour les affligés; que tous les offices se récitent en langue vulgaire plutôt qu'en latin, pour que les fidèles puissent s'écrier en parfaite connaissance de cause *Ainsi soit-il!* Catherine signalait ensuite d'autres prétendues aberrations

appréciés »; il cherche à dissuader le pape de tenir le concile, et il affirme que « si l'on en vient au Concile, certes les dissidents ont raison, parce qu'ils pourront se fonder sur un argument que l'Église romaine invoque aussi pour elle; et si l'on en vient aux mains, il en résultera ou qu'on ne fera rien, ou que ce qu'on fera aura peu de crédit ».

du culte, puis elle terminait sa lettre en exhortant le saint-père à se sacrifier lui-même, et elle l'assurait que les personnes sages et modérées n'attentaient nullement à son autorité, et n'avaient aucune prétention d'innover en matière de dogme.

Éternelles illusions, auxquelles la reine fut bien vite arrachée par la force des événements. Pie IV députa à ce colloque le cardinal de Ferrare, né de la fameuse Lucrèce Borgia. Il fut reçu sans les honneurs dus à son rang; aussitôt son arrivée, les libellistes dirent partout qu'il était le petit-fils d'Alexandre VI, de qui on avait publié la vie scandaleuse, et ils ameutèrent si bien le peuple contre lui qu'il poursuivait de ses huées le porte-croix lorsque le cardinal sortait, monté sur sa mule et précédé par la croix. Le colloque se tint dans la ville de Poissy, au mois d'août 1561 ; Théodore De Bèze, qui y figura en qualité de champion de son ami Calvin, voulut avoir pour l'assister Pierre Martyr, comme nous l'avons dit ailleurs [1]. Onze ministres et vingt-deux délégués des principales églises réformées de France combattirent le cardinal de Lorraine, en présence de la cour et des plus grands savants. Pierre Martyr, qui parlait italien pour plaire à Catherine, y déploya une vaste érudition et se fit l'organe d'aspirations modérées; on compila la fameuse formule sur la Sainte Cène, transaction que les théologiens italiens repoussèrent comme captieuse et entachée d'hérésie. Aussi le Colloque se sépara-t-il sans avoir rien conclu d'utile, comme il arrive pour tous ceux qu'on tente entre deux partis extrêmes.

(1) Voir pag. 336, T. II, Les Hérétiques d'Italie *et le Concile de Trente.*

Un autre prélat italien assistait au Colloque, c'était Jean Antoine Caracciolo. Il était né à Melfi et était le troisième fils de Sergianni Caracciolo, prince de Melfi et duc d'Ascoli, grand sénéchal du royaume. Son père, passé en France après les victoires de Lautrec, avait comme maréchal fait la guerre contre les Vaudois de la vallée de Lucerne, et avait démantelé les forteresses de Torre, de Bobbio, de Bricherasio et de Lucerne. Le fils, élevé à la cour de François Ier, se prit bientôt de dégoût pour ce genre de vie, et se retira au désert de la Sainte-Baume en Provence; puis, étant revenu à Paris, il se fit Chartreux, devint plus tard chanoine de Saint-Victor (1538), ce qui ne l'empêcha pas de suivre la carrière militaire, jusqu'à l'époque où François Ier, pour le retenir dans l'ordre de Saint-Bruno, le nomma abbé de cet insigne monastère. Dévoré par une ambition qui ne lui laissait pas un moment de repos, il avait nécessairement une conduite scandaleuse : il s'habillait en laïque, et, flatteur à la manière des courtisans, obtint en 1551, par les artifices ordinaires, l'évêché de Troyes, avec la permission de porter la barbe longue. Dans cette ville, il inclina vers les doctrines des Réformés, et prit part à leurs cérémonies, auxquelles son caractère d'évêque dut ajouter beaucoup de prestige. Henri II lui interdit la prédication; la Sainte Inquisition à Rome lui fit un procès; mais, s'étant rétracté publiquement, il alla se jeter aux pieds du pontife. Il espérait peut-être le chapeau de cardinal, et comme il ne l'obtint pas, il passa à Genève, où il s'aboucha avec De Bèze et Calvin, et adopta leurs confessions. Au Colloque de Poissy, il tenta des expédients de conciliation; mais après la clôture de cette assemblée il professa ouvertement la Réforme; il appela dans sa ville Pierre Martyr, fit son abjuration entre

Jean Antoine Caracciolo

ses mains, et communia selon le rite protestant; il conserva son titre d'évêque, auquel il ajouta celui de ministre de l'Evangile (A), et les Calvinistes, qui avaient aboli la hiérarchie, continuèrent cependant à le regarder comme évêque. Caracciolo mourut en 1569 : se maria-t-il? Il y a doute à cet égard. Il écrivit le *Miroir de la vraie religion* (Paris, 1541), et dans le recueil de *Lettres de prince à prince*, on en trouve une de lui du 14 juillet 1559 pour justifier Montgomery du meurtre d'Henri II.

Les Huguenots.

Sur ces entrefaites, le calvinisme se propageait, et Pierre Paul Vergerio, écrivant à l'Électeur de Saxe, dans les années 1560 et 1561, se félicitait sans cesse des succès de la Réforme en France; il ajoutait que sous le gouvernement du nouveau roi de Navarre, zélé évangélique, on espérait de nouveaux progrès pour la religion, et qu'on amènerait le pape à composition. Barbaro, ambassadeur de la république de Venise à Paris, calculait qu'à la mort de François Ier un tiers des habitants du royaume était devenu hérétique. Michiel, ambassadeur en 1561, les portait aux trois quarts, bien que l'autre ambassadeur Soriano, la même année, en restreignait le nombre à un dixième : en 1569, Correr affirmait qu'à l'époque de la plus grande puissance de la Réforme, les Huguenots formaient un trentième du peuple, et un tiers de la noblesse[1]. Bayle, auteur qui, comme chacun le sait, n'est pas suspect de tendresse pour la religion catholique, écrit qu'il « s'en fallut

(1) On dit que les Réformés étaient au nombre de deux millions. Ce serait le sixième de la population, puisque le premier recensement, fait en 1702, après tant d'annexions, donna à la France 19 millions d'habitants; partant, la population totale ne pouvait dépasser 12 millions au temps de la Réforme; mais comme ses adhérents comptaient parmi eux des penseurs et des propriétaires, c'était vraiment une révolution politique dirigée contre la monarchie.

« de bien peu que les Protestants n'aient obtenu le haut du « pavé au commencement du règne de Charles IX, et s'ils « y avaient réussi, Dieu sait ce qui serait advenu de la reli- « gion persécutrice. Si le roi de Navarre, qui s'était déclaré « pour eux, avait eu la force de s'apercevoir du piége que « l'autre parti lui tendait (surtout en lui promettant le « royaume de Sardaigne), il serait resté inébranlable dans « leur communion. Cela suffisait pour assurer la victoire, « car il était le lieutenant général du royaume, et il n'était « pas difficile de faire embrasser la profession de foi ré- « formée à Catherine de Médicis. »

Cette espérance était nourrie par bien des personnes (B), et leur nombre s'accrût rapidement lorsque, par l'édit du mois de janvier 1562, la régente eut proclamé la tolérance religieuse; mais comme cet édit avait été la cause de la première guerre religieuse, elle reconnut qu'en même temps que l'unité de la foi succomberait l'unité du royaume : elle se mit donc à favoriser les Catholiques, accueillit les premiers Capucins, amenés par frère Dominique de San Gervaso, et leur assigna un couvent à Paris, en 1571. Mais déjà les discordes avaient éclaté partout : les Huguenots pillaient les sacristies, les Catholiques renversaient les temples; des insultes on en venait à faire couler le sang; des deux côtés on se glorifiait d'avoir des martyrs (C.); la guerre civile sévissait dans toute sa fureur; les princes de la famille royale étaient divisés; les uns s'accrochaient obstinément au passé, les autres soupiraient après le nouvel ordre de choses. Jean Correr, peignant l'état de misères dans lequel était plongée la France, concluait ainsi : « J'ai « entendu plusieurs fois des Français s'écrier : Oh! que mes « biens ne sont-ils donc en Vénétie! Et ils me demandaient « si la République recevait des deniers à titre de prêt; ils

Discordes religieuses en France.

« voulaient déposer à notre monnaie des sommes d'argent « considérables, les croyant là plus en sûreté qu'ailleurs. « Venise était pour eux le lieu le plus sûr, le pays où l'on « ne connaît qu'un seul Dieu, où l'on ne pratique qu'un « seul culte, où l'on n'obéit qu'à un seul prince, où tous « peuvent vivre sans inquiétude, où chaque citoyen peut « jouir en paix de son bien. »

Assassinats politiques et religieux.

Depuis que Marie Stuart avait été dépossédée *du trône* d'Écosse, le respect pour les princes régnants était ébranlé; aussi les Réformés avaient-ils proposé en France de s'emparer du roi et du cardinal de Lorraine; mais ils ne réussirent qu'à les exaspérer. En réalité, les Huguenots aspiraient à établir la république et à morceler la France en provinces confédérées. Calvin avait déclaré que le roi qui n'aide pas la Réforme abdique sa double qualité de roi et d'homme, que partant il perd le droit de se faire obéir, et mérite qu'on lui crache au visage, comme à tous les monarques catholiques. Ses adeptes formaient entre eux comme une puissante maçonnerie : ils avaient *commis* plusieurs assassinats de parti; les insurrections *éclataient* toutes en même temps, comme lorsqu'elles résultent d'intelligences secrètes; ils levaient des hommes et des tributs. En 1563, soixante-douze ministres calvinistes avaient présenté au roi une pétition tendant à prévenir les hérésies, les schismes et les troubles qui les suivent, en punissant sévèrement les hérétiques, c'est-à-dire tous ceux qui étaient en désaccord avec leur confession religieuse. Il semble même que le célèbre grand chancelier l'Hôpital et le chancelier Ferrier, protestant caché qui était ambassadeur à Venise, et en relations intimes avec frà Paolo Sarpi, conspiraient pour détacher du pape le roi de France, et le pousser à établir une église nationale. Dejà les plus fougueux s'apprêtaient à une guerre acharnée : les Huguenots, commandés par le prince de Condé, n'hésitèrent pas à livrer à l'Angleterre les forteresses françaises, et se débarrassèrent par l'assassinat du duc de Guise, chef du parti catholique. Catherine, plus dévouée au parti national, malgré les conseils de Philippe II et ceux du duc d'Albe, croyant qu'elle devait avant tout éviter la guerre civile, tolérait même les révoltes de partisans, les meurtres, la résistance ouverte; elle temporisait, au dire des uns par faiblesse, au dire des autres par ambition : on l'eût exécrée comme une femme sanguinaire si elle eût réprimé les premiers excès, on l'exécra lorsqu'elle les laissa croître petit à petit jusqu'à amener l'épouvantable catastrophe de la Saint-Barthélemy.

Le grand-duc de Toscane avait cherché à insinuer au pape de vaincre les ennemis de la France plutôt par la paix que par la guerre. « Que Sa Sainteté veuille bien réfléchir qu'en livrant ce royaume au fléau des armes, « on fait chaque jour des ennemis au roi et à la religion « catholique, et que, malgré les aides qu'elle pourra lui « fournir, Sa Béatitude n'apportera aucun remède à la « situation; tout au contraire, les méchants profiteront « de l'occasion pour faire soulever les populations contre « leur prince naturel, et cela au nom du pape, ainsi « que le passé en a déjà fourni l'exemple; tandis que le « royaume jouissant d'une paix et d'un calme parfaits, Sa « Majesté pourra exterminer les infâmes chefs et les séducteurs, et de cette manière ramener peu à peu et « sans difficulté les autres au sein de l'Église romaine [1] ».

(1) Lettre du 6 octobre 1570 à Nofri Camajani, ambassadeur à Rome, aux archives centrales à Florence, *Carteggio di Roma*, app. LXXXII.

Pie V, apprenant la désolation où en était réduite la France et les dangers auxquels les Huguenots exposaient ceux qui la gouvernaient, résolut de venir à leur secours par des armées et par des subsides. Il confia le commandement des troupes à Louis Gonzague, duc de Nevers; mais il manquait d'argent, ayant tout donné à l'empereur, à la république de Venise et aux chevaliers de Malte pour la guerre contre les Turcs; il était d'ailleurs *fermement* résolu à ne pas grever davantage ses sujets. Il se contenta donc de demander de l'aide à tous les gouvernements d'Italie qui répondirent à son appel, et obtint du sénat romain une allocation de cent mille sequins, autant des ecclésiastiques, autant de l'État. Le duc de Savoie, parent et voisin de la famille royale de France envoya une grosse somme, et Emmanuel-Philibert imposa deux cent mille sequins à ses sujets; le duc de Toscane en fournit cent mille, la république de Venise autant, contre le dépôt en gage de sept diamants de la couronne : le clergé catholique vota un subside de deux cent cinquante mille sequins. Ces faits nous démontrent tout à la fois et la *spontanéité* des offrandes, qui attestent combien la guerre était alors populaire, et le déplaisir qu'éprouvait le pape d'être contraint de solliciter des offrandes.

Catherine avait été amenée en 1562 à concéder l'édit de pacification de Saint-Germain, par lequel elle reconnaissait les Huguenots et admettait la publicité de leur culte; plus tard, elle maria une de ses filles à Henri, roi de Navarre, chef de ce parti. Le parlement avait refusé d'enregistrer l'édit; le peuple vit avec indignation ce mariage, et cette indignation fut au comble lorsque les partisans du roi refusèrent de

Nous avons parlé des affaires de France tom. II, pag. 408 des HÉRÉTIQUES D'ITALIE.

s'incliner devant les statues de la Madone. Correr, ambassadeur de Venise, écrivait en 1570 : « A Paris, le peuple, à « très-peu d'exceptions près, est si dévot et si ennemi des « Huguenots, qu'on peut à bon droit affirmer que dans dix « des plus importantes villes d'Italie on ne trouverait pas « autant de dévotion et autant d'acharnement contre les « ennemis de notre foi que dans cette capitale. » On commettait des excès contre les Huguenots, on leur attribuait les calamités publiques, on les accusait des crimes les plus atroces comme on en chargeait jadis les Juifs ; on accourait pour assister à leurs supplices comme à une fête, et on se repaissait avec délices des plus horribles mutilations.

Massacre de la Saint-Barthélemy.

La haine contre les Huguenots augmenta encore lorsque les forces catholiques de l'Espagne, de Venise et du pape eurent défait à Lépante la flotte turque, et sauvé ainsi l'Italie et l'Europe d'une invasion musulmane. On voyait avec peine qu'une victoire aussi importante eût été gagnée sans la participation de la France. Le nouveau duc de Guise, champion du parti catholique, en fut d'autant plus froissé dans son orgueil : il était indigné de voir que l'édit de tolérance avait affaibli l'omnipotence dont il jouissait auparavant, et que l'amiral de Coligny, qui selon lui était l'auteur de l'assassinat de son père, avait repris son influence à la cour. En vain Charles IX, ayant renouvelé l'édit de pacification, voulut que les deux rivaux jurassent d'oublier leurs mutuelles injures. Guise médita de venger l'assassinat par l'assassinat, expédient qui n'était que trop en usage alors [1] ; et Coligny fut frappé, mais non tué. Quand le tigre a flairé le sang, quel frein peut l'arrêter ? Les fac-

(1) Sur l'assassinat politique, nous avons recueilli des détails bizarres, qui ont été publiés sous le titre de *Glanures* (Spigolature), *des Archives de Florence*.

tions sont des tigres. Des deux côtés on préparait un massacre général; le pape lui-même le prévoyait, et en donnait avis (D.) : la seule question était de savoir qui commencerait. Ce furent les Catholiques qui les premiers, dans la nuit de la Saint-Barthélemy de l'année 1572, assassinèrent une foule de Huguenots : quant au nombre il y a de grandes divergences. L'exécration qui entoure un pareil acte ne pourra jamais être atténuée par les raisonnements; mais pour Charles IX et Catherine les détails mieux connus diminuent la responsabilité, s'ils n'établissent point l'ignorance préalable; ils consentirent à ce que leur imposait, soit la fureur de la vengeance, soit le danger d'être victimes.

L'Italie possède une histoire de ces événements par Henri Catherin Davila (1576-1631). L'auteur a tiré ses prénoms de ceux du roi et de la reine, les bienfaiteurs de son père, après que les Turcs l'eurent expulsé de Chypre, dont il était connétable. Né à Padoue, il habita long-temps la France, où il put voir de près les troubles qui l'agitaient et même y prendre part. Fidèle au drapeau catholique, moins par conviction que par politique, il appuie sans cesse la faction royaliste; minutieux comme ceux qui fréquentent les antichambres, il n'en découvre pas moins avec un œil très-fin les hypocrisies des partis; il caresse le succès obtenu par les fourbes ou par les courageux, et il ne blâme le massacre de la Saint-Barthélemy que pour n'avoir pas atteint le but.

Quant à dire que ce massacre a été le résultat d'une longue préméditation, chaque document qu'on découvre ou chaque pièce qu'on relit avec plus d'attention donne un démenti à cette assertion. Si Catherine a réellement songé à se débarrasser de Coligny, et si le crime a pris des proportions inattendues, elle n'en serait pas moins coupable, mais d'une manière bien différente de celle dont elle a été accusée par les prétendues révélations faites sur son compte. Ce qui frappe d'épouvante, c'est que cet exécrable forfait ait été célébré autant que l'ont été de nos jours d'autres assassinats, dont la justification a été tentée même en théorie. A Rome, on frappa une médaille commémorative; Vasari en fit le sujet d'une de ses fresques. Le fameux Milanais François Panigerola, prêchant à Saint-Thomas du Louvre, en félicitait Charles IX devant toute la cour. Après avoir exposé l'honneur du royaume et sa dignité personnelle à des périls manifestes, le roi avait, disait-il, rendu le manteau d'azur et les lys d'or à la belle France, naguère vêtue de deuil; il avait rétabli la vraie religion chrétienne dans le royaume très-chrétien, et enfin purgé de la peste de l'hérésie les contrées sises entre la Garonne et les Pyrénées, entre le Rhin et la mer (E.). Le Tasse et tous les écrivains du temps célébrèrent par un concert de louanges cet événement. Requesens, gouverneur de Milan, avait écrit au grand-duc (en espagnol) : « J'ai presque les mêmes nouvelles à vous « donner de la France. Je regrette beaucoup qu'on ne pro« cède pas vis-à-vis des hérétiques avec la rigueur qu'on « avait déployée au commencement, et qui était juste. « Dieu veuille que le roi très-chrétien atteigne le but qu'il « avoue publiquement, et qu'il sache à propos profiter « de l'occasion ! » Puis, ayant eu connaissance du massacre, il se réjouissait dans sa lettre du 3 septembre, « du succès obtenu par la cour de France, le 24 du mois « passé, de la mort de l'amiral et de ces mauvaises têtes de « Protestants, qui furent massacrés en cette journée par « les Catholiques. Cette mort est une telle perte pour les

« Huguenots, et ouvre au roi très-chrétien une porte si large « que, avec le zèle qu'il a pour la bonne cause, il pourra « pacifier son royaume, et y organiser les affaires reli« gieuses comme il convient, sans parler des mesures qu'il « devra prendre pour asseoir l'état des affaires en Flan« dre, etc. »

Et le 10 septembre : « Je m'étonne que vous n'ayez « point encore eu avis de la mort de l'amiral, et de celle « des autres hérétiques de France. Je m'en suis réjoui « avec V. E. par le dernier courrier, comme je me réjouis « de nouveau maintenant, car cet événement mettra « fin à l'action de l'invincible Armada commandée par « Strozzi : V. E. verra ensuite à recouvrer La Rochelle, et « à contenir les autres mécontents que, selon elle, on « soupçonnait d'être sur le point de se révolter. »

Et le 14 : « C'est avec beaucoup de raison que V. E. doit « se réjouir avec moi du beau succès qui vient d'être ob« tenu en France, puisqu'il l'a été si particulièrement pour « l'avantage de la chrétienté, et qu'il a fourni *l'occasion* « au roi très-chrétien de pouvoir arranger les affaires « de religion comme il convenait qu'elles le fussent dans « son royaume. Quant à moi, je devais naturellement « prendre une part d'autant plus vive à votre allégresse « que depuis le massacre vos frontières sont tranquilles. « Pour nous, plaise à Dieu que nous puissions tirer parti « des conséquences de ce fait, car ce qui convient le mieux, « c'est de favoriser la paix entre les princes chrétiens, et « de nous occuper exclusivement de combattre les infi« dèles, etc. »

Nous avons encore trouvé aux archives d'autres lettres de félicitation sur cet événement, pour lequel on ordonna dans toute la Toscane et ailleurs des fêtes d'actions de grâces, attendu le grand péril auquel avait échappé la France.

La conséquence immédiate en France fut un redoublement de fureur dans la guerre civile qui se prolongea long-temps avec des vicissitudes très-variées[1]. Catherine, mêlée pendant trente ans à ces événements, a été jugée par les historiens bien différemment : certes elle eut beaucoup de talents, une grande ambition, une profonde habileté, une morale bien incomplète; elle n'eut jamais qu'un but, sauver à tout prix le trône des Valois. Guerre civile en France.

Sixte Quint, avec le sentiment profond qu'il avait de l'autorité, devait condamner les rois hérétiques de France, mais son devoir était en même temps de condamner la ligue qu'on avait formée contre eux. Aussi ne voulut-il pas continuer les secours que Grégoire XIII avait donnés à la Ligue, et lorsque l'Espagne le pressait de maintenir les promesses de son prédécesseur, il répondit à l'ambassadeur, qui prétendait vouloir lui en intimer l'ordre au nom de la chrétienté : « Si vous me faites cette intimation, je vous fais trancher la tête. » Cependant au même moment, en septembre 1585, il lançait l'excommunication contre Henri de Navarre et Henri prince de Condé, qui étaient restés les champions du parti huguenot. Le parlement de Paris refusa d'enregistrer la bulle du pape : le roi de Navarre fit afficher dans Rome une protestation, où il taxait

(1) Jean-Baptiste Marini, le poëte charlatan, a voulu se mêler des questions religieuses de France, comme de toute autre susceptible de faire du bruit. Dans la *Sferza, invective adressée aux quatre ministres de l'iniquité* (Naples, 1626), il flagelle quatre auteurs d'un ouvrage hérético-démocratique; il soutient que les Calvinistes sont les ennemis des rois; et il conclut, cette fois sans métaphore, « qu'on doit condamner au bûcher tous ceux qui sont hérétiques et avec eux les livres qui renferment leurs perverses doctrines; qu'on doit punir ceux qui les ont imprimés et vendus; qu'on doit abattre leurs chaires et renverser de fond en comble leurs églises. »

le pape d'intrus et d'hérétique, s'engageant à prouver le fait en face d'un Concile légitimement assemblé.

Sixte Quint fut exaspéré; il s'étonna que, malgré la terreur qu'il inspirait, il se fût trouvé quelqu'un d'assez hardi pour le braver, mais il finit par avoir bonne opinion du prince, et jugeant Henri III, autre fils de Catherine, il devina que son caractère devait l'amener un jour à se jeter dans les bras des Huguenots. Ses prévisions se réalisèrent, et ce monarque, qui s'était déjà deshonoré en Pologne, trouva un fanatique qui l'assassina au nom de la religion catholique, de même qu'au nom de la religion protestante on avait assassiné le duc de Guise.

La couronne de France échut alors au roi de Navarre, qui prit le nom d'Henri IV; mais ce prince avait dû la conquérir. Ce sont là des révolutions que les historiens, les poëtes ont rendues fameuses, et nous ne faisons qu'effleurer en passant les événements qui se rapportent à l'Italie. La Ligue, formée par les Catholiques pour repousser le roi huguenot, reçut des secours de Philippe II, roi d'Espagne, qui envoya en France Alexandre Farnèse, duc de Parme[1], un des meilleurs généraux de son temps. Il était alors occupé à combattre les Protestants révoltés dans les Flandres. Homme positif autant que vaillant capitaine, il n'ambitionnait pas la gloire, mais le succès; il n'abandonnait rien au hasard, mais par la temporisation il arrivait au but. Si Henri IV lui faisait dire par un héraut : « Sortez de votre ruche, et venez m'affronter en rase campagne, » il répondait : « Je n'ai pas fait un si long voyage pour venir prendre conseil d'un ennemi. » En effet

(1) Le jésuite Guillaume Dondini a décrit l'expédition du duc de Parme envoyée au secours de la Ligue. Voyez *Bibliotheca romana* de Prosper Mandosio.

il réussit par sa savante inaction à ravitailler Paris assiégé : de même une autre fois, étant accouru au secours de Mayenne entouré d'ennemis, il sauva à Caudebec tout le corps d'armée commandé par ce dernier, sous les yeux même d'Henri IV.

On se plaisait à voir dans ces événements l'intervention directe de Dieu. Pour soutenir le courage des assiégés, le pape avait expédié comme son légat le cardinal Caiétan, qui se fit accompagner par le père Panigarola de Milan. Ce religieux avait suivi dans sa patrie les leçons de Primus Conti et d'Aonio Paleario : doué d'une mémoire prodigieuse, il n'avait encore que treize ans lorsqu'il fut mandé à Pavie pour étudier le droit, et il est curieux de lui entendre décrire la dissipation des étudiants d'alors. « Peu à peu (raconte-t-il de lui-même) il devint si déréglé, qu'il « n'y avait aucune querelle, aucune rixe où il n'intervînt, et il ne se passait pas une nuit sans qu'il ne sortît « armé. Il accepta de plus d'être le premier champion « de sa nation, charge qui exige un caractère très-turbulent, et il se lia d'amitié avec des hommes engagés « dans les factions de Pavie, en sorte qu'à dater de ce jour « il avait plutôt l'aspect d'un soldat que celui d'un étudiant. Cependant il ne manquait pas, à certains jours, « d'aller entendre les leçons des professeurs, et quoiqu'il « les étudiât fort peu, il ne laissait pas que de les rédiger « par écrit, tant étaient heureuses ses dispositions naturelles. Lorsqu'il faisait une visite à Milan, il rendait « si bien compte à son père des leçons qu'il avait suivies, « que celui-ci ne croyait plus aux paroles de ceux qui « lui dépeignaient son fils comme un jeune homme déréglé. Souvent, à Pavie, à l'occasion de ces querelles, il « lui était arrivé d'exposer sa vie à de grands périls; par

Panigarola.

« exemple, un jour, près de l'église de Saint-François, il « s'était trouvé mêlé à une rixe entre des citoyens de « Plaisance et des Milanais, où succomba un frère du car- « dinal Della Chiesa, et il parvint à échapper aux ar- « quebusades, en se réfugiant derrière une colonne, qui « porte encore la trace des projectiles. » (F.) Après une jeunesse aussi dissipée, Panigarola entra chez les Franciscains, et ayant pris pour modèle leur célèbre prédicateur Cornelius Musso, il parvint, lui aussi, à une grande célébrité. Partout où il arrivait, on l'accueillait en battant des mains; aussi était-il souvent obligé de faire un sermon avant de se reposer.

Sur les instances de Pie V, Panigarola vint à Paris, où il fut fêté, surtout par la reine Catherine. De retour en Italie l'année 1573, il continua ses pompeux succès, et fut nommé évêque d'Asti, en 1587. Au fond, il ne fit preuve ni d'une science suffisante en théologie, ni de la connaissance du cœur humain; mais sa parole avait de la vigueur, et sans doute son débit en avait encore davantage : ce fut le secret de ses grands effets oratoires sur ceux qui l'entendaient. Envoyé de nouveau en France en 1589 par Sixte Quint, il se mit, du haut de la chaire, à exalter les événements, en les comparant à la délivrance de Béthulie et à Sennachérib : prenant pour texte *Ecce motus magnus factus est in mari, ita ut navicula operiretur fluctibus*, il encourageait les Parisiens à supporter les souffrances du siége, qu'il assimilait à celles du Christ; il promettait au nom du pape un jubilé spécial; enfin, il exhortait les assiégés à repousser les troupes anglaises « dont les cruautés sont écrites avec du sang dans vos faubourgs », et à se venger des Politiques et du roi de Navarre, personnifié dans Achab.

Farnèse étant mort, Henri IV calcula que le royaume

de France pouvait bien s'acheter au prix d'une messe (G.). Il chercha donc à se réconcilier avec le pape, et fit son abjuration. Il fut admis au bénéfice de l'absolution; mais le souverain pontife lui imposa le rétablissement du culte catholique dans tout le Béarn, la publication en France des actes du Concile de Trente, sauf certaines modifications; la restitution au clergé catholique de tous ses biens, l'exclusion des Protestants de toute charge publique. Quant à lui personnellement, le pape lui enjoignait d'entendre tous les dimanches une messe conventuelle, chaque autre jour de la semaine, une messe basse; puis de réciter le rosaire tous les dimanches, les litanies tous les mercredis, de jeûner tous les vendredis, de se confesser et de communier au moins quatre fois par an.

Abjuration solennelle et bénédiction d'Henri IV.

Le 15 novembre 1595 eut lieu la cérémonie, qui fut pour le saint-siége un grand triomphe après tant d'humiliations. Dans la basilique de Saint-Pierre, ornée avec la plus grande pompe, on vit le souverain pontife Clément VIII, paré de ses ornements les plus splendides, s'asseoir sur son trône, entouré des cardinaux et des hauts dignitaires du palais; puis venaient douze pénitenciers portant chacun leur baguette. Les cardinaux d'Ossat et Du Perron, chargés de représenter le roi, lurent à haute voix la profession de foi, et promirent l'accomplissement des obligations imposées au monarque. On entonna alors le *Miserere*, durant lequel le pape frappait avec une verge tantôt l'un, tantôt l'autre des deux envoyés, puis il déclara le roi absous, et le réintégra solennellement dans le titre de roi très-chrétien. Alors éclatèrent des chants de joie, avec accompagnement des orgues, des cloches et des salves de canon; enfin, le pape embrassant les deux procureurs, leur dit : « Je m'estime heureux d'avoir ouvert à votre maître les portes de l'Église militante. » Du Perron répliqua : « Je puis assurer Votre Béatitude que, grâce à sa foi et à ses bonnes œuvres, mon roi s'ouvrira lui-même les portes de de l'Église triomphante. »

Le pape, même au point de vue des intérêts mondains, avait bien lieu de se réjouir, puisque à dater de ce moment il cessait d'être protégé exclusivement par l'Espagne, puissance sincèrement et foncièrement catholique, mais dure et hautaine, et trouvait un nouvel appui dans cette France spirituelle et généreuse. Henri, qui ne s'entendait pas beaucoup en matière de liberté religieuse, mérita de Clément VIII cet éloge : *nihil sibi de religione adsumens*. Aussi, lorsqu'il fut assassiné (*H.*), Paul V dit au cardinal d'Ossat : « Vous avez perdu un bon maître, et moi mon bras droit »; et il écrivit à sa veuve, Marie de Médicis, une lettre dont nous avons trouvé le brouillon au n° 4029 des archives des Médicis; elle est ainsi conçue. « La mort du roi Henri (que Dieu l'ait en sa « gloire!) est un événement si grave et si cruel qu'il « dépasse tout ce qu'on peut imaginer; Votre Majesté doit « croire que le déplaisir que nous avons ressenti de cette « disgrâce est pour nous aussi pénible, aussi cruel que « pour elle, par suite de l'amour extrême que nous lui « portions. Cette affreuse catastrophe atteint et blesse si pro« fondément notre cœur, qu'en lui manifestant la grande « part que nous prenons à son malheur, nous n'avons pas « l'espérance d'adoucir quelque peu la douleur qu'elle « en doit ressentir, etc.[1]. »

(1) Lorsque Marie de Médicis partit pour la France, sainte Madeleine de Pazzi, qu'elle visita plusieurs fois au monastère de Sainte-Marie-des-Anges de Florence, lui prédit qu'elle aurait beaucoup d'enfants, pourvu qu'elle cherchât à obtenir de son mari ces trois points : 1° le

Nous ne ferons ici qu'une réflexion. Catherine proclama la tolérance religieuse, les Catholiques s'y opposèrent jusqu'à faire éclater la guerre civile; Charles IX renouvela l'édit de pacification, cet acte eut pour contre-coup la sanglante nuit de la Saint-Barthélemy : Henri III dans de semblable projets de réconciliation rencontra les résistances de la Ligue : Henri IV put donner la paix à la France par l'édit de Nantes, mais cet édit fut révoqué par celui que les Français appellent le grand roi. On peut par là juger de l'idée qu'on se faisait alors de la tolérance religieuse.

rappel des Jésuites dans son royaume; 2° la destruction des hérétiques; 3° l'attachement spécial envers les pauvres.

NOTES ET ÉCLAIRCISSEMENTS

AU DISCOURS IX.

(A.) Haag, *France protestante*, à l'article Caracciolo. — Le cardinal de Commendon écrivait au cardinal Borromée, en décembre 1561 : « Quant à l'évêque de Troyes en Champagne, on m'a dit comme chose certaine qu'il y a peu de jours il a solennellement renoncé à son évêché et à l'ordre des Chartreux, et qu'il a reçu *manuum impositionem* des ministres calvinistes, en prononçant ces paroles solennelles : *Abrenuntio manuum impositionem papisticæ satanicæ* ; et qu'il avait voulu prêcher dans l'église de Saint-Jean de Troyes en qualité de ministre calviniste, mais que le comte d'Eu, gouverneur de la province, le lui avait défendu, dans la crainte qu'il n'éclatât une sédition dans la ville. Cet évêque, maintenant ministre du démon, était fils du prince de Melfi, exilé de Naples, appartenant à la famille Caracciolo ; il avait été soldat, moine, abbé, et enfin évêque ; en 1556, il était allé à Rome, où il fut accusé d'hérésie, et il avait (et c'était la vérité) infecté lui-même d'hérésie une grande partie de son diocèse. Maintenant, on le dit à Paris avec les autres ministres, où ils vivent sans aucune espèce de retenue, puisqu'on prêche déjà dans plusieurs maisons situées dans l'intérieur de la ville... et avec tant d'insolence que, il y a peu de jours, comme on sonnait les cloches de Saint-Médard, église près de laquelle habite De Bèze, celui-ci envoya l'ordre de cesser la sonnerie, et le sonneur ayant refusé d'obtempérer à cet ordre, il fut assommé, lui et d'autres prêtres. » (Voir dans l'*Archivio Vaticano*.)

(B.) — Catherine de Médicis était en grande suspicion près des Catholiques ; aussi le cardinal Commendon écrivait-il, le 12 octobre 1561, au cardinal Borromée : « Monseigneur de Granvelle... m'a dit que la reine ne veut pas écouter de conseil, ni s'apercevoir du péril où elle se trouve de nouveau, ni admettre les propositions du roi catholique et celles des ducs de Savoie et de Lorraine pour la consolidation de son pouvoir et l'avenir de ses fils ; que chaque jour elle perd quelque peu de son autorité, tandis que de son côté la maison de Vendôme en acquiert davantage..... Ensuite il m'a dit que frère Pierre Martyr (Vermigli) a sans cesse ses entrées chez la reine, et, quoique n'ayant aucun doute sur le bon esprit de S. M., il craint néanmoins que ce fait ne cause un grand préjudice à la cause, en effrayant les Catholiques et en donnant de la hardiesse aux Hérétiques. Il m'a manifesté aussi tout son étonnement et son mécontentement de ce que le révérend légat (le cardinal Farnèse) témoigne beaucoup d'affabilité et de confiance à la famille de Vendôme, et use vis-à-vis des hérétiques de bien des égards. » (*Arch. Vaticano.*)

Dans un rapport adressé de France, après la paix, au duc de Toscane, le 13 mai 1563, liasse 4012, on lit :

« Le cardinal de Châtillon, déchu de la pourpre, avait écrit à la reine qu'il serait allé bien vite trouver sa majesté, et qu'il y serait allé en costume de gentilhomme et de chevalier, puisqu'il avait abandonné le vêtement impur de la cour romaine, pour me servir des paroles qu'il emploie avec une témérité pareille à son insolence ».

Au nombre des familiers de Catherine de Médicis était Jacques Corbinelli, appartenant à une illustre famille de Florence et d'une belle éducation, qui le premier avait publié le livre de Dante intitulé *De vulgari eloquio*. L'historien De Thou, dit en parlant de lui : « On ignorait de quelle religion il était : il avait une religion politique *à la florentine*, mais c'était un homme de mœurs pures. »

Cosme Ruggeri, de Florence, s'introduisit à la cour de Catherine de Médicis ; rempli de talent et d'audace, il obtint des honneurs et des places lucratives. Il tira l'horoscope des grands seigneurs de la cour, introduisit la mode des almanachs annuels, semés de sentences extraites des auteurs latins. A son lit de mort, comme on l'exhortait à penser à Dieu, il se moqua du curé et des capucins, protestant qu'il avait toujours cru qu'il n'y a pas d'autre dieu que les rois et les princes, seuls capables de nous faire du bien, ni d'autre diable que nos ennemis, qui nous tourmentent en ce monde. Comme il mourut dans ces sentiments, son cadavre fut traîné dans l'endroit où l'on enterre les bêtes. Il s'adonnait beaucoup à la magie, et fut accusé de sortiléges contre Charles IX et Henri IV.

(C.) A propos des martyrs dans le camp des hérétiques, on peut citer un ouvrage de Felicien Niguarda, prédicateur au concile de Trente, puis évêque de Côme, *Assertio fidei catholicæ adversus articulos utriusque confessionis fidei Annæ Burgensis, juris doctoris, et in academia Aurelianensi olim professoris, ac postremo parlamenti parisini senatoris : quam ipse eidem parlamento obtulit cùm, propter hæresim diù in carcere inclusus, paucis post diebus ad supplicium esset deducendus : nec non adversus pleraque id genus alia. Præterea contra ejusdem mortis historiam, quæ martyrium inscribitur, Lutetiæ editum; deque hæreticorum miraculis specialis additur articulus.* Venise, 1563.

(D.) Le 27 juin 1566, Pie V écrivait à Catherine pour se plaindre de ce que dans ce mot de paix les Réformés puisassent tant de hardiesse, et que d'autres s'en servissent comme d'un prétexte. *Non est quod quisquam istos Dei et vestros rebelles atque hostes patiendo, tollerando, dissimulando ad sanitatem redituros esse speret; et nescio quam temporis maturitatem expectandam censeat, et illo pacificationis edicto paci regni consuli existimet. Crescit eorum in dies furor, augetur animus; quo lenius cum illis igitur, eo magis eorum corroboratur audacia. Non solum matris Ecclesiæ obedientiam abjecerunt, sed in primis regiæ potestatis jugum excutere, et legum ac judiciorum metu abjecto, sese in libertatem asserere et rapinarum sacrilegiorum, scelerum et flagitiorum omnium licentiam assequi student. Quo circa majestatem tuam hortamur, monemus, et per omnipotentem Deum obtestamur ut, cum videat jam nihil cunctando et patiendo perfici, tantum incendium, antequam latius serpeat, exstinguere conetur : si enim hæreticorum sectas alias ex aliis in isto regno in dies exoriri, et multiplicari permiserit, tum volet illud exstinguere cum minime poterit. Utinam non eveniant ea quæ eventura prædicimus!*

(E.) Sermons de Panigarola, Paris 1599, in-8°, p. 318.

Outre les documents déjà connus, Theiner a publié dans ces derniers temps, dans les *Ann. Eccles.*, la correspondance du nonce Salviati, qui confirme d'une manière plus certaine ce que Ranke, Raumer, Mackintosch et autres protestants ont soutenu, que la Saint-Barthélemy avait été un crime politique, non point un crime religieux. Le duc de Guise avait une haine implacable pour l'amiral de Coligny, à qui il attribuait l'assassinat de son père. Coligny fit son entrée à Paris à la tête de trois cents gentilshommes, lorsqu'il négociait le mariage d'Henri de Navarre avec Marguerite de Valois; il acquit les bonnes grâces de Charles IX, qui semblait ainsi se soustraire à la dépendance de Catherine de Médicis et à celle du duc d'Anjou, et qui peut-être allait déclarer la guerre à Philippe II pour le chasser des Pays-Bas. Cette conduite déplut souverainement à ces derniers, qui en conséquence résolurent de faire assassiner Coligny, inspirés qu'ils étaient aussi par Philippe II. Le meurtre de l'amiral fut le signal du massacre.

Le nonce Salviati savait seulement qu'on pourrait bien attenter à la vie de Coligny, et voici comment il s'exprime à ce sujet : « Lorsque j'écrivais ces jours derniers que l'amiral s'avançait trop, et qu'on lui donnerait sur les mains, j'avais la conviction qu'on ne voulait plus le supporter : j'étais confirmé dans cette opinion quand j'écrivis que j'espérais donner bientôt à Sa Sainteté quelque bonne nouvelle, mais je ne croyais pas à la dixième partie de ce que je vois maintenant de mes yeux..... Si l'amiral fût tombé raide mort du coup d'arquebuse qu'on lui a tiré, je ne pense pas que tant de personnes eussent péri ». (Lettre du 24 août.)

Charles IX avait prévenu Salviati, afin que celui-ci pût faire assurer le pape que l'affaire tournerait au profit de la religion; mais dans ce moment de stupeur les explications qu'en donnaient les royalistes eux-mêmes différaient selon les personnes et les circonstances. En effet, un premier attentat une fois commis, les voleurs et les assassins, qui d'ordinaire apparaissent dans toutes les révolutions, en profitèrent; on a dit qu'ils massacraient les Huguenots, parce que ceux-ci avaient conspiré la perte des Catholiques : Catherine fut satisfaite de pouvoir déguiser à la faveur d'un crime universel un crime particulier. « Ceux qui se vantent d'avoir frappé l'amiral sont si nombreux, que la place Navone ne suffirait pas à les contenir (dit la dépêche du 22 septembre).... Tout ce que j'ai écrit par rapport à l'amiral se confirme. La régente le fit frapper à l'insu du roi, mais avec la participation du duc d'Anjou, de la duchesse de Nemours et du duc de Guise. Si Coligny fût mort du premier coup, les autres réformés n'eussent pas été massacrés. Mais l'amiral ayant survécu à ses blessures, les auteurs de l'attentat craignirent que le crime manqué n'attirât sur leur tête de plus grands dangers, et s'entendirent avec le roi pour mettre de côté toute espèce de vergogne et pour exterminer les gens de son parti. »

Adriani, dans sa *Storia Fiorentina,* et Davila dans *Guerre Civile,* affirment l'existence d'un accord conclu à Bayonne entre le roi de France et celui d'Espagne. Cette assertion, adoptée par les historiens les plus en vogue, est victorieusement réfutée par les documents authentiques. On peut consulter à cet effet l'italien Alberi, dans sa *Vita di Caterina de Medici,* et l'allemand G. Goldau, *La France et la Saint-Barthélemy.* Outre ce que nous avons rapporté sur ce sujet au livre XV de notre *Histoire universelle,* on peut aussi lire une dissertation très-complète sur la matière par Georges Gandy dans la *Revue des questions historiques,* tom. II, pag. 1866.

Un auteur allemand a entrepris de démontrer qu'il y eut un complot entre Catherine et le roi de Navarre pour détruire les Catholiques. W. VON SCHUZ, *Die aufgehelte Bartolomoeusnacht*, Leipsik 1845. Je ne prétends pas lui donner raison, je dis seulement que cette thèse a été soutenue par de bons arguments.

A propos de la Saint-Barthélemy, on invoque Bossuet. Le légat pontifical serait venu à Paris dans le but de féliciter Charles IX « sur une exécution longuement et savamment méditée ». Mais d'où Bossuet a-t-il tiré cette assertion? Pourtant elle a servi de base à des récits historiques, puis à la tragédie de Chénier, à l'opéra des *Huguenots* de Scribe, et à d'autres compositeurs.

Sur tous ces faits, consultez en sens contraire :

DE FELICE, *Histoire des protestants de France*, 1850.

COQUEREL, *Précis de l'histoire des Églises réformées*, 1862.

DARGAUD, *Histoire de la liberté religieuse*.

MONAGHAM, *L'Église et la Réforme*, *Bulletin de la Société de l'histoire du Protestantisme français*.

Après tant d'autres histoires de Catherine de Médicis, on peut voir *Debts et créanciers de la reyne mère Catherine de Médicis*; documents publiés pour la première fois d'après les archives de Chenonceau, avec une introduction par M. l'abbé C. Chevalier, Paris, 1862.

(F.) Plusieurs des œuvres de polémique de Panigarola ont été imprimées, entre autres les *Lezioni Calviniche*, qu'il prononça à Turin, en 1582, sur les ordres du duc de Savoie, pour combattre les novateurs, dont le nombre allait chaque jour croissant. Il y loue l'alliance de la prédication avec la théologie; c'est à elle qu'il a dû d'avoir une méthode plus sûre dans ses leçons. L'apologie qu'il écrivit pour démentir le bruit qu'on avait répandu, qu'il était devenu prédicateur évangélique à Genève, existe en manuscrit à la bibliothèque Soranzo, à Venise. Il est aussi l'auteur du livre *De Parisiensium obsidione* (Roma, sans date). Dans les manuscrits de la Magliabecchiana, VII, 346, est l'épigramme suivante à la louange de Panigarola, dont l'auteur est probablement Vincent Giliani.

Religionis honos et gloria magna, clerique
  Seraphici summum, Panicarola, decus....
Ut nautæ occludant mundi a sirenibus aures
  Quo valeat tuto sistere prora sinu,
Vitandumque mones Scillam, infestumque Charibdim...

Doctrinamque piam, sinceraque dogmata sectans
E scopulis navim littora ad alma vehis.

Dans la classe XXXIV, cod. 17, des manuscrits de la Magliabecchiana est un *Abrégé succinct de la doctrine de Platon dans les points où elle est conforme à notre foi*, composé par un nommé Verino, qui s'exprime ainsi dans la dédicace qu'il en fit à Jeanne d'Autriche, grande duchesse de Toscane : « Comme V. A. dans sa haute sagacité s'est adonnée à une science si noble, comme est celle qui étudie le mouvement des astres, et qu'elle s'est servie pour cela de l'excellentissime astronome Ignace Danti, je pense qu'elle voudra prendre connaissance de la doctrine non moins utile qu'agréable contenue dans la théologie chrétienne du père F. Panigarola. »

(G.) Il existe aux Archives des Médicis une lettre du 26 avril 1593 qu'Henri IV écrivit au grand-duc, et dans laquelle il le remercie de lui avoir envoyé le cardinal Gondi, pour lui conseiller d'embrasser le catholicisme. « J'ai résolu et je veux vous promettre, comme je le fais par la présente, écrite et signée de ma main, sur mon honneur et ma parole de roi, de faire abjuration du schisme et profession publique de la religion catholique selon les constitutions de l'Église, à l'exemple des rois de France mes prédécesseurs, dans le délai de deux mois. » Il accepte ensuite l'offre d'un contingent de mille Suisses payés pendant un an, et de la solde pendant six mois de mille autres : il lui donne à entendre qu'il manque tout à fait d'argent, et lui demande à emprunter une autre somme de deux cent mille écus en deniers comptants, ce qui lui permettra en peu de temps de faire capituler la ville de Paris, en sorte qu'il lui sera redevable de ce succès, et il lui promet de les lui rembourser et de lui en garder une grande reconnaissance.

(H.) Frère Séraphin Banchi, dominicain florentin, révéla à Henri IV le complot que Pierre La Barrière avait tramé contre sa vie ; aussi ce conjuré fut pris et pendu. Le Saint-Office de Rome crut que ce religieux avait par là révélé le secret sacramentel, et demanda au prieur de Paris de le lui livrer ; mais le roi protesta contre cette exigence, envoya Banchi à Florence, où le grand-duc le mit en sûreté, jusqu'à l'époque de la réconciliation d'Henri IV, où l'on stipula le salut de Banchi. (*Storia segreta di Enrico* IV, tom. III.)

Le même parti, qui avait découvert en la personne de Dante un précurseur de l'unité monarchique italienne, a voulu attribuer à

Henri IV l'idée d'étendre la puissance de la maison de Savoie sur toute l'Italie. Sa fameuse *République chrétienne*, qui, en fin de compte, n'était qu'un simple projet, tendait à assigner des limites aux grandes puissances, de telle sorte qu'elles n'aspirassent point à les dépasser, ou qu'en admettant qu'elles le voulussent, elles en fussent empêchées par toutes les autres. C'était en somme une intervention générale; le seul moyen, en vérité, qu'on ait trouvé jusqu'ici pour prévenir les guerres. Dans sa *République chrétienne*, il devait y avoir quinze souverainetés, dont cinq électives; le pape, l'empereur, le roi de Pologne, la *Hongrie* et la Bohême; et six héréditaires, savoir la France, l'Espagne, l'Angleterre, le Danemark, la Suède et la Lombardie; puis quatre républiques souveraines, la première, Venise; la seconde composée des duchés de Gênes, de Florence, de Modène, de Parme, de Mantoue et des petits États de Lucques, Mirandola, Finale, Monaco, Sabionetta, Corrège et autres semblables; la troisième, celle de la Suisse; et la quatrième, celle des dix-sept provinces des Pays-Bas. A la tête de la République chrétienne devait être placé le pape.

DISCOURS X.

Hérétiques en Lombardie.

A Milan, cette cité où l'esprit guelfe s'est alimenté longtemps de la haine contre les empereurs; où, de nos jours, cette même aversion s'est caractérisée par une prédilection pour le principe religieux national, jusqu'à fournir les porte-drapeaux du parti néo-guelfe, il est remarquable qu'on ait vu se prononcer un sentiment d'antipathie pour la suprématie romaine, et comme conséquence l'esprit hétérodoxe. Le souvenir de l'époque où Milan, ne le cédant qu'à la cité de Rome, dut contribuer à cette disposition, non moins que la fertilité de son territoire et la tendance des esprits. Ajoutez-y encore la circonstance que cette ville regorgeait de richesses, et qu'elle était alors un des principaux centres de la politique italienne. L'importance qu'eut au quatrième siècle saint Ambroise, le rit particulier dont il dota son diocèse et dont ses successeurs sont restés les gardiens semblèrent leur attribuer une autorité et un caractère exceptionnels, d'autant plus qu'ils devinrent aussi chefs du gouvernement séculier et tinrent le premier rang dans les assemblées du royaume. Mais ces préoccupations mondaines détournèrent quelquefois les archevêques du soin qu'ils devaient aux affaires ecclésiastiques : aussi avons-nous vu que ce fut à Milan que se propagèrent les sectes des Patarins, de la Guillemine, des Nicolaïtes, et qu'il fallut bien des efforts à saint Pierre Damien et à saint Anselme pour ramener les prêtres de ce diocèse à l'observation du célibat ecclésiastique et à la soumission envers Rome.

Premiers hérétiques à Milan.

Des symptômes que nous n'avons pas négligés révèlent à l'observateur attentif que jamais le germe de ces sectes n'avait été complétement étouffé. L'enseignement des belles-lettres, qui florissait dans cette ville sous la protection des Visconti, dut y fomenter cet esprit d'examen et de raillerie qui accompagna la renaissance, en sorte que les doctrines prêchées en Allemagne ne tardèrent pas à y obtenir crédit. Dès l'année 1521 circulaient dans Milan des vers en l'honneur de Luther, qui se terminaient ainsi :

Macte igitur virtute, pater celebrande Luthere,
Communis cujus pendet ab ore salus;
Gratia cui ablatis debetur maxima monstris,
Alcidis potuit quæ metuisse manus[1].

Le naïf chroniqueur Burigozzo raconte qu'en 1534 « un « religieux des ermites de Saint-Augustin était venu prê- « cher à la cathédrale, le dimanche 25 janvier, et qu'il avait « continué ses prédications pendant toute la semaine sui- « vante. Le dimanche, premier du mois de février, il an- « nonça un pardon, et se dit porteur de certaines bulles « pour absoudre des cas réservés : on afficha dans la ville « les placards imprimés, conformes à l'original de cette « bulle : ce pardon, fut promulgué le jour de N. D. de la « Chandeleur, et le clergé fit une procession. Elle fit le tour « intérieur de l'église métropolitaine, et l'on reporta le dit « pardon à sa place, toujours en compagnie du dit reli- « gieux, de certains confesseurs et du commissaire de la

(1) SCHOELHORN, *Amœnitates ecclesiasticæ*.

« dite indulgence concédée tant aux vivants qu'aux dé-
« funts par voie de suffrage. Chacun de ceux qui voulaient
« gagner la dite indulgence (moyennant une somme
« fixée d'avance) recevait la dite bulle, sur laquelle on
« inscrivait le nom soit de celui qui payait, soit de ses pa-
« rents défunts : ceci dura environ une huitaine de jours.
« A l'expiration de cette période, bien des hommes mur-
« muraient contre cette indulgence par trop large. Enfin
« on découvrit que cette prétendue indulgence n'était qu'un
« escamotage et que les bulles étaient fausses. Aussi le re-
« ligieux et le commissaire furent-ils arrêtés et enfermés
« dans la maison du capitaine de justice : on leur fit subir
« l'épreuve de la corde et la question. A la fin, ils avouè-
« rent leur supercherie, et on les garda en prison jusqu'à
« ce qu'on eût reçu de Rome la réponse sur ce qu'on
« devait en faire : plusieurs jours se passèrent dans cette
« attente, et enfin il fut décidé qu'on les enverrait aux
« galères...... »

Le même chroniqueur rapporte à l'année suivante un procès intenté contre certaines personnes suspectes de luthéranisme, et dit que parmi les accusés était un prêtre. Après la lecture de la sentence de condamnation, l'inquisiteur et l'archevêque présidèrent dans la cathédrale à la cérémonie de la réconciliation : les accusés étaient obligés pendant plusieurs dimanches de se tenir debout à la grande porte de l'église, vêtus du sac, et de se donner la discipline depuis le commencement de la messe jusqu'à l'élévation.

En 1536, le cardinal Morone se trouvant à Milan, Paul III, par un bref daté du 26 juin, le chargea de veiller à l'extirpation de certaines erreurs qui commençaient à se répandre dans cette ville [1]. (A.)

(1) Poli *Epistolæ*, vol. III, diatr. p. 262.

Le sénat envoya aux Grisons des députés pour empêcher qu'on exécutât en Valteline le décret qui accordait aux prédicants le droit de partager les édifices du culte avec les catholiques. En 1555, le duc d'Albe, célèbre par ses persécutions contre les Luthériens en Espagne et en Belgique, étant devenu gouverneur du Milanais, irrita les esprits par un redoublement de rigueurs. Aussi Frédéric Salis, du pays des Grisons, écrivait-il à Bullinger, avec ces exagérations et cette crédulité ordinaires aux époques de factions, que le duc avait promis au pape de faire disparaître de la Lombardie les hérétiques. Fabricius ajoutait que ce même gouverneur avait fait brûler deux chrétiens, dont un était un religieux, il ne sait de quel ordre, pas plus qu'il n'en connaît l'histoire; on fit subir, ajoute-t-il, le supplice du feu à un sellier, et à peine se passe-t-il une semaine sans qu'on voie quelque nouveau châtiment [1]. Phrases de journaliste, vagues, et qui ne reposent que sur des on-dit.

Ce qu'il y a de bien certain, c'est qu'en 1556 Paul IV se plaignait au susdit Morone, Milanais, qu'on eût découvert à Milan des conventicules de personnes marquantes des deux sexes qui enseignaient les erreurs de frère Baptiste de Crema [2]. On trouve dans le registre particulier des exécutions tenu par la confrérie de Saint-Jean *alle Case Rotte*, sous la date du 23 juillet 1569, comme ayant été brûlés, « un certain moine de Brera et un nommé « Georges, fileur (de l'ordre des Humiliés), en qualité de « Luthériens » : et un hérétique du nom de Jules Pallavicino, de la cure d'Incino, qui, « fut exposé sur l'échafaud dans la métropole en 1555 et en 1573, et qui fut ensuite mis

(1) Lettres à Bullinger, 10 juin, 15 août, 22 août 1558; 29 juillet 1559.

(2) Raynaldi.

à mort, le 1er octobre 1587, après s'être confessé et avoir reçu la communion.

Parmi les *Sermons des théologiens illustres*, publiés par Thomas Porcacchi, il en est un de frère Ange Castiglione, de Gênes, prononcé dans la métropole de Milan, en 1553, pour consoler certaines personnes qui devaient abjurer l'hérésie aussitôt après le sermon.

Parmi les Milanais nous connaissons Jules Terenziano ou de San-Terenzio, qui, emprisonné à Venise, avait pu s'enfuir outre-monts, et qui publia des ouvrages entachés d'hérésie sous le pseudonyme de Jérôme de Savone. Gerdès (pag. 280) le confond à tort avec Jules de Milan, moine augustin apostat, qui prêcha chez les Grisons, et qui, de Poschiavo, évangélisait la Valteline et l'Engadine. Terenziano publia en Suisse la première et la seconde partie des sermons qu'il avait prononcés en 1541 dans l'église Saint-Cassien de Venise, et lui-même raconte avoir fait vingt-deux sermons qui furent condamnés. Nous avons encore de lui une « Exhortation au martyre ; « l'auteur y a mis en appendice beaucoup de choses qu'il « est nécessaire de connaître à notre époque, comme vous « le verrez en parcourant le livre, à savoir :

Jules Terenziano et autres.

« S'il est permis à un chrétien de fuir la persécution « pour cause de la foi.

« La passion de Fannio, martyr.

« Épître aux Pharisiens multipliés.

« Épître contre les Anabaptistes, écrite à une sœur d'Italie.

« Une pieuse méditation sur le *Pater noster*[1]. »

(1) On connaît une autre *Exhortation au martyre, suivie de la Doctrine ancienne et nouvelle*. D'après Vergerio l'auteur de ce livre serait Urbain Reggius (né à Argalanga (?), mort en 1541), « dont le nom

Il mourut à un âge fort avancé, en 1571, et nous ignorons son nom de famille.

Frère Jérôme de Milan fut, lui aussi, pasteur évangélique à Livigno en Valteline, où il introduisit des doctrines antitrinitaires.

La preuve que les Milanais avaient trempé dans les doctrines nouvelles, c'est que pendant longtemps Aonio Paleario, bien qu'accusé d'en répandre parmi le *peuple, fut* regardé à Milan comme un oracle. La bibliothèque Ambrosienne possède des lettres de lui, où il remercie le sénat de ne l'avoir laissé manquer de rien dans un temps de grande disette.

Celio Curione, dont nous avons parlé ailleurs [1], pour se dérober aux poursuites de l'Inquisition piémontaise, se réfugia aussi à Milan. Il y obtint une chaire et reçut l'hospitalité de la famille Isacchi, en compagnie de laquelle il allait en villégiature à Barzago de Brianza, et à laquelle il s'allia bientôt par le mariage. Le pape insista, mais en vain, auprès du sénat milanais, pour lui faire interdire le séjour du pays ; les jeunes étudiants prirent si bien sa défense qu'on n'osa pas porter sur lui la main, et que trois années se passèrent avant qu'il cherchât un refuge à Venise.

Caracciolo, que nous avons déjà tant de fois cité, sait « que parmi les hérétiques de Milan il y avait beaucoup « de prêtres, de religieux et de séculiers. Leur chef fut

figure parmi les premiers condamnés ; c'est ce qui prouve encore leur cruauté, parce qu'ils veulent toujours faire de la peine et persécuter, jeter en prison, mettre aux galères, envoyer en exil, dépouiller des honneurs et de la fortune tantôt celui-ci, tantôt celui-là, et ne lui rien laisser pour le consoler ».

(1) Voir p. 561 du tome II. Les Hérétiques d'Italie, *le Concile de Trente*.

« un chanoine régulier, dom Celse, hérétique qualifié, et, « qui pis est, un prédicateur distingué et si en faveur « près de la noblesse et de tous les habitants de la ville, « que le *pauvre* inquisiteur, bien que dès le commence- « ment il se fût aperçu de ses propositions hérétiques, « s'abstint toutefois de le poursuivre. Celse infecta parti- « culièrement du poison de l'hérésie le gouverneur, son « grand ami. A la fin, s'étant vu poursuivi par Muzio, agis- « sant au nom du Saint-Office de Rome, il s'enfuit à Ge- « nève, d'où il envoyait des lettres et des avis à ses « amis ».

Il s'agit ici de Celse Martinenghi, Brescian, dont nous avons dit un mot ailleurs : mais, malgré des recherches faites dans son pays, nous n'avons trouvé aucune mention ni de lui ni d'autres. Pour prouver qu'on redoutait la diffusion de l'hérésie, nous donnons ci-après copie d'un décret de l'archevêque Arcimboldi, qui occupa le siége de Milan de l'année 1550 à 1555.

« Le révérendissime et illustrissime seigneur Jean-Ange Arcimboldo, par la grâce de Dieu et du saint-siége apostolique archevêque de Milan et sénateur de l'Empire, et le très-révérend seigneur Bonaventure Castiglione, prévôt de Saint-Ambroise de Milan, commissaire général apostolique pour la répression des hérésies corruptrices dans tout le territoire de Milan, voulant prévenir les inconvénients et les scandales qui pourraient en résulter au préjudice de la sainte foi catholique et apostolique dans la ville et le diocèse de Milan ; voulant en outre autant qu'il leur est possible pourvoir au salut des âmes de chacun des fidèles chrétiens, et faire disparaître toute erreur et tous les inconvénients qui pourraient se produire :

Remèdes apportés au mal. Encyclique de l'archevêque de Milan.

« Ordonnent aux termes des présentes, d'accord et avec

le concours de l'illustrissime et excellentissime sénat impérial de Milan, et commandent qu'à l'avenir personne, à quelque condition ou religion qu'il appartienne, prêtre, ou autre personne ecclésiastique ou laïque, n'ose, dans la ville ou le diocèse de Milan, dans quelque église ou lieu que ce soit, encore que ce fût dans leurs églises particulières ou maisons, prêcher, ou commenter à autrui la sainte Écriture, sans une permission spéciale et par écrit émanée des susdits monseigneurs, défendant à tous prévôts, prieurs, recteurs, gardiens et ministres des églises des ville et diocèse de Milan de laisser prêcher quelqu'un, ni de le laisser lire sans permission, comme il est dit ci-dessus, sous les mêmes peines. En outre, sans déroger en rien aux autres ordonnances et édits publiés sur la matière des livres prohibés, ils ordonnent et statuent que quiconque, de quelque état, grade ou condition qu'il soit, voudra louer, vendre ou faire vendre, donner en quelque manière que ce soit des livres latins ou en langue vulgaire, de quelque nature qu'ils soient, dans lesquels on traite de l'Écriture-Sainte, ne puisse le faire sans qu'au préalable il n'ait présenté aux susdits messeigneurs, ou à celui qui aurait été désigné par eux pour les représenter, la liste *sine descriptione* de ces livres, sous peine d'excommunication *latæ sententiæ,* et d'une amende de cent écus par chaque fois et par chaque contrevenant, applicable pour un tiers au bureau de l'Inquisition, pour un second tiers à la Chambre impériale, et pour le derniers tiers à l'accusateur, dont le nom sera tenu secret, et à qui l'on ajoutera foi sur le témoignage d'une personne digne de confiance. Encourront à l'avenir lesdites peines, et ainsi jusqu'à présent les ont déjà encourues ceux qui sciemment ont loué ou acheté ces livres, encore que lesdits livres eussent été cachés parmi d'autres objets ou marchandises.

« En outre ils ordonnent et enjoignent à tous libraires et relieurs de livres, colporteurs ou vendeurs, d'avoir à faire, dans les deux mois qui suivront, un inventaire de toute espèce de livres écrits tant en latin qu'en langue vulgaire, tels qu'ils se trouveront les avoir près d'eux ou en leur pouvoir, tant dans leurs chambres particulières que dans leurs boutiques, et de présenter cet inventaire signé par eux au bureau des susdits messeigneurs, sous peine d'excommunication et de cent écus d'amende pour chacun d'eux, applicables par tiers au bureau de l'Inquisition, à la Chambre impériale, et à l'accusateur : faisant défense à l'avenir à toute personne, soit d'avoir en magasin ou dans sa maison, soit de vendre, soit de donner ou d'acheter aucuns livres, s'ils ne figurent sur les listes et inventaires présentés au bureau des susdits messeigneurs. Que s'il en était qui eussent vendu, ou donné ou autrement procuré un livre, qui ne figurât pas sur lesdites listes et inventaires, qu'on sache, *ipso jure et facto*, qu'ils ont encouru et encourront la peine de l'excommunication et l'amende de dix écus par chaque livre, et par chaque contravention, ladite amende applicable de la manière et comme il est dit ci-dessus; le nom de l'accusateur sera tenu secret; on ajoutera foi à sa dénonciation sur le témoignage d'une personne digne d'être crue, afin que l'avarice ne soit pas pour les libraires ou les marchands de livres un motif de ne pas dénoncer et présenter les livres hérétiques et les livres prohibés. On leur fait savoir par le bureau de l'Inquisition qu'en présentant eux-même au dit bureau de l'Inquisition lesdits livres, on avisera de manière à ce qu'ils ne soient pas lésés dans leurs intérêts, pourvu que la présentation soit faite dans le délai de dix jours à dater des présentes.

« De plus, ils enjoignent et prescrivent à tous ceux qui ont chez eux des livres ou des écrits, à quelque catégorie qu'ils appartiennent, lesquels seraient entachés d'hérésie, ou qui ne seraient pas approuvés par la sainte Église catholique et apostolique, soit que ces livres aient été antérieurement prohibés par quelque archevêque, inquisiteur ou commissaire, soit qu'ils figurent parmi ceux notés ci-dessous, de les avoir d'ici à un mois consignés entre les mains des susdits messeigneurs, qui absoudront les détenteurs de toutes les censures et peines qu'ils auraient encourues, et que passé ce délai ils ne soient plus reçus; bien plus, qu'on procède contre eux sans rémission non-seulement à l'application de la peine qu'ils auront encourue, mais encore qu'on leur inflige une plus grande peine, selon la qualité des personnes, à la volonté desdits messeigneurs. Le nom de l'accusateur sera tenu secret, et il aura droit au tiers de l'amende comme ci-dessus.

« En outre, avis est par eux donné à tout fidèle quelconque de l'un ou de l'autre sexe, quels que soient son état, son rang, sa condition ou sa dignité, d'avoir, sous peine d'excommunication *latæ sententiæ*, et d'une amende de cinquante écus d'or, applicable pour un tiers au bureau de l'Inquisition, pour un autre tiers à la Chambre impériale, et pour le dernier tiers à l'accusateur, dont le nom sera tenu secret, dans les trente jours à dater de la publication des présentes, c'est-à-dire, dix pour le premier, dix pour le troisième et péremptoire délai et monition canonique, d'avoir à dénoncer, révéler et notifier s'ils ont connu ou entendu parler, soit de quelque hérétique, soit d'une personne soupçonnée, voire même accusée d'hérésie dans la ville et le diocèse de Milan ; et pareillement d'avoir à notifier par noms et prénoms tous ceux qui parlent avec irrévérence des articles de la foi, des sacrements de l'Église, des cérémonies du culte, de l'autorité du Souverain Pontife, et des autres choses ayant rapport à la foi catholique et aux professions religieuses. Pareille notification doit être faite au sujet de ceux qui intercèdent ou prient les démons, ou qui leur sacrifient, ou qui leur accordent ou font accorder d'autres honneurs divins, et au sujet de tous ceux qui aident les luthériens ou n'importe quelle classe d'hérétiques ou de suspects d'hérésie. Assurant chacun et quiconque serait en faute sur les dits points ou sur l'un d'eux, qu'en comparaissant en personne devant les susdits messeigneurs dans le délai d'un mois, on les recevrait à la pénitence secrète, qu'ils seraient libérés et absous gratis et sans aucun frais.

« En outre, si un luthérien ou tout autre hérétique, comparaît spontanément et accepte la pénitence ; s'il dénonce sans y être provoqué quelque complice, le dénonciateur sera tenu secret, et gagnera le quart des peines pécuniaires, ainsi que la portion des biens qui pourra être confisquée et acquise légalement, conformément au tarif établi en matière de complicité et de délits semblables ;

« Déclarant que si quelqu'un s'est rendu coupable de contraventions sur l'un des points ci-dessus relatés, mais notifie de son plein gré et dénonce les complices, on l'absoudra de l'excommunication et des peines qu'il aurait encourues, et qu'on lui accordera le tiers de l'amende pécuniaire qui sera recouvrée sur les complices.

« Les permissions et autres choses qu'on délivrera et qu'on

concédera dans tous les cas ci-dessus spécifiés seront délivrées et accordées gratis et sans aucun frais; de plus nous adhérons aux prescriptions de la sainte Mère l'Église, laquelle à bon droit a prescrit et ordonné, pour le salut de toutes les âmes, que tout fidèle de l'un et de l'autre sexe une fois parvenu à l'âge de raison confessât au moins une fois par an à son propre confesseur tous ses péchés, quels qu'ils soient; puis celui-ci lui ayant enjoint la *pénitence*, le fidèle devra s'efforcer de l'accomplir par ses propres forces, et s'approcher avec respect, au moins à chaque fête de Pâques, du très-saint sacrement de l'Eucharistie, sauf le cas où, de l'avis de son curé, il lui serait ordonné expressément pour quelque cause juste et raisonnable de s'en abstenir; que si un de nos diocésains vit autrement, qu'on ne l'admette pas dans l'intérieur de l'église, et qu'à sa mort on lui refuse la sépulture ecclésiastique.

« Outre cela, monseigneur révérendissime archevêque, adhérant aux prescriptions de la sainte Mère l'Église, ordonne que tous les fidèles chrétiens de l'un et de l'autre sexe confessent leurs péchés au prêtre, et s'approchent du sacrement auguste de l'Eucharistie selon la susdite prescription de la sainte Mère l'Église, à chaque fête de Pâques ou pendant toute l'Octave : autrement, sans avoir égard à la qualité ni au rang, ces personnes seront excommuniés nommément et elles seront ignominieusement chassées hors des églises; et si le coupable meurt sans s'être repenti de son erreur, il sera enseveli dans la terre non consacrée. Quant à ceux qui pendant deux années consécutives ne se seront pas approchés des sacrements de pénitence et d'eucharistie, ils seront poursuivis et punis conformément aux peines édictées dans les sacrés canons; et même, s'il en est besoin, on requerra l'intervention du bras séculier.

« Et, afin que nul ne puisse prétexter de son ignorance, ni s'appuyer sur aucune excuse, monseigneur prescrit pour le premier, second et troisième délai péremptoire, à tous les prévôts, recteurs, vice-recteurs, chapelains, curés, prêtres et autres ministres des églises ressortissant de la ville et du diocèse de Milan, d'aviser et d'avertir tous les fidèles chrétiens, chaque dimanche de carême de chaque année, à leurs messes, aux heures où le peuple sera assemblé en plus grand nombre (et cela sous peine d'excommunication et de vingt-cinq écus d'amende par chaque contrevenant ou observateur imparfait de la présente ordonnance, ladite amende applicable à la fabrique de l'église cathédrale de Milan), de se confesser et de communier comme il est dit ci-dessus à la solennité de Pâques prochaine, ou au moins pendant toute son octave; autrement, on devrait les regarder publiquement comme frappés d'excommunication. Et afin que les présentes admonitions et prescriptions parviennent à la connaissance de tous les intéressés, après la publication faite en présence du peuple, les susdits messeigneurs révérendissime et illustrissime et très-révérend Commissaire général enjoignent et ordonnent de les afficher aux portes de l'église métropolitaine de Milan, à celles de Saint-Ambroise-Majeur, et à celles de la Scala de cette ville. Dans les autres villes de l'État milanais, le susdit Commissaire général ordonne que les présentes soient affichées devant la porte de la principale église de chacune d'elles, afin qu'elles puissent être vues par tous leurs habitants, lues et publiées en plein jour, et que personne ne puisse arguer d'ignorance en ce qui concerne les commandements qui ont été publiés.

« Donné à Milan, l'année 1554. »

Saint Charles Borromée.

L'archidiocèse de Milan eut bientôt à sa tête un des plus zélés promoteurs de la réforme catholique, Charles Borromée. Nous devons signaler comme un fait remarquable la vive opposition que firent les Milanais à ce saint prélat, qui, sans parler de sa piété, fit l'admiration de ses contemporains par une charité si éclatante et par de si remarquables institutions, que dans les jours de la révolution cisalpine on l'offrit aux citoyens comme le modèle du parfait patriote[1]. La réforme de l'ordre des Humiliés qu'il voulut entreprendre lui suscita à ce point l'inimitié de ces religieux, qu'ils lui tirèrent un coup d'arquebuse. Les grands *docteurs* de Milan murmuraient contre lui de ce qu'il voulait faire trop; de ce qu'il prétendait au monopole de la charité, au lieu de laisser à chacun le soin de l'exercer de la manière qui lui plaisait le mieux; ils critiquaient ce qu'il faisait, et lui suggéraient ce qu'il aurait dû faire; ils affirmaient que sa prodigieuse activité avait pour mobile l'ambition d'être célèbre et le désir d'éclipser les autres pour s'attirer la popularité. On insinuait aux penseurs que les grandes réformes de saint Charles étaient des réformes puériles, de pure sacristie, et qu'il voulait remplacer dans les mains des nobles l'épée par le rosaire, substituer aux bravi des confrères, aux duels les triduo, et par là abaisser la nation milanaise. On insinuait à la plèbe que par ses édits dirigés contre les profanations des jours de fête, contre la prolongation des réjouissances du carnaval, il diminuait les divertissements, qui sont pour-

(1) Je fais ici allusion à un panégyrique du saint prononcé à l'époque de la République Cisalpine.

tant la récréation du pauvre peuple et le repos nécessaire après tant de fatigues. Puis, toujours au nom du patriotisme, on insinuait aux autorités qu'il voulait empiéter sur la juridiction séculière, sur la compétence du municipe et du gouvernement; que durant la peste, alors que les gouverneurs avaient pris la fuite et que lui était resté pour partager et soulager les calamités qui pesaient sur le peuple de Milan, il avait été jusqu'à rendre des décrets, ordonner des exécutions, réprimer les voleurs, en un mot faire des actes qui sont dévolus aux seuls magistrats.

Aussi le saint archevêque eut-il à soutenir avec les autorités des luttes extrêmement pénibles, dont ses concitoyens se plurent à faire des occasions de scandales. Le chapitre de Sainte-Marie *della Scala* alla jusqu'à lui fermer au nez la porte de l'église. Saint Charles, accusé par ces mêmes autorités municipales auprès du pape et du roi comme ayant commis des abus de juridiction, dut plus d'une fois interrompre les sollicitudes de son pieux ministère pour aller se disculper à Rome, ou envoyer à Madrid défendre ses actes. Si nous ne prétendons pas qu'il ait toujours eu raison dans toute sa conduite et dans les formes dont il usa, personne du moins ne nous contredira si nous affirmons qu'il a toujours été guidé par les intentions les plus droites.

Que cet exemple encourage ses successeurs, et en luttant contre des oppositions du même genre ils ne perdront pas de vue qu'on rend justice aux hommes seulement après leur mort.

Un très-grand nombre des décrets rendus sous son épiscopat subsistent et sont encore en vigueur, mais très-peu se rapportent aux hérétiques de ce pays. Jules Poggiano de Suna, dans le pays de Novare, un des plus élégants écrivains latins de ce temps, qui servit en qualité de secrétaire chez plusieurs cardinaux et fut secrétaire de la Congrégation du Concile de Trente et de saint Charles, dans une lettre au cardinal Sirleto, décrit l'arrivée de cet archevêque à Milan en 1565. Il raconte « que saint Charles « célébra la grand' messe au Dôme, où se trouvaient « réunis le prince, le sénat et tous les magistrats... On as- « sure que plus de vingt-cinq mille personnes y assistaient. « Un chanoine adressa au cardinal une harangue où il n'y « avait de bon que la voix tonnante de l'orateur. Le car- « dinal à moitié de la messe fit un sermon, dans lequel il « parla de la justification, à propos de l'évangile *Plantavit « vineam*. Il s'était fait instruire sur la matière par le père « Benoît Palmio... »

Il ressort de ceci que le saint traitait aussi dans ses sermons des points fondamentaux de la doctrine. Poggiano « ajoute : « J'ai appris qu'outre Aonio il y a ici deux ou trois « lettrés, mais je suis décidé à n'avoir avec eux aucune re- « lation et à ne leur point parler, parce que, je ne sais par « quelle disgrâce ou par quelle malédiction pour eux, le « bruit court qu'ils sont infectés d'opinions peu catholi- « ques[1].

Résistance à l'établissement de l'Inquisition espagnole.

La proximité où était la Lombardie du Piémont fit craindre à Philippe II qu'elle n'adoptât les nouvelles croyances, en sorte qu'il insista près de Pie IV pour obtenir la permission d'établir l'Inquisition à la mode d'Espagne, c'est-à-dire indépendante de l'évêque et des magistrats. La demande fut portée au consistoire, mais beaucoup de cardinaux répugnaient à y faire droit; quant au pape, il était peu disposé à gratifier ses concitoyens de ce funeste présent : néanmoins il y consentit, en 1563.

(1) JULII POGGIANI *Epistolæ*, tom. II, p. X.

Le pays en fut consterné ; on vit pleuvoir les réclamations. Le gouverneur, Cordova, envoya une députation au roi pour le dissuader de ce malheureux projet. La ville, de son côté, lui députa César Taverna et Princivalle Besozzi, sans que nous connaissions ni les instructions qui leur furent données ni le résultat de leur mission. Mais nous avons trouvé aux archives diplomatiques celles qui furent données à d'autres personnes qu'on envoya à la même époque et dans le même but à Rome. Voici cette pièce :

« Instruction contenant la règle de conduite qu'auront à tenir l'illustre seigneur comte Sforza Morone et le très-magnifique seigneur Gothard Reina, notre délégué spécial, tous deux ambassadeurs de la ville de Milan auprès de Sa Sainteté, notre seigneur.

Recours contre l'Inquisition

« Les soixante illustres et très-magnifiques seigneurs représentant le conseil général de la ville de Milan ont fait choix de Vos Seigneuries pour qu'elles se rendent à Rome dans le plus bref délai possible. Vous devez d'abord recourir aux illustrissimes seigneurs le grand commandeur don Aloisio de Avila et à l'ambassadeur Vargas, et, après leur avoir baisé les mains au nom de cette ville, vous leur présenterez les lettres de créance que nous vous remettons, et vous leur exposerez que cette cité ayant été informée d'une façon certaine qu'il s'agit d'établir ici une Inquisition beaucoup plus rigoureuse que celle qui existe, ce qui a plongé dans la stupeur et l'étonnement la cité tout entière et l'État ; voyant que toutes les innovations sont des surcroîts de charges et causent un mécontentement extrême aux populations, et par voie de conséquence apportent à toute l'Italie et à la chrétienté des augmentations perpétuelles d'impôts. Attendu que cette ville a été une des premières du monde à recevoir la très-sainte foi de

Notre Seigneur Jésus-Christ, dès le temps de saint Barnabé apôtre, et qu'ainsi, pendant mille cinq cent vingt ans et plus, elle a toujours persévéré dans la très-sainte foi catholique romaine, et ne s'en est jamais écartée en quoi que ce soit. C'est cette ville qui a poursuivi les Ariens, elle qui sous les empereurs grecs, protecteurs des hérésies, a mieux aimé se laisser détruire presque en entier et souffrir la désolation dans ses murs, que de jamais leur obéir aux dépens de sa foi. On compte dans Milan par milliers les citoyens devenus martyrs pour n'avoir pas voulu consentir à adorer les faux dieux, comme le leur commandaient l'empereur Dioclétien, et Maximien Hercule, et plus tard Maximin, son successeur. On sait qu'un autre Maximien inonda notre ville du sang des martyrs, qui coula bien davantage sous le troisième Maximien, héritier de la fureur tyrannique du premier et du second, et Milan compta un plus grand nombre de martyrs immolés pour la foi de Notre Seigneur Jésus-Christ, qu'il n'y en eut dans les quatre autres villes principales de l'empire. Depuis un temps immémorial, on n'a trouvé sur les registres de la très-sainte Inquisition non-seulement aucun condamné milanais, mais pas même un seul accusé appartenant à cette ville, ainsi que Sa Sainteté pourra s'en informer en ordonnant qu'on lui fasse un rapport sur les procès intentés par la très-sainte Inquisition, ou bien en se faisant représenter les livres. Que si quelques-uns de ceux qui habitaient dans cette ville ont été accusés et condamnés, ce ne sont pas des Milanais.

« Or, là où le corps est sain le remède est inutile; le châtiment et les poursuites très-rigoureux sont déplacés là où il n'y a ni délit ni superstition. Puisque cette nouvelle institution n'a jamais été introduite ni dans cette ville, ni dans cet État, ni dans aucune de nos contrées, et puisque nous avons été préservés de l'hérésie pendant plus de mille cinq cent vingt ans consécutifs; qu'aucun fait ne s'est produit jusqu'à ce jour, qui puisse autoriser à infliger à la ville une institution extraordinaire et si infamante, notre ville et l'État tout entier étant déjà accablés de toutes espèces de charges, ce serait vraiment une aggravation énorme que de faire peser sur elle l'Inquisition, qui excite un mécontentement universel dans tout l'État, lequel juge qu'il vaudrait peut-être mieux pour lui être livré tout entier au pillage et à la désolation. Bien que quelques-uns de nos voisins soient entachés de la maudite et perverse hérésie, il n'y a cependant pas à craindre qu'un peuple, ou même un individu de ce peuple si catholique, si pieux et si ferme dans les principes de notre religion puisse s'éloigner ou se séparer de l'union de la sainte mère l'Église romaine, au sein de laquelle il a persévéré et persévère encore depuis tant de siècles, ce que prouve manifestement l'existence de tant d'hôpitaux, de tant d'établissements pieux, de tant de monastères, de tant d'églises, de tant de congrégations, qui se soutiennent par les aumônes des habitants, s'élèvent chaque jour, et fonctionnent dans cette cité, et aussi le concours universel qu'on ne cesse de donner aux offices divins, aux sacrements, aux prédications, et pour gagner les saintes indulgences, qui sont l'objet d'une émulation ardente pour toutes les classes de la société indistinctement.

« Qui pourrait retenir ses larmes en voyant dans toutes les églises paroissiales de cette ville, qui sont si nombreuses, le très-saint sacrement publiquement exposé en même temps, et réunir devant lui jour et nuit sans aucune interruption des adorateurs de tous les rangs, humblement prosternés, accompagnant leurs longues prières et leurs supplications de sanglots et de pleurs. Qui pourrait contenir son émotion en les entendant unir leurs voix au chant des divines litanies et des psaumes et oraisons pour supplier la divine miséricorde de vouloir bien répandre la grâce du Saint-Esprit dans les cœurs de Sa Béatitude, son vrai vicaire sur la terre, et de Sa Majesté, lesquels sont dans ses mains, et leur inspirer les résolutions les plus conformes à l'honneur de sa très-sainte Église, les plus favorables au développement de la religion et de notre antique piété, afin que, si nous sommes dignes de quelque louange, nous ne soyions pas déshonorés aux yeux de toute la chrétienté sans notre faute, car il semblerait, vraiment trop dur à cette ville si obéissante, si affectionnée et si soumise au saint-siége et à Sa Majesté de se voir ainsi par cette nouvelle mesure déshonorée sans aucune faute de sa part. L'effet que produirait cette mesure n'aurait rien de bien agréable pour Sa Majesté. Le commerce et les arts sont le nerf de la ville. l'Inquisition déplaît si fort à tout le monde, que l'admettre serait les faire abandonner par une grande partie des habitants, et opérer le transport du commerce et des arts ailleurs, ce qui serait la source d'un grand préjudice pour les impôts et pour les revenus de Sa Majesté. On verrait donc Milan, qui se trouve être la patrie de Sa Sainteté, se dépeupler, ce qui déjà commence à se produire, attendu qu'on ne trouve plus personne qui veuille, même à vil prix, acheter un immeuble, tant on est effrayé de la seule annonce de cette innovation.

« Et si l'on vous objectait que l'on établit l'Inquisition pour conserver cette ville pure et nette, en vue de l'incendie et du feu qui brûle dans les pays voisins, et pour éviter le contact qui a lieu entre eux et nous, on peut répondre que vis-à-vis d'un corps sain et d'une vertu éprouvée il ne faut pas employer un remède plus fort ou un frein plus étroit que celui auquel on est habitué ; que, bien plus, en administrant un remède à un homme bien portant on peut lui donner un spasme et lui causer une mort subite. Ce serait appliquer à la plaie un onguent tout à fait contraire ; car nos voisins hérétiques, qui nous haïssent par cela seul que nous sommes catholiques, voyant les procédés rigoureux de l'Inquisition, aveuglés par la haine et enflammés par la colère, pourraient bien fournir des faux témoins contre nous catholiques pour nous perdre. Et si un hérétique a eu assez d'audace pour assassiner le duc de Guise, général d'un si grand roi, entouré d'une nombreuse armée dont il était l'idole, pour organiser un attentat contre la vie même du monarque très-chrétien par cela seul qu'il était catholique, que ne tenteront-ils pas de faire avec de faux témoins pour provoquer la ruine de notre honneur, de notre vie, de notre fortune ? L'histoire sainte nous offre plus d'une preuve que les hérétiques se sont toujours conduits de la sorte vis-à-vis des catholiques. Citons quelques exemples. Eustache, évêque d'Antioche, par cela seul qu'il était catholique, fut injustement détenu pas les Ariens sur la fausse déposition d'une femme à laquelle on ajoutait alors créance, par suite de la rigueur des temps ; plus tard, la fausseté du témoignage ayant été découverte, on le rendit à ses fonctions d'évêque : de même saint Athanase, cet illustre et très-saint évêque d'Alexandrie, eut à subir de la part des Ariens, sous le règne de Constantin, l'empereur très-chrétien, au milieu même du concile de Nicée, des affronts si nombreux et si divers, qu'on peut dire qu'il souffrit plusieurs martyres. On connaît les persécutions faites à saint Jérôme par les hérétiques au moyen de faux témoignages. Comme une seule législation ne convient pas à tous les peuples, ainsi un même remède ne convient pas à toutes espèces de malades, et encore moins aux gens bien portants. Ici nous avons gardé d'excellents règlements sur la sainte Inquisition. Il existe un tribunal, respecté en vertu de coutumes antiques, aux séances duquel, conformément aux sacrés canons, assistent plusieurs théologiens appartenant à tous les ordres religieux, plusieurs ecclésiastiques, et, en qualité d'assesseurs, plusieurs docteurs du collége de Milan et un sénateur. Il ne manque à ce tribunal aucune espèce de moyens d'exécution et d'appuis soit de la part du prince, soit de la part du sénat, et ses décisions jouissent de toute l'autorité nécessaire. La preuve en est que l'illustrissime et invincible prince de Sessa s'est offert maintes fois publiquement de saisir de ses propres mains les hérétiques, et de les consigner à l'Inquisiteur, et qu'il a envoyé pour les arrêter des détachements de sa garde à pied et à cheval. Le Saint-Office reçoit aussi toute espèce d'assistance de la part de l'excellentissime sénat, le fait est notoire.

« En conséquence, on supplie Sa Sainteté de vouloir bien ne pas ajouter foi aux faux rapports et à quiconque, peut-être avec intention de faire le bien, ne cesse de semer la zizanie. Que si pendant un si long temps quelques voisins hérétiques n'ont jamais pu infecter cette ville, ils n'y réussiront pas davantage à l'avenir, Dieu aidant. Si on a inspiré à Sa Sainteté ou à Sa Majesté une autre conviction, ce ne peut être que le fait de personnes ou mal informées, ou malveillantes et peu soucieuses de procurer le bien de Sa Majesté et celui de cette ville.

« C'est pourquoi Vos Seigneuries diront qu'elles sont venues au nom de cette ville trouver Sa Sainteté pour lui porter nos supplications en sa qualité de vicaire du souverain Dieu sur la terre, dans une cause où il s'agit des choses de la foi, et parce que Sa Sainteté est notre compatriote, et notre vrai père et protecteur, elle qui connaît si bien notre piété, notre foi vraie, sincère et corroborée par les œuvres vis-à-vis du Seigneur Dieu tout-puissant; elles ajouteront que nous prions Sa Sainteté non-seulement de ne pas s'arrêter à l'idée de faire aucune innovation à l'état actuel, mais encore de nous aider de son crédit près Sa Majesté Catholique, afin qu'elle se contente de faire de même; qu'elle s'arrête à cette idée, la seule juste, c'est que nous avons la réputation de vrais, d'excellents et de vieux chrétiens, d'affectueux et fidèles sujets de Sa Majesté, et d'enfants dévoués au siége apostolique.

« Puis Vos Seigneuries iront baiser les mains de l'illustrissisme et révérendissime cardinal Borromée, notre archevêque et pasteur, le suppliant au nom de cette ville de s'interposer en notre faveur près de Sa Sainteté, tant parce que Sa Sainteté a avec nous la patrie commune, que parce qu'il s'agit de l'intérêt de Sa Seigneurie illustrissime, non-seulement en sa qualité de citoyen de la plus haute noblesse de cette ville, mais aussi comme pasteur et archevêque, à qui il appartient ordinairement de veiller en matière de foi et d'inquisition à l'honneur de son troupeau : aussi semblerait-il que, par suite de la négligence de ses agents, on sentirait le besoin d'une nouvelle organisation et d'un tribunal plus sévère. Vous prierez donc Son Éminence, qui est si bien vue du Pape, au nom de sa qualité et des liens du sang, de daigner arranger cette affaire, et d'introduire Vos Seigneuries près de Sa Sainteté [1].

« Vos Seigneuries rempliront la même mission auprès de l'illustrissime cardinal de Saint-Georges, auprès du révérendissime seigneur châtelain de Sant'Angelo, près le révérendissime Dataire, près de nos autres concitoyens, et près des autres révérendissimes cardinaux, et spécialement près des cardinaux Santa-Croce, Ferrara et Castelli, qu'il importe de se rendre favorables. A l'avance, vous les remercierez beaucoup et vous les supplierez de vous aider de leurs conseils et de leur crédit, les assurant que tous ensemble nous leur serons perpétuellement reconnaissants de ce qu'ils auront fait pour notre ville, et vous leur remettrez à chacun les lettres de créance que vous leur laisserez. Quant au révérendissime cardinal Alexandrin, en lui présentant les lettres, vous le prierez de vouloir bien arranger l'affaire. Lorsque Vos Seigneureries auront fait toutes ces diligences et toutes celles qu'elles croiront devoir user en cette affaire, elles s'efforceront d'aller le plus tôt possible baiser les pieds sacrés de Sa Sainteté, et en lui remettant les lettres de créance elles la supplieront ainsi qu'il est rappelé ci-dessus. »

Par cette note, si diffuse et si prétentieuse, on peut juger, d'une part de la crainte qu'avaient les Milanais de passer pour hérétiques, et de l'autre des préjudices qui devaient résulter pour leur commerce et leurs propriétés de l'établissement de l'Inquisition à la mode espagnole.

(1) Charles Borromée et le pape Pie IV étaient tous deux Milanais, et Milan avait alors pour gouverneur au nom de l'Espagne don Gonzalve Ferrante de Cordoue, duc de Sessa.

Brivio Sforza avait été envoyé en même temps et pour la même mission au Concile de Trente. Assisté d'un autre ambassadeur, il supplia les prélats et les cardinaux de la Lombardie d'avoir pitié de la commune patrie, qui verrait émigrer un grand nombre de citoyens si à tant de maux existant déjà venait se joindre cette charge insupportable de l'Inquisition. Car si les commissaires du Saint-Office en Espagne commettaient tant d'abus sous les yeux même du roi, et pesaient si lourdement sur leurs compatriotes, que ne feraient-ils pas dans le Milanais, loin de chez eux et dans un pays qu'ils n'aimaient pas? Les prélats lombards du Concile écrivirent une lettre collective au pape et au cardinal Borromée, comme étant membre du sacré collége et celui à qui incombait davantage le soin de défendre la patrie : dans cette lettre ils démontraient que les raisons qui avaient fait établir l'Inquisition en Espagne ne militaient point en faveur de son introduction en Lombardie; car, outre qu'elle causerait à ce pays une ruine certaine, on y verrait un acheminement à son établissement dans le royaume de Naples, ce qui affaiblirait l'autorité du Saint-Siége, puisque les prélats se seraient ainsi montrés fidèles non à l'institution, mais au prince.

C'est pourquoi les Pères demandaient qu'on insérât dans les décrets du concile quelque expression qui exemptât les évêques de la juridiction du Saint-Office espagnol et les protégeât contre ses empiétements, et qu'en conséquence on fixât le mode des procédures. Le cardinal Morone, l'un des présidents du concile, fit quelques promesses à ce sujet, mais elles n'eurent aucune suite : cependant l'incident troubla l'assemblée et la tint même en suspens jusqu'à ce qu'on eût appris que le gouverneur duc de Sessa, voyant les Milanais prêts à imiter les Flamands et à se faire protestants, suspendit le décret, qui tomba en oubli.

Nous lisons le passage suivant dans un rapport déposé à la bibliothèque Trivulce : « Le roi d'Espagne étant, par sa « volonté propre et par diverses considérations particu- « lières, un prince foncièrement catholique, les hérétiques « sont par son ordre exprès sérieusement persécutés dans « l'État de Milan : ainsi Sa Majesté a tout dernièrement « commandé qu'on ne tolérât dans ledit État aucun des « fugitifs des autres États d'Italie pour cause de religion, « afin de les empêcher d'infecter les autres. On suppose « que présentement Sa Majesté se propose d'y introduire « l'Inquisition à la mode d'Espagne : elle a été amenée à « cette résolution non pas tant dans l'intérêt des affaires « de la religion, que par une foule de soupçons qui se « sont emparés des Espagnols de son conseil, à la sug- « gestion de ceux qui sont à Milan, en ce qui touche les « sentiments d'affection des sujets de cet État envers elle; « car les Espagnols ont découvert que rien ne peut plus « fortement tenir en respect les vassaux vis-à-vis de leur « monarque que la sévérité du Saint-Office. Mais, cette « sévérité étant très-fort abhorrée des Milanais, dans la « crainte qu'ils ont qu'on ne se serve de ce moyen pour « les dépouiller de tous leurs biens, on pense générale- « ment qu'ils se montreront très-mal disposés à l'ac- « cepter. »

Expulsion des hérétiques.

Le rapporteur, continuant, dit que le 29 août 1564 on publia une proclamation du gouverneur De la Cueva, en vertu de laquelle, « son excellence ayant été informée de la « résolution prise par Sa Majesté, afin que tous ses royaumes « et États, et surtout l'État de Milan fussent préservés de « toute atteinte de l'hérésie perverse,..... au nom de la-

« dite excellence, on rend public le susdit édit.....
« Qu'aucun individu, ayant été expressément condamné
« comme hérétique, ou s'étant échappé des mains des
« commissaires de la Sainte Inquisition, ou qui aurait été
« expulsé de son pays et par ses maîtres pour cause d'hé-
« résie; ou autrement, que quiconque serait parti de
« n'importe quel pays ou village, et serait allé dans une
« autre contrée et un autre village ou pays, afin d'y pouvoir
« mener librement la vie d'hérétique, que ceux-là ne
« puissent ni résider, ni fréquenter les habitants, ni vivre
« dans ledit État de Milan, sous peine d'encourir la dis-
« grâce de Sa Majesté catholique et d'être punis par les
« commissaires de la Sainte Inquisition suivant les lois
« sacrées de cette institution. *Item*, son excellence ordonne
« et prescrit qu'au cas où arriverait à une auberge de
« Milan un individu notoirement connu pour hérétique,
« ainsi qu'il est dit ci-dessus, les hôtes et patrons des
« lieux susdits, bateliers et portiers soient tenus d'aviser
« aussitôt de l'arrivée de ces hérétiques les susdits in-
« quisiteurs, et de leur prêter assistance et appui moral
« pour que lesdits hérétiques soient pris et consignés aux
« commissaires de la Sainte Inquisition, sous la peine
« ci-dessus édictée »; et ainsi de suite.

Les Cantons Suisses, et avec une ardeur plus signalée celui de Zurich, s'entremirent pour faire abroger cette prohibition; mais elle fut maintenue pour les novateurs spécifiés par le Saint-Office, et pour les émigrés d'Italie, ainsi qu'il appert de la dépêche en langue espagnole du 17 décembre 1565, émanée du même gouverneur Gabriel De la Cueva. Enfin, sur l'intervention des députés de Lucerne, d'Uri et d'Unterwald, qui s'étaient rendus exprès à Milan, le 13 janvier 1579, le nouveau gouverneur, marquis d'Ayamonte, prit une décision formelle aux termes de laquelle les émigrés de Locarno, devenus citoyens de Zurich et de Bâle, à l'exception du seul évangéliste Zanino, pourraient venir dans cet État « et même « à Milan et y faire du commerce, à la condition qu'ils « observeraient la plus grande réserve en ce qui touche « la religion; qu'ils s'abstiendraient de toute parole ou « acte aggressif vis-à-vis d'elle, qu'ils observeraient les « prescriptions relativement aux aliments défendus, et « qu'ils n'apporteraient point dans le pays de livres pro- « hibés. Quant à ceux qui sont l'objet d'une poursuite « de la part des commissaires de la Sainte Inquisition, « qui se sont éloignés et se sont enfuis de l'État, ils « ne pourront plus y rentrer. Pareille interdiction de « rentrer est faite à ceux qui, ayant abjuré, sont re- « venus pour retomber en état de récidive, aussi bien « dans cet État qu'au dehors de ses frontières. Sera éga- « lement défendu aux docteurs et autres qui n'appar- « tiennent pas à la vraie foi catholique....., et à ceux qui « ne feront pas le commerce et ne seront pas artisans, « d'entrer et de s'arrêter dans l'État plus de dix jours « par chaque voyage, et encore auront-ils pendant ce « temps à observer les règlements contenus dans les sus- « dits Chapitres. Tous devront remarquer, mais principa- « lement les susdits habitants de Locarno, que s'ils veulent « commercer ici, et ne pas être inquiétés par le Saint- « Office, il convient qu'ils observent scrupuleusement « lesdits Chapitres ».

Les hérétiques étaient alors regardés comme des ennemis publics : partant, toute représaille contre eux était licite; on allait même jusqu'à séquestrer leurs marchandises, comme on fit de celles des Pelizzari et des Lumaga de Chiavenna, surtout s'il s'agissait de livres. Béatrice Fiamenga, noble dame de Brescia, se sépara de son mari, Jérémie Vertemate de Piuro, uniquement parce qu'il était hérétique. Il y avait à Vicence quarante protestants en prison, la plupart originaires des Grisons, et leur Canton inspirait tant de soupçons que les Catholiques venus de ce pays se munissaient de certificats de leur curé. Un certain Théodore de Chieri, fils du pasteur de Tirano, en 1583, et Laurent Soncino, de Chiavenna, en 1588, furent consignés à l'Inquisition de Milan[1].

En 1594, frà Diodato, de Gênes, inquisiteur général à Milan, promulguait un nouvel édit, qui défendait aux hérétiques d'entrer dans le duché de Milan et d'y faire le commerce. Il permettait aux Suisses et aux Grisons de se loger ou dans des maisons particulières ou à l'hôtel, à la condition de notifier à leur arrivée et à leur départ leurs noms à l'inquisiteur, de ne pas parler de religion, de ne pas aller à l'église, si ce n'est pour y entendre la prédication. En 1598, l'édit fut renouvelé avec interdiction aux marchands de trafiquer avec les hérétiques, excepté toujours avec les Suisses et les Grisons; il y était prescrit en outre de n'ouvrir les balles de marchandises qu'en présence d'un délégué de l'Inquisition. Telles sont les vexations que le siècle de la liberté a continuées depuis régulièrement, au nom de la police et du bon gouvernement.

Hortensius Landi.

Né à Milan et disciple de Romulus Amaseo, Hortensius Landi changea souvent de nom, si bien que l'Index des livres rangés par le Concile de Trente dans la première catégorie parmi les prohibés, le nomme *Hortensius Tranquillus*, *alias Jeremias*, *alias Landus*. Nous n'avons pas

(1) Roscio de Porta, III, 10.

besoin de rechercher ses défauts dans les écrits de ses nombreux ennemis; il nous a laissé de lui-même un portrait assez sinistre, lorsqu'il se représente comme étant nain, louche, sourd, malingre, au teint cendré, ayant de vilains membres, un parler et un accent lombards, à la tête folle, superbe, impatient dans ses désirs, d'un caractère emporté jusqu'à la frénésie, composé non de quatre éléments, comme les autres hommes, mais de *haine*, de dédain, de colère et d'insolence. Après avoir terminé ses études et avoir été reçu médecin, il commença à voyager de côté et d'autre : c'est ainsi qu'il vint à Lyon en 1543 avec le comte de Pitigliano, et y fit la rencontre de Jean Ange Odone, son condisciple, qui le représente comme « un grand ennemi de la religion, du grec et des sciences : « en Italie (ajoute-t-il), il n'osait manifester ses senti- « ments, mais à Lyon je l'entendis assurer qu'il n'estimait « que Jésus-Christ et Cicéron : connaissait-il le second? il « n'y paraît pas dans ses livres; avait-il le premier dans son « cœur? Dieu le sait. Dans sa fuite d'Italie, il emporta à « titre de consolations, non pas le Vieux et le Nouveau « Testament, mais les lettres familières de Cicéron[1]. » Nous savons par lui-même qu'il avait été banni d'Italie, et qu'il cachait son vrai nom : néanmoins, avant cette époque il avait été attaché à Caracciolo, évêque de Catane, assistant au trône pontifical, et à Madruzzi, évêque de Trente, près de qui il retourna ensuite lorsqu'on ouvrit le Concile.

Cette tolérance n'est pas la moins curieuse révélation sur ce siècle, puisque Hortensius s'était toujours fait connaître comme un homme paradoxal et un impie. A l'exemple de ceux qui veulent escamoter un nom en

(1) Lettre du 19 octobre 1535, à Gilbert Cousin (son beau-frère); dans les œuvres de ce dernier, tome I, pag. 313.

donnant des soufflets au public, il crache sur toutes les idoles du jour; il appelle Aristote un vilain animal, Boccace un rustre, un ruffian, un homme des plus méprisables; il dit qu'il préfère à la langue de Boccace le patois milanais ou bergamasque, et il blâme les Toscans de leur prétention à bien parler. Dans les *Choses notables et monstrueuses d'Italie* (1548), il écrit de Milan : « Quant à la se-
« conde Rome, celui qui la considérerait maintenant
« l'ayant vue jadis, dirait : Assurément cette ville, ce n'est
« pas Milan, non, ce n'est pas elle : il n'y a pas eu une
« ville en Europe qui depuis tant d'années ait été si fla-
« gellée..... On y a vu une femme, nouvelle louve affamée,
« dévorer ses enfants; un frère vivre maritalement avec
« ses trois sœurs, et trois frères avoir des rapports intimes
« avec une sœur; le fils avec la mère, l'oncle avec la
« nièce, le beau-frère avec la belle-sœur. On y a rencontré
« des hommes si cruels, que sans avoir à venger aucune
« injure, et seulement parce que l'un était guelfe et l'autre
« gibelin, on les a fait rôtir vivants, on a mangé de leur
« foie, et on a introduit dans leur corps du foin et de l'orge,
« pour se servir de corps humains en guise d'auges pour
« les chevaux. Ici on a trouvé des hommes qui ont assas-
« siné des moines dans leur église pendant qu'ils chantaient
« les offices divins et les louanges de Dieu; et ce fait n'est
« pas arrivé seulement une fois. On a vu un homme si
« aveuglé par la fureur, qu'il n'avait pas honte de dire im-
« pudemment qu'il voulait faire un lac de sang gibelin. Des
« nobles, très-marquants par leur naissance, n'ont pas
« rougi d'aller se poster dans les fourrés et d'assassiner in-
« distinctement quiconque leur tombait dans les mains....
« Il est une secte, dirigée par une femme, qui s'efforce
« de ramener ses adeptes à la pureté et à l'innocence

« baptismales, et de leur faire pratiquer toute espèce de « mortifications; et d'après ce qui m'a été rapporté par « des personnes dignes de foi, pour avoir une preuve de « la mortification, elle fait coucher dans un même lit un « jeune homme à peine barbu avec une jeune fille, en « mettant entre eux un crucifix[1]; mieux vaudrait à mon « avis un fagot d'épines et d'orties. »

Landi prône l'infidélité conjugale, le libertinage, et toutes sortes de méfaits; à la mode de Doni et de l'Arétin, il barbouille des écrits sur des matières les plus disparates; il flagelle les écrivains anciens et modernes et les sciences elles-mêmes, ne visant toujours qu'à l'effet. « Dégoûté des mœurs italiennes », rêvant « une patrie libre, de bonnes mœurs et étant étranger à toute ambition », il passa en Suisse et dans les Grisons; mais son *Dialogo lepidissimo*, composé à l'occasion des funérailles d'Érasme, et dont nous avons parlé[2], lui attira la colère de toute la ville de Bâle. Il s'enfuit, visita la France, et vint à Paris, où il pénétra jusqu'à la Cour. Il fit imprimer à Lyon ses *Paradoxes*, barbouillage impie et licencieux, à cause duquel il fut forcé de quitter le pays; il parcourut ensuite l'Allemagne, et termina son voyage par Venise, où il eut pour amis Muzio et l'Arétin. On s'attendait à trouver des d'hérésies dans ses « Quatre livres de doutes avec les solutions appropriées à chaque doute » (Venise, 1552); un de ces livres traite des doutes en matière de religion, mais en réalité il ne renferme que des frivolités et des grossièretés. Hortensius composa aussi un dialogue « dans lequel il traite de la consola-

(1) Certaines chroniques existant à la Bibliothèque Ambrosienne attribuent l'invention de ces épreuves à la duchesse de Guastalla, institutrice des religieuses Angéliques de Saint-Paul.

(2) Voir Les Hérétiques d'Italie, t. II, pag. 43.

« tion et de l'utilité qu'on retire de la lecture de l'Écriture « sainte, et aussi de l'ordre à observer dans cette lecture, « et où il fait voir que l'Écriture sainte est supérieure aux « ouvrages du paganisme par sa vraie éloquence et par sa « vraie doctrine. » (Venise, 1552). Ce dialogue, rempli de propositions erronées, montre chez son auteur plus d'ignorance que de hardiesse.

Mais si sous le rapport religieux on ne peut dire que du mal de cet homme, il ne paraît pas qu'il ait professé la Réforme. Ceux qui l'ont affirmé l'auront confondu avec Jérémie Landi, de Plaisance, qu'il introduit dans le dialogue *Cicero relegatus*, et qui, ayant quitté l'ordre des Augustins, s'enfuit en Allemagne, où il apostasia et écrivit *Oratio adversus cælibatum; — Explicatio symboli apostolorum, orationis dominicæ et decalogi; — Disquisitiones in selectiora loca Scripturæ*.

Hortensius passe pour être l'auteur des *Forcianæ quæstiones*, où sont peints les différents caractères des divers pays d'Italie, ouvrage que quelqu'un a faussement attribué à Aonio Paleario. On lui a aussi attribué le *Discours de Rodolphe Castravilla* contre Dante, mais je le crois plutôt de Bélisaire Bulgarini, de Sienne.

Plus tard un autre Milanais, Gregorio Leti, imita Hortensius Landi dans le dévergondage de l'esprit (1630-1701). Après avoir dissipé en voyages toute sa fortune, il s'attacha aux Réformés, se mit à exploiter l'exil et la liberté, fit profession de calviniste à Lausanne, et enseigna à Genève, où il obtint droit de cité, en récompense de ses écrits contre la cour de Rome et contre l'Église catholique. Ses écrits satiriques sont innombrables, et leurs titres sont tels que la bienséance ne permet pas toujours de les répéter. Qu'il nous suffise de citer *le Parloir des religieuses*, *les*

Gregorio Leti.

Trebuchets du siége apostolique, le Massacre des Réformés innocents, le Syndicat d'Alexandre VII, suivi de son voyage dans l'autre monde, le Népotisme romain, l'Ambassade de Romulus aux Romains, le Vatican languissant après la mort de Clément X, suivi des remèdes préparés par Pasquin et Marforio pour le guérir. Leti se vantait d'avoir toujours trois ouvrages sur le métier, et lorsque pour l'un il manquait de canevas, il s'appliquait à l'autre. Ses compositions littéraires devaient en effet lui coûter bien peu, car il entassait les unes sur les autres de fades plaisanteries; il tirait ses matériaux de ci, de là, sans la moindre critique, ne songeant qu'à grossir les volumes et à multiplier les épîtres dédicatoires, ainsi que le lui reproche Bayle. Pour dire un mot seulement de ceux de ses ouvrages qui se rattachent à notre sujet, l'*Italia regnante* est un voyage en quatre volumes (Valenza, 1675), où il accumule même des anecdotes scandaleuses avec toutes sortes de détails inexacts[1]. Dans son *Histoire de Genève*, il raconte avec une ennuyeuse prolixité les aventures de Mario Miroglio, chanoine de Casale, qui, à la suite des reproches que sa conduite scandaleuse lui avait attirés de la part de son évêque, s'enfuit à Genève, s'y fit catéchiser par le ministre Diodati, se maria et laissa à sa mort, arrivée en 1565, plusieurs enfants. (Partie IV, liv. 3.) *Le Niveau politique, ou la juste balance dans laquelle on pèse toutes les maximes de Rome et les actes des cardinaux vivants*, pam-

(1) Il donne à Milan une population de 250,000 habitants, cent places servant de marchés : il prétend qu'il n'y a pas en Europe de ville plus abondamment pourvue de victuailles et qui renferme un plus grand nombre d'orfèvres, d'armuriers, de fabricants d'étoffes de soie, etc. La forteresse, d'après lui, peut être comparée à une petite ville, puisqu'on y trouve des rues, des places publiques, des palais et des ateliers de toutes sortes de métiers.

phlet imprimé à Genève, en 1678, n'est peut-être qu'un plagiat d'un ouvrage paru dans cette ville, en 1650, sous le titre de *Juste Balance des cardinaux*.

Flatteur autant que le sont ordinairement les médisants, il ne trouve pas d'expressions assez louangeuses pour exalter Louis XIV, « l'invincible d'entre les guerriers, le héros parmi les Césars, l'auguste d'entre les monarques, le plus prudent des politiques, la planète lumineuse de l'univers[1] ». Il distribue à pleines mains des louanges et des blâmes à Charles Quint, au duc d'Ossuna, au président Aresi; parfois il lui arrive dans une seconde édition de fouler aux pieds lâchement les mêmes personnages qu'il avait lâchement exaltés dans la première.

Tandis qu'il renie les règles de la critique et du bon sens, il ne sait pas davantage se rendre attachant par les beautés du style et par l'attrait du talent : négligé, prétentieux et prolixe, cultivant l'hyperbole jusqu'à en devenir grotesque, personne ne supporterait l'ennui de le lire, s'il n'excitait dans ses écrits les viles passions, en déversant la bave de son mépris sur Rome, et en blessant les justes susceptibilités de la pudeur. Que ces parodies, délayées de l'Arétin, ainsi qu'il arrive des pamphlets de parti, fussent à cette époque exaltées et traduites, il n'y a pas là de quoi étonner ceux qui connaissent les cabales par lesquelles se font certaines réputations; ce qui est lamentable, c'est de voir que de nos jours on ait voulu ressusciter et réimprimer quelques-uns d'entre eux, au nombre desquels la *Vie de Sixte Quint*, ignoble roman, digne de rivaliser avec les productions les plus honteuses de notre temps.

(1) *La Fama gelosa della Fortuna* (La Renommée jalouse de la Fortune).

La Dauphine lui ayant fait demander si les mille infamies qu'il avait alléguées sur le compte de ce pape, sur Philippe II et sur la reine Élisabeth étaient vraies, Leti lui répondit qu'une belle invention plaît plus que la vérité. Étant allé en Angleterre, il vit comme conséquence du schisme d'Henri VIII « tant de calamités pour cette île et « pour ces peuples, qu'on peut dire que depuis cette épo- « que les bourreaux n'ont pas eu un moment de repos, « et que c'est un vrai miracle qu'en naviguant sur la Ta- « mise on vogue encore sur l'eau et non sur du sang [1]. » Il fut bien accueilli de Charles II, qui lui donna mille livres, et le chargea d'écrire l'*Histoire de la Grande-Bretagne*. Leti s'acquitta si bien de la commission, qu'il dut partir d'Angleterre pour ne pas s'exposer au châtiment de ce monarque; alors il déversa ses injures sur ceux qu'auparavant il avait flattés [2]. Le célèbre érudit Clerc, cédant à des sympathies religieuses et à l'amour qu'il avait pour une fille de Leti, le fit accueillir en Hollande et nommer historiographe de la ville d'Amsterdam, où il termina sa carrière par une mort subite.

A l'entendre, Paul IV avait lu le livre où Calvin soutient la thèse *jure gladii hæreticos esse coercendos*, et cette

(1) Vie de Sixte Quint.

(2) Dans la préface mise en tête de sa *Vie de Cromwel*, on lit : « On peut dire que les œuvres éditées par M. Leti jusqu'à cette année 1692 montent au nombre de quatre-vingts, sans compter *le P...nisme moderne*, *le Conclave des P...*, *le P....nisme de Rome*, *le Parloir des Religieuses*, *le Maq.... du bossu de Rialto* : œuvres qu'on voudrait attribuer à M. Leti, malgré ses dénégations. Lorsque ses intimes l'interrogent à ce sujet, il a coutume de leur répondre : *Delicta juventutis meæ et ignorantias meas ne memineris, Domine*..... Il a encore fait imprimer en italien beaucoup d'épithalames, comme *le Lit fleuri*, *le Transport d'amour*, *le Château assiégé*, *le Voisin rapproché*, *la Montre sonore*, et d'autres vers. »

lecture l'avait enhardi à créer le Saint-Office, ainsi que le pape le déclara en plein consistoire. Leti a puisé ce fait dans un livre que je ne connais point, *Les soulèvements de Rome contre le tribunal de l'Inquisition*, par MENDI. « A Genève, une inquisition plus horrible « que celle de Rome, » condamna au feu *Le Niveau politique, l'Itinéraire, le Vatican languissant*, œuvres de Léti, où se trouvent des propositions contraires à la foi, aux bonnes mœurs, à l'État, et le fit rayer de la liste des citoyens.

Nous avons déjà parlé (voir ci-dessus, p. 115) de Jérôme Cardan, de Gallarate, homme d'une science peu ordinaire, auteur de diverses découvertes, et pourtant théosophe, astrologue et charlatan sans vergogne. Nous bornant ici à l'examen de ses opinions religieuses, nous dirons qu'il commença par soutenir, dans le traité *De Uno*, l'unicité de l'intelligence selon Averrhoès : plus tard, il la nia dans le *De Consolatione;* enfin, dans le *Theonoston*, il voulut concilier les deux opinions, en disant qu'on peut considérer l'intelligence dans son existence éternelle et absolue, ou bien dans son existence phénoménale dans le temps : elle est, ajoute-t-il, unique dans sa source, multiple dans ses manifestations : solution bien faite pour plaire à quelque uns; mais Jules César Scaliger, son grand ennemi, l'accuse toujours d'être un averrhoïste. Le passage de ses écrits qui rentre le mieux dans notre sujet est celui intitulé *De subtilitate*. Il y fait argumenter un Chrétien, un Musulman, un Juif et un Païen; il ne tire aucune conclusion, et laisse même la phrase inachevée. Cardan.

Les Gonzagues de Mantoue étaient partisans de l'empereur, par conséquent les adversaires du pape : Ferrant Gonzague était général dans l'armée impériale lors du sac de Rome. Julie Gonzague avait reçu les leçons de Valdès, et Guillaume Gonzague avait refusé d'envoyer à Rome quelques-uns de ses sujets cités à y comparaître pour cause d'hérésie. Le pape, indigné de ce refus et désespéré de voir Mantoue devenue, dit Bzovius, un nid d'hérétiques, voulait en 1566 en faire le siége; mais grâce à la médiation des autres princes il renonça à son projet. Pie V, pour réprimer les hérétiques, envoya à Mantoue Camille Campeggi, théologien du Concile, qui en fit emprisonner et poursuivre un grand nombre, et condamna huit d'entre eux à faire une abjuration publique dans l'église de Saint-Dominique. Leurs parents cherchèrent à exciter des troubles parmi le peuple afin d'empêcher cet acte, mais n'ayant pas réussi, ils attentèrent à la vie de l'inquisiteur, et blessèrent deux Dominicains la nuit de Noël. Le duc Guillaume, après s'être déclaré l'humble vassal du Saint-Office et lui avoir même offert s'il le fallait le secours de son bras, publia un édit sévère contre les révoltés, mais il demanda en même temps au pape l'éloignement de Campeggi (1568). Pie V, très-zélé partisan des droits ecclésiastiques, n'y voulut point consentir; bien plus, il attribua ces désordres à la mollesse du duc. Celui-ci était lié d'amitié avec Cellario, dont plus tard nous ferons la connaissance, et conçut de l'indignation au sujet de l'arrestation et de la mort de son ami; l'irritation devint telle dans le public, que Pie V résolut de publier la bulle si sévère de 1569. Il envoya dans le duché saint Charles et le cardinal Commendon, en sorte que l'Inquisition reçut de leur présence un redoublement de vigueur; il y eut de très-graves procédures et des abjurations publiques, mais ce ne fut pas sans quelques supplices. Le cardinal Borromée poursuivit aussi avec une grande activité ceux qui du duché s'étaient répandus dans le reste de l'Italie, jusqu'à ce qu'il les tînt sous sa main.

C'est de Mantoue que s'étaient enfuis le chanoine Stancari, que nous avons rencontré prêchant les doctrines antitrinitaires en Pologne, et Alphonse Corrado, qui dans un commentaire sur l'Apocalypse se déchaîne avec une extrême violence contre les papes.

Le bénédictin Jean-Baptiste Folengo, frère de Merlin Coccajo, auteur des *Macaronées*, publia sur les Épîtres et sur les Psaumes des commentaires que les Protestants trouvèrent dans leur sens. Les ouvrages de Folengo furent mis à l'Index, mais, l'auteur les ayant corrigés, Paul IV n'hésita pas à l'envoyer en Espagne en qualité de visiteur de son ordre.

Hérétiques de Côme.

Côme, par sa position contiguë aux pays du nord, servait naturellement de transit aux hommes et aux choses infectées d'hérésie : aussi y envoyait-on d'Allemagne des ballots de livres hérétiques, comme on le découvrit ensuite en 1549 par le moyen du Saint-Office de Rome [1]. La proximité des Suisses et des Grisons devait y aider à la diffusion des idées nouvelles : malgré l'attention toute particulière avec laquelle nous avons fouillé les archives de la curie de Côme, où se trouvaient, dans les visites, indiqués tous les mécréants ou suspects, nous n'avons trouvé aucun comasque personnellement désigné, à l'exception de Minicio et de Gamba, que déjà nous avons cités. Vergerio nous dit que ce dernier était Brescian : il est certain qu'il a été tué à Côme. On trouve de minutieux détails sur l'emprisonnement et sur la mort de Gamba dans la correspondance d'un Comasque avec son frère, correspondance que De Porta a publiée [2].

(1) Caraciolo le dit expressément. Voir ci-dessus, pag. 74.
(2) P. II, pag. 258.

Nous avons vu ci-dessus (pag. 59) comment y fut traité l'inquisiteur Michel Ghislieri. Lorsque du monastère de Saint-Jean il venait à la ville, il fut assailli d'une grêle de pierres lancées par des jeunes garçons, si bien qu'il put à grand' peine se réfugier dans la demeure d'Odescalchi, principal fauteur du Saint-Office. Le gouverneur lui commanda d'aller à Milan pour assurer la tranquillité de la ville : Ghislieri prit des chemins détournés, craignant de subir le sort de Pierre Martyr. Les chanoines de Côme allèrent porter à Rome leurs excuses : Ghislieri s'y rendit aussi, et ce fut la première fois qu'il vit la ville où il devait plus tard s'asseoir sur le trône de saint Pierre. Côme avait alors pour évêque Bernardin Della Croce, que Charles Quint avait tenu éloigné de son siège à cause de son amitié pour Paul III et les Farnèses.

Les interprètes du Concile de Trente, en mai 1567, faisaient des reproches à l'évêque de Côme de n'avoir point encore établi de séminaire dans son diocèse, bien qu'il exigeât la taxe établie sur tous les revenus qui se recouvraient dans le diocèse, ainsi que la moitié du décime sur tous les bénéfices. Ils lui recommandent d'y placer de préférence les enfants originaires des pays infectés d'hérésie; ils lui enjoignent en outre de faire de fréquentes visites pastorales dans ces pays et d'y avoir constamment l'œil [1].

Hérétiques de Crémone.

Barthélemy Maturo, prieur des Dominicains, s'enfuit de Crémone en 1528 pour cause de religion. Il prêcha à Vicosoprano jusqu'en 1547, et mourut à Tomiliasca dans l'Engadine, où prêcha également son compatriote Barthélemy Silvio. C'est de Crémone qu'émigrèrent aussi

(1) JULII POGGIANI, *Ep.*, vol. 1, p. 417, et encore pag. 428 et 435.

Jean Torriano, Augustin Mainardi, célèbre pasteur à Chiavenna, Paul Gaddi, un frère Ange et Jean-Paul Nazzari, dominicains; Gajo Lorenzo de l'ordre des Mineurs, Daniel Puerari, deux membres de la famille des Offredi, un Torso, un Cambiaghi, un Fogliata et un Pelizzari. Paul Orlandini, dans une satire contre les astrologues, se moque, sans le nommer, d'un Crémonais qui avait écrit sur l'antéchrist, sur la réforme de l'Église et sur la fin du monde prédite pour l'an 1530.

Parmi les lettres manuscrites conservées à la Bibliothèque de Zurich, il en est deux d'Alfonse Roncadello, père de famille, qui raconte au ministre de Zurich les persécutions qu'il souffre, et lui demande des consolations. « Ces pauvres membres chrétiens, affligés et accablés par « cette insupportable tyrannie de l'antéchrist, vous sup- « plient instamment de prier le Seigneur en compagnie de « toute la sainte Église, de nous accorder une foi suffisante « pour nous délivrer de cette captivité, afin que nous « puissions offrir nos corps et nos âmes comme un ;, cn « qui soit agréable à Dieu. »

On ne dit pas d'où il est, mais nous pensons qu'il ne doit faire qu'un avec Alexandre Roncadello, de Crémone, qui, en mourant, à Genève, légua trente-huit couronnes par an pour les pieux émigrés d'Italie[1].

Apologistes crémonais et milanais.

Par contre, il y avait à Crémone un persécuteur zélé des hérétiques, Ange Zampi, dominicain, auteur d'un ouvrage intitulé *De veritate purgatorii*. Devenu inquisiteur général du duché de Milan, il acheta pour le Saint-Office, avec le produit des nombreuses amendes imposées aux hérétiques, des immeubles et des maisons, ainsi

(1) Roscio De Porta, vol. II, pag. 53.

que le disait l'épitaphe de son tombeau, placé dans le couvent des Dominicains de Milan. Nous avons déjà vu dans le cours de cet ouvrage avec quelle rigueur procédait le Saint-Office de Crémone.

Isidore Isolano, de Milan (1480-1530), de l'ordre de Saint-Dominique, fut un des plus zélés contradicteurs de Luther, de même qu'il avait combattu les Averrhoïstes et soutenu l'immortalité de l'âme selon les philosophes. On peut ranger parmi les apologistes milanais Pierre Galesino, bien que né à Ancône, parce qu'il fit un très-long séjour à Milan et fut d'un grand secours à saint Charles : il compila pour lui les actes ou les synodes, et l'aida au rétablissement des cérémonies du culte, matière où il était très-versé. Outre un grand nombre d'ouvrages ecclésiastiques et de vies de saints, il fait allusion à un livre qu'il aurait composé, intitulé *Contra Hæreticorum historiam*, livre que nous n'avons plus; il a aussi réfuté Platina.

Magno Valeriano, né à Milan, en 1587, d'une illustre famille, s'étant fait capucin, alla en Allemagne, où il s'acquit l'amitié et l'estime de l'empereur ainsi que celles des princes : nommé préfet des missions de ce pays, il fit de nombreuses conversions, entre autres celle du margrave d'Hermanstadt. Ce fait lui attira l'inimitié de beaucoup de personnes et même de catholiques ; aussi, usant d'un subterfuge toujours à la mode, elles cherchèrent à le perdre en taxant d'hérétique une de ses œuvres imprimée à Prague. Valeriano se disculpa facilement de cette imputation; il souffrit néanmoins des persécutions, subit la prison et fut en butte à la calomnie. Puis, ayant rempli d'honorables ambassades, il mourut en 1661, et fut inhumé dans un tombeau, sur lequel on grava une épitaphe de presque deux cents lignes, où, au milieu d'expressions hyperboliques, on lit que la pourpre cardinalice rougit de couvrir de sa couleur pourprée celui qui, en versant son sang pour la foi catholique, s'était revêtu d'une couleur plus belle. Valeriano composa beaucoup d'ouvrages de polémique et de traités apologétiques : celui intitulé *De Catholicorum regula credendi* (Prague 1628, Vienne 1641) lui valut l'honneur de plusieurs réfutations, tant de la part des hétérodoxes que de celle des Sociniens.

NOTES ET ÉCLAIRCISSEMENTS

AU DISCOURS X.

(A) Sur les hérétiques qui répandaient alors leur peste dans la Lombardie et dans toute la contrée située au delà du Pô, on trouve de précieux éclaircissements dans deux lettres de Vida, que le chevalier Ronchini a extraites, la première de la bibliothèque palatine de Parme, la seconde des Archives gouvernementales de cette ville, lettres dont voici la teneur :

Au révérendissime seigneur, mon très-honoré seigneur le cardinal Contareno.

Cum vidissem in tota fere transpadana regione antiquissimam Psallianorum (1) hæresim, improborum quorumdam scelere nostris temporibus repetitam, suscitari, literis statim Paulum III Pont. Max. admonendum duxi; si forte, dum malum adhuc est recens, occurrere vellet. Quod autem hic audio tibi, Contarene pater amplissime, curæ esse, ut quæ spectant ad rem sacram omnia e religione fiant dicanturve, neu quis quippiam contra sanctorum patrum placita moliatur, teque huic negotio in primis summi pontificis creto de ejus sacri senatus sententia præfectum fuisse, tibi literarum ipsarum exemplum transmittimus, ut videas an ea quæ scribimus sint alicujus momenti, et tanti pontificis animadversione digna. Leges igitur prius tu quicquid id est; et si quid ad rem facere videris, literas reddendas curabis. Quia vero etiam fortasse pluribus verbis egi quam par erat in re adeo clara; si tibi longiuscula epistola videbitur, judicaverisque habendam rationem pontificis ætatis jam, ut videor videre, in gravescentis, brevi tu coram rem explicabis. Deinde mihi ut quam primum rescribatur operam dari velim, simulque abs te mihi ignosci, quod, non multa mihi tecum familiaritate intercedente, ad te, ista gravitate, dignitate ac doctrina virum, tam familiariter scribere ausus sim : quod tu boni

(1) Macri parle des *Psallii* ou *Precatores* dans le *Hierolexicon*.

consulas te etiam atque etiam rogo. Vale, et Vidam tui observantissimum dilige. Cremonæ, calendis febr. MDXXXVIII.

Tui observantissimus famulus
Hier. Vida, Albæ episcopus.

« A mon très-révérend et très-honoré seigneur Marcello (1), secrétaire particulier de Notre Saint-Père.

« Dans ces contrées et en Lombardie, les erreurs des modernes hérétiques sont en train de prendre une grande extension : certes, je ne parle pas de mon diocèse qui, par la grâce de Dieu et par un vigoureux bref que Sa Sainteté dans sa bonté a bien voulu m'accorder la première année de son pontificat aussi bien contre les exempts que ceux qui ne le sont pas, s'est conservé intact. Je dis que l'état des choses est arrivé à un point qui dépasse toute mesure; et si l'on n'y pourvoit, je vois qu'une ruine complète est imminente. Ces jours derniers, j'étais allé à Asti pour rendre visite au marquis del Vasto; je m'entretins avec lui de la mauvaise influence exercée par certains prédicateurs, qui, dans divers endroits, ont eu la hardiesse de prêcher une doctrine pernicieuse et en contradiction avec le sentiment universel des anciens Pères, et cela au grand préjudice des âmes des fidèles chrétiens. A cet entretien se trouvait aussi M. Jean-Baptiste Speciano, sénateur de Milan et capitaine général de justice, homme de bien par excellence et bon catholique, qui me promit, malgré ses nombreuses occupations, d'aller aux sermons pour exercer une surveillance et aviser aux graves inconvénients qui pourraient s'y révéler : si ce projet s'exécute, ce sera, j'en suis persuadé, un moyen puissant pour arrêter cette peste d'hérésie, à cause de son autorité suprême et du pouvoir qui lui appartiennent. Il est vrai qu'il lui reste quelque scrupule dans l'esprit, parce que, comme il s'agit d'une matière purement ecclésiastique, il arrive souvent qu'on y fait quelque démonstration contre les hérétiques; mais comme on les livre au juge ecclésiastique pour être jugés, on les voit tout à coup relaxés sans autre correction, sous prétexte qu'ils se sont repentis et amendés, et que ce ne sont pas des relaps. Je retournai ensuite à mon siége épiscopal, où, en méditant longuement sur ces choses, j'eus la conviction que ces sectaires n'ont pas été entraînés dans l'hérésie par le fait d'une erreur, mais de propos délibéré, et que, non contents d'agir en hérétiques parce que tel est leur sentiment, ils emploient tous les moyens possibles pour ar-

(1) Marcello Cervino, qui devint pape.

river à détruire la vie chrétienne; sans compter qu'ayant soif du sang des catholiques, ils vont même jusqu'à ourdir contre nous des complots armés. En résumé, me disais-je, il n'y eut jamais de secte si pernicieuse; aussi, à mon avis, devrait-on procéder contre les adhérents avec une plus grande sévérité, et ne pas leur fournir l'occasion de faire pis encore, en leur pardonnant sous le prétexte d'un faux repentir. Si je parle d'hommes au faux repentir, c'est que j'en ai acquis bien des fois la preuve : ils ressemblent à ces oiseaux qui sont une fois tombés dans le filet : ils ne changent pas leurs habitudes, mais ils sont beaucoup plus *prudents*, craignant de tomber une autre fois dans le filet; et avec une vraie astuce de serpent, ils répandent d'une manière ténébreuse tout leur venin, et font cent fois pire qu'auparavant. Pour obvier à un si grand mal, on a conservé en France l'usage de condamner à mort et au bûcher tout individu qui est pris en flagrant délit d'hérésie, et on n'attend pas qu'il retombe une seconde fois sous le coup de la justice; aussi est-ce à cette mesure qu'il faut attribuer la présence très-rare d'hérétiques dans ce pays. Si l'on observait cet usage en Italie, l'hérésie ne serait pas si dangereuse et ne se propagerait pas autant, tandis que chaque jour elle va faisant de nouveaux ravages par suite d'une impunité sans exemple et d'une licence extrême de commettre le délit. Selon moi, il ne serait point du tout hors de propos de faire une constitution très-sévère contre les hérétiques, comme on en fit au temps d'Innocent IV dans le *Concilio Lugdunense*, contre ceux qui commettaient des homicides en soudoyant des assassins. Suivant cette constitution, l'homme convaincu d'un pareil crime devait être considéré et signalé par tout le peuple chrétien comme un ennemi de la religion, et chaque seigneur devait pouvoir, sans autre sentence, le punir de mort. Il me semblerait qu'une telle mesure devrait paraître opportune à Sa Sainteté, elle qui dans son pontificat en a déjà réalisé tant d'autres qui lui ont fait beaucoup d'honneur, et qui n'avaient pas été tentées par les pontifes ses prédécesseurs.

« Que si cependant Sa Béatitude ne voulait pas prendre une mesure publique et générale, il me paraîtrait fort à propos qu'elle fît choix en Italie de quelques personnes séculières, j'entends des personnes d'une bonne renommée et de bons catholiques, à qui elle donnerait plein pouvoir d'exercer le droit de punir tous les hérétiques convaincus (qu'ils fussent relaps ou non), en les obligeant seulement à communiquer leur décision à l'évêque du diocèse, par respect pour lui. S'il ne convenait pas à Sa Béatitude d'étendre cette mesure partout, assurément son application serait du moins nécessaire en Lombardie et dans les provinces du Piémont. Dans le cas où cette proposition lui agréerait, elle ne pourrait pas trouver d'homme plus propre à remplir cette mission dans ces provinces que celui dont j'ai fait mention ci-dessus, car c'est un docteur et de plus un sénateur érudit, un capitaine général de justice, qui jouit d'une grande autorité. Quant à son intégrité et à ses vertus, Sa Béatitude pourrait faire prendre des informations par le révérendissime cardinal de Veruli, qui a eu pendant fort longtemps des relations dans le duché de Milan. J'ai ouï dire qu'un pareil pouvoir avait été conféré jadis au marquis de Saluces : il avait fait naître un si grand effroi dans ces contrées, qu'après avoir puni seulement deux ou trois hérétiques, on n'en vit plus jamais un seul dans son territoire, bien que les pays environnants en fussent remplis. Si l'on avait eu ce pouvoir, un certain maître Agostino de l'ordre des Servites [1] (je le crois arétin), qui, il y a de cela un an, prêcha impudemment à Crémone mille hérésies, ne serait pas parti sans avoir été puni. Cette année il prêche à Gênes ; mais les Génois ne l'ont pas toléré, et l'ont chassé à moitié de son carême; certes cette mesure ne suffit pas, car une autre année il s'en ira porter ses mauvaises semences ailleurs. Ce prédicateur, outre les indignes blasphèmes qu'il n'eut pas honte de débiter dans ses sermons à Crémone contre Dieu et contre les saints, était tout entier occupé à saper dans ses bases le pouvoir ecclésiastique et celui du souverain pontife. Il en vint à ce point, qu'il tenta de provoquer une sédition, en persuadant au peuple qu'il était licite d'aller dans les demeures des prélats ecclésiastiques, de les dépouiller, grâce à l'effervescence populaire, et d'emporter autant de grain et d'autres objets qu'il pourrait.

« Pour remplir mon devoir il m'a semblé ne pouvoir faire à moins, que de porter ces faits si dangereux à la connaissance de Notre-Seigneur (le pape), afin qu'il prît telle mesure qu'il jugerait convenable. Votre Seigneurie voudra donc bien communiquer d'abord le tout à notre révérendissime et illustrissime seigneur et maître (le cardinal Farnèse), qui, je le sais, s'est déjà occupé de ces sortes d'affaires, et en parler en temps opportun avec Sa Béatitude. Que si vous ne pouviez faire autrement de lui nommer la personne qui vous a envoyé ces informations, nommez-moi, mais avec tant de précautions, que Sa Sainteté ne me croie ni un

[1] Il s'agit sans doute ici de maître Augustin Bonucci d'Arezzo, qui en 1542 fut général des Servites, et dont il est parlé dans les *Annali dei Servi di Maria*, tome II, pag. 131 de l'édition de Lucques de 1721.

présomptueux, ni un inepte, parce que je me serais arrogé le droit de prescrire les moyens auxquels on devrait avoir recours dans des choses de tant d'importance. Le zèle de la foi et le dévouement que j'ai toujours porté au Saint-Siége ont été les seuls mobiles de ma conduite.

« Je baise les pieds de Sa Sainteté, et les mains à notre très-révérend et très-illustre maître, et je me recommande à votre seigneurie.

« Fait à Alba, le XXVII mai MDXXXIX.

« Si Notre Seigneur ordonnait d'expédier le Bref au nom de Jean-Baptiste Spetiano, je prie Votre Seigneurie de le faire remettre à mon agent. Comme j'ai appris, par des nouvelles toutes récentes, que monseigneur illustrissime et révérendissime doit se rendre en Espagne, veuillez en son absence communiquer l'objet de ma lettre à Sa Béatitude.

« De Votre Seigneurie

le très-humble serviteur,
Hier. Vida, évêque d'Alba. »

Suit le projet d'un *Bref* que Vida proposait à la cour de Rome.

Paulus PP. III.

Dilecte fili, salutem et apostolicam benedictionem.

Cum, sicut ad nostrum displicenter pervenit auditum, in partibus Lombardiæ ac totius fere Galliæ Cisalpinæ, scelere et culpa quorumdam diversorum ordinum verbi Dei prædicationis officium sibi assumentium, magis ac magis recentium hæreticorum hæreses quotidie invalescant, multique eorum exemplo non pertimescant serere ac spargere perniciosa in suarum et aliorum Christi fidelium animarum periculum, atque in Dei et ejus sanctorum, nec non hujus sacrosanctæ sedis nostræ contemptum, sacros canones et sanctorum Patrum constitutiones ludibrio habentes, nituntur que in populo christiano, quantum possunt, seditiones commovere, ac totis viribus simplicium atque imperitæ multitudinis animos contra dictam sedem concitare non desinant; nos, ad quos ex commisso nobis desuper pastoralis officii debito pertinet in talibus debitam diligentiam adhibere, præmissis, ne deteriora parturiant, congruentibus remediis occurrere desiderantes, tibi, de quo in iis et aliis specialem in Domino fiduciam habemus, quique, ut accepimus, in ducatu Mediolani, atque in dictæ Galliæ Cisalpinæ plerisque regionibus potestate tibi a Cæsare contra delinquentes puniendos tradita plurimum polles, fideique atholicæ propugnator ac vindex strenuus semper extitisti, ac devotione quadam præcipua erga dictam sedem nostram teneris, per præsentes, auctoritate apostolica, motu proprio et ex certa scientia committimus et mandamus quatenus omnes et singulos utriusque sexus tam laicos et seculares, quam ecclesiasticos et quorumvis Ordinum regulares, cujuscumque dignitatis, status et conditionis, ac quovis exemptionis privilegio muniti fuerint, in præmissis culpabiles, hæresis videlicet labe aspersos, seu suspectos, eisve auxilium, consilium et favorem quomodolibet præstantes, nemine irrequisito, persequi, capere ac detineri facere possis ac debeas, eosque deinde, ad Dei laudem et bonorum exaltationem et perversorum exemplum, juxta canonicas sanctiones debitis pœnis compescere auctoritate nostra procures, requisito tamen ac tecum talibus examinandis ac condemnandis adhibito loci illius episcopo, seu ejus vicario, ubi talia contigerit perpetrari. Quia vero propter nimiam levitatem, qua judices ecclesiastici agere solent contra hujusmodi deprensos, sæpius contingit improbis majorem delinquendi causam atque occasionem præberi, cum quisque malus, spe facilis veniæ, confidentius ad malum invitetur, sæpiusque contingit hujusmodi perversos, prætextu falsæ pœnitentiæ, quam ecclesiæ constitutionibus illudentes preseferunt, ut mortem, atque alias pœnas evadant, pejores ac magis perditos fieri, magisque perniciosa audere, atque moliri, eadem auctoritate committimus ac mandamus ut, si eos qui in hujusmodi crimine deprehensi fuerint tu una cum dicto diocesano tales esse inveneritis, quod sine periculo eis parci nos possit, quod scilicet non tantum hæretica labe inquinati sint, sed insuper factiosi et seditiosi in populo christiano catholicorum ac bonorum sanguinem sitientes, ac dictæ sedis nostræ ruinam inhiantes quotidie nova moliantur, non exspectes donec iterum deprehendantur, sed tu eos tunc primum etiam juxta legum imperialium severitatem, tamquam religionis hostes, a toto populo christiano diffidatos, digna animadversione punias; mandantes in virtute sanctæ obedientiæ venerabilibus fratribus nostris archiepiscopis, episcopis, ac aliis ecclesiarum prælatis ut, quoties in præmissis in eorum diocesibus a te requisiti fuerint, operam et interventum suum non denegent, sed etiam auxilium, consilium, favorem opportune præbeant, non obstantibus præmissis ac quibusvis apostolicis, nec non in provincialibus et sinodalibus conciliis editis generalibus vel specialibus constitutionibus et ordinationibus, privilegiis quomodocumque indultis, et literis apostolicis etiam in forma Brevis, etiam motu simili, et ex certa scientia, ac de apostolicæ sedis potestatis plenitudine, etiam super exemptione et alias quomodolibet concessis, approbatis et innovatis, quæ adversus præmissa nullatenus suffragari posse, sed eis omnino derogari ac derogatum esse volumus, ac si de eis expressa mentio de verbo ad verbum hic facta foret, ceterisque contrariis quibuscumque. Datum Romæ etc.

A tergo : Dilecto filio Jo. Baptistæ Spetiano cæsareo senatori, ac justitiæ in ducatu Mediolani capitaneo generali.

Nota (écrit en entier de la main de Vida). — Ce projet a été rédigé pour servir d'instruction : il appartient à un homme pratique de lui donner la forme consacrée en pareille matière.

DISCOURS XI[1].

Clément VIII. — Philosophie nouvelle. — Bruno. — Campanella. — Vanini. — Ferrante Pallavicino.

Trois papes se succédèrent en peu de mois de 1590 à 1591 : Urbain VII, Grégoire XIV, Innocent IX. Son successeur Clément VIII, intronisé en 1592, mort en 1605, d'une merveilleuse activité, d'une grande persévérance, d'une circonspection exempte de fourberie et de toute espèce de bassesse, était un administrateur consommé et jaloux d'exercer le pouvoir par lui-même. Par sa prudence, par son habileté et son esprit de temporisation il menait à bonne fin ce qu'il n'avait pu obtenir d'emblée. Il résista à l'ambition des Médicis aussi bien qu'aux prétentions de l'Espagne, et parvint à rétablir l'accord entre elle et la France, à détacher Henri IV de l'Angleterre et de la Hollande, à recouvrer pour le saint-siége le duché de Ferrare, et à préparer une grande expédition contre les Turcs. Il eut la consolation de recevoir les envoyés du patriarche d'Alexandrie qui abjurait l'Eutychianisme, et des Grecs de Pologne, qui passaient de l'Église ruthène à l'Église romaine (1595) : il s'adonna à l'étude de l'inépuisable question de la Grâce, et mit

(1) Il y a dans ce chapitre beaucoup d'additions et de changements qu'on ne trouve point dans le texte italien; l'auteur nous les a envoyés directement, et nous nous empressons de lui en témoigner notre reconnaissance.

un frein à cette controverse. Il traitait en personne et non sans bonté avec les hérétiques et avec les philosophes. Le naturaliste Cesalpino, quoiqu'ayant la réputation d'athée, avait vécu à sa cour et reçut de lui la permission de lire les livres de botanique composés par des Protestants; Patrizzi, philosophe indépendant, fut aussi appelé à Rome par son ordre. Il est vrai qu'en avançant en âge le pape se montra plus sévère, obligea ce dernier à se *rétracter*, et mit à l'Index les œuvres de Bernardin Telesio.

Dans la bulle du 25 juillet 1596, il disait : « Nous avons « appris avec la plus grande peine que beaucoup de fidèles, « sortant des différentes parties d'Italie leur patrie, où la « vraie et sainte religion catholique et apostolique est en « vigueur et publiquement prêchée, s'en vont en de loin- « tains pays, où non seulement serpente impunément « l'hérésie, mais où la pratique publique de la religion « catholique est interdite, en sorte que même les per- « sonnes fidèles y sont privées de la messe et des sacre- « ments. Désirant autant qu'il est en notre pouvoir obvier « à ces maux et à d'autres, nous faisons défense à tout « Italien, marchand ou de quelque condition qu'il soit, « sous aucun titre ou prétexte, d'habiter ou de séjourner « dans un lieu où il n'y aurait pas d'église desservie par « un curé ou un prêtre catholique, et où l'on ne pourrait « pas publiquement et sans danger célébrer la messe et « les offices divins; nous enjoignons en outre aux Italiens « de ne pas se marier avec des femmes hérétiques, de ne « pas se faire inhumer dans les cimetières d'hérétiques, « de ne pas donner pour parrains à leurs enfants des « hérétiques, et autant que possible de ne pas se « servir de leurs médecins. Lorsque ensuite ils rentreront « dans leur patrie, ils notifieront leur retour à l'évêque

« et aux inquisiteurs, qui devront leur faire une sé« rieuse admonition, afin qu'ils aient même à observer « les pratiques de l'Église et à fuir la compagnie des dis« sidents; ils fourniront en outre la preuve qu'ils se sont « au moins une fois l'an approchés des sacrements de « pénitence et d'eucharistie, faute de quoi ils seront punis « par les inquisiteurs. »

Cette bulle fut confirmée par Grégoire XV, qui en promulgua une autre contre les hérétiques demeurant en Italie et contre leurs fauteurs.

Giordano Bruno et le panthéisme à cette époque.

Le pontificat de Clément VIII est mémorable par le procès de Giordano Bruno, qui eut un grand retentissement. Dans les théories de la pensée on avait perdu le respect pour la scolastique, soit pour suivre les Platoniciens théistes et les Néo-Platoniciens panthéistes, dont les uns vantaient l'unité de Plotin, les autres la trinité rationnelle, quelques-uns la transfusion finale des choses en Dieu; soit pour s'émanciper de l'autorité, et par la méthode expérimentale et par l'induction essayer d'implanter des théories nouvelles, accompagnées de ces excentricités que certaines personnes considèrent comme du génie. Bernardin Telesio de Cosenza (1509-88) admettait trois principes, savoir : deux incorporels, la chaleur et le froid; un autre corporel, la matière, et il les faisait non-seulement actifs mais intelligents et capables de percevoir leurs propres actes et leurs impressions mutuelles : c'était, suivant lui, de leurs combinaisons qu'étaient nées les choses. Nous avons dit que ses œuvres furent prohibées par Clément VIII, et ce ne fut pas sans raison, puisqu'il enseignait *quod animal universum ab unica animæ substantia gubernetur*. En effet toutes les théories de cette époque aboutissaient au panthéisme; mais quant à Telesio, il n'en tire pas les conséquences proclamées par Marsile Ficin, qui disait *Deus fieri satitur*, et il se montre tout autre que panthéiste; notre intention n'est pas de justifier ses interprétations, mais simplement de les expliquer.

Certain physiologiste ou taxologiste reconnaît que tous les êtres, à quelque règne qu'ils appartiennent, sont *animés* : les minéraux ont une vie latente de continuité; les végétaux une vie d'excitation; les animaux une vie *d'instinct*; c'est pourquoi ces trois dernières catégories d'êtres sont non-seulement des êtres *animés*, mais des *animaux*.

La cristallisation, avec ses accidents merveilleux, atteste dans les molécules des minéraux pour prendre une forme et constituer une individualité, une force analogue à la force plastique des germes végétaux, et qui n'est autre que le principe vital, ayant comme force subsidiaire indispensable l'éther, qui cependant ne tend point à former, mais bien à dissoudre. En ce sens, et suivant une doctrine maintenant abandonnée, Fusinieri prétendait que « tout l'univers sensible est en combustion ». En effet, toute action vitale a pour objectif la matière : cette action implique un travail; le travail implique une combinaison ou une décomposition chimique, et partant une combustion; en sorte qu'on peut dire que l'univers tout entier est en combustion, ou que, suivant les théories modernes, il est en mouvement : ainsi partout et en toutes choses est le souffle de la vie. Est-ce là ce qu'entendait Giordano Bruno?

Les Œuvres de Giordano Bruno, pour la première fois recueillies et publiées par Adolphe Wagner (Leipsick, 2 vol. 1830), sont précédées d'une vie de ce philosophe, dans laquelle l'éditeur mentionne tous ceux qui auparavant avaient écrit sur lui, et fait voir quelles erreurs ils avaient commises. Cependant M. Wagner n'est pas plus xact, et des documents tout récents ont fait mieux connaître les circonstances de cette vie.

Bruno naquit à Nole, en 1548, de Jean et de Fraulissa Savolina, et fut baptisé sous le prénom de Jean, qu'il échangea plus tard contre celui de Giordano, lorsqu'il se fit moine. Il parle souvent de sa patrie et de son enfance. Il entra chez les Dominicains de Naples à l'âge de quinze ans, mais un jour il se défit de toutes les images des saints, et ne conserva que celles du Christ : de plus, il dit à un frère qui lisait les sept allégresses de la Madone : « Ne recueillerais-tu pas plus de fruit en lisant les vies des saints pères? » On pouvait dès lors entrevoir ses idées, qu'il développa après avoir reçu la prêtrise en 1572, idées qui tenaient de près à l'arianisme; c'est à cause d'elles qu'on lui fit un procès. Il s'enfuit donc de là à Rome; mais, caressant le projet d'opposer à toutes les religions positives une religion philosophique, et se berçant de l'espoir « de voir un siècle nouveau et attendu par lui avec tant d'impatience, où les divinités seront confinées dans l'enfer, et où cesserait la peur des peines éternelles », il fut bientôt en butte à une nouvelle accusation, en sorte que, pour éviter le péril et « ne pas être contraint de se soumettre aux pratiques d'un culte superstitieux », il jeta le froc aux orties, se réfugia d'abord à Gênes, puis en Piémont et ailleurs; il sortit enfin d'Italie par le mont Cenis en 1576, comme l'enfant prodigue (ainsi parle-t-il de lui-même), pour y rentrer plus tard.

Il arrivait à Genève à l'heure même où venait d'y mourir François Da Porta; mais il n'avait de commun avec les disciples de Calvin, mort peu auparavant, avec De Bèze et les réfugiés d'Italie, que l'aversion pour Rome. Bien décidé à résoudre par ses propres forces les problèmes qui tourmentent l'humanité, il ne put courber la tête devant l'intolérance religieuse, qui devenait aussi une intolérance philosophique en faveur des doctrines d'Aristote. A Prague, il dédia cinquante thèses de géométrie à l'empereur Rodolphe II, qui le récompensa par un don de 300 thalers (1577). A Toulouse, qu'on appelait la Rome de la Garonne, Bruno prend le grade de docteur et fait beaucoup de bruit avec ses doctrines : il vient ensuite à Paris en 1579, et prend part à ce *Galliæ tumultus*, né d'une cause religieuse. Il prodigue à Henri III de serviles adulations, ainsi qu'à la Sorbonne, où il donne des leçons publiques et particulières; il y proclame dans une controverse solennelle son système de logique universelle, qui a une certaine analogie avec l'*Art* de Raymond Lulle (A.).

Persécutions en Angleterre. Rizzio et Marie Stuart.

Il reçut un meilleur accueil en Angleterre, où il passa trois années chez Michel Castelnau, ambassadeur d'Henri III, et là il fit imprimer la plupart de ses œuvres. Le trône était alors occupé par Élisabeth, et les prospérités politiques de son règne jetèrent un voile sur les persécutions dont elle se souilla, persécutions plus odieuses et plus calculées que celles d'Henri VIII, qui, *pour abolir la diversité d'opinions*, avait multiplié les crimes d'État, accumulant sur la même tête les châtiments édictés contre la trahison et ceux portés contre l'hérésie. Comme le pape avait refusé de reconnaître le divorce de ce monarque, il s'ensuivait qu'Élisabeth était considérée comme une bâtarde, ce qui explique la haine personnelle qu'elle nourrissait contre le pontife et contre les catholiques. Toutefois il est faux que le pape ait voulu exploiter contre elle cette cause de déconsidération; bien au contraire, Pie IV chercha tous les moyens de la calmer, et lui envoya Vincent Parpaglia, homme de talent, et favorablement connu de la reine pour avoir demeuré en Angleterre sous le règne précédent. Le légat devait porter à Élisabeth une lettre toute affectueuse, et lui promettre au nom du pape, non-seulement tout ce qui pourrait contribuer au salut de son âme, mais encore tout ce qu'elle pouvait désirer pour affermir l'autorité royale en sa personne, conformément au ministère que Dieu lui avait confié. « Si vous rentrez dans « le giron de l'Église, ainsi que nous le souhaitons et que « nous l'espérons, nous serons prêt à vous recevoir avec « l'amour et la joie avec lesquels le père de famille cité « par l'Évangile reçut à son retour son cher fils; et cela « d'autant plus que vous ramènerez par votre conversion « tout le peuple anglais. »

Le légat ne put pas même arriver en Angleterre : Cécil et les autres conseillers d'Élisabeth se chargèrent de réveiller ses rancunes et d'épouvanter son ambition; aussi vit-on éclater une persécution, à laquelle surent héroïquement résister quelques catholiques, qui donnèrent à l'Église une nouvelle série de martyrs (B.). Roi et parlement sanctionnèrent des lois d'une intolérance comme on n'en vit jamais dans un pays catholique, et qu'il fait bon rappeler maintenant qu'elles sont abolies dans ce pays, tandis qu'on les implante ou qu'on les invoque à l'heure présente dans des pays catholiques au nom de la négation et d'une mensongère liberté. Il était fait défense à tout ecclésiastique d'employer un autre rituel que le rituel anglican, sous peine d'un emprisonnement à vie, qui frappait également celui qui prenait part à des prières ou recevait des sacrements selon un rit différent; il y avait peine de mort pour les traîtres, et la confiscation des biens pour tout individu qui défendait la juridiction spirituelle d'un prélat étranger; incapacité d'occuper toute espèce d'emploi pour tous ceux qui refusaient de reconnaître la suprématie spirituelle du roi. Quiconque fait sortir quelqu'un de l'anglicanisme et l'attire à l'Église romaine est coupable du crime de trahison; celui qui ne le dénonce pas est déclaré son complice. L'assistance à la messe emporte une amende de deux cents marcs et douze mois de prison. Quiconque, étant parvenu à l'âge de seize ans accomplis, n'assiste pas aux offices anglicans, devra payer vingt livres sterling par mois; deux cents, s'il persiste dans son abstention, et la prison : bien plus, on finit par ajouter à ces pénalités l'exil et la confiscation. Tout prêtre qui entre dans le royaume doit être considéré comme un traître, et envoyé au supplice. L'édit prescrivait en outre d'adresser la déclaration contre le papisme à tous les papistes, qui devaient la signer, sous peine de l'exil ou de la prison à vie.

Il y avait cent livres sterling de récompense pour celui qui arrêtait un prêtre ou un évêque papiste, ou l'aurait convaincu d'avoir célébré la messe, ou fait quelque autre acte de ce culte[1].

Aux souvenirs d'Élisabeth et de sa grande rivale et victime, Marie Stuart, se rattache le nom de David Rizzio. Cet homme, originaire de Turin, vint à Édimbourg à la suite du comte de la Moretta, représentant de la Maison de Savoie près la reine Marie Stuart : il sut gagner les bonnes grâces de la reine, entra à son service en qualité de secrétaire et l'encouragea à persévérer dans la religion catholique. C'est pourquoi Rizzio portait ombrage au parti protestant, qui désirait la domination de l'Angleterre sur l'île tout entière; pour le perdre, ce parti com-

(1) Voir le *Statute Boock* aux années 1548, 1551, 1558, 1563, 1581, 1595, 1688 et 1700, ainsi que les commentaires de Blackstone, lib. IV, c. 8, et leurs applications dans toutes les histoires anglaises.

mença à le calomnier, disant qu'il était l'amant de la reine. Soit qu'il ajoutât foi à cette calomnie ou non, Henri Darnley, son époux, d'accord avec les hétérodoxes, permit au duc de Rothsay et à Ruthwen de poignarder Rizzio, qui s'était réfugié en vain, pour éviter le coup fatal, derrière la reine, alors enceinte. Il y eut un déluge de romans et de tragédies sur les adultères de l'infortunée Marie Stuart, elle, la plus belle reine d'Europe, tandis que Rizzio était nain et contrefait : Ruthwen déclara lui-même qu'il l'avait assassiné, parce qu'il était fauteur du catholicisme[1]. C'est ainsi qu'en faussant l'opinion on préparait l'assassinat légal de Marie Stuart, dont devait se souiller la superbe Élisabeth.

Giordano Bruno prodigue à Élisabeth des adulations de rhéteur ; il l'appelle « l'incomparable Diane, qui joue chez nous le même rôle que le soleil parmi les astres. » A Oxford, il soutint l'immutabilité de l'âme et le mouvement de la terre, qui était alors repoussé dans la patrie de Newton ; mais cette université était opposée, elle aussi, aux libres élans de l'imagination, en sorte que Bruno

(1) Un des plus fanatiques écrivains de notre temps, J. M. DARGAUD (*Hist. de Marie Stuart*, Paris, 1850), avoue que l'assassinat de Rizzio fut prémédité, parce qu'on sentait « qu'il annulait la reine et ses « alliés, les catholiques et le catholicisme, en même temps qu'il « allait redonner vigueur à la Réforme, en cimentant l'alliance an- « glaise » : il l'appelle « une entreprise qui devait être le triomphe « cruel de la Réforme sur l'Église, du parti protestant sur le parti « catholique, de Knox et du Nord sur le pape et sur le Midi. » Knox était l'apôtre de l'Église écossaise, et Dargaud assure qu'ayant été consulté par les conjurés sur l'assassinat, « il rassura leurs consciences « déjà si hardies. L'esprit du rigide docteur souffla sur eux, non pour « les détourner du crime, mais pour les y précipiter. Il les y prépara, « comme à une sainte entreprise, par la prière et par le jeûne... ; de « sa main d'apôtre, il mit à l'assassinat le sceau religieux de son ca- « ractère et de son nom. »

ne put y rester. S'étant rendu en Allemagne, il s'arrêta quelque temps à Wittemberg, jadis le grand théâtre de Luther et de Mélanchton, et où ce dernier avait remis en honneur les doctrines d'Aristote. Bruno vante la tolérance que ces professeurs avaient même vis-à-vis lui, bien qu'il ne professât point leur foi[1]; et il exalte sans mesure Luther. « Le vicaire du tyran de l'enfer, renard et lion, armé des « clés et du glaive, de ruse et de force, de finesse et de « violence, d'hypocrisie et de cruauté, avait infesté l'u- « nivers d'un culte rempli de superstitions et d'ignorance « brutale sous le titre de sagesse divine, de simplicité « chère à Dieu. Personne n'osait s'opposer à cette bête « sauvage et vorace, lorsqu'un nouvel Alcide apparut pour « réformer un siècle plein d'indignités et pour ramener « l'Europe dépravée à un état plus pur et plus heureux : « Alcide supérieur à l'Alcide antique, parce qu'il a accom- « pli de plus grandes choses avec de moindres efforts, « parce qu'il a tué un monstre plus puissant et plus dan- « gereux que les monstres antiques; sa massue fut la « plume. Et d'où est venu ce héros, sinon des rives fleuries « de l'Elbe ? C'est ici que le cerbère à trois têtes, c'est-à- « dire à la tiare, fut retiré du ténébreux enfer, contraint « de regarder le soleil en face, et de vomir son venin...... « Tu as vu la lumière, ô Luther, tu as entendu l'esprit divin « qui t'appelait, et tu lui as obéi; faible et sans armes, « tu as couru au devant de l'épouvantable ennemi des « grands et des rois; et, couvert de ses dépouilles, tu es « monté au ciel[2]. »

Ces éloges ampoulés à l'adresse de Luther ne signifient

(1) *Non vestræ religionis dogmate probatum*. De lampade combinatoria.

(2) *Oratio valdictoria.*

pas grand chose pour qui a lu les panégyriques nauséabonds que Bruno a semés tout le long de son voyage. Pourtant la légende populaire dit qu'il avait fait à Wittemberg l'éloge du démon, et qu'il avait pactisé avec lui. En effet il avait souvent parlé du démon avec une familiarité qui devait scandaliser, à une époque où tout le monde en avait peur. Il l'appelait un *homme de bien*, il le reconnaissait comme un habile, pour avoir montré à Jésus-Christ les royaumes de la terre, non pas du fond de l'antre de Trophonius, mais du sommet d'une montagne; et il espérait qu'il y aurait pour les démons aussi chance de salut, car il est impossible que Dieu reste éternellement implacable, et qu'il n'y ait place pour eux dans un monde parfait[1]. Qui sait même si, par cet éloge du démon, il n'a pas voulu seulement faire un essai de subtilité dialectique et oratoire? On a tort de prétendre qu'il s'est fait luthérien, parce que dans l'*Oratio consolatoria habita in illus. Academia Julia* de Helmstædt, il dit avoir été *ad reformationis ritus exhortatus*.

Effectivement, Giordano Bruno prêcha avec un zèle d'apôtre dans les diverses Universités et Cours d'Europe la théorie de Lulle, le système du monde selon Pythagore, le panthéisme de l'école d'Élée, voilé sous des formes néo-platoniciennes. Tantôt applaudi, tantôt excommunié, ne sachant pas se conformer aux doctrines légales, il est toujours en mouvement et en bataille avec ses rivaux, avec les calvinistes à Genève, où pourtant il ne resta que deux mois; avec les catholiques à Toulouse et à Paris. Toujours jaloux de la liberté de philosopher, il ne reconnaît dans cette sphère aucun point d'arrêt, et se laisse

(1) BARTHOLOMESS. *J. Bruno*, I, 161.

entraîner par un orgueil trop souvent ridicule[1]. Il se vantait d'avoir été banni de sa patrie pour ses honnêtes propositions et ses études à la recherche de la vérité, études auxquelles il devait au contraire l'avantage d'être admis chez les étrangers au droit de cité; en Italie, il était exposé à la gueule vorace de la louve romaine; à l'étranger, il était libre; dans sa patrie, il eût succombé aux violences des tyrans; ici il vit grâce à la justice et à la bienveillance d'excellents princes. Souvent il se plaint, ainsi que l'ont dû faire tous les Italiens, des persécutions et des jalousies de ses concitoyens. « Il fallait que je fusse un « esprit véritablement héroïque pour ne pas renoncer à « la lutte, pour ne pas me désespérer, et pour ne pas m'a- « vouer vaincu en face de ce rapide torrent de criminelles « impostures; voilà ce qu'ont déchaîné contre moi l'envie « des ignorants, la persécution des sophistes, les diffa- « mations des malveillants, les murmures des valets, les « chuchotements des mercenaires, les contradictions des « domestiques, les soupçons des gens stupides, les chi- « canes des espions, le zèle des hypocrites, les haines des « barbares, les furies de la plèbe, les fureurs populaires, « les lamentations de ceux que j'avais fustigés, et les « vociférations de ceux que j'avais châtiés. »

Doctrines de Giordano Bruno.

Au fond de cette doctrine, qui répond au caractère ontologique de la pensée italienne, on découvre que Bruno était un panthéiste : il faisait du monde un être animé par une intelligence partout présente, cause première non pas de la matière, mais de toutes les formes que la matière peut revêtir, formes vivantes dans toutes les choses, bien qu'elles ne paraissent pas vivre.

(1) Voir son adresse à l'Académie d'Oxford.

Sa doctrine se révèle particulièrement dans la *Cène des Cendres*, et dans ses livres intitulés *Causa, principio ed uno* (La Cause, le principe et l'un) et *Infinito, universo e mondi* (l'Infini, l'univers et les mondes). La première réalité est une unité infinie, éternelle, assujettie au multiple et au visible; une identité des contraires, une coïncidence du tout, et hors de laquelle rien ne saurait exister. Dans l'unité se confondent le fini et l'infini, l'esprit et la matière; l'unité est Dieu, essence de toutes choses; entre l'unité *minima* et l'unité *maxima* il n'y a aucune différence. Dieu se fait tout, il est tout ce qui peut être, univers, mondes, monades, nombre, figure[1]; Dieu est la puissance de toutes les puissances, l'acte de tous les actes, la vie de toutes les vies, l'âme de toutes les âmes, l'être de tout l'être. S'il se manifeste dans la pluralité c'est le monde, en sorte que le monde est Dieu, animal saint, sacré, vénérable[2]. La nature, c'est Dieu se manifestant au dehors, et se repliant éternellement sur lui-même; en sorte que nature *naturant* et nature cause *naturée*, c'est tout un, et que toute chose renferme en elle la divinité à l'état latent, divinité qui peut se dilater dans une sphère infinie. Dans l'être, rien ne manque jamais : tout est bon en soi : la mort est une transformation : le mal n'est qu'une apparence.

Chercher comment se concilie le fini avec l'infini, l'idéal avec le réel, la liberté avec la nécessité, c'est à cela qu'il vise; le but qu'il se proposait et qu'il n'a pas at-

(1) Monas tota intima et extima tota;
Omnia substentans graditur super omnia, nempe
Sola ipsa in toto, et totum consistit in ipsa.

(2) *De immenso et innumerabili*, lib. I, c. 13 *Del principio, causa et uno*. Dial. III. *Est animal sacrum, sanctum et venerabile mundus*.

teint, c'était de ne pas volatiliser la matière ou matérialiser l'esprit, mais de réaliser la nature, et de ne pas diviser par la raison ce qui est indivisible selon la nature et la vérité. L'acte le plus absolu et la puissance la *plus absolue* ne peuvent se comprendre que par le moyen d'une négation : aussi, pour connaître les mystères de la nature, est-il besoin de rechercher le plus et le moins, les oppositions et les contradictions, car la différence naît de l'*unité* et retourne à elle. En conséquence, pour conserver cette unité intime qui existe entre la nature et l'âme, Giordano Bruno élimina tout ce qu'il y avait de fini dans l'idée de l'infini; il fit abstraction des conceptions qui n'ont de rapport ni avec le temps, ni avec l'espace, *ni* avec le mouvement, ni avec le repos, sinon en tant que ces catégories de phénomènes se confondent dans *l'univers* et dans l'un. Et l'univers est un, infini, immobile, parce qu'il n'a qu'une seule puissance absolue, un seul acte absolu, une seule âme pour le monde, une seule matière, une seule substance, qui est l'Être très-haut et excellent, incompréhensible, indéterminable, sans limites ni fin, non susceptible de génération ni de destruction. Cet être n'est pas matière, puisqu'il n'a pas de forme déterminée; ce n'est pas une forme, puisqu'il ne constitue point une substance particulière; il n'est pas davantage un composé de parties, puisqu'il est à la fois tout et un. Dans l'univers tout est centre, et le centre est partout, et il n'est dans aucun point de la circonférence, et *vice versâ*.

La substance première et suprême ne peut être perçue, mais on peut percevoir l'âme du monde que Bruno appelle l'ouvrier intérieur, et qui n'est autre chose que l'essence même de l'univers et de tout ce qui y est renfermé. Sa faculté première et réelle est l'intelligence universelle.

Il existe trois sortes d'intelligences : l'intelligence divine, qui est tout; l'intelligence du monde, qui est un fait, et les intelligences particulières, qui deviennent tout. L'intelligence divine est la vraie cause efficiente, non-seulement extrinsèque, mais aussi intrinsèque.

Il existe dans la nature deux genres de substances : l'une qui est forme, l'autre qui est matière; la puissance et le sujet : l'une a la faculté de faire, l'autre celle d'être fait. Dans la nature, quoique variée à l'infini, la forme est une même matière; c'est ainsi que se succèdent graines, herbes, épis, pain, chyle, sang, semence, terre, pierre, etc. Les formes extérieures seules sont sujettes au changement et même à l'anéantissement, parce qu'elles ne sont pas des substances, mais des accidents de celles-ci. Chaque chose est dans toute chose, parce que dans toutes il y a l'âme ou la forme universelle; partant, de tout on peut tirer tout. Considéré au point de vue de la substance, le tout est un. Nulle chose n'est constante, éternelle, à l'exception de la matière, unique principe substantiel, qui subsiste toujours.

Ce principe, nommé *matière*, peut être considéré comme puissance et comme sujet. En tant que puissance, il n'est pas d'objet dans lequel on ne puisse la rencontrer, soit à l'état actif, soit à l'état passif. La puissance passive peut être considérée ou absolument, c'est-à-dire ce qui est ou peut être, et alors elle correspond à la puissance active, en sorte que l'une ne va pas sans l'autre. Chacun l'attribue au premier principe naturel, qui est tout ce qui peut être, et qui ne serait pas tout s'il ne pouvait être tout : partant, en lui la puissance et l'acte sont tout un. L'univers est tout ce qui peut être par les espèces elles-mêmes, et il renferme toute la matière; mais il n'est pas tout ce qu'il peut être par les différences, les modes et les propriétés individuels. Il n'est donc qu'une ombre du premier acte et de la première puissance, et en lui l'acte et la puissance ne sont pas la même chose. Dans l'âme du monde, qui est force et puissance du tout, les choses ne sont pas tout un; et l'objet de toute espèce de philosophie est précisément de connaître l'un dans le tout, le tout dans l'un.

L'entendement ne saisit pas l'infini en lui-même. La vérité se perçoit dans l'objet sensible comme dans un miroir; dans l'ordre rationnel, sous la forme d'argumentation; dans l'intelligence, sous la forme de principe et de conclusion; dans la pensée, avec sa forme propre.

Mais si le monde est fini, et si en dehors du monde il n'y a que le néant, ce monde sera quelque chose d'introuvable. Si en dehors de l'apparence il n'y a rien, ce rien est un vide que l'imagination concevrait plus difficilement que l'univers infini. S'il est bien que le monde existe, il est bien que ce vide soit rempli; conséquemment les mondes seront innombrables : innombrables aussi seront ces individus, grands animaux, dont l'un est *notre* terre. La puissance divine ne peut rester oisive.

Tandis que chacun des mondes infinis est fini, parce que chacune de ses parties est finie, Dieu est tout infini, parce qu'il exclut toute idée de limitation, et il est aussi tout à fait infini, parce qu'il est tout dans le monde tout entier et dans chacune de ses parties. Celui qui nie l'effet infini nie la puissance infinie. L'univers étant infini et immobile, il n'est pas besoin de chercher en dehors de lui son propre moteur : car les mondes infinis contenus dans cet univers se meuvent par un principe interne, par une âme qui leur est propre.

Il y a deux principes actifs de mouvement : l'un fini,

de même que le sujet est fini; l'autre infini comme l'âme du monde. L'infini est immobile; partant, le mouvement infini et le repos infini se balancent. Des corps déterminés ont un mouvement déterminé. Le ciel est un, il contient tout, tout en lui se meut et tourne; les astres infinis n'y sont point cloués, mais ont un mouvement et une direction qui leur est propre; par exemple, notre terre a quatre mouvements : le mouvement animal du centre, le diurne, l'hémisphérique et le polaire.

En cherchant ainsi les rapports entre le fini et l'infini, et le moyen de les ramener à la loi de l'unité, bien loin d'admettre une cause créatrice, Giordano Bruno prétend démontrer que dans l'infini les contradictions cessent et que les contraires s'identifient. A l'imitation de tous les autres panthéistes, il a la prétention de combattre le panthéisme, et de présenter son système comme étant l'unique moyen de l'éviter parce qu'il est « conforme à la vraie théologie[1]. » Et il ajoute : « Nous sommes ainsi excités à « découvrir l'effet infini de la cause infinie, c'est-à-dire « la vraie et vive trace de la force infinie, et nous avons « pour doctrine de ne point chercher la divinité loin de « nous, puisque nous l'avons tout près, que dis-je, au de« dans de nous, plus que nous mêmes ne sommes au « dedans de nous. »

Son *Expulsion de la bête triomphante, proposée par Jupiter, effectuée par le conseil, révélée par Mercure, racontée par Sophie, ouïe par Saulin, enregistrée par le Nolain* (Paris, 1584) fut considérée par certaines personnes comme quelque chose de terrible contre Rome, tandis qu'elle n'est rien de plus qu'une allégorie extravagante pour servir d'intro-

(1) *Præm. epis.* à *la Cène des Cendres.*

duction à la morale. Dans *le Chandelier* il étale de grossières obscénités. Dans *la Cène des Cendres*, il fait allusion à deux autres de ses ouvrages, *l'Arche de Noé*, dédiée à Pie V, et *le Purgatoire de l'Enfer*.

Intolérant, sarcastique, il s'exalte lui-même autant qu'il méprise les autres; il expose comme un dogme ce qui est plus que contesté; il manque de gravité dans les problèmes les plus sérieux, répétant les plaisanteries qui avaient cours sur les choses sacrées, et nommant le Dieu des Hébreux et des Galiléens. Il attaque l'immaculée conception et la transsubstantiation, dogme qui était logiquement incompatible avec son système d'une substance unique : chaque fois qu'il relève une opposition entre la religion et la raison, il s'en tient à cette dernière, maintes fois il met dans la bouche de ses interlocuteurs les opinions les plus étranges, puis il oublie de les réfuter. Il se propose « d'étouffer la terreur vaine et puérile de la mort », parceque, dit-il, « notre philosophie fait tomber le sombre « voile que la folle imagination jette sur l'Enfer et sur « l'avare Caron, sentiment qui nous ravit une des plus « douces illusions de la vie et empoisonne nos jours[1]. »

Parmi tant d'extravagances, on rencontre chez Giordano Bruno de vrais mérites philosophiques, qui l'ont fait comparer à Schelling parce que, comme lui, par l'abstraction il domine les merveilles visibles et invisibles, au point où le créé et l'incrée se confondent. En réalité, Bruno fut un rationaliste deux siècles avant Hégel, auquel il a fourni la célèbre formule de l'identité des contraires[2] : on loue

(1) *La Cène des Cendres*, épître dédicatoire.

(2) « Ce qui ailleurs est contraditoire et opposé, en Dieu est un et identique, et toute chose est en lui la même. » *De la cause, principe et un*. Dial. III.

le philosophe italien d'avoir voulu revendiquer les droits de la raison, qui brûlait de s'émanciper. Mais de son temps on ne distinguait pas l'erreur morale de l'erreur civile. Quiconque connaît le cœur humain et l'histoire ne s'étonnera pas que Bruno, après avoir professé à Brunswich, à Helmstædt, à Francfort, et après une apostasie si patente, ait osé retourner en Italie.

Le Vénitien Jean Mocenigo, désirant apprendre de lui les secrets de la mnémonique, l'invita à venir le voir par l'intermédiaire du libraire Baptiste Crotto, qui se rendait à la foire de Francfort-sur-le-Mein, où Bruno demeurait alors dans le couvent des Carmes. Celui-ci vint à Padoue, où il resta tranquillement pendant deux ans, vivant au milieu de ces fameux Aristotéliciens, quoique étant leur adversaire. De là étant passé à Venise, il fréquentait les réunions qui se tenaient chez André Morosini l'historien ; mais Mocenigo le dénonça comme hérétique au gouvernement, qui le fit arrêter le 23 mai 1592. L'Inquisiteur, au nom du cardinal de San-Severino, vint demander son extradition, « parce « qu'il était accusé non-seulement comme hérétique, « mais comme hérésiarque, d'être l'auteur de plusieurs « livres dans lesquels il exalte la reine d'Angleterre et « d'autres princes hérétiques; d'avoir écrit sur la religion « des choses fort inconvenantes, quoiqu'il prétendît les « avoir dites en philosophe; d'être apostat, comme ayant « abandonné l'Ordre des Dominicains; d'avoir vécu quel- « que temps à Genève et en Angleterre, et d'avoir déjà, « pour ces accusations, subi les poursuites de l'Inquisition « à Naples et ailleurs[1]. »

(1) Note du 28 septembre 1592 existant aux Archives de Venise. On sait qu'à Genève Bruno ne séjourna que deux mois. Fulin, en 1864, a

On refusa de le livrer, et on le garda en prison six ans, pendant lesquels nous pouvons nous figurer ce qu'il a dû souffrir. On lui fit deux procès, et on pourrait attacher quelque importance aux explications qu'il y *fournit sur* sa doctrine, si nous ne savions qu'en pareille occasion un homme, pour se défendre, modifie et atténue ses idées, et que les inquisiteurs vénitiens étaient fort peu en état de suivre le fil de ses raisonnements. Quoi qu'il en soit, il suffira d'ajouter que le *sénat*, conformément au droit international de ce temps, ne crut pas pouvoir résister à de nouvelles instances, et en conséquence le remit entre les mains de l'Inquisition romaine.

Scioppius. Procès de Bruno.

Rome avait alors dans ses murs un fameux érudit allemand, Gaspard Scioppius (Schopp). Né en 1576, à Neumarkt, dans le Palatinat, il avait été attiré à Rome par Clément VIII, et attaché à la personne du cardinal Madruzzi; il avait abjuré le protestantisme pendant le séjour qu'il y fit, convaincu, disait-il, de la vérité du catholicisme par la lecture des Annales de Baronius. Scioppius écrivit des opuscules sur les indulgences, sur le jubilé, sur la suprématie du pape, etc.; dans ses controverses avec ses anciens coreligionnaires, il fit preuve d'un esprit toujours batailleur, et parfois paradoxal. Il défendit Machiavel, accusa Léon Allacci d'avoir soustrait les meilleurs livres de la bibliothèque d'Heidelberg, acquise par le pape; enfin on le crut l'auteur des *Monita secreta Jesuitarum.*

Scioppius avait vingt-quatre ans, lorsque Bruno fut condamné. Dans le récit qu'il fit de cette condamnation à Conrad Rittershausen, recteur de l'université d'Altorf, il lui donne sa parole d'honneur qu'aucun luthérien ou

publié, à l'occasion d'un mariage, quelques documents extraits de l'*Archivio veneto*, concernant Giordano Bruno.

calviniste n'est puni de mort dans la ville éternelle ; qu'il n'y court même aucun danger, à moins qu'il ne soit coupable de récidive ou de scandale, car, dit-il, Sa Sainteté veut que chacun voyage librement dans ses États, et y soit l'objet de la bienveillance et des égards de tous. Il parle d'un Saxon qui avait vécu pendant un an dans l'intimité de Théodore De Bèze, ce qui ne l'avait pas empêché d'être accueilli avec beaucoup de douceur par le cardinal Baronius, confesseur du pape, et de recevoir l'assurance qu'il ne serait point inquiété, pourvu qu'il ne causât aucun scandale. Puis il en vient à expliquer comment Bruno fut poursuivi par l'Inquisition. Un grand nombre de théologiens se rendirent dans sa prison pour essayer de le convertir, entre autres Bellarmin, le cardinal inquisiteur, et peut-être aussi le pape en personne. Bruno chancelait, tantôt niant, tantôt affirmant, et cherchait à traîner l'affaire en longueur, conservant toujours quelque espoir dans les événements. Enfin, le 9 février 1600, l'an du jubilé, il fut conduit devant le palais de l'Inquisition, et là, en présence des théologiens, des consulteurs, de personnages vénérables par leur sagesse, leur âge et leurs connaissances du droit et de la théologie, et des magistrats publics, il entendit à genoux sa sentence, formellement motivée sur les actes de toute sa vie : comme il ne voulut pas se rétracter, on porta contre lui la condamnation qu'il avait méritée, de l'avis de Scioppius, parce qu'il était athée et avait enseigné des balivernes (*nugæ*).

« Si vous étiez en Italie, vous autres chrétiens (dit Scioppius) vous entendriez généralement dire qu'on a brûlé un Luthérien. Mais sachez que les Italiens ne sont pas bien habiles à distinguer les hérétiques entre eux, et qu'ils les appellent tous des luthériens. Du reste Luther, ce cinquième évangéliste, ce troisième Élie, aurait été traité par les Romains absolument de la même manière qu'ils ont traité naguère Bruno. Ces deux monstres n'ont pas enseigné le même genre d'erreurs ou d'horreurs, mais ce qu'ils ont enseigné est également faux et abominable. Luther eût été brûlé pour ses prétendus dogmes et ses oracles, Bruno l'a été pour avoir soutenu toutes les abominations qu'aient jamais enfantées les faux païens et les hérétiques anciens ou modernes. L'un le fut, l'autre l'eût été, parce qu'il n'est pas permis à chacun de croire et d'enseigner ce que bon lui semble.

« L'Inquisition n'accuse pas Giordano Bruno d'opinions luthériennes, mais d'avoir assimilé le Saint-Esprit à l'âme du monde, l'inspiration sacrée à la vie de l'univers : elle lui reproche d'avoir comparé Moïse, les prophètes, les apôtres, le Christ, aux mages, aux hiérophantes, aux législateurs polythéistes, en faisant disparaître toute ligne de démarcation entre le peuple saint et les gentils. Bruno admettait l'existence d'une multitude d'Adams comme d'une multitude d'Hercules; il croyait à la *magie*, ou du moins (car il aimait le paradoxe) *il soutenait* la magie, et il prétendait que Moïse et le Christ s'en étaient servi pour leurs opérations. Si par magie Bruno entendait la connaissance des lois naturelles, l'Inquisition n'avait pas tort de prétendre qu'en l'élevant ainsi à ce rôle, c'était bouleverser la société tout entière, c'était reconnaître à Bélial le pouvoir de saper toute l'Église, c'était attaquer la religion dans les consciences. »

Plusieurs des opinions de Bruno sur la physique parurent si absurdes, que l'Inquisition ne prit même pas la peine de les réfuter; par exemple, celles sur les atomes, sur les monades, sur les taches du soleil; son système de la pluralité des mondes infinis parut un blasphème; et on regarda comme une excentricité choquante tout ce qu'il disait « des myriades de mondes, d'un concile d'astres, d'un consistoire d'étoiles, d'un conclave de soleils, d'un temple de l'univers, d'un livre ouvert de l'orient à l'occident, et dans toutes les langues du monde créé. La terre, suivant lui, n'obéit pas à des lois providentielles, mais à des lois fatales; le genre humain, racheté par le Christ, n'a pas été le but de la création, mais il habite une des mille planètes, laquelle n'est pas le centre du système, mais qui a été lancée dans l'espace comme les autres. Ces divagations choquaient les esprits religieux : ils se scandalisaient, lorsque Bruno soutenait que le système de Ptolémée « étroit comme le cerveau d'un péripatéticien, » rétrécit l'immensité de Dieu, qui a besoin d'un univers « sans limites »; quand il prétendait que le ciel ne différait pas de la terre, et que nous autres, habitants d'une planète, nous sommes dans le ciel.

Avec un pareil système, on arrivait à conclure que l'Église n'était plus l'unique interprète de la nature, que les lois de celle-ci sont plus imprescriptibles que les opinions de celle-là, et que, comme la raison a le pouvoir et le droit d'interpréter les phénomènes de la nature, elle peut critiquer aussi les opinions que l'Église s'en est formée, et celles qu'elle tire de l'Écriture sainte. L'Écriture est un code de lois morales et religieuses, et non une exposition de philosophie naturelle; s'adressant à des hommes simples, elle s'est servi du langage vulgaire; elle a parlé des apparences et non de la réalité. C'est ainsi que Bruno opposait à Aristote et à Ptolémée, aux préceptes de l'École et aux illusions des yeux, Pythagore, Platon, le cardinal Nicolas de Cusa, qui annonça le mouvement de la terre ; Paul III, qui accepta la dédicace de Copernic ; et par dessus tout l'intelligence, par laquelle seule, et non par les sens, on peut concevoir l'univers.

Parallèlement aux progrès de la science cosmologique, s'était développée l'idée d'une plus large part faite à l'action de Dieu, non plus confiné dans « la tragédie cabalistique, » qui est la théologie du moyen âge, mais de Dieu ayant une influence vivante et libre, idée venue à la suite d'une connaissance plus vraie de la création. Il y avait dans les assertions de G. Bruno bien assez pour le faire déclarer athée, mais en établissant que le monde était gouverné par des lois stables, il n'excluait pas le rôle essentiel de Dieu. On ne devra pas se montrer trop sévère pour l'Inquisition, quand on voit, dans le siècle suivant, en dehors des passions du moment et des convictions religieuses, l'érudit le plus exempt de préjugés, le philosophe le plus sceptique, émettre l'avis que « l'hypothèse de Bruno est dans le fond identique à celle de « Spinoza : tous deux en effet sont des unitaires exagérés : entre ces deux athées, il n'y a de différence que « dans la méthode : Bruno se sert de celle des rhéteurs ; « Spinosa, de celle des géomètres. Bruno ne réduisit pas « l'athéisme en système ; il n'en fit pas un corps de doc- « trines liées entre elles et se rattachant l'une à l'autre « par une suite de déductions suivant la méthode géomé- « trique : il ne se piqua pas de précision ; il employa un « langage figuré qui souvent fait disparaître la justesse des « idées. L'hypothèse des deux philosophes passe la mesure « de toutes les extravagances imaginables ; c'est la plus « monstrueuse hypothèse qu'un homme puisse rêver, la « plus absurde, la plus diamétralement opposée aux no- « tions les plus claires de notre esprit (C.). »

Livré par l'Inquisition au bras séculier, *ut quam clementissime et citra sanguinis effusionem puniretur*, Giordano Bruno fut condamné à être brûlé à Rome sur la place *Campo di Fiore*. En entendant sa sentence, il s'écria : « Vous avez plus de peur en la prononçant que je n'en éprouve à l'entendre. » On raconte que quelqu'un lui ayant présenté le crucifix, il refusa de le baiser, et qu'il répétait les paroles de Plotin : « Je fais un suprême effort pour ramener ce qu'il y a en moi de divin à ce qu'il y a de divin dans l'univers [1]. » Peut-être sa fermeté venait-elle de ce qu'il a écrit quelque part : « Mourir dans un siècle fait vivre dans tous les autres. » Il fut brûlé le 17 février, et ses cendres furent jetées au vent.

Après un récit aussi circonstancié, il paraîtra étrange qu'on ait pu affirmer que Bruno avait été seulement brûlé en effigie (D.), et que la lettre de Scioppius, grammairien habile, mais fougueux intolérant, ait été une pure fiction. Nous le souhaiterions, et nous en trouverions une preuve dans le fait que ce supplice n'a pas été mentionné par d'autres. Nous avons déjà vu et nous verrons encore que les ambassadeurs résidents de diverses puissances à Rome faisaient des rapports à leurs cours respectives sur tout ce qui arrivait dans cette grande ville, et que jamais ils n'omettaient les exécutions d'hérétiques. Eh bien! malgré nos recherches, nous n'avons trouvé aucun indice du supplice de Bruno, pas même chez le résident de Venise, qui pourtant y était le plus intéressé. Silence complet sur ce point dans Ciaccone, Sandini et les autres auteurs d'histoire ecclésiastique; dans Alfani et Marc Manno, historiens des années saintes; dans les

(1) Πειρᾶσθαι τὸ ἐν ἡμῖν θεῖον ἀνάγειν πρὸς τὸ ἐν τῷ παντὶ θεῖον. PORPHYRE, *Vita Plotini*.

lettres du cardinal d'Ossat. Le martyrologe des protestants n'en parle pas non plus. Les Archives du Vatican contiennent le procès, mais non pas la condamnation et l'exécution. Si, après cela, il est par trop étrange de *douter du* supplice d'un tel personnage, au cœur même de Rome, et cela à la suite d'un long et solennel procès, il n'est pas moins remarquable que Scioppius, virulent défenseur de Rome, ait cru honorer le Saint-Siége par le récit d'un tel supplice et par les insultes qu'il lance contre la victime.

Trois ans après, les œuvres de Giordano Bruno furent toutes mises à l'Index. Personne de son temps n'y fit attention; mais de nos jours elles ont été remarquées comme ayant été les préludes des hardiesses philosophiques de l'école allemande, de même que Parménide et Anaxagore avaient précédé Bruno dans cette voie. En effet, le trait caractéristique de sa philosophie, c'est l'examen individuel, qui reconnaît pour seul et unique critérium l'évidence; le premier, il contempla le monde en pur métaphysicien, recherchant, comme on dirait aujourd'hui, l'absolu; sans s'inquiéter de l'expérience, il veut saisir la raison des phénomènes non pas dans la matière elle-même, mais dans la *lumière intérieure*, dans la *raison naturelle*, dans la *profondeur de l'intelligence*; il s'aventure ainsi dans des divinations, parfois même heureuses, sur les mouvements des étoiles fixes, sur la nature planétaire des comètes, sur la sphéricité imparfaite de la terre, tandis qu'en d'autres passages de ses œuvres il s'égare dans les espaces infinis, remplis de mondes resplendissants de leur propre lumière, rêvant l'existence d'âmes du monde et de rapports des intelligences supérieures avec l'univers, dans le but d'établir l'harmonie de toutes les choses entre elles. Comme Schelling, son génie domine par l'abstraction les merveilles visibles et invisibles, là où se confondent le créé et l'incréé; mais il nie l'intuition de l'absolu, et en ce point il s'écarte de Schelling, qui affirme au contraire que l'absolu parvient dans notre intelligence à la concience de soi-même. En conséquence, Bruno prétend trouver la certitude dans l'unité de l'être avec la science, c'est-à-dire dans l'identité de toutes les choses et de toutes les idées en elles-mêmes et entre elles. Lui, n'avait voulu faire qu'un système ontologique; Schelling l'accepte, mais il prétend l'identifier si bien avec la pensée, que la conscience atteste l'identité de tous les contraires dans l'absolu.

Intelligence solitaire et passionnée, Bruno a des pensées originales ainsi que son style, c'est-à-dire mélangées de sublime et de trivial, d'hymnes et d'imprécations. Esprit vague, paradoxal, grand et excentrique, cultivant la philosophie à l'instar d'une religion, il combattait l'École, qu'il confondait avec l'Église; d'une beauté mélancolique, brûlant comme le Vésuve de sa patrie, il ne savait pas bien ce qu'il voulait; chez lui le sentiment de la réalité, qui fait sacrifier les formes au fond, faisait complétement défaut, et il ne voulait pas cacher ou modérer son opinion personnelle, quel que fût le désaccord qui existât entre elle et l'opinion de tout le monde. Mais lorsque nous voyons qu'il a la prétention de fonder une *philosophie Nolane*[1], et qu'il promet de dérouler tout un système, pourvu qu'il en ait le temps, nous sommes réduit à reléguer ce philosophe parmi les esprits qui abandonnent les lois universelles de la pensée et l'accord entre

(1) Giordano Bruno était originaire de la ville de Nole, dans la Terre de Labour, d'où vient l'épithète de *Nolane*.

elle et la réalité, pour se livrer tout entier aux lois du sens individuel et de l'amour-propre.

Astorini. Ne séparons pas de Bruno Élie Astorini, de Cosenza. Religieux de l'ordre du Carmel, il avait passé du camp des Aristotéliciens dans celui des nouveaux philosophes : l'Inquisition le poursuivit comme hérétique et sorcier, ce qui le contraignit de se réfugier à Zurich, puis à Bâle et dans divers pays de l'Allemagne, où il fut recherché comme un maître et entouré de respect. Il avait adhéré au protestantisme, mais s'étant aperçu que tous ces grands maîtres en théologie se combattaient et s'excommuniaient réciproquement, il finit par se persuader qu'il ne trouverait le repos qu'au sein de l'unité catholique. Aussi s'adonna-t-il à combattre Luthériens et Calvinistes avec une grande érudition et de solides arguments. Il fut absous, et envoyé ensuite comme prédicateur à Florence et à Pise, puis à Rome : enfin, fatigué des contradictions du monde, il s'isola dans une vie consacrée tout entière à l'étude.

Campanella. Ses doctrines. Thomas Campanella, né en 1568, à Stilo, petite ville située à l'extrémité de la Calabre, prit l'habit de Saint-Dominique. Assistant un jour à une controverse dans l'église *Santa-Maria-la-Nuova* de Naples, il s'engagea dans la discussion, et confondit tous les orateurs. A dater de ce moment les haines commencèrent à se déchaîner contre lui, et elles s'accrurent encore lorsqu'on le vit se poser comme poëte, magicien, astrologue. Devenu l'objet de persécutions dans le royaume de Naples, parce qu'il défendait Telesio, il s'en fut à Padoue, où il obtint peu de succès : ayant soutenu dans cette ville une controverse avec un hébraïsant, il fut poursuivi à Rome pour ne pas l'avoir dénoncé.

Très-hardi penseur, mais esprit fantasque, Campanella distingue mal ses propres illusions des intuitions, et il change facilement d'opinion selon que le pousse la passion[1]. Bien résolu à s'affranchir du système des *possibilités* de Raymond Lulle et des formules de la scolastique, il se perd dans la contemplation des principes suprêmes organiques pour coordonner la science et les actes humains, et fonder sur l'expérience une philosophie nouvelle de la nature. Il veut cependant la combiner avec la révélation; mais comme ce qui est faux en théologie ne peut être vrai en philosophie, il évite d'aborder avec impartialité le problème fondamental de la métaphysique, et pourtant il dépasse les limites théologiques pour représenter la rénovation de l'homme par la science.

Il fait preuve d'une soumission aveugle à la révélation, base de la théologie, comme la nature est la base de la philosophie : il admire saint Thomas d'Aquin et Albert le Grand; mais son orageuse impatience le pousse aux témérités de la logique; il réprouve les païens, mais n'approuve pas les chrétiens qui en partie *christianisent* et en partie *gentilisent*. Il dédaigne les Péripatéticiens et se prononce pour Telesio à cause de son indépendance dans l'étude de la philosophie. Il écrit au grand-duc Ferdinand pour exalter les ancêtres de ce prince, qui, remettant en honneur la philosophie platonicienne, avait banni la philosophie aristotélique et substitué aux dires des hommes l'expérience de la nature. « Dieu merci, j'ai pu, moi aussi, réformer les sciences selon la nature et selon le Code de Dieu. Les siècles à venir nous jugeront : ce siècle crucifie

(1) Il écrit à Scioppius : *Mens mea subito in id quod cupit immutatur.*

ses bienfaiteurs, mais ils ressusciteront le troisième jour du troisième siècle. »

En lui envoyant de Paris ses œuvres, il lui disait : « Vous verrez que, pour certaines opinions, je me *sépare* « de l'admirable Galilée, votre philosophe et mon cher « ami, mon cher maître; mais cette séparation de nos « deux intelligences n'exclut pas la concorde de nos deux « volontés. Galilée est si sincère, si parfait qu'il accep« tera ma contradiction...... » (Lettre du 6 juillet 1638.)

Quelle était son ontologie? Dans la création, il y a l'*être* et le *non-être*. L'être est constitué de puissance, de savoir, d'amour; son but est l'essence, la vérité, le bien, tandis que le rien est impuissance, haine, ignorance. L'Être suprême, dans qui les trois puissances primordiales n'en forment qu'une, quoique distinctes, lorsqu'il tire les choses de rien, transporte à la matière ses idées inépuisables sous les conditions de temps et d'espace, et lui communique les trois qualités qui deviennent principes de l'univers sous la triple loi de la nécessité, de la providence, de l'amour. Procédant toujours par triades, il défend la liberté de la science et les droits de la raison contre les disciples de Machiavel; et il établit contre les sceptiques un dogmatisme philosophique basé sur le besoin que la raison éprouve d'atteindre la vérité.

Ce besoin est si grand, que le sceptique même est obligé, pour le combattre, de s'appuyer sur certains postulats. Il suppose que, pour arriver à cette vérité, l'humanité monte par une échelle, qui nous rappelle l'éducation progressive de Lessing. Aussi Campanella suppose-t-il que Dieu, de toute antiquité, parla aux hommes par les diverses religions, en se révélant aux Assyriens par les astres, aux Grecs par les oracles, aux Romains par les augures, aux

Hébreux par les prophètes, aux chrétiens par les Conciles, aux catholiques par les papes, et qu'il étendit le cercle de ses révélations à mesure que le scepticisme et l'incrédulité corrompaient les peuples. Les découvertes modernes sont comme le dernier terme de cette tradition divine, qui, planant toujours au-dessus des déplorables opérations et de la politique mesquine des hommes, finira par les réunir tous ensemble dans une même croyance, dans cette unité du genre humain qu'Auguste entrevit, et que réclame la raison pour voir cesser tous les fléaux naturels et assister au spectacle des nations les plus diverses échangeant entre elles tous les biens.

Ne croirait-on pas lire une page écrite par les Saints-Simoniens?

Dans la *Cité du Soleil*, Campanella a rassemblé en corps de doctrines toutes ses conceptions philosophiques et politiques. C'est une sorte d'utopie, où le religieux n'a pu oublier la hiérarchie et les règles de son couvent, mais qui a devancé de deux siècles les phalanstériens et les sociétés mutuelles de notre temps. Après avoir vaincu l'imprévoyance de l'homme, l'antagonisme des états, et même la fatalité de la nature, on formera une société heureuse, où (pour ne pas parler du reste) un culte nouveau, dégagé de tous mystères, réunira dans un même temple les portraits de Pythagore, du Christ, de Zamolxis, et ceux des douze apôtres.

Cependant Campanella était intolérant au suprême degré. Avec les novateurs, il ne veut pas qu'on s'en tienne à éplucher les textes sacrés, mais qu'on demande : « Qui vous a envoyé prêcher? Dieu ou le diable? » Si c'est Dieu, que les prédicateurs le manifestent par des miracles : sinon, qu'on les brûle si cela peut se faire ou qu'on les décrie. Point de discussions de grammaire ou de logique humaine, mais bien de logique divine; point de phrases qui allongent les débats, et donnent souvent l'apparence du triomphe à ceux qui soutiennent l'erreur. Il faut les envoyer au bûcher en vertu des lois de l'État, parce qu'ils volent les biens et la réputation des personnes dont Dieu a consacré l'autorité par une longue succession, c'est-à-dire du pape et des prêtres. La première faute que l'on commit, ce fut d'épargner la vie de Luther dans les diètes de Worms et d'Augsbourg; si (comme on le dit) Charles Quint l'a fait pour tenir le pape en respect, et l'obliger ainsi à le seconder par des indulgences et des subsides en argent dans ses aspirations à la monarchie universelle, il a agi contre la raison; car, si on affaiblit le pape, on énerve le christianisme, et les peuples s'ameutent sous le prétexte de la liberté de conscience[1]. Campanella reconnaissait le sceau de la prédilection divine sur l'Espagne, parce qu'elle est par excellence la nation catholique, destinée à renverser l'Islam et l'hérésie, et à assurer le triomphe de la vraie Église, lorsque, après avoir restauré l'unité du monde, elle reconstruira le temple de Jérusalem. Il conseille au roi de ce pays de récompenser les plus savants théologiens; « d'avoir toujours dans son conseil supérieur « deux ou trois religieux, Jésuites, Dominicains, Fran- « ciscains, pour s'attirer la confiance des ecclésiastiques, « mettre ainsi ses officiers plus en garde contre les er- « reurs; et donner plus de poids à leurs décisions. Que dans « toutes les guerres chaque capitaine ait un conseiller re- « ligieux, afin que les soldats respectent mieux ses com-

(1) *Cité du soleil*, chap. XXVII. *De la monarchie espagnole*, chap. 27.

« mandements; qu'on ne traite aucune affaire à l'insu « desdits conseillers, et que la solde qu'on donne aux « pauvres soldats passe par la main de ces religieux[1]. »

« La même constellation qui de l'esprit cadavérique des « hérétiques a tiré des effluves fétides, a pu tirer des ef- « fluves balsamiques de la droite intelligence de ceux qui « fondèrent les ordres des Jésuites, des Minimes, et des « Capucins[2]. »

Les royaumes (à l'entendre) sont constitués par Dieu, par la sagesse, par l'occasion. La part que Dieu y prend maintient le sacerdoce : les prêtres font connaître les choses qu'on doit faire ; les gouvernants les prescrivent ; les soldats et les ouvriers les exécutent. « Le sacerdoce ne « doit pas se rendre vulgaire; autrement, il perd de sa di- « gnité et de son crédit : c'est une ineptie de la part des « Calvinistes de croire que tous les fidèles soient prêtres[3]. »

Ailleurs, il attaque ce « luthérien tudesque qui nie l'efficacité des œuvres et affirme la foi[4] »; il combat à différentes reprises Luther et Calvin, ces professeurs de doctrines contraires à la politique naturelle. « Les sectes « de Luther et de Calvin, qui nient le libre arbitre et la fa- « culté de faire bien ou mal, ne doivent pas être tolérées « dans l'État, parce que les peuples peuvent répondre « aux prédicateurs de la loi qu'ils commettent le péché « sous l'empire de la fatalité, et qu'ils ne sont pas libres « de s'en abstenir. Aujourd'hui les ultramontains[5], après « avoir nié l'autorité du pape, ont nié le rôle de la foi

(1) Aphorismes politiques 75, 78, 81, 83.
(2) *Ibid.*, 70.
(3) *De la Monarchie espagnole*, chap. 6.
(4) Poésie, page 100.
(5) Pour Campanella, écrivant en Italie, le mot *ultramontains* désigne naturellement ceux qui habitent au nord des Alpes.

« qu'on leur avait prêchée ; puis ils ont nié la liberté de « faire le bien et le mal ; puis ils ont nié les saints et le « péché, et sont devenus libertins ; puis ils *ont nié* la « Providence, puis l'immortalité, comme cela eut lieu en « Transylvanie. Finalement plusieurs ont nié Dieu et ont « composé un livre abominable, *De tribus Impostoribus*[1]. » Dans ses *Lettres*, où il professe une scrupuleuse orthodoxie, Campanella dit que le dogme de la prédestination « rend les princes méchants, les peuples factieux, et les théologiens perfides ».

« Celui-là se trompe qui prétend que le pape n'a que « le glaive spirituel et non le temporel : sa *domination* serait affaiblie s'il n'avait pas le second, et par « suite le Christ, Dieu législateur, se *verrait* amoindri, « ce qu'on ne saurait affirmer sans imprudence ni hé« résie. La religion, dont le grand prêtre ne règne pas « par les armes, ne peut contenir dans son sein plu« sieurs principautés, autrement elles seraient autant de « sectes hérétiques : c'est pour cela que les Perses, les « Turcs, les Tartares et les habitants de Fez, et les autres « Maures sous le sacerdoce désarmé de Mahomet, vivent « chacun avec sa propre hérésie, sans dépendre d'un chef ;

(1) Aphorismes 84, 87. Lorsque nous avons dit que le livre *De tribus impostoribus* n'existait point, nous voulions parler de l'ancien. Aussi Campanella, dans son *Athéisme triomphant*, dit que ce livre fut imprimé trente ans avant sa naissance, ce qui en ferait remonter la date à l'année 1538. Une indication aussi précise, insérée dans un travail de polémique, ferait croire qu'il l'a réellement vu. Le livre que nous connaissons maintenant sous le titre de *De tribus impostoribus magnis liber*, bien qu'on le suppose composé en 1598, a pour auteur Christian Kortholt, et a été imprimé à Hambourg en 1701, en in-4°. En 1768, on imprima à Yverdun un *Traité des trois imposteurs*, qui passe pour une traduction, mais qui en réalité est une œuvre toute différente.

« aussi l'hérésie règne-t-elle dans ces contrées. Mais sous « la papauté, sacerdoce chrétien armé, il y a place pour « le roi de France, pour le roi des Espagnes, pour l'em« pereur d'Allemagne, pour le doge de Venise, et au« tres puissants seigneurs vivant sous la même souverai« neté religieuse qui les sauve de l'hérésie. La supré« matie du pape est utile aux princes chrétiens, dont « le pouvoir est modéré par les constitutions, parce « qu'elle équilibre les différences qui existent entre eux; « le pape est l'arbitre de la paix et des justes guerres; « il jette dans la balance l'influence de ses armées en « faveur du parti qui a pour lui la justice, et force de « céder celui qui a tort; parfois aussi il unit les monar« ques contre les ennemis de la chrétienté, ou les dé« tache de ses ennemis; enfin, placé entre les bons et les « mauvais gouvernants, il arrange leurs différends et « ceux de la chrétienté. Un prince qui vit sous une re« ligion qui a un chef armé et supérieur à lui ne peut pas « s'abandonner à ses convoitises.... La monarchie chré« tienne ira donc sans cesse en s'amoindrissant, tant « qu'elle ne sera pas aux mains du pape. »

Pour conserver la monarchie de la religion chrétienne, il est des princes qui se sont déclarés ministres et libérateurs du pape, tels furent Charlemagne et Constantin; « mais leurs fils ont fait fausse route en devenant les en« nemis du pape. D'autres ont voulu dépouiller le pape « de ses armes temporelles, et y ont plus perdu que « gagné; de là l'origine des Gibelins et des Guelfes, « des Papalins et des Césariens; d'autres sont devenus « hérétiques à l'instar d'Arius et de Luther comme « Henri VIII, mais tous ont trouvé leur ruine comme « Jéroboam et Achab. L'empereur Julien revint au [illegible] baillons[1]. »

[illegible] dans ses *Discours* [illegible] « Grandir et exalter [illegible] pour ne pas devenir la [illegible] pour sauvegarder tout à la [illegible] christianisme. En [illegible] entre les entreprises du [illegible] préoccuper uni[illegible] par leur con[illegible] discours; il est leur [illegible] contre les en[illegible] de toute nécessité [illegible]. En outre, la pa[illegible] souveraineté appartenant en propre [illegible] christianisme tout [illegible] appartient en [illegible] que donnent les [illegible] religieux ne cons[illegible] domaine, puis[illegible] un jour maîtres [illegible] ne fait que [illegible] le bien de tous. [illegible] aussi les [illegible] richesses des re[illegible], parce [illegible] à la grande com[illegible] [illegible]

« Cette souveraineté [illegible] quelque sorte [illegible] le pa[illegible] des Italiens, car les papes et les cardinaux sont [illegible] la plupart des Italiens, et garantissent toujours [illegible] du pays. C'est pourquoi je soutiens que

[1] [illegible] 90, 92, 93, 91.

[illegible]

[illegible] princes infidèles qui [illegible]
[illegible] raient tous faire [illegible]
[illegible], lorsqu'ils [illegible]
[illegible] s, et de cette manière [illegible]
[illegible] se rapprocher [illegible]
[illegible] aux hérétiques [illegible]
[illegible] pour que, [illegible]
[illegible] quelque temps [illegible]
[illegible] glise [illegible]
[illegible] e, elles ne peuvent [illegible]
[illegible], on donnera [illegible]
[illegible] lequel tous ces princes [illegible]
[illegible] par l'intermédiaire [illegible]
[illegible] à la puissance [illegible]
[illegible] : à la [illegible]
[illegible] à faire aux infidèles [illegible]
[illegible]
[illegible]
[illegible] ions. »

[illegible] de fois on a proposé [illegible]
[illegible]
[illegible] ne, parce qu'elle est catholique [illegible]
[illegible], qui, [illegible]
[illegible] raient la seule gloire qui [illegible]
[illegible] core, suivant [illegible]
[illegible] la seule vénération qu'il inspire [illegible]
« États que les autres princes [illegible]
« par les armes ; lorsqu'il est [illegible]
[illegible] tent en marche pour [illegible]
[illegible] religieux, les autres par [illegible]

[illegible] II sur la papauté.

« paganisme, et tomba avec ses vieux haillons[1]. »

Campanella répète les mêmes idées dans ses *Discours politiques* dédiés aux princes d'Italie : « Grandir et exalter « la papauté, voilà le vrai remède pour ne pas devenir la « proie du roi d'Espagne et pour sauvegarder tout à la « fois la gloire de l'Italie et celle du christianisme.... En « sorte que, pour se prémunir contre les entreprises du « roi d'Espagne, les Italiens doivent se préocuper uni- « quement d'accroître l'autorité du pape par leur con- « duite, par leurs écrits et par leurs discours ; là est leur « sûreté.... Pour la garantie des États contre les en- « nemis intérieurs et extérieurs, il est de toute nécessité « que la papauté soit riche et puissante. En outre, la pa- « pauté n'est pas une souveraineté appartenant en propre « à quelqu'un, mais elle appartient au christianisme tout « entier : ainsi tout ce que possède l'Église appartient en « commun à tous les chrétiens, et ce que donnent les « princes et les personnes pieuses aux religieux ne cons- « titue point à proprement parler une donation, puis- « qu'eux et leurs enfants peuvent devenir un jour maîtres « des biens donnés ; mais on peut dire qu'on ne fait que « mettre en commun et thésauriser pour le bien de tous. « La papauté est donc le trésor de la chrétienté ; aussi les « Italiens doivent toujours alimenter les richesses des re- « ligieux, parce qu'elles appartiennent à la grande com- « munauté, et qu'elles appauvrissent leurs rivaux....

« Cette souveraineté est en quelque sorte plutôt le pa- « trimoine des Italiens, car les papes et les cardinaux sont « pour la plupart des Italiens, et garantissent toujours « l'indépendance du pays. C'est pourquoi je soutiens que

(1) Aphorismes 70, 88, 89, 90, 91.

« les princes italiens qui n'aspirent pas à la monarchie « devraient tous faire l'Église romaine héritière de leurs « États, lorsqu'ils meurent sans laisser d'héritiers légi- « times, et de cette manière, avec le temps, on verrait l'I- « talie se rapprocher de l'unité d'une grande monarchie; « quant aux républiques, elles devraient faire voter une « loi, pour que, au cas où elles tomberaient au pouvoir « de quelque tyran, leurs États soient dévolus de droit « à l'Église romaine : certes, si elles aiment le bien de « l'Italie, elles ne peuvent faire différemment... En atten- « dant, on devrait établir à Rome un sénat chrétien, « dans lequel tous les princes chrétiens auraient voix dé- « libérative par l'intermédiaire de leurs agents; le pape « en aurait la présidence, qu'il exercerait par un délé- « gué : à la pluralité des voix, on statuerait sur la « guerre à faire aux infidèles et aux hérétiques, sur les « différends entre les princes, en contraignant par les « armes quiconque refuserait de se soumettre à ses dé- « cisions. »

Que de fois on a proposé de semblables expédients! Il engage vivement l'Italie à rester intimement unie à l'Espagne, parce qu'elle est catholique, plutôt qu'aux autres étrangers, qui, en leur qualité d'hérétiques, « lui enlèveraient la seule gloire qui lui reste, la papauté ». On doit encore, suivant lui, un grand respect au pape, car « avec « la seule vénération qu'il inspire, il défend mieux ses « États que les autres princes ne défendent les leurs « par les armes; lorsqu'il est inquiété, tous les princes se « mettent en marche pour le secourir, les uns par des mo- « tifs religieux, les autres par des raisons d'État [1]. »

(1) *Discours II sur la papauté.*

Oh! comment se peut-il qu'on persiste encore à citer cet écrivain comme une victime de l'intolérance catholique et un martyr de l'Inquisition romaine? Rien là d'étonnant, quand on sait que les historiens écrivent toujours avec passion, et répètent la plupart du temps ce qu'ils ont entendu dire, sans aucun examen. Campanella, en comparant la philosophie avec la sagesse éternelle, c'est-à-dire avec la nature, découvrit que la loi du Christ, mise en regard de toutes les autres législations et des systèmes philosophiques, est identique à la loi naturelle, mais qu'elle est fortifiée par la grâce et par les sacrements. Il vit bien que dans l'Église chrétienne les préceptes divins étaient mal observés; mais pour lui Luther et Calvin étaient l'Antechrist, Aristote la cause du désordre scientifique, Machiavel la cause du désordre moral et politique[1]. Aussi visait-il à une réforme, à une rénovation du siècle, sur laquelle il se disposait à disputer l'année même du jubilé; à la conversion des nations, prédite par sainte Brigitte, par Denys le Chartreux, par l'abbé Joachim, par saint Vincent Ferrier, par don Séraphin de Fermo, et par sainte Catherine, qui prophétisa que les Dominicains porteraient aux Turcs l'olivier de la paix[2].

Revenu en Calabre en 1598 avec de pareilles idées, Campanella y trouvait étouffées plutôt qu'éteintes les opinions religieuses des Vaudois; les conflits de juridiction ecclésiastique avec les Espagnols y étaient dans

(1) *Utinam non serperet interius hujusmodi pestis, quam Machiavellus seminavit, docens religionem esse artem politicam ad populos in officio, spe paradisi et timore infernorum, retinendis.* Athéisme triomphant.

(2) Telles sont les paroles textuelles de la sainte insérées dans une relation écrite au temps de la conjuration, et publiée en 1845 par Capialbi.

toute leur effervescence; l'évêque Montario s'était enfui du pays, en lançant l'interdit sur la ville de Nicastro. « Toutes les principales villes (écrit-il lui-même), sans « parler des discordes entre les ecclésiastiques et les « royalistes, étaient en proie aux excès des factions; « tous les couvents étaient remplis de proscrits, et l'é-« vêque leur donnait à manger par amour de sa juri-« diction privilégiée, pendant que les sbires les assié-« geaient pour maintenir les prérogatives royales. » Campanella s'entremit de la paix entre l'évêque et la cité. Il fut écouté, dit Naudé, comme un oracle; mais précisément pour cela il déplut à ceux à qui profitaient les disputes et à qui l'excommunication n'inspirait aucune crainte : ce fut bien pire encore lorsqu'il appuya les prétentions des ecclésiastiques contre le gouvernement. Des inondations extraordinaires, des tremblements de terre, des éruptions de volcans lui persuadèrent que l'époque de la rénovation qu'il rêvait était proche. Il s'en crut l'instrument obligé, lui qui se sentait capable « d'en-« seigner en une seule année la philosophie naturelle, la morale, la politique, la médecine, la rhétorique, la poésie, l'astrologie, la cosmographie et toutes les autres sciences », et de « faire d'un esprit ordinaire un homme capable de convaincre dans une seule dispute tous les hérétiques » : lui qui chantait :

« Je suis né pour combattre trois maux extrêmes, tyrannie, sophismes, hypocrisie; pour briser l'ignorance et la malice : tous étaient dans les ténèbres, j'allumai le flambeau[1]. »

(1) Io nacqui a debellar tre mali estremi,
Tirannide, sofisma, ipocrisia :
Stavano tutti al bujo, io accesi il lume.
(*Poésies philosophiques*, pag. 26, 141, 116.)

La foi peut tout : rien n'est impossible au vrai croyant, pensait Campanella : et il s'exaltait par des fantaisies astrologiques. « Autrefois, dit-il, j'ai été l'ennemi des astrologues, et dans ma jeunesse j'ai écrit contre eux; mais j'ai appris dans mes infortunes qu'ils découvrent beaucoup de vérités[1]. » Par ses calculs basés sur les nouvelles découvertes célestes, il était arrivé à reconnaître que certaines grandes mutations se font dans le monde tous les huit cents ans. L'une se rapporte au temps du Christ, et on était alors arrivé à la seconde période de 800 ans[2]; on allait donc voir s'accomplir une civilisation religieuse qui amènerait le règne de la raison éternelle dans la vie de l'humanité.

Conjuration de Campanella.

Avec de semblables convictions, il n'est pas difficile de penser que Campanella allait tenter quelques nouveautés : et il est encore plus facile de comprendre qu'on l'ait soupçonné de préparer des mouvements pour renverser la domination espagnole en Calabre, bien qu'il ait prodigué les louanges aux Espagnols. Tirant ses prédictions des astres, de l'Apocalypse et de divers saints, il laissait entrevoir que de graves bouleversements devaient arriver en 1600 dans le royaume de Naples. Qu'il en fût le promoteur ou l'instrument, une conspiration se forma à laquelle prirent part trois cents moines et quatre évêques. Les espérances de Campanella furent propagées par frère Jean-Baptiste de Pizzoli, frère Pierre de Stilo, frère Dominique Petroli de Strignano, et par vingt-cinq autres dominicains du couvent de Pizzoli. Frère Denis Ponzio,

(1) *De sensu rerum et magia*, IV, 20.

Conjunctiones magnæ in quolibet trigono perseverant annis fere ducentis, et possunt in subtilis : mox transeunt ad subsequens, et subvertitur omnis circulus in 800; et tum in rebus dura mutatio. Ibid.

plus que tous les autres, brûlait de susciter une émeute, pour massacrer certains religieux qui avaient fait tuer son oncle : il s'appuyait toujours sur les paroles de Campanella. Il fut arrêté ; mais il réussit à s'échapper, et se fit turc.

Les conjurés trouvèrent un bon accueil dans les villages et parmi les familles de presque toute la Calabre. Déjà dix-huit cents brigands s'étaient rassemblés, et chaque jour il en arrivait d'autres; ils avaient des intelligences avec la flottille turque du pacha Cicala. Leur projet était de massacrer les Jésuites et les autres religieux qui n'avaient pas adhéré à la conjuration, de délivrer les religieuses, de brûler les registres, de faire de nouveaux statuts, et de fonder une république, dont Stilo, patrie de Campanella, serait la capitale. Comme tous les agitateurs de l'Italie, ils comptaient sur l'appui des Français.

Le gouvernement eut vent de la conspiration, et fit arrêter, pendre, noyer, écarteler les conjurés. Campanella, qui s'était caché dans un tas de gerbes, fut dénoncé et consigné aux mains du noble Charles Spinelli, commissaire spécial. Les religieux réclamèrent le privilége du for ecclésiastique; par suite, ils échappèrent à la potence, et furent livrés au Saint-Office. C'est à lui aussi que revenait le droit de poursuivre Campanella, mais on voulut faire prévaloir le crime d'État, et le fiscal Sanchez se rendit en personne à Rome pour obtenir que Campanella pût être soumis à l'épreuve de la torture pendant quarante-huit heures avec de petites cordes qui le déchirèrent jusqu'aux os; il eut les membres étirés à la corde avec les bras renversés; le corps suspendu sur un pieu aiguisé, et la chair taillée par lambeaux, supplices à la suite desquels il resta très-longtemps malade. « Comment serait-il possible d'arrêter la marche libre du genre humain (s'écrie Campanella), lorsque quarante-huit heures de torture n'ont pu dompter la volonté d'un pauvre philosophe, ni lui arracher une parole contre son gré? »

Telle est la légende. Des personnes qui regardaient comme un crime l'apostasie et la conspiration ont cherché à excuser Campanella[1]; d'autres qui la qualifiaient d'héroïsme ont soutenu l'opinion contraire[2]. Le servile Parrino, et après lui Giannone, puis Botta, qui les copia tous deux, l'accusent d'avoir conspiré avec des moines et des évêques contre la monarchie espagnole. Le fait est que la plus grande incertitude règne sur son procès; il en existe trois versions tout à fait différentes : l'une le montre voulant révolutionner le royaume pour le donner au pape; la seconde pour le donner au sultan; la troisième pour en faire une république hérétique; le Saint-Office fit faire un nouveau procès, dans lequel les *témoins* des précédents rétractèrent leurs accusations. Quelques personnes, ramassant des mots épars et des propos inconsidérés, ont pu le dénoncer comme conspirateur. L'accusation une fois lancée, les habiles savent parfaitement comment l'appuyer et lui donner l'apparence de la vérité. C'est à ce rôle que se consacra tout spécialement le fiscal Louis Xarava, qui, ayant encouru l'excommunication, s'en était vengé en faisant un procès à Clément VIII et aux évêques. Il trouva des auxiliaires dans cette quantité de gens qui se posent toujours en adversaires de tout homme possédant un esprit distingué et des opinions qui sortent de l'ordi-

(1) Voir VITO CAPIALBI, *Documents inédits sur la révolte préméditée de Thomas Campanella*, Naples, 1840; et MICHELE BALDACCHINI, *Vie de Thomas Campanella*, Naples, 1840. Voir également l'édition de 1847 du même avec de nombreuses variantes.

(2) Voir Salvator De Renzi, *La conspiration de Calabre de* 1599.

naire. Mais savez-vous qui a patronné constamment Campanella? Le pape. Giannone (L. XXXV, 1), copiant toujours Parrino, dit que Campanella avait subi à Rome un long emprisonnement « à cause de sa vie peu exemplaire, et aussi pour avoir été soupçonné d'incrédulité », après quoi il fut renvoyé à son couvent de Stilo. Rien de pareil ne résulte des documents, et le nonce du pape, dans son rapport du 11 février 1600, n'en fait aucune mention : loin de là, Campanella dit qu'il n'avait jamais voulu faire une rébellion, « mais qu'il voulait établir la république en Calabre par les armes et par les prédications, à l'époque où éclateraient en Italie les troubles qu'il croyait imminents. » En vérité, s'il conspira, il ne visait pas à un renversement, mais à une organisation du pays calquée sur celle de sa *Cité du Soleil*, où il s'attachait à rétablir l'harmonie entre la loi naturelle et la loi chrétienne.

Confiné en prison, sans livres, sans aucune communication avec le dehors, il écrivit divers ouvrages, qu'on a loués parce qu'ils sont d'un martyr (comme on se plaît à l'appeler), mais où la vanité ne le cède en rien à l'inopportunité. Par égard pour le roi, il vantait l'Espagne; par égard pour le pape, il protestait de son orthodoxie; il promettait, si on lui rendait la liberté, de composer des ouvrages propres à convertir les païens des Indes, les Luthériens, les Juifs et les Mahométans : et il en cite pour preuve son commentaire du chapitre VII de l'Épître aux Romains, dans lequel Calvinistes et Luthériens puisent encore si souvent.

Ses lettres, qu'on a publiées naguère, ne font pas mieux connaître son intelligence, mais elles attestent une exaltation qui touche à la folie, à moins qu'on n'en trouve l'excuse dans la soif qu'il devait avoir de la liberté. Il était en effet, dit-il, « dans un cachot fétide, privé de lumière, « toujours chargé de fers et torturé par la faim et par « mille afflictions, entouré de cinquante *léopards* qui me « gardent..... Accusé de rébellion et d'hérésie, depuis huit « ans je suis enseveli vivant..... J'ai été arrêté, moi et plu- « sieurs moines, pour crime de rébellion, comme si eux « et moi nous voulions faire soulever le royaume en fa- « veur du pape, à une époque où beaucoup d'officiers et « barons du royaume étaient excommuniés, comme ils le « sont encore, et que la ville de Nicastro était en interdit. « Je me suis trouvé mêlé à tous ces événements ; à Sémi- « nara le clergé a crié : *Vive le pape!* et, les armes à la main, « est allé délivrer un clerc des prisons séculières. Les amis « se sont vus contraints de dire qu'ils se révoltaient pour « faire triompher l'hérésie, et non point pour la cause du « pape : autrement ils mouraient tous *de facto inconsulto* « *pontifice* ».

Ses extravagances.

C'est ainsi que Campanella écrit au cardinal Farnèse [1], et dans sa lettre il se laisse aller à des délires d'astrologue, promettant monts et merveilles pour l'amélioration du royaume de Naples. Il offre au roi de lui édifier une cité admirable, salubre, inexpugnable, et telle qu'il devait suffire de la considérer pour apprendre toutes les sciences ; il se fait fort de construire des vaisseaux pouvant naviguer sans rames même en l'absence complète de vent, alors que les autres resteraient immobiles, et cela avec un système facile. Il prétend faire marcher les chars sur terre au moyen du vent; faire que les soldats à cheval aient la liberté de leurs deux mains, et guident leur monture sans tenir la bride : il veut composer des livres pour combattre le machiavélisme et la doctrine grecque,

(1) Consulter l'*Archivio Storico* de 1866.

véritable ivraie de l'évangile, et pour conseiller le retour à l'unité, convertir les princes d'Allemagne et discréditer Calvin. Il termine sa lettre en signant *frère Thomas Campanella, espion des œuvres de Dieu.* Campanella écrivit sur le même ton une lettre latine au pape et aux cardinaux. « Post Lutherum triginta annos exspectatur anti-
« christus magnus, ut prophetavit Joachinus abbas, qui
« etiam Lutheri adventum prædixit, et astipulantur
« Ubertinus et Johannes Parisiensis, et D. Seraphinus
« Firmanus et alii multi; jam præsens est, vel anno 1630
« revelabitur : et hoc tempore luna convertetur in san-
« guinem, etc... Dixit Dominus ad divam Catherinam
« nostram, renovationem Ecclesiæ mox futuram, de qua
« D. Vincentius, et B. Johannes episcopus, et B. Egidius
« et Savonarola, et B. Brigida et B. Raymondus et ma-
« gister Caterinus exspectant, et alii innumeri, et ille Fir-
« manus vir prudens et spiritualis : et addidit se facturum
« flagellum de funiculis creaturarum malarum ad pur-
« gandum Ecclesiam ab ementibus et vendentibus. Quis
« autem non vidit illud? In Græcia invaluit, in Germania
« convaluit, in Italia præsto est. Ego natus sum contra
« scholas antichristi, contra Aristotelem, qui dixit mun-
« dum æternum, et æquinoctia et stellas et motus semper
« eodem ordine et situ et modo fieri. Et ego ostendam
« quod non perseverant sicut ab initio, et quod verum est
« quod dicit D. Seraphinus, quod Aristoteles et Aver-
« roes sunt unum de septem capitibus Antichristi, et
« phiala iræ Dei... Machiavellus dogmatisavit cum eo
« quod religio sit inventio sacerdotum et illusio popu-
« lorum : et ubi Mahometus et Lutherus non habent po-
« testatem (hoc est in Italia et Hispania) regnant Machia-
« vellus et Politici. »

Campanella continue encore longtemps cette lettre, hérissée de citations : il recommande à Scioppius de la présenter lui-même au pape : *Si porrigas pontifici literas, non malum puto. Si de miraculis quæ polliceor riserit, dicito me habere fidem, quantum sinapis granum.*

Il écrit sur le même ton au roi d'Espagne, à l'empereur, aux archiducs d'Autriche, *quoniam reipublicæ christianæ salus omnis in invictissima, piissima familia vestra versatur.*

Il disait à Scioppius : *Videant me non modo hæreticum non esse, sed etiam a Deo excitum ad omnes hæreses eliminandas præcipue vero philosophorum et astronomorum et latentium machiavellistarum, quorum opera evangelium latet.* Puis il le presse vivement d'assurer le pape qu'il ne s'inspire pas de la magie ou de l'astrologie, mais de la vraie foi. Il croit à l'arrivée de miracles éclatants destinés à convertir les Allemands et à produire une ligue contre les Turcs : il a pleine confiance qu'avec l'aide de Dieu, il arrachera saint Paul de la main des Luthériens ; et qu'un seul argument suffira même aux illettrés pour exterminer toutes les hérésies......... « *Si j'al-* « *lais* dire aux Luthériens : *passons à travers le feu, et celui* « *qui sera brûlé n'est pas de Dieu ;* croyez-vous qu'ils ten- « teraient l'épreuve ? quant à moi je le ferais. C'est ainsi « que mon père Dominique et saint François ont fait « taire les hérésies : pourquoi ne les imiterais-je point ? »

En effet il offrait de faire des miracles, et voulait en appeler à Pie V des faux témoignages de ses compatriotes, qu'on récompensait et qu'on décorait s'ils se déclaraient ses ennemis, et qui étaient suspects s'ils prenaient sa défense : aussi demande-t-il instamment qu'on le conduise à Rome. Il dit quelque part qu'on l'accusa d'hérésie, mais il prétend que l'accusation fut inventée par les moines pour le soustraire au procès civil de rébellion; tandis que les ministres du roi l'accusaient de vouloir faire révolter le pays au profit du pape. Lui-même demanda à faire des révélations à l'évêque de Caserte et au nonce, et il leur expliqua comment après avoir comparé la loi du Christ avec la philosophie de Pythagore, celles des Stoïciens, d'Épicure, des Péripatéticiens, de Télésio, avec celle de toutes les sectes antiques et avec les lois modernes, il s'était assuré que la pure loi naturelle est la loi du Christ; il prétendait savoir résoudre les objections qu'on faisait sur le nouveau monde, sur l'incarnation, sur les prophéties et sur les miracles. L'évêque trouva qu'il avait peu d'humilité, et qu'après s'être égaré à travers tant de sectes, il n'était pas assez soumis à Jésus-Christ. Lors même que ces reproches seraient fondés, Campanella déclare qu'il ne s'est jamais obstiné dans les voies de l'hérésie, car autrement il fût sorti d'Italie : il affirme au contraire être demeuré inébranlable dans la foi catholique[1].

(1) Lettre du 13 août 1606, insérée dans l'*Archivio storico* de 1866. Campanella fait preuve d'une plus grande folie encore dans une autre lettre, écrite vingt jours après, où il dit avoir interrogé le démon, et avoir su par lui qu'en 1607 le pouvoir pontifical souffrirait un grand échec, et qu'en l'an 1625 il y aurait deux papes à la fois. Il y donne en outre d'autres avis et prédictions, « qui ne tiendraient pas dans six feuilles de papier ». Il annonce qu'après la ruine de la papauté temporelle, il surgira un pape divin (l'antique rêve du pape Angélique) et une suite d'autres qui seront une incarnation manifeste du Saint-Esprit, et qui convertiront à la foi catholique les Turcs et les Schismatiques du nord. Il recommande de faire attention aux fléaux qui désolent l'Allemagne et Venise, et de se défier des princes, qui n'aspirent qu'à s'emparer des revenus de l'Église. Pour remédier à cette triste situation, il faut recourir à la pénitence, empêcher que les princes renversent les canons par terre, promulguent leurs constitutions, et refusent au pape le glaive matériel.

Tel est le jugement qu'il porte de lui-même. Devons-nous cependant le placer parmi les Panthéistes? Non, à ne considérer que son intention, puisqu'il professe que Dieu a créé de rien les choses finies, par lui-même, mais *non* de sa substance [1]. Mais il est panthéiste par les conséquences qu'il tire de son système, puisqu'il dit que Dieu crée par une certaine émanation : si l'homme possède une intelligence immortelle, *a fortiori* le monde, qui est plus parfait, doit-il lui-même en posséder une.

L'aimant et le sexe des végétaux prouvent que toutes les choses ont la vie et le sentiment : et ici il peint éloquemment les sympathies de la nature et l'effusion de la lumière dans toutes les parties, ainsi qu'une infinité d'opérations qui ne peuvent s'accomplir sans volupté.

Descartes, qui pourtant était à l'affût des nouveautés, écrit : « Il y a quinze ans j'ai lu le livre *De sensu rerum* « et d'autres traités de Campanella, mais j'y ai trouvé de « suite si peu de solidité, que je n'ai gardé souvenir de « rien : aujourd'hui je puis dire seulement à son sujet « que ceux qui s'égarent dans des routes extraordinaires « me semblent moins dignes de compassion que ceux qui « s'égarent en grande compagnie. »

Des savants et des princes s'intéressèrent au sort de Campanella : Paul V expédia Scioppius à Naples pour traiter de son élargissement : celui-ci, n'ayant pu mieux faire, lui obtint la permission de lire, d'écrire et de correspondre par lettres. Urbain VIII réussit enfin à le faire venir à Rome, sous le prétexte que sa cause était du ressort du Saint-Office, puisqu'il avait prophétisé : et lorsqu'il l'eut en son pouvoir, il le fit mettre en liberté.

(1) *Quæst. II* dans les livres physionomiques.

Campanella se rendit alors en France, où sa position de victime du gouvernement espagnol lui valut des applaudissements, une pension et des honneurs, jusqu'à sa mort, arrivée le 21 mai 1639[1].

Lucilio Vanini.

Lucilio Vanini, Napolitain et prêtre, naquit en 1586, à Taurisano, dans la terre d'Otrante, de Jean-Baptiste Vanini, intendant de François de Castro, vice-roi de Naples, et de Béatrice Lopez de Noguera. Il fit ses études à Padoue, devint chanoine de Latran, et parcourut l'Europe prenant différents noms, mais le plus ordinairement celui de Jules César. Il avait entraîné avec lui quelques amis, et il prêchait une doctrine bien différente de celle de l'Évangile; il affirmait que le diable est plus puissant que Dieu, puisque chaque jour il arrive des choses que Dieu ne peut vouloir. Il se proclamait le disciple de Pomponace, de Cardan, d'Averrhoès, d'Aristote, *le dieu des philosophes, le dictateur de la science humaine, le pontife suprême des savants*. Jean Boconio, prince des Averrhoïstes d'alors, l'avait initié au culte du maître, et Vanini se proposait de réveiller la vénération pour celui-ci, mais au fond il ne savait d'Averrhoès que les maximes impies et les anecdotes apocryphes débitées sur son compte. Pourtant il réprouvait les chicanes des scolastiques (*scolasticorum leves argumentorum structuras*), filets pareils à ceux dont Chrysippe enveloppait son auditoire. Il voulait chercher les mystères de la Providence divine, non pas dans ces auteurs, non pas dans les vieux délires platoniques, non dans les déclamations surannées de Tullius, mais aux sources cachées de la philosophie.

Dans son ouvrage intitulé *Amphitheatrum æternæ provi-*

(1) *Amphitheatrum*, page 118.

dentiæ divino-magicum, christiano-physicum, nec non astrologo-catholicum adversus veteres philosophos, atheos, epicureos, peripateticos et stoicos, il démontre l'existence de Dieu, qui « est tout, par-dessus tout, en dehors de *tout*, en tout, à côté de tout, avant tout, après tout, le tout absolu »; il reconnaît aussi la Providence, le libre arbitre, l'immortalité de l'âme, mais pour quelle raison? Parce que la résurrection des corps est affirmée dans l'Écriture *sainte*. Ainsi, il procède toujours par équivoques, sans prouver, et sans pourtant nier la religion; il réfute les déplorables systèmes qui avaient cours alors, mais tandis qu'il affecte de combattre Cardan et les athées, il met en relief leurs arguments; il réduit les preuves de la Providence aux *oracles*, aux Sibylles, aux miracles, qu'il présente par leur côté faible avec un air d'ingénuité qui ne peut *faire illusion*.

Dans les soixante dialogues dont se compose son traité *De admirandis naturæ reginæ deæque mortalium arcanis*, il établit plus franchement son système sur les deux points suivants. 1° L'intelligence ne peut faire mouvoir la matière, pas plus que l'âme le corps : tout au *contraire* c'est la matière qui donne l'impulsion à l'intelligence, de même que c'est le corps qui donne l'impulsion à l'âme : en conséquence, Dieu, pur esprit, ne peut pas être l'auteur du monde. Il fait éclore l'homme de la putréfaction et admet le perfectionnement successif de l'espèce : considéré sous le rapport de la force, l'homme est souvent surpassé par les animaux : d'où il suit (et c'est là son second point) qu'on ne saurait affirmer qu'il leur soit supérieur par sa destinée; aussi le mieux qu'on puisse faire, c'est de vivre et de jouir : « Le temps consacré à toute autre chose qu'à l'amour est un temps perdu », et la morale, selon lui, n'a de fondement que dans les lois. Il prêche ainsi un scepticisme immoral, un matérialisme impudent : hypocrite sans dignité, il terminait ses écrits, remplis des plus énormes blasphèmes, par ces mots : *Cæterum sacrosanctæ romanæ Ecclesiæ me subjicio.*

Un interlocuteur lui demandant ce qu'il pense de l'immortalité, il fait cette réponse : « Je confesse que « l'immortalité de l'âme ne peut se démontrer par les « principes naturels. Nous croyons comme un article de « foi la résurrection de la chair; mais le corps ne ressus- « citera pas sans l'âme, et comment serait-il question de « l'âme si celle-ci n'existait pas? Quant à moi, qui ai « pour nom *chrétien*, et pour prénom *catholique*, si je « n'eusse pas été instruit par l'Église, qui très-certai- « nement est maîtresse infaillible de vérité, j'aurais « grand' peine à croire à l'immortalité de notre âme. Je ne « rougis pas de le dire, que dis-je? je m'en glorifie, puis- « que j'accomplis le précepte de Paul, en asservissant mon « intelligence à la foi[1]. »

Un autre l'interrogeant sur la même question, il lui dit : « J'ai fait vœu à Dieu lui-même de ne pas traiter ce « point tant que je ne serai pas vieux, riche et Alle- « mand. » Une autre fois, son interlocuteur en l'admirant, s'écrie : « Si tu n'étais Vanini, tu serais Dieu, » et lui, de répondre avec un certain air de hauteur : « Je « suis Vanini. » Il met dans la bouche de l'un ou de l'autre interlocuteur et quelquefois même dans celle de Bellarmin, qui les avait alléguées pour les réfuter, de violentes critiques sur le christianisme, et feint en les écoutant d'en être effrayé : il affecte le rôle de panégyriste des Jésuites, d'apologiste du concile de Trente et d'ennemi

(1) *Amphit.*, pag. 164.

acharné de Luther, lui qui pourtant fait la guerre au christianisme, tantôt en philosophe, tantôt en luthérien.

S'il dit, « l'acte dépend tout à fait de notre volonté : « Dieu opère en dehors de nous pour produire des faits « simultanément contraires, » il ajoute ces mots : « Tou- « jours sauf les croyances catholiques. »

Les martyrs, d'après lui, sont des personnes à imagination exaltée, des hypocondriaques, Christ est un hypocrite, Moïse un imposteur ; et en parlant des prophéties, il conclut ainsi : « Mais laissons de côté ces balivernes. »

Il nie la création ; il traite le culte de mensonges et d'épouvantail inventés par les princes pour contenir leurs sujets, ou par les prêtres pour avoir des honneurs et des richesses. Il admet que les cérémonies du culte ont été confirmées par la Bible, dont personne n'a vu l'original, cette Bible qui cite des miracles, qui promet des récompenses et des châtiments dans la vie future, d'où personne n'est jamais revenu pour la démentir.

Il n'y a pas de distinction entre le sujet connaissant et l'objet connu qui sont égaux entre eux : tous deux ont la même volonté, un seul esprit et font un *seul être* ; Dieu est la nature, laquelle est le principe du mouvement [1].

Tout est perfectible, même Dieu, mais le diable est plus puissant que Dieu ; en effet il a fait prévariquer Adam, il a tourmenté Job, perdu les deux tiers du genre humain, et il domine les quatre cinquièmes de la terre contre la volonté de Dieu.

Vanini ne croit pas à la fin du monde. Le ciel, selon lui, fini quant à sa grandeur et à sa puissance, peut être qualifié

(1) *Dialoghi*, lib. VI.

d'infini quant à sa durée, parce que Dieu n'a pu créer Dieu, ce qu'il aurait fait s'il eût créé le ciel infini sous le rapport de la puissance : d'où il suit qu'il l'a créé infini quant à sa durée, parce que cette perfection était la seule qui pût convenir à un objet créé. Mais (dit-il) raisonnons plus subtilement encore. Le premier principe n'a pu faire une chose qui fût ou semblable ou dissemblable à lui-même. Il n'a pu la faire semblable, parce que ce qui est créé souffre : il n'a pu la faire dissemblable, parce qu'entre l'acte et l'agent qui l'accomplit il n'y a pas de différence. Or Dieu étant un, le monde fut un et non un : étant tout, il fut tout et non tout : étant éternel, le monde fut éternel et non éternel. Donc en tant qu'un, le monde est éternel, et il n'a point de pairs ou de contraire : en tant qu'il n'est pas un, il n'est pas éternel, car il est composé de parties contraires qui sont en désaccord entre elles par un principe commun de corruption : ainsi son éternité est dans sa composition, son unité dans sa continuation [1].

Ce livre ne tarda pas à attirer l'attention, et Gramond, président au parlement de Toulouse, disait : « L'auteur pour les autres est hérétique, à mes yeux c'est un athée. » En effet Vanini s'y montre tour à tour panthéiste et matérialiste.

De Rossette, dans ses *Histoires tragiques*, dit qu'il fait revivre l'abominable livre des *Trois Imposteurs :* d'autres prétendent qu'il le fit réimprimer.

Quant à ses idées en matière sociale, contentons-nous de citer celle-ci : « De même que chaque année on marque « dans les forêts les arbres morts et ceux qui sont pleins « de vie; de même qu'on coupe ceux qui sont devenus

(1) *De arcan. naturæ Dial.*

« inutiles, et qu'on réserve seulement ceux qui promettent « un développement, de même il faudrait dans les gran- « des villes prendre note des existences inutiles, des vieil- « lards caducs, des vagabonds et des fainéants, *et mettre* « à mort chaque année un million de personnes qui, « pareils aux ronces et aux orties, entravent la croissance « des autres. »

Attaché au duc d'Amalfi, après avoir traversé l'Allemagne, où il fréquenta les protestants, Vanini entra en Bohême, cette pépinière des doctrines qui occasionnèrent la guerre de Trente ans : il eut dans ce pays une controverse avec un anabaptiste, qui accusait les Chrétiens de s'égarer dans des discussions futiles; à Amsterdam, il discuta avec un athée; à Genève, avec les réformés, et, se sentant peu en sûreté chez ceux-ci, il se rendit à Lyon. La peur du bûcher lui fit quitter cette ville pour aller à Londres; là, « soupçonné d'appartenir à la congré- « gation de la Propagande, il fut persécuté par les « protestants, et emprisonné pendant quarante-neuf « jours, temps qu'il employa à se préparer à recevoir « la couronne du martyre, à laquelle il aspirait avec « une ardeur indicible[1]. » Remis en liberté, il vient en Italie, et ouvre à Gênes une école très-fréquentée; mais ses doctrines assez accentuées soulèvent bientôt un tel scandale, qu'il est contraint de se réfugier à Lyon; puis il se fait moine en Gascogne, est un sujet d'édification comme prédicateur, comme confesseur, comme modèle de dévotion, jusqu'au moment où, reconnu coupable de vices infâmes, il en est expulsé. A Paris, il trouva un asile dans la maison du nonce Robert

(1) *Amphitheatrum*, pag 118.

Ubaldini, qui lui ouvrit sa riche bibliothèque, d'où Vanini tirait ce qu'il y avait de pire, afin de le répandre parmi les jeunes médecins et les poëtes ; aussi, au dire du père Marsenne, son grand ennemi, on comptait dans cette capitale cinquante mille athées.

Vanini avait fait imprimer avec privilége du roi, et dédié au maréchal de Bassompière, dont il était le chapelain, ses dialogues *De admirandis naturæ arcanis*. La Sorbonne condamna cet ouvrage à raison des doutes qu'il contient sur la révélation, et parce que l'auteur y reconnaît pour loi unique celle que la nature a gravée dans le cœur de l'homme. Il vint s'établir à Toulouse, où il tint des conventicules secrets, se fit l'apôtre de la jeunesse, et devint précepteur des fils du premier président de ce parlement. Mais, au moment où ses doctrines pouvaient devenir plus dangereuses à cause des guerres de religion, un gentilhomme français le dénonça, en 1618, auprès du Parlement comme ayant nié l'existence de Dieu ; il se trouva d'autres personnes qui témoignèrent du fait, et les soupçons contre lui s'accrurent encore, lorsqu'on eut trouvé chez lui un gros crapaud renfermé dans un bocal. Il fut donc condamné à avoir la langue coupée, puis au feu comme magicien et comme athée : deux accusations qui en vérité répugnent entre elles. Durant le procès, il avait professé les croyances les plus orthodoxes; une fois condamné, il se déclara impie, refusa les consolations de la religion, et se vanta d'être plus intrépide que le Christ, qui dans ses angoisses avait sué le sang : il subit son supplice le 19 février 1618. Leibniz dit que Vanini eût mérité d'être renfermé comme un fou jusqu'à ce qu'il eût recouvré la raison, au lieu d'être traité avec une révoltante cruauté. Victor Cousin, dans son mémoire sur Vanini, prouve qu'il fut condamné par le parlement de Toulouse, parce que ni lui ni ses amis ne purent obtenir que son procès fût déféré au tribunal ecclésiastique de l'Inquisition, qui certainement ne lui eût infligé qu'une peine disciplinaire (E).

Ferrante Pallavicino.

Ferrante Pallavicino, issu d'une illustre famille de Plaisance, chanoine régulier à Milan, était vanté pour son savoir : voulant avoir toutes ses aises pour se livrer à des intrigues amoureuses, il feignit de voyager. Il se retira à Venise, d'où il adressait des lettres à ses amis sous la fausse date de Lyon, de Paris et d'autres villes, dans lesquelles il faisait le récit de voyages supposés, qui lui acquirent une certaine vogue, lorsqu'il reparut dans sa patrie. Dans un voyage qu'il fit en Allemagne en qualité de chapelain du duc d'Amalfi, il assista au supplice de la roue infligé à un Calviniste, avec lequel il avait eu une dispute sur les qualités de l'âme. S'étant laissé convaincre par celui-ci, à dater de ce moment il maltraita les personnes et les choses sacrées. Il bousillait des livres, des histoires sacrées et profanes, des nouvelles, des panégyriques, des épithalames, s'y montrant parfois *ascétique*, toujours ampoulé, confus, obscur, et les semant de descriptions lascives. Par exemple, dans le traité spirituel des *Beautés de l'âme*, au chapitre XIII, il discourt sur la beauté du sein. Les mêmes taches se retrouvent dans la *Suzanne*, dans le *Joseph*, le *Samson*, la *Bethsabée*. Son *Divorce céleste amené par les déréglements de l'épouse romaine, et consacré à la simplicité des gens scrupuleux* (1643) fut traduit en plusieurs langues par les Protestants : il eut un continuateur, probablement Grégorio Leti, qui partagea l'ouvrage en trois livres sous ces titres : *les Mœurs dissolues de la femme adultère, le Procès des bâtards de celle-ci, le Con-*

cours des diverses églises aux épousailles du Christ (1679). Dans le *Courrier dévalisé*, il vomit toutes sortes de calomnies contre le pape, les cardinaux, les Jésuites, contre tous les gouvernements et les gens de lettres, en les assaisonnant d'obscénités. Il le fit imprimer en secret, ce qui lui valut d'être emprisonné par ordre de la *Signoria* de Venise; remis en liberté, il se déchaîna plus que jamais contre les princes, le pape Urbain VIII et les bonnes mœurs. Outre le pamphlet intitulé *La Buccinata per le api Barberine* (le bourdonnement des abeilles des Barberini)[1], et le *Dialogue entre deux soldats du duc de Parme*, Pallavicino écrivit *la Justice bafouée*, et la *Rhétorique des p... dédiée à l'université des courtisanes les plus célèbres.*

Un certain Charles de Brèche, fils d'un libraire parisien, qui se faisait appeler Morone à Venise, et qu'on disait avoir reçu des Barberini 3,000 pistoles, feignant d'être son ami, lui persuada de se rendre en France, où il pourrait, grâce à la protection de Richelieu, faire imprimer d'autres livres irréligieux. Conduit ainsi à Avignon, ville appartenant au pape, il y fut arrêté, jugé et décapité au bout de quatorze mois, à l'âge de vingt-six ans (1618-1644). Sa fin lui attira une commisération qu'il méritait bien peu. On rapporte que celui qui l'avait trahi fut peu après assassiné par un Italien, à qui Mazzarin fit grâce. Aussitôt parurent deux dialogues intitulés *L'âme de Ferrante Pallavicino*, œuvre attribuée à Jean-François Lore-

(1) En tête du volume était gravé un crucifix couronné d'un essaim d'abeilles (armoiries de la famille Barberini) avec ce verset en guise d'exergue : « *Circumdederunt me sicut apes et exarserunt sicut ignis in spinis.* »

dano, son ami, où sont fort malmenés le pape, les prélats, les gens de lettres et les bonnes mœurs [1].

(1) L'Index des livres prohibés contient les ouvrages suivants de Ferrante Pallavicino : Lettres amoureuses. — La pudeur tournée en ridicule. — Le filet de Vulcain. — Le courrier dévalisé. — Le divorce céleste. — Les beautés de l'âme. — Bethsabée. — Joseph. — Panégyriques, épithalames, discours académiques, nouvelles. — Le prince Hermaphrodite. — Samson. — La scène de rhétorique. — Suzanne. — Taliclea

En 1665, on fit à Venise une édition en 4 volumes de ses œuvres permises : mais la plus recherchée est celle des *OEuvres choisies*, faite à Genève avec la fausse date de Villefranche, 1660. Ses ouvrages les plus mauvais ont aussi été traduits. Brusoni, qui était ami de Pallavicino, publia sa vie et le catalogue de ses ouvrages, qui fut reproduit textuellement par Marchand dans une note ajoutée à l'article *Pallavicino*. Le titre du *Courrier dévalisé* lui fut plus tard emprunté par Mirabeau, qui le donna à un de ses libelles politiques. Poggiali, dans ses *Mémoires pour servir à l'histoire littéraire de Plaisance*, tom. II, p. 170, donne beaucoup de détails sur Pallavicino.

NOTES ET ÉCLAIRCISSEMENTS

AU DISCOURS XI.

(A) *De compendiosa architectura et complemento artis Lulli*, 1580. On sait que Raymond Lulle, de Majorque, dans son *Ars magna*, a voulu réduire l'intelligence à une sorte de rôle mécanique, servant à appliquer à un sujet quelconque certains prédicaments. Il les réunit en classes qu'il distingue les unes des autres par des lettres de l'alphabet, et il les disposa en cercles concentriques, en sorte que chaque lettre indiquait un attribut. La Ire se composait de neuf prédicaments absolus, savoir : *bonté*, *grandeur*, *durée*, *puissance*, *sagesse*, *volonté*, *vertu*, *vérité*, *gloire*; la IIe des prédicaments relatifs, savoir : *différence*, *concorde*, *opposition*, *commencement*, *milieu*, *fin*, *majorité*, *parité*, *minorité*; la IIIe des interrogations, savoir : *si? que? de quoi? pourquoi? de quelle grandeur? de quelle qualité? quand? où? comment* et *avec qui?* la IVe des neuf sujets les plus universels, savoir : *Dieu*, *ange*, *ciel*, *homme*, *imagination*, *sensibilité*, *végétation*, *éléments*, *instruments*; la Ve des neuf prédicaments des idées accidentelles, tels que : *quantité*, *qualité*, *relation*, *action*, *passion*, *habitude*, *position*, *temps*, *lieu*; la VIe de neuf conceptions morales, savoir : *justice*, *prudence*, *courage*, *sobriété*, *foi*, *espérance*, *charité*, *patience*, *piété*, et leurs contraires, savoir : *envie*, *colère*, *inconstance*, *mensonge*, *avarice*, *gourmandise*, *luxure*, *orgueil*, *paresse*. Toutes ces conceptions produisaient, au moyen de quatre cercles concentriques et de triangles inscrits, certaines combinaisons de prédicaments, par exemple celui-ci : *la bonté est grande*, *durable*, *puissante*, *pacifique*, *conciliante*, *finissante*, *augmentante*, *décroissante*. Ainsi de chacun des trente-six petits compartiments on déduit douze propositions, douze moyens, vingt-quatre questions, et les espèces de la correspondante. Lulle croyait par son invention avoir fourni un instrument universel de la science susceptible de résoudre toutes les questions imaginables; mais en réalité il n'offrait par son système que des mots pour discourir sur toutes les questions.

(B.) L'église de Saint-Pancrace, à Florence, contient un souvenir d'une autre victime des persécutions d'Henri VIII, Anna Sothvell, duchesse de Northumberland, qui, s'étant réfugiée dans cette ville, y mourut. Son épitaphe porte :

D. O. M.

Petis scire quid moliar? resolvor donec redeam.
Appetis quid fui? Anna Dudlea anglo danoque
Regali stigmate sata. Expetis quæ labilis vitæ
Comites? pulcritudo, virginitas, virtus, religio.
O mortalis caducitas! Letho relictis laribus
Rubertus Dudleus et Élisabeth Southwel
Nortumbrotum Warvicensiumque duces
Hoc mœstissimi parentes anno MDCXXIX
Mihi et filiæ dulcissimæ posuere.
Disce timeque ergo viator
Forma charis virtus abi nunc Nortumbria princeps
Virgo sub hac secum condidit Anna petra.

(C.) Bayle, Dictionnaire, aux mots *Bruno* et *Spinoza*.

Il est difficile d'accumuler autant d'inexactitudes qu'il y en a dans ces lignes de Voltaire sur le compte de J. Rabelais : « Les « Italiens alors ressemblaient aux anciens Romains, qui se mo- « quaient impunément de leurs dieux, mais qui ne troublèrent « jamais le culte reçu. Il n'y eut que G. Bruno, qui, ayant bravé « l'inquisiteur à Venise et s'étant fait un ennemi irréconciliable « d'un homme si puissant et si dangereux, fut recherché pour son « livre *De la bête triomphante*; on le fit périr par le supplice du feu, « supplice inventé parmi les chrétiens contre les hérétiques. Ce « livre est pis qu'hérétique : l'auteur n'admet que la loi des Pa- « triarches, la loi naturelle. Il fut composé et imprimé à Londres, « chez le lord Philippe Sidney, l'un des plus grands hommes d'An- « gleterre, favori de la reine Élisabeth. »

Giannone, copiant selon sa coutume Capasso et Parrino, et trivial comme d'habitude, écrit au livre XXXIV, c. 8, ce qui suit : « L'honorable entreprise (il s'agit de celle de la rénovation de la philosophie) a été discréditée par deux religieux dominicains, qui, n'observant ni loi ni mesure, et outrepassant les justes bornes (!), ont accrédité les erreurs des écoles et discrédité ceux qui voulaient s'en éloigner, etc. »

Et Botta, livre XV : « Je ne m'arrêterai pas à parler de Bruno, parce que, ayant enseigné que les Hébreux seuls descendaient d'Adam, que Moïse était un imposteur et un magicien, que les saintes Écritures avaient une senteur de fable, et d'autres *blasphèmes encore pires que ceux-ci*, il fut brûlé à Rome à la mode de Rome : remède abominable employé contre des opinions insensées. »

(D.) Citons entre autres Quadrio et Hayn, sans parler de Bayle, qui doute de tout, et qui conclut ainsi : « Il n'y a pas loin de l'incertitude à la fausseté dans des faits de cette nature. »

La lettre de Scioppius fut imprimée en 1621, vingt ans après le fait qu'il raconte, mais vingt-neuf ans avant la mort dudit Scioppius, qui ne l'a pas désavouée. Quelques écrivains modernes ont voulu nier qu'elle fût de Scioppius, mais Chrétien Bartholomess n'hésite pas à la considérer comme authentique, de même que Victor Cousin, qui en a reproduit les principaux passages dans ses *Fragments de philosophie cartésienne*. Cette lettre, réimprimée en 1705, à Iéna, par Struve, *Act. liter.*, T. I, fasc. V, p. 64-74, est fort longue ; nous en extrayons seulement les passages concernant Bruno.

Corrado Rittershusio suo Gaspar Schoppius Fr. S.

« Quas ad nuperam tuam expostulatoriam epistolam rescripsi, non jam dubito quin tibi sint redditæ, quibus me tibi de vulgato responso meo satis purgatum confido. Ut vero nunc etiam scriberem, hodierna ipsa dies me instigat, qua Jordanus Brunus propter hæresim vivus publice in Campo Floræ ante theatrum Pompeji est combustus. Existimo enim et hoc ad extremam impressæ epistolæ meæ partem, qua de hæreticorum pœna egi, pertinere. Si enim nunc Romæ esses, ex plerisque Italis audires lutheranum esse combustum, et ita non mediocriter in opinione tua de sevitia nostra confirmaveris.

« At semel scire debes, mi Rittershusi, Italos nostros inter hæreticos alba linea non signare, neque discernere novisse : sed quicquid est hæreticum, illud lutheranum esse putant. In qua simplicitate ut Deus illos conservet precor, ne sciant unquam quid hæresis alia ab aliis discrepet : vereor enim ne alioquin ista discernendi scientia nimis cara ipsis constet. Ut autem veritatem ipsam ex me accipias, narro tibi, idque ita esse fidem do testem, nullum prorsus lutheranum aut calvinianum, nisi relapsum vel publice scandalosum, ullo modo periclitari, nedum ut morte puniatur. Hæc sanctissimi domini nostri mens est, ut omnibus Lutheranis Romam pateat liber commeatus, utque a cardinalibus et prælatis curiæ nostræ omnis generis benevolentiam et humanitatem experiantur. Atque utinam hic esses! Scio fore ut rumores vulgatos mendacii damnes. Fuit superiore mense Saxo quidam nobilis hic apud nos, qui annum ipsum domi Bezæ vixerat. *Is* multis Catholicis innotuit; ipsi etiam confessario pontificis cardinali Baronio, qui eum humanissime excepit, et de religione nihil prorsus cum eo egit, nisi quod obiter eum adhortatus est ad veritatem investigandam. De periculo jussit eum fide sua esse securissimum, dum ne quod publice scandalum præberet. Ac mansisset ille nobiscum diutius, nisi sparso rumore de Anglis quibusdam in palatium Inquisitionis deductis, perterritus sibi metuisset. At Angli illi non erant, quod vulgo ab Italis dicuntur, lutherani, sed puritani, et de sacrilega verberibus sacramenti percussione Anglis usitata suspecti.

« Similiter forsan et ipse rumori vulgari crederem Brunum istum fuisse ob lutheranismum combustum, nisi Sanctæ *Inquisitionis* Officio interfuissem, dum sententia contra eum lata est, et sic scirem quamnam ille hæresim professus fuerit. Fuit enim Brunus ille patria nolanus, ex regno Neapolitano, professione dominicanus : qui eum jam annis abhinc octodecim de transubstantiatione (rationi nimium, ut Chrysostomus docet, repugnante) dubitare, imo eam prorsus negare, et statim virginitatem B. Mariæ (quam idem Chrysostomus omnibus cherubin et seraphin puriorem ait) in dubium vocare cæpisset, Genevam abiit, et biennium istic commoratus, tandemque, quod calvinismum per *omnia non* probaret, inde ejectus, Lugdunum, inde Tholosam, *hinc* Parisios devenit, ibique extraordinarium professorem egit, cum videret ordinarios cogi missæ sacro interesse. Postea Londinum profectus, libellum illic edidit *de Bestia triumphante*, hoc est, papa, quem vestri, honoris causa, bestiam appellare solent. Inde Wittenbergam abiit ibique publicæ professus est biennium, nisi fallor. Hinc Pragam delatus, librum edidit *de Immenso et Infinito*, itemque *de Innumerabilibus* (si titulum sat recte memini, nam libros ipsos Pragæ habui) et rursus alium *de Umbris et Ideis*; in quibus horrenda prorsus absurdissima docet, v. g. mundos esse innumerabiles; animam de corpore in corpus, imo et alium in mundum migrare : unam animam bina corpora informare posse, magiam esse rem bonam et licitam; Spiritum Sanctum esse nihil aliud nisi animam mundi, et hoc voluisse Moysem dum scribit eum fovisse aquas : mundum esse ab æterno, Moysem miracula sua per magiam operatum esse, in qua plus profecerat quam reliqui Ægyptii, eum leges suas confinxisse, sacras litteras esse somnium, diabolum salvatum iri; solos Hebræos ab Adamo et Eva originem ducere, reliquos ab iis duobus Deus pridie fecerat; Christum non esse Deum, sed fuisse magum insignem et hominibus illusisse, ac propterea merito suspensum (Italice *impiccato*), non crucifixum esse; prophetas et apostolos fuisse homines nequam, magos, et plerosque suspensos. Denique infinitum foret omnia ejus portenta recensere, quæ ipse et libris et viva voce asseruit. Uno verbo ut dicam, quicquid unquam ab ethnicorum philosophis, vel a nostris antiquis et recentioribus hæreticis est assertum, id omne ipse propugnavit. Pragam Brunsvigam et Helmstadium pervenit, et ibi aliquandiu professus dicitur. Inde Francofortum, librum editurus adiit, tandemque Venetiis in Inquisitionis manus pervenit, ubi diu satis cum fuisset, Romam missus, et sæpius a Sancto Officio, quod vocant Inquisitionis, examinatus, et a summis theologis convictus, modo quadraginta dies obtinuit quibus deliberaret, modo promisit palinodiam, modo denuo suas nugas defendit, modo alios quadraginta dies impetravit. Sed tandem nihil egit aliud, nisi ut Pontificem et Inquisitionem deluderet. Fere igitur biennio postquam hinc in Inquisitionem devenit, nupera die nona februarj in supremi Inquisitoris palatio, præsentibus illustrissimis cardinalibus Sancti Officii Inquisitionis (qui et senio et rerum usu et theologiæ jurisque scientia reliquis præstant) et consultoribus theologis, et seculari magistratu urbis gubernatore, fuit Brunus ille in locum Inquisitionis introductus ibique genubus flexis sententiam contra se pronuntiari audiit. Ea autem fuit hujusmodi. Narrata fuit ejus vita, studia et dogmata, et qualem Inquisitio diligentiam in convertendo illo fraterne adhibuerit, qualemque ille pertinaciam et impietatem ostenderit; inde eum degradarunt, ut dicimus, prorsusque excommunicarunt et sæculari magistratui tradiderunt puniendum, rogantes ut quam clementissime et sine sanguinis profusione puniretur. Hæc cum ita essent peracta, nihil ille respondit aliud, nisi minabundus : « Majori forsan cum timore sententiam in me dictis, quam ego accipiam. » Sic a lictoribus gubernatoris in carcerem deductus, ibique octiduo asservatus fuit, si vel nunc errores suos revocare vellet. Sed frustra. Hodie igitur ad rogum sive pyram deductus est. Cum Salvatoris crucifixi imago ei jamjam morituro ostenderetur, torvo eam vultu aspernatus, rejecit. Sicque ustulatus misere periit, renunciaturus credo in reliquis illis quos finxit mundis quonam pacto homines blasphemi et impii a Romanis tractari solent.

« Hic itaque, mi Rittershusi, modus est quo contra homines, imo contra monstra hujusmodi procedi a nobis solet. Scire nunc ex te studeam an iste modus tibi probetur : an vero velis licere uni cuique quidvis et credere et profiteri. Equidem existimo te non posse eum probare. Sed illud addendum forte putabis : Lutheranos talia non docere neque credere, ac proinde aliter tractandos esse. Assentimur ergo tibi, et nullum prorsus Lutheranum comburimus. Sed de ipso vestro Luthero aliam forte rationem inierimus. Quid enim dices si asseram, et probare tibi possim Lutherum non eadem quidem quæ Brunus, sed vel absurdiora magisque horrenda, non dico in Convivialibus, sed in iis quos vivus edidit libris, tanquam sententias, dogmata et oracula docuisse? Mone, quæso, si nondum satis novisti, eum qui veritatem tot seculis sepultam nobis eruit, et faciam ipsa tibi loca in quibus succum quincti istius evangelii deprehendas, quamvis istic Anatomiam Lutheri a Pistorio habere possitis. Nunc si et Lutherus Brunus est, quid de eo fieri debere censes? Nimirum *tardipedi Deo dandum infelicibus ustulandum lignis*; quid illis postea qui eum pro evangelista, propheta, tertio Elia habent? Hoc tibi cogitandum potius relinquo. Tantum ut hoc mihi credas, Romanos non ea severitate erga hæreticos experiri qua creduntur, et qua debebant forte erga illos, qui scientes, volentes pereunt.

« Romæ, a. d. 17 februar. 1600 ».

(E.) Voir *La Vie et les sentiments de Lucilio Vanini*, Rotterdam, 1717. Ce livre lui est très-hostile, mais le père Garasse l'est encore plus dans la *Doctrine curieuse des beaux esprits de notre temps*. Il y dit : *Les deux plus nobles exécutions qui se soient faites de nos jours montrent évidemment que la fin des athéistes dogmatiques est toujours accompagnée d'une particulière malédiction de Dieu et des hommes. La première fut à Toulouse en la personne de L. Vaninus, homme d'un courage désespéré... homme de néant,..... méchant, bellistre*; et après avoir débité contre lui un torrent d'injures, il ajoute que Vanini, sommé de faire amende honorable à Dieu, au roi, au tribunal, répondit : « Je ne crois pas en Dieu; je n'ai pas offensé le roi; quant au tribunal, que les diables l'emportent, si tant est que les diables existent. » L'*Apologia pro J.-C. Vanino*, imprimée à Rotterdam, en 1712, contient les réponses que fit un anonyme qui se disait athée aux dix-sept chefs d'accusation qu'on portait contre lui.

Le président Gramond, dans son *Historia Galliæ ab excessu Henrici IV*, lib. 3, raconte en détails le supplice de Vanini, comme en ayant été le témoin oculaire. Après avoir exposé les crimes de celui-ci, son hypocrisie dans la prison et l'accès de fureur qui sui-

il dit : « Il n'avait point raison pourtant de dire qu'il mourrait avec intrépidité. Je l'ai vu au contraire abattu, la face horrible, l'âme inquiète... Avant de mettre le feu au bûcher, on lui ordonna de présenter la langue pour la lui couper. Il refusa : et le bourreau ne put l'avoir qu'avec des tenailles. Mais on n'entendit jamais un cri plus effrayant que celui qu'il poussa; vous l'eussiez pris pour le mugissement d'un bœuf. Le reste de son corps fut consumé par le feu, et ses cendres jetées au vent. »

Vanini, lorsqu'il énumère les différentes hypothèses sur l'origine de la race humaine, n'oublie pas celle qui la fait dériver des singes : mais *quidam mitiores athei solos æthiopes ex simiarum genere et semine prodiisse attestantur, quia et color idem in utrisque conspicitur* : il affirme que les premiers hommes marchaient à quatre pattes, et que ce ne fut que par une éducation particulière qu'ils changèrent cet usage, qui reparait avec la vieillesse.

Voir aussi sur Vanini :

SCHRAMM, *De vita et scriptis famosi athei J.-C. Vanini*, Custrin, 1799.

P.-F. ARPE, *Apologia pro J.-C. Vanino*, Rotterdam, 1712.

J.-G. OLEARIUS. *De vita et factis Vanini*, Jena, 1708.

FUHRMANN, *Leben des Vanini*, Leipsig, 1800.

EMILE VAISSE, *Lucilio Vanini, sa vie, sa doctrine, sa mort*, aux Mémoires de l'Académie de Toulouse.

Œuvres philosophiques de Vanini, traduites pour la première fois par ROUSSELOT, Paris, 1842.

DISCOURS XII.

Italiens en Suisse et dans les Villes Libres. — La Mesolcina. Genève.

La Suisse était redevable de sa civilisation aux moines qui la peuplèrent de couvents et de sanctuaires, autour desquels se développèrent plusieurs villages qui prirent le nom de divers saints, ainsi que les villes de Saint-Gall, Appenzell (*Abatis cella*), Glaris (*Ecclesia Ilarii*), Feldkirch, Einsiedeln, etc. Ses soldats allaient prendre du service dans les États de l'Église, ce qui fit que Jules II surnomma les Suisses « les Défenseurs de la liberté ecclésiastique » et leur donna en récompense l'estoc et le chapeau bénits, qui furent placés à Zurich ; deux étendards, qu'on déposa dans la chapelle de la Madone d'Einsiedeln, et à chaque canton une enseigne représentant un des mystères de la passion : pour la porter, on désigna un porte-enseigne qui marchait au premier rang dans les jours de bataille.

Ce fut en qualité de chapelain de ces soldats qu'était venu en Italie le curé Zwingle, qui prêcha la Réforme en même temps que Luther. Plus logique que celui-ci, il nia plus carrément les dogmes catholiques, et ses ouvrages furent lus davantage, parce qu'il écrivait en latin. Luther le combattit, et tous les cantons prirent parti ou pour lui, ou contre lui : Fribourg, qui avait été admis dans la Ligue Helvétique, en 1481, avec Soleure, fit alliance avec Lucerne, Uri, Schwitz, Unterwald et Zug : les confédérés, après avoir rassemblé une armée de cinq mille combattants, assaillirent Zurich, et le 10 octobre 1531, à la bataille de Cappel, Zwingle fut tué en combattant[1].

Les cantons restèrent divisés en cantons catholiques, cantons réformés et cantons mixtes. Les catholiques étaient : Uri, Schwitz, Unterwald, Lucerne, Zug, Soleure et Fribourg; les mixtes étaient : Appenzell, Glaris, Saint-Gall, Vaud, Argovie, Thurgovie, et aussi les ligues Grises; les protestants étaient : Berne, Zurich, Bâle, Schaffouse et Neufchatel. Les sept cantons catholiques envoyèrent au Concile de Trente leurs députés (20 mars 1562), pour protester de leur dévotion filiale envers le saint-siége, et de leur désir de l'aider comme ils avaient fait sous Jules II et Léon X; ils les chargèrent aussi de faire remarquer au saint-siége que, dans la guerre contre les Protestants et par la mort de Zwingle, dont ils brûlèrent le cadavre et dispersèrent les ossements, ils avaient donné une preuve éclatante de leur rupture définitive avec les cantons hérétiques; qu'en outre, placés ainsi qu'ils l'étaient aux confins de l'Italie comme une sorte de rempart, ils feraient bonne garde pour empêcher l'erreur d'y pénétrer.

Un nonce apostolique résidait en Suisse, et il avait un rôle des plus importants à cause de la barrière qu'il opposait aux hérésies; mais son entretien était fort coûteux,

(1) Le cardinal Accolti envoya sur la bataille de Cappel un long rapport au cardinal Sadolet, dans une lettre datée du 4 décembre 1531, où il lui donne entre autres détails celui-ci : *ceciderunt quam plurimi sacerdotes qui, abjurato veræ religionis cultu, sese in Satanæ famulatum conjecerant; repertus est multis vulneribus confossus Zuinglius, qui primus ad Helvetios attulit pestifera Lutheranorum dogmata, eisque, ob singularem qua maxime inter Helveticos florebat opinionem virtutis, doctrinæ et sapientiæ, assidue imperitorum animos imbuebat.* J. SADOLETI *Epist.*, lib. VII

car il était obligé de faire beaucoup de voyages, et aussi beaucoup de présents, le seul moyen pour tout obtenir dans ce pays, sans compter qu'il lui fallait donner à l'occasion de la Diète des festins qui duraient cinq et même de dix heures.

Les réfugiés italiens à Bâle.

Beaucoup d'Italiens trouvèrent un asile dans les cantons réformés. Bâle, entré dans la confédération en 1501, était l'Athènes de la Suisse, et tout récemment un spirituel écrivain faisait remarquer que le quinzième siècle fut pour cette ville l'ère la plus illustre pour les arts, les lettres et les sciences, mais que les hommes les plus distingués furent catholiques, ou du moins étaient nés dans cette religion, et que, sous l'empire du dogme glacial du protestantisme, ils avaient conservé le spiritualisme et la sève féconde du catholicisme. Le meilleur tableau d'Holbein est la Madone de Dresde, devant laquelle se voit agenouillé le bourgmestre de Bâle; à la même époque appartient l'élégante fontaine d'Albert Dürer; et l'âge catholique peut encore réclamer une autre fontaine couronnée d'une pyramide gothique, l'hôtel de ville, et la merveilleuse porte du faubourg de Spalen, dont les statues de saints ont été respectées, tandis que les autels et les tabernacles de la cathédrale, devant lesquels s'étaient prosternés les ancêtres, ont été détruits : cependant on retrouve à l'intérieur l'élégante chaire à prêcher de 1486. C'est à Bâle qu'Opporino édita sept cent cinquante ouvrages de l'an 1539 à l'an 1568 : il eut pour successeur Pierre Perna, que l'historien De Thou, lors de son passage à Bâle, en 1579, trouva, quoique très-âgé, travaillant encore avec l'ardeur d'un jeune homme.

C'est aussi dans cette ville que Calvin rencontra le vieil Érasme, qui s'écria en le voyant : « Je vois surgir une grande peste dans l'Église contre l'Église. » C'est là qu'il fit imprimer en 1536 ses *Institutions chrétiennes*, où, à l'imitation des Vandois, il soutenait que dans la Cène il n'y a pas de présence réelle et locale du corps et du sang du Christ; qu'il ne doit y avoir dans l'Église ni chef visible, ni hiérarchie, ni évêques, ni prêtres, ni messes ou fêtes, ou images, ou crucifix, ou bénédictions ou invocations de saints, ni rien de ce qui peut, en arrivant à l'âme par l'intermédiaire des sens, l'élever au moyen des choses visibles jusqu'au Dieu invisible.

On établit à Bâle une Église italienne, dont Jean Toniola a conservé la mémoire [1].

A Zurich.

A Zurich, qui, dans l'île de Ufnau au milieu du lac, possède le tombeau d'Ulrich de Hutten, Charlemagne avait fondé une école que Zwingle ressuscita, et d'où sortirent les fameux Conrad Gessner, Gaspard Wolf, *Josias Simler*, Henri Bullinger. Nous verrons beaucoup de réformés italiens y chercher un refuge. C'est là que s'était retiré Jacob Aconzio, célèbre jurisconsulte de Trente, qui, dans son livre *De Methodo, sive recta investigandarum tradendarumque scientiarum ratione* (Basilea, 1558), avait renoncé à la dialectique ordinaire, et proposé une nouvelle méthode pour arriver à la vérité, en décomposant et recomposant plusieurs fois la question, et en l'examinant sous ses divers aspects, puis en passant du connu à l'inconnu. Il dédia à Élisabeth, reine d'Angleterre, dont il reçut à diverses reprises des marques d'estime, son *De Stratagematibus Satanæ in religionis negotio*, Bâle 1565, livre alors très-vanté et traduit dans différentes langues, et où il s'applique à réduire

(1) Jo. TONIOLÆ *Cœtus italici qui Basileæ colligitur*. Basilea, 1611. Nous avons encore de Toniola *Basilea sepulta*, *retecta*, *continuata*, *hoc est tam urbis quam agri basileensis monumenta sepulchralia*.

à un très-petit nombre les dogmes essentiels du christianisme, dans le but d'amener les sectes à une tolérance réciproque.

Aconzio avait vécu dans l'intimité avec le Romain François Betti, qui écrivit au marquis de Pescara, au service de qui il était, une lettre « dans laquelle il explique à son excellence les motifs qui l'ont déterminé à quitter son service » (Zurich, 1557). Fils du régisseur du marquis, il était en grande faveur près de ce dernier et en voie d'avancement, quand il se sentit transporté par l'amour de la divine foi. Il peint tout au long les luttes qu'il eut à soutenir avec les sentiments de respect et d'attachement qu'il professait envers ses supérieurs et ses parents. Il déclare hautement qu'il ne veut pas entamer la discussion sur des matières théologiques qu'il ne connaît pas. Il sait qu'en Italie on regarde les Luthériens comme des Turcs, mais il affirme que ceux qui sont ainsi appelés par leurs ennemis n'ont d'autre aspiration que celle d'être chrétiens, et il se met alors à développer les principaux articles de leur foi, surtout en ce qui concerne la satisfaction du Christ pour nous : il n'admet que deux sacrements, et dans la Cène il ne voit qu'une solennelle commémoration de la passion et de la mort de notre Sauveur, instituée par lui-même. A ses yeux, le mariage n'est point un sacrement, mais les magistrats ont été établis par Dieu, et conséquemment il faut les respecter et leur obéir.

C'est à lui que Muzio lança en plein visage les *Mentite Bettiniane* (les mensonges Bettiniens). Plusieurs personnes entreprirent de le ramener au bercail; mais il continua à résider à Zurich, à Strasbourg et ailleurs : en 1587, étant déjà fort avancé en âge, il publia à Bâle la traduction de Galen.

On a trouvé récemment dans la bibliothèque de Zurich des traités d'Ochin, de Scipion Calandrino et d'autres auteurs, découvertes dont nous avons tiré parti pour notre travail.

A Strasbourg. Zanchi.

Strasbourg, capitale de l'Alsace, ville libre, c'est-à-dire impériale, était fameuse par sa cathédrale, merveille du style gothique, comme Saint-Pierre de Rome l'est du style de la renaissance; elle l'était aussi à cause de son immense commerce de livres et des continuelles disputes théologiques qui s'agitaient dans son sein. Calvinistes et Luthériens, Zwingliens et Anabaptistes, tour à tour applaudis et tour à tour expulsés, y avaient importé chacun leurs dogmes[1]. Cette ville avait chassé l'évêque et le chapitre en 1529, et avait abjuré le catholicisme, dont le culte y fut plus tard rétabli en 1681, lorsqu'elle fit sa soumission à Louis XIV.

Parmi les Italiens qui étaient venus se réfugier dans ses murs, citons Zanchi, chanoine de Bergame, moins acharné contre le catholicisme que les prédicants de Strasbourg. Invité à dîner par le recteur Jean Sturm, il rencontra chez lui Marbach, Herlin, Dasypodio, et Sapido : la conversation étant tombée sur le pape, Marbach soutint qu'il n'y avait aucun espoir qu'il connût jamais la vérité, en sorte qu'on ne devait plus prier pour lui. Zanchi répliqua qu'on devait cesser de prier uniquement pour ceux qui avaient notoirement péché contre l'Esprit-Saint; qu'on ne

(1) En 1860, on a publié à Paris *Mathieu Zell, le premier pasteur évangélique de Strasbourg* (1477-1548) *et sa femme Catherine Schutz, étude biographique et historique* par Ernest Lehr; — Et à Eberfeld, en allemand, *Capiton et Butzer, réformateurs de Strasbourg, d'après leurs lettres inédites, leurs écrits imprimés et autres sources contemporaines*, par J.-G. Baum.

pouvait pas dire cela du pape, en tant que pape, et que jusqu'à ce qu'on eût acquis la certitude qu'il avait commis ce péché, il était du devoir de tout chrétien de prier pour lui. Marbach et ceux qui, comme lui, tenaient pour article de foi que le pape était un enfant de perdition et même l'Antechrist, furent scandalisés des paroles de Zanchi.

Parmi les disciples de Zanchi à Strasbourg, nous trouvons Jean-Ange Odone, savant vénitien, ami d'Hortensius Landi, et qui dès 1534 était en correspondance avec Bullinger.

Dans le Tessin. Les bailliages suisses.

Une partie de la Suisse est tout à fait ou à moitié italienne; nous voulons parler des pays qui maintenant forment le canton du Tessin et une partie de celui des Grisons. Il y a dans ce dernier cinq vallées où l'on parle l'italien; ce sont la Calanca et la Mesolcina ou val de la Moesa, qui se prolongent dans le canton du Tessin; le Munsterthal, près de la haute montagne du Stelvio, formé par le bassin du fleuve Ram, qui se jette dans l'Adige, a maintenant trois paroisses protestantes, dont la principale, celle de Monastero, qui donne son nom à la vallée, et une abbaye jadis maîtresse du pays et dont on attribue la fondation à Charlemagne; enfin, le val Bregaglia ou de la Mera, qui aboutit à Chiavenna, et celui de Poschiavo, qui se termine dans la Valteline, à la Madone de Tirano. Les Grisons devinrent ensuite maîtres de la Valteline, et nous aurons occasion d'en parler plus en détail.

La partie qui présentement appartient au canton du Tessin, et qui s'étend des cimes du Saint-Gothard et du Saint-Bernardin jusqu'au lac de Lugano et au lac Majeur, avait été prise au duché de Milan et assujettie par les Suisses. Les trois cantons primitifs d'Uri, de Schwitz, d'Unterwald avaient occupé les bailliages de Bellinzone, de

Blenio et de Riviera, qui s'étendent entre le lac Majeur et les sommets du Saint-Gothard; tous les douze cantons ensemble possédèrent les bailliages de Lugano, Locarno, Mendrisio, Valmaggia, autour des lacs Ceresio et *Verbano*.

Les cantons de qui relevaient ces bailliages cisalpins envoyaient pour les gouverner des baillis nommés pour deux ans; ces fonctionnaires achetant leurs charges à beaux deniers se remboursaient du prix d'achat en *vendant la justice*; et, selon que les cantons ou les baillis étaient catholiques ou protestants, ils persécutaient ou favorisaient les apostats. Ceux-ci furent particulièrement favorisés par Jacob Werdmuller, chaud partisan de la doctrine évangélique. Les soldats qui sortirent de l'intérieur de la Suisse à l'occasion de la guerre de Musso contre Jacques Médici, ne propagèrent pas tant les doctrines nouvelles *que le mépris* des anciennes : parmi eux un carme, du nom de Balthasar Fontana, expliquait les épîtres de saint Paul, et du camp écrivait aux Églises suisses, *aux fidèles de Jésus-Christ*, pour leur recommander de songer au Lazare de l'Évangile, qui désirait se nourrir des miettes tombées de la table du Seigneur; et pour que, touchés de ses larmes et de ses supplications, ils lui envoyassent « les « œuvres du divin Zwingle, de l'illustre Luther, de l'ingé- « nieux Mélanchthon, du zélé Œcolampade » : il les priait en outre de faire tous leurs efforts pour que « notre « chère Lombardie, esclave de Babylone, pût acquérir « cette liberté que l'Évangile donne à tous. »

Jean Orelli de Locarno, *familier et commensal perpétuel* de Jean Galéas Sforza, eut des relations avec Savonarole et autres croyants exaltés, et introduisit dans sa famille l'habitude d'argumenter sur les questions religieuses. Son fils Louis servit sous le connétable de Bourbon au siége de Rome, y fréquenta un grand nombre de Luthériens, particulièrement Freundsperg, et rapporta du fameux sac de la ville éternelle dix-huit mille sept cent quatre-vingt onze sequins, vingt-sept livres d'or fondu, cent quinze livres d'argent, douze vases d'or, quarante-huit vases dorés, trente et un d'argent, neuf de cristal, et une bourse remplie d'anneaux. L'autre fils d'Orelli, François, servit aussi sous Charles Quint, et tous deux, avec leur père, favorisèrent à Locarno les doctrines nouvelles.

Le médecin Jean de Muralt, leur compatriote, envoyé par le duc Sforza à Genève, y connut Servet et quelques émigrés d'Italie; il se pénétra de leurs idées, et les apporta dans sa patrie, où il les communiqua aux Orelli et à quelques Italiens émigrés, au nombre desquels étaient le comte Martinengo de Brescia, Guarniero Castiglioni de Castiglione de Varèse, un Camozzi, un Visconti. Tous les émigrés trouvaient l'hospitalité près des Orelli, et quelques-uns d'entre eux obtinrent le droit de posséder ainsi que le droit de cité. Un apothicaire, qui reliait aussi des livres, eut quelques ouvrages dans le sens protestant, et commença à en parler avec des personnes respectables : puis un nommé Piotta enseigna ouvertement l'hétérodoxie et divulgua les écrits de Servet. Jean de Muralt.

Parmi les réfugiés italiens qui, attirés par la proximité, par le climat, par la langue, et aussi par les mœurs conformes à celles de l'Italie, se fixèrent dans les bailliages, on remarquait au premier rang le prêtre Jean Beccaria, noble milanais, qui eut des propriétés à Locarno et y obtint droit de cité. Il avait connu à Rome Ochin, Carnesecchi, Vermigli; à son retour à Locarno en 1534, il y répandit les maximes de ces hérétiques sous le couvert d'une école Jean Beccaria.

de littérature : bien plus, l'archiprêtre, qui n'avait conçu aucun soupçon sur ses doctrines, l'invita à faire quelques sermons, qui eurent un grand succès. Beccaria se lia d'amitié avec la famille Orelli, avec Jean et Martin de Muralt, avec Louis Ronco, et augmenta le nombre des prosélytes de la Réforme, surtout en 1540, au retour d'un voyage qu'il fit en France. Il fut secondé dans cette œuvre de prosélytisme par Benoît de Locarno, célèbre prédicateur de l'ordre des Mineurs conventuels, par Cornélius de Nicosie, du même ordre, arrivé de Sicile en 1546, et par le bailli protestant Joachim Baldi de Glaris. Mais ce dernier eut pour successeur, en 1548, le catholique Nicolas Wirz, qui empêcha la propagation des doctrines hétérodoxes, et prescrivit l'observation exacte des fêtes, des jeûnes et autres pratiques ecclésiastiques; il voulut aussi plus tard qu'on organisât une controverse publique. Le 9 août 1549, se présentèrent pour la discussion, au nom de l'*Église chrétienne de Locarno*, Beccaria, le jurisconsulte Martin de Muralt, le médecin Thadée Duni, Louis Ronco, et André Jérôme Camuzzi : leurs contradicteurs furent l'archiprêtre Galéas de Muralt, le chapelain de la Madone *del Sasso*, le dominicain frère Laurent, et l'archiprêtre Morosini de Lugano. Au milieu d'un grand concours de peuple, pendant quatre heures, on argumenta sur le texte évangélique *Tu es Petrus et super hanc petram ædificabo ecclesiam*, puis sur la confession auriculaire, sur le mérite des bonnes œuvres; le commissaire qui présidait l'assemblée, indigné des réponses ambiguës, finit par ordonner l'arrestation de Beccaria. Mais trente jeunes gens de son parti l'arrachèrent de vive force des mains de ceux qui le conduisaient en prison; aussi crut-il prudent de se réfugier dans la Mesolcina, vallée italienne soumise aux Grisons. Là, s'étant marié, il se fit le précepteur des enfants italiens que leurs familles voulaient faire élever dans les principes de la Réforme.

A Locarno, les discussions publiques encouragèrent les novateurs. Cette ville entendit les prédications de Léonard Bodetto, ex-franciscain de Crémone, qui épousa audit Locarno Catherine Appiani, avec laquelle il s'appliqua à faire école; d'autres prédicants y furent appelés de Chiavenna.

La proximité de Locarno troublait le sommeil du pape et celui du roi d'Espagne, alors duc de Milan. Aussi saint Charles Borromée, qui déjà avait fondé le séminaire helvétique à Milan pour préparer des desservants à ces pays, ayant pénétré en Suisse comme légat pontifical, y exerça une juridiction rigoureuse sur les sorciers et les hérétiques. Cédant à ses instances, les Cantons catholiques mirent un frein à la propagation de l'hérésie en Italie, et, malgré l'opposition des Cantons réformés, rendirent de sévères édits de prohibition, et infligèrent une amende de dix écus à celui qui tiendrait chez lui des livres et des écrits contre la foi catholique; ils menaçaient de la peine capitale quiconque blasphémerait les choses saintes, et, à l'occasion de la fête de Pâques de l'année 1554, enjoignaient à toute personne de s'approcher *effectivement et oralement* des sacrements de pénitence et d'eucharistie; quant à celui qui mourait sans sacrements, il était privé de la sépulture ecclésiastique. Les novateurs ne se désistèrent pas pour cela : ils tenaient leurs assemblées de préférence chez les Muralt, les Duno, les Orelli et chez le beau-frère de cette dernière famille, François Bellò de Gavirate; ils demandèrent à avoir un pasteur reconnu et une église particulière. Antoine Mario

Besozzi écrivait à Bullinger qu'en 1554, en présence des syndics venus de Bellinzone, on baptisa des enfants selon le rit hétérodoxe, et on prêcha publiquement dans l'église.

Rauchlin de Zurich ayant été envoyé comme commissaire, l'audace des protestants devint plus grande : aussi une liste dressée au mois de juillet 1554 compte-t-elle quatre-vingt-six familles réformées, composées de cent trente-cinq membres, outre les enfants, les timides et les domestiques qui n'y figurent pas. Orelli, Muralt et Duno se rendirent à Zurich pour demander la protection des Cantons réformés ; ils donnèrent leur formule de profession de foi, aux termes de laquelle ils acceptaient le *Credo*, faisaient du Christ notre unique médiateur, et reconnaissaient deux sacrements, le baptême qu'on devait conférer sans les cérémonies du culte catholique romain, et la cène, dans laquelle le corps du Christ est à la *fois* une nourriture et un breuvage.

Mais, sur les instances des Cantons catholiques, le syndicat, s'étant réuni à Locarno, décréta que les novateurs devraient abjurer, sous peine de la confiscation des biens et même sous peine de mort. Ceux-ci en appelèrent à la diète générale, qui remit le jugement à titre de compromis aux Cantons mixtes d'Appenzell et de Glaris, lesquels décidèrent que les Réformés devraient revenir à la foi de leurs ancêtres, ou émigrer avec tout leur avoir.

Le 1er janvier 1555 la population de Locarno fut convoquée au palais du Commissaire pour lui annoncer cette sentence, et exhorter les apostats à revenir à l'antique foi. Mais à la fin de février on vit défiler processionnellement, en présence des représentants des sept Cantons catholiques, les dissidents, tous en habits de fête, tenant leurs enfants par la main, et déclarant solennellement qu'ils resteraient fidèles à leur croyance. Ils étaient au nombre de cent vingt-cinq, sans compter quelques absents et les enfants (A) : en conséquence, on leur intima l'ordre d'avoir à s'expatrier pour le 3 mars suivant.

Octavien Riperta, évêque de Terracine, nonce apostolique, étant venu à Locarno pour complimenter au nom du Saint-Père les ambassadeurs suisses, ne laissa échapper aucun moyen de convertir les hérétiques, mais il eut peu de succès; les femmes elles-mêmes, telles que Barbara Muralt, Catherine Rosalina, Lucie Bellò, Claire Toma, voulurent discuter avec lui. On prétend qu'il insista pour qu'on infligeât aux dissidents de sévères châtiments; il obtint la condamnation à mort contre le cordonnier Nicolas Greco, coupable de blasphèmes, et l'arrestation des plus opiniâtres. Barbara Muralt devait être du nombre; mais sa maison contiguë au lac, avait été construite à l'époque des factions de manière à ce qu'on pût s'échapper par une porte dérobée. La force armée y ayant pénétré, Barbara se leva du lit, et demanda à aller s'habiller; pendant ce temps-là, elle prit la fuite. Les autres dissidents furent sommés d'abandonner leur patrie, avec leurs familles et leurs biens. Ayant pris congé de leurs amis, de leurs parents et même de leurs femmes, cent soixante-treize personnes de tout âge passèrent le 3 mars le Saint-Bernard, et s'arrêtèrent quelque temps à Rovereto dans la Mesolcina, jusqu'à ce qu'elles eussent pris des arrangements avec les Suisses. Les Grisons leur offrirent un libre asile, qui fut accepté par Besozzi, Leonard Bodetto, Jean Antoine Viscardi et leurs familles. Le plus grand nombre alla s'établir à Zurich, *tam hilares, tam læti ac si ad nuptias aut festum aliquod properarent*, au dire de Duno. Ce citoyen de Locarno se fit remarquer dans cette ville comme un habile médecin; il y jouit de l'amitié du fameux naturaliste Gessner, publia plusieurs ouvrages, et traduisit en latin quelques traités d'Ochin et de Stancario.

D'autres vinrent les rejoindre en cet endroit, *quand le* sénat de Milan, informé que quelques sujets suisses, bannis de Locarno pour cause de religion, avaient été forcés de venir habiter sur le territoire milanais, ordonna qu'ils dussent le quitter dans les trois jours, sous peine de mort.

Les habitants de Zurich donnèrent une part de leurs aumônes publiques aux pauvres émigrés; ils autorisèrent l'établissement d'une église italienne dans le temple de saint Pierre, avec un pasteur spécial, lequel fut Jean Beccaria; il dut promettre de se conformer aux *rites* et aux dogmes reçus dans le canton, et prêter serment d'obéissance au magistrat et au synode. *Ils lui* assignèrent une provision de cinquante sequins, cent quinze *brente* de vin[1], dix-huit boisseaux de grain et deux d'avoine. Pour subvenir à ces dépenses, on envoyait de Berne deux mille cinquante neuf florins, de Bâle cent soixante, de Bienne trente-trois et demi, et de Lausanne d'autres subventions.

Ces émigrés italiens s'étaient rendus ridicules à la population de Zurich, tant par leur manière de se vêtir que par leur langage et leur genre de vie. Puis la zizanie ne tarda pas à éclater entre Beccaria et Bullinger, ce qui fit donner au premier sa démission de pasteur. Il eut pour successeur Ochin, qui au bout de peu de temps, fut chassé de Zurich comme hérétique. Antoine-Marie

(1) *Brenta* est une espèce de tonneau portatif, qui sert à transvaser le vin, et qui dans certains pays est une mesure adoptée pour ce liquide, variant de 75 litres 552 à Milan, et à Fribourg de 30 litres seulement. (*N. des Traducteurs.*)

Besozzi, lui aussi, fut jeté en prison en 1564 pour avoir énoncé des dogmes contraires à ceux qui prévalaient dans le Canton. A dater de cette époque, les Locarnais n'eurent plus leur ministre à eux, et durent payer la dîme sur toutes les hérédités, malgré les capitulations antérieures.

On donna le nom de faubourg des Italiens au quartier de la ville où s'était fixée la *communauté de Locarno à Zurich ;* Louis Ronco fut chargé d'en tenir les registres. A Locarno, il fut un temps où personne ne voulait acheter la soie récoltée sur les fermes appartenant à des hérétiques : aussi François Orelli en envoya une grande quantité à son frère Louis, au lieu d'argent. Celui-ci ouvrit un magasin de soies à Zurich, et y introduisit des métiers et des étoffes qu'on n'y avait pas vus auparavant : telle fut l'origine de la prospérité de cette industrie et des plantations de mûriers. Les familles des Duni, des Orelli, des Muralt, des Pestalozzi, donnèrent à Zurich des hommes qui ont bien mérité de la science et de l'humanité.

L'hérésie ne fut pas sans infecter la circonscription paroissiale de Locarno, car en 1580 le pape sentit le besoin d'en confier la surveillance particulière à Speziano, évêque de Novare. Saint Charles voulait y bâtir un séminaire, et renonça simplement à ce projet parce que Barthélemy Papio d'Ascona laissa un legs de vingt-cinq mille écus d'or qui placés en actions sur un Mont de Rome, en rapportaient douze cents par an, avec la destination spéciale d'ériger à Ascona un collége pour y élever *quelques enfants pauvres du pays*. Ce collége fut en 1582 placé par lui sous la protection de Grégoire XIII, qui nomma saint Charles son représentant ad hoc[1].

(1) Je trouve dans les annales de Grégoire XIII, publiées par le P. Theiner, qu'au congrès des seigneurs suisses tenu à Lugano en

Le protestantisme dans la Mesolcina.

Dans le val de la Mesolcina, où le protestantisme avait été répandu par Jean Fabricius Montano, chef de toute l'église rhétique, Beccaria avait déployé une grande activité pour y établir la foi nouvelle. Après y avoir fait un court séjour, il était passé, ainsi que nous l'avons dit, à Zurich, avec les émigrés de Locarno; mais lorsque ceux-ci eurent pris pour chef Ochin, il retourna à Mesocco sous le nom de Kanesgen. Les catholiques de cette vallée mirent tout en œuvre pour le contrecarrer; aussi écrivait-il à Bullinger : « L'état des affaires religieuses est ici tolérable, « grâce à Dieu, bien que les papistes ne cessent de fo- « menter des troubles. Je ne crois pas cependant avoir « rien à craindre, car je me confie dans la protection de « celui sans la volonté de qui un cheveu ne tombe pas de « notre tête. Quant aux vertueux évangéliques, j'ai reçu « d'eux l'accueil le plus gracieux. Parmi ceux qui se « sont fait remarquer en me comblant de prévenances, « est le seigneur Antoine Sonvico, consul élu, qui, fidèle « à vos exhortations, s'occupe à propager l'évangile de « Jésus-Christ. Aussi, que Dieu veuille bénir ses efforts! Je « le prie de recommander à Dieu ma personne et mon « Église. Jusqu'ici le nombre des adversaires de l'Évangile « est beaucoup plus considérable que celui de ses fidèles, « quoiqu'on puisse plutôt ranger les premiers au nombre « des athées que des adeptes d'une religion quelconque. « Mais la puissance de Dieu est assez grande pour ouvrir « leurs cœurs. — Mesocco, 17 mai 1559. »

1584 l'archiprêtre de Saint-Laurent suppliait ce pape d'accorder aux prêtres du pays de célébrer deux messes dans les endroits de difficile accès, ainsi qu'ils en avaient déjà obtenu la concession des évêques de Côme, concession qui venait de leur être retirée par Bonomo, visiteur du diocèse.

Jean-Antoine Viscato, dit *Il Trontano*, à cause de sa patrie, s'était fixé à Rovereto et y avait fondé une Église. Les catholiques s'en émurent très-fort, et les cinq cantons, craignant la propagation de l'hérésie, et appréhendant de voir les émigrés de Locarno s'encourager de ce fait pour ranimer leur parti, firent de chaudes instances près du gouvernement des Grisons pour faire rendre contre eux un décret de bannissement. Le parti contraire l'emporta, et au mois d'avril 1560, Beccaria fut officiellement autorisé à rester en qualité de pasteur à Mesocco, et à instruire les enfants. Le nombre des personnes qui renoncèrent à assister à la messe pour aller entendre le prêche dans des maisons particulières prit ainsi de notables proportions; les dissidents prétendirent ensuite à la possession de deux sur cinq églises qui existaient dans la vallée, et ils les obtinrent de la Diète. Mais les cinq Cantons insistèrent à ce point, qu'on laissa aux communes de la Mesolcina la liberté de garder ou de renvoyer Beccaria : dans les réunions assemblées pour délibérer sur cette affaire, l'opinion du renvoi prévalut; seulement, on laissa aux dissidents la faculté d'élire un autre ministre. Beccaria s'en fut alors à Chiavenna, et il écrivait de cette ville à Fabricius Montano : « Après une longue et « sérieuse querelle avec ces ennemis du Christ, le parti « qui demandait mon renvoi prévalut, à condition ce- « pendant que les frères pourraient avoir un autre pré- « dicant... A te dire vrai, voyant dans quel état se trou- « vaient nos affaires et la noire ingratitude de la plupart, « je me félicite que Dieu m'ait offert l'occasion de m'en « aller, avant que le besoin et la misère m'y eussent con- « traint. Après la mort du généreux Antoine et de son « frère le commissaire, cette Église restait tellement dé-

« pourvue d'hommes et de ressources, que c'est à peine s'il « y avait de quoi fournir à l'entretien du pasteur..... Je re« garde donc comme une grâce du Seigneur de m'avoir « tiré de cette situation misérable et du milieu de cette lie « populaire..... Ma femme depuis six mois déjà est à Lo« carno, où elle a été forcée de se rendre pour rétablir « sa santé ruinée : elle reviendra dans peu, pour dire « adieu à cette population si dévouée » (15 novembre 1561). Pourtant Beccaria revit de temps en temps Mesocco, jusqu'à ce qu'il en eut été chassé de vive force, sur les instances de saint Charles, en 1571.

Saint Charles envoyé en mission dans ce pays.

Ce grand saint, affligé des progrès de l'hérésie dans des pays contigus à son diocèse, se rendit à Rome en 1582, et se fit nommer visiteur apostolique pour les pays suisses et grisons, même ceux ressortissant de la juridiction de l'ordinaire de Côme. Il n'est pas d'autorité à laquelle il n'eut recours dans cette légation; aux rois d'Espagne et d'Angleterre, à l'empereur Rodolphe, aux Cantons catholiques, à l'évêque de Coire, au duc de Savoie, aux Vénitiens. C'était l'époque où, en France et en Angleterre, les inimitiés entre catholiques et protestants *étaient dans* toute leur effervescence : à Paris, la victoire était à la Ligue, qui chassa le roi, et qui avait l'appui de l'Espagne; c'était par l'entremise de cette puissance que le duc de Savoie espérait à cette occasion recouvrer la possession de Genève et des pays que lui avaient enlevés les Bernois; et de fait il fit une tentative en ce sens, mais il ne put empêcher les Suisses de faire alliance avec la France, alliance à laquelle accédèrent les Grisons, au grand déplaisir des catholiques. Aussi Borromée, écrivant à Castelli, évêque de Rimini, nonce apostolique en France, afin d'obtenir du roi Henri sûreté et liberté pour lui et pour ses prêtres,

« Faites en sorte (lui disait-il) que les Grisons ne se « doutent pas que j'y vais en qualité de légat du pape; le « nom seul ferait échouer complétement cette mission. « Qu'on parle de mon voyage comme d'un voyage privé; « sous ce prétexte, sans amoindrir les résultats de ma « mission, je consolerai ces populations. D'ailleurs les « catholiques désirent me voir, et les hérétiques eux-« mêmes ont pour moi des marques de déférence et d'at-« tachement; c'est ce qui me fait espérer que je ne serai « point entravé : ma seule crainte, c'est que les émigrés « d'Italie ne gâtent tout. Ces gens là sont une vraie sen-« tine de vices, et non-seulement des hérétiques, mais « beaucoup d'entre eux sont des apostats et des gens per-« dus ; qu'à peine sauront-ils qu'il s'agit de défendre la re-« ligion catholique et verront-ils fructifier les premiers « germes de la bonne semence, que dans la crainte d'être « exterminés, ils auront des accès de fureur et mettront le « feu parmi les chefs pour me susciter des retards et m'em-« pêcher d'obtenir aucun succès...... Il faudrait surtout « veiller à alléger le joug intolérable que les hérétiques « font peser sur les catholiques d'en deçà des Alpes. « Car lorsque les élections amènent au pouvoir des ma-« gistrats hérétiques, quand bien même ils n'agiraient « pas avec une violence manifeste contre les catholiques, « néanmoins ils se montrent désireux de détruire la re-« ligion; ils donnent de détestables exemples comme « d'abominables ministres du diable qu'ils sont, sans « laisser la liberté de se procurer ou de garder de bons « et vertueux prêtres, qui acheminent les âmes sur les « sentiers du salut : ils défendent aux prêtres étrangers, « quoiqu'exemplaires, de se rendre dans ce pays, tandis « qu'ils accordent pleine liberté d'y demeurer aux sujets

« impies et perdus. Puisque le roi a tant d'empire près « des Grisons, il serait utile, sans laisser entrevoir qu'il « en est prié par moi, qu'il s'employât dans cette affaire. « Par exemple, votre seigneurie pourrait suggérer à *Henri* « un scrupule qui le pousserait lui et les Grisons à agir « en ce sens : je veux dire en montrant les dangers qu'il « y aurait à ce qu'un si grand nombre de personnes, « accablées sous le poids de calamités et fatiguées du « joug qui pèse sur elles, ourdissent quelque conspira- « tion et levassent l'étendard de la rébellion[1]. »

Accompagné du franciscain François Panigarola et du jésuite Achille Gagliardo, Borromée reprit le cours de sa visite, et fut de nouveau à Lugano, puis à Tesserete, *où il* trouva de grandes consolations dans la piété des habitants ; sur cinq cents personnes qui se *confessèrent, pas une* n'eut à s'accuser d'un péché mortel[2] ; ensuite par Bellinzona, il se rendit à Rovereto dans la Mesolcina.

Il trouva dans cette vallée beaucoup de disciples de Vergerio et de Pierre Martyr Vermigli ; en fait de catholiques (écrivait-il au cardinal Sabello), il n'y en a plus que de nom, car ils n'en ont ni les mœurs *ni* les croyances. Les novateurs Trontano et Kanesgen (pseudonyme de Beccaria) avaient habité cette vallée ; peu auparavant y était mort Ludovic Besozio, disciple de Trontano, et qui valut mieux que son maître : la Mesolcina était en contact presque continuel avec les habitants de la vallée du Rhin, déjà toute calviniste. On y remarquait, pour leur haine envers les catholiques, François Lucino, qui

(1) *Ep. apud* Oltrocchi, *notæ ad vitam sancti Caroli*, lib. VII, c. 4.

(2) *Compertum est nullum ferme ex quingentis et amplius, qui labes apud nos suas deposuerunt, lethalis culpæ reum fuisse auditum*. Lettre du P. Gagliardo, à qui nous empruntons la description de ce voyage.

depuis trente années s'y était fixé, puis un fils de Trontano[1], et deux ou trois autres, « dont les femmes sont de vrais monstres d'enfer ». Les affaires religieuses étaient alors dirigées par un moine, déserteur de son ordre et de la religion, qui traînait avec lui une vilaine femme et quatre enfants qu'il en avait eus; les autres prêtres ne valaient guère mieux. Borromée ramena les esprits par sa douceur, par l'Inquisition, par les enseignements et les largesses qu'il répandit autour de lui : aussi Dieu récompensait ses fatigues.

Le respect que nous portons à ce grand saint ne nous empêchera pas de raconter qu'il crut découvrir dans cette vallée un très-grand nombre de sorcières. Il leur fit faire un procès, et il y en eut au moins cent trente qui abjurèrent : celles qui ne voulurent pas faire amende honorable furent condamnées; on en brûla d'abord quatre, puis quatre autres, puis trois, enfin plusieurs autres. Le prévôt du pays Dominique Quattrino avait été vu par onze témoins au milieu du sabbat avec les démons, conduisant des danses obscènes, revêtu des ornements sacrés comme pour célébrer la messe, et portant le saint chrême[2] : aussi fut-il condamné au bûcher.

Il serait absolument inutile que j'ajoutasse un mot pour déplorer que ces personnes instruites et pieuses se fussent laissées prendre, elles aussi, aux délires du siècle. Néanmoins, je ne passerai pas sous silence que les Grisons élevèrent des plaintes et des protestations contre les em-

(1) Samuel, fils de Trontano, et un nommé Brocca, avec toute sa famille, se firent catholiques en 1584, comme nous l'avons relevé dans les manuscrits de Borromée.

(2) Voyez Oltrocchi, *notæ ad vitam sancti Caroli*, 684-694. Ripamonti, *Hist. Patr.*, Dec. IV, lib. V, et ci-dessus, page 149.

piètements de juridiction de Borromée, mais nous n'avons trouvé aucune trace de doléance pour procédures contre les sorcières, tant elles paraissaient conformes à l'esprit du temps[1]. Borromée remplaça dans la Mesolcina le curé, mis à mort par Jean Pierre *Stoppano*, auteur du *Tractatus de idolatria et magia*, lequel fut depuis mis à l'Index. Plus tard le saint s'en fut dans le val Calanca, où il reconnut cinquante familles tombées dans l'hérésie et vingt-deux sorcières. Par le Lukmanier, il se rendit à l'abbaye de Dissentis pour confirmer dans la foi l'abbé Castelberg, peut-être le seul homme remarquable qui dans la Rhétie prît à cœur la restauration du catholicisme dans le sens du concile de Trente.

Un personnage aussi célèbre que saint Charles, qui s'avançait à bannière déployée, suivi d'une foule d'ecclésiastiques de haut mérite et de grand savoir; à la rencontre de qui venaient solennellement les autorités; qui, à l'Hospice, dormit sur la paille; qui présida à la translation des reliques des saints Sigisbert et Placide, dut laisser une vive

(1) Tobie Eglino parle avec une grande douleur des gestes de Borromée dans la Mesolcina, et dit que dans cette vallée un *moine*, *qui* y disait la messe depuis trois ans, annonça qu'il allait embrasser la religion évangélique. Il raconte qu'il fut longtemps à Rome au service du cardinal Aracœli génois, lequel, sur le point de mourir, se repentit d'avoir beaucoup écrit contre l'Évangile, et annonça sa confiance dans la miséricorde de Dieu; il ajoute qu'il eut avec ce cardinal de longs entretiens sur la justification et sur le purgatoire, qu'il réprouva avec lui les opinions papistiques, ce qui lui fit croire qu'il allait sortir de ces ténèbres. Venu à Milan, il poussa un loir dans le tabernacle, afin que cet animal rongeât les saintes espèces, se promettant ainsi de railler les moines qui croyaient que c'était Dieu. Par suite il courut risque de la vie; mais avec l'aide de certains Crémonais ses amis, il échappa, et s'enfuit dans la Mesolcina, etc. — La lettre, datée du 9 juin 1571, se trouve dans Hottinger, *Helv. Kirch. Gesch.*, tom. III, page 900.

impression dans l'esprit de ces populations. Il avait le dessein de se diriger sur Coire, et, à son retour, de visiter Chiavenna et la Valteline. Pour obtenir la permission d'y pénétrer, il envoya Bernardin Mora au *Beytag* des Grisons; mais les prédicants allaient partout semant des soupçons sur son compte; ils rappelaient qu'il était le neveu de ce Jean-Jacques Medeghino, dont le nom était resté un épouvantail chez les Rhètes, depuis les sanglantes guerres qu'il était venu apporter sur les rives du lac de Côme et dans la Valteline. Voyez (disaient-ils) tout ce qu'il a fait dans le val Mesolcina, où à peine a-t-il mis le pied, que, s'établissant dans un lieu fortifié, il y installe un inquisiteur, et finit par y faire tout à sa guise; puis quels soupçons n'éveillerait pas chez nos alliés les Français l'arrivée du cardinal, tout inféodé à l'Espagne [1]! Ces rumeurs trouvèrent créance; les prédicants, non contents d'obtenir son exclusion, poussèrent leurs coreligionnaires du val Pregalia à maltraiter les missionnaires qu'il y avait envoyés, et à les faire mettre en accusation [2]. A cette nouvelle, le cardinal Borromée rebroussa chemin, et alla par Giornico et le Saint-Gothard à Bellinzona [3]. Il trouva une

(1) Giussano, *Vita di san Carlo.*

(2) Ces missionnaires étaient Adorno, Grattarola et Boverio. Grattarola décrit dans une lettre le procès qu'on lui fit dans une hôtellerie, en présence de quinze juges revêtus du collier d'or, qui, à la fin, ayant à lui infliger une amende, se contentèrent de lui faire payer à souper.

(3) Le passage du Saint-Gothard était alors un des plus formidables de la chaîne alpestre; néanmoins, dès l'année 1374 l'abbé du monastère de Dissentis y avait établi un petit hospice. Dans son voyage, saint Charles résolut de le remplacer par une construction solide; mais il fut surpris par la mort avant d'avoir exécuté ce projet, et Frédéric Borromée y plaça en 1602 un prêtre dans une maison qu'il fit bâtir à cet effet. Ce ne fut qu'en 1683 que l'hospice fut érigé par l'archevêque Visconti, qui y mit deux capucins pour assister les voyageurs.

profonde ignorance des choses de Dieu, et des mœurs qui ne valaient pas mieux que les croyances; des unions incestueuses, des usuriers éhontés, les droits du clergé foulés aux pieds, des prêtres simoniaques et vivant publiquement dans le désordre. Les homélies que le saint cardinal y avait prononcées peuvent donner une preuve de l'état de ce pays, et du zèle qu'il dut déployer pendant son séjour, qui se prolongea jusqu'au 15 décembre. Il y fonda aussi une prébende pour l'entretien d'un maître d'école catholique, laissa en partant un catéchisme, rédigé tout exprès par le jésuite Adorno, et organisa le collége d'Ascona. Comme il avait fait renvoyer par le gouvernement de Bellinzona Beccaria et Trontano, il espérait faire de Mesocco le foyer du catholicisme régénéré en Rhétie; comme ce pays était un État souverain, jadis fief appartenant à la famille Trivulzi de Milan, et *librement* uni aux Grisons, il disait qu'il ne devait pas être soumis à leurs lois. On devait y établir une imprimerie catholique pour faire contre-poids à l'imprimerie protestante de Poschiavo; quant au château des Trivulzi, il se proposait d'en faire un collége de Jésuites.

Au milieu même des préoccupations dont il était assiégé dans ses derniers jours, saint Charles s'occupait d'obtenir, sinon la paix, au moins une trêve pour les catholiques de ces contrées; il entretenait à cet effet avec le roi Philippe II une correspondance suivie sur des affaires si intimes, qu'il ne les confiait pas à la plume, mais s'en entretenait de vive voix avec Terranova, alors gouverneur du Milanais au nom de l'Espagne.

Chacun sait comment cet établissement hospitalier fut supprimé dans la persécution qui suivit la guerre du Sunderbund.

A dater de 1578, un nonce apostolique résida toujours en Suisse, malgré les ombrages que sa présence dans ce pays excitait chez les puissances alliées. Des écoles dirigées par les capucins furent fondées à Altorf pour les classes pauvres; pour les classes supérieures, les Jésuites en établirent d'autres à Lucerne, auxquelles Grégoire XIII assigna une rente annuelle de six cents sequins, sans compter les élèves qu'il entretenait à ses frais dans les colléges de Milan et de Rome. Bien plus, on appela Ligue Borroméenne ou Ligue d'or celle que les Cantons catholiques formèrent avec le roi d'Espagne pour sauvegarder l'Église et la paix : les membres de cette ligue prenaient l'engagement « de vivre et « de mourir dans la seule vraie et antique foi catholique, « apostolique et romaine, eux et leur *éternelle* postérité. »

Le cardinal Frédéric Borromée, lui aussi, donna tous ses soins à maintenir dans la foi la Mesolcina, où il envoyait souvent des prêtres et des maîtres d'école. En 1609, cette vallée avait pour bailli Simon de Negri, et pour chancelier un nommé Sanvico, qui, se rappelant que jadis elle avait eu en résidence un ministre protestant, voulurent, en appeler un. Le peuple en fut indigné : excité en outre par Antoine Gioerio, il envahit le local où celui-ci célébrait l'office, abattit la cloche, profana le temple et brûla les bancs.

Pas plus que les Grisons, Genève n'était alors membre de la Confédération Helvétique; elle était seulement confédérée. Ce pays formait une partie de l'empire germanique et était divisé, comme le reste de la Suisse, entre plusieurs barons, souvent en lutte entre eux et avec l'évêque : tantôt avec les comtes du Génevois, qui alléguaient le droit impérial, tantôt avec les ducs de Savoie

Le Réform à Genève. Ses luttes avec les ducs de Savoie.

leurs voisins, qui convoitaient cette ville magnifique, enclavée dans leurs possessions, comme ils convoitent aujourd'hui Rome. Dès l'année 1162, l'évêque la gouvernait comme prince et y battait monnaie; mais Genève, qui prétendait au titre de ville impériale, c'est-à-dire *de ville libre*, lui contestait ces droits, et nommait un conseil et quatre syndics pour administrer avec lui. Les comtes de Savoie tentèrent de le déposséder de son autorité; de là vinrent les doléances que Grégoire XI adressait en 1370 à Amédée VI. Amédée VIII, qui fut antipape sous le nom de Félix V, établit à Genève le siége de son pontificat, et cette ville en conserva les actes jusqu'en 1754, époque à laquelle la république en fit don à Charles Emmanuel III.

En 1401 Villars, comte du Génevois, céda au duc de Savoie son comté, avec tous ses droits sur la belle cité du lac Léman, qui se trouva ainsi partagée *entre trois* juridictions, celle de l'évêque, celle du duc et celle de la commune. L'évêque, proposé par le peuple, élu par les chanoines, jouissait d'une foule de droits régaliens, et jugeait les causes en appel. Le peuple ou plutôt les chefs de famille élisaient pour un an le syndic *et le conseil*, qui recevaient de l'évêque et du comte le serment de garder les franchises. Le duc avait des assesseurs laïques pour exécuter les décisions prises par le conseil concernant les affaires temporelles; pour son titre de *vidomne* il jurait fidélité à l'évêque et à la commune; comme seigneur du château Gaillard, il avait l'exécution des sentences rendues par les syndics et faisait pendre les condamnés à Champel, terre de l'évêque; il avait ses prisons dans le château de l'Isle, qu'il reçut en garantie d'une somme prêtée aux évêques, et qu'il ne voulut plus restituer.

Les évêques étaient l'unique obstacle qui avait empêché cette population, mélange de Suisses, d'Italiens, et de Français, de tomber sous la dépendance des ducs. Ceux-ci cherchaient donc à faire asseoir sur ce siége épiscopal leurs parents, qu'ils faisaient nommer à Rome, au mépris des priviléges municipaux. Tel fut Jean, bâtard de Savoie, revêtu de cette dignité par Jules II, et qui déjà avait conspiré pour annexer Genève au duché. Tel encore Pierre de la Beaume, qui lui succéda, et prêta serment de ne pas entamer les libertés. Mais, comme Charles III souhaitait ardemment transformer l'autorité déléguée en souveraineté absolue, la lutte entre lui et les bourgeois fit naître le parti des confédérés (*Eidgenossen*, d'où est venu la dénomination de Huguenots) et celui des *Mamelucks;* ceux-là cherchant, ceux-ci repoussant l'alliance de Berne. Les premiers l'emportèrent, et conclurent un traité de bourgeoisie réciproque avec Fribourg le 6 février 1518, afin de se défendre contre l'usurpateur [1]. Le duc, irrité, fait massacrer tous les Génevois qui se trouvaient à Turin, et fond à l'improviste sur Genève; mais il ne put empêcher les confédérés de s'engager dans une ligue avec Berne, le 20 février 1526. Les Bernois, qui avaient embrassé le protestantisme, vinrent armés de lances et de canons, brisant partout sur leur chemin

(1) On doit rattacher à cette époque l'aventure du prisonnier de Chillon, qui dépare les fastes de la maison de Savoie, comme celle de Giannone. François de Bonivard, prieur de Saint-Vincent à Genève, appartenant par sa famille à la haute noblesse savoyarde et d'un esprit très-cultivé, inclinait du côté des réformés; aussi fut-il un des promoteurs les plus zélés de l'alliance de Genève avec Berne, ce qui lui valut la haine du duc de Savoie. Désirant aller visiter sa mère qui était malade à Seyssel, il demanda un sauf-conduit; mais au retour il fut arrêté, et jeté dans le château de Chillon, où il passa quatre ans, jusqu'à l'époque où il fut délivré par les Bernois.

les saintes images, et faisant boire leurs chevaux dans les bénitiers; ils détruisirent à Genève les nombreux monuments de l'antique culte, remportèrent la victoire sur les évêques et les ducs, et par l'entremise de Guillaume Farel y introduisirent la Réforme. Le grand conseil de la ville, ayant fait d'inutiles efforts pour conserver le catholicisme, dut tolérer les réformés qui ne tardèrent pas à prévaloir par le nombre, et chassèrent les catholiques et l'évêque, lequel alla s'établir à Annecy. Plus tard, à la date du 27 août 1535, un décret reconnut aux seuls protestants le droit de résider dans Genève, ce qui força les catholiques à émigrer.

Le duc de Savoie donnait asile aux persécutés, et menaçait de vouloir réduire Genève à la condition d'un simple village de son duché. Le pape lui accordait de lever la dîme sur les ecclésiastiques et sur l'argenterie des églises pour armer, et exhortait les princes catholiques à lui venir en aide. Charles, en effet, se mit en marche, et tint Genève assiégée pendant un an, mais cette ville reçut des secours plus efficaces des Bernois, qui, non contents de la délivrer, enlevèrent au duc le *Chablais*, Gex et le pays de Vaud : enfin, après de lourds sacrifices et de pénibles souffrances, ils le forcèrent à signer la paix de Saint-Julien, et lui firent prendre l'engagement de respecter les priviléges de Genève.

Intolérance de Calvin.

C'est ainsi que Genève, poussée à la Réforme par amour de la liberté politique, avait fait à la fois deux révolutions : par l'une, elle s'était affranchie des ducs de Savoie; par l'autre, elle avait embrassé la Réforme à corps perdu. Celle-ci fut, comme nous l'avons dit, l'œuvre de Calvin, qui, voyant que le protestantisme n'avait fait que des ruines, chercha, lui, à réédifier. Dépourvu de tout sentiment poétique et d'enthousiasme, maigre, chétif, en comparaison de Luther, qui était bon vivant, grand buveur et grand rieur; d'un caractère aigri par la controverse, Calvin gouvernait avec une logique implacable et une piété rigide, qui ne ménageaient ni lui-même ni les autres; dans sa ferveur raisonneuse, son abnégation sans élans ne se laissait point fléchir par la sensibilité; il était on ne peut plus éloigné de la tolérance, entendue dans le sens du respect pour les droits de l'âme[1].

Partout à cette époque l'hérésie était considérée comme le plus grand des crimes, avec la seule différence qu'on donnait ce nom, tantôt à ce qui était anti que, tantôt à ce qui était nouveau en matière de foi. L'inflexible Calvin ne pouvait faire autrement que de considérer comme impie quiconque réclamait la liberté de conscience; génie organisateur, il prétendait à l'obéissance, et trouvait légitimes les ordonnances publiées antérieurement contre l'hérésie; aussi, une échelle de pénalités qui pouvait aller jusqu'au dernier supplice ne répugnait point à son austère logique (B.). Il ne se fit donc pas faute d'empri-

(1) Les derniers ouvrages que nous connaissions relativement à Calvin sont :

BUNGENER, *Calvin, sa vie, ses œuvres et ses écrits*. Genève, 1862.

Geschichte des franzosichen Calvinismus bis zur national Versamlung im Jahre 1779, *von* GOTTLOB VON POLENZ. Gotha, 1857 et suiv.

MAGNIN, *Hist. de l'établissement de la réforme à Genève*.

CH. CHARRONNET, *Les guerres de religion et la societe protestante dans les Hautes-Alpes* (1560-1789). Gap, 1861.

P. CHARPENNE, *Hist. de la Réforme et des Réformateurs de Genève, suivie de la lettre du cardinal Sadolet et de la réponse de Calvin*. Avignon, 1860. Cet ouvrage est écrit au point de vue catholique.

J. GABEREL, *Hist. de l'Église de Genève depuis le commencement de la Réformation jusqu'en* 1815 Genève, 1855, 1858 et 1862.

sonner, de chasser ses adversaires et il alla plus loin vis-à-vis de Michel Servet, médecin aragonais, élève de l'école de Padoue, qui s'était obstiné à nier la trinité des personnes divines. Le cardinal Aléandre écrivait de Ratisbonne à Sanga, le 17 avril 1532[1], qu'on avait envoyé à la diète un livre de Michel Servet intitulé *De Erroribus Trinitatis*, où « ce traître s'efforce avec tout son génie de prouver que le Saint-Esprit n'est pas une troisième personne *in divinis*, et que ce nom de Trinité est faux, etc. C'est un jeune homme de vingt-six ans et d'un très-grand mérite, mais la connaissance des saintes Écritures qui paraît dans ce traité fait supposer qu'il n'a fait qu'y mettre son nom. » Aléandre pense tout simplement à faire condamner Servet par une congrégation de théologiens, et à « écrire en Espagne qu'on dénonce ce livre impie, qu'on le brûle publiquement ainsi que l'effigie de l'auteur, comme cela se pratique dans ce pays... Quant à présent (ajoute-t-il), on ne pourra rien faire de plus : ces hérétiques d'Allemagne devraient, partout où l'on rencontrerait l'Espagnol, commencer à le réfuter, s'ils sont, ainsi qu'ils s'en vantent, de vrais chrétiens et des évangéliques, parce que Servet est non moins opposé à leur profession de foi qu'à celle des catholiques, etc. [1]. »

Ses conseils furent ponctuellement suivis : Calvin voulut d'abord prendre l'avis des fidèles, et toutes les églises helvétiques répondirent unanimement qu'il fallait empêcher le scandale des doctrines impies de Servet, et s'opposer à ce que les erreurs et les sectes fussent semées dans l'Église du Christ : sur cette pente, on alla jusqu'à le condamner à mourir par le feu. Servet demanda à être relâché, parce qu'il s'agissait d'hérésie, crime qui n'était pas de la compé-

(1) *Monumenta Vaticana*, LXXXIV.

tence du pouvoir civil, ainsi que Constantin lui-même l'avait établi à propos d'Arius. Sa demande ne fut pas accueillie. Calvin, de qui il implorait son pardon, le lui refusa, et lui conseilla de s'adresser à Dieu qu'il avait blasphémé. Exhorté par le célèbre Farel à se rétracter, et partant à implorer miséricorde, Servet, sur le point de mourir, lui répondit : « Je n'ai point mérité la mort, et je prie Dieu de par- « donner à mes persécuteurs; mais je ne rachèterai pas « ma vie au prix d'une rétractation qui répugne à ma cons- « cience. » Farel l'accompagna tout le long du chemin, usant tour à tour envers lui de supplications, de menaces, de flatteries et d'insultes. Sur la délicieuse colline de Champel, au milieu d'une foule immense qui priait pour lui, Servet fut lié à une potence avec son livre, ayant sur la tête une couronne de feuillages saupoudrée de soufre; on y mit le feu, et son âme alla comparaître devant le Très-Haut.

Bien des cœurs frémirent à la pensée de cette barbare exécution : Calvin les bravait dans un langage brutal; il soutenait le droit, voire même le devoir de punir de mort les hérétiques. Il paraît que la duchesse Renée de France, dont nous avons parlé plus haut, lui en fit un jour reproche, à quoi l'austère réformateur lui répondit : « C'est que sur ce « que je vous avois allégué, que David nous instruict par son « exemple de haïr les ennemis de Dieu, vous respondez « que c'étoit pour ce temps-là duquel sous la loy de ri- « gueur il estoit permis de haïr les ennemis. Or, Madame, « ceste glose seroit pour renverser toute l'Escriture, et « partant il la fault fuir comme une peste mortelle... Et « pour couper broche à toutes disputes, contentons-nous « que sainct Paul applique à tous fidelles ce passage : « *Que le zèle de la maison de Dieu les doit engloutir.* Par

« quoy nostre Seigneur Jésus, reprenant ses disciples de « ce qu'ils souhaitoyent qu'il feit tomber la fouldre du « ciel sur ceux qui le rejettoient, comme Élie avoit faict, « ne leur allègue pas qu'on n'est plus soubs la loy de « rigueur, mais seulement leur remonstre qu'ils ne sont « pas menez d'une telle affection que le prophète. Mesme « sainct Jéhan, duquel vous n'avez retenu que le mot de « charité, monstre bien que nous ne debvons pas, soubs « umbre de l'amour des hommes, nous refroidir quand « au debvoir que nous avons quant à l'honneur de Dieu « et la conservation de notre Église. C'est quand il nous « défend mesmes de saluer ceux qui nous destournent, « en tant qu'en eux sera, de la pure doctrine. » (*Lettre* du 24 janvier 1564, tom. II, éd. Jules Bonnet, page 551.)

Comme Calvin disait de Servet, *Si venerit, modo valeat mea auctoritas, vivum exire non patiar*, ainsi disait-il d'un de nos réfugiés italiens : *J'eusse voulu qu'il fust pourry en quelque fosse, si ce eût été à mon souhait ; et sa venue me réjouit autant comme qui m'eust navré le cœur d'un poignart.... Et vous assure, s'il ne fust si tôt eschappé, que, pour m'acquitter de mon debvoir, il n'eust pas tenu à moy qu'il ne fust passé par le feu.*

Comme on avait trouvé quelques écrits de Gruet, qu'il avait envoyé au supplice, Calvin les fit brûler par le bourreau, et il appelle l'auteur *adhérent d'une secte infecte et plus que diabolique.... dégorgeant telles exécrations dont les cheveux doibvent dresser en la teste à tous, et qui sont infections si puantes pour rendre un pays mauldict, tellement que toutes gens ayant conscience doibvent requérir pardon à Dieu de ce que son nom a été ainsi blasphémé entre eux.*

Telle était donc la tolérance calviniste, à laquelle nous

pourrions opposer la douceur de Sadolet, évêque d'Avignon, qui fut bienveillant même envers les coryphées de la Réforme.

Lorsque. le vice-légat Campeggi conduisit l'armée contre les Vaudois, Sadolet leur offrit un asile dans son évêché, et leur écrivit une lettre dans laquelle, après leur avoir reproché leurs doctrines, il ajoutait : « Je souhaite « de toute mon âme votre bien, et je serais rempli d'amer« tume si on venait vous exterminer, comme de fait on a « déjà commencé à le faire. Afin que vous compreniez « mieux l'amitié que je vous porte, tel jour vous me trou« verez près de Cabrières ; vous pourrez venir soit en petit, « soit en grand nombre, sans qu'on vous inquiète en « aucune façon, et là je vous donnerai des avis pour « votre avantage et votre salut. » Sadolet.

Paul III indiqua la ville de Lyon pour y tenir des conférences, auxquelles assistèrent l'évêque de Genève, le cardinal de Tournon, les archevêques de Lyon, de Turin, de Vienne, de Besançon, et les évêques de Langres et de Lausanne, ainsi que Sadolet. On y discuta beaucoup sur les moyens de rétablir le catholicisme à Genève ; à la fin on dut s'en tenir à une lettre dont la rédaction fut confiée à Sadolet, en 1539. Elle nous a été conservée : c'est moins une œuvre de polémique qu'une effusion de son cœur paternel, un mélange heureux d'élévation de pensées et de tendresse morale puisée dans l'Évangile, composition bien différente des discours pleins d'aridité auxquels Calvin habituait alors les Génevois. Il y déplore les ravages accomplis par la Réforme dans leur ville naguère si polie et si hospitalière. Il gémit sur les maux des Génevois, et, persuadé que les novateurs ne pourront triompher que par la révolte et par le renversement des libertés civiles et religieuses, il glorifie la grandeur de l'unité catholique qui, sans autres armes qu'une croix et un symbole, a vaincu le monde, et a enseigné toujours, sans interruption, les mêmes vérités, depuis saint Jérôme jusqu'à Paul III : admirable unité dans le sein de laquelle doit se réfugier quiconque se dit chrétien, lors même que les pasteurs n'auraient pas toujours été doux de cœur, comme le Christ! Qu'importe que le soleil se voile quelquefois : n'est-il pas toujours le soleil? Au jour du jugement dernier, ajoutait-il, deux âmes comparaîtront devant le juge suprême. L'une dira : « Mon Dieu, je suis née et j'ai grandi dans votre Église; « j'ai observé ses préceptes comme si je les avais reçus « de votre bouche. Les novateurs vinrent à moi, la *Bible* « à la main, essayant de troubler mon cœur, dénigrant « la papauté, insultant notre mère, prêchant la *désobéis*-« *sance* et la révolte; je me tins ferme dans la foi de « mes pères, dans la croyance de nos docteurs, dans les « enseignements de nos guides. L'orgueil de quelques pon-« tifes, le scandale de leurs mœurs, le faste des dignités, « offusquaient bien mes yeux, mais je leur obéissais sans « les juger, moi pauvre âme, portant au front l'em-« preinte du péché; ô mon Dieu! me voilà devant vous, « j'implore moins votre justice que votre miséricorde! »

L'autre dira : « En voyant nos prêtres superbes et ri-« ches, souvent couverts d'or et de péchés, je m'indi-« gnai. Je vécus dans la méditation de votre sainte pa-« role, je me vis pauvre dans une église où mes travaux, « mon savoir auraient dû m'élever aux dignités. J'en « conçus du dépit, je pris la plume contre les pasteurs « pour détruire leur autorité, je m'insurgeai contre leur « doctrine, j'attaquai la liturgie, le jeûne, les abstinences, « la confession; j'exaltai la foi et je déprimai les œuvres;

« j'invoquai votre sang, et je l'offris en holocauste pour « mes péchés. »

Que dira le juge éternel? S'il y a une Église, l'âme fidèle ne peut pécher en respectant les signes, les symboles et les paroles de cette Église. Lors même que cette Église aurait une fois failli, le Seigneur pourrait-il condamner celui qui n'a erré que par amour et par obéissance? Mais l'âme qui s'est enorgueillie dans ses propres sentiments, qui ne peut alléguer pour sa défense que son propre jugement, quel sera son sort? Sadolet finissait en exhortant les Génevois à se tourner vers la vérité. « Si nos « mœurs vous dégoûtent, si plusieurs d'entre nous par « leurs fautes déshonorent le front immaculé de cette « Église, haïssez-nous, j'y consens, mais ne haïssez pas « notre parole et notre foi, car il est écrit : Faites ce qu'ils « disent. »

La lettre de Sadolet, toute pleine de fines interprétations de saint Paul, était trop longue pour devenir populaire. En outre, elle était écrite en latin, et l'on y sentait trop les artifices de la rhétorique et les subtilités de la scolastique. Cependant de tous les écrits publiés dans ce temps de controverses, je n'en sache pas qui l'emporte sur celui-là. Aussi, quand le sévère méthodisme n'avait pas encore glacé les cœurs, Sadolet, en montrant par son langage tout ce que les dogmes avaient de consolant pour le cœur et l'assistance que le chrétien trouvait dans la prière, devait produire un saisissant effet. C'est ce qu'avoue Théodore De Bèze lui même dans la vie qu'il écrivit de ce pieux évêque, par ces mots : *nisi peregrino sermone scriptæ fuissent, magnum civitati in eorum statu damnum daturæ fuisse videantur.*

Ce n'est pas dans les temps de trouble que l'on prête

l'oreille aux voix conciliantes. A Genève, on songeait à faire répondre à Sadolet, mais sa réputation était telle, que nul n'osait le tenter. Calvin, quoique banni, offrit sa plume, et composa une réponse fameuse. Cette réponse fut trois fois aussi longue que la lettre de Sadolet; elle lui fut supérieure en énergie, peu inférieure quant à l'élégance du style, car Calvin était un rhéteur consommé et versé dans la connaissance des classiques; lui, toujours si mordant contre ses adversaires, vante la vertu et la science de Sadolet, mais il le taxe de mauvaise foi, et l'accuse de se laisser emporter jusqu'à la licence *vilaine* de la calomnie[1]. Il y présente ses dogmes comme antiques; il prétend appartenir à l'église de saint Basile, de saint Chrysostome, de saint Ambroise, de saint Augustin; il cherche à infirmer l'autorité de « cet homme nourri dès son enfance aux ar« tifices romains, dans cette boutique d'astuces et de « tromperies. »

En ce qui touche les innombrables sectes qui se sont élevées parmi les Réformés, Calvin fait observer que, si cet état de choses était une faute, elle retomberait à la charge du christianisme tout entier, au sein duquel on *en* vit naître un si grand nombre; on devrait même, selon lui, louer le zèle des Calvinistes qui les combattirent, tandis que les Catholiques dormaient dans l'oisiveté. Comme si

(1) « Comme ainsi soit que par ton excellente doctrine et grâce merveilleuse en parler tu ayes (et à bon droit) mérité qu'entre les gens savans de nostre temps tu sois tenu comme en grande admiration et estime, et principalement des vrais sectateurs des bonnes lettres, il me desplait merveilleusement qu'il faille que, par cette mienne expostulation et complainte qu'à présent pourras ouir, soye contraint publiquement toucher et aucunement blesser icelle tienne bonne renommée et opinion. »

Voir t. II, Les Hérétiques d'Italie et le *Concile de Trente*, pag. 465, et Joly, *Étude sur Sadolet*, Caen, 1856.

l'Église n'avait pas repoussé les sectes de son autorité propre qui est infaillible; comme si c'eût été un mérite de combattre l'erreur par une autre erreur! Le docteur de Genève termine en reconnaissant qu'il n'y a pas de plus grand bien que l'union des ecclésiastiques, et par une invocation au Christ il le supplie de les réunir tous dans la société de son corps, en sorte que par l'effet seul de sa parole et de son esprit nous soyons tous réunis dans un même cœur et une même pensée.

On cite encore de nos jours la réponse de Calvin comme un modèle de beauté et d'énergie de style; et pourtant, nous autres Catholiques et Italiens, nous avons complétement oublié la lettre de Sadolet, qui ne le cède en rien à celle du célèbre réformateur.

Passant incognito par Genève, Sadolet s'enquit de la demeure de Calvin. On lui indiqua une modeste maison; il frappa à la porte, et le réformateur, pauvrement vêtu, vint lui-même ouvrir. Leur entretien fut long, mais ils ne purent se convaincre l'un l'autre : Calvin protesta à Sadolet que, dans sa guerre contre l'Église de Rome, il avait pris conseil, non du sang et de la chair, mais du pur désir de glorifier Dieu et de défendre la foi.

Nous avons indiqué Ochin comme étant le fondateur de l'Église italienne de Genève (tome II, page 308). Avec lui s'était enfui de Sienne Lactance Ragnoni, qui, étant venu à Genève en 1551, fut le premier à y exercer les fonctions de catéchiste; plus tard, après la mort de Martinengo, le 24 octobre 1557, il fut nommé ministre de l'Église italienne établie dans cette ville, et y mourut le 16 février 1559[1]. Émigrés italiens à Genève.

(1) Registre de l'Église italienne.

« Bernardin de Seswar, homme érudit, désirant annoncer publiquement la parole de Dieu en italien, on décide qu'on le mettra pour

Dans les commencements, les Italiens se rassemblaient pour la prière commune dans la salle du vieux collége : étant devenus plus nombreux, ils se constituèrent en forme d'église. En 1552, elle avait à sa tête un pasteur ; en 1556 on organisa un consistoire composé du pasteur, qui était alors Martinengo, de quatre anciens et de quatre diacres : le chef des anciens fut pendant trente et un ans le marquis Galéas Caracciolo, qui, en cette qualité, veillait à tout ce qui survenait à l'église et prenait soin des pauvres. Il la pourvut de règlements destinés à affermir son existence, et obtint des autorités un statut qui déterminait les obligations du ministre, au nombre de vingt-cinq. La première était de commencer la réunion par l'invocation à Dieu pour lui demander son assistance, et de la clore par une action de grâces. La seconde consistait à faire tout avec ordre, modestie, simplicité, charité, sans discorde ni disputes. Tous les membres de l'Église italienne se réunissaient une fois l'an en assemblée générale pour conférer sur le règlement des familles et sur l'acceptation de nouveaux membres : ces dispositions conservaient les bonnes mœurs, d'autant mieux qu'on ne recevait à la *Cène* que ceux qui n'en étaient pas indignes. Les fidèles étaient visités de temps en temps par les anciens, et l'instruction des enfants était faite avec beaucoup de soin. Dès l'année

quelque temps dans la chapelle du cardinal, à Saint-Pierre, puis qu'on pourra le mettre à Saint-Gervais. » *Registres*, 13 octobre 1542. Nous trouvons ce passage dans PICOT, *Histoire de Genève*, mais, ainsi qu'on peut le voir tome II, LES HÉRÉTIQUES D'ITALIE et le *Concile de Trente*, pag. 305, note 1, nous avions supposé qu'on devait traduire par Bernardin de Sienne. La même erreur se reproduisait dans le passage où Calvin dit : *Bernardinus de Seswar, primus pastor ecclesiæ italicæ, quæ Genevæ, mense octobris 1542, erecta est in gratiam Italorum qui se huc, evangelii causâ, receperant ;* et il le loue de la guerre énergique qu'il déclarait à l'antéchrist. *Epistola Calvini Vireto.*

1551, Nicolas Fogliato de Crémone et Amédée Varro piémontais avaient reçu la charge de secourir les pauvres avec les fonds recueillis à cet effet. En 1555, les autorités de Genève voyant cette Église bien organisée et fidèle à l'accomplissement des préceptes de l'Évangile, lui concédèrent la jouissance du temple de la Madelaine, pour y administrer la sainte Cène chaque dimanche à huit heures du matin, après qu'elle avait servi pour le même usage à l'Église française. On assigna pour résidence au pasteur une habitation dans le cloître de Saint-Pierre.

Parmi les Italiens qui souscrivirent à la profession de foi génevoise, nous trouvons les noms des brescians Celso et Maximilien Martinengo, de Galéas Caracciolo, de Bernardin Ochin, des comtes Jules Stefanelli et Antoine Tiene de Vicence, de Marc Pinelli de Gênes, de Pompée Avanzi de Venise, de J. B. Natan, qui se fit ensuite prédicant, de Nicolas Gioffredo de Crema, de Cesar Bollani et de Pompée Diodati de Lucques; d'Onophre Marini de Naples, de Charles Federici et de Paul Alberti de Rome, de Pierre Muti de Toscane, de Paul Lacize de Vérone, de Mathieu Gribaldi, des milanais Georges Biandrata et Charles Alciati, de Barthélemy Polentani, d'Augustin Fogliani, d'Horace Chiavelli, de Santo Mellini, de Jacques Verna, de Sigismond Pigna, de Jean Fecato, d'André Cotogni, et d'un grand nombre d'hommes du peuple; tous « prêtres ou moines qui ne s'étaient réfugiés à Genève que pour se soustraire aux rigueurs du cloître et aux fatigues du bréviaire, et qui trouvaient commode de passer joyeusement le reste de leurs jours en pleine liberté avec une femme. C'est au moins ce qu'en écrivent les auteurs catholiques, aussi bien que les protestants qui se piquent de mériter le titer d'honnêtes gens. »

Gregorio Leti.

Tel est le langage tenu par un autre hérétique d'une époque plus moderne, Gregorie Leti, qui, dans son *Histoire de Genève*[1], ajoute que sept Italiens refusèrent de souscrire ladite profession de foi, et se retirèrent de la ville; de ce nombre étaient André Osselani, Marc Pizzi, Valentin Gentile, qui firent adhésion plus tard; le dernier, cependant, ne cessa pas de soutenir des thèses ariennes, en sorte qu'il fut chassé. Leti cite d'autres personnes qui s'étaient réfugiées à Genève, et parmi elles Marguerite Pepoli de Bologne, qui s'était enfuie avec son amant, un bâtard de Bentivoglio, et qui, arrivée dans cette ville, avait embrassé le calvinisme.

Ailleurs[2] il déclame avec sa prolixité et son enflure ordinaires contre l'intolérance de Genève. « Dieu nous garde « qu'il prenne au roi de France la fantaisie de traiter les « malheureux Huguenots avec un atome de la rigueur « avec laquelle les Génevois traitèrent en 1536 les Catho- « liques à Genève. Dieu nous en garde, je le répète en- « core : au moins le roi de France, en ce qui le regarde, va « lentement; depuis plusieurs années, il les accable petit « à petit, leur enlevant tantôt une chose, tantôt une autre, « sans effusion de sang et sans violence notables; puis, on « les a menacés avant de les écraser, et on leur a laissé « tout le temps nécessaire pour songer à leurs affaires..... « Mais les Génevois, dès qu'ils se sont vu le pouvoir en « main, n'ont pas accordé le moindre répit aux Catho- « liques; vite, vite, vite : la sentence, l'exécution fut « l'affaire d'un instant, et ils ne voulurent pas même ac- « corder le temps nécessaire à l'instruction du procès. » Leti se déchaîne alors contre les écrivains de son temps,

(1) Amsterdam, 1686, parte III, lib. III.
(2) Parte III, lib. I.

tant catholiques que protestants, parce qu'ils ne savent que mentir, invectiver et calomnier; les livres qui se vendent n'offrent au lecteur que controverses et satires, critiques de la critique, luttes de papistes contre papistes, de calvinistes contre calvinistes; on n'y rencontre à chaque ligne que malédictions, censures et mensonges. Son opinion est que la religion s'en va, que la moitié du genre humain est devenue athée, et que, de même que les catholiques sont scandalisés en allant voir Rome, de même les protestants le sont en allant visiter Genève.

Genève en effet était alors bien pourvue d'espions : l'un d'eux fit un jour ce rapport aux magistrats : « J'ai entendu dire à Catherine, femme de Jacques Copa, originaire du duché de Ferrare, que Servet est mort martyr, et que Calvin l'avait fait mourir parce qu'il était en lutte ouverte avec lui, partant que les autorités ont mal agi en le faisant supplicier; que Gribaldi a ses doctrines à lui, comme Paul Alciat et Biandrata, et que c'est à tort et par suite de malveillance qu'ils sont persécutés : enfin, cette femme veut partir, parce que le procédé des autorités, qui consiste à condamner quiconque a des opinions différentes des leurs, lui déplait souverainement; de plus elle a proféré divers blasphèmes dont je n'ai pas gardé le souvenir. » Un autre espion renchérissait encore sur ce rapport : « Cette femme a dit que M. Calvin n'est pas d'accord avec Gribaldi, parce que celui-ci est plus savant; que, pour elle, elle ne doit faire que ce que Jésus-Christ dit : que, si elle reste et meurt dans l'état où elle était lors de son arrivée à Genève, elle sera martyre du diable. Elle possède une lettre de Gribaldi, signée de Jean Paul et de Valentin. »

Elle fut arrêtée, et l'on sut depuis qu'elle était venue à Genève pour complaire à son fils unique, qui ne voulait pas aller à la messe : elle fut condamnée à implorer sa grâce, de Dieu et de la justice, et bannie avec ordre de quitter la ville dans les vingt-quatre heures, sous peine de perdre la tête[1].

Un autre fut condamné comme détenteur du livre *les Facéties* de Poggio; un autre, pour avoir lu l'*Amadis de Gaule;* un maçon, pour s'être écrié dans un moment de lassitude : « Au diable l'ouvrage et le patron! »

Gribaldi.

Ce Gribaldi, que Leti regarde comme Milanais, mais qui semble plutôt Padouan, était un antitrinitaire. Appelé par Vergerio à l'université de Tubinge, il envoya une profession de foi à Zanchi, en le priant de la communiquer à Pierre Martyr, mais on découvrit qu'elle était hétérodoxe pour la secte, et De Bèze la désapprouva complétement[2].

La journée de l'Escalade à Genève.

Les ducs de Savoie ne pouvaient se consoler d'avoir perdu Genève, et cherchaient à la reprendre, *sous le prétexte* que cette ville était un nid d'hérétiques. Pie IV envoya l'évêque de Côme comme nonce auprès des Cantons catholiques, pour leur persuader de s'allier au duc de Savoie afin de recouvrer la ville de Genève[3]. Nous avons trouvé aux archives de Turin un bref de ce pape daté du 11 juin 1560 et adressé à François II, où il exhorte ce prince à fournir au duc des secours en hommes et en argent pour le même but, ajoutant que l'entreprise serait agréable à Dieu et avantageuse à la paix de son royaume, en faisant disparaître ce repaire des mécontents de France.

(1) Ce fait est consigné aux registres d'État copiés par Galiffe, *Notices généalogiques.*

(2) Parmi les nombreux livres imprimés dans ce pays, nous connaissons : *Antithesis Christi et Antichristi, videlicet papæ, versibus ac figuris venustissimis illustrata,* Genevæ, 1578, petit in-8°, avec 36 gravures sur bois.

(3) Bulle *Dilectum filium*, 14 juin 1560.

Dans un autre bref au roi d'Espagne, en date du 13 du même mois, le pape assure que le roi très-chrétien et lui enverront, l'un de la Bourgogne, l'autre de l'Italie, des troupes pour cette expédition. Le même jour, Charles Borromée avertissait le seigneur Collegno que le Saint-Père avait fait déposer à Milan vingt mille écus entre les mains du banquier Thomas Marino, au profit des Cantons catholiques pour se défendre contre les hérétiques qui voudraient attaquer les fidèles, et encore pour empêcher ceux-ci d'aller au secours de Genève, quand cette ville serait attaquée par le duc. Ce prince aurait en outre vingt mille écus par trimestre pour les frais de la guerre, dès qu'elle serait entamée : le pape promettait d'envoyer sa cavalerie à ses frais, afin que la guerre fût achevée avant que les Turcs vinssent recommencer leurs incursions en Italie. Sa Sainteté trouvait convenable qu'on ne qualifiât pas la guerre de luthérienne, mais seulement de guerre contre les rebelles et contre les habitants d'une ville qui appartient au duc Emmanuel-Philibert.

Peut-être l'entreprise fut-elle interrompue par la mort de François II; mais la convoitise n'en persista pas moins chez les ducs de Savoie, et Charles-Emmanuel méditait de surprendre la ville au moment où il lui faisait donner les meilleures assurances de paix et de bon voisinage. Son *escalade*, si bien imaginée et si mal exécutée, est fameuse dans l'histoire. Il n'est pas besoin de dire que les Catholiques secondaient cette entreprise. Le poëte Vinciolo Vincioli, dans ses vers, encourageait le duc, « à dompter « l'antique orgueil d'un voisin barbare, et de ces impies qui, « secouant ton joug, ont eu la hardiesse de fabriquer une « nouvelle croyance et une nouvelle loi »; puis il l'assurait de la faveur de Dieu, qui certainement dans ses desseins a résolu, « que tes armées après une courte campagne « promèneront la victoire sur toute la terre, laquelle, « une fois vaincue, depuis l'Inde jusqu'à Thulé, n'aura plus « qu'un seul pasteur, un seul bercail »; il l'exhortait ensuite à faire fleurir la paix en-deçà des Alpes « tandis « qu'au-delà de ces monts le cruel fléau de la discorde « tient toujours en travail les peuples qui se sont con- « duits envers Dieu comme des aspics et des taupes ». En attendant, il l'excitait contre Genève, inutilement défendue par son lac, ses marais, ses fleuves et ses enceintes. « Déjà (dit-il) il me semble apercevoir le Rhône roulant « à la mer du sang au lieu d'eau. »

Pauvres prédictions des poëtes! Tout au contraire, la nuit du 12 décembre 1602, deux cents hommes de l'armée du duc, qui avaient déjà pénétré dans l'intérieur de la ville, furent découverts et massacrés; au lieu de recouvrer Genève, Charles subit la honte d'avoir tenté un acte de perfidie, sans la justification que procure d'ordinaire le succès; il dut boire le calice jusqu'à la lie, et les chansons populaires firent retentir au loin l'hymne de sa défaite. L'institution d'un jeûne annuel *et le chant* solennel du psaume 124 perpétuèrent le souvenir de l'événement. La ville se réjouissait ainsi d'avoir échappé au danger de devenir tout à la fois esclave et catholique.

En 1609 et en 1611, la maison de Savoie renouvela ces tentatives, toujours sous prétexte de soutenir les papes, comme à notre époque elle songe à s'agrandir sous prétexte de les renverser.

Saint François de Sales, évêque d'Annecy, avait plusieurs fois insisté sur la nécessité de reconquérir Genève, non pas cependant à force ouverte, mais en la gagnant par la persuasion. Tel était son espoir : mais il fut déçu ; et le Savoyard fut en exécration aux Génevois, qui avec l'amour de la patrie inspirèrent à leurs enfants la haine non-seulement pour le duc, mais pour tout ce qui tenait à la Savoie.

Genève fut plus que jamais la Rome du protestantisme, et les émigrés italiens aidèrent à sa propagande. Emmanuel Tremelli de Ferrare y fit imprimer en 1569 chez Henri Estienne la traduction latine du Nouveau Testament d'après le texte syriaque. On l'a accusé d'avoir volé celle de Le Fèvre de La Boderie, déjà achevée, quoiqu'elle ait été imprimée seulement en 1571 dans la *Bible polyglotte* d'Anvers ; mais, en les comparant, on reconnait la fausseté de l'accusation. Traduction des Psaumes en italien.

C'est aussi dans cette ville que Vincent Paravicino en 1638 publia en italien : *De la Communion avec Jésus-Christ dans l'eucharistie, contre les cardinaux Bellarmin et Duperron, traité de Jean Mestrezat, traduit de la langue française.*

Les Psaumes ont été traduits en vers à l'usage de l'Église italienne ; nous connaissons l'édition de 1566, avec lettre à titre de *prœmium*, signée Gio. Cal, et la profession de foi : on y avertit le lecteur « que cette traduction a été faite d'un commun accord au nom des églises qui sont dispersées en France, et on lui recommande de s'abstenir des idolâtries papistiques ». Cette lettre est suivie d'une préface qui contient la réponse et la défense que Calvin oppose aux calomnies dont on l'a chargé. Le livre « est sorti des presses de Jean-Baptiste Pinerolo à Genève ».

L'édition de 1592, également de Genève, donne cette traduction comme étant de Jules-César Paschali ; elle est dédiée à la reine Élisabeth en sa qualité de protectrice de la foi. Souvent le mot *Dio* (Dieu) y est remplacé par *Giova*, qui vient de l'hébreu Jéhovah. Le traducteur s'étend longuement sur la justification de cette nouveauté.

Il a mis en tête un sonnet adressé à l'Italie, où il conclut:

« O vénérable David ! ô chère Italie ! que tu serais complétement heureuse, si tu profitais de ce livre, et si tu te tournais maintenant des harmonies mondaines aux harmonies célestes ! Je veux te réveiller de ton assoupissement ; daigne écouter mes paroles. Tout passe, hormis la vie consacrée à Dieu, et lui seul doit être célébré sans fin. »

Cette traduction renferme aussi des rimes spirituelles, et le premier chant d'un poëme intitulé : « l'*Univers* ou Création du monde, son origine et ses développements dans celui de l'Église du Seigneur. »

Dans l'édition de 1621 les psaumes sont au nombre de soixante. Puis, en 1631, on imprima : *I sacri Salmi messi in rime italiane*, par JEAN DIODATI, sans date, mais avec l'ancre et le dauphin, marque ordinaire des Alde : dans cette édition, il y en a cent cinquante. Une édition datée de 1650, des soixante psaumes anciens, contient un grand nombre de prières et d'explications de cérémonies. Puis, en 1683, parurent à Genève : *Cento Salmi di David, traduits en rimes vulgaires italiennes suivant la vérité du texte hébreu, avec le cantique de Siméon et les dix commandements de la loi, le tout avec le plain-chant noté.* Ce sont les anciens soixante, augmentés des quarante de *Jean Diodati, de bienheureuse mémoire*. Dans l'épître placée en tête, qui contient les invectives habituelles contre les catholiques et contre la consécration, Diodati annonce qu'il a déjà publié un livre sur les prières qu'on doit réciter dans les assemblées dominicales, et sur la manière d'administrer les sacrements et de consacrer le mariage. Il vante beaucoup les effets produits par la musique. Son livre contient aussi l'oraison dominicale, des prières avant et après le repas, ainsi que pour tous les dimanches, pour les jours de cène, et enfin une profession de foi, rédigée d'accord avec les fidèles de France. Le tout est en italien. En 1840, la Société biblique a fait imprimer les *Psaumes* d'après la version en prose de Diodati, avec une traduction en langue piémontaise (*en lingua piemonteisa*) placée en regard.

Plus tard, dans la *Bibliothèque germanique* (Amsterdam, 1725), à la page 231, nous lisons, sous la date de Genève : « Nous avons ici, depuis quelque temps, un savant homme « nommé M. Ferrari, Italien, qui depuis longtemps a em- « brassé la religion réformée, et s'est établi en Angleterre. « Il cherche des mémoires pour un ouvrage qu'il inti- « tulera l'*Italie réformée*, et dans lequel il traitera des « Italiens savants ou gens de considération, qui ont em- « brassé la religion protestante. » Ferrari et Ghirardini.

Voici donc un écrivain qui nous aurait précédé de plus d'un siècle. Il s'agit probablement de Dominique-Antoine Ferrari, jurisconsulte napolitain, intendant de la maison du comte de Leicester, celui-là même qui, en 1744, déposa au collége de Saint-Jean, à Cambridge, la copie de l'édition originale du *Traité du Bienfait du Christ*, qu'on crut la seul eexistante. Ferrari avait lui-même envoyé, en 1720, un exemplaire des *Cent Considérations* de Valdès à un Neuchâtelois dont nous ignorons le nom, lequel fit une annotation sur ce livre. C'est la seule copie qui nous soit parvenue de cet ouvrage. On y lit en français que Ferrari est *original* (*sic*) *de Naples, naturalisé Anglais, docteur en théologie de Cambridge, et gouverneur de M. Cock, gentilhomme anglais*. Si c'est bien lui, nous serions redevables au même Italien de la conservation des deux ouvrages de Valdès, qui firent bien du bruit alors, et qui en ont fait de nouveau de nos jours.

Nous avons, de l'année 1705, la lettre originale d'un frère

Aurelius Ghirardini, servite de Bologne, par laquelle offre au gouvernement de Genève sa propre apostasie.

« Serenissime Princeps, excellentissimi patres,

« Fidem vestram tueri cupio, serenissime princeps, ex-« cellentissimi presidentes; sanguinem ad vestram reli-« gionem defendendam sum effusurus, et mei ingenii te-« nebris splendorem ipsius adaugere peropto. Fidem ho-« mini contra fidei dogmata insequuto præstate. Debito « abundant rubore characteres, licet atramenti colore « funesto nigrescant; vestram enim pietatem implorant, « quæ absque dubio, quamvis in celsitudinem conscendat « humanitatis, quamvis maxima sit, tamen adeo grata « est, ut absque precum effusione ab omnibus impetre-« tur : in hoc non recedens a solis generositate, *qui* tam « collium celsitudini quam vallium humilitati lumen « suum uberrime impertitur. Vere futuro proximo, vobis « annuentibus, hic servitutem, quam verbis profero, « operibus confirmabo; dummodo me vobis gratum fore, « certiorem reddatis. Hoc temporis curriculum *ab hu-« jusce* epistolæ exaratione ad discessionem intercedet, « ob commoditatum inopiam, ab ærumnis et calamitati-« bus a me perpessis exortam et genitam. Nullam artem « mechanicam, ob natalium modicam claritatem, calleo. « Artes tantum liberales humilitate ingenii recolo, et « vestram solum humanitatem et æquitatem summe ve-« neror et agnosco. Vos humillime precor, ut non ca-« lamo, sed mihi parcatis. Viginti duo anni ætatis meæ « jam evolarunt, et reliquum vitæ et laborum vobis, ves-« træ fidei consecrabo. Responsum et rescriptionem hu-« jusce epistolæ animo hilari exspecto. Ad majorem no-« titiam simul, et mei delitentiam, hic titulum mihi in

« rescriptione adaptandum subposui. Vobis Cœlum illos « tribuat honores, quos æque meritum vestrum appetit. « Vobis, vestræ quæ religioni tribuat incrementum; rei- « publicæ augmentum, nominisque vestri famam æter- « nam. Dum in obsequii mei evidentiam vobis me ipsum « consecro.

« Dominationis vestræ serenissimæ et perquam exc.

« Ab urbe Reggio, mensis decembris, anni 1705,

Humill^mus et obsq^mus famulus

F. AURELIUS GHIRARDINI, ordinis Servorum.

« Titulus italo idiomate faciendus :

Al p. f. Aurelio Ghirardini, servita bolognese della Madonna. A Reggio.

A dater de 1725, l'Église de Genève déclara qu'elle ne voulait plus de maîtres humains, fussent même Calvin ou De Bèze; plus récemment, dans les conférences que l'Alliance évangélique tint pendant l'automne de 1861, beaucoup de pasteurs de cette Église affirmèrent qu'ils ne pouvaient adhérer à l'Alliance, parce qu'elle avait adopté une formule dogmatique ainsi conçue : « Je crois au Père, au Fils et au Saint-Esprit (C.). » Réveil du catholicisme à Genève.

Alors que la négation était poussée à ce point, nous avons été témoins d'un singulier revirement, dû au zèle de l'abbé François Vuarin, originaire de la Savoie, qui fut curé de Genève de 1808 à 1843. Ayant trouvé dans cette ville à peine huit cents catholiques, il entreprit d'en augmenter le nombre, en luttant vigoureusement avec le gouvernement et avec les ministres, composant des livres, les répandant partout, et multipliant les œuvres de bienfaisance. C'est ainsi qu'il introduisit à Genève les Sœurs de la charité et les Frères de la doctrine chrétienne, auxquels il confia la direction d'un hôpital, d'une école, d'un asile pour les orphelins, à une époque où les catholiques étaient encore exclus des nombreuses institutions charitables de cette ville. Ce prêtre dévoué trouva de l'aide partout, non-seulement près des papes, mais même près de l'empereur de Russie, Alexandre Ier. Il publia le jubilé de 1825, et y vit accourir cinq mille catholiques; à sa mort, il en laissa dix mille dans sa paroisse; les *écoles* devinrent libres, les cérémonies publiques, et les prédications solennelles. Nous en avons été nous-même plusieurs fois édifié, et nous avons pu apprécier la piété des assistants. Son œuvre a été continuée par son successeur, monseigneur Mermillod, qui, tout récemment élevé à la dignité d'évêque auxiliaire de Genève, disait : « Au nom de Pie IX et de Jésus-Christ, *je suis dans la* ville, à travers les rues de laquelle François de Sales ne put passer que travesti, et quelquefois non sans danger pour sa vie. Maintenant je la parcours en toute liberté, en habit d'évêque : j'y suis salué et vénéré, et sur mon chemin je bénis les petits enfants, comme faisait Jésus-Christ. J'ai douze prêtres : je n'ai encore ni séminaire ni chapitre, mais j'espère les y établir bientôt. Les Frères de la doctrine chrétienne instruisent librement la jeunesse; les Sœurs de la charité traversent les rues avec la modestie de leur innocence. Dans cette cité qui se glorifiait d'être la Rome protestante, le jour de Noël, j'ai compté plus de trois mille communions. Sur cinquante mille habitants, elle a vingt mille catholiques, et une magnifique cathédrale s'élève en ce moment sur une de ses principales places[1]. »

(1) Cette magnifique cathédrale est aujourd'hui terminée, grâce au zèle de l'éloquent évêque, qui a su intéresser à son œuvre tous les catholiques de l'Europe. (*N. des traducteurs.*)

NOTES ET ÉCLAIRCISSEMENTS

AU DISCOURS XII.

(A.) En voici la liste :

Martin Muralt, noble, et Lucie Orella, sa femme, et leurs quatre filles.

Thadée Duni, noble, sa femme Élisabeth, deux filles, et Jean-Jacques son frère.

Louis Ronco, noble, Marie son épouse et trois enfants.

François-Michel Appiano avec sa fille.

Baptiste Cozolo et Bernardin son fils.

Protais Postcollonia, Françoise sa femme, leur fille, et Barthélemy son frère.

Jean-Jacques Zareto (ou Cereto), Catherine sa femme, leurs trois enfants, et Catherine la mère de Zareto.

Louis Orelli, fils de Gioaneto, Apollonia sa femme, et leurs trois enfants.

Jean-Antoine Rossalino, Élisabeth sa femme, Jérôme, Laurent, et trois autres enfants.

Pierre Toma, fils de Jean-Marie, Françoise sa femme, et leurs cinq enfants.

Sébastien Toma, Claire sa femme, avec leurs deux filles, Marthe sa sœur, Jean.

Zannino Raffagno et Catherine sa femme.

Évangéliste Raffagno, Marguerite sa femme, et leur fille.

Jean-Antoine Riva, Madeleine sa femme, maître Nicolas, Bernardin et Anna leurs enfants, et trois autres.

Lucie, femme du seigneur François de Gavirate.

Maître Baptiste Cereto.

François Verzasca, Catherine sa femme, et une fille.

Jean-Antoine et Barthélemy Verzasca, leurs deux sœurs, et les trois filles de celles-ci.

Philippe Appiano et ses trois enfants; Parisio, sa femme et quatre enfants; Catherine et ses trois fils; Sébastien, sa femme et ses deux fils.

François Appiano, fils de Nicolas, sa femme et deux filles; Charles Appiano, frère du précédent, et sa femme.

André Fasolo.

Jean Muralt, Barbara sa femme; Jean-Jacques leur fils, et trois filles.

Andreolo Andreoli, sa femme, et deux fils.

Jean-Baptiste des Baldi, sa femme, et Thomas Baldi.

Albert Trevano, sa femme, et Albertino; Pierre-Paul Trevano, sa femme, et trois fils.

Maître Jean-Antoine Pairano, Bernardine sa femme, et leurs deux enfants.

Barthélemy et Philippe Orello; François, fils de Guffrino Orelli; Marguerite sa femme, et leur fille; Françoise leur sœur.

Baptiste Orelli, fils d'Alexandre, sa femme, et quatre enfants.

Barthélemy Cattaneo, fils d'Orello.

Baptiste Albrizzi, Jeanne sa femme, et deux fils.

Jean-Antoine Muralt, Lucie sa femme; et Madeleine leur fille; Catherine; Anne, femme de Paul Orelli.

Jean Riva, fils de François.

Jean-Louis Francioso, et son fils.

Jean-Ange Lancelotto, Suzanne sa femme, et leurs cinq enfants.

François Romerio, et sa mère.

François Rozzoli, fils d'Antoine.

Jean Gordulino.

Maître Jean-Pierre Taddei, fils de Jean-Antoine.

Damien Porcio.

Philippe Mercazio, sa femme, et leurs enfants.

Jeanne, femme de Jean-Baptiste Rabazotini.

Étienne Pebbia, sa femme, et trois enfants.

Jacobine, femme de Pierre Ragazzi, et leur fils.

Maître François Albertini, sa femme, et quatre enfants.

Antonia, fille de Bernard Benada de Gavirate.

Marguerite, femme de Luigino Ronchi, et Louise, sœur de ce dernier.

(B.) Jean-Jacques Rousseau ne faisait que donner une couleur légale à ces doctrines, lorsqu'il soutenait qu'il appartient au gouvernement d'établir la religion civile; que le souverain, sans pouvoir obliger personne à croire les articles de la foi civile, peut bannir quiconque ne les croit pas. « Que si quelqu'un (dit-il), « après avoir reconnu publiquement ces mêmes dogmes, se con« duit comme ne les croyant pas, qu'il soit puni de mort; il a

« commis le plus grand des crimes, il a menti devant les lois. » (*Contrat social*, livre IV, chap. 8.)

Ernest Renan, appréciant le livre de Bonnet sur Calvin, a longuement parlé de ce dernier, trouvant son intolérance tout à fait naturelle. Nous en extrayons les passages suivants : « Cette âpreté inflexible, qui doit faire le caractère essentiel de l'homme d'action, Calvin l'eut mieux que personne. Je ne sais si l'on trouverait un type plus complet de l'ambitieux, jaloux de faire dominer sa pensée, parce qu'il la croit vraie. Nul soin de la richesse, des titres, des honneurs; nul faste; une vie modeste, une apparente humilité; tout sacrifié à l'envie de former les autres à son image. Je ne vois guère qu'Ignace de Loyola qui puisse lui disputer la palme de ces terribles emportements; mais Loyola y mettait une ardeur espagnole et un entraînement d'imagination qui ont leur beauté; il resta toujours un ancien lecteur de l'*Amadis*, poursuivant, après la chevalerie mondaine, la chevalerie spirituelle, tandis que Calvin a toutes les duretés de la passion sans en avoir l'enthousiasme..... Il est surprenant qu'un homme, qui dans sa vie et dans ses écrits se montre à nous si peu sympathique, ait été en son siècle le centre d'un immense mouvement, et que ce ton âpre et dur ait exercé sur l'esprit des contemporains un si grand prestige. Comment, par exemple, une des femmes les plus distinguées de son temps, Renée de France, en sa cour de Ferrare, entourée de la fleur des beaux esprits de l'Europe, fut-elle éprise de ce maître sévère, et engagée par lui dans une voie qui devait être semée de tant d'épines?.....

« La conséquence inévitable du caractère et de la position de Calvin était l'intolérance..... C'est, au premier coup d'œil, une étrange contradiction que celle de Calvin réclamant avec chaleur la liberté pour lui et les siens et la refusant aux autres.

« Mais en réalité cela est tout simple; il croyait autrement que les catholiques, mais il croyait aussi absolument qu'eux. Ce qu'on regarde bien à tort comme l'essence du protestantisme naissant, la liberté de croire, le droit individuel de se faire à soi-même son symbole, n'a guère été entrevu au XVIe siècle.....

« Ce zèle violent qui entraîne l'homme convaincu à procurer le salut des âmes par des moyens de haute lutte, et sans tenir compte de la liberté, éclate dans toute la correspondance de Calvin..... Comme les catholiques, Calvin ne réclame pas la tolérance au nom de la liberté, mais au nom de la vérité. » — Ses violences contre Servet, Bolsec, Gruet, Gentilis et autres n'étonnaient alors personne; elles étaient en quelque sorte de droit commun.

« La modération et la tolérance, vertus suprêmes des âges critiques comme le nôtre, ne sauraient être le fait d'un siècle dominé par des convictions ardentes et absolues....... C'était la foi du moins qui, en Espagne et dans les Pays-Bas, allumait les bûchers et dressait les échafauds. Ces hécatombes offertes à la divinité (c'est-à-dire à ce qu'on croyait tel) ont leur grandeur, et il ne faudrait plaindre qu'à demi ceux qui succombèrent dans cette lutte grandiose, où chacun combattait pour son Dieu : la foi les immola, comme la foi les soutint.....

« Comment croire à demi ce pourquoi l'on est proscrit? Quelle est la foi chancelante qui ne deviendrait fanatique par la torture? La jouissance de souffrir pour sa foi est si grande qu'on a vu plus d'une fois les natures passionnées embrasser des opinions pour avoir le plaisir de s'y sacrifier. » (*Études d'histoire religieuse*, pag. 340 à 352.)

(C.) En 1865, à Uster, canton de Zurich, le pasteur Vögelin scandalisa tellement les orthodoxes par ses hardiesses, que soixante ministres zurichois lui opposèrent une *déclaration publique*, où ils l'accusent de n'avoir ni prédication, ni doctrine chretienne évangélique; d'ébranler l'autorité de l'Écriture sainte et le respect des peuples pour les documents sacrés de la révélation; de nier absolument la divinité et la sainteté de Jésus-Christ et ses miracles; d'abaisser indignement le rôle des apôtres; de faire un usage arbitraire des déclarations du Sauveur; de caractériser la doctrine d'une façon légère et irréfléchie, etc., et ils invoquent l'autorité supérieure de l'Église pour réprimer sa parole.

Il avait pour supérieur le conseil communal d'Uster, qui répondit que ces pasteurs n'avaient point qualité pour déclarer fausses les doctrines de Vögelin; que celui-ci usait de son droit de liberté, comme eux usaient du leur; qu'ils devaient s'appliquer à remplir les devoirs de leur ministère, et s'abstenir de donner des conseils.

APPENDICE.

Il existe aux archives de Genève, en italien, un *Livre des mémoires divers de l'Église italienne, recueillis par moi, Vincent Burlamacchi, à Genève,* MDCL. Nous en extrayons ce qui se rapporte à notre sujet :

Suit la liste des noms d'Italiens, qui sont venus habiter dans cette ville de Genève, et y ont fait profession de la religion réformée : on y trouvera en plus l'année de leur arrivée dans cette ville.

1550. — Joseph Fogliato de Crémone. Barthélemy Roncado, de Plaisance, et sa femme.

Je ne reproduis ici que les noms inscrits sur les registres, bien que très-certainement tous les émigrés n'aient pas été enregistrés. La preuve en est que dès l'année 1551 on en députa quelques-uns pour veiller au soulagement des pauvres : ce qui démontre que, alors déjà et bien auparavant, il y avait un certain nombre d'Italiens ici. La réunion pour les prédications commença en 1552, époque à laquelle arriva de Bâle Celse Martinengo, qui fut notre premier pasteur.

1551. — Galéas Caracciolo, marquis de Vico au royaume de Naples (monsieur le marquis), accompagné de son domestique, Antoine.

Giovanello Connello, de Reggio de Calabre. Lactance Ragnone, de Sienne, noble siennois. — François Tedisco, de Messine. — Paul Buonaria. — Vincent de Roccia. — Jacques Tomasini, de Sienne, et sa femme. — Lazare Ragazzo, de Crémone, et sa femme. François Santa, de Crémone, et sa femme. — Joseph Fossa, de Crémone. — Paul Gazo, de Crémone. — Nicolas Fogliato, de Crémone. — Ambroise Varro, Piémontais. — Michel Varro, Piémontais. — Simon Pauli, de Florence. — Thomas Pueraro, de Crémone, et sa femme.

1552. — Celse Martinengo, comte brescian, premier ministre.

Bernard Loda, de Brescia, et son domestique. — Joseph Fenasco, de Crémone. — Alphonse Maluzzano, de Ravello. — Louis Manno, de Sicile. — Jean-Paul de la Motta. — Jean-Aloys Paschale. — Orsino Roccia, de Capoue. — François Gazino, de Dragonesi. — Jean-Thomas Gazino, de Dragonesi. — Les frères François et Sébastien Sartoris, de Chieri, avec deux sœurs. Bernardin Susanno, de Plaisance, avec sa femme et ses deux enfants.

1553. — François Marchiolo, de Crémone, avec sa femme et leurs cinq enfants. — Jean-Antoine Pellissari, de Mussa (sa femme et ses quatre enfants). Jérôme, de Milan. — Sylvestre Tellio, de Foligno, avec sa femme. — Fabius Tedesco, de Reggio en Calabre. — Simon Fiorello, de Caserte, catéchiste, puis ministre à Tirano. (Vers 1559) Jean-Bernardin Ventimiglia. — Nicolas Giustiniano. Bottini, de Genève, et sa femme.

1554. — André Rubatto, de Coni, avec sa femme. — Thomas Portughese, avec sa femme et ses cinq enfants. — Jacques Milanese, etc. — Georges Miol di Pancabero, avec sa femme et ses cinq enfants. — Jean-Paul Alciati, Piemontais. — Etienne Rivorio, de Cavorre. — Dominique Fiorentino. — Andre di Verto, de Salasco. Nicolas Carignano, de Carignano. — Boniface Morena, de Cavorre, avec trois enfants. Godefroi Morena, de Cavorre, avec sa femme et quatre enfants. — Jean-Pierre, Milanais. — Antoine Gazzino, Piémontais. — Constant Gazzino et sa femme. — Joseph Bondiolo, de Crémone, sa femme et deux enfants. — Jules-César Paschali, de Sicile, et sa femme. — Antonio del Buono, de Novare, sa femme et cinq enfants. — Jean del Buono, de Novare, cordonnier, sa femme et cinq enfants. — Jeanne Cottina, de Racconigi, avec ses quatre enfants. — Anselme Quaglia. — Tonino Tomasini. — Godefroi Mozino. — Hippolyte Carignano. Jean-Baptiste Guazzone. — Jean Ugali, de Vérone, et sa femme. — Pierre Cierigino. — Jean-Antoine Merenda. — Georges Scarparo.

En poursuivant, nous trouvons qu'en 1555 soixante personnes s'enfuirent d'Italie à Genève, principalement de la Calabre; en 1556 trente-six, au nombre desquelles sept de Lucques, avec la famille Balbani.

En 1557, il y eut trente-neuf émigrés, parmi lesquels Godefroi Varaglia, de Bosco, Apollonie Merenda, de Coseuza, et le fameux Georges Biandrata.

En 1558, il y en eut trente-cinq, dont sept Espagnols.

En 1559, quarante-sept; dix-neuf en 1560, parmi lesquels André da Ponte, frère du doge de Venise; vingt-deux en 1561; trente-six en 1562, parmi lesquels Castelvetro et Fauste Socin; en 1563, cinquante-trois : total, des réfugiés dans l'espace de trente années, environ quatre cents, la plupart Italiens. Revenons au registre de Burlamacchi[1].

= On a trouvé un memento duquel il résulte que les premiers catéchismes ont été faits dans la salle du Collége, salle qui servait à la célébration des baptêmes et des mariages; et que le nombre des Italiens augmentant chaque jour, le local de ladite salle du Collége étant insuffisant pour célébrer la sainte Cène, un arêtér du conseil en date du 13 juin 1555 prescrivit qu'on ferait les prédications et qu'on célébrerait la sainte Cène à la Madelaine, le dimanche, à la suite de celle des Français, et à l'heure habituelle du premier prêche.

Voici la liste de ceux qui ont exercé le saint ministère dans l'Église italienne, trouvée dans la ville de Genève :

1552. — Le comte Celse Maximilien Martinengo de Brescia arriva dans cette ville au mois de mars 1552, et peu après fut installé ministre de l'Église italienne. Il mourut le 12 août 1557.

1551. — Lactance Ragnoni de Sienne, arrivé à Genève au mois de juin 1551 (d'abord catéchiste), fut reçu ministre dans l'Église le 24 octobre 1557. Il mourut le 16 février.

1559. — Ne pouvant obtenir comme ministre Jérôme Zanco, ni même M. Emmanuel, après de longues démarches, Nicolas Balbani de Lucques, arrivé à Genève en juillet 1557, fut reçu ministre dans l'Église le 25 mai 1561. Il passa à une meilleure vie le 2 août 1587.

1577. — Jean-Baptiste Rota de.... en Piémont fut reçu dans notre Église le 20 août 1577, et sa démission fut acceptée le 20 juillet 1589, sur le désir qu'il avait manifesté de se retirer en France.

1590. — Jean-Bernard Bosso, Piémontais de nation, étant venu à Genève en 1578, fut reçu ministre dans l'Église italienne le 20 mai 1590. Il passa à une vie meilleure le 5 décembre 1612.

(1) La liste a été imprimée, mais avec beaucoup d'erreurs, dans l'ouvrage de Gaberel, tome I, page 211 des notes, et va jusqu'en 1612, année sous laquelle est mentionné Jean Louis Calandrini fils de Jean. Pour en citer quelques-uns, nous avons à l'année 1563, Baptiste Curti du lac de Côme, Pierre Casale et André Casale de Gravedona, Jean André Rocca de Brescia, Étienne Barbieri de Soncino, Antoine Capellaro de Modène. En 1564 émigrèrent plusieurs personnes de Montacuto de Calabre et divers Piémontais; en 1565, Évangéliste Offredi de Crémone; en 1567 et 1568, Pierre Duca d'Alba, François Micheli de Crémone, Gothard Canale de Conegliano; en 1573, Nicolas Tiene de Vicence, Galéas Ponzone de Crémone; en 1577, Jacques Puerari de Crémone; en 1580, Jacques Antoine de Gardone de Brescia; en 1589, Jean Georges Pallavicino, Hippolyte et Louis Sadolet de Valteline.

1612. — Jean Diodati, d'origine lucquoise, né à Lucques le 6 juin 1576, fut reçu ministre dans l'Église italienne le 20 décembre 1612. —

Au siècle suivant, dans la succession des pasteurs italiens, nous trouvons Benoît Turrettini de Lucques, Jacques Sartoris et Jacques Leger, tous deux Piémontais. — François Turrettini. — Fabricius Burlamacchi; Benoît Calandrini, Michel Turrettini, tous d'origine lucquoise; Antoine Leger, le dernier des pasteurs italiens, exerça le ministère jusqu'en 1689; passé cette époque, la langue française devint si familière aux émigrés, qu'il ne fut plus besoin d'une Église spéciale. Burlamacchi donne aussi la liste de ceux qui furent anciens ou administrateurs des pauvres.

Dans les archives du Conseil d'État à Genève, on trouve les autres annotations suivantes sur le registre du consistoire, lequel va jusqu'en 1612.

1551. — Le marquis Galeace Caracciolo, arrivé ici en 1551, travailla avec M. Calvin pour établir l'Église et l'ordre de la prédication ordinaire, y ayant déjà grand nombre de familles. Il alla querir à Bâle le comte Celso Massimiliano Martinengo, fameux auparavant pour ses prédications en Italie et compagnon de Martyr à Lucques, qui arriva ici en mars 1552, et y fut établi ministre des Italiens, étant examiné par la compagnie des pasteurs.

1555. — On prêcha au commencement, et on fit les catéchismes en la salle du Collége vieux : et l'assemblée étant fort accrue en 1555, par arrêt du Conseil du 13 juin fut dit qu'on ferait le prêche italien pour la sainte Cène à la Madelaine, le dimanche suivant la Cène des Français à 8 heures du matin.

1556. — En l'assemblée générale de mars 1556 on établit pour adjoints du pasteur 4 anciens, dont ledit marquis fut le premier, pour la conduite de l'Église comme corps de consistoire qu'on appela Collége, avec 4 diacres pour administrer les aumônes. Les règlements dudit Collége se trouvent renouvelés le 8 mai 1564. Lesdits anciens avaient charge de visiter fréquemment les familles, se partageant les quartiers. Item les malades. Il y en avait toujours deux, établis sur les différences, pour les accommoder. Un ou deux sur les écoles qu'on dressa.

On établit pour catéchiste dès devant Simon Fiorello, et on expliquait un petit formulaire, et un plus grand à certaines heures. En 1556 Lattantio Ragnone, noble siennois, faisait aussi des catéchismes. Dès le commencement on eut 30 psaumes, qu'on imprima en 1556 augmentés. Tous ceux qui arrivaient d'Italie se présentaient au consistoire et tant connus de leur instruction, ils étaient incorporés en la communion de l'Eglise, se soumettant à la confession de foi et à l'ordre de la discipline. Ceux qui n'étaient pas suffisamment instruits étaient renvoyés aux catéchistes.

congrégation générale se tenait, dès l'an 1557, après les catéchismes italiens, au temple ou auditoire de S. Marie, dont il y eut quelques démêlés avec les Anglais pour l'heure, et tout fut remis à M. Calvin. Dès cette année on fit la dépense du plancher pour ledit auditoire par résolution du 3 mars 1557, et de quelques bancs pour les femmes en novembre 1558, et de plancher les chapelles y mettant des bancs, janvier 1559.

1551. — Dès le commencement de 1551 jusqu'à la fin de 1553, furent élus entre les Italiens pour le soin des pauvres qu'ils assistaient de leurs deniers, Nicolas Fogliato de Crémone et Amédée Varro, Piémontais.

1554. — Pour les pauvres en l'assemblée générale du 4 janvier 1554, furent députés Simon Fiorillo et Nicolas Fogliato, et en janvier 1555 leur fut adjoint Jean Paul Alciati.

1556. — Pour l'entretien des ministres et des pauvres, il y avait une règle dressée de ceux qui volontairement s'y obligeaient selon leur pouvoir, et depuis ceux de la nation y ont toujours pourvu à ses frais, comme aussi pour les maîtres d'école et un chantre à gages. Le chantre pour 8 écus. =

On trouve aux mêmes archives cette note du mois de mai 1558 : « Sur ce qu'on découvrit que Valentino Gentili, Giovanni Paolo Alciato, Giorgio Biandrata et d'autres soutenaient des discours comme ne sentant pas bien des trois personnes en une seule divinité essentielle, et troublaient la paix de l'Eglise semant des opinions erronées, par l'avis de M. Calvin et des pasteurs de la ville, et du pasteur et consistoire italien fut dressée une confession de foi spéciale là-dessus, étendant ce qui est plus réservé en la confession ordinaire de Genève, laquelle fut souscrite en une congrégation générale le 18 de mai, en présence du quatrième syndic M. Chevalier (commis au nom de la seigneurie des pasteurs français) par la plupart des membres de l'Eglise, et par le reste en d'autres jours suivants; et le 23 mai par six de ceux qui y faisaient difficulté, Silvestro Teglio, Filippo Rustici, Francesco Porcellino, Nicolò Sardo, Valentino Gentili, Hippolyte Gallo. »

TABLE DES MATIÈRES.

FIN DE LA TABLE.

ERRATA

Page 58, 29e ligne. Au lieu de : *mais pour empecher de propager leurs erreurs*, lisez : *mais pour les empêcher de propager leurs erreurs.*

Page 122, 2e ligne, *participait à l'immortalité*, lisez : *qui participait de l'immortalité.*

Page 152, à la note marginale. Au lieu de : *dix huitième siècle*, lisez : *dix-septième siècle.*

Pages 157 et 175, 9e ligne, note F. Au lieu de : Bibliothèque *Ambroisienne*, lisez : *Ambrosienne.*

Page 173, 6e ligne. Au lieu de : *ne devait ajouter foi*, lisez : *ne devait point ajouter foi.*

Page 178, 19e ligne. Au lieu de : *d'ex-votos*, lisez : *d'ex-voto.*

Page 190, 20e ligne. Au lieu de : *quand on l'a connue*, le pape Grégoire XIII répondit, lisez : *quand on l'eut connue*, etc.

Page 217, 25e ligne. Au lieu de : *une autre duc cardinal*, lisez : *du cardinal.*

Page 256, 6e ligne. Au lieu de : *que de fils de sbires*, lisez : *que des fils de sbires.*

Page 327, 23-24e ligne. Au lieu de · *le fameux légiste Gian Giacomo*, lisez : *le fameux légiste Jean-Jacques Burlamacchi.*

Page 347, mettre le renvoi n° 1 après Castaldo.

Page 360, 16e ligne. Au lieu de : *Francax villa*, lisez : *Francavilla.*

Page 397, 1re ligne. Au lieu de : *sont là sublimes*, lisez : *sont sublimes.*

Page 462, 9e ligne. Au lieu de : *Lettres de prince à prince*, lisez : *Lettres de princes à princes.*

Page 492, 9e ligne. Au lieu de : *des susdits monseigneur*, lisez : *des susdits messeigneurs.*

Page 529, 27-28e ligne. Au lieu de : *à cause de son autorité suprême et du pouvoir qui lui appartiennent*, lisez : *à cause de l'autorité suprême et du pouvoir*, etc.

Page 619, 14e ligne. Au lieu de : *qu'à peine sauront-ils*, etc., lisez : *à peine sauront-ils*, etc

A LA MÊME LIBRAIRIE

NOUVEAU COURS D'HISTOIRE UNIVERSELLE

PAR J. CHANTREL

1° HISTOIRE ANCIENNE, 2° HISTOIRE DU MOYEN AGE
3° HISTOIRE MODERNE

NOUVELLE ÉDITION REVUE, CORRIGÉE ET AUGMENTÉE

FORMANT 6 VOLUMES IN-12 : BROCHÉS, 13 FR. 50; CARTONNÉS, 15 FR.

Tome I. **Histoire ancienne** (1re partie), Temps primitifs, Premiers empires, Grèce. Depuis la création du monde jusqu'au commencement de l'ère chrétienne.

Tome II. **Histoire ancienne** (2e partie), Histoire romaine jusqu'à la mort de Théodose le Grand.

Tome III. **Histoire du moyen âge** (1re partie), depuis la mort de Théodose le Grand jusqu'au commencement des Croisades.

Tome IV. **Histoire du moyen âge** (2e partie), depuis les premières Croisades jusqu'à la prise de Constantinople.

Tome V. **Histoire moderne** (1re partie), depuis la prise de Constantinople jusqu'au traité de Westphalie.

Tome VI. **Histoire moderne** (2e partie), depuis le traité de Westphalie jusqu'à la Révolution de 1789.

SUITE ET COMPLÉMENT DE L'HISTOIRE UNIVERSELLE

Par le même Auteur

HISTOIRE DE FRANCE

Depuis les origines jusqu'à la Révolution de 1789.

2 vol. in-12, cartonnés, 5 fr.

HISTOIRE DE L'ÉGLISE

Depuis le commencement du Monde jusqu'à nos jours.

2 forts volumes in-12, cartonnés, 6 fr.

HISTOIRE CONTEMPORAINE

Comprenant tous les événements accomplis depuis la Révolution de 1789 jusqu'à nos jours. — 1 très-fort vol. in-12, 740 pages. 4 fr.

COURS ABRÉGÉ D'HISTOIRE UNIVERSELLE

Comprenant 5 volumes in-12 de 500 pages environ. Chaque vol. cart. : 3 fr.

Histoire ancienne. Temps primitifs, Premiers empires, Grèce, Rome.
Histoire du moyen âge. Jusqu'à la prise de Constantinople.
Histoire moderne. De la prise de Constantinople jusqu'à nos jours.
Histoire de l'Église. Du commencement du monde à nos jours.
Histoire de France. Depuis les origines jusqu'aux derniers événements contemporains.

COURS ÉLÉMENTAIRE

PETITS ABRÉGÉS A L'USAGE DES COMMENÇANTS

6 petits volumes in-18, cartonnés, à 1 fr.

Histoire ancienne. — Histoire du moyen âge. — Histoire moderne. — Histoire de France. — Histoire Sainte. — Histoire ecclésiastique.

NOUVEAU COURS DE LITTÉRATURE

1re partie. — *Style*. — *Composition*. — *Poëtique*, 1 fort vol. in-12.
2e partie. — *Rhétorique*, 1 vol. in-12 (*sous presse*).

Lightning Source UK Ltd.
Milton Keynes UK
UKHW021157281118
333023UK00009B/484/P

9 780428 958954